本书出版受到中国人民大学重大规划项目"秦史与秦文化研究"（项目批准号：18XNLG02）资助

秦史与秦文化论集

王子今 ◎ 主编

姜守诚 曾磊 孙闻博 ◎ 副主编

中国社会科学出版社

图书在版编目（CIP）数据

秦史与秦文化论集 / 王子今主编 . —北京：中国社会科学出版社，2020.8
ISBN 978-7-5203-6651-9

Ⅰ.①秦… Ⅱ.①王… Ⅲ.①中国历史—秦代—文集②文化史—中国—秦代—文集 Ⅳ.①K233.07-53②K233.03-53

中国版本图书馆 CIP 数据核字（2020）第 098979 号

出 版 人	赵剑英
责任编辑	史慕鸿
责任校对	闫　萃
责任印制	戴　宽

出　　版	中国社会科学出版社
社　　址	北京鼓楼西大街甲 158 号
邮　　编	100720
网　　址	http://www.csspw.cn
发 行 部	010-84083685
门 市 部	010-84029450
经　　销	新华书店及其他书店
印　　刷	北京明恒达印务有限公司
装　　订	廊坊市广阳区广增装订厂
版　　次	2020 年 8 月第 1 版
印　　次	2020 年 8 月第 1 次印刷
开　　本	710×1000　1/16
印　　张	29.75
插　　页	2
字　　数	488 千字
定　　价	168.00 元

凡购买中国社会科学出版社图书，如有质量问题请与本社营销中心联系调换
电话：010-84083683
版权所有　侵权必究

序

回顾 2018 年我的学术体验,出版学术专著《秦始皇直道考察与研究》是以秦交通史为研究对象的成果。发表的 28 篇学术论文中,《秦二世直道行迹与望夷宫"祠泾"故事》《武关·武候·武关候:论战国秦汉武关位置与武关道走向》《秦汉长城与丝绸之路》《里耶秦简"邮利足"考》《论伯乐、九方堙为秦穆公"求马"》《秦汉时期的历史特征与历史地位》《文化史视角下的秦直道考察》《论秦先祖"善御""善走"传说》《"秦暴"评议:以秦兼并天下的历史舆论为对象》《汉中与汉文化的发生与发育——以交通史为视角的历史考察》《战国秦汉"賨民"的文化表现与巴山交通》《"米仓道""米仓关"考》《论秦宫"榛娥之台"兼及漆业开发与"秦娥"称谓》等,或涉及秦史,或侧重秦史,或完全讨论秦史。除了发表一些论著之外,前后参加了 25 次学术研讨会,其中 9 次会议提交的论文或发言主题与秦史、秦文化有关。即:(1) 第二届中国古代文明研究前沿论坛,贵阳,2018 年 3 月 31 日,提交论文:《论伯乐、九方堙为秦穆公"求马"》;(2) "中华五千多年文明与民族伟大复兴"学术交流会,西安,2018 年 4 月 3 日,提交论文:《秦汉史:我的甘苦得失》;(3) 秦汉国家、族群与社会发展研究学术论坛,重庆,2018 年 4 月 21 日至 22 日,提交论文:《〈史记〉"失期法皆斩辨疑"——关于陈胜暴动起因的国家控制史考察》;(4) 中国古代的边疆开发与文化建设高层论坛,昆明,2018 年 5 月 12 日,提交论文:《说"秦胡""秦虏"》;(5) 唐都长安 1400 年国际学术研讨会,西安,2018 年 6 月 17 日至 19 日,提交论文:《唐人乐府所见"咸阳"记忆》;(6) 宁县石家墓地·遇村遗址发现学术研讨会,庆阳,2018 年 9 月 28 日至 29 日,发言:《石家墓地漆器遗存与战国秦漆县历史文化》;(7) 中国文明起源的中心与边缘学术研讨会，重庆，2018年10月26日，提交论文：《"中国"与"五方"：上古方位意识与"天下一统"理念》；（8）首届濠镜思想家论坛——"东西方文化智慧与人类命运共同体构建"，澳门，2018年11月19日至21日，提交论文：《论秦汉政治意识之"天下一统""天下一致""天下一家"》；（9）海洋与早期中国论坛，北京，2018年12月22日，提交论文：《秦汉时期的海洋开发与早期海洋学》。2018年我承担20次校外讲学，其中11次讲座主题与秦史、秦文化有关。计有7个讲题：（1）《秦汉时期的历史特点与历史地位》，首都师范大学历史学院，2018年3月16日；（2）《秦统一问题的再认识》，云南师范大学历史学院，2018年5月11日；武汉大学珞珈讲座，2018年5月30日；（3）《宣太后义渠王故事与秦统一进程》，陇东学院，2018年6月17日；（4）《上古中国对外交通的草原之路与海洋之路》，宁夏大学西夏学研究院，2018年6月20日；长春师范学院，2018年11月6日；（5）《草原民族对丝绸之路交通的贡献》，西北民族大学，2018年9月23日；（6）《长城与秦汉"北边"交通格局》，山西博物院第5期"晋界"讲坛，2018年11月4日；（7）《秦汉时期齐人的海洋开发》，山东教育电视台，2018年12月24日。

学术工作中颇多任务的完成涉及秦史与秦文化，显得密度比较大，频次比较高，数量比较集中，这主要因为自己多年的学术方向是秦汉史，而秦史与秦文化在秦汉史研究中占据重要地位。另外一个重要因素，是我作为2014年立项的国家社会科学基金重大项目"秦统一及其历史意义再研究"（项目编号：14ZDB028）的首席专家，承担着一定的学术压力，不能不考虑课题的进度及阶段性成果和最终成果的提交。

也正是在这一学术考虑的基础上，2018年8月30日至9月6日，我和一些学生一起进行了一次可以称作"陕甘'秦文化之旅'"的"游学"活动。我们以秦史与秦文化为考察目的的学术行旅，先后经历临潼、西安、阎良、凤翔、宝鸡、天水、礼县、兰州等地的秦文化遗存，即相继对秦史遗址中丽山、栎阳、咸阳、雍、西等发现重要遗迹现象比较集中的地点进行了实地考察。现场学习，亲身体验。在甘肃简牍博物馆，还看了甘肃天水放马滩出土秦简。在甘肃省文物考古研究所看到了新出战国秦及秦代文物。在甘肃省博物馆，参观了包括甘肃出土秦文化遗存的历史文物陈列。近距离接触遗址和文物，使得参与者获得直接的体会和新鲜的知识，也受到重要的学术启示。雍城血池等遗址的考古工地，对我来说就是第一次观摩学习。一路相继打扰了秦始皇帝陵博物院张卫星研究员、西北大学史党社教授、中国社会科学院考古研究所刘瑞研究员、陕西省考古研究院田亚岐研究员、天水师范学院雍际春教授、甘肃省文物考古研究所王辉研究员、甘肃简牍博物馆张德芳教授。他们先后或作学术报告，或引导考察，悉心教示，诚恳指导，使参与此次游学的师生获益甚多。谨此深致谢忱。

同行师生有王子今、姜守诚、曾磊、孙闻博、董涛、徐畅、杨延霞、李琰、孙兆华、杨继承、李兰芳、谢鹏、吕壮、刘自稳、于天宇、董家宁、尹璇、辛天游等。刘志平、李迎春、柯昊、姚文郁、琴载元、崔建华、徐达、单印飞等，也部分参与了考察。一路经历风雨，付出辛苦，同时也有收成，有欢乐。承田亚岐研究员美意，惠送西凤原浆，于是由东而西的行程中，一路飘荡着酒香。秦川、渭水、陇原……或许会在青年学者的学术历程中形成深刻的记忆。

正是在此行途中，我们商定编集这本《秦史与秦文化论集》。这本文集收入28篇学术论文，均为青年学者所作。其中有的直接考论了"秦统一"问题，有的从不同角度对秦史、秦文化有所论说，其实也可以看作对"秦统一"文化基础与历史背景的研究收获。几位没有参与考察的年轻朋友，也惠赐质量很好的研究成果。看到青年学者愿意投入秦史与秦文化研究并发表诸多学术新见，为这一学术方向新生力量的崛起，满怀欣慰与喜悦。读这些论文，在黯然感觉到垂老日暮、途穷岁晚的另一面，亦萌发对秦史与秦文化研究新生代学者的热诚期待。自然，满意、谢意和敬意也在心中。

国家社会科学基金重大项目"秦统一及其历史意义再研究"顺利进行，即将在2019年下半年结项。感谢学界朋友们对这一工作的支持。我承担的中国人民大学重大规划项目"秦史与秦文化研究"（项目批准号：18XNLG02）也顺利立项，并开始获得资助。而明显的压力感，也由此生成。很自然，首先想到需要诚心祈求的，是友人们，包括青年学子们的学术助力。

就《秦史与秦文化论集》的编集与出版，对中国人民大学哲学院姜守诚、中国社会科学院历史研究所曾磊、中国人民大学国学院孙闻博、首都师范大学历史学院孙兆华、中国人民大学国学院董家宁、首都博物馆李兰芳的认真与辛勤的工作，表示深心的感谢！

王子今
2019年3月1日
于北京大有北里

目 录

政治与经济

"并天下":秦统一的历史定位与政治表述 …………………… 孙闻博(3)
里耶"取鲛鱼"简与秦统一初期的文化建构 ………… 李 斯 李笔戎(23)
魏冉封陶与秦统一战略 ……………………………………… 尚宇昌(35)
里耶秦简所见秦统一衡制新证 ……………………………… 庄小霞(49)
秦统一进程中的计量标准化问题
　　——以秦手工业为中心的考察 ………………………… 杨延霞(62)
北京大学藏秦权与单位权意义探论 ………………………… 熊长云(72)
秦汉时期借贷的期限与收息周期 …………………………… 石　洋(82)
新出简牍所见秦与汉初的田租制度及相关问题 …………… 慕容浩(107)

中央与地方

三府分立
　　——从新出秦简论秦代郡制 …………………………… 游逸飞(123)
秦及汉初黄河沿线地带郡县与河津管理体系 ………… [韩]琴载元(160)
战国秦汉之际的燕北长城 …………………………………… 冯　立(184)
试论里耶秦简中的"献" ……………………………………… 李兰芳(194)
秦代封检题署新探
　　——以里耶秦简为中心 ………………………………… 单印飞(210)
里耶秦简7-304简文解析
　　——兼及秦迁陵县徒隶人数问题 ……………………… 刘自稳(227)

岳麓秦简所见"状"类文书的性质与功用 …………………… 苏俊林（242）
"缘亲"与"任法"
　　——以考察秦汉时期迁刑为中心 …………………… 汪蓉蓉（254）

信仰与民俗

秦统一战争中的重要将领白起的宗教化形象塑造 ………… 姜守诚（269）
政治文化视角下的秦始皇求仙 ……………………………… 董　涛（286）
秦国政治体发育进程中的文化运作
　　——以大禹传说为中心 ………………………………… 崔建华（299）
秦"敬祖"观念与政权合法性建构 …………………………… 李　琰（319）
北大秦简《禹九策》所见鬼神考释 ………………………… 杨继承（331）
秦汉简牍《日书》的盗名 …………………………………… 孙兆华（353）

传世文献与出土简牍

试谈《史记·李斯列传》与《赵正书》对李斯形象的塑造 …… 曾　磊（371）
北大汉简《赵正书》中的胡亥形象
　　——兼谈秦亡原因的不同历史解释 …………………… 董家宁（384）
睡虎地秦简文本复原二题 …………………………………… 王　伟（401）
秦文书简"君子"含义探研 …………………………………… 李玥凝（428）
《岳麓书院藏秦简（伍）》所见"叚父"释义
　　——兼谈秦汉"不同父者"间的关系演变 ……………… 张以静（443）
《吕氏春秋》"文无畏过宋"文本形成试探 ………………… 杜　晓（459）

政治与经济

"并天下":秦统一的历史定位与政治表述

孙闻博

一 问题的提出:"大一统"观念与上古帝王世系建构

秦统一所确立的政治体制模式,无论历史学界抑或考古学界均习惯使用"'大一统'(专制主义)中央集权帝国"的表述。相关概括基本符合我们对历史状况的认识。① 当然,这里"大"主要作为形容词使用。我们

---

* 基金项目:国家社会科学基金重大项目"秦统一及其历史意义再研究"(项目编号:14ZDB028)。

① 近年关于"专制主义"的探讨,参见梁启超《中国专制政治进化史论》,《饮冰室文集点校》,吴松等点校,云南教育出版社2001年版,第1648—1667页;甘怀真《皇帝制度是否为专制?》(原刊《钱穆先生纪念馆馆刊》第4期,台北,台北市立图书馆,1996年),收入所著《皇权、礼仪与经典诠释:中国古代政治史研究》"附录",华东师范大学出版社2008年版,第381—391页;许兆昌、侯旭东《阎步克著〈乐师与史官〉读后》,《中国史研究》2003年第4期,第162—165页;侯旭东《中国古代专制说的知识考古》(原刊《近代史研究》2008年第4期),增补稿收入《近观中古史:侯旭东自选集》,中西书局2015年版,第310—343页;阎步克《政体类型学视角中的"中国专制主义"问题》,《北京大学学报(哲学社会科学版)》2012年第6期;李振宏《秦至清皇权专制社会说的法制史论证》,《古代文明》2016年第3期;李振宏《秦至清皇权专制社会说的经济史论证》,《河南师范大学学报》2016年第6期;李振宏《从政治体制角度看秦至清社会的皇权专制属性》,《中国史研究》2016年第3期;李振宏《秦至清皇权专制社会说的思想史论证》,《清华大学学报》2016年第4期;马克垚《古代专制制度考察》,北京大学出版社2017年版。而"大一统"的主要探讨,参见杨向奎《大一统与儒家思想》,中国友谊出版社1989年版;李零《两次大一统》(上、中、下)(原刊《东方早报·上海书评》2010年4月18日—6月13日),收入所著《我们的中国》第一编《茫茫禹迹:中国的两次大一统》,生活·读书·新知三联书店2016年版,第7—75页。

习知，历史上"大一统"的较早表述见于《春秋公羊传》：

> 元年，春，王正月。元年者何？君之始年也。春者何？岁之始也。王者孰谓？谓文王也。曷为先言王而后言正月？王正月也。何言乎王正月，大一统也。①

参考西汉路温舒上言"臣闻《春秋》正即位，大一统而慎始也"②，董仲舒所论"《春秋》大一统者，天地之常经，古今之通谊也"③，及王吉"《春秋》所以大一统者，六合同风，九州共贯也"④ 的阐发，当时用语中，"大"实际均作动词，为尊重、尊大之义。何休注："统者，始也。总系之辞。夫王者，始受命改制，布政施教于天下，自公侯至于庶人，自山川至于草木昆虫，莫不一一系于正月，故云政教之始。"⑤ 颜师古注董仲舒语，也说"一统者，万物之统皆归于一也。《春秋公羊传》：'隐公元年，春王正月。何言乎王正月？大一统也。'此言诸侯皆系统天子，不得自专也"。⑥ 周良霄指出"一开始就标明周历的正月，以尊崇一统，即周统。由此可见，正名的用意也就是尊王，即尊奉周天子。孔子《春秋》大一统的思想原是为维护西周模式的周天子权威而服务的"。⑦ 而"'大一统'一词在本传中虽然只出现一次，但该思想是贯彻全传始终的"。⑧ 综上言之，儒家所尊大的"一统"，所指较为宽泛，主要是系之于一的涵义。"大一统"这一理念的提出，最初主要在标举以周天子为核心所确立的"天子—诸侯"政治模式，且侧重政治理念与政治文化的层面，即周天子声教"辐射"诸侯与诸侯尊奉王室而"会聚"四周的"一统"。

紧接的问题是，有关周"大一统"认知的出现，是仅属后续发展形成的经学叙述，还是也属于史学叙述？《诗·商颂·玄鸟》"古帝命武汤，

---

① 《春秋公羊传注疏》卷一，（清）阮元校刻《十三经注疏》，中华书局影印本1980年版，第2196页。
② 《汉书》卷五一《路温舒传》，中华书局标点本1962年版，第2369页。
③ 《汉书》卷五六《董仲舒传》，第2523页。
④ 《汉书》卷七二《王吉传》，第3063页。
⑤ 《春秋公羊传注疏》卷一，（清）阮元校刻《十三经注疏》，第2196页。
⑥ 《汉书》卷五六《董仲舒传》，第2523页。
⑦ 周良霄：《皇帝与皇权》，上海古籍出版社2006年版，第338页。
⑧ 刘尚慈译注：《春秋公羊传译注》，中华书局2010年版，第3页。

正域彼四方。方命厥后，奄有九有。……邦畿千里，维民所止，肇域彼四海。四海来假，来假祁祁"①，有"正域彼四方"、"肇域彼四海"及"奄有九有"的表述。②《诗·商颂·长发》"相土烈烈，海外有截。……帝命式于九围。……武王载旆……九有有截"③，也谈到"海外有截"及"九围"、"九有"。④《书·盘庚》亦有"绍复先王之大业，厎绥四方"语。⑤ 而叙说周代，则有《诗·周颂·执竞》"奄有四方，斤斤其明"，《书·洛诰》"奉答天命，和恒四方民"，《书·君奭》"丕冒海隅出日，罔不率俾"，《书·立政》"方行天下，至于海表，罔有不服"等内容出现。⑥ 一般认为，大体自周初以来，"天下"用语开始出现；延至东周，相关使用就更显普遍了。⑦ 又，学者指出"'禹迹'或'九州'，有出土

---

① 《毛诗正义》卷二〇，（清）阮元校刻《十三经注疏》，第 623 页。

② 其中，"四方"用语在传世文献外，亦多见于甲骨、金文等出土文献，为当时实际所使用。前人已多指出。

③ 《毛诗正义》卷二〇，（清）阮元校刻《十三经注疏》，第 626—627 页。

④ 相关解释可参看童书业《春秋左传考证》第一卷《春秋地理之部》"九州"条，童书业著，童教英订《春秋左传研究》（校订本），中华书局 2006 年版，第 200—202 页。

⑤ 《尚书正义》卷九，（清）阮元校刻《十三经注疏》，第 168 页。

⑥ 《毛诗正义》卷一九、《尚书正义》卷一五、卷一六、卷一七，（清）阮元校刻《十三经注疏》，第 589、215、225、232 页。

⑦ 学术史梳理及代表性探讨参见童书业《春秋左传考证》第一卷《春秋地理之部》"春秋时人之'天下'观念"条，童书业著，童教英订《春秋左传研究》（校订本），第 200 页；安部健夫《元代史の研究》附录一《中国人の天下觀念—政治思想史の試論—》，東京，創文社 1972 年版，第 425—526 页；[日] 渡边信一郎《中国古代的王权与天下秩序：从日中比较史的视角出发》，徐冲译，中华书局 2008 年版；邢义田《从古代天下观看秦汉长城的象征意义》（原刊《燕京学报》新 13，2002 年），订补稿收入所著《天下一家：皇帝、官僚与社会》，中华书局 2011 年版，第 84—135 页；高明士《天下秩序与文化圈的探索：以东亚古代的政治与教育为中心》，上海古籍出版社 2008 年版；甘怀真编《东亚历史上的天下与中国观念》，台北，台大出版中心 2007 年版；甘怀真《"天下"观念的再检讨》，吴展良编《东亚近世世界观的形成》，台北，台大出版中心 2007 年版，第 85—110 页；甘怀真《天下概念成立的再探索》，《北京大学中国古文献研究中心集刊》第 9 辑，北京大学出版社 2010 年版，第 333—349 页；游逸飞《四方、天下、郡国——周秦汉天下观的变革与发展》，硕士学位论文，台湾大学，2009 年。又，王子今《论战国晚期河洛地区成为会盟中心的原因》（原刊《中州学刊》2006 年第 4 期），收入氏著《战国秦汉交通格局与区域行政》，中国社会科学出版社 2015 年版，第 7—9 页；《〈汉书〉的海洋纪事》（原刊《史学史研究》2012 年第 4 期），增补稿收入氏著《东方海王：秦汉时期齐人的海洋开发》，中国社会科学出版社 2015 年版，第 316—319 页；《略论秦始皇的海洋意识》，《光明日报》2012 年 12 月 13 日 11 版；《上古地理意识中的"中原"与"四海"》，《中原文化研究》2014 年第 1 期；《秦汉时期的海洋开发与早期海洋学》，《社会科学战线》2013 年第 7 期；等等。

发现为证,不仅绝不是战国才有的概念,可以上溯于春秋时代,而且还藉商、周二族的史诗和书传可以上溯到更早,显然是一种'三代'相承的地理概念"。① 相关情形为理解和把握秦统一后帝国的历史定位与文辞表述,提供了必要参照。

而上古"大一统"帝王世系的逐渐建构,更对秦统一的政治表达,产生了直接影响。近代以来,这一问题为古史辨派学者顾颉刚所关注。他在论说"层累地造成的中国古史"时,指出"疆界日益大,民族日益并合,种族观念渐淡而一统观念渐强,于是许多民族的始祖的传说亦渐渐归到一条线上,有了先后君臣的关系,《尧典》、《五帝德》、《世本》诸书就因此出来"。② 顾氏就相关问题考证同时,并对战国秦汉人地域观念的扩展与统一意识的产生进行了论说。③ 随着此后简帛文献的出土问世,特别是上博简《容成氏》《子羔》的刊布,战国古史传说研究的材料,得到了有益扩充。裘锡圭、郭永秉由此对相关问题重做审视,并评骘顾氏早年所论,且多予肯定。④ "在较晚的古史传说中归为黄帝之臣的容成、仓颉等人,在《容成氏》中和'轩辕氏'并列,都是远古时代先后'有天下'

---

① 李零:《考古发现与神话传说》(原刊《学人》第五辑,江苏文艺出版社1994年版),收入《李零自选集》,广西师范大学出版社1998年版,第74页;《中国古代地理的大视野》(原刊《九州》第一辑,中国环境科学出版社1997年版,收入氏著《中国方术续考》,东方出版社2001年版),又收入氏著《我们的中国》第四编《思想地图:中国地理的大视野》,第15页。笔者按,收入文集时文字实有修订。

② 顾颉刚:《答刘胡两先生》(原刊《读书杂志》第11期,1923年,又刊《古史辨》第一册),收入《顾颉刚全集》之《顾颉刚古史论文集》卷一,中华书局2010年版,第202页。相关又参见顾颉刚《史林杂识初编》"黄帝"条,中华书局1963年版,第180页,及《中国上古史研究讲义》,中华书局1988年版,第7—11、77—101页。

③ 顾颉刚:《秦汉统一的由来和战国人对于世界的想像》(原刊《孔德旬刊》第34期,1926年,又刊《国立中山大学语言历史学研究所周刊》第1集第1期,1927年),顾颉刚、童书业:《汉代以前中国人的世界观念与域外交通的故事》(原刊《禹贡半月刊》第5卷第3、4期合刊,1936年),均收入《顾颉刚古史论文集》卷五,第33—41、82—117页;顾颉刚:《周官辨非序——周公制礼的传说和周官一书的出现》(原刊《文史》第六辑,中华书局1979年版),收入《顾颉刚古史论文集》卷十一,第394—404页。

④ 裘锡圭:《新出土先秦文献与古史传说》(原刊《李珍华纪念集》,北京大学出版社2003年版,又刊《北京大学中国古文献研究中心集刊》第四辑,北京大学出版社2004年版),收入所著《中国出土古文献十讲》,复旦大学出版社2004年版,第18—45页;郭永秉:《帝系新研:楚地出土战国文献中的传说时代古帝王系统研究》,北京大学出版社2008年版。近期推进及反思又见郭永秉《近年出土战国文献给古史传说研究带来的若干新知与反思》,《出土文献与古文字研究》第七辑,上海古籍出版社2018年版,第215—247页。

的古帝王"。① 而此种情形，恰反映史迁撰写《史记·五帝本纪》所参据、今收入《大戴礼记》的《帝系》，正是"今天所能看到的集中反映以黄帝为始祖的大一统帝王世系的最早作品"。② "而最早明确表述黄帝、颛顼、帝喾之间的世代关系的，仍然只有《帝系》这篇文献。我们认为这种世代关系应当是配合大一统帝王世系的最终形成而产生的，其形成时间可能也不会早于战国晚期。"③ 李锐近年在前人基础上，认为从古训来看很多古史传说很早即有，周人是选用并统合为古史系统，并指出"周人的古史系统有三次建构，存在三阶段差别"。其中，第三阶段古史系统"是以炎黄为主体的多元系统，可以称为炎黄主体型古史系统。从目前的资料看，其时代序列大体上是黄帝、少皞、颛顼、帝喾、尧、舜、禹、夏、商、周"，时代在平王东迁后的春秋时期。至"战国时期，由于姜齐被陈氏所代，炎帝后裔不存，许多人又创建了以黄帝为中心的古史系统"。④ 这些充实了顾氏论证，并提供了更精细的认识。也要看到，相关问题以往多为古史传说研究者所关注。而所涉材料，实际反映着上古以来的叙事模式与历史记忆。

二　帝王世系背景下"一统"观念在上古史的扩展

集中而系统反映战国后期以降上古帝王世系的历史叙述，是司马迁采据《五帝德》《帝系》《尚书》等材料而加以编撰的《史记》。具体包括下启秦史的《五帝本纪》《夏本纪》《殷本纪》《周本纪》诸篇。这里，我们将之纳入相关论述，却采取不同于以往的视角，而更关注此种帝王世系建构作为重要背景，对秦统一历史定位与政治表达的影响。而这似乎是以往古史研究者关注及论述不多的一个方面。

《史记》卷一《五帝本纪》记黄帝：

---

① 郭永秉：《帝系新研：楚地出土战国文献中的传说时代古帝王系统研究》，第221页。
② 裘锡圭：《新出土先秦文献与古史传说》，《中国出土古文献十讲》，第26页。
③ 郭永秉：《帝系新研：楚地出土战国文献中的传说时代古帝王系统研究》，第222页。
④ 参见李锐《上古史研究之反思——兼论周人古史系统的转变与礼制之变化》，《河北学刊》2015年第6期，第67页；李锐《上古史新研——试论两周古史系统的四阶段变化》，《清华大学学报》2016年第4期，第99、110、112页。

轩辕之时，神农氏世衰。诸侯相侵伐，暴虐百姓，而神农氏弗能征。于是轩辕乃习用干戈，以征不享，诸侯咸来宾从。……而诸侯咸尊轩辕为天子，代神农氏，是为黄帝。天下有不顺者，黄帝从而征之，平者去之……东至于海，登丸山，及岱宗。西至于空桐，登鸡头。南至于江，登熊、湘。北逐荤粥，合符釜山……置左右大监，监于万国。万国和，而鬼神山川封禅与为多焉。……有土德之瑞，故号黄帝。①

本纪记颛顼：

帝颛顼高阳者……北至于幽陵，南至于交阯，西至于流沙，东至于蟠木。动静之物，大小之神，日月所照，莫不砥属。②

本纪记帝喾：

帝喾高辛者……修身而天下服。……帝喾溉执中而遍天下，日月所照，风雨所至，莫不从服。③

本纪记帝尧时帝舜：

于是帝尧老，命舜摄行天子之政，以观天命。……岁二月，东巡狩，至于岱宗，柴，望秩于山川。遂见东方君长，合时月正日，同律度量衡，修五礼五玉三帛二生一死为挚，如五器，卒乃复。五月，南巡狩；八月，西巡狩；十一月，北巡狩：皆如初。……五岁一巡狩，

---

① 《史记》卷一《五帝本纪》，中华书局标点本1982年版，第3、6页。着重号为引者所加，下同。

② 《史记》卷一《五帝本纪》，第11—12页。《大戴礼记·五帝德》作"乘龙而至四海，北至于幽陵，南至于交阯，西济于流沙，东至于蟠木。动静之物，大小之神，日月所照，莫不衹励"，文字略有出入。（清）王聘珍撰，王文锦点校：《大戴礼记解诂》卷七，中华书局1983年版，第120页。

③ 《史记》卷一《五帝本纪》，第13—14页。《大戴礼记·五帝德》作"执中而获天下，日月所照，风雨所至，莫不从顺"。（清）王聘珍撰，王文锦点校：《大戴礼记解诂》卷七，第121页。

"并天下":秦统一的历史定位与政治表述

群后四朝。……于是舜归而言于帝,请流共工于幽陵,以变北狄;放驩兜于崇山,以变南蛮;迁三苗于三危,以变西戎;殛鲧于羽山,以变东夷:四辠而天下咸服。①

本纪记帝舜:

舜……年五十摄行天子事,年五十八尧崩,年六十一代尧践帝位,践帝位三十九年……舜之践帝位,载天子旗。②

本纪记帝舜时禹:

唯禹之功为大,披九山,通九泽,决九河,定九州,各以其职来贡,不失厥宜。方五千里,至于荒服。南抚交阯、北发,西戎、析枝、渠廋、氐、羌,北山戎、发、息慎,东长、鸟夷,四海之内咸戴帝舜之功。③

又,《史记》卷二《夏本纪》记帝舜时,禹治水成功:

东渐于海,西被于流沙,朔、南暨:声教讫于四海。于是帝锡禹玄圭,以告成功于天下。天下于是太平治。④

---

① 《史记》卷一《五帝本纪》,第24、28页;又见同书卷二八《封禅书》,第1355—1356页。此采据《书·尧典》"岁二月,东巡守,至于岱宗,柴。望秩于山川,肆觐东后,协时月正日,同律度量衡。修五礼、五玉、三帛、二生、一死,贽。如五器,卒乃复。五月南巡狩,至于南岳,如岱礼。八月西巡守,至于西岳,如初。十有一月朔巡守,至于北岳,如西礼。……五载一巡守。群后四朝……"《尚书正义》卷三,(清)阮元校刻《十三经注疏》,第127页。又,《大戴礼记·五帝德》作"(帝尧)流共工于幽州,以变北狄;放驩兜于崇山,以变南蛮;杀三苗于三危,以变西戎;殛鲧于羽山,以变东夷",后且有"其言不贰,其行不回,四海之内,舟舆所至,莫不说夷"。(清)王聘珍撰,王文锦点校:《大戴礼记解诂》卷七,第121、122页。
② 《史记》卷一《五帝本纪》,第44页。
③ 《史记》卷一《五帝本纪》,第43页。《大戴礼记·五帝德》作"(帝舜)南抚交阯、大教,鲜支、渠廋、氐羌,北山戎、发、息慎,东长、鸟夷羽民","(禹)巡九州,通九道,陂九泽,度九山。……履四海,据四海,平九州,戴九天,明耳目,治天下。……四海之内,舟车所至,莫不宾服"。(清)王聘珍撰,王文锦点校:《大戴礼记解诂》卷七,第123、124—125页。
④ 《史记》卷二《夏本纪》,第77页。

上述内容作为不可信据史料，在以往历史研究中向少用作讨论。然而，若视作秦帝国政治定位及皇帝政治实践的历史背景加以关注①，相关叙事所建构的"史实"传统又具有有趣的参考意义。《五帝本纪》"黄帝"条"诸侯相侵伐，暴虐百姓，而神农氏弗能征"，与秦初统一，时任廷尉李斯反对丞相王绾等建议分封诸公子，所言"诸侯更相诛伐，周天子弗能禁止"②，在叙述模式上颇显近似；亦与群臣议帝号所言"昔者五帝地方千里，其外侯服夷服，诸侯或朝或否，天子不能制"③，可对照联系。而上引"天子"、"帝位"、"诸侯"、"天下"的多次出现，又与《史记》卷二《夏本纪》"禹于是遂即天子位，南面朝天下"④，同书卷三《殷本纪》"于是诸侯毕服，汤乃践天子位，平定海内"⑤，及同书卷四《周本纪》"成王少，周初定天下……故成康之际，天下安宁，刑错四十余年不用"⑥，在表述上存在较多一致性。东周建构的五帝政治叙事，与周代为代表的三代事迹有类似处，呈现某一层面的延续。它们皆属以"天子—诸侯"联结而成的"天下"模式。而此种模式下的政治成功表述，如黄帝时"诸侯咸来宾从"，"万国和"；帝颛顼时"日月所照，莫不砥属"；"天下服。……帝喾溉执中而遍天下，日月所照，风雨所至，莫不从服"；帝舜时，禹治水成功，"四海之内咸戴帝舜之功"，"天下于是太平治"，特别是帝舜"摄行天子之政"，东巡狩有"遂见东方君长，合时月正日，同律度量衡，修五礼五玉三帛二生一死为挚"，及禹完成治水，使"声教讫于四海"，与前引经学叙述中"始受命改制，布政施教于天下"的"一

---

① 按《尧典》的成书问题复杂。顾颉刚因《尧典》有十二州而非九州，初以"取事实于秦制"，后以"武帝时之伪造《尧典》"；陈梦家认为"《尧典》为秦官本尚书"，包括"五载一巡守"等内容，可能是"当时齐、鲁的儒者为了给秦始皇的新制度找文献的根据，局部的修订他们的经文传本"。(参见陈梦家《尚书通论》，中华书局2005年版，第132—142、342—348页)然《尧典》因有甲骨卜辞所见四方风名，又确实当有特别早的文献来源。依目前战国简出土情况看，很多过去认为是秦汉以后成书的作品，形成时代还是溯至战国中期左右。故相对于"大一统"、"巡守"为秦以后对前代历史书写建构的说法，秦实际继承、发展、延续春秋战国以来相关观念的认识，或更可取。
② 《史记》卷六《秦始皇本纪》，第239页。
③ 同上书，第236页。
④ 《史记》卷二《夏本纪》，第82页。
⑤ 《史记》卷三《殷本纪》，第96页。
⑥ 《史记》卷四《周本纪》，第132、134页。

统"在政治理念与政治目标上,是很近似的。

此外,《五帝本纪》中另一引人注目的叙述,在于这些帝王不仅施政声望广及"天下"、"海内",而且多有远及东西南北四至的巡狩活动及政治举措:

表1

	东	南	西	北
黄帝	东至于海,登丸山,及岱宗	南至于江,登熊、湘	西至于空桐,登鸡头	北逐荤粥,合符釜山
帝颛顼	北至于幽陵	南至于交阯	西至于流沙	东至于蟠木
(帝尧时)舜	岁二月,东巡狩,至于岱宗,柴,望秩于山川	五月,南巡狩	八月,西巡狩	十一月,北巡狩
	请流共工于幽陵,以变北狄	放驩兜于崇山,以变南蛮	迁三苗于三危,以变西戎	殛鲧于羽山,以变东夷
(帝舜时)禹	东长、鸟夷	南抚交阯、北发	西戎、析枝、渠廋、氐、羌	北山戎、发、息慎
	东渐于海	南	西被于流沙	朔

就实际情形而言,所论自可怀疑。① 不过,作为东周以来建构形成的古史叙事,却很可能成为统一后君主采取相关政治行为的"历史"参照。② 学界以往对秦帝国建立后始皇帝五次巡行及汉武帝巡行的研究,多在历史地理研究基础上从国家祭祀、地域巡视及执政风格、交通实践等方面来加以评述。③ 然如近年学者指出,"秦皇帝巡游与先古圣王'巡狩'在形式上的继承关系,是明显的"。④ 这里可以补充的是,"《史记》中有关秦史的记录中称'巡'、称'行',称'游'"⑤ 外,《史记》卷八七《李斯列传》记:

---

① 近年学者考察注意到相关"'巡狩'故事反映了交通实践与执政能力的关系。秦汉时期经儒学学者经典化了的'巡狩'传说,其实可能部分反映了远古交通进步的真实历史"。王子今:《"巡狩":文明初期的交通史记忆》,《中原文化研究》2016年第6期,第5页。

② 学者指出,黄帝系统的五帝说外,当时亦有少皞系统的五帝说,以五帝配五方五色,属于平面系统,比前者更具大一统色彩。李零:《帝系、族姓的历史还原——读徐旭生〈中国古史的传说时代〉》,《文史》2017年第3辑,第23—24页。

③ 最新探讨参见田天《秦汉国家祭祀史稿》第一、二章,生活·读书·新知三联书店2015年版,第75—81、179—197页;李凯《先秦巡狩研究》,北京师范大学出版社2017年版。

④ 王子今:《"巡狩":文明初期的交通史记忆》,《中原文化研究》2016年第6期,第10页。

⑤ 同上书,第9页。

明年，又巡狩，外攘四夷，斯皆有力焉。①

明确出现有"巡狩"语。故此种联系可以成立。始皇帝在帝国建立后的系列"巡狩"，并非孤立的开创性举动，应在上述"历史"背景下加以审视。积极的远距离交通实践背后，包含着对上古帝王政治行为的仿效。而此类政治行为作为秦帝国执政者参考的重要"史实"，也一并构成了商周发展并在春秋战国逐渐重构的"一统"历史图景的要素。此前古史研究者曾使用"大一统帝王世系"的表述。而构建以黄帝为始祖的一以贯之的帝王世系同时，周"大一统"政治理念及政治文化，也被作为五帝以来上古帝王所共有的政治特征。

三 "并天下"：秦超迈前代的用语选择及其内涵

当然，此种"大一统帝王世系"内部又存在阶段性。上古以降，大体为"五帝—三王—五伯"的序列。即便《史记》文本对"五帝"、"三王"的政治成就差异，也有委婉表达。五帝、夏、商诸君主基本使用原属天神范畴的"帝"称，而作"帝某"。按"帝"一般用作称呼已死君王。《礼记·曲礼下》云"天子登假，措之庙，立之主，曰帝"②，《大戴礼记·诰志》亦云"天子崩，步于四川，代于四山，卒葬曰帝"③。清人黄生即言"三代天子之号称王。然夏自帝启以下俱曰帝某，商则《易》称'帝乙归妹'，《书》称'自成汤至于帝乙'。初疑其说，后读《礼记·曲礼》云'措之庙，立之主，曰帝'，始解"④。裘锡圭进一步指出"从卜辞看，商王只把死去的父王称为帝，旁系先王从不称帝"⑤。不过是否如一般理解为

---

① 《史记》卷八七《李斯列传》，第2547页。
② 《礼记正义》卷四，（清）阮元校刻《十三经注疏》，第1260页。
③ （清）王聘珍撰，王文锦点校：《大戴礼记解诂》卷九，第183页。
④ （清）黄生撰，黄承吉合按：《字诂义府合按》"三代称帝"条，包殿淑点校，中华书局1984年版，第149页。
⑤ 裘锡圭：《关于商代的宗族组织与贵族和平民两个阶级的初步研究》（原刊《文史》第十七辑，中华书局1983年版），收入《裘锡圭学术文集》第五卷《古代历史、思想、民俗卷》，复旦大学出版社2015年版，第123页。相关问题的辨正补充又见李零《考古发现与神话传说》，《李零自选集》，第73页。

"三代称已死的君主"①，似可斟酌。《史记》卷三《殷本纪》云：

> 于是周武王为天子。其后世贬帝号，号为王。②

司马贞《索隐》："按：夏、殷天子亦皆称帝，代以德薄不及五帝，始贬帝号，号之为王，故本纪皆帝，而后总曰'三王'也。"③ 此与"禅让—革命—争霸"的政治实现方式密切相关，强调了军事争斗下后世王朝政治权威的日益衰微。

那么，秦处这一"历史叙事"下，如何对统一的政治军事成就加以历史定位与政治表达呢？《吕氏春秋·孟秋纪·荡兵》云：

> 古圣王有义兵而无有偃兵……兵所自来者久矣，黄、炎故用水火矣，共工氏固次作难矣，五帝固相与争矣。递兴废，胜者用事。人曰"蚩尤作兵"，蚩尤非作兵也，利其械矣。未有蚩尤之时，民固剥林木以战矣，胜者为长。长则犹不足治之，故立君。君又不足以治之，故立天子。天子之立也出于君，君之立也出于长，长之立也出于争。争斗之所自来者久矣，不可禁，不可止，故古之贤王有义兵而无有偃兵。④

此阐述了生民以来即有兵事，战争的由来相当久远。自炎、黄及五帝以来的政治变动，"固相与争矣。递兴废，胜者用事"。古代贤王只主张正义的战争，而从未废止战争。秦统一后宣述战争之由，特别使用了"义"、"义兵"语。相关思想及用法不见于《商君书》《韩非子》，亦非始皇独创，而习见于《吕氏春秋》。秦对兼并战争做合法性包装，或某种程度上借鉴了《吕氏春秋》。⑤ 由此而言，上述论说，从某种意义上尝试消解"五帝—三王—五伯"序列下相关政治军事成就日益倒退的逻辑链条，为

---

① 《汉语大词典》第三卷，汉语大辞典出版社1989年版，第707页。
② 《史记》卷三《殷本纪》，第108—109页。
③ 同上书，第109页。
④ 许维遹撰，梁运华整理：《吕氏春秋集释》卷七，中华书局2009年版，第157—159页。
⑤ 参见孙闻博《商鞅"农战"体制的演进与帝国兴衰——以"君—臣—民"政治结构变动为中心》，未刊稿。

秦比肩前代功业提供了理论支持。①

　　秦的统一，首先包含对上古君王特别周室政治成就的继承，如始皇帝语"天下大定"、"天下初定"、"天下已定"②，琅邪刻石"普天之下，抟心揖志"，"方伯分职，诸治经易"，"皇帝之德，存定四极"等③，皆可与上古文献记载及古史叙述相联系。灭六国前，李斯所言"足以灭诸侯，成帝业，为天下一统，此万世之一时也"④；灭六国后，"丞相绾、御史大夫劫、廷尉斯等皆曰：'……平定天下，海内为郡县，法令由一统'"，"廷尉李斯议曰：'……今海内赖陛下神灵一统，皆为郡县'"⑤，均明确使用了"一统"语。参考前论，这里的"一统"，包含着接续五帝、三王的政治成就。

　　然而在此基础上，秦并不满足于承续前代并再次实现"一统"。"秦代周德"⑥之外，更远溯五帝，宣扬帝国成立所具有的跨越式、变革性政治成功。这一新历史时期，秦在"大一统"基础上，更强调的乃是"并天下"。《史记》卷五《秦本纪》、卷六《秦始皇本纪》、卷一五《六国年表》三处叙及秦统一，均书作：

　　　　初并天下。⑦

依记事体例，"初○"强调首次实现。李斯上奏，称"并有天下"。⑧岳麓书院藏秦简提到"丞相臣状、臣绾受制相（湘）山上：自吾以天下已

---

① 另有学者从秦统一后宣布六国"暴乱"，斥责对方"倍盟"、"畔约"的角度切入，开展论证。参见崔建华《秦统一合理化宣传策略的形成及改进——以初并天下诏为中心的探讨》，《人文杂志》2015年第11期。
② 《史记》卷六《秦始皇本纪》，第236、239、255页。
③ 同上书，第245页。
④ 《史记》卷八七《李斯列传》，第2540页。
⑤ 《史记》卷六《秦始皇本纪》，第236、239页。
⑥ 同上书，第237—238页，同书卷二八《封禅书》作"今秦变周，水德之时"，第1366页。《吕氏春秋·有始览·应同》云"凡帝王之将兴也，天必先见祥乎下民。黄帝之时……及禹之时……及汤之时……及文王之时……代火者必将水，天且先见水气胜"。许维遹撰，梁运华整理：《吕氏春秋集释》卷一三，第284页。
⑦ 《史记》卷五《秦本纪》、卷六《秦始皇本纪》、卷一五《六国年表》，第220、235、757页。
⑧ 《史记》卷六《秦始皇本纪》、卷八七《李斯列传》，第255、2546页。

并，亲抚晦（海）内"（056/1001－1＋1020）①，秦刻石材料中，泰山刻石有"初并天下……既平天下"，琅邪刻石附记有"兼有天下"、"并一海内"，东观刻石有"阐并天下"，碣石刻石有"德并诸侯，初一泰平"，会稽刻石有"平一宇内……皇帝并宇"等。②秦铸金人铭文有"初兼天下"③，著名的秦度量衡诏版，则作"尽并兼天下诸侯，黔首大安，立号为皇帝"④，"并天下"且是"皇帝"名号确立的参据。我们还注意到，不仅《史记》其他诸篇章涉及秦统一时，基本均使用此类用语，而且后世凡论及秦帝国建立一事，也普遍使用"并天下"的表述⑤，相关例证尤多，不复赘举。按秦的统一，实际是在"天子已绝"⑥情势下，通过攻灭东方诸侯而建立起来的。⑦相较汤武革命以小邦而克大邑，秦的功绩似尚不突出。不过，帝国君臣皆一致认为缔造统一之业的秦君"功盖五帝，

---

① 陈松长主编：《岳麓书院藏秦简（伍）》，上海辞书出版社2017年版，第57页。
② 《史记》卷六《秦始皇本纪》，第243、246、250、252、261、262页。
③ 《汉书》卷九九下《王莽传下》、卷三一《项籍传》颜注引《三辅黄图》，第4169、1824页。此亦见《水经注·河水》。相关资料整理分析还可参见李零《翁仲考》，收入所著《入山与出塞》，文物出版社2004年版，第42—46页。
④ 统一前，探讨秦未来政治行为的史例，有《战国策·秦一》"苏秦始将连横"章"说秦惠王曰：'……可以并诸侯，吞天下，称帝而治。'""苏秦曰：'……今欲并天下，凌万乘，诎敌国，制海内，子元元，臣诸侯，非兵不可！'"《战国策》卷三，上海古籍出版社1998年版，第78、81页；《史记》卷六《秦始皇本纪》"吕不韦为相……欲以并天下"，第223页。
⑤ 其或《战国策·韩三》"或谓韩王曰"章称"秦之欲并天下而王之，不与古同"。《战国策》卷二八，第1009页。
⑥ 《吕氏春秋·有始览·谨听》"今周室既灭，而天子已绝。乱莫大于无天子。……今世当之矣"。《孟秋纪·振乱》"当今之世，浊甚矣。黔首之苦，不可以加矣。天子既绝，贤者废伏，世主恣行，与民相离，黔首无所告愬"。许维遹撰，梁运华整理：《吕氏春秋集释》卷一三、卷七，第296、162页。《太平御览》卷八六"皇王部一一""始皇帝"条引《古史考》"王赧卒后，天下无主四十九年，以岁所在纪之"，中华书局1960年版，第407页下栏。
⑦ 甘怀真指出，"战国以至西汉（中期），当时人所谓的'天下'是指战国时的华夏，再加上楚国与秦国"。《"天下"观念的再检讨》，吴展良编《东亚近世世界观的形成》，第90—91页。又，晏昌贵则认为战国后期"'天下'即指六国诸侯"，"'天下'不包括秦国在内"，列此参考。《秦简"十二郡"考》（原刊北京大学中国古代史研究中心主编《舆地、考古与史学新说——李孝聪教授荣休纪念论文集》，中华书局2012年版），见陈伟等著《秦简牍整理与研究》，经济科学出版社2017年版，又见氏著《秦简牍地理研究》第一章，武汉大学出版社2017年版，第55—56页。笔者认为"天下"概念随历史发展，前后有所变化。秦统一初所提到的"天下"，主要指包括秦在内的战国七雄等华夏诸国；至始皇三十二年（前215）以降秦北伐匈奴，南越五岭，"天下"大致扩展至包括北边河南地、南边桂林、南海、象郡等相关新占领区域。

泽及牛马","自上古以来未尝有,五帝所不及"①,主要原因恐怕正在于包括前述已有提及的这些表述中:"平定天下,海内为郡县,法令由一统","今海内赖陛下神灵一统,皆为郡县","仆射周青臣进颂曰:'……平定海内,放逐蛮夷,日月所照,莫不宾服。以诸侯为郡县'",及琅邪刻石"六合之内,皇帝之土。西涉流沙,南尽北户。东有东海,北过大夏。人迹所至,无不臣者。……莫不受德,各安其宇",附记"今皇帝并一海内,以为郡县,天下和平"②,太史公述撰作《六国年表》缘起"以至于秦,卒并诸夏,灭封地,擅其号"③。秦以"法令"使政治理念重系于一。④ 更重要的,秦再造"一统",突破了所谓五帝以来的"帝—诸侯"政治秩序。"尽并兼天下诸侯"后,又进一步"以诸侯为郡县",确立了较"五帝地方千里"远为突出的成就。而"并天下"最初本旨在强调以武力兼并外部诸侯,但随着之后对自秦惠文王以降内部政治秩序中"郡县/诸侯"复合模式的取消⑤,从而首次实现了君主对所统地域较为单一而有效的直接控制。换言之,秦统一政治军事成就得以赶超五帝,不仅在"尽并兼天下诸侯",还体现在君主与地方政治联结层面的"郡县制"全面彻底推行。"皇帝—郡县"从而作为新的"天下"政治模式,由此实现了对五帝三王以来"天子—诸侯"政治模式的取代。可以看到,这一发展并非简单线性的前后更替,中间实多曲折,涉及原有内、外部政治秩序的变动。亦因此故,在上古史的发展脉络下,作为对长久以来"分天下"历史传统的取代与突破,"并天下"而非"大一统",更能凸显秦统一的军事成就与帝国建立的政治伟绩。

此外,另一个问题也由此呈现。"大一统"在系之于一的涵义下,相关政治理念具有包容性:不仅对应周代甚或五帝、夏商时代的"天子—

---

① 《史记》卷六《秦始皇本纪》,第245、236页。
② 同上书,第236、239、254、245、247页。
③ 《史记》卷一三〇《太史公自序》,第3303页。
④ 《荀子·儒效》"法后王,一制度,隆礼义而后杀《诗》《书》;……是雅儒者也"。(梁启雄《荀子简释》,中华书局1983年版,第93页)据此,"雅儒近于法家"。杨向奎:《大一统与儒家思想》,第34页。
⑤ 战国秦君名号变更与内外政治秩序的发展,参见孙闻博《秦君名号变更与"皇帝"的出现——以战国政治秩序的演进为中心》,未刊稿。

诸侯"政治模式，而且涵盖秦以降的"皇帝—郡县"政治模式。① 《史记》卷一六《秦楚之际月表》序言曾谈到这样的内容，以往向少为人注意：

> 昔虞、夏之兴，积善累功数十年，德洽百姓，摄行政事，考之于天，然后在位。汤、武之王，乃由契、后稷修仁行义十余世，不期而会孟津八百诸侯，犹以为未可，其后乃放弑。秦起襄公，章于文、缪、献、孝之后，稍以蚕食六国，百有余载，至始皇乃能并冠带之伦。以德若彼，用力如此，盖一统若斯之难也！②

末句以"一统"涵括，不仅包括虞、夏，含有商、周，而且是将秦纳入其中一并而言的。换言之，虞夏、商周以德，嬴秦以力，虽依凭途径有异，然在实现"一统"的政治目标上，恰前后相续，构成连续发展的序列。

四 复归"大一统"：汉承秦制到上接周统的再次转变

秦末汹涌的反抗浪潮中，陈胜、项羽、刘邦先后崛起，并由后者再造帝业，完成了又一次统一，所谓"拨乱诛暴，平定海内，卒践帝祚，成于汉家"③，"天下属汉"④。田余庆指出"当渊源于楚的汉王刘邦东向与诸侯盟主楚王项羽交锋之时，他确实是不期而然地居于当年秦始皇灭六国的地位。客观形势要求居关中的刘邦之楚消灭居关东的项羽之楚，步秦始皇的后尘，再造帝业。这又出现了反秦而又不得不承秦的问题，出现了以后的汉承秦制，首先而又最根本的是承秦帝制"，"非承秦不能立汉"⑤。

---

① "并天下"偏重事实意义的揭示，"大一统"则更偏重理念和文化层面的界定。后者的包容性某种程度反映了名称与所对应功能的疏离。
② 《史记》卷一六《秦楚之际月表》，第759页。
③ 同上。
④ 《史记》卷一五《六国年表》，第758页。
⑤ 田余庆：《说张楚——关于"亡秦灭楚"问题的探讨》（原刊《历史研究》1989年第2期），收入所著《秦汉魏晋史探微》（重订本），中华书局2004年版，第27、29页。

而且，可以补充的是，义帝早先被项羽放杀，汉同样是在"天子已绝"的形势下，通过攻灭包括西楚在内东方诸侯而肇建新功。因此，汉帝国就所创功业而言，一如秦而使用"并天下"。《史记》卷九九《刘敬叔孙通列传》记"汉五年，已并天下，诸侯共尊汉王为皇帝于定陶，叔孙通就其仪号"。① 流传至今汉瓦，时见有"汉并天下"的文字。② 后世并有"秦吞列国，汉并天下"③ 语。不过，李开元研究刘邦集团的发展与汉帝国建立，指出西汉立国之初，刘邦皇权是有限皇权；"在西汉初年，汉帝国是一个在汉朝的政治主导下的有统一的法制的四级制国家联合体"。"这样一种形式和内容的政治体制，是不同于秦始皇所开创的全面郡县制的统一帝国的。"④ 因此，汉"承秦"仍称"并天下"，但"海内为郡县"、"皆为郡县"、"以诸侯为郡县"的超迈前代之语，无复得见。

日本学界历来关注战国秦汉时期的"天下"观与"大一统"问题。近年，阿部幸信在谷中信一等学者研究基础上⑤，探讨了"天下一统"与汉的"天下安定"，"天下安定"下的秩序特征，以及从"天下安定"到"中国一统"的发展。他指出"尽管司马迁将汉高祖的功业，与秦始皇一样称作'并天下'，但却从未使用描绘秦代的'一统'词汇，在这一点，秦与汉正可作为对比。取而代之的是，《史记》在记述汉初朝廷与诸侯王国的整体秩序时，屡屡使用'天下安定'一词"，"自武帝元朔年间（西元前128—123年）至元封年间（西元前110—105年）前后，汉朝剥夺

---

① 《史记》，第2722页。
② 俞伟超：《汉长安城西北部勘查记》，《考古》1956年第5期，第22页；冉云艳：《中国古代瓦当研究》第二章，博士学位论文，中国社会科学院研究生院，2002年，第67页。冉云艳提到目前发现相关瓦当"当心乳钉外有凸弦纹一周，边轮内亦有凸弦纹一周。双线界格将当面分为四区，每区内各饰一字，阳文篆书'汉并天下'。多为传世品，考古发现较少，仅在汉长安城建章宫遗址出土一件"。因建章宫始筑于武帝太初元年，毁于新莽地皇元年，俞伟超指出"瓦当的年代在武昭之际的可能最大，晚于宣帝以后的可能性极为微小"。
③ 《魏书》卷九五"序"，中华书局标点本1974年，第2041页。
④ 李开元：《汉帝国的建立与刘邦集团：军功受益阶层研究》，生活·读书·新知三联书店2000年版，第249—250、第254页。
⑤ 谷中信一：《戰國時代後期における"大一統"思想の展開》，收入《日本中国学五〇年記念論集》，東京，汲古書院，1998年；又收入《齊地の思想文化展開と古代中国の形成》，東京，汲古書院，2008年，转引自阿部幸信《论汉朝的"统治阶级"——以西汉时期的变迁为中心》，王安泰译，《台大东亚文化研究》2013年第1期，第65页。

了诸侯王国名实的独立性,完成'海内一统'"。① 稍后,阿部氏又略微修正了相关意见,认为"经历对匈奴战争之前的汉所主导的'一统'范围,被称为'中国'","武帝封禅后的汉被描摹为'一统海内'的存在。在以上两种表现有别的'一统'之间,持续推进的乃是与诸侯王国内诸侯化相关的制度改革……这些措施无疑导致了'海内一统'局面的出现"。② 上述所论,多予人以启发,值得后续研究者重视。

在此基础上,我们还注意到,相较上古以来的历史传统,汉人观念中的"一统"涵义,抑或未多更新。陆贾《新语·怀虑》云"故管仲相桓公,诎节事君,专心一意,身无境外之交,心无欹斜之虑,正其国如制天下,尊其君而屈诸侯,权行于海内,化流于诸夏,失道者诛,秉义者显,举一事而天下从,出一政而诸侯靡。故圣人执一政以绳百姓,持一概以等万民,所以同一治而明一统也"。③ 王利器注转引《文选》曹子建《求自试表》李善注"《尚书大传》曰:'周公一统天下,合和四海。'然一统,谓其统绪"。④《说苑·指武》言"是以《春秋》先京师而后诸夏,先诸华而后夷狄。及周惠王,以遭乱世,继先王之体,而强楚称王,诸侯背叛。欲申先王之命,一统天下……"⑤《汉书》卷九九中《王莽传中》"天无二日,土无二王,百王不易之道也。汉氏诸侯或称王,至于四夷亦如之,违于古典,缪于一统。其定诸侯王之号皆称公,及四夷僭号称王者皆更为侯"⑥,虽比附周制,然从一侧面仍反映"一统"的内涵。故汉帝国之建立,仍然可称"一统"。⑦ 至若《史记》卷九七《郦生陆贾列传》陆贾出使南越,以语赵佗"皇帝起丰沛,讨暴秦,诛强楚,为天下兴利

---

① 阿部幸信:《漢初"郡国制"再考》,《日本秦漢史学会会報》第9号,2008年,第57—65、69—75页;阿部幸信:《论汉朝的"统治阶级"——以西汉时期的变迁为中心》,《台大东亚文化研究》2013年第1期,第67—70、79—83页。
② [日]阿部幸信:《汉初天下秩序考论》,徐冲译,吕静校,《史林挥麈:纪念方诗铭先生学术论文集》,上海古籍出版社2015年版,第130—131页。
③ (汉)陆贾著,王利器校注:《新语校注》卷下,中华书局1986年版,第132页。
④ 同上书,第134页。
⑤ (汉)刘向撰,向宗鲁校注:《说苑校证》卷一五,中华书局1987年版,第369—370页。
⑥《汉书》,第4105页。
⑦ 依此理解,汉初以来固然可称"一统",然"并天下"的表述习惯是否早至汉初,抑或晚至武帝始多见,反而有待考量。

除害，继五帝三王之业，统理中国。……政由一家，自天地剖泮未始有也"①，"统理中国"，《汉书》卷四三《陆贾传》作"统天下，理中国"②，相应而不会使用"并天下"一语。

武帝统治时期，西汉进入盛世。汉廷不仅征伐四夷，拓展疆域，而且"罢黜百家，表章六经"，行封禅，改制度。周"大一统"的旧有理念，在儒学复起后反而更得尊崇。武帝时，董仲舒言"《春秋》大一统者，天地之常经，古今之通谊也。今师异道，人异论，百家殊方，指意不同，是以上亡以持一统"③。他在《三代改制质文》中释《春秋》"王正月"，称"王者必受命而后王。王者必改正朔，易服色，制礼乐，一统于天下，所以明易姓，非继人，通以己受之于天也"④。武帝以来"一统"较"并天下"使用渐多，是值得注意的现象。《史记》史例为《太史公自序》："是岁天子始建汉家之封，而太史公留滞周南，不得与从事……太史公执迁手而泣曰：'……今汉兴，海内一统，明主贤君忠臣死义之士，余为太史而弗论载，废天下之史文，余甚惧焉，汝其念哉。'"⑤ "是岁"，为武帝元封元年（前110）。又，《建元以来侯者年表》"况乃以中国一统，明天子在上，兼文武，席卷四海，内辑亿万之众，岂以晏然不为边境征伐哉"⑥。《汉书》较早用例之一为《武帝纪》元朔六年（前123）六月诏"今中国一统而北边未安，朕甚悼之"⑦。更值得注意的，乃是班固撰《汉书》卷一三《异姓诸侯王表》。序文前半部分对前引《史记》卷一六《秦楚之际月表》序，多有参择：

> 昔《诗》《书》述虞夏之际，舜禹受禅，积德累功，洽于百姓，摄位行政，考之于天，经数十年，然后在位。殷周之王，乃繇卨稷，修仁行义，历十余世，至于汤武，然后放杀。秦起襄公，章文、缪、献、孝、昭、严，稍蚕食六国，百有余载，至始皇，乃并天下。以德

---

① 《史记》卷九七《郦生陆贾列传》，第2698页。
② 《汉书》卷四三《陆贾传》，第2112页。
③ 《汉书》卷五六《董仲舒传》，第2523页。
④ （清）苏舆撰，钟哲点校：《春秋繁露义证》，中华书局1992年版，第185页。
⑤ 《史记》卷一三〇《太史公自序》，第3295页。
⑥ 《史记》卷二〇《建元以来侯者年表》，第1027页。
⑦ 《汉书》卷六《武帝纪》，第173页。

"并天下":秦统一的历史定位与政治表述 21

若彼,用力如此其(艱)〔囏〕难也。……古世相革,皆承圣王之烈,今汉独收孤秦之弊。……故据汉受命,谱十八王,月而列之,天下一统,乃以年数。讫于孝文,异姓尽矣。①

对照之下,内容基本一致,唯文字略有增减。其中,《秦楚之际月表》叙秦之事后,"以德若彼,用力如此,盖一统若斯之难也"句,《异姓诸侯王表》作"以德若彼,用力如此其(艱)〔囏〕难也"。可以看到,这里删去了"一统"语。而在随后叙秦暴政速亡而汉创未有之奇业后,交代制作体例:"故据汉受命,谱十八王,月而列之,天下一统,乃以年数。"此较《秦楚之际月表》,结构亦相近,却又添增有"天下一统"语。东汉初年,儒学思想已据统治地位。在鼓吹儒学思想的班固等人眼中,虞夏、殷周之后的秦政虽历史影响巨大,或不符合周"大一统"的理念。② 在主流政治叙述中,汉才是接续五帝三王之业而复现"一统"的盛朝。③

秦灭六国、完成统一后,在上古"大一统"古史叙事下欲"功盖五帝",称"并天下"。它或许不曾想到,"承秦"而复称"并天下"的汉,在随后的历史演进中不仅转而重视"一统"的政治表达,而且还将秦从这一政治谱系中排除了出去。

汉代以来,"大一统"的政治理念相沿不衰,影响深远。而这一理念在早期历史发展中看似明晓,然个中委婉曲折,晦暗不明。相关辨析探

---

① 《汉书》卷一三《异姓诸侯王表》,第363—364页。
② 目前所见汉代唯《焦氏易林》对秦使用了"一统"语,《焦氏易林》卷二《大畜之第二十七》"离"卦、《坎之第二十九》"剥"卦、卷四《旅之五十六》"泰"卦,均作"延陵适鲁,观乐太史。车轔白颠,知秦兴起。卒兼其国,一统为主",丛书集成初编据学津讨原本排印,中华书局1985年版,第121、134、261页。后世《旧唐书》卷二八《音乐志》有"及始皇一统,傲视百王"语,中华书局标点本1975年版,第1039页。
③ 《史记》卷一三〇《太史公自序》"维我汉继五帝末流,接三代(统)〔绝〕业",第3319页;《汉书》卷二五下《郊祀志下》"赞曰:'……刘向父子以为帝出于《震》,故包羲氏始受木德,其后以母传子,终而复始,自神农、黄帝下历唐虞三代而汉得火焉。故高祖始起,神母夜号,著赤帝之符,旗章遂赤,自得天统矣。昔共工氏以水德间于木火,与秦同运,非其次序,故皆不永。……'"第1270—1271页;《汉书》卷二下《律历志下》"太昊帝"条"《祭典》曰:'共工氏伯九域。'言虽有水德,在火木之间,非其序也。任知刑以强,故伯而不王。秦以水德,在周、汉木火之间。周人迁其行序,故《易》不载",第1012页。而新莽定五德,秦同样被列入闰统。参见顾颉刚《五德终始说下的政治和历史》,《顾颉刚全集》之《顾颉刚古史论文集》卷二,第401—405页。

讨，或有助于对增进秦统一及帝国建立的认识，也希望能为周秦变革及汉政转变的相关研究，提供一些新的启示。

（作者单位：中国人民大学国学院。原载《史学月刊》2018年第9期）

里耶"取鲛鱼"简与秦统一初期的文化建构

李 斯　李笔戎

近年公布的里耶秦简中,有一枚公文简的内容较为独特,或可称为"取鲛鱼简"。与一般官文书不同的是,该简文主要反映的行政过程是迁陵县向其下辖乡(启陵乡)征询某类特殊水产品,以及启陵乡守对此事的回复。迄今为止,类似的文书在秦汉简牍中似尚不多见,因而颇有探讨的必要。这条珍贵的秦代行政记录,不仅反映出当时人们对某些特殊物种与水产品分类的认知程度,而且可能与秦王朝的重大政治事件有密切关系。对其相关问题进行探讨,或许将有助于增进秦汉政治文化与秦汉水生物种分布的认识。

一　简文内容及其所反映的问题

为方便起见,我们先将此简文移录如下,再作解释和论述。

卅五年八月丁巳朔己未启陵乡守狐敢言之廷下令书曰取鲛鱼与⏌
山今卢鱼献之问津吏徒莫智·问智此鱼者具署⏌
物 外 以书言·问之启陵乡吏黔首官徒莫智敢言之·户(正)
曹 (8-769正)
八月□□□邮人□以来ノ□发　□手(背)(8-769背)①

---

① 湖南省文物考古研究所编:《里耶秦简(壹)》,文物出版社2012年版,第50页。

简文分正、背两面，主要内容都集中于正面。有的字原未释出，陈伟、何有祖等先生在《里耶秦简校释》（下文简称《校释》）中予以补释，并作了标点和校释。据此，简文正面内容整理后标点如下：

> 卅五年八月丁巳朔己未，启陵乡守狐敢言之：廷下令书曰取鲛鱼与山今盧（鲈）鱼献之，问津吏、徒莫智（知）。·问智（知）此鱼者具署物色，以书言。·问之启陵乡吏、黔首、官徒，莫智。敢言之。户①

其中"物色"原释作"物外"，当从《校释》改释作"物色"。简文中的"物色"，可以理解为"鲛鱼与山今盧鱼"的具体形状及其特殊表征。众所周知，"敢言之"是秦汉行政运作中上行文书的惯用套语。实际上，该简文应是启陵乡守"狐"对"廷下令书"的回复，而"廷下令书"的主要内容应即"取鲛鱼与山今盧鱼献之"，但因"问津吏、徒莫智"，故上级官府进一步要求"问智此鱼者具署物色"，并以公文形式上报。

简文背面字迹虽漫漶不清，但依稀可见"八月"、"邮人□以来"、"狐手"等字样——由此透露出一个重要信息，这份公文是通过"邮人"这一特殊方式来传送的。而根据张家山汉简的相关规定，汉代"邮人"传递的一般是比较紧急而重要的官文书。如《二年律令·行书律》："令邮人行制书、急书，复，勿令为它事。……书不急，擅以邮行，罚金二两。……书不当以邮行者，为送告县道，以次传行之。……诸狱辟书五百里以上，及郡县官相付受财物当校计者书，皆以邮行。"②所谓"制书"，《史记·秦始皇本纪》载始皇二十六年群臣议"帝号"之言："臣等昧死上尊号，王为'泰皇'。命为'制'，令为'诏'，天子自称曰'朕'。"《集解》引蔡邕曰："制书，帝者制度之命也，其文曰'制'。"③《汉书·高后纪》也提到汉惠帝崩，太后"临朝称制"，颜师古注："天子之言，一曰制书，二曰诏书。制书者，谓为制度之命也。非皇后所得称。今吕太

---

① 参见陈伟主编《里耶秦简牍校释（第一卷）》，武汉大学出版社2012年版，第222页。
② 张家山二四七号汉墓竹简整理小组：《张家山汉墓竹简〔二四七号墓〕》（释文修订本），文物出版社2006年版，第45—47页。
③ 《史记》卷六《秦始皇本纪》，中华书局标点本1959年版，第237页。

后临朝行天子事,断决万机,故称制诏。"① 由此可知,汉代"邮人"传递的官文书中,又以"制书"最为尊贵,因其来源为"天子之言"。故《二年律令·行书律》特别提出,承担此类特殊任务的"邮人",可以享受相应优待。而对于"书不急"却"擅以邮行"的情况,也作出了明确的处罚规定。有学者通过对里耶秦简相关"邮人"简文的研究,推测秦代的情况也大概如此,并认为"除一些紧急必须交邮人专办的文书之外,多数文书是由下级吏员、一般民众,甚至隶臣妾递送的"。② 对此,王子今先生也指出:"可见当时的邮传制度,主要是为传递紧急文书和重要信息服务的。"③ 从已经公布的里耶秦简来看,以"邮人"传递的文书总数相对较少,可能与这一传递方式的特殊用途和重要程度有关。

那么,这样一份看起来似乎并不十分紧急的官文书,为何会通过"邮人"的特殊方式予以传递?其原因可能与所"献"之物是呈献给皇帝的贡品有关。简文开头所谓"卅五年",应即秦始皇三十五年(前212),其时秦始皇已经基本完成统一大业,并已开始使用作为最高统治者专属称谓的"皇帝"名号。《里耶秦简(壹)》有数处关于地方"献"物的简文,其呈献对象应为秦始皇本人。例如,在排序上紧邻"取鲛鱼"简,编号为8—768的简文提到"四时献"(部分释文参考《校释》,下同):

卅三年六月庚子朔丁未迁陵守丞有敢言之守府下┘四时献者上
吏缺式曰放式上今牒书应┘书者一牒上敢言之(正)
六月乙巳旦守府即行　履手(背)(8-768)④

从简文内容推断,所谓以"四时献者上"当为"守府"下达的行政命令,其最终的呈献对象,当然也不可能仅止于"守府"。先秦时期就已存在以四时献物供奉君王的制度,如《史记·苏秦列传》载苏秦说楚威王之言:"臣闻治之其未乱也,为之其未有也。患至而后忧之,则无及已。故愿大王蚤孰计之。大王诚能听臣,臣请令山东之国奉四时之献,以承大王之明

---

① 《汉书》卷三《高后纪》,中华书局标点本1962年版,第95页。
② 参见于振波《里耶秦简中的"除邮人"简》,《湖南大学学报》2003年第3期。
③ 参见王子今《邮传万里——驿站与邮递》,长春出版社2004年版,第39页。
④ 湖南省文物考古研究所编:《里耶秦简(壹)》,第50页。

诏，委社稷，奉宗庙，练士厉兵，在大王之所用之。"① 由此推知，能够令"山东之国奉四时之献"的，只可能是平息战乱、完成统一的新帝王，而这一伟业，也确实在秦始皇执政期间得以实现。简 8-768 与简 8-769 不仅编号相近，而且文意相关，或许可以为我们理解"四时献者"与"取鲛鱼与山今盧鱼献之"两者之间的联系提供更多线索。

与地方"献"物有关的，还有同出于第八层简牍的简 8-1022，明确提到"献冬瓜干鲶鱼"。② 值得注意的是，另有一处提到"献鸟"的简文：

廿八年七月戊戌朔乙巳启陵乡赵敢言之令＝启陵捕献鸟明渠⏌
雌一以鸟及书属尉史文令输文不冒受即发鸟送书削去⏌ 其名以
予小史适＝弗敢受即罾适 └已有道船中出操栭以走□□□谒⏌
罾赵谒上狱治当论＝敢言之令史上见其罾赵（正）
七月乙巳启陵乡赵敢言之恐前书不到写上敢言之／貝手。
七月己未水下八刻□□□以来／敬手　貝手（背）（8-1562）③

所谓"献鸟"，可能也有较为悠久的传统。《礼记·曲礼》："献鸟者佛其首，蓄鸟者则弗佛也。"依据注者的解释，其中"佛"当作"拂"，因鸟喙能伤人，故"献鸟者"需"拂其首"，"蓄鸟者"则无此必要了。先秦时已存在诸侯向天子"贡献"鸟兽的制度，且有专人负责管理进贡的鸟兽。例如，《周礼·夏官》有"射鸟氏"，又有"罗氏"，后者具体职掌为："掌罗乌鸟。蜡，则作罗襦。中春，罗春鸟，献鸠以养国老，行羽物。"④ 此外还有"掌蓄"，其具体职掌为："掌养鸟而阜蕃教扰之。祭祀，其卵鸟。岁时贡鸟物，共膳献之鸟。"⑤ 而关于掌管鸟兽之"罗氏"，《礼记·郊特牲》则作"大罗氏"，述其职掌为："天子之掌鸟兽者也，诸

---

① 《史记》卷六九《苏秦列传》，第 2260 页。
② 湖南省文物考古研究所编：《里耶秦简（壹）》，第 58 页。
③ 同上书，第 77 页。
④ （清）孙诒让撰，王文锦、陈玉霞点校：《周礼正义》，中华书局 1987 年版，第 2448—2449 页。
⑤ 同上书，第 2452—2453 页。

侯贡属焉。草笠而至，尊野服也。"① 《周礼》中有关"罗氏"以"岁时贡鸟物"的具体职掌，或与前引简文以"四时献者"存在一定联系。而细察简文可知，某些特殊水产与鸟类，应在"四时献者"范围之内。

耐人寻味的是，简文所谓"捕献鸟"，虽是地方吏员奉上峰之命的行政行为，但在具体执行过程中，却发生了在公文中将直接责任人"削去其名"的特殊情况，其背后的动机与深层原因还值得进一步研究。

此外，《里耶秦简（壹）》还有一些与"献"有关的简文，例如：

下临沅请定献枳构程＝　巳（8-855）
□守绕出以为献（8-933）
□县所献而不（8-954）
献泰迁陵守丞陵□为为
为为为（背）（8-1438）②

上述简文除 8-1438 有较大可能是习字简，其余简的内容应当也与地方"献"物的制度及其实行情况有关。其中，《校释》认为简 8-933 可与简 8-891 和简 8-2204 缀合，则所"献"之物为："锦缯一丈五尺八寸。"③ 从目前公布的《里耶秦简（壹）》来看，所有关于"献"的简牍都出于第八层，且存在编号相邻、文意密切相关的简例，恐怕并不仅仅是偶然。

二 "鲛鱼"与"蛟龙"

关于简文中的"鲛鱼"，早期文献中存在一些不同解释。而对相关内容的考察，又与"取鲛鱼"简的性质及文书具体意图的判定直接相关。

东汉许慎《说文解字》明确指出"鲛"为"海鱼"。《说文解字》："鲛：海鱼，皮可饰刀口，从鱼，交声。"段玉裁注："今所谓沙鱼，所谓沙鱼皮也。许有鲨字，云从沙省，盖即此鱼。"④ 段注提到《说文》另收

---

① （清）孙希旦撰，王星贤、沈啸寰点校：《礼记集解》，中华书局1989年版，第697页。
② 湖南省文物考古研究所编：《里耶秦简（壹）》，第53、55、56、70页。
③ 陈伟主编：《里耶秦简牍校释（第一卷）》，第243页。
④ （汉）许慎撰，（清）段玉裁注：《说文解字注》，上海古籍出版社1988年版，第580页上栏。

有"鲛"字,应与"鲛"同义,即后世通常所说的"沙鱼"或"鲨鱼"。因其皮质坚韧,可以用于武器装备的制造。《史记·礼书》:"楚人鲛革犀兕,所以为甲,坚如金石。"① 除此之外,《史记·礼书》又提到"鲛鱼皮"的装饰功能:"天子大路越席,所以养体也;……寝兕持虎,鲛韅弥龙,所以养威也。"《史记集解》引徐广曰:"鲛鱼皮可以饰服器,音交。韅者,当马腋之革,音呼见反。"《史记索隐》也说:"鲛韅者,以鲛鱼皮饰韅。韅,马腹带也。"② 由"鲛鱼皮"可用于天子乘舆的装饰来看,可能在秦汉时期开始即被视为较为珍稀的鱼种。据唐代《通典·食货六》记载,当时临海郡、永嘉郡、漳浦郡和潮阳郡均有鲛鱼皮上贡,有学者据此指出,后世"鲛鱼皮"的加工技术在东海和南海领域已较为成熟。③

古代文献中也记载了"鲛鱼"在药用等方面的价值。五代韩保升云:"鲛鱼皮:'主蛊气,蛊疰方用之,即装刀靶鱼皮也。'《唐本注》:'出南海,形似鳖,无脚而有尾。'《蜀本图经》云:'鲛鱼,圆广尺余,尾长尺许,惟无足,背皮粗错。'"④ 而后世关于"鲛鱼"食用价值的继续开发,亦见于李时珍《本草纲目》:"有二种,皆不类鳖,南人通谓之沙鱼,大而长喙如锯者曰胡沙,性善而肉美。小而皮粗者曰白沙,肉强而有小毒,彼人皆盐作脩脯,其皮刮治去沙,剪作脍为食,品美味,食益人,其皮可饰刀靶。"⑤《校释》提到里耶秦简8-1705有"干鲈鱼",《后汉书·方术列传》记载了在当时被视为珍馐水产的"松江鲈鱼"⑥,这两种"鲈鱼"的共同点应当主要在于其食用价值。

由于尚未见到与"取鲛鱼"简内容相关的简文,我们尚不能完全排除这样一种可能性:即简文所谓要求地方"取鲛鱼与山今盧鱼献之"的行政命令,可能包含有考察其食用价值及其他特殊用途的考虑。但细察简文,有"问津吏、徒莫智(知)"等语。所谓"津吏",秦汉史籍或称"津史",应是负责管理津渡的官员。从出土汉简数据看,"津关"往往连

---

① 《史记》卷二三《礼书》,第1164页。
② 同上书,第1162—1163页。
③ 洪纬:《中国古人对鲨鱼认识的演变》,《中国农史》2014年第4期。
④ (后蜀)韩保升撰,尚志钧辑复:《蜀本草》,安徽科学技术出版社2005年版,第467页。
⑤ (明)李时珍撰,陈贵廷等点校:《本草纲目》,中医古籍出版社1994年版,第1034页。
⑥ 《后汉书》卷八二下《方术列传》,中华书局标点本1965年版,第2747页。

称，史籍亦多见。因此，王子今先生认为"津吏"之职能似与"关吏"同，主要是检查、控制出入经过津渡的人员，维护津渡通行秩序。① 由此推想，"津吏"因其职责所在，应当对其管辖区域范围内的水产物种知识具备一定的了解。如果简文提到的"鲛鱼"与"山今盧鱼"均属一般的食用鱼类，似乎很难理解为何当地"津吏"会对此一无所知，甚至闻所未闻。

关于简文中的"鲛鱼"，《校释》称为"一种大鱼"，并引《史记·秦始皇本纪》所载方士徐市之言："蓬莱药可得，然常为大鲛鱼所苦，故不得至，愿请善射与俱，见则以连弩射之。"《校释》又引《淮南子·说山训》高诱注："鱼二千斤为鲛。"这确实很容易使人联想到秦始皇最后一次"出游天下"时，亲自入海射杀"巨鱼"的历史表演。其直接动机，竟是为了寻求"不死"之"仙药"。"取鲛鱼"简提到的"卅五年"，应即始皇三十五年（前212）。当时已经基本完成统一大业的秦始皇，其兴趣开始转向求仙与长生。而大约在此时，一批以"富贵"为主要人生追求的海上"方士"逐渐聚集在始皇身边，怂恿其寻求"不死之药"，事见《史记·秦始皇本纪》：

> 三十七年十月癸丑，始皇出游。……方士徐市等入海求神药，数岁不得，费多，恐谴，乃诈曰："蓬莱药可得，然常为大鲛鱼所苦，故不得至，愿请善射与俱，见则以连弩射之。"始皇梦与海神战，如人状。问占梦，博士曰："水神不可见，以大鱼蛟龙为候。今上祷祠备谨，而有此恶神，当除去，而善神可致。"乃令入海者赍捕巨鱼具，而自以连弩候大鱼出射之。自琅邪北至荣成山，弗见。至之罘，见巨鱼，射杀一鱼。遂并海西。②

在"方士"与"博士"的描述中，"大鲛鱼"被称为阻碍求仙活动的海中"恶神"，其中自有神秘主义的观念影响。但细察上下文，方士徐市等人口中的"常为大鲛鱼所苦"，在占梦博士的描述中却变成了"以大鱼蛟龙为候"。这似乎在提示我们："鲛鱼"与"蛟龙"之间，是否存在一定

---

① 王子今：《秦汉称谓研究》，中国社会科学出版社2014年版，第164—165页。
② 《史记》卷六《秦始皇本纪》，第260—263页。

联系？

　　《说文》："蛟，龙属，无脚曰蛟。从虫，交声。池鱼满三千六百，蛟来为之长，能率鱼而飞。置笱水中，即蛟去。"有《说文》研究者认为"按蛟或作鲛。然鲛者鱼名，其字不相代也"。① 但据前引《史记·秦始皇本纪》可知，"鲛"与"蛟"当为一物，或说至少是颇为近似的物种。

　　在先秦两汉文献中，还可以找到不少"鲛"与"蛟"互通的例子。如《后汉书·郑太传》提到"孟贲之勇"，李贤注引《说苑》曰："孟贲水行不避鲛龙，陆行不避虎狼，发怒吐气，声响动天。"② 此处提到"水行不避鲛龙"，在更早的文献中多作"水行不避蛟龙"。如《庄子·秋水》："夫水行不避蛟龙者，渔父之勇也；陆行不避兕虎者，猎夫之勇也。"③ 传世本《说苑》似无此句，但据《说苑佚文辑补》，此处则作"水行不避蛟龙"。④ 由此可知，"鲛龙"即是"蛟龙"。

　　然而，历代也有学者并不认同此说，并主张"蛟"与"鲛"判然有别。例如《汉书·司马相如传上》："其中则有神龟蛟鼍，毒冒鳖鼋。"注引张揖曰："蛟状鱼身而蛇尾，皮有珠。鼍似蜥蜴而大，身有甲，皮可作鼓。毒冒似蝳蟗，甲有文。鼋似鳖而大。"师古曰："张说蛟者，乃是鲛鱼，非蛟龙之蛟也。"⑤ 似乎在颜师古看来，此处"鲛鱼"与"蛟龙"或系两物。但在《汉书·司马相如传下》提到"勇期贲育"时，颜师古又说："孟贲，古之勇士也，水行不避蛟龙，陆行不避豺狼，发怒吐气，声响动天。"⑥ 是亦以"鲛龙"为"蛟龙"之一名。相同的例证还见于《史记·司马相如列传》，《史记正义》也作"水行不避蛟龙"。⑦ 可见在唐人看来，"鲛"与"蛟"当为一物，且两字在行文中可互通，已是较为普遍接受的观点。故唐人著作中也明确提到："鲛鱼，今作蛟。"⑧ 可视为汉唐

---

① （汉）许慎撰，黄勇译：《说文解字》（全注全译版），中国戏剧出版社2008年版，第1873页。

② 《后汉书》卷七〇《郑太传》，第2259页。

③ （清）王先谦撰，沈啸寰点校：《庄子集解》，中华书局1987年版，第146页。

④ （汉）刘向撰，向宗鲁校证：《说苑校证》，中华书局1987年版，第542页。

⑤ 《汉书》卷五七上《司马相如传上》，第2538页。

⑥ 《汉书》卷五七下《司马相如传下》，第2590页。

⑦ 《史记》卷一一七《司马相如列传》，第3054页。

⑧ （唐）玄应：《一切经音义三种校勘合刊》（修订本），上海古籍出版社2012年版，第96页。

文献中相关例证的典型代表。

一般来说，"蛟"在传统文化中留存的多为兴风作浪、危害人间的妖物形象。有学者考察蛟的灾害形象，指出其危害主要包括两个方面："其一是残害人及家畜；其二是兴风作浪，引发水灾。"① 因此，为避免蛟之为害，古人多有"伐蛟"之举。例如，《吕氏春秋》高诱这样解释《礼记·月令》"季夏，命渔师伐蛟"中的"伐蛟"二字："蛟有鳞甲，能害人，难得，故言'伐'也。"② 魏晋时期在长江中下游流域广泛流传的"周处除三害"故事，也可视为"伐蛟"传统的延续，事见《晋书·周处传》：

> 周处，字子隐，义兴阳羡人也。父鲂，吴鄱阳太守。处少孤，未弱冠，膂力绝人，好驰骋田猎，不修细行，纵情肆欲，州曲患之。处自知为人所恶，乃慨然有改励之志，谓父老曰："今时和岁丰，何苦而不乐耶？"父老叹曰："三害未除，何乐之有！"处曰："何谓也？"答曰："南山白额猛兽，长桥下蛟，并子为三矣。"处曰："若此为患，吾能除之。"父老曰："子若除之，则一郡之大庆，非徒去害而已。"处乃入山射杀猛兽，因投水搏蛟，蛟或沉或浮，行数十里，而处与之俱，经三日三夜，人谓死，皆相庆贺。③

《世说新语·自新》亦载此事。时人以周处与蛟、虎并称为"三害"，不仅强调其危害之大，且更彰显其"自新"之难能可贵。

先秦古籍又可见"射蛟"故事。如《公孙龙子·迹府》："龙闻楚王张繁弱之弓，载忘归之矢，以射蛟兕于云梦之圃，而丧其弓。"④ 古代帝王的"射蛟"风习，至汉武帝时尚有留存。《汉书·武帝纪》："（元封）五年冬，行南巡狩，至于盛唐，望祀虞舜于九嶷。登灊天柱山，自寻阳浮江，亲射蛟江中，获之。"⑤ 关于此处的"蛟"，颜师古注："许慎云'蛟，龙属也'。郭璞说其状云似蛇而四脚，细颈，颈有白婴，大者数围，

---

① 陈桂权：《"伐蛟"弭灾思想的历史演变及实践》，《中华文化论坛》2013年第2期。
② 许维遹撰，梁运华整理：《吕氏春秋集释（上）》，中华书局2009年版，第130页。
③ 《晋书》卷五八《周处传》，中华书局标点本1974年版，第1569页。
④ （战国）公孙龙撰，谭业谦译注：《公孙龙子译注》，中华书局1997年版，第55页。
⑤ 《汉书》卷六《武帝纪》，第196页。

卵生，子如一二斛瓮，能吞人也。"从"蛟"的生活习性与体貌特征来看，可能其原型即来源于在我国长江流域都有较广泛分布的鳄鱼。

由此推想，秦始皇与汉武帝射杀的"巨鱼"，实为兴风作浪的水中"恶神"——蛟。所谓"鲛鱼"，其实就是"蛟鱼"。

三 秦皇汉武"射鲛"故事的文化象征

史籍所见秦皇汉武"射蛟"故事，不但是古代帝王"射蛟"风习的延续，而且暗含执政合法性宣传的政治文化象征意义。前引汉武帝"射蛟"史事，是其在元封年间举行封禅仪式的环节之一，这显然并非出行途中临时起意，而是有意安排的结果。所谓"封禅"的意义，《汉书·武帝纪》注引孟康说："王者功成治定，告成功于天。"① 如果仔细考察汉武帝在位期间完成的各项事业，可以发现绝大多数都完成于元封年间以前。因此，此时的汉武帝有理由认为自己已经"功成治定"，应当"告成功于天"了。正如田余庆先生所说："元封是一个具有特定意义的年号，它是以举行封禅典礼而得名的。"② 这与秦始皇在完成统一大业后，多次"出游天下"，并在途中"立石刻，颂秦德，明得意"等一系列行为颇有相似之处。③

然而，尽管汉武帝在元封年间已经基本完成了历史赋予他的使命，但也应当看到，元封年间已经出现了较大的社会险象。如《汉书·石庆传》："元封四年，关东流民二百万口，无名数者四十万，公卿议欲请徙流民于边以适之。"④ 因此，汉武帝在元封年间的"射蛟"与"封禅"等一系列政治表演，还不能简单等同于统治初期的执政合法性宣传，而更是出于"转变政策"等现实需要而作出的稳固统治之举。

王子今先生指出，秦始皇基于大一统初期的帝国文化建构考虑，为其执政合法性宣传作出过一定程度的努力。⑤ 如果从所谓"受命"之说来考察秦汉政治文化，或许还可以找到一些例证。例如，《史记·秦始皇本

---

① 《汉书》卷六《武帝纪》，第191页。
② 田余庆：《论轮台诏》，《秦汉魏晋史探微》（重订本），中华书局2004年版，第32页。
③ 《史记》卷六《秦始皇本纪》，第244页。
④ 《汉书》卷四六《石庆传》，第2197页。
⑤ 王子今：《秦始皇议定"帝号"与执政合法性宣传》，《人文杂志》2016年第2期。

纪》所记"欲求周鼎泗水"之事:"始皇还,过彭城,斋戒祷祠,欲出周鼎泗水。使千人没水求之,弗得。乃西南渡淮水,之衡山、南郡。浮江,至湘山祠。逢大风,几不得渡。上问博士曰:'湘君何神?'博士对曰:'闻之,尧女,舜之妻,而葬此。'于是始皇大怒,使刑徒三千人皆伐湘山树,赭其山。"① 作为正统皇权象征意义的"周鼎",其对于秦始皇的政治吸引力是不言而喻的。而从秦始皇在巡游途中求鼎不得,随即便前往湘江流域的出游路线来看,似乎也存在继续寻找所谓"受命"证据的可能性。"取鲛鱼"简所留存的秦代行政记录,可能也与秦始皇的相关政治实践有一定联系。

关于"取鲛鱼"简提到的"山今盧鱼",《校释》认为"应是鲈鱼的一种",但我们由此仍无法对两者之间的联系进行更为透彻的说明。值得注意的是,秦汉文献中曾有湘江流域出现"大鱼"的记载。贾谊《新书·修政语上》曾提及黄帝"入江内取绿图",注引《艺文类聚》卷十一引《河图挺佐辅》:"黄帝乃祓斋七日,至于翠妫之川,大鲈鱼折溜而至,五色毕具。鱼泛白图,兰叶朱文,以受黄帝,名曰录图。"而注释者以为贾文之"江"即沩水,"其源在今湖南宁乡县,注入湘江"。② 纬书中多见黄帝受"大鲈鱼"所献"录图"的传说,自有其神秘主义色彩。而在后世一些文献中,"大鲈鱼"也作"大鲈"或"大鱼"。尽管纬书相关记载的年代要稍晚于秦,但也有学者认为,类似的说法可能在秦汉时期或更早就已经出现。如《易图明辨》卷一:"按《隋志》云'济南伏生之传,唯刘向父子所著《五行传》是其本法。'歆以《洛书》为文字,盖亦本伏生。伏生尝为秦博士,习闻古训,《洛书》即九畴,必三代以来相传之学,非臆说也。"③ 类似的记载可能都有着更早的史料来源。

关于汉武帝"射蛟"的具体地点,可能也与湘江流域的水产分布有关。《汉书·武帝纪》载武帝元封五年冬"行南巡狩,至于盛唐,望祀虞舜于九嶷"。文颖曰:"案《地理志》不得,疑当在庐江左右,县名也。"韦昭曰:"在南郡。"师古曰:"韦说是也。"九嶷即在今湖南零陵境内。

---

① 《史记》卷六《秦始皇本纪》,第248页。
② (汉)贾谊撰,阎振益、钟夏校注:《新书校注》,中华书局2000年版,第363页。
③ (清)胡渭撰,郑万耕点校:《易图明辨》,中华书局1985年版,第23页。

而《武帝纪》又说"登灊天柱山,自寻阳浮江,亲射蛟江中,获之。"应劭曰:"灊,音若潜。南岳霍山在灊。灊,县名,属庐江。"文颖曰:"天柱山在灊县南,有祠。灊音岑。"师古曰:"灊,音与潜同。应说是。"①关于秦皇汉武"射蛟"处的地望,年代稍晚的《水经注·湘水》又有这样的说法:"湖中有君山、编山,君山有石穴,潜通吴之包山,郭景纯所谓巴陵地道者也。是山,湘君之所游处,故曰君山矣。昔秦始皇遭风于此,而问其故博士。曰:湘君出入则多风。秦王乃赭其山。汉武帝亦登之,射蛟于是山。"②秦皇汉武"射蛟"具体地点及其巡游路线的一致性,值得相关研究者留意。而"射蛟"等历史表演与执政合法性宣传,可能存在较为密切的内在联系。

如果再考虑到秦尚"水德"的政治含义,似乎不应忽视所谓"大鲈鱼"授命黄帝传说与"射蛟"记载的政治文化象征意义。

(作者单位:湘潭大学历史系;湘潭大学文学与新闻学院)

---

① 《汉书》卷六《武帝纪》,第196页。
② (北魏)郦道元撰,陈桥驿校证:《水经注校证》,中华书局2007年版,第898页。

魏冉封陶与秦统一战略

尚宇昌

秦统一的战略、进程与意义,是战国秦汉史研究的重要论题,学界已有较多成果,但相关研究多较为宏观。这里将秦国的封君制与秦统一战略联系起来,以对列国之间政治形势的变化和陶地地缘格局的讨论为基本面向,魏冉封陶在秦统一战略与进程中所占的地位与发挥的作用,是这里需要揭示的问题。

魏冉封陶,以往多认为是其贪图陶之富庶①,但通过对魏冉封陶前后的国际形势与秦对外战略的梳理,可以看到经济收入并非秦封魏冉于陶的唯一导向因素。

一者,陶悬隔于外,运输成本巨大。汉文帝时欲令列侯就国,言曰"今列侯多居长安,邑远,吏卒给输费苦"②,以此比之魏冉,亦可认为"穰侯居咸阳,邑远,吏卒给输费苦",陶税收虽多,然而运抵咸阳也有较大的运费支出。破黥布后,刘邦徙涿侯郦商为曲周侯,食户仅益封一百户,但曲周位于今河北曲周县东北,涿位于今河北涿州,曲周至长安比涿至长安减短路程约300公里,运输成本大为降低,也是刘邦赏功的体现。

二者,陶为山东腹地,局势难测。七国之乱时"长安中列侯封君行从军旅,赍贷子钱",但放贷者"以为侯邑国在关东,关东成败未决,莫肯与"③。陶处齐魏之间,魏冉之为政,秦国正以拒齐伐魏为略,日夜东

---

① 杨宽:《战国史》,上海人民出版社2016年版,第287、407页。
② 《史记》卷一〇《孝文本纪》,中华书局标点本2014年版,第535页。
③ 《史记》卷一二九《货殖列传》,第3980页。

向，以至于有"秦七攻魏，五入囿中"①之事，关东形势也正当"成败未决"之时。穰侯越周、韩、魏而有陶，欲取得稳定的经济收入风险极大。陶悬远于外，又深陷山东腹地，若仅为钱财计，魏冉大可向紧邻关中、"东贾齐、鲁，南贾梁、楚"②的洛阳地区进取，这样既能减少运输成本，又容易获得关中的军事支援，后来商人出身的吕不韦正封于此。③

三者，魏冉封陶不符合秦国封君分布地域常例。战国秦封君多分布在秦之边境附近，如商君之地北接关中、吕不韦之国西临函谷、应侯之封近乎南阳，甚至魏冉之穰也在武关道的出口处。齐灭宋前夕，秦王亦有"宋王无道……寡人地绝兵远，不能攻也"④的措辞。在这种背景下，秦封魏冉于陶显示出强烈的非经济导向因素。

地理被视为历史研究的"四把钥匙"之一，从地理形势入手是研究历史的重要途径。陶之富庶，得益于其"天下之中"的位置而"交易有无之路通"。⑤但"天下之中"的便利条件除带来繁荣的贸易外，还具有极高的政治军事价值，不容忽视。⑥

一　秦"任魏冉为政"与伐魏战略的重启

秦统一战略始于伐魏。在秦国的东进过程中，魏国一直扮演着重要的角色。秦国时而伐魏、时而联魏，秦魏关系的变化往往体现出秦统一战略的调整。从秦孝公开始到秦昭王时期，秦国的对魏战略经历了伐魏、联魏、再伐魏的变化。

秦自孝公时便已开启伐魏战略，一直持续到秦惠文王中期。从秦孝公元年（前361）至秦惠文王三年（前322），该阶段时长约40年。

---

① 《史记》卷四四《魏世家》，第2247页。
② 《史记》卷一二九《货殖列传》，第3963页。
③ 对于洛阳地区的经济地位及吕不韦封河南事的讨论，参见王子今《论吕不韦及其封君河南事》，《洛阳工学院学报（社会科学版）》2002年第1期，收入氏著《战国秦汉交通格局与区域行政》，中国社会科学出版社2015年版，第9—19页。
④ 《战国策》卷三〇《燕策二》，上海古籍出版社1985年版，第1080页。
⑤ 《史记》卷四一《越王勾践世家》，第2114页。
⑥ 关于陶"天下之中"地理形势的讨论，参见史念海《释〈史记·货殖列传〉所说的"陶为天下之中"——兼论战国时代的经济都会》，《河山集》，生活·读书·新知三联书店1963年版，第110—130页。

秦孝公初年，"楚、魏与秦接界"，"秦僻在雍州，不与中国诸侯之会盟，夷翟遇之"。① 楚有商於，北出则至关中腹地，魏更突入河西，直接对秦国中枢地区构成威胁，商鞅即有过"秦之与魏，譬若人之有腹心疾，非魏并秦，秦即并魏"② 的论断。为摆脱这种困境，秦孝公时期的对外方针以魏、楚为事，以减轻二者对关中的直接压力。故秦在孝公之世多次攻魏，意图将魏国势力逐出关中平原；又取商於并封商鞅于此，显示出秦在东南方向丹水沿线的进取态势。③ 取商於后，来自楚国的威胁暂时消除，但魏之河西地却仍是秦国君臣的燃眉之患。故对于此时的秦国而言，在秦与魏、楚的矛盾中，秦魏矛盾为主要矛盾、近期矛盾，秦楚矛盾为次要矛盾、远期矛盾。这也决定了该阶段秦国的对外战略以伐魏为主。孝公晚期，秦魏竞争愈趋激烈，魏为逢泽之会，又驱宋卫等十二诸侯朝天子"以西谋秦"④，秦亦针锋相对，"使太子驷率戎狄九十二国朝周显王"⑤，释放出积极对抗魏国的政治信号。秦孝公时期的伐魏战略，目的在于收复河西，以"复穆公之故地"⑥，消除魏国在关中平原对秦国的威胁。其时魏已迁都大梁并与齐争雄，无暇西顾，以是秦攻多有所得。

秦惠文君继位后，河西地仍在魏国手中，秦之魏患仍未消除。故惠文君前期延续了孝公时的对外战略，亦以伐魏为虑。并通过对中条山、小秦岭之间"河外"地区及河东盆地西北部⑦的攻略，企图从南北两个方向合围河西，并切断魏河东、大梁对河西地的支援。如果说惠文君初年"商鞅虽死，秦法未败"的话，这时秦国的对外战略也可以形容为"孝公既殁，伐魏不改"。桂陵、马陵之战后，惠施相魏而主张联齐，魏王遂"身

---

① 《史记》卷五《秦本纪》，第255页。
② 《史记》卷六八《商君列传》，第2713页。
③ 孙闻博：《秦据汉水与南郡之置——以军事交通与早期郡制为视角的考察》，曾磊等编《飞軨广路：中国古代交通史论集》，中国社会科学出版社2015年版，第47页。
④ 《战国策》卷一二《齐策五》，第442页。
⑤ 《后汉书》卷八七《西羌传》，中华书局标点本1965年版，第2876页。马非百系此事于秦孝公二十年（前342），杨宽认为"此年秦因周显王致伯，诸侯毕贺。是年戎狄九十二国亦来朝，秦因按逢泽之会之例，率以朝见天子"。马非百：《秦集史》，中华书局1982年版，第49页；杨宽：《战国史料编年辑证》，上海古籍出版社2016年版，第397页。
⑥ 《史记》卷五《秦本纪》，第256页。
⑦ 《史记》卷五《秦本纪》："（秦惠文君）九年，渡河取汾阴、皮氏。……围焦，降之。"今按：皮氏位于今山西河津市，汾阴位于河津市西南，均在黄河东岸，临河，为河东地区西北门户；焦位于今河南三门峡市附近，为中条山、小秦岭所夹黄河河段东端。见《史记》，第260页。

抱质执璧，请为陈侯臣"①，韩亦随之。魏韩之君"北面而朝田侯"②，在中原地区形成了以齐国为核心的齐魏韩三国军事集团，并与楚、赵连年战斗。在这种国际形势下，秦惠文君采纳张仪"与魏以劲之"的建议，助魏攻楚，实际上旨在夺取魏之河西地。结果"魏兵罢弊，恐。畏秦，果献西河之外"。③ 至此秦国完成了孝公时"复穆公之故地"的战略目标，暂时消除了魏国对关中平原的威胁。④ 随后秦国归还之前所攻占的焦、曲沃（今河南三门峡市西南）等地予魏国。秦魏对抗局面有所缓和。秦国据有河西、商於，秦君亦已亲政约十年，意欲称王并得到各国的认可。营造一个有利的国际环境成为秦君臣面临的主要问题，故在此期间的数年内秦国未与外界发生大规模军事对抗。秦魏矛盾至此告一段落。

自秦惠文王中期开始秦国转向联魏，秦魏相善的局面维持到秦武王末年。从秦惠文王三年（前322）至秦武王四年（前307），该阶段时长约16年。

齐魏韩军事集团与楚、赵的对抗一直持续到五国相王之后。楚怀王六年（前323），楚破魏于襄陵并欲伐齐，齐王因陈轸为和⑤，次年"齐客陈豫贺（楚怀）王"⑥。楚破魏而齐来贺，标志着齐魏韩军事同盟的解体。齐魏相离，秦于是开始在张仪的策划下拉拢魏国。是年张仪相魏，魏离齐而善秦。秦惠文王三年"韩、魏太子来朝"⑦，秦魏韩军事集团宣告成立。秦国的对外政策由伐魏转向联魏。此后虽然三国集团也曾经历过解体，但最终成功复合并伐楚败齐，魏国成为秦增强本国在中原地区影响力的中介。要之，为解决河西问题，秦惠文君初年延续了孝公时的伐魏战略；在取得河西地后，秦转向联合魏国而进攻齐、楚、赵，目的在于增强秦国在

---

① 《战国策》卷六《秦策四》，第259页。
② 《战国策》卷八《齐策一》。《史记》卷七五《孟尝君列传》则称"韩、魏服于齐"。《战国策》，第317页；《史记》，第2859页。
③ 《战国策》卷三《秦策一》，第123—124页。
④ 关于春秋战国时期秦晋、秦魏争夺河西地区的探讨，可参姚双年《秦魏"河西"之争与当地的水陆交通》，《文博》1989年第6期。
⑤ 《史记》卷四〇《楚世家》，第2075页。鄂君启节作"大司马邵（昭）阳败晋师于襄陵之岁"，见《殷周金文集成》（修订增补本）12110号器，中华书局2007年版，第6601—6602页。
⑥ 湖北省荆沙铁路考古队：《包山楚简》，文物出版社1991年版，第17页。
⑦ 《史记》卷五《秦本纪》，第261页。

中原地区的影响力和话语权,提高秦国的国际地位;秦魏韩军事集团是其达成此战略目标的重要媒介。秦惠文王联合魏韩的战略取得了相当的成功。与秦孝公初年相比,秦国的核心地区虽然仍"僻在雍州",但秦国"不与中国诸侯之会盟,夷翟遇之"的历史一去不返,尤其在惠文王晚期秦灭蜀后,秦国成为列国竞争中不可忽视的一股势力。这一点从秦武王即位之初"韩、魏、齐、楚、赵皆宾从"① 的国际形势中即可窥知一二。

秦武王继位之初以樗里疾、甘茂为左右丞相,樗里疾母家为韩②,甘茂善魏③。秦武王初年会魏王于应、会韩王于临晋④,意味着新政府延续了先王联合魏韩的政策,且有意巩固秦与魏韩之间的军事同盟关系。然而,秦武王着意收大臣之权,增强君主集权,改变了以往"群臣比周以蔽其上,大臣为诸侯轻国"的局面,使得"贵贱不相事,各得其位,辐凑以事其上","大臣不敢为诸侯轻国"、"诸侯不敢因群臣以为能"而"外内不相为"⑤,秦王本人的意图能够发挥更重要的作用,秦国的对外战略也更加符合本国利益。是时秦已并河西、蜀地、商於,与韩、魏、楚接壤。魏国为武王外家,秦楚亦有姻亲,秦武王时大臣向寿即为楚人,同为楚人的魏冉在武王时也"任职用事"⑥。魏、楚皆强而韩弱,秦欲扩张,可伐者唯韩而已。武王三年(前308),秦王谓甘茂曰:"寡人欲容车通三川,窥周室,死不恨矣。"⑦ 遂打破秦魏韩军事同盟,遣甘茂"约魏以攻韩宜阳"⑧,翌年拔之。秦攻宜阳引起了楚国的担忧,于是楚"畔秦而合

---

① 《史记》卷五《秦本纪》,第263页。"赵"原作"越",《集解》引徐广曰"一作赵"。今按:越国悬远于秦,且此时正在应付楚国的兼并,秦惠文王在位时秦、越之间也没有发生战争、会盟、朝聘等联系,当以"赵"是,盖"赵(趙)"、"越"形近而讹。

② 《新序·杂事》:"樗里子及公孙子,皆秦诸公子也,其外家韩也。"(汉)刘向编著,石光瑛校释,陈新整理:《新序校释》卷二,中华书局2001年版,第178页。

③ 《战国策》卷二六《韩策一》:"公孙郝党于韩,而甘戊党于魏",鲍本"戊"作"茂",甘戊即甘茂。《战国策》,第955页。

④ 《史记》卷一五《六国年表》,第884页。

⑤ 《战国策》卷二八《韩策三》,第1022页。

⑥ 《史记》卷七二《穰侯列传》,第2821页。

⑦ 《史记》卷五《秦本纪》,第263—264页。

⑧ 《战国策》卷一八《赵策一》,第622页。

于韩"①,并在秦武王末期形成了"秦人援魏以拒楚,楚人援韩以拒秦"②的斗争格局,呈现出秦魏对抗楚韩之势。总言之,秦武王继位初期迫于国内外压力,着意于维持和巩固秦魏韩军事集团,保持秦国在惠文王时期取得的国际地位;但随着王权的加强,以及扩张需求的增长,秦武王最终改变了惠文王时期联合魏韩的战略而重视联魏伐韩。不过无论是联合魏韩还是联魏伐韩,秦武王时期秦国的对魏政策仍以亲善为主。

秦魏亲善以抗楚韩的局面,随着秦昭王的即位被打破。魏冉为政,秦国重新回到伐魏战略上。

秦武王以其四年绝膑而死,诸弟争立。秦国国内主要有三大政治势力左右着新王的人选:一派亲魏,以惠文后、武王后、甘茂为代表;一派亲韩,以樗里疾为代表;一派亲楚,以宣太后、魏冉为代表。诸弟争立的结果是"唯魏冉力为能立昭王",秦昭王即位后"以冉为将军,卫咸阳",并以"严君疾为相"③,显示出以亲楚一派为核心,亲楚、亲韩的两派达成合作,并取得对亲魏一派的初步胜利,致使甘茂出走。昭王二年(前305)亲魏一派试图发起反击,史载"庶长壮与大臣、诸公子为逆,皆诛,及惠文后皆不得良死。悼武王后出归魏"④,"昭王诸兄弟不善者皆灭之"⑤。此次内乱中,亲韩、亲楚两派联合起来击败亲魏一派并血腥镇压异己者,标志着秦国自惠文王中期以来的亲魏战略破产并使秦、魏走向对立。昭王二年之乱,看似仅为秦王之位的争夺,但继承人之争背后往往有着境外势力的身影。昭王之立也是如此。武王末年秦魏为亲,楚韩为亲,彼此对抗。秦昭王之立显示出楚韩联盟的胜利,盖秦武王死后魏失秦重,无力独自应付楚韩联盟的逼迫。其后向寿相秦而主张伐韩,杨宽谓"向寿于是由于楚怀王之推荐,得补甘茂之缺。此后即不见樗里疾用事。盖疾

---

① 《战国策》卷四《秦策二》,第156页。
② 《战国策》卷七《秦策五》,第269—270页。
③ 《史记》卷七二《穰侯列传》,第2821页;《史记》卷五《秦本纪》,第265页。
④ 《史记》卷五《秦本纪》,第265页。"庶长壮与大臣、诸公子为逆"原作"庶长壮与大臣、诸侯、公子为逆",《穰侯列传》索隐引《秦本纪》作"庶长壮与大臣公子为逆",泷川资言:"古抄本无'侯'字,今据正。《史记》卷七二,第2822页;[日]泷川资言:《史记会注考证》,上海古籍出版社2015年版,第293页。
⑤ 《史记》卷七二《穰侯列传》,第2822页。本传《索隐》引《纪年》:"秦内乱,杀其太后及公子雍、公子壮。"

已虚拥相名,国事已由宣太后自治,而命魏冉、向寿任事矣"①,则是亲楚一派又排挤掉了亲韩一派而独控朝局。昭王三年(前304)"楚及秦伐郑纶氏"②,次年(前303)秦又取韩之武遂③,即是亲韩一派在秦国失势的表现。直至昭王五年(前302)韩太子婴朝秦④,秦、韩才复为与国。

需要指出的是,秦自孝公时开启伐魏战略,其目的在于自保;秦昭王即位后伐魏战略重新确立,形式上是其时隔近二十年后的回归,但此时秦国的战略目的在于进取与扩张,性质已有不同。

昭王初立,"宣太后自治",秦"任魏冉为政"⑤ 而与楚韩相善,伐魏战略在秦国得以重启。秦昭王二年秦击皮氏⑥,这是秦昭王继位后的对外首战⑦,而新时期秦国的伐魏战略也在此时拉开序幕。据统计,魏冉为政四十余年间秦国对外攻略目标中,魏国占到了35%,韩国则占23%,这样的比例或可说明一定问题:

列国受秦攻击次数对照表⑧

国别	韩国	魏国	楚国	赵国	齐国	燕国	总计
次数	8	12	7	4	3	0	34
比例	23%	35%	21%	12%	9%	0%	100%

二 拒齐伐魏:陶宋之地对秦国东进的重要性

陶地战国时属宋,为宋地近卫者。陶、宋又与卫合称为"陶卫"、

---

① 杨宽:《战国史料编年辑证》,第683页。
② 《后汉书》卷六一《黄琼传》李贤注引《纪年》,见《后汉书》,第2032页。
③ 《史记》卷一五《六国年表》,第885页。
④ 《史记》卷四五《韩世家》:"(韩襄王十年)太子婴朝秦而归。"《史记》,第2267页。
⑤ 《史记》卷七二《穰侯列传》,第2822页。
⑥ 《史记》卷一五《六国年表》系"秦击皮氏"于秦昭王元年(前306),据睡虎地秦简《编年记》:"(昭王)二年,攻皮氏。"这里秦简所记秦昭王二年(前305)为是。《史记》,第885页;睡虎地秦墓竹简整理小组:《睡虎地秦墓竹简》,文物出版社1990年版,第3页。
⑦ 《战国策》卷二四《魏策三》:"攻皮氏,此王之首事也。"《战国策》,第883页。
⑧ 表格改自卢鹰《穰侯魏冉新论》,《人文杂志》1998年第3期。原注:表中数字主要是根据《史记》中的有关本纪、世家、列传及年表和云梦秦简《编年记》统计而来,有的可能略有出入但大体不会偏差。

"宋卫"等，以其地处中原中心、交通发达，向来为兵家必争之地。范蠡去越后适齐，又"间行以去，止于陶"，"以为此天下之中，交易有无之路通，为生可以致富矣"。① 陶位于"天下之中"，北通卫、赵，东接齐、鲁，南连宋、楚，西迫魏、韩，战略价值十分重要。学者研究指出战国时期列国都城的迁徙呈现出向中原靠拢的趋势。② 或者可以说，关东各国均有向陶卫之地靠拢的趋势③：魏都自安邑迁至大梁；赵都自晋阳迁至中牟（后迫于魏、齐压力而北迁至邯郸，但邯郸较晋阳而言仍近于陶卫）；韩都经历了平阳—宜阳—阳翟—新郑的迁移，一步步向东接近陶卫；楚失江汉平原后并未徙都至易守之淮南，而是迁往淮北之陈。是各国皆欲加强对中原的控制，以求进可迫人国、退而易得救。因此宋、卫成为各国拉拢攻伐的焦点。

齐重宋，魏重卫。卫在大梁东北，失卫则大梁东面无险可守；宋在齐之西南，扼泰山、琅琊之路，失宋则齐西南难以保全。故战国时期对于宋、卫的争夺，主要发生在齐、魏之间：魏惠王十五年（前356）鲁卫宋韩朝于魏，形成以魏为核心的中原军事集团，赵、齐亦拉拢宋国而会于平陆，翌年（前355）魏即"侵宋黄池"作为对宋持两端的惩罚。④ 同年赵欲对魏施加压力，遂伐卫⑤，一度造成"卫危于累卵"⑥ 的局面。次年（前354）魏即围邯郸，并征师于宋。⑦ 下年（前353）宋卫又倒向赵、齐，并与齐国合围魏之襄陵。⑧ 其后宋国多作为齐国之与国参加军事行

---

① 《史记》卷四一《越王勾践世家》，第2114页。关于"天下"、"天下之中"的讨论，参见王子今《战国秦汉交通格局与区域行政》，第7—9页；游逸飞《四方、天下、郡国——周秦汉天下观的变革与发展》，硕士学位论文，台湾大学，2009年，第67—70页。

② 王子今：《战国秦汉交通格局与区域行政》，第21页。

③ 学者已经注意到战国时代的人们常以"陶卫"并称，见史念海《释〈史记·货殖列传〉所说的"陶为天下之中"——兼论战国时代的经济都会》，《河山集》，第121页。

④ 《史记》卷一五《六国年表》，第871—872页。

⑤ 《水经·济水注》引《纪年》："梁惠成王十六年邯郸伐卫，取漆、富丘城之。"（北魏）郦道元注，杨守敬、熊会贞疏，段熙仲点校，陈桥驿复校：《水经注疏》，江苏古籍出版社1989年版，第711—712页。

⑥ 《战国策》卷六《秦策四》，第259页。

⑦ 《史记》卷一五《六国年表》，第872页；《战国策》卷三二《宋卫策》，第1152页。

⑧ 《水经·淮水注》引《纪年》："梁惠成王十七年，宋景敾、卫公孙仓会齐师围我襄陵。"《水经注疏》，第2537页。

动,如马陵之战后齐宋伐魏之东鄙①;而卫国在魏、秦的多次进攻下沦为魏之与国②,以至有"卫矢而魏弦机也"③的比喻。宋国最终为齐国所灭,但领土大部分被魏国占领;卫国领土亦被魏国占领,但其祀灭于秦。司马迁作《六国年表》,未按领土归属的标准将宋世系置于魏国栏中,也未按所灭国的标准将卫世系置于秦国栏中,而是将宋世系附于齐国栏中,将卫世系附于魏国栏中,这样的书写方式值得注意。

陶宋对于秦国的价值,集中体现在秦昭王前期的五国攻秦战役中。

昭王初年秦以睦楚攻魏为略,而齐欲为纵长,不欲秦楚相合。秦昭王七年(前300)韩太子婴死,韩国内部亲齐、魏的公叔"内齐军于郑,以劫其君"④,迫使亲秦之公子几瑟出奔,齐魏韩军事集团再度形成。为防三国谋赵,赵武灵王亦制定出"结秦连宋"的外交方针,并令仇郝相宋、楼缓相秦,赵秦宋军事集团成立。但赵以中山为事,宋以扩张为略,两国在秦与齐魏韩之间摇摆不定。当时就有游士敏锐地指出宋国在两大军事集团之间的作用:"仇赫之相宋,将以观秦之应赵、宋,败三国。三国不败,将与赵、宋合于东方以孤秦。亦将观韩、魏之于齐也。不固,则将与宋败三国。"⑤"赫""郝"形近,仇赫即仇郝。可见在彼时的国际格局中,宋国之向背为秦国胜败的关键:宋合于秦,则可以切断齐与魏韩联系而"败三国";宋合于齐,则"孤秦"而形成四国乃至五国伐秦的形势。事态的发展也确如其所料,秦昭王九年(前298)齐魏韩攻秦,"至函谷而军焉"⑥,赵、宋果然"合于东方"而"共攻秦至盐氏"⑦,迫使秦割让出封陵、河外、武遂等地以求和。在此次五国攻秦中,齐国为主力、魏韩

---

① 《水经·泗水注》引《纪年》:"梁惠成王二十九年,齐田肦(按:即田盼)及宋人伐我东鄙,围平阳。"《水经注疏》,第2120—2121页。

② 《史记》卷四三《赵世家》:"(赵肃侯)十五年,起寿陵。"《吕氏春秋》卷一四《孝行览》:"邯郸以寿陵困于万民而卫取茧氏。"彼时赵魏对抗,卫国选择攻取赵地,体现出一定的外交倾向。《史记》,第2171页;许维遹撰,梁运华整理:《吕氏春秋集释》,中华书局2009年版,第326页。

③ 《战国策》卷一二《齐策五》,第428页。

④ (清)王先慎撰,钟哲点校:《韩非子集解》卷一〇《内储说下》,中华书局1998年版,第247页。

⑤ 《战国策》卷一《东周策》,第27页。

⑥ 《史记》卷四五《韩世家》。同书卷四四《魏世家》则径称魏国"与齐、韩共败秦军函谷"。《史记》,第2272、2238页。

⑦ 《史记》卷五《秦本纪》,第265页。

为先锋、宋国为枢纽，秦尽失四国之交，以是大败。这次战役也被认为是"东方诸国合纵攻秦第一次攻入函谷关迫使秦归还重要侵地的胜利"。① 当是时，秦国败于山东，又与楚国因楚怀王入秦不返事件交恶，外交形势较为危急。

五国攻秦后，宋国脱离齐国控制，"灭滕伐薛，取淮北之地"②，成为齐国的心腹大患，齐国的主要矛盾由齐秦矛盾转为齐宋矛盾。秦国则抓住机遇与齐修好，吕礼至齐，齐王"听祝弗，相吕礼，欲取秦"。③ 秦国对外战略由以宋拒齐而身攻魏韩转变为睦齐而攻魏韩，齐国则由合魏击秦转为睦秦攻宋。秦昭王十三年（前294）向寿伐韩，魏佐韩攻秦，两军战于伊阙。昭王十四年（前293）魏冉举白起，使代向寿将而攻韩魏，白起改变战术，"设疑兵以待韩阵，专军并锐，触魏之不意"，结果"魏军既败，韩军自溃"、"败之伊阙，斩首二十四万"。④ 伊阙之战跨越两年⑤，韩魏主力受挫，秦国遂乘胜略取韩魏大片土地，并威胁楚王曰"楚倍秦，秦且率诸侯伐楚"，于是"楚顷襄王患之"，迎妇于秦而与秦平。⑥ 此时秦与齐睦，与楚平，赵则与齐"壹美壹恶，壹合壹离"⑦ 无暇西顾，国际形势对秦伐魏韩十分有利。此后秦国趁齐伐宋之机，攻取魏韩大片土地，入南阳、取武遂、收河东、进击河内⑧，关东均未组织起成规模的抵抗。而数年间秦外交形势由恶转良，齐宋矛盾在其中扮演了重要角色。

陶宋之地对秦国的价值，以及齐宋矛盾对秦国扩张的意义，决定了秦

---

① 杨宽：《战国史》，第405页。
② 《战国策》卷三二《宋卫策》，第1157页。
③ 《战国策》卷一《东周策》，第21页。
④ 《战国策》卷三三《中山策》，第1189页；《史记》卷七二《穰侯列传》，第2823页。
⑤ 睡虎地秦简《编年记》："（秦昭王）十三年，攻伊阑〈阙〉"，"（秦昭王）十四年，伊阑〈阙〉"。见《睡虎地秦墓竹简》，第4页。"十四年，伊阑"，黄盛璋、高敏认为当为"十四年，伊阑陷"，傅振伦认为当为"十四年，拔伊阑"，韩连琪则认为是连上文"十三年，攻伊阑"而省略了"攻"字。黄盛璋：《云梦秦简〈编年记〉初步研究》，《考古学报》1977年第1期；高敏：《云梦秦简初探》（增订本），河南人民出版社1981年版，第115页；傅振伦：《云梦秦墓牒记考释》，《社会科学战线》1978年第4期；韩连琪：《睡虎地秦简〈编年记〉考证》，《中华文史论丛》1981年第1辑，收入氏著《先秦两汉史论丛》，齐鲁书社1986年版，第322—357页。
⑥ 《史记》卷四〇《楚世家》，第2083页。
⑦ 马王堆汉墓帛书整理小组编：《战国纵横家书》，文物出版社1976年版，第9页。
⑧ 《史记》卷四五《韩世家》、卷四四《魏世家》、卷七二《穰侯列传》，第2272、2239、2823页。

国不会真正允许齐国兼并宋国。秦齐联合，齐相韩聂有这样的战略谋划：

> 齐取宋，请令楚梁（梁）毋敢有尺地于宋，尽以为齐。秦取梁（梁）之上党。乾（韩）梁（梁）从，以功（攻）勺（赵），秦取勺（赵）之上地，齐取河东。勺（赵）从，秦取乾（韩）之上地，齐取燕之阳地。三晋大破，而〔攻楚〕，秦取鄢田、云梦，齐取东国、下蔡。使从亲之国如带而已。①

该战略主张秦齐各自向中原扩张，通过纵向领土的推进，达到"使从亲之国如带而已"的目的。这个方案看似兼顾了秦齐双方的利益，但事实上秦国并不希望齐国灭宋：对于齐国来说，无论是击秦还是抗赵、攻楚，魏韩两国都必然是其联合的目标；齐宋矛盾一旦消失，齐秦两强争夺魏韩的历史势必回归，而齐魏韩军事集团也很有可能再次形成。这对秦国而言十分不利。秦的利益在于以宋国牵制齐国，为秦兼并魏韩创造有利的外部条件，在这样的背景下，齐灭宋是秦国所不愿见到的。秦昭王就曾明确指出："吾爱宋，与新城、阳晋同。"②新城在今河南伊川西南，北接周，南通韩；阳晋在今山西芮县西南黄河北岸，与封陵一共构成关中平原东端防线。阳晋以拒魏，新城以拒韩，秦王将宋与新城、阳晋并举，其"爱宋"的目的昭然若揭。

三 魏冉封陶对秦统一战略的意义

在秦昭王统治前期的对外战略中，以宋拒齐、以秦攻魏是基本方针。但这样的规划不久就被宋国的灭亡打破了。秦昭王二十一年（前286）齐灭宋③，宋王死于温。宋亡之时秦国正在攻略韩之夏山。④次年（前285）秦国即调转兵锋率先攻齐，游士称此举为"先出声于天下"。⑤可见宋国

---

① 《战国纵横家书》，第44页。
② 《史记》卷四六《田敬仲完世家》，第2301页。
③ 《史记》卷一五《六国年表》，第890页。
④ 《史记》卷四五《韩世家》："（韩釐王）十年，秦败我师于夏山。"睡虎地秦简《编年记》作"（秦昭王）廿一年，攻夏山"。《史记》，第2272页；《睡虎地秦墓竹简》，第4页。
⑤ 《战国策》卷一八《赵策一》，第607页。

的存亡对秦国而言意义重大。《史记》卷五《秦本纪》载是年"蒙武伐齐河东为九县",中华书局标点本问世之前一般理解为"蒙武伐齐河东,为九县"①,标点本则断作"蒙武伐齐。河东为九县"②,盖因上年魏献安邑而读。若按前一种理解方式,则此时秦攻齐的首战之地不在宋,而在齐之"河东"。齐之"河东"常与"济西"并举,是齐国西部边境,也是齐赵魏等国反复争夺的地区。③ 该地区西连卫国,是临淄与大梁之间最短路线的必经之地,秦国将首先攻取目标定在此地,其目的引人思考。随后各国联合攻齐,败齐于济西而撤兵,秦国趁机攻占了陶地,并将魏冉封于此。④ 陶地未设郡而置封君,盖与秦王所言"地绝兵远",难以直接管理

---

① 杨宽:《战国史料编年辑证》,第861页;又氏著《战国史》,第421页。按:梁玉绳认为"'河东'上疑有脱字",今查宋人苏辙《古史》、黄震《古今纪要》等均为"(蒙武)伐齐,取河东为九县"。《史记》卷一五《六国年表》于是年齐国栏中记"秦拔我列城九",恰与"九县"相合。又,上海古籍出版社1985年版《战国策》卷一九《赵策二》鲍彪注曰"按齐记及表不书秦败齐。唯秦记惠十三年,东攻齐;昭二十二年,伐河东,取九县"云云,"取九县",宋刻本《鲍氏国策》、元本吴师道重校《战国策》皆作"为九县",今本误以"为"作"取"。又,梁玉绳以"蒙武"当为"蒙骜",其说是。(清)梁玉绳:《史记志疑》,中华书局1981年版,第154页;(宋)苏辙:《古史》卷六,宋刻元明递修本,第58页b;(宋)黄震:《古今纪要》卷一,文渊阁四库全书本,第60—61页;《战国策》,第647页;(宋)鲍彪:《鲍氏国策》卷三,宋绍熙二年刻本;(宋)鲍彪校注,(元)吴师道重校:《战国策》卷三,四部丛刊景元至正本,第62页b。
② 《史记》卷五《秦本纪》,第267页。
③ 《战国策》卷一一《齐策四》"有济西则赵之河东危";卷二〇《赵策三》"赵有河北,齐有河东,燕、赵必不争矣";卷二一《赵策四》"得二都,割河东,尽效之于(魏)王";卷二九《燕策一》"济西不役,所以备赵也";等等。《战国策》,第424、682、729、1057页。
④ 《史记》卷五《秦本纪》系魏冉封陶于秦昭王十六年(前291),杨宽引顾观光《七国地理考》:"李兑约五国伐秦后,欲取阴(阴者陶之讹)定封,说穰侯者亦劝之⋯⋯因此言而知冉之未封陶而欲得之也。其后齐灭宋,两年而为五国所破,赵既不取陶,而齐卒亦不能有,穰侯之取陶,在此时与?"并认为"秦自赵王二十二年开始攻齐,至二十六年取得定陶一带,当魏冉三次复为丞相时,陶邑成为其封邑"。今按:秦自昭王二十四年(前283)至二十六年(前281)与三晋交兵数年,并曾攻至魏都大梁,无法越三晋而抢在魏国之前取得陶地。杨宽定魏冉封陶在秦昭王二十六年,其说不确。杨说主要依据《韩非子·定法》所言"穰侯越韩、魏而东攻齐五年,而秦不益尺土之地,乃成其陶邑之封"中的"五年"推算。但《韩非子》重在说理,不重确切的史实;又《韩非子》谓穰侯越韩魏而攻齐日久,秦却"不益尺土之地",与秦昭王二十四年至二十六年间数次攻伐三晋,并"取魏安城"、"拔赵二城"的史实不符,也可说明《韩非子》说理未能严格遵从史实,故不能将《韩非子》所谓的"五年"作为推算穰侯受封时间的依据。秦此时置封君多较为及时,往往甫一扩张即置封君,如秦昭王十五年取宛,十六年取邓,同年即将二城封予公子市、公子悝,魏冉封陶的时间当在秦昭王二十三年至二十四年左右。杨宽观点见氏著《战国史料编年辑证》,第909页。

有关。① 此后史书对河东九县失载，或与陶地一同封予魏冉，以彻底切断齐国西向联魏的通路。

陶国之封，事实上取代了宋国的地位，成为秦国拒齐伐魏方略的东方代理人②，此后齐魏韩军事集团再未结成。在秦国拒齐伐魏的方略中，"拒齐"为必要条件，"伐魏"为最终目的。魏无齐救，秦国加紧了对魏国的兼并：自"（秦昭王）廿四年，攻林"③至大梁开始，"秦七攻魏，五入囿中"，魏氏"边城尽拔，文台堕，垂都焚，林木伐，麋鹿尽，而国继以围……所亡于秦者，山南山北，河外河内，大县数十，名都数百"。④秦以陶拒齐、以秦伐魏的计划取得成功。

苏代劝齐王伐宋时言曰"有陶、平陆，梁门不开"⑤；亦有游士指出，陶国不断扩张而"秦王不问者，何也？以大梁之未亡也"⑥。魏冉为政，秦国以伐魏作为统一战略的基本内容，陶国之封也正是该战略的重要一环。不过需要说明的是，魏冉封陶本不在秦国君臣早期的伐魏战略规划之内。秦昭王初期本以亲楚伐魏为略，但后来秦楚交恶、齐魏联合，在国际形势变化的情况下秦国转向亲齐伐魏，执行韩之谋略，直至齐灭宋前夕，秦国都没有封魏冉于陶的明确规划。齐灭宋导致国际形势剧变，秦国在较短时间内失去了其利益的东方代理人，这是促成魏冉封陶的直接原因。秦统一战略也相应地转向拒齐伐魏。无论是亲楚伐魏、亲齐伐魏，还是拒齐伐魏，魏冉为政期间秦国的对外战略始终没有离开伐魏的主线。而魏冉封陶，则是秦国君臣面对复杂动荡的国际形势，基于国家利益、围绕秦统一战略的基本面向所采取的积极应对措施，也是对统一战争的有益探索和

---

① 崔建华对陶地置郡县与置封君的利弊有精到的分析，并认为"穰侯以陶为基点进行的领土扩张，实际上仍是秦人政治势力的延伸，是秦人对统一事业的一种有益探索……以分封体制扩大东方版图，应当是远交近攻策略的补充，而非其对立面"，对相关问题的理解颇有启发。崔建华：《秦统一进程中的分封制》，《陕西师范大学学报（哲学社会科学版）》2017年第1期，第55页。

② 崔建华也注意到魏冉封陶对秦国的扩张战略有所助益，但崔氏意在陶国扩张的领土也属于秦国的领土，故而陶国之封有助于秦国扩张，理解有所不同。崔建华：《秦统一进程中的分封制》，《陕西师范大学学报（哲学社会科学版）》2017年第1期，第53—56页。

③ 《睡虎地秦墓竹简》，第4页。

④ 《史记》卷四四《魏世家》，第2247页。

⑤ 《史记》卷四六《田敬仲完世家》，第2300页。

⑥ 《战国策》卷二五《魏策四》，第894页。

尝试。

秦昭王三十三年（前274）"魏背秦，与齐从亲"①，三十七年（前270）秦即取刚、寿以益陶②。刚位于今山东宁阳西北，寿位于今山东东平南，以此二城益陶，则陶国之境已逼近临淄。此后齐国便不再与各国联盟而趋向中立③，基本退出了对中原的争夺。

陶国已立，秦国加紧了对魏国的蚕食，但连兵多年也未能灭亡之。范雎代相后，秦国的战略重心由中线转向北线。长平一役，秦赵俱伤，魏公子信陵君合纵五国攻秦，魏国遂趁势掠取了陶卫地区。蔡泽执政后，重新将统一战略的重心拉回中线。继任的吕不韦东向续进，继续向陶卫地区挺进并在此设立东郡。东郡的设置切断了燕赵与魏楚之间的联系。随后秦军兵分两路南北出击，翦灭诸侯，完成了统一。④

结　语

魏冉封陶并不能完全归结于陶地富庶，而是有着深层的政治军事考量。秦昭王继位、魏冉为政，伐魏方略在秦国得以重启。在魏冉主政时期，秦国君臣顺应并利用政治形势的变化，先后采取了联合赵宋、对抗齐魏——以宋拒齐、以秦攻魏——以陶拒齐、以秦伐魏的方案，成功削弱了魏国的力量，并将齐国逐出中原争夺，为秦统一奠定了坚实的基础。魏冉封陶事实上取代了宋国的地位，成为秦国利益的东方代理人，是秦统一战略中的重要一环，对秦统一战略的制定与调整、秦统一战争的进程产生了深远的影响。

（作者单位：南开大学历史学院）

---

① 《史记》卷七二《穰侯列传》，第2826页。
② 《史记》卷一五《六国年表》，第894页。
③ 孙闻博认为："（齐国）既与秦国，又同时与山东五国保持良好关系。此意味着不横不纵，超然于当时国际秩序之外。或与二战时期的瑞士相仿，战国末年齐国所实际追求的，乃是一种诸国认可的中立国地位。"孙闻博：《东郡之置与秦灭六国——以权力结构与郡制推行为中心》，《史学月刊》2017年第9期。对于齐国中立或"孤立"政策的讨论，还可参看林聪舜《齐国的视角——楚汉之际至汉初几个重要阶段的天下变局之诠释》，《清华学报》2017年新47卷第3期。
④ 关于东郡的设置与秦统一战略，参见孙闻博《东郡之置与秦灭六国——以权力结构与郡制推行为中心》。

里耶秦简所见秦统一衡制新证

庄小霞

文献以及传世出土秦权量更多反映了秦兼并天下后统一度量衡制的史实。秦始皇二十六年（前221）初并天下，史载秦采取措施统一全国度量衡、文字等，"一法度衡石丈尺。车同轨。书同文字"。① 为了统一全国度量衡制，秦始皇二十六年（前221）颁布诏书："廿六年，皇帝尽并兼天下诸侯，黔首大安，立号为皇帝，乃诏丞相状、绾，法度量，则不壹，歉（嫌）疑者，皆明壹之。"② 这篇诏书并凿刻或直接浇铸于秦的标准器上，全国各地出土的大量秦权量即为实证。陕西、山西、江苏、山东、辽宁、河北、甘肃等省先后都发现了刻有秦始皇二十六年（前221）的诏书秦权，同时这篇诏书亦制成"诏版"颁发到各地，成为秦朝推行度量衡制统一的重要历史证据。③

然而，里耶秦简中的一条简文则更新且丰富了我们对秦统一度量衡制的认识。里耶秦简简8-109+8-386反映了秦在统一六国过程中，在新占领地即已展开统一衡制的措施，表明秦推行度量衡制统一的措施是伴随着对新占领地的征服。秦始皇二十六年（前221）颁布全国的诏书表明秦在全国推行度量衡制统一的力度，但并不是秦在全国推行度量衡制统一的

---

① 《史记》卷六《秦始皇本纪》，中华书局标点本1959年版，第239页。
② 史树青、许青松：《秦始皇二十六年诏书及其大字诏版》，《文物》1973年第12期。
③ 参见商承祚《秦权使用及辨伪》，《学术研究》1965年第3期；史树青、许青松《秦始皇二十六年诏书及其大字诏版》，《文物》1973年第12期；巫鸿《秦权研究》，《故宫博物院院刊》1979年第4期；齐吉祥《秦度量衡的标准及其它》，《历史教学》1980年第11期；丘光明《商鞅铜方升》，《中国质量技术监督》2001年第6期等。

开始。此外，里耶秦简简 8－109＋8－386 还反映了秦地方机构是如何具体开展衡制统一，即由官府传送度量衡标准器，逐县厘定，简牍内容为我们更加全面了解秦朝推行度量衡制统一提供了重要的新资料。笔者不揣谫陋，试以里耶秦简简 8－109＋8－386 为中心，考辨中国度量衡制史上一段被湮灭的历史，试图复原秦统一衡制历史进程中的一个片段。

一

2002 年 6 月湖南里耶出土大批秦代简牍，内容极其丰富，自公布以来，研究者对里耶秦简展开了包括政治、经济、地理等各方面的研究，同时我们也有幸在里耶秦简中发现如下一枚与秦统一度量衡制历史相关的珍贵简文：

廿五年九月乙酉【朔】☑
日受蓬铁权☑
蓬定以付迁□☑
九月丁亥，蓬丞章□☑ （8－109＋8－386）①

里耶秦简简 8－109＋8－386 简文残断，此前并未引起研究者更多关注。该简由两枚残简拼合而成，"8－109、8－386 二片茬口吻合，拼合处能复原'蓬'字"。②虽然简文残断，但关键字词清晰，完全可以基本复原简文的内容。为了方便讨论，不嫌文烦，下面对简文进行逐句详细考释。

廿五年九月乙酉【朔】☑。

廿五年，应当就是秦王政二十五年，即公元前 222 年。

九月乙酉【朔】，即当年九月乙酉日为初一。里耶秦简中相关简如简 8－439＋8－519＋8－537 载"廿五年九月己丑"，《校释》称"8－109＋8－386 记'廿五年九月乙酉朔'，可知'廿五年九月己丑'为当年九月五

---

① 陈伟主编：《里耶秦简牍校释（第一卷）》（以下简称《校释》），武汉大学出版社 2012 年版，第 64 页。

② 同上。

日"。① 后文又出现"九月丁亥","九月丁亥"即九月初三日。

《史记·秦始皇本纪》记载秦平定楚国的过程,"二十三年,秦王复召王翦,彊起之,使将击荆。取陈以南至平舆,虏荆王。秦王游至郢陈。荆将项燕立昌平君为荆王,反秦于淮南。二十四年,王翦、蒙武攻荆,破荆军,昌平君死,项燕遂自杀。二十五年,大兴兵,使王贲将,攻燕辽东,得燕王喜。还攻代,虏代王嘉。王翦遂定荆江南地;降越君,置会稽郡。五月,天下大酺。"② 秦始皇二十五年(前222)彻底平定楚国,后一年灭掉齐国,秦最终统一天下,"二十六年,齐王建与其相后胜发兵守其西界,不通秦。秦使将军王贲从燕南攻齐,得齐王建"。③ 本简记载的时间"二十五年"即秦平定楚国的当年。

曰受蓬铁权☐。

受,受通"授",《说文·又部》载:"受,相付也。"④ 里耶秦简简8-461载:"受(授)命曰制。"⑤

蓬,县名,属秦洞庭郡。"蓬"又见于里耶秦简简8-1558:

☐☐温与养隶臣获偕之蓬传,及告畜官遣之书季有☐(正)
☐急封此。(背)⑥

本简及简8-1558中的"蓬",《校释》均指出"似为县名"。⑦ 蓬县,《汉书·地理志》无载,但新披露的里耶秦简第九层简9-712+9-758不仅进一步证实蓬为县名,并且"可证'蓬'为洞庭郡属县之一"⑧,其简文如下:

---

① 陈伟主编:《里耶秦简牍校释(第一卷)》,第149页。
② 《史记》卷六《秦始皇本纪》,第234页。
③ 同上书,第235页。
④ (汉)许慎撰,(清)段玉裁注:《说文解字注》,上海古籍出版社1981年版,第160页。
⑤ 陈伟主编:《里耶秦简牍校释(第一卷)》,第156页。
⑥ 同上书,第358页。
⑦ 同上书,第64页。
⑧ 游逸飞、陈弘音:《里耶秦简博物馆藏第九层简牍释文校释》,简帛网,2013年12月22日。

> 六月壬午朔戊戌，洞庭叚守骑下囗听书从事。临沅
> 下窠（索）、门浅、零阳、上衍，各以道次传。别书临
> 沅下洞庭都水，蓬下铁官。
> 皆以邮行。书到，相报；不报，追。临沅、门浅、零阳、
> 上衍、囗言书到，署兵曹发。/如手。道一书．以洞庭候印【行事】（正）
> 迁陵报，酉阳署主令发。
> 急报，零阳金布发，恒署丁四，
> 酉阳报，充署令发。
> 七月己未水十一刻，刻下十，都邮人囗以来/囗发（背）①

简9-712+9-758内容指出洞庭郡守下发文书给临沅、窠（索）、门浅、零阳、上衍、蓬等地，简文中还提到迁陵、酉阳、充等县，以上所举各县除蓬县外其余都已证实为洞庭郡属县②，蓬县很可能也是洞庭郡属县。《汉书·百官公卿表》载："县令、长，皆秦官，掌治其县。万户以上为令，秩千石至六百石。减万户为长，秩五百石至三百石。皆有丞、尉，秩四百石至二百石，是为长吏。"③ 县设丞、尉，本简所载"蓬丞"也应该就是蓬县县丞，"蓬"为县名。

考虑到秦汉文书传递方式，通常是相邻县道之间的逐次传递，如里耶秦简简5-6载"☐☐☐而☐☐☐☐以次传"④、简8-657载"新武陵别四道，以次传"⑤，《校释》说："以次传，按文书送达方向，在相邻县道间转相递送。"⑥ 该简后文又言铁权由"蓬定"之后再交付迁陵，是否蓬县和迁陵县这两县在传递铁权时也是"以次传"？如果确实是这样的话，那么迁陵和蓬很可能就是洞庭郡内相邻两县，这里虽先存猜测，但可能性

---

① 游逸飞、陈弘音：《里耶秦简博物馆藏第九层简牍释文校释》，简帛网，2013年12月22日。
② 庄小霞：《〈里耶秦简（壹）〉所见秦代洞庭郡、南郡属县考》，《简帛研究（二〇一二）》，广西师范大学出版社2013年版。
③ 《汉书》卷一九上《百官公卿表》，中华书局标点本1962年版，第742页。
④ 陈伟主编：《里耶秦简牍校释（第一卷）》，第8页。
⑤ 同上书，第193页。
⑥ 同上书，第9页。

极大。

铁权，《汉书·律历志》载："衡权者，衡，平也，权，重也，衡所以任权而均物平轻重也。"① 此处当指秦官府批准的标准砝码或秤锤，属于衡器，研究者习惯称之为秦权。秦权出土记载，最早见于颜之推《颜氏家训·书证》："开皇二年五月，长安民掘得秦时称权，旁有铜涂，镌铭二所：其一所曰，'廿六年，皇帝尽屏［并］兼天下诸侯，黔首大安，立号为皇帝。乃诏丞相状、绾，法度量，则不壹，歉疑者，皆明壹之。'凡四十字。其一所曰，'元年，制诏丞相斯、去疾，法度量，尽始皇帝为之者，皆囗［有］刻辞焉，今袭号，而刻辞不称始皇帝，其于久远也，如后世为之者，不称成功盛德。刻此诏，［故刻］左，使毋疑。'凡五十八字，一字磨灭，现有五十七字，了了分明。"② 近几十年来全国各地亦不断发现秦权③，"秦权出土地点，北至辽宁敖汉旗、河北围场及山西左云，东至山东海边文登，西至甘肃秦安，南至江苏盱眙，铜、铁、石、陶皆有出土"④。出土秦权的材质有铜、铁、石、陶等，本简中称"铁权"表明其材质为铁。本简所说的"铁权"应当是秦"铁权"之名在出土简牍中首见，秦权实物在全国各地的出现，从一个方面反映秦平定六国后全力推行度量衡制统一的史实，而里耶秦简简 8-109+8-386 则第一次从出土简牍的角度提供了秦统一度量衡制的资料。

本句简文以现在所能看到的残简来看，"受蓬铁权"意为"交付给蓬县铁权"。还有另一种解读，"受蓬铁权"即"接受蓬县铁权。"

蓬定以付迁囗☑。

蓬，即蓬县，考释见上。

---

① 《汉书》卷二一上《律历志》，第 969 页。
② 参见商承祚《秦权使用及辨伪》，《学术研究》1965 年第 3 期；巫鸿《秦权研究》，《故宫博物院院刊》1979 年第 4 期。
③ 全国各地出土秦权的情况，参见吴连城《山西左云县出土秦权介绍》，《文物参考资料》1957 年第 8 期；《江苏盱眙东阳公社出土的秦权》，《文物》1965 年第 11 期；蒋英炬、吴文祺《山东文登发现秦代铁权》，《文物》1974 年第 7 期；敖汉旗文化馆《敖汉旗老虎山遗址出土秦代铁权和战国铁器》，《考古》1976 年第 5 期；石枢砚《河北省围场县又发现两件秦代铁权》，《文物》1979 年第 12 期；李洪甫《赣榆发现秦代铁石权》，《文物》1987 年第 8 期；邓城宝《宝丰发现秦始皇诏书衡器——铁权》，《中原文物》1988 年第 2 期；等等。
④ 黄盛璋：《历代度量衡亩制度的演变和数值换算（续二）》，《历史教学》1983 年第 3 期。

定，厘定、确定。其用例再如里耶秦简简 8 - 855 "下临沅请定献枳构程，程已"。① 又简 8 - 224 + 8 - 412 + 8 - 1415 载：

> 其旁郡县与楼（接）界者毋下二县，以□为审，即令卒史主者操图诣御史，御史案雠更并，定为舆地图。有不雠、非实者，自守以下主者②

简 8 - 224 + 8 - 412 + 8 - 1415 是讲御史核验地图，厘定、确定官方正式地图。本简中的"定"与所举例子的用法类似。睡虎地秦墓竹简《秦律十八种·工律》规定："县及工室听官为正衡石赢（累）、斗用（桶）、升，毋过岁壶〈壹〉。有工者勿为正。叚（假）试即正。"③ 秦律规定县以及工室所用度量衡等器具需由官府校准——"正"，每年至少一次。《秦律十八种·效律》对度量衡校准有严格的规定，规定了度量衡器具的允许误差以及对违反规定者的惩处办法：

> 衡石不正，十六两以上，赀官啬夫一甲；不盈十六两到八两，赀一盾。甬（桶）不正，二升以上，赀一甲；不盈二升到一升，赀一盾。④

> 斗不正，半升以上，赀一甲；不盈半升到少半升，赀一盾。半石不正，八两以上；钧不正，四两以上；斤不正，三朱（铢）以上；半斗不正，少半升以上；参不正，六分升一以上；升不正，廿分升一以上；黄金衡赢（累）不正，半朱（铢）【以】上，赀各一盾。⑤

以上所引睡虎地秦简《效律》内容主要是讲对度量衡器的校正。如果里耶秦简简 8 - 109 + 8 - 386 该简内容是说利用铁权校正衡器，简文应该用上引睡虎地秦简所用的"正"字，而决非使用"定"字，本简使用

---

① 陈伟主编：《里耶秦简牍校释（第一卷）》，第 237 页。
② 同上书，第 118 页。
③ 睡虎地秦墓竹简整理小组编：《睡虎地秦墓竹简》，文物出版社 1990 年版，第 43 页。
④ 同上书，第 69—70 页。
⑤ 同上书，第 70 页。

"定"字正说明此处是厘定、确定衡制的意思。

付，交付。"迁□"，"□"简文漫漶不识处应当为"陵"，"迁□"即里耶秦简的出土地秦迁陵县。上句言及"受（授）蓬铁权"，联系上下文，根据语句逻辑，推断上句与本句应当是指交付蓬县铁权让蓬县厘定该县衡制后，蓬县再将铁权交付给迁陵县让迁陵县厘定衡制。还有一种可能就是讲迁陵从蓬县处接受铁权厘定衡制。

九月丁亥，蓬丞章□✓。

九月丁亥，《校释》指出："丁亥，九月三日。"①

蓬丞章，"蓬丞"即蓬县县丞，是县级高级官吏，详见上文考释。"章"，《校释》指出："章，人名。"② 此处简文出现的"章"应即本简中的"蓬丞"之名。

通过上面对里耶秦简简8-109+8-386的详细考辨，可大致了解该简的性质和内容。本简简文虽残断，从已释文字及语句格式，比照里耶秦简中比较完整的官文书简格式，可以判定此简应当是一件官文书。里耶秦简的出土地为秦迁陵县，本简既然出土于迁陵县，此件官文书若不是发给迁陵县的文书，就可能是由迁陵发到其他地方的文书。以目前所见残断简文来看，本简主要内容是讲秦洞庭郡的属县蓬县把铁权交付给迁陵县，目的应该是厘定迁陵县的衡制，简文反映的事件发生时间大致为秦王政二十五年（前222）九月的月初。

以上考述了本简简文的语词，并试对本简的内容进行了总结。本枚简虽然比较残断，所存留的文字也不算多，但本简的出土对于了解秦推行度量衡制统一有着重要意义，其历史文献价值不容忽略。

二

在里耶秦简简8-109+8-386发现之前，考察秦统一度量衡制的文物资料主要依据是秦权量，而其更多反映的是秦统一后开展度量衡制统一的历史，里耶秦简简8-109+8-386则为我们提供了传世文献以及出土秦代权量以外的新资料，补充完善了秦始皇二十六年（前221）颁布统一

---

① 陈伟主编：《里耶秦简牍校释（第一卷）》，第64页。
② 同上。

度量衡诏书之前秦统一度量衡制的历史。里耶秦简简 8 - 109 + 8 - 386 的主要内容是讲作为秦度量衡标准器的铁权在蓬县、迁陵县之间传递,用以厘定当地新的度量衡制的史实,该简从一个角度反映了秦在新占领地统一度量衡制的历史事实。

战国时期,度量衡制混乱,各国的度量衡均有不同,衡制方面也很混乱,单位名称差别都很大。秦国所实行的衡制是以铢、两、斤、钧、石为单位,进位是二十四铢为一两,一十六两为一斤,三十斤为一钧,四钧为一石,"权者,铢、两、斤、钧、石也,所以称物平施,知轻重也。本起于黄钟之重。一龠容千二百黍,重十二铢,两之为两。二十四铢为两。十六两为斤。三十斤为钧。四钧为石"。①汉承秦制,汉朝的度量衡标准继承了秦朝的规定。至于其他各诸侯国的衡制,如齐国的重量单位有金、斤、钧、镒、石、䥺(货)等;楚国以铢、两、斤为单位;赵国以镒为单位;东周和西周以孚为单位。②

楚国是南方大国,春秋战国时期经济、文化迅速发展,也产生了楚国本土的度量衡制,"春秋战国时代我国度量衡日臻完备的历史进程中,楚国的度量衡处于领先地位"。③楚国故地曾出土衡杆、环权、铜盘,可以组成完整的一套权衡器具,其用法见于《墨子·经说下》记载:"衡加重于其一旁,必捶(垂)。权重相若也相衡,则本短标长。两加焉,重相若,则标必下,标得权也。"④即利用杠杆原理称量物体重量。出土楚铜环权据不完全统计,"总数达 400 余枚"⑤,且这些铜环权使用的时间"跨度达数百年"⑥。根据《中国科学技术史·度量衡卷》所载,今天的湖南、江苏、安徽、湖北等故楚地都出土了铜环权。⑦楚国的度量衡制不仅完善而且被推行到楚国全境,使用时间跨度较长,一直到楚国灭亡。湖南地区楚墓曾出土大量铜环权等楚度量衡器,如 1949 年前长沙就曾出土标有衡

---

① 《汉书》卷二一上《律历志》,第 969 页。

② 参见卢嘉锡主编,丘光明、邱隆、杨平著《中国科学技术史·度量衡卷》,科学出版社 2001 年版,第 115—172 页。

③ 刘玉堂:《楚国权衡度量略说》,《荆州师专学报》1997 年第 4 期。

④ (清)孙诒让撰,孙启治点校:《墨子间诂》,中华书局 2001 年版,第 369 页。

⑤ 卢嘉锡主编,丘光明、邱隆、杨平著《中国科学技术史·度量衡卷》,第 127 页。

⑥ 同上书,第 133 页。

⑦ 同上书,第 128—130 页。

制内容铭文的铜环权①，1990年湖南沅陵第1016号楚墓（时代为战国晚期）出土标有衡制内容铭文的铜环权。② 可知沅陵地区战国末年仍属于楚国，并实行楚国的度量衡制。里耶秦简的出土地秦迁陵县所在地区在酉水流域，今属湖南湘西地区。从酉水顺流而下，即可到达沅水，沅陵与迁陵秦代都属洞庭郡③，战国末年迁陵、蓬、沅陵等故楚地实行的仍然是楚国的度量衡制。"目前从湖南境内沅水流域——溆浦、辰溪、沅陵、桃源、常德等地已发掘的大批战国晚末期楚墓资料来看，可证沅水流域的绝大部分地区直到战国末年仍掌握在楚国手中。"④ 可知沅陵地区战国末年仍属于楚国，并实行楚国的度量衡制。

里耶秦简简8-755载"今迁陵廿五年为县"⑤，明确指出迁陵县于秦王政二十五年（前222）才设县，"从地理位置而言，迁陵县属故楚地"⑥。因此里耶秦简的出土地迁陵县成为秦县很可能是王翦平定楚江南地后，如有学者已指出"故它很可能是王翦平定楚江南地后，进行政区设置的结果"⑦。《史记·秦始皇本纪》载"二十五年，大兴兵，使王贲将，攻燕辽东，得燕王喜。还攻代，虏代王嘉。王翦遂定荆江南地；降越君，置会稽郡。五月，天下大酺。"⑧ 秦最终平定楚国应于"五月，天下大酺"之前，又里耶秦简简8-1450载：

冗佐八岁上造阳陵西就曰髃，廿五年二月辛巳初视事上衍。病署所二日。·凡尽九月不视事二日，·定视事二百一十一日。（正）
廿九年后九月辛未行计，即有论上衍。卅年
□不视事，未来。（背）⑨

---

① 高至喜：《湖南楚墓中出土的天平与法马》，《考古》1972年第4期。
② 胡建军、夏湘军：《湖南沅陵木马岭战国墓发掘简报》，《考古》1994年第8期；郭伟民：《湖南沅陵楚墓出土青铜砝码》，《考古》1994年第8期。
③ 庄小霞：《〈里耶秦简（壹）〉所见秦代洞庭郡、南郡属县考》。
④ 胡建军、夏湘军：《湖南沅陵木马岭战国墓发掘简报》，《考古》1994年第8期。
⑤ 陈伟主编：《里耶秦简牍校释（第一卷）》，217页。
⑥ 唐俊峰：《里耶秦简所示秦代的"见户"与"积户"》，简帛网，2014年2月8日。
⑦ 同上。
⑧ 《史记》卷六《秦始皇本纪》，第234页。
⑨ 陈伟主编：《里耶秦简牍校释（第一卷）》，第217页。

里耶秦简中所载上衍与迁陵都为秦洞庭郡属县，上简讲到秦王二十五年（前222）二月辛巳"冗佐八岁上造阳陵西就曰駋""初视事上衍"，即"駋"秦王二十五年（前222）二月辛巳才开始就职视事上衍，"駋"很可能是秦平定楚国江南地后才被派遣到上衍县担任官吏。再联系简8-755"今迁陵廿五年为县"，迁陵等楚地应当就是在秦平定楚江南地后被设为秦县，正式纳入秦的疆域领土，秦派遣官吏展开治理。迁陵等地原本所使用的是楚国度量衡制，设为秦县后，官府开始在当地以秦的度量衡制来代替当地的楚国度量衡制。研究者曾指出："作为中国早期权衡器具设计的代表之一，'楚衡'是中国南方楚地权衡器具设计的范式，其标志特征是由衡杆、环权、吊盘组成，完整成套，从而区别于北方权衡器具设计的'秦权'范式。"① 里耶秦简简8-109+8-386记载的"铁权"是秦所使用的衡器，以秦的衡器"铁权"厘定、确定迁陵等故楚地的衡制，这就是里耶秦简简8-109+8-386所反映的史实。

里耶秦简中出现的度量衡单位都属于秦制，如简8-218载"二石一钧八斤四两"②、简8-254载"当为丝八斤十一两八朱（铢）"③，反映了秦的度量衡制在迁陵县已得以贯彻实施，秦推行度量衡制统一颇有功效。《史记·货殖列传》载："楚越之地，地广人希。"④ 而且秦迁陵县所在的今湘西地区，即以现代交通发展状况来讲都仍属地理位置偏远、交通欠发达地区。里耶秦简简8-109+8-386载"廿五年九月乙酉【朔】☐"，记载事件发生时间应当是秦王政二十五年（前222）九月，可以说，在刚刚平定不久设县的秦新领土上，百废待兴，秦即已开展统一度量衡制的措施，其推行速度可以说非常迅速，这也足以说明秦政府对统一度量衡制的重视程度。里耶秦简简8-109+8-386官文书的性质以及其中出现的县级高级官吏"蓬丞"，反映秦在推行统一度量衡制时，地方官府强有力介入并严格执行，使得统一度量衡制的措施得以顺利实施。

1964年陕西省西安市西郊曾发现一枚秦高奴铜石权，现藏陕西省博物。该权前后两面均有铭文，共分三段，其一面的文字是阳文铸造："三

---

① 程颖：《"楚衡"与"秦权"——中国早期权衡器具设计的两种范式》，《苏州工艺美术职业技术学院学报》2007年第3期。
② 陈伟主编：《里耶秦简牍校释（第一卷）》，第117页。
③ 同上书，第123页。
④ 《史记》卷一二九《货殖列传》，第3270页。

年，漆工，丞詘造，工隶臣牟，禾石，高奴。"另一面阴刻秦始皇二十六年（前221）诏书："廿六年，皇帝尽并兼天下诸侯，黔首大安，立号为皇帝。乃诏丞相状、绾，法度量，则不壹，歉疑者皆明壹之。高奴石。"在始皇诏书的后面又加刻二世元年（前209）诏书："元年制诏丞相斯、去疾，法度量尽始皇帝为之，皆有刻辞焉。今袭号，而刻辞不称始皇帝，其于久远也，如后嗣为之者，不称成功盛德。刻此诏，故刻左，使毋疑。"① 研究者指出：

> 高奴，县名，据《汉书·地理志》，属上郡，故城在今陕北延川县境。《水经注·河水注》：上郡为秦昭王三年置。如果此权是在建置上郡时，同时颁发高奴县使用的，那么权上的铭文"三年"当即秦昭王三年；不然，便是制造于秦庄襄王三年或秦始皇三年。②

研究者借此进一步指出"并可知秦统一度量衡的措施，不自秦统一六国才开始的。吕不韦的《吕氏春秋》成书于秦始皇初年，中即有'仲秋之月，一度量、平权衡、正钧石、齐升角。'（见该书卷八《仲秋纪》）亦可证明，秦在统一六国前，即注意统一度量衡的措施，而且形成为一种制度，故吕不韦特将其写入书中"。③ 而本文对里耶秦简简8-109+8-386的考证也从一个角度证明秦在统一六国期间，即已开始逐步统一度量衡。

三

秦推行度量衡统一制度的措施推动中国古代度量衡制的统一，里耶秦简所反映秦统一进程中统一衡制的一段历史，也是中国古代度量衡制统一进程中的一小步。虽然本简内容残断，但正如上文考述，简文的关键点都很清楚，完全可以借此复原这段历史。由此也可知里耶秦简简8-109+8-386重要性亦不言而喻，因为其是现今所知最早反映秦统一度量衡制历史的简牍文字。

---

① 陕西省博物馆：《西安市西郊高窑村出土秦高奴铜石权》，《文物》1964年第9期。
② 同上。
③ 同上。

秦统一度量衡制是中国古代历史上的一个重要事件，对统一国家的形成和社会经济的发展都起着重要的作用。此前，反映秦统一度量衡制的物质资料，主要表现为传世及出土的秦权量以及诏铭等。里耶秦简简8-109+8-386所载"铁权"，则是秦"铁权"之名在出土简牍中首见。该简不仅反映了秦统一度量衡制进程中的一段历史，且还反映了秦统一度量衡制规模之大推行力度之强。该简内容证明秦在统一全国的过程中已逐步开展统一衡制的措施，是秦统一衡制的重要物证，也是研究中国度量衡发展史的重要历史文物。

图1 缀合后的里耶秦简简8-109+8-386
（图版根据湖南省文物考古研究所编著《里耶秦简（壹）》，
图版28页、图版62页，文物出版社2012年版）

秦的统一不仅是武力征服的过程，同时也是统一文化、经济制度的过程，度量衡制的统一促进了中央集权制国家的形成，为中国古代度量衡制奠定重要基础。此前论著大都认为秦始皇统一六国后，才开始统一度量衡制，如《中国科学技术史·度量衡卷》中就称"因此秦始皇统一六国后，统一度量衡便成了当务之急"。① 这种看法也是一直以来学界比较常见的认识，而通过对秦高奴铜石权和本文讨论的里耶秦简简8－109＋8－386的研究，可知秦在统一六国前和统一六国的过程中，即已逐步推行衡制统一，并非等到平定六国后才开始统一度量衡制，只是统一六国以后，推行力度更大，颁布发行诏书明令全国废除原来各国的度量衡制，然而统一以前逐步推行度量衡制的历史也不能忽视，这也是本文考释里耶秦简简8－109＋8－386反映的秦统一衡制的意义所在。

（作者单位：中国社会科学院古代史研究所。原载《东方论坛》2016年第6期，收入本书时有所修订）

---

① 卢嘉锡主编，丘光明、邱隆、杨平著：《中国科学技术史·度量衡卷》，第174页。

秦统一进程中的计量标准化问题

——以秦手工业为中心的考察

杨延霞

一 秦以前计量标准化的萌芽

计量，古称之为度量衡，是质量发展的支柱之一，也是国家统一、政权稳固的重要手段。早在夏朝时，已经有了琢磨石器、冶铸青铜器、烧制陶器、制作木器等各种手工业，而且同行业随着技术和经验的不断积累，出现了一些行业规范。商代的手工业则分工更为细致，如《左传·定公四年》："分……殷民七族，陶氏、施氏、繁氏、锜氏、樊氏、饥氏、终葵氏。"殷七族多为殷商的手工业家族，陶氏是烧陶工，施氏是制旗工，繁氏是制马缨的，锜氏是锉刀工、釜工，樊氏是篱笆工，终葵氏是锉工。此时，七族的手工业都已有了显著发展和突出成就，其中最能反映时代特点和工艺技术水平的是青铜铸造业。商代遗址中已发现铸铜作坊遗址，出土了大量的陶范、坩埚块、木炭，小件铜器的铜锭、铜渣等。熔铜的工具除有草拌泥制的坩埚外，还有外敷草泥的缸和大口尊等。通过对青铜器中铜、锡、铅合金成分的研究，可知其与《考工记》所载之"六分其金而锡居一"的"钟鼎之齐"大体相近。可见商代的制作工艺有了一定的标准。西周的官府有"百工"，即具有各种技艺的工匠。周的手工业分工较细，如治木有七种分工，金属冶炼有七种分工。由于分工进一步细化，技术的提高，生产的手工产品也有初步的标准。

春秋战国时期，出现了一部标准化的论著，它就是《周礼·考工记》。书中记载了春秋战国时期的手工业产品、技术规格、制作方法、技术要求以及质量管理方法，是一部重要的技术规范方面的珍贵文献资料。《周礼·考工记》总结了当时的手工技艺和标准化经验。"审曲面势，以饬五材，以辨民器"① 中"审曲面势"就是对当时的手工产品类型与规格的设计，"以饬五材"是在产品设计后，确定所用原材料的成分比例，"以辨民器"是对生产的手工业品，通过检查，认为合格而有使用价值，适合官方与民间的使用。《考工记》有制作产品的工艺的记载："攻木之工七，攻金之工六，攻皮之工五，设色之工五，刮摩之工五，抟埴之工二"②，共三十种，每一品种都较详细地制定了产品技术标准，工艺规范和质量检验办法，并设官职（百工之长）专管。"百工"主要是指六大类的工匠，即木工、金工（青铜工）、皮工、设色工、刮磨工、抟埴工（陶瓷工）。这六大类工匠用熟练的工艺生产各种手工产品，并且这些手工产品各有各的标准。按《周礼·考工记》的记载，手工产品标准得到了充分的发展，为秦的统一手工产品标准奠定了基础。

二 秦手工业计量标准化的发展

随着西周王室的日趋衰微，各诸侯国有实力使自己长时间割据一方，并执行自己的一套度量衡的标准，但是各国的度量衡制度是非常混乱的，各国度量衡的长短、大小、轻重不同、单位不同、进位也不同，计量单位很不一致。度量衡的混乱，给赋税征收、俸禄发放都带来了很多困难，甚至出现了"田畴异亩、车涂异轨、律令异法、衣冠异制、言语异声、文字异形"③ 的局面。秦在继承周的计量标准制度基础上，不断创新。

一是颁布诏书，确定统一的度量衡。

秦始皇统一六国后，在政治、经济等相关问题上，采取了一系列措施来强化全国的统治。《史记·秦始皇本纪》中有："始皇为人，天性刚戾自用……天下之事无小大皆决于上，上至以衡石量书，日夜有呈，不中呈

---

① 张道一：《考工记注释》，山西人民美术出版社2004年版，第2页。
② 同上书，第16页。
③ （汉）许慎：《说文解字·叙》，中华书局影印本1963年版，第315页。

不得休息。"① 秦始皇"明法度，定律令"，在全国颁行统一的律令。同时，还颁布诏书，以确定统一的度量衡。统一度量的命令，就是以诏书发布的。形式如秦始皇二十六年（前221）颁布诏书："廿六年，皇帝尽并兼天下诸侯，黔首大安，立号为皇帝，乃诏丞相状、绾法度量则不壹歉疑者皆明一之。"② 并把诏书刻在度量衡上，在全国统一实行。还有一种大诏书悬挂在国门和郡县，布告全国，晓谕民众，"器械一量，同书文字，日月所照，舟舆所载，皆终其命，莫不得意"。③

二是国家以法律的形式规定计量标准。

计量，是国家统一、政权稳固的重要手段，常常成为变法的重要内容之一。秦孝公十八年任用商鞅进行变法，商鞅认为如"今秦之地，方千里者五，而谷土不能处二，田数不满百万。其薮泽、谿谷、名山、大川之材物货宝，又不尽为用。此人不称土也"。④ 商鞅在《商君书·修权篇》中说，"故法者，国之权衡也"。⑤ 为此，商鞅在秦的变法实践中，实行了"平斗桶权衡丈尺"⑥，这就是统一度量衡，具体即对长度、重量、容积、面积进行了比较全面的且积极有效的措施来促进秦标准化的发展。商鞅在秦孝公十八年（前344），监制了标准量器——商鞅铜方升。刻铭："大良造鞅，爰积十六尊（寸）五分尊（寸）壹为升。"⑦ 这其实就是以大良造的名义，颁发了一个法律条文："十六点二立方寸为一升。"商鞅定16.2立方寸为一升，1升合今200毫升，1寸合今2.31厘米。商鞅重视度量衡，在统一度量衡过程中发挥了法治作用。正因为如此，秦昭王五十二年（前255）时任秦相国的蔡泽说："夫商君为秦孝公……平权衡，正度量，调轻重，决裂阡陌……力田稽积，习战陈之事，是以兵动而地广，兵休而国富，故秦无敌于天下，立威诸侯，成秦国之业。"⑧ 商鞅将西周的百步小亩制改为二百四十步为一亩，这一改革确实起到了适应和巩固封建生产

---

① 司马迁：《史记》卷六《秦始皇本纪》，中华书局1982年版，第258页。
② 转引自丘光明《再谈商鞅方升》，《中国计量》2012年第8期。
③ 《史记》卷六《秦始皇本纪》，第245页。
④ 高亨：《商君书注释》，中华书局1974年版，第117页。
⑤ 同上书，第112页。
⑥ 《史记》卷六八《商君列传》，第2232页。
⑦ 丘光明：《商鞅铜方升》，《中国质量技术监督》2001年第6期。
⑧ 《史记》卷七九《范雎蔡泽列传》，第1893页。

关系的作用,且这一改革在我国封建社会一直沿用了两千多年。

而秦始皇统一六国之后,在秦国的标准化制度的基础上,秦始皇开展了一系列标准化的运动。他颁布法律,对手工业的管理及其产品的制作工艺以及其他物资的检验报关进行了规范。睡虎地秦简《工律》中有记载:"为器同物者,其小大、短长、广亦必等。"① 《金布律》中规定,布长八尺,幅宽二尺五寸。秦始皇统一了度量衡、统一了货币、统一了文字、统一了车轨,同时对手工产品制定了统一的规格。秦始皇通过律令和技术规范来促使其实行,使社会经历了一场轰轰烈烈的标准化运动。秦始皇促进了经济的发展,在我国古代经济、文化、科学技术方面实行了统一化、规范化,为其发展开辟了广泛前景。秦始皇实施标准化的一些政策,为汉及汉以后历代封建王朝所采用,对我国古代社会的标准化发展产生了深远影响,所以说秦为古代标准化提供了雏形,汉及以后的历代都是沿用这个雏形,并不断丰富和向前发展。

秦自商鞅变法之后,实施抑商政策。官营手工业,控制着矿冶、农业工具、兵器、漆器制造等与人们生产生活息息相关的行业,在国家经济中占据着主导地位。秦始皇为保证"器械一量",也制定了一系列的检定制度。秦律竹简中有着详细的规定,如《效律》是检验官府物资财产的律法,因此对度量衡器具的准确度给予了高度的重视,其中对被检测的度量衡的允许误差范围,超出允差范围后的惩罚都作了十分详细的规定。睡虎地秦简中的《工律》《司空律》《效律》等,是秦当时有关手工业生产的律令。这些律令勾勒出了秦手工业标准化的宏图,其中不仅对于工匠有一系列标准化的管理,对手工产品的生产、质量检验、仓储管理也有系统的标准。

三是制定标准的度量衡器,统一度量衡制度,并迅速推广到全国。

秦始皇统一度量衡,还十分注意把自商鞅以来一直贯彻实施的检测制度推行下去,每年对全国度量衡器进行定期鉴定,以保证计量器具的准确和统一,如《工律》载:"县及工室听官为正衡石嬴(累)、斗用(桶)、升,毋过岁壶〈壹〉。有工者勿为正。叚(假)试即正。"② 这则秦律条文明确规定,地方官府应该每年校正一次正在使用中的度量衡器具,且地方官府还设有作为专职的校正工匠。在《吕氏春秋》中也有:仲春之月,

---

① 睡虎地秦墓竹简整理小组:《睡虎地秦墓竹简》,文物出版社1978年版,第69页。
② 同上书,第70页。

"日夜分,则同度量,钧衡石,角斗桶,正权概"。① 仲秋之月,"日夜分,则一度量,平权衡,正钧石,齐斗甬"。② 以上两条资料可以看出秦对度量衡器有着严格的校准制度,同时对不符合标准的,在秦简中也记有明确的处罚方式,如《效律》对度量衡的规定:"衡石不正,十六两以上,赀官啬夫一甲;不盈十六两到八两,赀一盾。甬(桶)不正,二升以上,赀一甲;不盈二升到一升,赀一盾。"③ 说明如果官府的有关官员校正的衡器不准确,就要受处罚。对于校正的斗不准确,如何进行处罚,《效律》规定:"斗不正,半升以上,赀一甲;不盈半升到少半升,赀一盾。半石不正,八两以上;钧不正,四两以上;斤不正,三朱(铢)以上;半斗不正,少半升以上;参不正,六分升一以上;升不正,廿分升一以上;黄金衡赢(累)不正,半朱(铢)〔以〕上,赀各一盾。"这些律令明确了处罚,要求度量衡器的准确性,从而突出表明了全国标准的度量衡器的一致性。

这样有利于手工产品的标准制造,利于不同地区间的经济交流与交往,加强了全国经济联系,促进封建经济的发展,加速民族融合的进程,更有利于中央集权的巩固与国家的稳定,促进了社会进步。

三 秦手工业的标准化建设

秦的官营经济中,以农业、畜牧业和手工业为主。这三大部门中的劳工主要由刑徒、奴隶和居赀赎债者组成。其中,手工业由于自身的属性,对劳动者的要求比较高。里耶秦简所公布的大量作徒簿中,记载了刑徒、奴隶从事各种具体劳作活动:

  一人取角。BⅡ
  六人作庙。BⅢ
  二人伐竹。BⅣ(简 8 - 162)④

---

① 张双棣、张万彬、殷国光、陈涛译注:《吕氏春秋译注》,吉林文史出版社 1987 年版,第 32 页。
② 同上书,第 206 页。
③ 睡虎地秦墓竹简整理小组:《睡虎地秦墓竹简》,第 113—114 页。
④ 陈伟主编:《里耶秦简牍校释(第一卷)》,武汉大学出版社 2012 年版,第 98 页。

一人絿：窀。Ⅲ（简 8 - 1069 + 8 - 1434 + 8 - 1520）①

八人毄（繋）舂。BⅠ
二人织：欧、娄。BⅡ（简 8 - 1531）②

卅人甄。BⅡ☐
六人佐甄。BⅢ☐
廿二人负土。BⅣ☐
二人☐瓦。BⅤ☐（简 8 - 1143 + 8 - 1631）③

廿九年九月戊午，贰舂☐☐Ⅰ
其一人学甄：贺☐Ⅱ
四人负土：臧、成、聊、骨。☐Ⅲ（简 8 - 1146）④

其一人为甄运土。（简 8 - 31）⑤

简文中"絿（織）"、"织"都是有关纺织活动的行为，这里记载的应当是刑徒在官营纺织业中的具体行为。"二人织"，可能是官营手工业中从事纺织业的手工业者。"卅人甄"，这些人制作陶器，里耶秦简整理小组引《文选·张华〈女史箴〉》："既陶既甄。"李善注引如淳曰："陶人作瓦器谓之甄。"

（一）官营手工业中用工标准化的建设

秦的手工业的用工方面，在官府手工业中从事生产的主要是奴隶、刑徒与自由人。秦律中明确了手工人员的管理情况。关于奴隶，睡虎地秦简

---

① 陈伟主编：《里耶秦简牍校释（第一卷）》，第 272 页。
② 同上书，第 351 页。
③ 同上书，第 283 页。
④ 同上书，第 284 页。
⑤ 同上书，第 36 页。

中有"隶臣有巧可以为工者,勿以为人仆、养"。① 据云梦秦简,官府奴隶之"隶臣妾",其中男性为"隶臣",女性为"隶妾","隶臣妾"的服役是终身性的。但有一点值得注意,隶中"有巧"者,要送到官府从事生产,而不能当一般的仆人使用。对于隶妾手工技艺高超的,她们的工作报酬可以与男子对等。这些"隶臣"从事了手工业的劳动之后改称为"工隶臣"。一旦沦为"工隶臣",即使立了军功可以赎免时,也只能免去其奴隶身份,但仍得为工。以至于国家有明文规定:"女子操攻红及服者,不得赎。"②《军爵律》关于"工隶臣斩首及人为斩首以免者,皆令为工。其不完者,以为隐官工"。③

新工训练,是生产人员管理中的重要一项,其中也包括了对"故工"(指作过工,有一定基础的工人)的规定。由"工师"负责,传授生产技艺,提高生产水平,达到国家要求,成为熟练工。秦《均工律》规定:"新工初工事,一岁半红(功),其后岁赋红(功)与故等。工师善教之,故一岁而成,新工二岁而成。能先期成学者谒上,上且有以赏之。盈期不成学者,籍书而上内史。"④ 这种规定,要求从事手工业的新工,一般学徒期限为二年(故工者一年),在学徒期间,第一年产品数量应达到生产定额的一半,第二年应达到生产定额。能提前学成的有所奖励,满期不能学成的,要记名上报内史。以上记录表明,国家对手工业生产人员技术和工作量要求十分严格和明确。

关于工匠的工作量,秦简中有:"隶臣、下吏、城旦与从事者冬作,为矢程,赋之三日而当夏二日。"⑤ 意思是工匠们在冬天做工可以放宽要求,三天干出夏季两天干的工作量就算达到标准。"冗隶妾二人当工一人,更隶妾四人当工一人,小隶臣妾可使者五人当工一人。"⑥ 即指技术不熟练的隶妾二人做的工作量等于一名工匠的工作量,在一定期限内参加生产的更隶妾四人,等于一名工匠,未成年的体力弱的小隶妾五人,等于一名工匠。《工人程》还规定:"隶妾及女子用箴(针)为缗绣它物,女

---

① 睡虎地秦墓竹简整理小组:《睡虎地秦墓竹简》,第76页。
② 同上书,第93页。
③ 同上。
④ 同上书,第75页。
⑤ 同上书,第73页。
⑥ 同上书,第74页。

子一人当男子一人。"① 对于女子隶妾用针做的刺绣产品，女子一人的工作量与男子一人相同。另外，《均工律》规定："新工初工事，一岁半红（功），其后岁赋红（功）与故等。"② 即新工匠在第一年中完成老工匠生产定额的一半就算完成任务，第二年劳动定额与老工匠相等。从上述秦简记录中，我们可以看出工匠的工作量根据季节、年龄、体力、性别的不同而分别作出不同的标准。

工匠的待遇标准。不同的人员，其年龄、性别及其工作性质的不同，其福利待遇也有差异。《仓律》中有："隶臣妾其从事公，隶臣月禾二石，隶妾一石半；其不从事，勿稟。小城旦、隶臣作者，月禾一石半石；未能作者，月禾一石。小妾、舂作者，月禾一石二斗半斗；未能作者，月禾一石。婴儿之毋（无）母者各半石；虽有母而与其母冗居公者，亦稟之，禾月半石。隶臣田者，以二月月稟二石半石，到九月尽而止其半石。春，月一石半石。隶臣、城旦高不盈六尺五寸，隶妾、舂高不盈六尺二寸，皆为小；高五尺二寸，皆作之。"③ 这些《仓律》中的条文表明：凡是给官府做工，国家都给供养，只是待遇不等。除上述一般供给粮食外，对一些特殊的工种的粮食的供给也做了具体规定。如《仓律》还规定："城旦为安事而益其食，以犯律论吏主者。减舂、城旦月不盈之察。"④ 城旦从事轻的劳作而增加了口粮，应按犯令的法律主管的官吏进行处罚。舂、城旦服役不满月，其口粮还应扣除。粮食的供给待遇不同，对衣服也亦然。对衣服的供给时间、地点及其对象都有明确的规定。秦简《金布律》中："受（授）衣者，夏衣以四月尽六月稟之，冬衣以九月尽十一月稟之，过时者勿稟。后计冬衣来年。……在咸阳致其衣大内，在它县致衣从事之县。县、大内皆听其官致，以律稟衣。"⑤ 此外，《金布律》还规定，发放衣服的对象是被囚禁的刑徒，即"囚有寒者为褐衣"。而"隶臣妾，舂城旦毋用"，是指隶臣妾、舂城旦不能用褐衣，他们也从官府获得衣服，但需要补偿稟衣的一定费用。关于这一点在秦简中也有记载："稟衣者，隶臣、府隶之毋（无）妻者及城旦，冬人百一十钱，夏五十五钱；其小者

---

① 睡虎地秦墓竹简整理小组：《睡虎地秦墓竹简》，第74—75页。
② 同上书，第75页。
③ 同上书，第49页。
④ 同上书，第52页。
⑤ 同上书，第66页。

冬七十七钱,夏卅四钱。"①

(二) 秦手工业产品的管理和监督

同官营的农业、畜牧业相比,官营手工业对劳动者有一定的技术要求,同时对产品技术的要求也较为严格。以漆器生产为例,工序十分复杂,关于秦的漆器生产记录记载的很少也很不完善。如:"元始三年,广汉郡工官造乘舆髹彤画木黄耳杯,容一升十六禽。素工昌、髹工立、长工阶、铜耳黄涂工常、画工方、彤工平、清工匡、造工忠造,护工卒史挥、守长音、垂冯、椽林、守令史谭主。"② 单从制作程序中参与的人员来看,官营手工业在掌握大量的劳动力和技术工人的基础上才能做到定期定量完成国家下达任务。秦官营手工业的发展有赖于对大量技术工人的严格控制和尊重,手工业本身的特殊性对劳动者提出了更高的要求。秦政府对有技术的手工业者进行严格控制,以保证手工业制品的质量、数量和延续性。

秦统一中国后,秦始皇于公元前 210 年颁布了中国最早的货币法"以秦币同天下之币",规定在全国范围内通行秦国圆形方孔的半两钱。圆形方孔的秦半两钱在全国的通行,结束了我国古代货币形状各异、重量悬殊的杂乱状态,是我国古代货币史上由杂乱形状向规范形状的一次重大演变。秦半两钱确定下来的这种圆形方孔的形制,一直延续到民国初期。

秦的计量标准制度,始于商鞅,总其成于秦始皇,从商鞅开始,依法治国,在社会方方面面制定律令,律令制定的都非常的具体化、细节化、生活化,使各阶层的社会行为各按其律令实施,使其有法可依,依法治国。由于这种律令的保证,使秦的标准化得到迅速发展。标准化的实施,使秦国一跃成为战国时期最强大的国家之一,为统一六国奠定了物质基础。秦始皇统一六国后,为了维护自己的统治,使经济复苏,文化繁荣,在全国范围内开展标准化的浪潮。他下令统一度量衡、统一货币、统一田亩、统一兵器等,同时他颁布律法,对手工业管理及产品的制作工艺以及其他物资的检验标准进行了规范。

秦通过一系列的标准化建设,建立一定的标准化体制,改变了各国分裂割据形成的不同的标准,社会各领域形成了一定规范,加强了中央集

---

① 睡虎地秦墓竹简整理小组:《睡虎地秦墓竹简》,第 67 页。
② 贵州省博物馆:《贵州清镇平埧汉墓发掘报告》图 15,《考古学报》1959 年第 1 期。

权，巩固多民族国家的统一，维护政治上的稳定。随着秦始皇吞并六国，这些事物的标准和规范也扩广到整个庞大的秦王朝的近乎全部的国土上。秦的标准化发展产生了深远影响，可以说秦为古代标准化提供了雏形，汉及以后的历代都是沿用秦朝的计量标准，并不断丰富和发展的。

(作者单位：北京信息科技大学)

北京大学藏秦权与单位权意义探论

熊长云

图 1　北京大学赛克勒考古与艺术博物馆藏秦权

　　北京大学赛克勒考古与艺术博物馆藏有一枚秦权。此权为青铜质,半球形,上有鼻钮,周身刻有秦始皇诏书40字。权身通高3.56厘米、底径4.75厘米,权底略凹,仔细观察有工具加工痕迹。此外,底部又有漆书编号1951.78.8和J94,另有标签,注明今藏号96.0505。此权在1951年已入藏北大考古系，后调归赛克勒博物馆，并著录于《燕园聚珍》一书中。①

巫鸿先生在《秦权研究》中曾简要著录此权，注为"北京大学藏"，列入《附表Ⅱ》第 22 号，标注重量为 273 克。② 然而，此权重量因超过学界所认为一斤权重的平均值，故受到一定程度的质疑。《秦权研究》中即认为此权"疑伪"。此后汇存、研究古代度量衡的诸多著作，如邱隆、丘光明、顾桬森、刘东瑞、巫鸿先生所编《中国古代度量衡图集》③、丘光明先生《中国历代度量衡考》④ 以及丘光明、邱隆、杨平先生所编《中国科学技术史·度量衡卷》⑤ 等，皆未收录。吴镇烽先生《商周青铜器铭文暨图像集成》中，虽收录此权，列为 18899 号，定为真器，但未标注重量。⑥ 此权的相关数据，长期以来未得到度量衡史家的关注。

2016 年 10 月，笔者与董珊教授于赛克勒博物馆重新鉴定并实测此权。经测量，此权重 273.7 克。经实际观察，得知以往未作出说明的是，此权在贴近权钮的一侧，有一贯穿而整齐的断裂痕迹，其长度为 4.31 厘米，最宽处为 0.41 厘米。由此残损的铭文，包括第二行"皇帝尽"、第十行"法度"以及第十一行"则"等字。我们认为，裂痕中部所增加的部分锈蚀，可能是导致此权质量增重的主要原因。这一情况，使得此权较以往所知秦斤平均重量 248 ± 2 克，达到 10% 的偏离。不过，由于其底径、高度与所见的秦一斤权大致相近，可知仍当判定为一斤权。

我们检核清末民国以来的秦权著录，发现此权曾著录于罗振玉在 1930 年出版的《贞松堂集古遗文》⑦，由注文"贞松堂藏"，可知原为罗氏旧藏。《贞松堂集古遗文》收录此权铭文，由罗福颐摹写，与北大藏权比较，二者铭文的字形、排布均具有极为相似的特征。此外，北大藏权文

---

① 北京大学考古系编：《燕园聚珍——北京大学赛克勒考古与艺术博物馆展品选粹》，文物出版社 1992 年版，第 204—205 页。
② 巫鸿：《秦权研究》，《故宫博物院院刊》1979 年第 4 期。
③ 国家计量总局主编，邱隆、丘光明、顾桬森、刘东瑞、巫鸿编：《中国古代度量衡图集》，文物出版社 1981 年版。
④ 丘光明：《中国历代度量衡考》，科学出版社 1992 年版。
⑤ 丘光明、邱隆、杨平：《中国科学技术史·度量衡卷》，科学出版社 2001 年版。
⑥ 吴镇烽：《商周青铜器铭文暨图像集成》18899 号"始皇诏权"，上海世纪出版股份有限公司、上海古籍出版社 2012 年版，第 34 册第 359 页。
⑦ 罗振玉：《贞松堂集古遗文》卷一二，第 36 页，北京图书出版社 2003 年版，下册第 143—144 页。原书为民国庚午年（1930）出版。

字有所缺损，而在罗氏摹本中，"皇帝尽"三字已作补全，但摹写"瀍"字"焉"部时，罗氏误将原器左侧的划痕摹入。这也从细节证实，摹本中看似完整的秦权，实际就是本文讨论的这一件。

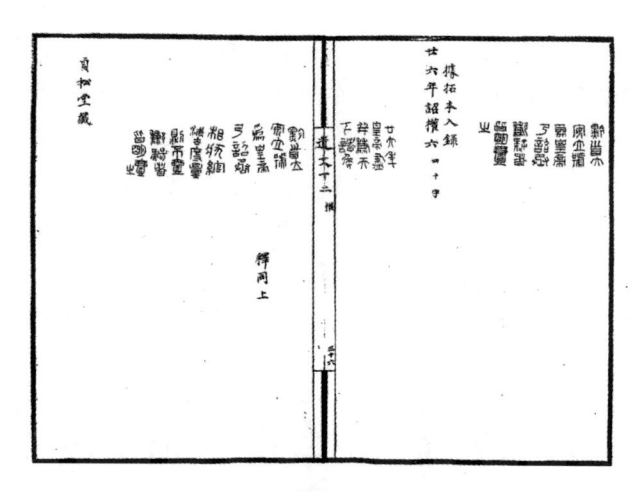

图2　罗振玉《贞松堂集古遗文》著录"廿六年诏权"

图3　北京大学赛克勒考古与艺术博物馆藏秦权拓本

仔细观察原权，虽有残损，但制作相当规整，且铭文凿刻简率、自然，也与其他秦器刻铭风格相符。正如巫鸿先生所指出："出土秦权多异体字，而以往著录秦权大多作标准小篆，其原因很可能是由于著录家只相信标准篆体为'相斯遗风'，文字异体的秦权往往在怀疑不取之列，而作伪者也往往掌握这种心理，而且模仿标准小篆较易，刻写可信的异体字则非作伪者学识能力所及。"① 北大藏秦权，则不属于常见的伪铭风格。《秦权研究》中将贞松堂著录秦权列入《附表Ⅱ》第8号，并

---

① 巫鸿：《秦权研究》注14，《故宫博物院院刊》1979年第4期。

认为 8 号权为真器。实际上，8 号权就是北大藏权，故从铭文看，北大藏权亦应不伪。

秦权的鉴定，往往因认识的发展而有所反复。巫鸿先生即指出："一九六五年商承祚先生著《辨伪》一文，始从量值、形态、铭文等方面系统总结了秦权特殊的辨伪标准，提出许多正确看法。"同时也认为商承祚判定的许多伪权，实际为真权。正如以往商先生认为，"平阳斤"刻铭不合体例，"决无地名与单独一个'斤'字连在一起之理"，但出土"高奴权"刻"高奴石"，与"平阳斤"体例完全相同，可证后者非伪。① 可见对于秦权的认识是不断发展的。此权重量虽然有所偏离，但不合制度的重量，实际也与此权锈蚀状态相关。因此，综合多方面考虑，我们倾向认为此权不伪。尽管此权重量不具有参考性，但仍不失为一件重要的秦权资料。

北大藏权属于秦一斤权，类似秦权已多有发现。以往对于一斤权在衡制系统中的意义，讨论并不太多，故在此试做阐述。

秦一斤权的著录，最早可追溯至北宋。吕大临《考古图》② 和薛尚功《历代钟鼎彝器款识法帖》③ 中，记载有一枚两诏权和"平阳斤"权，二者均属一斤权。此后一斤权不断有所发现。2001 年出版的《中国科学技术史·度量衡卷》中搜集到有实物可考的秦权中，一斤权是发现最多的秦权种类之一。④

在对秦汉度量衡资料的搜集过程中，我们又先后确认日本东京台东区书道博物馆⑤、台北故宫博物院⑥各藏一枚一斤权，加之咸阳博物馆⑦、澳

---

① 巫鸿：《秦权研究》注 15，《故宫博物院院刊》1979 年第 4 期。
② （宋）吕大临：《考古图》，中华书局 1987 年版，第 161 页。
③ （宋）薛尚功：《历代钟鼎彝器款识法帖》，中华书局 1986 年版，第 98 页。
④ 丘光明、邱隆、杨平：《中国科学技术史·度量衡卷》，第 189 页。
⑤ 此权本为陶斋旧藏［（清）端方：《陶斋吉金录》卷四，宣统元年（1910）石印本，第 38 页］，但此后藏地长期未明。吴镇烽先生《商周青铜器铭文暨图像集成》18897 录此拓本，亦未详其出处。2015 年 9 月 30 日，笔者于日本东京台东区书道博物馆目验此权，确认即陶斋藏品。
⑥ 2016 年 9 月 29 日见于台北故宫博物院，此权与秦诏量同柜陈列。此权底径约 4 厘米，亦当为一斤权。
⑦ 张延峰：《咸阳博物馆收藏的一件秦铁权》，《文物》2002 年第 1 期；白云翔：《先秦两汉铁器的考古学研究》，科学出版社 2005 年版，第 278 页。

门珍秦斋①和修正博物馆②新公布的三枚，连同北大所藏的一枚和宋人著录二权包括在内，则秦一斤权至少已发现 19 枚。③ 目前搜集到的有关秦一斤权的资料，可按衡重从低到高的顺序排序如下：

表 1 　　　　　　　　　秦一斤权资料一览

编号	器名	重量（克）	藏所
1	始皇诏铁权	215	咸阳市博物馆
2	平阳斤两诏铜权	238（据宋制推算）	原藏河东王氏，《考古图》著录，已佚
3	两诏铜权	238（据宋制推算）	原藏河南李善初家，《续考古图》著录，已佚
4	始皇诏铜权	238	澳门珍秦斋
5	美阳两诏铜权	240	上海博物馆
6	两诏铜权	240	辽宁省通化市修正博物馆
7	两诏铜权	247.5	1973 年陕西西安市临潼区秦始皇陵内城西部出土，现藏陕西历史博物馆
8	始皇诏铜权	248	陕西历史博物馆
9	始皇诏铜权	248	上海博物馆
10	两诏铜权	250.4	1967 年甘肃秦安县陇城公社（今陇城镇）西汉墓出土，现藏甘肃省博物馆
11	始皇诏铜权	252	中国国家博物馆
12	始皇诏铜权	252	故宫博物院
13	始皇诏铜权	254（据《陶斋吉金录》推算）	日本东京台东区书道博物馆
14	两诏铜权	254.6	1978 年陕西西安市临潼区秦始皇陵园内城西门以北 300 米出土，现藏秦始皇陵博物院

---

① 萧春源：《珍秦斋藏金·秦铜器编》，澳门，澳门基金会 2006 年版，第 122—125 页。
② 修来富：《修正博物馆度量衡展厅概况》，《中国计量》2012 年 S1 期；修来富：《修来富度量衡藏品选》，修正博物馆 2014 年版，第 9 页。
③ 此外，刘体智《小校经阁金文拓本》中亦有部分一斤权著录，但因藏所已不可考，且据拓本亦不便遽判真伪，在此省去不录。见刘体智《小校经阁金文拓本》，中华书局 2016 年版，第 11 册，第 2059—2062、2075—2076 页。

续表

编号	器名	重量（克）	藏所
15	两诏铜权	256	1980年陕西省临潼县始皇陵封土两侧出土，现藏陕西历史博物馆
16	铁权	273.2	1962年陕西咸阳长陵车站出土，现藏咸阳市博物馆
17	始皇诏铜权	273.4	北京大学赛克勒考古与艺术博物馆
18	两诏铜权	325（火焚后增重，不具参考性）	1975年陕西临潼县秦始皇陵园内城西门以北300米出土，现藏秦始皇陵博物院
19	始皇诏铜权	不详	台北故宫博物院

在有实物可考的约一百枚各式秦权中，秦一斤权占据约20%。秦权的发现虽具有偶然性，但一斤权相对集中的出土量，亦反映出此类权的颁行规模。

一斤权的大量颁行，其原因当是多方面的。秦衡制单位主要包括石（120斤）、钧、斤、两、铢等，《汉书·律历志上》将这五个单位称为"五权"①，而"斤"的衡重适中，故而成为最常用的衡制单位之一。秦器铭文、简牍中对于"斤"这一单位的大量记载，可证在实际层面的频繁运用。一斤权的大量发现，自然与此背景有关。

我们认为，一斤权在衡制系统中相当重要，可能具有单位标准器的意义。

值得注意的是，在已发现的秦权中，一斤权的制作通常较为精密，有别于其他重量的秦权。秦二世时期制作的一斤权，尤属特殊之例。目前已发现的二世一斤权几乎皆为钟形，而权身均匀分布十七棱，腹为空腔，形制是极为特殊的。诸家推测这种空腔权的设计目的，是在保持衡重不变的情况下，尽可能扩大权身表面积，从而能够完整刻下两诏的一百字内容。② 然而，抛开设计的具体原因不论，从设计的精密程度来看，其中又

---

① 《汉书》卷二一上《律历志上》，中华书局1962年版，第969—970页。
② 巫鸿先生指出："这些二世时期制造的权都是一斤权，只有采取空腹以扩大权表面积的方法才能勉强刻下始皇诏、二世诏共一百个字。"丘光明先生指出："为适应刻两诏的需要，故制成空腹，将权身周围延伸，以保证重量相等。"参见巫鸿《秦权研究》以及丘光明《中国历代度量衡考》，第350页。

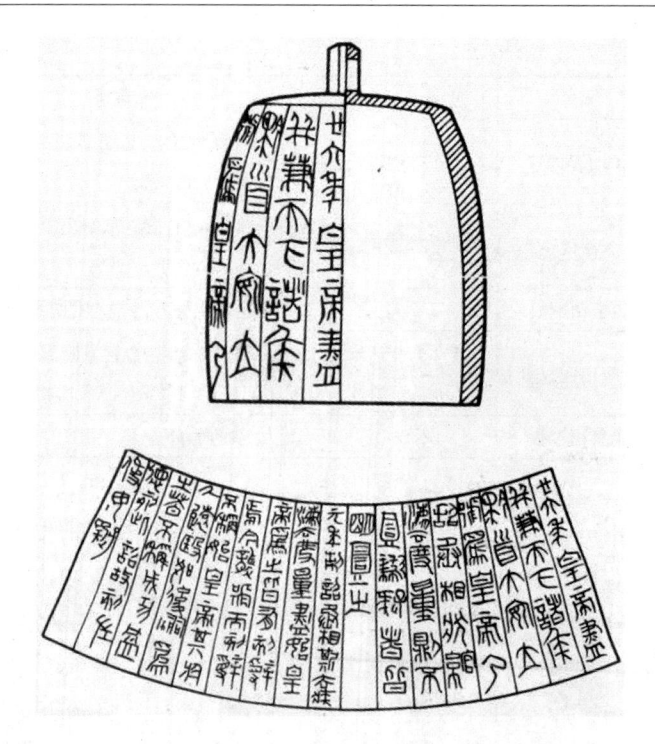

图4　1978年陕西西安市秦始皇陵园内城西门出土秦两诏一斤权
（线图引自丘光明《中国历代度量衡考》权—86）

反映出官方对此类权的重视程度，显示出一斤权的特殊地位。这一点，则很可能与一斤权对应的基础单位相系，反映了单位衡器在衡制系统中所具备的基础属性。

《睡虎地秦墓竹简》中《效律》是秦国对于权量检定的律令，或可说明一斤权的标准器性质。《效律》中有关衡制的部分可列举如下。

  1. 衡石不正，十六两以上，赀官啬夫一甲；不盈十六两到八两，赀一盾。
  2. 半石不正，八两以上。
  3. 钧不正，四两以上。
  4. 斤不正，三朱（铢）以上。

5. 黄金衡羸（累）不正，半朱（铢）［以］上，赀各一盾。①

对于以上记载，又可总结如下表：

表2　　　　　　　《效律》所载衡器误差规定

权重	误差	误差比例	惩罚内容
一石	十六两以上	0.83%	一甲
	八两至十六两	0.42%	
半石	八两以上	0.83%	一盾
一钧	四两以上	0.83%	
一斤	三铢以上	0.78%	
黄金衡累	半铢以上		

《睡虎地秦墓竹简·工律》记载："县及工室听官为正衡石羸（累）、斗甬（桶）升，毋过岁壶〈壹〉。"整理小组释文："县和工室由有关官府校正其衡器的权、斗桶和升，至少每年应校正一次。"② 依据《效律》，上级官署检定的衡器，则包括"衡石"、"半石"、"钧"、"斤"、"黄金衡累"等。

然而，考古及传世所见到的秦权，重量介于"斤"与"钧"之间者，还包括五斤、八斤、十斤、十六斤、二十斤、二十四斤等。《效律》仅记载"斤"，则可能意味着其他整数倍斤权同样采取"斤不正，三朱（铢）以上"的标准。复现这一标准的基础，自然是一斤权的重量。通过多次复制一斤权的重量，便可以校正其他衡重为一斤整数倍的秦权。"斤"作为校正推算的基础单位，其衡器也理所当然具有更多的标准器意味。

按照同样的逻辑，类似的度量衡标准器并不局限于衡制，在量制系统中也会有所体现。量制中与"斤"相似的单位是"升"。以往发现的"升"这一单位的秦系量器，代表着如商鞅方升与始皇诏铜方升等，形制

---

① 睡虎地秦墓竹简整理小组：《睡虎地秦墓竹简》，文物出版社1990年版，释文第69—70页；陈伟：《秦简牍合集·释文注释修订本（壹、贰）》，武汉大学出版社2016年版，第144—145页。着重号为引者所加。

② 睡虎地秦墓竹简整理小组：《睡虎地秦墓竹简》，释文第43—44页；陈伟：《秦简牍合集·释文注释修订本（壹、贰）》，第99页。

皆为长方形。这便与半斗、斗、桶等侈口圆量、圆量或椭量的形制有所不同。相比之下，方形量的最大特点，在于测定量器边长之后易于计算容积，故得以从尺寸上复现及校正一升容积。现藏于上海博物馆的商鞅方升，为著名的秦国标准器，在其量身左侧，有秦孝公十八年（前344）铭文，便可说明这一点：

> 十八年，齐遴（率）卿大夫众来聘，冬十二月乙酉，大良造鞅爰积十六尊（寸）五分尊（寸）壹为升。①

以往学者均指出，"十六尊（寸）五分尊（寸）壹为升"的铭文极为重要。此句中，即定义16.2立方寸为一秦升，而这种计算关系又被称为"以度审容"。丘光明先生认为："用'以度审容'的方法便于复现标准容量、推广统一的量值。"② 易水先生认为："这样就能按照规定进行复制并保证量值的准确一致。"③ 对于秦度量衡制度而言，"以度审容"的实际意义，则可保证一升容量的标准量可以通过测量量器尺寸得以简单计算得出。作为基础单位对应的量器，方升在量制系统中同样具有传递、稳定量值的基准意义，故成为量制系统中的标准器。从某种意义上讲，"斤"与"升"在各自系统中的基础单位性质大致相近。方升所见标准器属性，故也从侧面印证了前文对于一斤权单位器制的判断。

总的说来，构成度量衡系统的三要素，包括单位、进制和单位的标准量。对于实际运作中的度量衡系统而言，单位标准量主要又为单位标准器本身的量值所左右，因此加强对于单位器量值的标准化，则可有效加强衡制系统的稳定性。基于以上背景，一斤、一升等基础单位所对应的度量衡器，制作精密，并兼有一定的标准器属性，也就并不意外。而揭示这一点，则或许有助理解秦推广与维系度量衡统一的一种内部运作机制。

---

① 参见国家计量总局主编，邱隆、丘光明、顾桀森、刘东瑞、巫鸿编《中国古代度量衡图集》，图版第50页，释文第12页；丘光明《商鞅铜方升》，《中国历代度量衡考》，第140—141页；丘光明《再谈商鞅方升》，《中国计量》2012年第8期等。

② 丘光明：《中国古代度量衡》，天津教育出版社1991年版，第40页。

③ 易水：《我国古代、近代计量法制概述》，载河南省计量局主编，丘光明等编《中国古代度量衡论文集》，中州古籍出版社1990年版，第423页。

附图　北京大学赛克勒考古与艺术博物馆藏秦权

（作者单位：故宫博物院。原载《古代文明》第 12 卷，上海古籍出版社 2018 年版）

秦汉时期借贷的期限与收息周期

石　洋

前　言

偿还期限和收息周期，是有息借贷订立契约时不可或缺的要素。① 在敦煌吐鲁番出土的高昌国、唐代契约中，基本都具备这两项内容。很早就引起学者们的关注。② 相形之下，秦汉时期的借贷契约出土较少，能直观反映两项要素的材料比较分散，至今还未获得充分探讨。

上述现状，给秦汉时期借贷活动的研究带来了两点消极影响。一，忽视不同的借贷期限、取息周期与借贷目的之间的关系，不利于观察借贷的

---

①　仁井田陞将借贷分为三类，消费借贷（包括无息消费借贷和有息消费借贷）、租赁借贷和使用借贷。消费借贷，约定借方所归还的物品，与接受自对方的物品在种类、品质及数量上相同。租赁借贷是将土地、房屋或生产工具之类的占有权让渡给对方，使其利用一定时间，并要求其支付利用报酬。使用借贷，与租赁借贷略相同，唯不支付报酬，无偿使用。见［日］仁井田陞著《中国法制史》，牟发松译，上海古籍出版社2011年版，第247、250页；仁井田陞《唐宋法律文書の研究》，東京大学出版会2001年複刻版（初版1937年），第391页。本文讨论的借贷，属于仁井田陞所谓的"消费借贷"，在秦汉史料中一般表示为"貣"或"貸"；不涉及"租赁借贷"和"使用借贷"（如"假"等）。

②　如仁井田陞曾据敦煌文书，系统探讨过消费借贷契约中的期限与取息方式，见《唐宋法律文書の研究》，第226—227、264—279页。吐鲁番文书出土后，又有陈国灿、唐耕耦相继涉及过此问题，见陈国灿《唐代的民间借贷——吐鲁番、敦煌等地所出唐代借贷契券初探》，收入唐长孺主编《敦煌吐鲁番文书初探》，武汉大学出版社1983年版，第230—242页；唐耕耦《唐五代时期的高利贷——敦煌吐鲁番出土借贷文书初探》，《敦煌学辑刊》1985年第2期、1986年第1期连载，第15、134—145页。近年则有罗彤华的系统研究，见《唐代民间借贷之研究》，北京大学出版社2009年版，第173—188、228—256页。

生成背景，也无法微观认识借贷与社会经济活动如何关联。二，干扰对常见利率和法定利率上限的判断。史籍中记载利率时多不明言偿还期限，学者往往默认为一年①，并以此为基础推算年利率。② 失之草率。仅就结论看，各家意见出入颇大，诸史料间的龃龉也难以弥合。因此，细致甄辨借贷期限和取息周期，仍是深入探究秦汉时期借贷活动的必要工作。

近年，新公布的秦汉简牍，提供了一些考察的契机，也为既有材料的诠释注入活力。本文拟勾稽相关史料，初步整理不同的契约期限和取息周期，尝试探讨其存在背景，为进一步的探究作参考。

一　常见的借贷期限

综理史料，战国秦汉时期的借贷契约，大致可以分成三类：（一）贷期超出或等于一年，（二）贷期不满一年，（三）以出行返归为限。前两者的区分以一年为界，其差别不惟时间的长短，借贷目的亦有不同。以下分别论述。

（一）贷期超出或等于一年

较早的事例见于《史记·孟尝君列传》：

---

① 如秦晖明确主张，"汉代借贷关系中盛行按年连续计息的方法（如'岁什一'、'岁万息二千'、'岁有什二之利'等说法）"，"相比之下，在封建自然经济时代，例如唐代，借贷主要为解消费的燃眉之急，或应付季节性消费短缺即所谓'青黄不接'，因此多为按月计息或季节性一次付息（春借秋还等）"，见《汉代的古典借贷关系》，《中国经济史研究》1990 年第 3 期，第 132 页。

② 如关于"倍贷"（又称"倍称之息"），学者多认为是年息 100%，见秦晖《汉代的古典借贷关系》，《中国经济史研究》1990 年第 3 期，第 130、136 页；刘秋根《关于汉代高利贷的几个问题——与秦晖同志商榷》，《中国经济史研究》1991 年第 4 期，第 143 页；邵鸿《商品经济与战国社会变迁》，江西人民出版社 1995 年版，第 176 页等。管见仅吕思勉指出"倍称之息"的借贷期限为时不长，详后，但该意见未加论证，也未受到重视。又如，《史记·货殖列传》记载子钱家年均利润为 20%。该史料也被默认为订立契约的年息是 20%，见陈连庆《中国古典社会的债务奴隶问题》，收入氏著《中国古代史研究——陈连庆教授学术论文集（上）》，吉林文史出版社 1991 年版，第 157 页；秦晖《汉代的古典借贷关系》，第 130 页；宋杰《〈九章算术〉的源流与各算题反映的时代内容》，收入氏著《〈九章算术〉与汉代社会经济》，首都师范大学出版社 1993 年版，第 187 页；王彦辉《汉代豪民私债考评》，《中国史研究》1994 年第 2 期，第 71 页；及同氏《张家山汉简〈二年律令〉与汉代社会研究》，中华书局 2010 年版，第 152、154 页；朱德贵、齐丹丹《岳麓秦简律令文书所见借贷关系探讨》，《史学集刊》2018 年第 2 期，第 73 页等。

> 孟尝君时相齐，封万户于薛。其食客三千人。邑入不足以奉客，使人出钱于薛。岁余不入，贷钱者多不能与其息。……孟尝君乃进冯驩而请之曰："……邑入不足以奉宾客，故出息钱于薛。薛岁不入，民颇不与其息。今客食恐不给，愿先生责之。"①

孟尝君放贷于薛，因薛邑当年收成不好，导致放贷"岁余不入，贷钱者多不能与其息"，于是派遣冯驩去讨债。史料暗示，放贷的期限至短是一年。冯驩到薛邑后，对负债百姓说："孟尝君所以贷钱者，为民之无者以为本业也。"② 大概孟尝君的放贷，不徒为"奉客"，至少在名义上，还有扶助邑民立业殖产的用意。

贷期大于、等于一年的，还有如下几条材料。先看岳麓书院秦简的"学为伪书案"。案情中，一个本名叫学的人冒充冯毋择将军之子冯癸，假托冯将军口吻，给胡阳官府写信，要假二万钱，并贷一年的口粮，供冯癸与其舍人田作之用。信文如下：

> 五大夫冯毋择敢多问胡阳丞主。闻南阳（0882）地利田，令为公产。臣老，癸与人出田，不齎钱、糧（种）。顧（愿）丞主叚（假）钱二万，貣（贷）（0323/残566/残655）食支卒岁。稼孰（熟）倍賞（偿）（0913/2183）。③

"南阳地利田，令为公产"、"臣老，癸与人出田，不齎钱、种"，反映出南阳的"利田"之地似乎新获不久，被征为公产，允许军功亲贵子弟来此开辟置业。"貣食支卒岁"，比照本案后段出现的"癸田新壄，新壄丞主幸叚癸钱、食一岁"④，可知借贷的期限是一年。在该案件中，一年的贷期同样与初置产业的借贷目的相呼应。

---

① 《史记》卷七五《孟尝君列传》，中华书局标点本1963年版，第2359—2360页。着重号为作者所加。下同。
② 同上书，第2360页。
③ 朱汉民、陈松长主编：《岳麓书院藏秦简（叁）》，上海辞书出版社2013年版，第224—225页。个别断句有修改。
④ 简0477、1089-2/1089-1/2109，朱汉民、陈松长主编：《岳麓书院藏秦简（叁）》，第226页。

接下来看西汉的例子。西汉武帝元鼎五年（前112），因对匈奴作战导致边郡缺马，"令民得畜牧边县，官假马母，三岁而归，及息什一"。① 官府允许百姓迁到边县畜牧，贷予母马使之饲养，繁殖后收取马驹作利息，约定三年偿本。这个期限，是根据马驹生长特点定下的。据《唐六典·太仆寺》："凡马以季春游牝，其驹、犊在牧，三岁别群。马牧牝马四游五课。"② 马驹出生后，三岁离群，四岁开始交配，五岁才正式征课。汉武帝令"官假马母，三岁而归"，是让初生的马驹成长到能够交配，这时将母马收回，不影响马群繁育新驹。从而新来边县的牧民，便有稳定的营生了。此外，新莽时期也有不低于一年的借贷例。王莽篡汉后，曾推出五均六筦政策，其中之一是官贷。《汉书·食货志下》载："民或乏绝，欲贷以治产业者，均授之，除其费，计所得受息，毋过岁什一。"③ 朝廷向无力治产业的"乏绝"之民放贷，只收取盈利部分的10%为息，利率极低。很显然，其主要的意图是扶贫济困。文中未明言借贷期限，但从"计所得受息"、"毋过岁什一"看，最短也是一年。

综合上举材料，贷期大于、等于一年的情况，有如下特点：放贷者基本是官府或封君，债务方则是初置产业的百姓。其中，孟尝君、王莽的放贷，皆面向无业贫民；汉武帝的"官假马母"则为激励民众畜马。分别有浓厚的扶助或劝勉色彩。这种做法在战国时似已存在。《逸周书·大匡解》云"赋洒其币，乡正保贷。成年不偿，信诚匡助，以辅殖财"。④ 官府要在荒年时贷钱予民，到成熟之年暂不责其偿还，以便恢复农家的生产力。⑤ 至东汉末，郑玄还将《周礼·泉府》"以国服为之息"理解为："于国事受园廛之田而贷万泉者，则朞出息五百。"⑥ 即朝廷鼓励治业，贷款给初获授田的百姓，每年以5%取息。设想的偿本期限也不少于一年。

---

① 《史记》卷三〇《平准书》，第1438页。此条系年据马元材（非百）《桑弘羊年谱订补》，中州书画社1982年版，第78—79页。

② 陈仲夫点校：《唐六典》卷一七，中华书局2005年版，第486页。

③ 《汉书》卷二四下《食货志下》，中华书局标点本1964年版，第1181页。

④ 黄怀信、张懋镕、田旭东撰，黄怀信修订，李学勤审定：《逸周书汇校集注》（修订本）卷二，上海古籍出版社2007年版，第153—154页。

⑤ 释义据王连龙《〈逸周书·大匡解〉所见货币史料及相关问题考述》，《社会科学辑刊》2006年第6期，第191页。

⑥ （清）孙诒让撰，王文锦、陈玉霞点校：《周礼正义》卷二八，中华书局1987年版，第1098页。

可以和上面诸事例参看。蔽言之，此类借贷自有其独特的生成背景，民间契约中或许不多见。

另有一种现象须作说明。东汉中后期，中央财政困绌，王朝为纾解窘局，强借封君邑租。如顺帝永和六年（141）春正月"诏贷王、侯国租一岁"，汉安二年（143）冬十月"又贷王、侯国租一岁"。① 两次借贷期限皆为一年。十余年后，桓帝永寿元年（155）二月，"司隶、冀州饥，人相食。敕州郡赈给贫弱。若王侯吏民有积谷者，一切贳十分之三，以助禀贷；其百姓吏民者，以见钱雇直。王侯须新租乃偿"。② 此诏颁布的背景与前两条略同，也是冬季借谷。其相异之处，这里不说贷"一岁"，而是许诺"新租乃偿"。参合来看，所谓"贷租一岁"，即是待来秋新谷收获后偿还，只不过加上入仓、统计、转运的时间，要近乎一年了。这种借贷，不见于秦至东汉前期史乘，更非民间所能有，其特殊性自不待言。

（二）贷期不满一年

吕思勉曾指出："古所谓倍称之息者，并未言及其时之长短。然以理度之，其为时必不长。以此等借贷，原出农家，必也春耕时借，秋获时还也。"③ 虽未明示证据，但所言不误。其实不惟"倍称"之贷期间较短，其他的借贷也大多不满一年，此点常为学者忽视。

首先，谈受农业生产周期制约较强的借贷。战国中期的包山楚简"貣金"文书显示，中央官府在"享月"（夏历三月）向地方贷出黄金，用以籴穜，救济灾荒，约定在"屈栾"之月（夏历十一月）偿还。④ 贷期为八个月。如果扣除中央政令下达地方、地方用金籴穜、收归本金偿还中央等手续的时间，实际贷粮给民众度荒的期限必然更短。西汉文帝元年

---

① 《后汉书》卷六《孝顺孝冲孝质帝纪》，中华书局标点本1973年版，第270、273页。
② 《后汉书》卷七《孝桓帝纪》，第300页。
③ 吕思勉：《吕思勉读史札记》戊帙"借贷利率"，上海古籍出版社1982年版，第1158页。
④ 关于贷金籴穜的"穜"，陈伟推测是用于春耕的水稻种子，见《包山楚简初探》，武汉大学出版社1996年版，第3页。而王准认为，"穜"是救荒的口粮，见《包山楚简"贷金籴穜"问题的考察》，《中国农史》2016年第1期，第51—57页。本文从王准说。

（前179）开始，朝廷每于春季向贫民假田、贷种食。① 诏令的颁布多在三月②，距种子分配到田家，会有一段时间差。近畿之地可能快些，至若远郡，据江陵凤凰山10号墓出土郑里廪籍"户人圣，能田一人口一人，田八亩，钅，移越人户，贷八斗，二年四（？）月乙（下缺）"（J10）③，要迟到四月了。贷种的还期未见记载，只能推算。汉文帝二年（前178）春正月丁亥诏，"民谪作县官及贷种食未入、入未备者，皆赦之"。④ 所谓"贷种食"，即元年春三月贷出者。"未入、入未备"，说明元年春约定的还贷期限，不会超过当年年底。⑤ 以常理言，债务免除要在拖欠日久之后，故偿期还应早于元年年底一段时间。另，汉昭帝始元二年（前85）三月，"遣使者振贷贫民毋种、食者"，同年秋八月诏曰："往年灾害多，今年蚕麦伤，所振贷种、食勿收责，毋令民出今年田租。"⑥ 因当年作物被伤，免除了三月所贷债务。诏中说"所振贷种、食"，而不言"未入"或"逋贷"，则表明债务尚未到期，是预先颁令的。⑦ 可见约定的偿期在八月之后，但也不会太久。参合论之，基层官府大抵在夏历三、四月贷种

---

① 见《汉书》卷四《文帝纪》载文帝元年三月诏，第113页。战国后期的月令文献中，每提倡官府应在春季——特别是三月时颁布赈贷之令，以助济穷困。秦汉政府也是这一思想的执行者。参见杨振红《月令与秦汉政治——兼论月令源流》，收入同氏《出土简牍与秦汉社会》，广西师范大学出版社2009年版，第194—198页。

② 西汉时期，朝廷在三月颁诏贷种食的记录，还见于汉昭帝始元二年（前85）、宣帝地节三年（前67）、元帝初元元年（前48）、永光元年（前43），分别见《汉书》卷七《昭帝纪》，第220页；卷八《宣帝纪》，第248页；卷九《元帝纪》，第279、287页。

③ 编号及释文据裘锡圭《湖北江陵凤凰山十号汉墓出土简牍考释》，收入湖北省文物考古研究所编《江陵凤凰山西汉简牍》，中华书局2012年版，第106页。简中的"四（？）"字，有学者释为"二"，见第106页摹版。案诸图版，""，作"四"为宜。且文帝元年以来，贷种诏书每在三月颁布，简文作"四月"，于理正合。另，据裘锡圭文，简中出现的"二年"应是汉景帝二年（前155），见第138页。

④ 《汉书》卷四《文帝纪》，第117页。

⑤ 《汉书》卷一〇《成帝纪》载鸿嘉四年（前17）春正月诏："关东流冗者众，青、幽、冀部尤剧，朕甚痛焉。……被灾害什四以上，民赀不满三万，勿出租赋。逋贷未入，皆勿收。"第318页。其中，"逋贷"即去年拖欠下来、尚未收回的债务，也在春正月被免除，可与文帝二年春正月诏参看。

⑥ 《汉书》卷七《昭帝纪》，第220页。

⑦ 东汉和帝永元十六年（104）春正月"诏贫民有田业而以匮乏不能自农者，贷种粮"，同年秋七月，大旱，又颁诏说"其被灾害者，以实除之。贫民受贷种粮及田租、刍藁，皆勿收责"。《后汉书》卷四《孝和孝殇帝纪》，第192—193页。在黄河流域，七月作物尚未收获，颁诏免债是由于旱灾影响而预为之先的。可以与昭帝始元二年诏书参看。

给田家，到秋收后（约九、十月间）责偿，贷期半年左右。① 《管子·国蓄》中，轻重家们建议执政者"春赋以敛缯帛，夏贷以收秋实。是故民无废事，而国无失利也"。② 官府夏季贷种，秋收时让农家以谷物偿还，应是有一定依据的。

上述借贷的债权方都是官府，含有赈济灾民、困乏的用意，收债不能

---

① 汉以后的两个例子，可以作佐证。其一，是走马楼吴简中有一类吏民偿还官府所贷谷食的记录，系仓吏接到还谷后制作的凭据。如"入东乡嘉禾二年还所贷食嘉禾元年私学限米十二斛九斗五升胄毕㲺嘉禾二年十月廿日刘里丘刘棠关邸阁董基付三州仓吏郑黑受"（肆·4310）。魏斌将其格式归结为："入×乡×年（还）所贷食×年××米×斛×斗×升胄毕×年×月×日丘××关邸阁董基付三州仓吏郑黑（或谷汉）受"，见《走马楼所出孙吴贷食简初探》，武汉大学中国三至九世纪研究所编《魏晋南北朝隋唐史资料》第23辑，武汉大学文科学报编辑部2006年版，第27页。一般认为，"（还）所贷食"前的"嘉禾二年"是官府贷出的时间，其后的"嘉禾元年私学限米"表示所贷米的名色（见魏斌《走马楼所出孙吴贷食简初探》，《魏晋南北朝隋唐史资料》第23辑，第43—45页），"㲺"之后的时间记录是偿还时间。谷口建速将《走马楼吴简》（壹）至（叁）中的相关材料整理后指出，大多数偿还时间在贷出当年的九至十二月间，故认为贷食应在本年度内归还。见《長沙走馬楼吴簡にみえる「貸米」と「種糧」——孫吴政權初期における穀物貸与》，《史観》第162册，2010年3月，第47页。不过，関尾史郎和熊曲、宋少华则有异议，他们着眼于少数偿还时间在次年正月、二月、四月、五月的例子，推测"贷期为一年的可能性最高"，"只要百姓有收成后，就会还其所贷。官府允许的借贷周期应是一年左右"，分别见関尾史郎《有关谷物贷与及还纳之文书行政系统简述——作为东亚古文书学起点的长沙吴简》，收入角谷常子编《东亚木简学的构建》，奈良大学，2014年，第80—81页；熊曲、宋少华《走马楼吴简中的种粮给贷簿研究》，武汉大学简帛研究中心主办《简帛》第十二辑，上海古籍出版社2016年版，第267页。今按，笔者赞同谷口建速之说，宜从多数简所见偿还的时间来推测借贷期限，少数简中至次年正月、二月、四月、五月偿还的例子，应理解为滞纳，而非借贷之际就约定了一年归还。又，在偿贷诸简中，但记贷出时间为"嘉禾二年"，不写具体月份。据関尾史郎的分析，《走马楼吴简（肆）》有不少"出米简"，如"出平乡元年杂米六十斛㲺嘉禾二年四月十九日，劝农掾蔡忠付周陵丘大男慈苲、区曲守录，若折咸，□☒"（肆·4320），应是官府将县仓之米贷给民户为食的记录，其交付日期，大多集中于四至五月初，见《有关谷物贷与及还纳之文书行政系统简述——作为东亚古文书学起点的长沙吴简》，《东亚木简学的构建》，第82—83页（中文版部分译文有误，今据同书日文版第106页订正）。如其说可信，结合上举诸简所见的偿还时间，则贷出时间是四、五月份，约定偿还时间是同年的九至十二月，借贷期限为半年左右。这个推测，与本文正文所论汉廷贷种的情况相通。関尾史郎文蒙王彬先生提示，谨谢。顺便言及，拙文此前对吴简"（还）所贷食"的理解有误（见《中国经济史研究》2018年第5期，第19页注⑧），今已在此订正。其二，据唐制，官仓赈贷一般要求秋熟偿还，在当年九月以前；遇到灾荒歉收，则宽限至丰年偿还。见罗彤华《唐代官方放贷之研究》，台北：稻乡出版社2008年版，第264、270、278页；同氏《唐代民间借贷之研究》，第180、182—183页。亦可作秦汉官贷种、食期限的参考。

② 马非百：《管子轻重篇新诠》，中华书局1979年版，第237页。

急刻。因之半年左右的约期，应该充分考虑了作物的收获、周转时间。倘若秋收后无法立即偿贷，或许能延缓一定期限。① 至于私人之间相贷谷种，未必会无条件延期②，但春、秋仍是两个重要的结点，契券上的偿还期限当不会去官贷太远。《史记·货殖列传》载：

> 吴楚七国兵起时，长安中列侯封君行从军旅，齎贷子钱，子钱家以为侯邑国在关东，关东成败未决，莫肯与。唯无盐氏出捐千金贷，其息什之。三月，吴楚平。一岁之中，则无盐氏之息什倍，用此富埒关中。③

列侯封君因从军告贷，子钱家们则担心"侯邑国在关东，关东成败未决"，表明还贷的来源是当年邑租。七国之乱爆发于景帝三年（前154）正月，三个月后平定。文中说无盐氏"一岁之中"收息什倍，大概双方订立的借期也是半年上下。

其次，谈基本不受农业生产周期制约的借贷。今见秦汉时期的借贷契约很有限，且大多看不到借期。唯以下两条记载，可窥一斑。居延甲渠候官遗址出土宣帝时的收债文书云：

> 贷甲渠候史张广德钱二千，责不可得。书到，验问，审如猛言。为收责言。谨验问广德，对曰：乃元康四年四月中，广德从西河虎猛都里赵武取谷钱千九百五十，约至秋予。E. P. T59：8④

元康四年（前62）四月借谷，约定秋季偿钱，贷期五个月左右。借谷者

---

① 《史记》卷一八《高祖功臣侯者年表》"河阳庄侯陈涓"条"（文帝）四年，侯（陈）信坐不偿人责过六月，夺侯，国除"，第913页。陈信因拖欠债务逾六月而夺侯，大概汉律允许的拖欠时间是六个月，超期则予惩罚。

② 敦煌玉门花海出土赍卖契约云："元平元年七月庚子禽寇卒冯时卖橐络六枚杨卿所，约至八月十日与时小麦七石六斗，过月十五日，以日斗计。盖卿任"（D1449A），写明了拖欠的惩罚措施。本文引敦煌汉简编号及释文据甘肃省文物考古研究所编《敦煌汉简》，中华书局1991年版。

③ 《史记》卷一二九《货殖列传》，第3280—3281页。

④ 本文引居延新简编号及释文，除特别标明外，皆据甘肃省文物考古研究所、甘肃省博物馆、中国文物研究所、中国社会科学院历史研究所编《居延新简：甲渠候官》，中华书局1994年版。

张广德是甲渠候官的候史，每月可领薪俸 600 钱。① 他在秋季要偿还 1950 钱，至少须全力积攒四个月②，与贷期接近。鉴于此，他的借贷无疑是用吏俸偿付③，贷期与农业周期无关。又，江苏尹湾出土汉成帝元延元年（前 12）的师君兄"贷钱文约"（YM6D10，写于《元延元年历谱》木牍背面）写道：

> 元延元年三月十六日，师君兄贷师子夏钱八万，约五月尽，所子夏若□卿奴□□□□□□□丞□时（？）见者师大孟、季子叔。④

三月十六日借，约定五月偿清，计二个月左右。师君兄借给师子夏的钱有八万之巨⑤，而且约定还期尚在初夏，显然也和田作无涉。上举两条材料，贷期都不出半年。另外，长沙东牌楼出土东汉中平三年（186）"何君□从伍仲取物券"（100）云：

> 中平三年二月桐丘男子何君□从临湘伍仲取☑（正）
> 十月当还。以手书券信。同文（背）⑥

---

① 赵宠亮：《行役戍备：河西汉塞吏卒的屯戍生活》，科学出版社 2012 年版，第 265 页。按，600 钱是宣帝时期候史月俸的大致水平，具体说来也有细微变化。如陈梦家曾指出，居延旧简显示，地节二年（前 68）候史月俸 570 钱，五凤五年（前 53）月俸 600 钱，见《汉简所见奉例》，收入同氏《汉简缀述》，中华书局 2004 年版，第 141—142 页。宣帝时期候史月俸的细微差别，蒙孙闻博先生提示，谨谢。

② 居延地区的吏俸发放存在大量拖欠的现象，甚者至有欠发八、九个月。参见［日］佐原康夫著，徐世虹译《居延汉简月俸考》，收入刘俊文主编《日本中青年学者论中国史·上古秦汉卷》，上海古籍出版社 1995 年版，第 549—560 页，特别是第 553—554 页。张广德在四月贷谷时约定"至秋予"，也可能是预判薪俸至秋才能发放之故。

③ 居延新简 E. P. T51：214 可作参考。此简中，边塞小吏徐充国利用一次性发放的三个月薪俸 1800 钱，偿还了所欠燧卒王弘、陈第宗共 1320 钱的债务。

④ 连云港市博物馆、东海县博物馆、中国社会科学院简帛研究中心、中国文物研究所编：《尹湾汉墓简牍》，中华书局 1997 年版，第 127 页。

⑤ 约文中的"贷"，意为"借予某人"，见马怡《一个汉代郡吏和他的书囊——读尹湾汉墓简牍〈君兄缯方缇中物疏〉》，简帛网 2015 年 12 月 1 日。又，约文中"所"字，马怡文释为"所（？）"。

⑥ 长沙市文物考古研究所、中国文物研究所编：《长沙东牌楼东汉简牍》，文物出版社 2006 年版，第 112 页。

这支券书残断，借出的标的物不明，但借还的约期比较清楚，凡八个月。可备参考。

借贷史料之外，我们还能藉助贳卖（或贳买）文书观察汉人的债务期限。贳卖即赊卖，先取物而后付钱，是一种变相的借贷。[①] 西陲汉简中出土的这类文书较多，今整理如下：

表1　　　　西北汉简贳卖（或贳买）文书中所见的债期

性质	债权方	债务方	标的物	约定期限	出处
贳卖	戍卒	民	衣	元凤三年二月戊申日至六月朔	ⅤT1712⑤：7[②]
贳卖	卒	民	橐络	元平元年七月庚子至八月十日	D1449A
贳买	卒？[③]	民	绔	元康二年十一月壬寅至三年春	E.P.T57：72
贳卖	民	隧长	袍	神爵二年十月廿六日至三年正月	D1708A[④]
贳买	卒？[⑤]	民	襦、锦	神爵三年十月己未至四年五月	ⅠT0112③：11A[⑥]

---

① 《说文解字》卷六下《贝部》："贳，贷也。"段玉裁：《说文解字注》，台北：艺文印书馆影印2007年版，第284页上。

② 编号及释文据张俊民《敦煌悬泉置出土文书研究》（以下简称《悬泉置》），甘肃教育出版社2015年版，第16页。

③ 该简中，债权方为"上党潞县直里常寿字长孙"，应是从内地征召赴边的戍卒。

④ 该简B面记道："正月责付□□十。时在旁候史长子仲、戍卒杜忠知券□。沽旁二斗。"李均明认为，这是"在原契券背面写上清偿字据，证明债务已清偿，债的关系结束"，见《居延汉简债务文书述略》，《文物》1986年第11期，第40页。但于振波认为，简B面的文句表示"到了规定的期限时，贳买一方似乎并没有把欠债全部还清，于是又续签了一个契约"，见《秦汉法律与社会》，湖南人民出版社2000年版，第161页。目前，尚未见分辨两说的明确证据，暂备引于此。

⑤ 该简中，债权方为"上党郡余吾邑东乡官市城东里周解"，应系从内地征召赴边的戍卒。

⑥ 《悬泉置》，第19页。

续表

性质	债权方	债务方	标的物	约定期限	出处
贳卖①	不明	不明	不明	甘露五年二月庚辰至九月	Ⅱ90DXT0115③：68②
贳买	戍卒	令史	裘	建昭二年闰月丙戌至三年春③	26.1④
贳买	民	戍卒	单衣	竟宁元年六月癸卯至七月辛巳	ⅡT0215③：331A⑤
贳卖	不明	不明⑥	袭	建始二年十一月辛未至三年五月廿□	ⅡT0314②：417⑦
贳买	候史	戍卒	单衣	（年代不明）七月十日至十二月尽	262.29A⑧

表中所见的标的物多属衣类，贳卖的起止日期亦未见特殊倾向。可以判断，这些债务的偿还期限与农业生产的周期性关联甚微。表中年号都在宣、元帝时期，就期限来看，最短的未满一月，较长者不超八个月，大多在三至七个月之间。⑨

---

① 简文云"悬泉啬夫申奴□□□□□□□□定汉里赵顺所，约至九月，得三千四百"，可知该简为贳卖（或贳买）文书。但记载债权、债务方关系的部分未能释读，故阙如。
② 编号及释文据郝树声、张德芳《悬泉汉简研究》，甘肃文化出版社2009年版，第49页。
③ "闰月"，据陈垣《二十史朔闰表》（古籍出版社1956年版，第20页），当年八月置闰。
④ 简牍整理小组编：《居延汉简（壹）》，"中央研究院"历史语言研究所2014年版，第78页。
⑤ 《悬泉置》，第26页。
⑥ 简文云"马少君贳卖戴□利皁袭一领"。债权方、债务方的身份、籍贯皆未标出，故阙如。
⑦ 《悬泉置》，第27页。
⑧ 简牍整理小组编：《居延汉简（叁）》，"中央研究院"历史语言研究所2016年版，第152页。
⑨ 另须补充，蒙邬文玲先生提示，敦煌汉简 D846 是一枚汉哀帝时的买卖契约，简上部侧面有刻齿，文云"元寿元年八月廿五日，定陶里郭叔买楼里李子功袍一令（领），价钱千，约餟至廿日钱毕以。即不毕以，约知责王长叔千钱，王长叔予子功，往至郭叔田舍，钱不具，罚酒石五斗，肉五斤"（A面），"责如故。人七十钱，辄食旁□人巩长孙、张买、骆子公、故（沽）酒旁二斗"（B面）。契文说"约餟至廿日钱毕以"，类似贳卖。其偿钱期限是次月廿日，从八月廿五日至九月廿日，债期不满一月。可作本文证成。D846 的释文历来不准确，本文所引据邬文玲先生 2018 年 1 月 19 日电邮寄下的新释文，详见邬文玲《敦煌汉简中的一件买卖契约》（待刊稿），谨谢。该简图版见张德芳著《敦煌马圈湾汉简集释》，甘肃文化出版社2013年版，第131、311页。

上举借贷及赊卖诸事例，皆得自出土简牍，样本的偶然性很高，可以反映通常的状态。大抵在西汉中后期，民间借贷的约期一般不过三个季度。此后之例，仅有前揭东牌楼一简①，难得详究。

　　附带提及一种不能逾年的债务。睡虎地秦简《秦律十八种·金布律》："县、都官坐效、计以负赏（偿）者，已论，啬夫即以其直（值）钱分负其官长及冗吏，而人与参辨券，以效少内，少内以收责之。……其责（债）毋敢喻（逾）岁，喻（逾）岁而弗入及不如令者，皆以律论之。"（80—81）②官吏因点验物资或计账时出现错误而负官府之债，要在当年内赔偿。另，《史记·高祖本纪》："（高祖）常从王媪、武负贳酒，醉卧，武负、王媪见其上常有龙，怪之。高祖每酤留饮，酒雠数倍。及见怪，岁竟，此两家常折券弃责。"③酒家"岁竟"折券弃债，反推通常之下，商肆的贳贷也不能逾年。以上两种债务一官一私，因涉及年内的账务核算，实际债期都不足一年。此类现象，在秦汉时期当不少见。④

---

　　① 长沙五一广场出土东汉简册中有一些案例，涉及借贷时间，如木两行CWJ1③：3235-1-45、竹简CWJ1③：325-3-47等。可惜目前尚未披露完整册书，偿还期限不明。

　　② 陈伟主编：《秦简牍合集：释文注释修订本（壹）》，武汉大学出版社2016年版，第91页。

　　③ 《史记》卷八《高祖本纪》，第343页。

　　④ 目前，尚无法判断年底清债的习惯多大程度影响到一般借贷的期限。今辑出约定在十二月偿债的史料，以备参考。居延破城子（A8）甲渠候官遗址出土的两枚汉简显示，"七月十日，鄣卒张中功贳买皂布章单衣一领直三百五十三埿史张君长所，钱约至十二月尽毕已。旁人临桐吏解、子威知券齿"（262.29A），"☐☐☐盖衣丈二尺＝十七直二百四钱三埿吏张君长所，钱约至十二月尽毕已。旁人临桐吏解、子威知券齿"（E.P.T52：323）。简262.29的贳买方是鄣卒张中功，简E.P.T52：323因残损而不明，但两者的交易地点（含卖方）、旁人相同，且都约定在十二月底结清债务。又，同为破城子出土的简35.12＋135.21和简145.1，可能原是一份册书："责钱，善食马，并曰：诺。即持程卿书，因细君☐马及责钱五千，细君［以］其三千钱为☐/☐"（35.12＋135.21），"宣，十二月中，使妻细君持使偿郭敞马钱，细君未行"（145.1），偿还马钱的时间也在十二月。简262.29，见简牍整理小组《居延汉简（叁）》，第152页。简E.P.T52：323，见张德芳主编、李迎春著《居延新简集释（三）》，甘肃文化出版社2016年版，"图版"第156页，"释文"第684页。简35.12＋135.21，见简牍整理小组《居延汉简（壹）》，第110页。连劭名指出，并、程卿、细君为人名，推测并可能是程卿的下属，程卿命他持书向细君讨还债务及马。详《汉简中的债务文书"贳卖名籍"》，《考古与文物》1987年第3期，第81—82页。简145.1，见简牍整理小组编《居延汉简（贰）》，"中央研究院"历史语言研究所2015年版，第108页。

(三) 以出行返归为限

这种约期，指借贷之际，约定借方再次返回立契之地时偿还债务。《史记·苏秦列传》："初，苏秦之燕，贷人百钱为资，及得富贵，以百金偿之。"① 苏秦贷钱后，一去累年，到衣锦还乡时才重金报偿债主。应是以游燕返家为期限的。

以出行返归为限的契约，尚未见于秦汉史料，不过敦煌吐鲁番出土的唐、五代文书中却有不少。契文皆不写具体期限，只约定返乡后偿还。今节录敦煌 S.4504 背 V "乙未年（875）三月七日押衙龙弘子贷生绢契"作参考：

> 乙未年三月七日立契。押衙龙弘子往于西州充使，欠
> 少绢帛，遂于押衙阎全子面上贷生绢壹疋，长肆
> 拾尺，福（幅）阔壹尺捌寸参分。其绢，彼至西州回来之日还
> 绢裹（利）头立机细縑壹疋、官布壹疋。其绢限壹个月还。②

押衙龙弘子因往西州充使，借生绢壹疋。约定从西州归来后缴付利息立机细縑和官布各壹疋，本绢在回来一月之内偿还。唐耕耦指出，敦煌所出同类贷契的借贷目的有两种，一是因公充使外地，一是经商。估算其往返时间，大抵一至二个月。③ 在西汉中期，也有为远途服役而借贷的现象。《盐铁论·疾贪》说："今小吏禄薄，郡国繇役远至三辅，粟米贵，不足相赡。……繇使相遣，官庭摄追，小计权吏，行施乞贷。"针对末句，马非百解释道：上计的有权势之吏，向途经的地方官府、富户勒索或借

---

① 《史记》卷六九《苏秦列传》，第2262页。关于《史记》中苏秦行年的可靠性，学界争论较多。马王堆《战国纵横家书》出土后，学者多倾向于《史记》记载不可信。及近年，又有一些学者提出了相反的结论。就本文涉及的"苏秦之燕，贷人百钱为资"，不论是否真有其事，它作为纵横家的典型事迹，为人乐道，显然有现实作基础。纵横策士贷钱游说的现象，当非向壁虚造。

② 中国社会科学院历史研究所、中国敦煌吐鲁番学会敦煌古文献编辑委员会、英国国家图书馆、伦敦大学亚非学院编著：《英藏敦煌文献（汉文佛经以外部分）》第六卷，四川人民出版社1992年版，第115页。

③ 唐耕耦：《唐五代时期的高利贷——敦煌吐鲁番出土借贷文书初探》，《敦煌学辑刊》1986年第1期，第141—142页。

贷。① 于旅途中立契，很可能是以自京返回或归乡后再来此地为还期的。

通常的借贷中，借方若不能偿还负债，解决手段之一是用劳作抵押。② 以旅行返归为约期，显然不具备该条件。放贷者必会更谨慎地估判借方，只选可信任的人，以规避风险。风评差的求贷者，不免屡遭失败。景、武帝之交，临淄人主父偃习学长短纵横之术，游于齐地诸生间，甚被排摈。"家贫，假贷无所得，迺北游燕、赵、中山，皆莫能厚遇，为客甚困。"③ 也许正是对借方比较挑剔，这种借期在史料中并不多见。

二 三种收息周期

收息周期，指借贷双方商定的收付利息的时间（或时间间隔）。藉此，可探知放贷本金的盈利方式，也能窥察举贷的意图。该问题尚未见学者探讨，今试作阐发。

先谈约定利息的凭据。战国末以来，有息借贷一般会在立契时写明收息条件。岳麓简秦令规定：

> ·十三年六月辛丑以来，明告黔首：相贷资缯者，必券书吏，其不券书而讼，乃勿听，如廷律。前此（0630）令不券书讼者，为治

---

① 马非百：《盐铁论简注》，中华书局1984年版，第261—262页。
② 秦时期，有所谓"居债"制度，即欠官府债务不能按期返还时，要通过居官劳作的形式抵偿。具体制度细节和产生背景，详拙撰《谳论古代财产刑处罚方式的演变》，《中国文化研究所学报》第61期，2015年7月，第6—18页。居作还债的现象，在汉代官、私债务中也不罕见。如《论衡·量知》："贫人负重责，贫无以偿，则身为官佣，责乃毕竟。"黄晖：《论衡校释》卷一二，中华书局1990年版，第548页。又，《后汉书》卷八三《逸民列传·梁鸿》："（梁鸿）后受业太学……学毕，乃牧豕于上林苑中。曾误遗火延及它舍，鸿乃寻访烧者，问所去失，悉以豕偿之。其主犹以为少。鸿曰：'无它财，愿以身居作。'主人许之。"第2765页。需要说明，居作抵偿外，还有其他解决负债的手段。如李均明指出，汉简契约中有时会写明"任者"（担保人），意味着债务人不能偿债时，"任者"须代替赔偿；也有的契约规定，债务人死亡或下落不明时，要其家人代替赔偿。详李均明《居延汉简债务文书述略》，《文物》1986年第11期，第39—40页。今案，前文注引邬文玲新释敦煌汉简D846买卖文书可作参考。
③ 《史记》卷一一二《主父列传》，第2953页。

其繻，毋治其息，如内史律。（0609）①

命令颁布于秦王政十三年（前234）六月，当时尚未统一。要求民众贷钱时必须将契约内容报知吏，如有辞讼，吏以此为据进行审理。否则不予理会。发生于该令之前的无契借贷，出现争讼时官吏只过问借贷本金，不问利息。其中暗示，官府可以从契券中把握取息的情况。另外，西汉中期有"坐贷子钱不占租，取息过律"（元鼎元年，前116）、"贷谷息过律"（建始二年，前31）的记载②，表明当时汉律规定了借贷取息的上限，超过限度则予惩罚。两相参合，判断利息是否逾限，无疑须凭借契券上写明的取息要求。

接下来讨论收息的周期。在秦汉之际，借贷的计息周期分以年和以月两种，它们大体对应了收息周期中最长者和最短者。此外，则不论长短，皆期满收息。下文分别述之。

（一）以一年为周期收息

前节已述，秦汉时期有一类借贷的期限超过或等于一年。放贷者多为官府，举贷方则系初置产业的百姓。放贷不单追求经济效益，扶助或劝勉的意图浓厚。文献中以年计息的情况，主要针对此类借贷。以下观察其收付利息的时间。

若约期恰为一年，大抵偿本时一并收息。前揭孟尝君在薛邑放贷的故事中，"岁余不入，贷钱者多不能与其息"，于是遣冯驩赴薛催讨。《史

---

① 编号及释文据陈松长主编《岳麓书院藏秦简（肆）》，上海辞书出版社2015年版，第194—195页。

② 分别见《汉书》卷一五上《王子侯表上》，第447页；卷一五下《王子侯表下》，第503—504页。又，《周礼·秋官·朝士》"凡民同货财者"条郑玄注："同货财者，富人蓄积者，多时收敛之，乏时以国服之法出之，虽有腾跃，其赢不得过此。以利出者与取者，过此则罚之。若今时加贵取息坐臧。"见（清）孙诒让撰，王文锦、陈玉霞点校《周礼正义》卷六八，第2828页，标点酌改。"若今时加贵取息坐臧"，表明东汉末也有"取息过律"之类的约束。另需说明，睡虎地秦简《法律答问》有"貣（贷）人赢律及介人"（206），见陈伟主编《秦简牍合集：释文注释修订本（壹）》，第261页。"贷人赢律"似非贷人财物时取息赢律。这里的"贷"，主要应指官府对无力自筹行粮的戍卒、践更者等的贷食，贷食额度依身份高低有不同标准，详宫宅潔《征服から占領統治へ——里耶秦簡に見える穀物支給と駐屯軍》，收入同氏编《多民族社会の軍事統治——出土史料が語る中国古代》，京都大学人文科学研究所2018年版，第58—62、68—74页。"贷人赢律"，即官吏在执行贷食等工作时，违规操作，额度超过了律令的标准。

记》继之写道：

> （冯驩）至薛，召取孟尝君钱者皆会，得息钱十万。迺多酿酒，买肥牛，召诸取钱者，能与息者皆来，不能与息者亦来，皆持取钱之券书合之。齐为会，日杀牛置酒。酒酣，乃持券如前合之，能与息者，与为期；贫不能与息者，取其券而烧之。①

冯驩来薛，应是放贷后唯一一次正式的收息。《战国策》描述他赴薛时说"于是约车治装，载券契而行"②，表达得更显豁。前揭岳麓秦简"学为伪书案"中，"贷食支卒岁"，即借期一年，"稼熟倍偿"，也是一年后付息。质言之，借期中无利息收付行为。

若约期超过一年，原则上每年收息一次。前揭史料中，汉武帝元鼎五年，因战马匮乏，官府贷民母马，"三岁而归，及息什一"，是三年的长期放贷。文中未明言"息什一"是三年息抑或一年息，但可以推考。据李奇解释，具体的贷出方法是："边有官马，今令民能畜官母马者，满三岁归之也。……谓与民母马，令得为马种；令十母马还官一驹，此为息什一也。"③通常，一匹成年牡马每春能圈配十至二十匹牝马，繁殖率最高可达80%。④武帝将大量牝马出贷，若牧民饲育得宜，转年所生马驹数，超过受孕牝马之半。当时朝廷渴求战马，以此繁衍能力，贷契不应宽缓到三年取息"什一"。⑤又，汉廷对马的征课，往往按年计算。如武帝元鼎六年（前111）"令封君以下至三百石以上吏，以差出牝马天下亭，亭有畜牸马，岁课息"。⑥昭帝元凤二年（前79）六月"其令郡国毋敛今年马口钱"。⑦也能佐证"息什一"是每年的利率。然而需说明，因马驹出生后三、四岁才进行交配，五岁始堪课役。官府是否在驹生当年即缴收子

---

① 《史记》卷七五《孟尝君列传》，第2360页。
② 《战国策》卷一一《齐策四》"齐人有冯谖者"，上海古籍出版社1985年版，第397页。
③ 《史记》卷三〇《平准书》，第1438页。
④ 甘肃农业大学主编：《养马学》（第二版），农业出版社1990年版，第39、148、214页。
⑤ 唐前期官养马匹的征课方法是："牛、马、驴之牝百，而岁课驹、犊各以六十"，可作参考。见陈仲夫点校《唐六典》卷一七《太仆寺》，第486页。
⑥ 《史记》卷三〇《平准书》，第1439页。
⑦ 《汉书》卷七《昭帝纪》，第228页。

息，还无法知晓。① 此例之外，新莽时"民或乏绝，欲贷以治产业者，均授之，除其费，计所得受息，毋过岁什一"。官府贷出的财物，专用于"乏绝"之民治产，收息也只针对扣除成本的盈利部分，其中当不乏贷期超过一年者。但不必说，利息仍是逐年收取。

据今见史料，秦汉时借贷的收息间隔最长不逾一年。在现实中，一年以上的情况容或存在，却恐怕是例外的。不超一年的收息习惯，渊源于农业周期性。早期借贷中，无论作何等用途，标的物基本是谷物。② 《管子·治国》说"凡农者，月不足而岁有余"③，年终是结余最多的时节，当然也最有能力偿还债务。前文已说到，递及秦汉，契约期等于、大于一年的借贷已颇少见。本金的借出周期长，收效慢，若非有额外的政治意图，放贷者不会轻易为之。西汉政府的财政总体尚可，还能应付这类放贷，而东汉以降，就几乎无闻史乘了。

（二）以一月为周期的收息

这种借贷一般以月计息，不论借期长短，期内逐月收付利息。例证首见于新出荆州高台 M46 汉墓木牍 M46：12 - 4：

池 孝 (?) 钱百卅五。· 余十钱，以雇穿钱，不足六。
雇八月、九月子钱八十。· 春钱四，米雇与穿钱，不足六。
雇葬(?) 钱卅五。者凡……· 亭瓦(?) 计。④

这是一份由市亭官吏记录的账簿，时代属汉武帝初年。由于笔迹模糊，个

---

① 龚留柱认为，是三年后归还母马时，一并归还马驹。见《秦汉时期军马的牧养和征集》，《史学月刊》1987 年第 6 期，第 13 页。
② 有关文献散见于《左传·文公十六年》、同书《昭公三年》及《管子·问》等篇，不备引。金属货币流通较晚，应是早期借贷多以谷物为标的物的原因之一。据江村治樹研究，金属铸币以三晉地区为最早，约发生于春秋时期，齐、楚、秦诸地域则要迟至战国中期后才渐臻普及，详见氏著《春秋戰國時代青銅貨幣的生成與展開》，汲古書院 2011 年版，第 424—433 页，以及该书各章关于布、刀、货贝，圜钱兴起和流通地域的论述。
③ 黎翔凤撰，梁运华整理：《管子校注》卷一五，中华书局 2004 年版，第 925 页。
④ 木牍照片及初释见荆州博物馆《湖北荆州高台墓地 M46 发掘简报》，《江汉考古》2014 年第 5 期，第 32—34 页。个别释文及断句参考何有祖《荆州高台 46 号西汉墓木牍校读记》改正，见简帛网 2014 年 11 月 10 日。

别字句还有待探究。大意说，池孝钱共135钱，用于支付（"雇"）各类费用后①，出现了若干盈余和不足。其中"雇八月、九月子钱八十"比较明确，即支付八、九两月的利息八十钱。它的性质，应系市亭以盈利为目的向民间放贷②，按月收息。为便于理解牍文，今举吐鲁番出土唐高宗总章三年（670）"白怀洛举钱契"（64TAM4：37）作参考。契文写道：

> 总章三年三月廿一日，顺义乡白怀洛于
> 崇化乡左憧憙边举取银钱
> 拾文。月别生利钱壹文。到月满日，
> 白即须送利。左须钱之日，白即须子本
> 酬还。若延引不还，听牵取白家财及口分平为钱直。③

契文中"月别生钱壹文"，表明是按月计息；又约定"到月满日，白即须送利"，即要求每月付息一次。反观高台M46：12-4中的"雇八月、九月子钱八十"，利息按月（每个月或每两月一次）交付④，应是贷契中写明的。其商定利率时，无疑也要按月计算。

相比于每年付息，逐月付息加快了收益速度，显示放贷者有更纯粹的盈利意图。另一方面，举贷者须定期交纳子息，标的物投入再生产的概率更大。按常理，农牧业生产时间长，即便短期能勉强应对逐月收息，也不足以支撑它的生长。至于工商贸易，则另当别论。《九章算术·盈不足》一道算题说：

> 今有人持钱之蜀贾，利：十，三。初返，归一万四千；次返，归

---

① "雇"，何有祖《荆州高台46号西汉墓木牍校读记》认为是"出钱请人做事"。今案，此说不确，应作"支付"解。字例可见岳麓秦简叁"芮盗卖公列地案"简0001/0038"方前顾（雇）芮千，已（已）尽用钱买渔具"，以及《汉书·鼌错传》："故功多者赏厚，功少者赏薄。如此，敛民财以顾其功，而民不恨者，知与而安己也"，"顾"即"雇"。分别见朱汉民、陈松长主编《岳麓书院藏秦简（叁）》，第133页；《汉书》卷四九《鼌错传》，第2294页。
② 说见拙撰《荆州高台M46出土记钱木牍考释》，《江汉考古》2019年第2期，第114—115页。
③ 唐长孺主编：《吐鲁番出土文书（叁）》，文物出版社1992年版，第224页。
④ 八、九两月子钱一起交付，究竟立契时就如此要求？抑或契券约定逐月交付，但因故拖延，变通为两月合纳？目前无法判断。

一万三千；次返，归一万二千；次返，归一万一千；后返，归一万。凡五返归钱，本利俱尽。问：本持钱及利各几何？①

商人持钱到蜀地贾贩，每次返回，都带来一部分本钱和利润，五次往还，本利具归。西汉成、哀帝时，成都人罗裒行贾京师，获得平陵富人石氏的亲信，为其持钱，被遣往来巴蜀，数年间致钱千余万。② 可看做算题的实例。③ 商贾运作圆熟，纵使本钱无法短期内回笼，也会有一定获利，最具备承受逐月收息的条件。

在秦汉时期，工商业者借本经营很常见。如岳麓秦简"识劫娘案"中，沛贷给建、昌等五人钱六万八千三百，用以市贩，相约共分盈利。④ 又，肩水金关出土的西汉成帝《永始三年（前14）诏书册》中，丞相翟方进、御史大夫孔光联名上书，请求废除"贷钱它物律"，并描述了富人放贷的情形：

> （前略）臣方进、臣光前对问上计弘农大守丞□☑（73EJF1：2）⑤
>
> 郡国九谷最少，可豫稍为调给，立辅既言民所疾苦，可以便宜□
> 弘农大守丞立、山阳行大守事，湖陵□□上谷行大守事☑（73EJF1：4）
>
> □令堪，对曰：富民多蓄田出贷□☑
> ……（73EJF1：3）

---

① 郭书春译注：《九章算术译注》卷七，上海古籍出版社2010年版，第317页。
② 《汉书》卷九一《货殖传》，第3690页。
③ 山田胜芳很早即指出了算题描述内容和罗裒持钱的相似性，并认为罗裒持石氏钱，要付与利息。见《中国古代の金融——特に高利貸を中心として—》，收入安田二郎编《中国金融史の基礎の研究》（昭和62年度科学研究費補助金研究成果報告書），1988年3月，第4页。此文蒙小尾孝夫先生代为复印，谨谢。
④ 见简0023/0035、1203、0041、0090，编号及释文据朱汉民、陈松长主编《岳麓书院藏秦简（叁）》，第153、158页。
⑤ 甘肃简牍博物馆、甘肃省文物考古研究所、甘肃省博物馆、中国文化遗产研究院古文献研究室、中国社会科学院简帛研究中心编：《肩水金关汉简（肆）》，中西书局2015年版，中册"图版"第276—277页；下册"释文"第140—141页。册书简文的排序及相关研究，可参考刘钊《汉简所见官文书研究》，博士学位论文，吉林大学，2015年6月，第113—118页。

治民之道，宜務興本，广农桑□□□□☑
来出贷，或取以贾贩，愚者苟得逐利□☑　（73EJF1：6）来去城郭，流亡，离本逐末，浮食者浸□……☑
与县官并税，以成家致富，开并兼之路。阳朔年间☑（73EJF1：5）
言预可许，臣请除贷钱它物律。诏书到，县道官得假贷钱□□☑县官，还息与贷者，它不可许。它别奏。臣方进、臣光愚憨顿=首=死=罪=☑（73EJF1：7）
制可☑（73EJF1：8）

在中原农业区，富人放贷牟取厚利，许多农民借到本钱便放弃耕作，浮食贾贩。翟方进认为，有息借贷是导致该现象的原因，且易引起人身依附和社会纠纷，应予禁绝①，得到了皇帝批准。可见问题之深刻。此外，东汉中期的五一广场简里，还有商贾借钱充作运转资金的记载。②旧说中，常以两汉时为扩大经营而举贷者甚罕③，但从上举史料看，很值得商榷。

其实，不惟民间富户，官府也制度性地向工商业者出贷，谋取利益。睡虎地秦简《秦律十八种·司空律》规定："有辠（罪）以赀赎及有责（债）于公……其弗能入及赏（偿），以令日居之。……居赀赎责（债）欲代者，耆弱相当，许之。作务及贾而负责（债）者，不得代。"（133—136）④"作务及贾"即私营手工业者及商贾⑤，是向官府举贷的债务方。另一方面，史料表

---

① 同册书简73EJF1：10载"又闻，三辅豪黠吏民复出贷，受重质不止，疑郡国亦然"，73EJF1：11载"赏，得自责母贷，毋令民辦斗相残贼，务禁绝息贷"。可相参看。
② CWJ1③325-1-120+121："直钱二万，先入一千，别（莂）券。后平复还敬券，不成。敬前诣督邮，□/会贷钱一千雇租，不受敬先入钱。案：平，商贾，狡猾，转相诬。"长沙市文物考古研究所、清华大学出土文献研究与保护中心、中国文化遗产研究院、湖南大学岳麓书院编：《长沙五一广场东汉简牍选释》，中西书局2015年版，第161页。虽然具体案情还需册书全部披露才能了解，但从残简已能知道，平是商贾，为人狡猾，他与敬产生经济纠纷之际，向人借钱一千，用以支付雇佣的薪金。
③ 如马新认为，"从两汉的社会实际看，真正为扩大经营、增加投入而举贷者十分少见，绝大多数的举贷者，都是迫于生计，无奈而为之"，见《两汉乡村社会史》，齐鲁书社1997年版，第107页。
④ 陈伟主编：《秦简牍合集：释文注释修订本（壹）》，第112页。
⑤ 高敏：《从云梦秦简看秦的若干制度》，收入同氏《云梦秦简初探》（增订本），河南人民出版社1981年版，第230页。

明有些官贷是收息的。上引岳麓简"学为伪书案"中,学告贷于胡阳少内时,许诺"稼熟倍偿";又,高台 M46:12-4 汉牍中,"雇八月、九月子钱"由市亭负责人记录。更明确的事例见于新莽始建国二年(10):

> 初设六筦之令。……又令市官收贱卖贵,赊贷予民,收息百月三。①

该政策是由国师公刘歆提议,模拟《周礼·地官·泉府》来施行的。②《泉府》说:"泉府掌以市之征布敛市之不售货之滞于民用者,以其贾买

---

① 《汉书》卷九九中《王莽传中》,第 4118 页。王莽推出的赊贷制度,在《汉书》中有两种不同记载,一是前引《汉书·食货志》"民或乏绝,欲贷以治产业者,均授之,除其费,计所得受息,毋过岁什一",另一是《王莽传》本条。不难发现,两条记载的计息方法和息率都不同。关于其中差异,管见有六种说法。(A) 吕思勉推测,《食货志》所言为定法,《王莽传》为政策初行时未定之法。见《吕思勉读史札记》,第 1157 页。(B) 彭信威主张,王莽的赊贷法区别了"生产放款"与"消费放款",《食货志》所记为前者,《王莽传》则为后者。见《中国货币史》,上海人民出版社 2007 年版,第 155 页。(C) 山田胜芳糅合《食货志》和《王莽传》两记载,主张每月收取经营利润的 3% 为息,但累计起来,一年的总息额不得超过年收益 10%。见《中国古代の金融——特に高利貸を中心として—》,《中国金融史の基礎の研究》,第 4 页。(D) 林剑鸣推测,"或许因各地不同,或许十分之一是最高息率,而低时收月息只有百分之三"。见《秦汉史》,上海人民出版社 2008 年版,第 629 页。今案,一般理解,月息 3% 比年息 10% 高,而林氏所谓的高、低,与此理解相反。(E) 宋杰认为,《食货志》的放贷即"五均赊贷"的政策之一,面向农民、小商贩和手工业者;而《王莽传》的放贷则是以牟利为目的,在始建国二年实施,被舆论认为是弊政。见《汉代官府与私人之间的债务关系》,《首都师范大学学报(社会科学版)》1993 年第 1 期,第 55 页。(F) 影山刚将王莽赊贷法置于新朝改制的联动效应中观察,仔细推究政策的实施效果,认为《食货志》所见规定在始建国二年前就已推行,但之后渐觉难以为继,遂于始建国二年改为《王莽传》中月息 3% 的贷法,见《王莽の贳贷法と六筦制およびその経済史的背景:漢代中国の法定金属貨幣・貨幣経済事情・高利貸付・兼并等をめぐる諸問題》,福井,自家版 1995 年版,第 20—36 页。此书蒙瞿艳丹女史代为复印,谨谢。大略别之,六说可分为两类:(1) 两记载同时施行说,即 B、C、D;(2) 先后施行说,即 A、E、F。六说中影山刚辨析最详,其余诸家仅是简单推测,并无证明。关于两记载的先后关系,笔者倾向影山刚说。不过,因《食货志》明确说放贷对象是"民或乏绝,欲贷以治产业者",取息极低;而《王莽传》的记载,则暗含了《周礼·泉府》借钱给商贾以牟利的意图(详后文),利息较高。所以,两种制度不惟推行先后有差异,预设的对象也不尽相同。

② 《汉书》卷二四下《食货志下》:"莽性躁扰,不能无为,每有所兴造,必欲依古得经文。国师公刘歆言周有泉府之官,收不雠,与欲得,即《易》所谓'理财正辞,禁民为非'者也。莽乃下诏曰:'夫《周礼》有赊贷,《乐语》有五均,传记各有斡焉。今开赊贷,张五均,设诸斡者,所以齐众庶,抑并兼也。'"第 1179—1180 页。

之，物楬而书之，以待不时而买者。……凡民之贷者，与其有司辨而授之，以国服为之息。"东汉郑众注："贷者，谓从官借本贾也，故有息，使民弗利，以其所贾之国所出为息也。"大意是官府把财物出贷给商贾贸迁，不令其独享收益，按一定利率征取子息。① 影山刚指出，郑众自小受学于乃父郑兴，习《左氏春秋》。郑兴好古学，通明《左传》和《周官》，曾在新莽天凤年间（14—19）师从刘歆，歆美其才，令其撰条例、章句、训诂，颇加器重。因此，郑众注应忠实地传达了刘歆赊贷法的精神。② 简言之，始建国二年的"赊贷民"由市场官吏直接负责，且据"以其所贾之国所出为息"为蓝本，放贷自然主要面向商贾，取息盈利。特须留意，"赊贷民"是以月计息，不排除当中有逐月收息的情况。

如上分析，手工、商贩贸易最可能成为逐月收息借贷的生长土壤。虽则目前直接的例证有限，但不难想象：放贷者希求迅速见利，靠举钱经商者渴求运营资本，两相结合，较容易订立这类契约。它在秦汉借贷活动中的存在感不宜忽视。

（三）期满收息

前文中，契约期限不满一年者，除以月收息的情况外，大都期满收息。如官府春季贷贫民种食，约定秋收还本，在此期间必然无利息收付。走马楼三国吴简的贷种食簿书载：

　　☐户，斛为息五斗☒嘉禄二年四月☐十☐（壹·8165）③

---

① （清）孙诒让撰，王文锦、陈玉霞点校：《周礼正义》卷二八，第1098页。关于《泉府》这段话，特别是"以国服为之息"，东汉时有两种解释。其一为东汉前期的郑众注，已见正文；另一为东汉末的郑玄注，言"以其国服事之税也。于国事受园廛之田而贷万泉者，则期出息五百。"经金榜考辨，郑众注较妥当，详见（清）孙诒让撰，王文锦、陈玉霞点校《周礼正义》，第1098—1100页。又，郑众、郑玄对经义理解的差别和得失，可参俞菁慧、雷博《北宋熙宁青苗借贷及其经义论辩——以王安石〈周礼〉学为线索》，《历史研究》2016年第2期，第23、27—30页。此文蒙徐畅女史提示，谨谢。

② 影山剛：《王莽の賖貸法と六筦制およびその経済史的背景：漢代中国の法定金属貨幣・貨幣経済事情・高利貸付・兼并等をめぐる諸問題》，第13—14页。

③ 长沙市文物考古研究所、中国文物研究所、北京大学历史学系走马楼简牍整理组编著：《长沙走马楼三国吴简·竹简（壹）》，文物出版社2003年版，第1063页。"斛"原释文作"别"，熊曲、宋少华据图版改，见《走马楼吴简中的种粮给贷簿研究》，第262页。

　　　　☒□岁伍□□□□□下俗丘民何著等三户，斛为息五斗Ⅸ嘉禾
二□☒（肆·4397）①

所贷谷物每斛收息五斗，表明利息是期满后一次性收取。官贷之外，则有《史记·货殖列传》中列侯封君用邑租偿债的事例。至于和农业周期关联淡薄的借贷，也应是期满收息。观察表1所列西汉中期的贳卖文书，全无迹象显示约期之内有债务往来。如敦煌出土贳卖契券云：

　　　元平元年七月庚子禽寇卒冯时卖橐络六枚杨卿所，约至八月十日与时小麦七石六斗，过=
月十五日，以日斗计。盖卿任。（D1449A）

只提到约期结束时须偿还的债务。前揭尹湾汉简"贷钱文约"中"师君兄贷师子夏钱八万，约五月尽"，也是如此。这两例皆不涉及子息，但表述格式上，酷似六、七世纪高昌国时期的举债契。阿斯塔纳出土"高昌延寿九年（632）范阿僚举钱作酱券"写道："延寿九年壬辰岁四月一日，范阿僚从道人元□□□取银钱贰拾文，到十月曹（槽）头与甜酱拾陆酙（斛）伍兜（斗），与诈（酢）叁酙（斛），与糟壹酙（斛）。"（69TAM140：18/2）② 四月贷银钱二十文，约定十月偿甜酱等几种物品，利息合计到须要返还的物品中，不单独列出。这种本息共计的立契格式，很可能在秦汉之际业已形成，期满前自然不涉及利息收付。

　　约期不满一年的借贷，通常按月计息。《九章算术·衰分》算题云："今有贷人千钱，月息三十。今有贷人七百五十钱，九日归之，问：息几何？"③ 在立契之际，根据息率、本金数额和借期核算子息。算题中预设借期九天，目的是展现数学技法；约期若超出一月，整月的部分径可累加得息，不烦演算。特别值得留意，《九章算术》外，岳麓秦简《数》和张家山

---

① 长沙简牍博物馆、中国文化遗产研究院、北京大学历史学系走马楼简牍整理组编著：《长沙走马楼三国吴简·竹简［肆］》，文物出版社2011年版，第727页。
② 唐长孺主编：《吐鲁番出土文书（贰）》，第197页。
③ 郭书春译注：《九章算术译注》卷三，第112页。

汉简《算数书》所载的同类算题也都是按月计息①，无以年计息之例。表明以月计息的使用频率最高，也间接反映约期不足一年的借贷比较寻常。

至于契约中以出行返归为限者，同样是期满偿息。从前揭苏秦的故事中即能看出，不再多论。

结　语

通过析缕史料，得到几点认识。秦汉常见的借贷期限略分三种：超出或等于一年，不满一年，及以出行返归为限。超出或等于一年的放贷，债权方主要是官府（或封君），面向初置产业的民众，有较强扶助、劝勉意图。因其目的特殊，民间借贷中很少见。不满一年的放贷，在秦汉时最流行。从西汉的例证看，无论与农耕生产有否关联，贷期大抵在三至七个月间，较长者也只八、九个月。以出行返归为限者，可能存在于上计吏等因公差旅中。关于收息周期，同样能归纳为三种：逐年、逐月和期满收息。逐年收息，每年收息一次，针对约期超出或等于一年的长期借贷，该习惯渊源于农耕生产的周期性。但如上述，它大致囿在官贷的范围，民间罕有。逐月收息，无论约期长短，每月收付子息。它的生长，应以工商投资性借贷为土壤，在借贷活动中具有重要意义。期满收息，期限通常不足一年，以月计息，约期内无债务往来，是秦汉时最寻常的收息方法。

因史料所限，本文只能停步在粗疏的归纳阶段，难以踏入个案分析，或有纵深度的探索。不过，将前述结论置于研究史中，仍能提起一些值得反思的问题。第一，借贷的契约期限、收息周期灵活多样，相应的放（借）贷目的可能亦有差别。史乘散见的超出一年的官贷，限期长且取息低，恰是民间最少见的。以之为基础作阐发，难免偏离事实。而逐月取息的现象，暗示了借贷资本与工商经营的联系，却被长期淹没。探讨借贷活动，宜应留意契券所约定的要素，及其与借贷行为的关系。第二，贷期不满一年者占主流，意味着诸多史料须要重新评估。今举典型的例子说明。

---

① 岳麓秦简《数》"貣（贷）人百钱，息八☐（0933）☐钱，今貣（贷）人十七钱，七日而归之，问取息几可（何）（0937）"；张家山汉简《算数书》："贷钱百，月息三。今贷六十钱，月未盈十六日归，请息几何？"（64）编号及释文分别据肖灿《岳麓书院藏秦简〈数〉研究》，中国社会科学出版社2015年版，第93页；吴朝阳《张家山汉简〈算数书〉校证及相关研究》，江苏人民出版社2014年版，第64页。

《史记·货殖列传》云：

> 封者食租税，岁率户二百。千户之君则二十万。……庶民农工商贾，率亦岁万息二千，百万之家则二十万。……通邑大都，酤一岁千酿……子贷金钱千贯……此亦比千乘之家，其大率也。①

学界常据此认为，武帝时一般的贷息率为年20%，甚者将该额度看成法定的取息上限。② 很显然，这个认识的前提是贷期满一年。然而如本文考述，西汉中后期，债务期限集中在三至七个月间，计息以月。纵使圆融的子钱家，也很难通年无间断地出贷本金。若立契时约定年取息20%，断然不能"岁万息二千"。一旦遭遇坏账，盈利更少。质言之，子钱家常用的贷息率，必然超过年20%，法定的取息上限也不会止于此数。③ 关于借贷息率，牵涉的问题较多，俟另作它文探讨。

（作者单位：中国社会科学院古代史研究所。原载《中国经济史研究》2018年第5期，收入本书时有修订）

---

① 《史记》卷一二九《货殖列传》，第3272—3274页。
② 如陈连庆《中国古典社会的债务奴隶问题》，《中国古代史研究——陈连庆教授学术论文集（上）》，第157页；山田胜芳《中国古代的金融——特に高利贷を中心として一》，《中国金融史の基础的研究》，第6页；宋杰《〈九章算术〉的源流与各算题反映的时代内容》，《〈九章算术〉与汉代社会经济》，第187页；王彦辉《张家山汉简〈二年律令〉与汉代社会研究》，第152、154页等。
③ 最直接的证据见于算数类文献。如上文注引岳麓秦简《数》的算题中，"貣（贷）人百钱，息八☐（0933）☐钱（0937）"，算题暗含的息率是每月8%。张家山汉初简《算数书》中，"贷钱百，月息三（64）"，即月息3%。西汉后期的《九章算术·衰分》中"贷人千钱，月息三十"，也是月息3%。将三条月息核算成年息，皆超过年20%。算数例题常结合基层小吏的行政需要而编制，甚至有些假设径取源于现实（分别参见吴朝阳《张家山汉简〈算数书〉校证及相关研究》，第254—255页；裘锡圭《汉简零拾》，收入同氏《古文字论集》，中华书局1992年版，第576—578页）。所以，西汉的法定取息上限，不会低于月息3%。

新出简牍所见秦与汉初的田租制度及相关问题

慕容浩

秦汉田租制度历来是史家关注的重点问题,但是由于传世文献中只是简单提及汉代的田租征收存在十税一、十五税一与三十税一的情况,细节方面却语焉不详,秦代的制度更是不见史载,即使东方六国的情况也只有寥寥数语,《汉书·食货志》记载了魏国的情况:"今一夫挟五口,治田百亩,岁收亩一石半,为粟百五十石,除十一之税十五石,余百三十五石。"① 只是阐述了亩产的平均状况与田租率,具体每一户粮食产出如何计量,田租征收如何执行,均尚付阙如。研究者们针对秦汉时期的田租制度进行了很多积极的探索,并提出不少观点,代表性的有四种:(1)劳幹的浮动税制说②,即秦汉田租的数量与每年的收成相关,采取的是一种比例租的形式;(2)吉田虎雄③与韩连琪④的定额税制说,即秦汉田租的田租额是一个参照数年情况制定的固定数额;(3)高敏的田亩与产量相结合征收制度说⑤,即将田亩与产量都纳入田租征收的考量范围之内;(4)谷霁光的以户为基础征收说⑥,即秦汉田租的征收与土地无关,而是以户为单位征收的。

---

① 《汉书》卷二四上《食货志上》,中华书局标点本1962年版,第1125页。
② 劳幹:《秦汉史》,台北,台北中华文化出版委员会1955年版,第135页。
③ 吉田虎雄:《兩漢租税の研究》,大阪:大阪屋号1942年版,第28页。
④ 韩连琪:《汉代的田租口赋和徭役》,齐鲁书社1986年版,第472页。
⑤ 高敏:《秦汉史论集》,中州书画社1982年版,第117页。
⑥ 谷霁光:《论汉唐间赋税制度的变化》,《江西大学学报》1964年第2期。

近些年很多新出简牍涉及秦代、汉初田租制度，如：龙岗秦简、里耶秦简、岳麓秦简《田律》。另外还有一些数术类典籍，如北大秦简《田书》、岳麓秦简《数》与张家山汉简的《算数书》，尽管这些数术类典籍不是当时制度的实际记录，但是剔除数字方面虚构的因素，也具有很高的参考价值。基于这些新出材料，学界对于秦汉时期的田租制度进行了多方面的讨论①，研究者着力于积极厘清"税田"、"程"、"取程"等内容，力图深化对秦汉时期田租制度的认识，理顺秦汉田租制度发展的线索，且取得了一定进展。但是目前的研究尚存在不少疑问需要进一步探讨，第一，如何认识"税田制"与"取程之制"；第二，具有分成租特征的"税田制"与定额租特征明显的"取程之制"如何同时在秦代与汉初的田租制度中并存；第三，秦汉田租制度演变的轨迹与内在逻辑。本文拟在学界既有研究的基础上，对秦汉田租制度及相关问题进行考察，以求教于方家。

一 秦与汉初的"税田"与"税田制"

"税田"是算数书中经常出现的概念，岳麓秦简《数》：

> 租误券。田多若少，秸令田十亩，税田二百卌步，三步一斗，租八石。·今误券多五斗，欲益田。其述（术）曰：以八石五斗为八百。(0939)②

> 禾兑（税）田卌步，五步一斗，租八斗，今误券九斗，问几可（何）步一斗？得曰：四步九分步四而一斗。述（术）曰：兑（税）

---

① 参见杨振红《从新出简牍看秦汉时期的田租征收》，《简帛》第三辑，上海古籍出版社2008年版，第331—342页；肖灿《从〈数〉的"舆（與）田"、"税田"算题看秦田地租税制度》，《湖南大学学报（社会科学版）》2010年第4期；彭浩《谈秦汉数书中的"舆田"及相关问题》，《简帛》第六辑，上海古籍出版社2011年版，第21—28页；于振波《秦简所见田租的征收》，《湖南大学学报（社会科学版）》2012年第5期；臧知非《说"税田"：秦汉田税征收方式的历史考察》，《历史研究》2015年第3期。

② 朱汉民、陈松长主编：《岳麓书院藏秦简（贰）》，上海辞书出版社2011年版，第4页。

田为（实），九斗（0982）①

税田三步半步，七步少半一斗，租四升廿四〈二〉分升十七。(0847)②

张家山汉简《算数书》"税田"条：

税田　税田廿四步，八步一斗，租三斗。今误券三斗一升，问几何

步一斗。得曰：七步卅七〈一〉分步廿三而一斗。术（術）曰：三斗一升

者为法，十税田为实。令如法一。③

这些关于"税田"的算题中，经核算，田租率均为百分之百。据此有学者对税田的性质进行了推断："'税田'是由国家政府机构直接经营管理的农耕地，就是'公田'。……使用刑徒耕种国有田地，收获尽入国库，田租率当然是百分之百。"④ 但是里耶秦简的一份涉及垦田与田租征收文书中的内容与上述观点相左。里耶秦简 8－1519 简：

迁陵卅五年狼田舆五十二顷九十五亩，税田四顷【卌二亩】

户百五十二，租六百七十七石。衡（率）之亩一石五【斗少半斗】

户婴四石四斗五升，奇不衡（率）六斗（正）
启田九顷十亩租九十七石六斗　六百七十七石
都田十七顷五十一亩租二百卌一石
貳田廿六顷卅四亩租三百卌九石三
凡田七十顷卌二亩·租凡九百一十（背）（8－1519）⑤

---

① 朱汉民、陈松长主编：《岳麓书院藏秦简（贰）》，第4页。
② 同上书，第8页。
③ 彭浩：《张家山汉简〈算数书〉注释》，科学出版社2001年版，第71页。
④ 肖灿：《从〈数〉的"舆（與）田"、"税田"算题看秦田地租税制度》，《湖南大学学报》2010年第4期。
⑤ 陈伟主编：《里耶秦简牍校释（第一卷）》，武汉大学出版社2012年版，第7页。

简文中记载了迁陵县与下辖诸乡垦田数、税田数、田租数与户数等数据,这份文书是现有文献中唯一一份直接反映秦代田租征收的原始材料,为厘清秦代田租制度提供了重要证据。从文书内容来看,秦始皇三十三年迁陵县下辖都乡、启陵乡与贰春乡共开垦土地五十二顷九十五亩,收田租六百七十七石,平均每亩一石五斗少半斗。稍加计算可以发现,全县垦田面积乘以每亩的田租数量,远远高于该年的田租总量,而税田面积乘以每亩的田租数量,恰与该年的田租总量相合,显然该年度迁陵县所有田租皆出自税田。而从简文各乡的内容来看,先列垦田数,再列田租数,并没有列税田数,可见,税田应该不是垦田之外的另一种土地,据此,有学者敏锐地指出:"当时征收田租,似乎是分别从每户田地中划出一定数量的'税田',而田租就来自'税田'。"① 从以上的简文内容,结合上文所引岳麓书院《数》的材料,这一推测可以成立。综上,可以得出两点结论,其一,税田并不是政府直接经营管理的土地,而是百姓耕种土地的一部分。其二,每户将授田的一部分单独划出成为"税田",税田之上全部收获作为田租上缴政府,这就是秦与汉初相关文献所反映出的田租征收制度。为了方便行文,此一租税制度本文暂称之为"税田制"。

  诸种出土文献印证了"税田制"的存在,从"税田制"操作的状况来看,其属于一种分成租,将应缴纳田租的土地按照一定比例分成两部分,一部分是税田,收获全部上缴,另一部土地的收获则归纳租者。那么税田占全部应纳租土地面积的多少比例,即田租率是多少,无疑是一个值得探讨的问题。目前涉及"税田制"田租率的出土文献有数种,但是存在龃龉之处,现主要有"十税一"与"十二税一"两种情况。岳麓秦简《数》中所有的田租率均为"十税一",如上文所列简0939:"租误券。田多若少,耤令田十亩,税田二百卌步,三步一斗,租八石。·今误券多五斗,欲益田。其述(术)曰:以八石五斗为八百。"这道算题中税田面积二百四十步,合当时的一亩,相当于全部土地面积的十分之一。又如简1654:"禾舆(与)田十一亩,□二百六十四步,五步半一斗,租四石八斗,其述(术)曰:倍二百六十四步……"经计算,二百六十四步合当时的1.1亩是税田的总面积,占全部十一亩应纳税土地的十分之一。北京

---

① 于振波:《秦简所见田租的征收》,《湖南大学学报(社会科学版)》2012年第5期。

大学藏秦简《田书》① 税率则均为"十二税一",简 8 - 007:"广廿四步,从(纵)廿步,成田二。税田卌步,租一石。"简 8 - 003:"广百廿步、从(纵)百步,成田五十亩。税田千步,廿步一斗,租五石。"简 8 - 023:"广廿四步,从(纵)卅步,成田三亩。税田六十步,五步一斗,租一石二斗。"经计算,这些简文中税田面积都是全部土地面积的十二分之一。

由于以上文献性质属于供人学习田亩、租税计算的算数类教材,并不是现实意义上的行政文书,所以在数字与现实情况可能存在偏差,需要与其他文献进行互证,才能去伪存真。战国时期关东诸国的田租率并不一致,且田租普遍较重,《汉书·食货志》载魏国制度为什一之税:"今一夫挟五口,治田百亩,岁收亩一石半,为粟百五十石,除十一之税十五石,余百三十五石。"② 银雀山汉墓出土的《守法守令等十三篇·田法》中规定:"卒岁田入少五十斗者,□。卒岁少入百斗者罚为公人一岁。卒岁少入二百斗者,罚为公人二岁。出之之岁【□□□□】□者,以为公人终身。卒岁少入三百斗者,黥刑以为公人。"③ 一般认为银雀山汉简反映的是战国时期齐国的制度,从简文来看,处罚最重的是"卒岁少入三百斗者",据此可以推断,齐国的田租在一户每年三百斗以上,即至少每亩三石,是魏国田租率的一倍以上,远高于什一之税。战国时人推崇什一之税为"天下中正",孟子就认为什一之税是尧舜之道,"欲轻之于尧舜之道者,大貉小貉也;欲重之于尧舜之道者,大桀小桀也"。④ 秦自商鞅变法以来,积极备战扩张,为了维持战争机器的运转,田租率绝不会比所谓的"尧舜之道"更低,文献中甚至出现秦政府收"泰半之赋"的说法。较之十二税一,什一之税更可能接近于秦代最初的制度设计。

---

① 北京大学藏秦简《田书》的相关简文参见杨博《秦简〈田书〉所见秦人的田亩、田税》一文,宣读于"秦汉史青年学者研讨会——早期中华帝国的行政运作与政治文化研讨会",2015 年。
② 《汉书》卷二四上《食货志上》,第 1125 页。
③ 银雀山汉墓竹简整理小组:《银雀山汉墓竹简(壹)》,文物出版社 1985 年版,第 146 页。
④ (清)焦循撰,沈文倬点校:《孟子正义》,中华书局 1987 年版,第 858 页。

二　秦与汉初的"程"与"取程之制"

秦与汉初的出土简牍中，与田租相关的内容里多提及"取程"的概念。如岳麓书院藏秦简《数》：

> 取程，八步一斗，今干之九升。述（术）曰：十田八步者，以为（实），以九升为法，如法一步，不盈步，以法命之。（0537）

> 取程，禾田五步一斗，今干之为九升，问几可（何）步一斗？曰：五步九分步五而一斗。（0955）

张家山汉简《算数书》也有"取程"的内容："取程　取程十步一斗，今乾之八升，问几何。"《荀子·致士》："程者，物之准也。"[1] 所谓的"程"就是一斗田租的田亩步数，"以此'程'作为标准，将240平方步的亩换算成若干程，程数与一斗之积即为每亩之'租'、'税'"。[2] "程"可以视为计租的一个单位，因此"程"能够以数量计算，龙岗秦简中就可以见到"一程"、"二程"等内容，如：

> 盗田二町，当遗三程者，□□□□□□☑（126）[3]

> 一町，当遗二程者，而□□□□□□☑（127)[4]

> （诈）一程若二程□□之□□☑（128)[5]

---

[1] （清）王先谦撰，沈啸寰、王星贤点校：《荀子集释》卷九《致士》，中华书局1988年版，第262页。

[2] 杨振红：《从新出简牍看秦汉时期的田租征收》，武汉大学简帛研究中心主编：《简帛》第三辑，第336页。

[3] 中国文物研究所、湖北省文物考古研究所编：《龙岗秦简》，中华书局2001年版，第115页。

[4] 同上。

[5] 同上书，第116页。

既然"程"是一个计租的单位,"取程"就是确定这一单位的程序,通过"程"概念的引入,秦国的乡吏可以通过测算田亩步数这种简单易行的方式就能直接计算出一个田租的数量。从北京大学藏秦简牍《田书》来看,"取程"的对象就是税田。简8-023:"广百廿步,从(纵)百步,成田五十亩。税田千步,廿步一斗,租五斗",其中"廿步一斗"就是程。

由于计算田租过程中"取程"这一程序的存在,"程"本身不是一个常数,在每次"取程"过程中都要重新认定,这一点从岳麓秦简《数》中,不同税田上大枲"程"的差异就可以看出来:

枲【舆】田六步,大枲高六尺,七步一束,租一两十七朱(铢)七分朱(铢)一。(0835)

枲舆田五十步,大枲高八尺,六步一束,租一斤六两五朱(铢)三分朱(铢)一。(0890)

大枲田三步少半步,高六尺,六步一束,租一两二朱(铢)大半朱(铢)。(0849)

大枲田三步大半步,高五尺,尺五两,三步半步一束,租一两十七朱(铢)廿一分朱(铢)十九。(0888)

枲舆田,周廿七步,大枲高五尺,四步一束,成田六十步四分步三,租一斤九两七朱(铢)半朱(铢)。(0411)①

上述简文中,大枲同样高六尺,"程"既有"七步一束",也有"六步一束"。同样高五尺,"程"有"三步半步一束",也有"四步一束"。同时我们也可以看到,大枲涨势越好,"程"定得越高,计算出的租额也就越多。其原因可以从以下诸方面来考虑。

其一,地力不一。各地土地的由于降水量、土壤种类、灌溉条件等原因,地力存在较大差异,秦汉政府在授田与制定赋税政策时注意到了这一

---

① 朱汉民、陈松长主编:《岳麓书院藏秦简(贰)》,第5页。

点。《汉书·食货志》载田亩有上、中、下之分："民受田：上田夫百亩，中田夫二百亩，下田夫三百亩。"① 睡虎地秦简《田律》中则在征收刍稾税时，将土地贫瘠的上郡单列："入顷刍稾，顷入刍三石；上郡地恶，顷入刍二石；稾皆二石。"② 均是基于地力差异的考量。

其二，年景不同。中国属于温带、亚热带季风气候，降水量与气温年际差异较大，多水旱之灾，特别是秦国偏居华夏西陲，处于季风区的边缘地带，气候、降水条件更不稳定，农作物的年景波动更甚，因此需要通过"取程"的形式依据年景对赋税标准进行调整。

其三，作物产量不同。各种农作物的产量存在一定差异，一般而言，禾粟多产，小麦次之，黍稷又次之。张家山汉简《算数书》简43："禾三步一斗，麦四步一斗，荅五步一斗，今并之租一石，问租几何。得曰：禾租四斗卅七分十二，麦租三斗分九。"③ 算题中征收的作物种类有粟、麦与豆，诸作物因产量差异，"程"均不同。

三 "税田制"与"取程之制"之间的关系

"税田制"与"取程之制"在制度取向上存在扞格之处，"税田制"本质上是一种分成租制，而"取程之制"恰恰相反，通过"取程"，政府每年都要在收获之前计算出一个田租的征收量，确定一个定额，显然"取程之制"更倾向于定额租制。这两种近乎相悖的制度如何在秦代与汉初的田租征收中同时存在，并有条不紊地运作，这无疑是一个值得深入探讨的问题。

对于二者之间的关系，一些学者试图作出解释，有学者认为："'税田制'是征收田税过程中征缴谷物和其他农作物的计算方式，其程序是在每年五月根据庄稼长势'取程'，依'程'确定产量；官府额定的应该缴纳的税额，按照'税田'标准产量，在民户垦田中划定'税田'面积，用作田税，秋时按户征收。"④ 这一观点强调，田租征收的过程中先进行

---

① 《汉书》卷二四上《食货志上》，第1119页。
② 睡虎地秦墓竹简整理小组：《睡虎地秦墓竹简》，文物出版社1990年版，第21页。
③ 彭浩：《张家山汉简〈算数书〉注释》，第71页。
④ 臧知非：《说"税田"：秦汉田税征收方式的历史考察》，《历史研究》2015年第3期。

"取程",计算出税额后,再根据"程"计算出"税田"面积,最后在应税土地中划定"税田"。这一主张显然与出土文献存在较大出入,所有的出土材料中均是在"税田"中"取程",进而计算出税额,先"取程"再划定"税田"的说法显然与当时的行政程序不符。另外,如果官府存在一个"额定的应该缴纳的税额",就可以直接在秋后征税,完全没有必要再"取程"、计算"税田"及划定"税田"等一系列画蛇添足之举,既严重增加行政成本,也于国家税收增收无益。因而这种观点十分值得商榷。

还有学者认为,秦人的税田所占应税土地面积的比例是固定的,但是"其税率确实存在变化","田税征收方式则依据田亩质量优劣与作物不同而相应增减"。① 这种观点自身存在相互矛盾之处,所谓税田所占应税土地面积的比例其实就是税率,既然这个比例是固定的,又何来变化之说,更遑论根据田亩质量优劣与作物不同而相应增减了。

所幸岳麓书院藏秦简《田律》中,为解决这一问题提供了重要的线索。简173:"田律曰:毋令租者自收入租,入租、貣者不给,令它官吏助之。不如令,官啬夫、吏赀各二甲,丞、令、令史弗得及入租、貣不给,不令它官吏助之,赀各一甲。"② 这条简文有两点需要注意。

第一,纳租者不能自己将田租径自缴至官府,即政府不允许纳租者在缺乏政府监管的情况下将田租交至官府,政府会参与到田租的征缴。这说明简牍材料中所提及的"税田制"是切实得到执行的,"税田制"之下,政府的田租收入全部来自税田,政府唯有监督纳租者在税田上的收割及缴纳田租的过程,才能确保田租征收过程中不出现纳租者隐匿田租的行为,避免国家蒙受损失。

第二,如果纳租者缴纳的田租不足,必须由其他官员助其补足田租。这一点说明在纳租者交租之前已经存在一个田租额度,这个额度成为了百姓纳租数额的下限。那么这个额度是如何计算出来的,一种可能是百姓数年来缴纳田租的平均值,但所有的出土文献与传世文献均没有证据表明这一时期存在这样一个数据。另一种可能就是来源于"取程之制",简牍文

---

① 参见杨博《北大秦简〈田书〉所见秦人的田亩、田税》,宣读于"秦汉史青年学者研讨会——早期中华帝国的行政运作与政治文化研讨会",2015年。
② 陈松长主编:《岳麓书院藏秦简(肆)》,上海辞书出版社2015年版,第125页。

献中大量涉及"取程"的内容，不但数术类文献出现，律令类文献也有不少，说明在当时"取程之制"是行政过程中广泛施行的，而"取程之制"又是与田租征收直接相关的制度，因此简文中的这一田租最低额度极可能是"取程"之后，在税田中计算出的田租值。

尽管岳麓书院藏秦简《田律》这条简文大致可以勾勒出秦与汉初田租制度的大致轮廓，但是仍有一些问题尚存疑问，既然纳租者的田租来自于税田，政府又介入、监督了纳租者收获作物、缴纳田租的全过程，上缴的粮食就是全部田租，不应该存在纳租不足的问题，政府为何又要设置一个租额的下限。笔者认为，解决这一问题的关键在于如何认识"取程之制"下计算出的这个田租的数字。首先，这一数字并不是定额租的租额，纳租者不是按照这一数字缴纳田租的，否则，政府完全没有必要参与田租的收获与缴纳过程，直接收租即可，从更大层面上讲，如果田租可以预先计算出来，程序复杂"税田制"完全没有存在的必要。其次，这个数字确实有实际意义，它是一个田租征收的预估值，在田租征收之前制定，田租征收过程中，纳租者缴纳的田租不得低于这一额度。

据此，大致可以勾勒出秦与汉初田租征收的一个大致流程：每年在作物成熟之前，乡吏按照十分之一的比例，在每户需纳租的土地中划出一部分作为税田，至于具体时间，应该视不同作物品种的成熟时间而定，可能并没有一个全国范围内制度性的时间。接着地方官吏参考土地的地力、作物种类、年景等因素"取程"，并计算出税田内作物的产量，并以此作为每户田租缴纳的下限。收获季节，在政府的监督下，每户将税田内的作物收获并上缴，并记于券书，本文开篇所列数术类简牍中多提及"误券"、"租误券"，这里的"券"就是田租缴纳后记录的租券。如果出现田租低于缴纳下限的情况，则需要补齐，如果纳租者没有能力补齐，则由其他官吏助其补齐。

之所以出现上述复杂的流程，是由当时的租税制度造成的。"税田制"应该是秦与汉初的基础田租制度，由于是分成租，百姓的田租数量决定于收获的多少，可以充分照顾到地力、年景、作物产量等因素，这是这一制度的优势，但是缺点也十分明显，即国家难以保障税田上的田租能顺利、足额地上缴至政府。尽管政府可以通过派遣官吏进行监管，但是受限于基层官吏的数量，实践上真正实现全面监管十分困难，百姓很容易隐匿田租，若是官民勾结贪墨田租，状况则更糟糕。因此必须制定一个制度，预估税田的田租额，并以此作为每户缴纳田租的最低额度以防弊，这就是"取程之制"的制度设计出发点。

结　论

秦与汉初的田租制度中，"税田制"与"取程之制"并存，"税田制"为基础性制度，"取程之制"为辅助性制度，共同建构了这一时期的田租制度形态，就制度本身而言，其具有鲜明的过渡性特征。

"税田制"从运作过程来看是一种属于力役形态的税制，可以视作商周以来"助"、"彻"制度的延伸形态，较为原始，秦之所以将"税田制"作为田租征收的基础制度，可能与秦国偏居西陲，经济欠发达，制度发展滞后有关。从出土文献来看，东方一些诸侯国已经实行定额租，银雀山汉简出土的《守法守令等十三篇》提供了齐国田租制度的情况："……岁收：中田小亩亩廿斗，中岁也。上田亩廿七斗，下田亩十三斗，大（太）上与大（太）下相与复（覆）以为衙（率）。"① 从简文内容来看，齐国将土地分为"上田"、"中田"、"下田"，且将每岁的年景也分上、中、下，进而制定出田租的数额，这是典型的定额租。三晋的田租制度可能与齐国类似，董说《七国考》引桓谭《新论》曰："魏三月上祀，农官读法，法曰……上上之田收下下，女则有罚，下下之田收上上，女则有赏。"② 魏国的税收制度也存在地次之差，与秦国制度有别，与齐国制度更为相近，韩、赵同出三晋，田租制度应该相类。在大的时代背景之下，秦国的田租制度也逐渐受到东方诸国的影响，首先，刍稾的征收已经摆脱了"税田制"的方式，实行定额租。睡虎地秦简《秦律十八种·田律》中对每顷土地需缴纳的刍稾数量做出了明确规定："入顷刍稾，以其受田之数，无垦不垦，顷入刍三石、稾二石。"③ "取程之制"可能也是受到东方诸国制度的影响而后出的制度，《商君书》卷一《垦令》载，商鞅变法中对田租制度进行了改革，"訾粟而税，则上壹而民平"。高亨注：

---

① 银雀山汉墓整理小组：《银雀山汉墓竹简（壹）》，第146页。
② （明）董说：《七国考》，中华书局1956年版，第100页。
③ 睡虎地秦墓竹简整理小组：《睡虎地秦墓竹简》，第21页。

"訾，量也。"① 这里提及的应该就是"取程之制"。相对而言，"取程之制"是一种相对先进的制度，如果政府可以根据"取程"后计算出来的田租数直接收租，就可以减少很多行政程序，同时税田制的弊端也可以避免。进一步讲，如果每年"取程"可以逐渐发展为采用数年的平均值，几年调整一次，这样"取程之制"就与定额组十分接近。但是商鞅变法之后，"取程之制"并没有取代"税田制"成为田租制度的主体，反而只作为一种辅助性制度存在，因此就出现了秦与汉初的田租制度中，"税田制"与"取程之制"并行的杂糅状况。

从行政实践来看，秦与汉初的田租制度显然不是一个理想的制度，原因有二。其一，这一制度的行政成本过于高昂。"税田制"只适用于小国寡民的状况，因为每年从税田的划分到田租收获、上缴的监督，政府均需要投入较多人力，国小民狭尚可，随着诸侯国疆域扩张、人口滋衍，基层乡里下辖的民户越来越多，新占领区域尽管人口少，但是面积却很大，田租征缴很容易出现人手不足、顾此失彼的情况，进而导致田租征收监管不力，国家蒙受损失。在此背景下，政府不得不创造出一套辅助性的制度，来弥补"税田制"的漏洞，但是"取程之制"的实行，进一步加大了基层官吏的工作量，基层官吏人数必须随之调整，秦代基层出现田部、乡部并行的复杂行政系统，与这一时期独特的田租制度有直接关系。其二，这一制度下，政府监管难度大，易滋生腐败。尽管政府设计了"取程之制"以防"税田制"之弊，但是"取程之制"本身漏洞也不小，"取程"过程中主观性太大，就会出现龙岗秦简中出现的遗程、败程、稀程等现象，加之政府在税田作物的收获与征缴中监管不力，就进一步出现了虚租、租不能实、匿租、失租等状况。这些徇私舞弊行为大量出现暴露出田租制度本身的弊端，容易让基层官员从中钻制度的空子，不似定额租那般容易操作。

秦与汉初田租制度的瓦解具有必然性，一方面制度的痼疾难以消除，必须进行大刀阔斧的改革，否则必然会对国家的税收乃至粮食安全构成威胁。另一方面，西汉文景以来实行的低田租政策，成为了旧田租瓦解的催化剂。西汉建立以来，田租率从十五税一降至三十税一，在低田租的情况下，国家从每户征收的田租大幅减少，旧田租制度下行政成本却没有降

---

① 蒋礼鸿：《商君书锥指》卷一《垦令》，中华书局1986年版，第6页。

低，特别是随着西汉因人口增加，每户授田明显减少的情况下，以土地面积为依据的定额租无疑对于国家更为有利，"税田制"与"取程之制"相结合的田租旧制已经完全不适应新的形势，也就逐渐被时代淘汰，彻底湮灭于历史之中，劳役地租这种相对原始的土地赋税形式也彻底退出了国家主流赋税形态的行列。

（作者单位：重庆大学人文社会科学高等研究院。原载《社会科学研究》2017年第3期）

中央与地方

三府分立

——从新出秦简论秦代郡制

游逸飞

严耕望《中国地方行政制度史》甲部《秦汉地方行政制度》建构的秦汉地方政制图景迄今仍无可替代。① 然因秦至汉初的史料寡少，该书所引史料的时代实以西汉中期至东汉为主，严耕望亦自承"大抵秦及西汉初年之制已不能详"②，故其书几未单独探讨秦代地方政制，也就无法分析秦汉地方政制的差异。

随着 21 世纪里耶秦简的出土③，学者开始掌握秦代地方行政文书的第一手面貌，加上岳麓秦简公布了为数不少的秦代司法案例与律令条文④，

---

① 参见严耕望《中国地方行政制度史》甲部《秦汉地方行政制度》，台北，"中央研究院"历史语言研究所，1990 年。

② 同上书，第 144 页。

③ 下文引用里耶秦简图版若出自湖南省文物考古研究所编《里耶秦简（壹）》，文物出版社 2012 年版，释文出自陈伟主编《里耶秦简牍校释（第一卷）》，武汉大学出版社 2012 年版，则只标明简号，不详引出处，征引散见里耶秦简时方详引出处。引用《里耶秦简牍校释（第一卷）》的校释意见时径称《校释》，亦不详引出处。里耶秦简预定出版五册，目前仅出版一册，尚有五分之四的资料未得寓目。本文根据里耶秦简复原郡制时，尽可能少做推测，仅凭现有数据进行较为保留的论述。即便如此，本文结论仍不能完全回避被未出版的里耶秦简修正甚至否定的风险，祈请读者留意。

④ 参见陈松长《岳麓书院所藏秦简综述》，《文物》2009 年第 3 期，第 75—88 页；陈松长《岳麓书院藏秦简中的郡名考略》，《湖南大学学报》2009 年第 2 期，第 1—9 页；陈松长《秦代避讳的新材料——岳麓书院藏秦简中的一枚有关避讳令文略说》，武汉大学简帛研究中心，简帛网，http://www.bsm.org.cn/show_article.php?id=1158，2009 年 10 月 20 日；陈松长《岳麓书院藏秦简中的行书律令初论》，《中国史研究》2009 年第 3 期，第 31—38、177 页；于振波《秦律

透过行政与司法文书探讨秦代地方政制的面貌成为可能。里耶秦简常见"守府"、"尉府"、"监府"之词①，与《史记·秦始皇本纪》记载秦始皇

(接上页) 令中的"新黔首"与"新地吏"》，《中国史研究》2009 年第 3 期，第 69—78 页；陈松长《睡虎地秦简"关市律"辨正》，《史学集刊》2010 年第 4 期，第 16—20 页；于振波《秦律中的甲盾比价及相关问题》，《史学集刊》2010 年第 5 期，第 36—38 页；陈松长《岳麓书院藏秦简中的徭律例说》，中国文化遗产研究院编《出土文献研究》第十一辑，中华书局 2012 年版，第 162—166 页；朱汉民、陈松长编《岳麓书院藏秦简（叁）》，上海辞书出版社 2013 年版；陈松长、周海峰《〈岳麓书院藏秦简〉（肆）概述》，宣读于北京大学出土文献研究所、湖南大学岳麓书院主办，"秦简牍研究国际学术研讨会会议论文集"（2014 年 12 月 5—7 日，长沙），第 70—75 页；欧扬《岳麓秦简所见比初探》，宣读于北京大学出土文献研究所、湖南大学岳麓书院主办，"秦简牍研究国际学术研讨会会议论文集"，第 76—83 页；周海峰《岳麓秦简〈戍卒律〉研究》，宣读于北京大学出土文献研究所、湖南大学岳麓书院主办，"秦简牍研究国际学术研讨会会议论文集"，第 84—90 页。岳麓秦简时代大抵为秦统一前后，内容丰富且重要，然非科学考古发掘出土，真实性必须严格检验。自睡虎地秦简发掘至今，随葬简牍已蔚为出土简牍的大宗。但学界过去并未注意当时制作竹简经常在背后刻画细线，以利编联排序。直至孙沛阳于 2011 年发表文章指出简背刻画线的意义，学界才开始关心简背刻画线问题。该文引用的重要证据之一即为 2007 年购藏、2010 年出版第一卷的岳麓秦简。由此可知岳麓书院已出版的带有简背刻画线的秦简几乎无可置疑。本文经常引用的《为狱等状四种》共 252 枚简，整理者已指出其背面几乎均有清晰划线，是真简的有力证明。参见孙沛阳《简册背划线初探》，复旦大学出土文献与古文字研究中心编《出土文献与古文字研究》第四辑，上海古籍出版社 2011 年版，第 449—462 页。此外岳麓秦简内容经常可与其他考古出土简牍相互发明，亦反映目前已刊布的岳麓秦简应非向壁虚造。参见游逸飞《里耶秦简 8 - 455 号木方补释——〈岳麓书院藏秦简（壹）〉读后》，武汉大学简帛研究中心，简帛网 http：//www.bsm.org.cn/show_article.php？id=1640，2012 年 2 月 15 日。

① 参见游逸飞《守府、尉府、监府——里耶秦简所见郡级行政的基础研究之一》，武汉大学简帛研究中心编《简帛》第八辑，上海古籍出版社 2013 年版，第 229—237 页。惟里耶秦简又见负责传递文书的"守府"，如"守府快"见简 8 - 60 + 8 - 656 + 8 - 665 + 8 - 748、8 - 71、8 - 140、8 - 155、8 - 157、8 - 158、8 - 1560、9 - 1594（见游逸飞、陈弘音《里耶秦简博物馆藏第九层简牍释文校释》，武汉大学简帛研究中心，简帛网，http：//www.bsm.org.cn/show_article.php？id=1968，2013 年 12 月 22 日）、16 - 1（见湖南省文物考古研究所编《里耶发掘报告》，岳麓书社 2007 年版，第 191 页），"守府定"见简 8 - 141 + 8 - 668，"守府昌"见简 8 - 198 + 8 - 213 + 8 - 2013，"守府即"见简 8 - 768，"守府贤"见简 8 - 806，"守府交"见简 8 - 1477，"守府印"见简 8 - 1525，"守府阳"见简 8 - 2122。2013 年 1 月，北京万寿寺"赋英染华——历代砚台展"展出一枚木质残简，文字为秦隶，上书"☐守府以格行书一☐"，"以格"或为人名。此数据承肖芸晓提供，在此致谢。邢义田据《国语》及居延汉简推测"守府"为守府库之吏，《校释》则简 8 - 756 的"守府门"，推测"守府"即"守府门"之省。不管如何，传递文书的"守府"并非指郡守府。参邢义田《湖南龙山里耶 J1（8）157 和 J1（9）1 - 12 号秦牍的文书构成、笔迹和原档存放形式》，收入氏著《治国安邦：法制、行政与军事》，中华书局 2011 年版，第 473—498 页；陈伟编《里耶秦简牍校释（第一卷）》，第 45—46 页。

二十六年（前221）"分天下以为三十六郡，郡置守、尉、监"。① 恰可对应。我曾据此指出秦代郡守、郡尉、郡监御史各自开府，故称"守府"、"尉府"、"监府"，三府各自独立行政，反映郡守、郡尉、郡监御史大抵不相统属，皆为郡之长官，秦郡行政呈现三头马车的分权形态；由于汉代已无"郡监"存在，秦郡的"三府分立"可谓秦郡最显著的特色之一。② 然而拙文当时未遑探讨"守府"、"尉府"、"监府"的职权及其相互关系，深入分析秦郡的行政特色。本文试图根据新出秦简③，以"三府分立"为切入点，分别探索秦代郡守、郡尉、郡监御史的职能，进而分析"守府"、"尉府"、"监府"三府之间的关系，探讨秦郡行政的特色，为秦汉郡制乃至地方政制的比较打下基础。

一 郡守与"守府"

里耶秦简的主体是秦代迁陵县的行政文书，适足以从文书行政的角度

---

① 见《史记》卷六《秦始皇本纪》，中华书局标点本1959年版，第239—240页。

② 参游逸飞《守府、尉府、监府——里耶秦简所见郡级行政的基础研究之一》，武汉大学简帛研究中心编《简帛》第八辑，第229—237页。

③ 新出秦简除了上引里耶与岳麓秦简，尚见北京大学藏秦简。不过北大秦简应系随葬简，且无《奏谳书》等司法案例，只有《南郡道里记》等数据与郡制较有关联，参辛德勇《北京大学藏秦水陆里程简册的性质和拟名问题》，武汉大学简帛研究中心编《简帛》第八辑，第17—27页；辛德勇《北京大学藏秦水陆里程简册初步研究》，清华大学出土文献研究与保护中心编《出土文献》第四辑，中西书局2013年版，第176—279页；辛德勇《北京大学藏秦水陆里程简册与战国以迄秦末的阳暨阳城问题》，宣读于北京大学出土文献研究所、湖南大学岳麓书院主办，"秦简牍研究国际学术研讨会会议论文集"，第258—268页。此外出版较早的睡虎地秦简与张家山汉简《二年律令》与《奏谳书》亦为本文的重要参考数据，前者图版见武汉大学简帛研究中心、湖北省博物馆、湖北省文物考古研究所编，陈伟主编《秦简牍合集·壹》，武汉大学，2014年；后者原始图版见张家山二四七号汉墓竹简整理小组编《张家山汉墓竹简〔二四七号墓〕》，文物出版社2001年版；红外线图版见彭浩、陈伟、［日］工藤元男编《二年律令与奏谳书——张家山二四七号汉墓出土法律文献释读》，上海古籍出版社2007年版。下文引用时，只标明简号，不再详引出处。《二年律令》与《奏谳书》虽为汉简，但学者多半认为《二年律令》是吕后二年（前186）颁布的法律条文，《奏谳书》内容多为秦至汉初的司法案件，均为探讨秦制时的必备资料。参彭浩《谈〈奏谳书〉中秦代和东周时期的案例》，《文物》1995年第3期，第43—47页；彭浩《谈〈奏谳书〉中的西汉案例》，《文物》1993年第8期，第32—36页；张忠炜《〈二年律令〉年代问题研究》，《历史研究》2008年第3期，第147—163页；李力《〈二年律令〉题名再研究》，收入氏著《张家山247号墓汉简法律文献研究及其述评》，东京，东京外国语大学アジア.アフリカ言语文化研究所，2009年，第345—364页。

探讨秦郡职能。① 里耶秦简里的郡守往往透过文书行政控制、监察属县。②或催促属县尽快回复文书，如简8－1523"追迁陵，亟日夜上勿留"；或指责属县上呈的文书不合法，如简8－704＋8－706"泰③守书曰：'课皆不④應（应）式⑤、令。'"郡守的文书行政所反映的内容，下文分财政、军事、司法三类逐一探讨。

（一）财政

里耶秦简里郡守对属县的财政控制比比皆是，如简12－1784记载秦始皇三十三年（前214）正月洞庭代理郡守要求属县重新上报二十八年以来买卖粮食的数额。二月郡守再次要求属县尽速回报，并由邮人送至迁陵县。⑥

---

① 参［日］永田英正著，王勇华译《文书行政》，［日］佐竹靖彦编《殷周秦汉史学的基本问题》，中华书局2008年版，第224—243页。反过来说，在文书行政以外的秦郡职能，便非里耶秦简可触及，此为利用里耶秦简探讨秦郡职能的局限，祈请读者留意。

② 除了具体的郡县往来文书，里耶秦简里尚有大量的文书来往纪录，如邮书简8－1119"书三封，令印，二守府、一成纪"，记载迁陵县令向洞庭太守府上呈两封文书。类似内容又见简5－23、8－1829、16－1（末者见《里耶发掘报告》，第191页。）待里耶秦简完整公布，便可统计秦不到二十年的统治时间，洞庭郡与迁陵县"至少"传递了多少份文书，量化秦代文书行政的强度。我们甚至可以期待《里耶秦简（贰）》至《里耶秦简（伍）》公布了某年或某月迁陵县文书传递的数量统计，毕竟这类档案文书当时应存于迁陵县笥。相关研究可参考［日］藤田胜久《里耶秦简所见秦代郡县的文书传递》，武汉大学简帛研究中心编《简帛》第八辑，第179—194页。

③ 原阙释，可参简8－1225的"泰"（ ）字，据内容、词例及残画（ ）补为"泰"字。简8－2284见有"□守书"，《校释》怀疑□是"泰"字，今据词例及残画（ ）补为"泰守书"。

④ 原阙释，《校释》怀疑是"不"字，今参简8－435的"不"（ ）字及简8－754＋8－1007的"不应律令"，据内容、词例及残画（ ）补为"不"字。该简内容的详细探讨可参徐世虹《秦"课"刍议》，《简帛》第八辑，第251—267页。

⑤ 原无顿号。

⑥ 该简正面内容为："卅三年正月壬申朔戊戌，洞庭叚（假）守□谓县啬夫：'廿八年以来，县所以令糴粟，固各有数，而上见或别书、或弗□。以书到时，亟各上所糴粟数后，上见左署见左方曰：若干石斗不□□□，署主仓发，它如律令。县一书。'·以临沅印行事。二月壬寅朔甲子，洞庭叚（假）守䜌·廷县亟上，勿留/疧手·以上衍印行事。"背面内容为："三月丙戌日中邮人□以来/□发　歇手。"标点为我所加，释文与图版见宋少华、张春龙、郑曙斌、黄朴华编《湖南出土简牍选编》，岳麓书社2013年版，第126页。该文书的传递方式是较为迅速的"以

除了粮食管理，属县还向郡守上报购买徒隶的数量，如简 8 - 664 + 8 - 1053 + 8 - 2167：

卅二年九月甲戌朔朔日，迁陵守丞都敢☒
以朔日上所买徒隶数守府。』·问☒
敢言之。」☒

根据简 8 - 154 "令曰：'恒以朔日上所买徒隶数。'" 的法令，属县购买的徒隶数目似乎每月均须按时上报；即使当月没有购买徒隶，亦须回复郡守："问之，毋当令者。" 属县上报郡守的物资甚至包含"牛车"（简 8 - 62）及"辒辌韬乘车"（简 8 - 175）。①

本节对郡守财政权的探讨以简 8 - 434 的内容作结：

三月壹上发黔首有治为不当计者守府上薄（簿）式。

该简内容是一般上计的补充规定，规定每三月上呈一次"发黔首有治为不当计者"到郡守府的簿籍样式。该简披露的讯息至少有四。第一，"发黔首有治为"既有"不当计者"，则亦应有"当计者"，秦代郡县上计内容不仅有上引的粮食、徒隶、车辆、兵器（见下引简 8 - 653）等物资，

（接上页）邮行"，而非"以次传"，可见其急迫性。参陈伟《秦与汉初的文书传递系统》，中国社会科学院考古研究所、中国社会科学院历史研究所、湖南省文物考古研究所编《里耶古城·秦简与秦文化研究——中国里耶古城·秦简与秦文化国际学术研讨会论文集》，科学出版社 2009 年版，第 150—157 页；后收入氏著《燕说集》，商务印书馆 2011 年版，第 362—382 页。考虑到《史记·秦始皇本纪》记载同年秦始皇"发诸尝逋亡人、赘婿、贾人略取陆梁地"。身为南方边郡的洞庭郡，必然有相应的军事部署及后勤调动，郡守于此时检讨买卖粮食的数额，或与征伐陆梁有关。而简 8 - 2159 + 8 - 740 洞庭郡守下达属县的命令记载"上见禾☒☒☒令县上会十二月朔日"，其文书或许就是简 12 - 1784 记载的"上见或别书"。简 12 - 1784 亦记载属县"或弗☒"，大概指属县并未按时上报买卖粮食数额，反映看似严格的文书行政规定不一定被官吏严格执行，故须进一步追踪。里耶秦简文书的虚应故事研究尚待开展，汉简与吴简文书则已有相关研究，参高震寰《论西北汉简文书与现实的差距及其意义》，《新史学》2014 年第 4 期，第 1—42 页；胡平生《〈嘉禾四年吏民田家莂〉统计错误例解析》，李学勤、谢桂华主编《简帛研究（二〇〇一）》，广西师范大学出版社 2001 年版，第 492—513 页。

① 简 8 - 1511 为迁陵县上呈的"水火败亡者课"，惜未言上呈于何处。

更包含"发黔首"等徭役。① 第二，秦代政府对上计内容有严格限制，县道官征发黔首不一定均见于上计内容。为了控制这类不见于上计内容的征发，秦代政府方进而规定每季的补充上计内容。第三，补充上计有固定的簿籍样式，一般上计亦应有之。第四，本例为四时上季之制，上引文书见有每月上计之例，加上简 8 - 67 + 8 - 652 "岁上物数会九月望太守府"的记载②，可反映秦代上计大抵已有月簿、四时簿、岁簿等分别。③

综上所述，秦代郡守对属县财政的控制程度已十分细致全面，既反映郡县之间的行政层级已确实建立，更显示秦代中央政府对地方的严密控制。下文探讨秦代郡尉及郡监御史的文书行政时，并未见到任何涉及郡县财政的内容，反映郡之财政权可能为郡守独揽。

（二）军事

洞庭郡在秦始皇三十三年（前 214）以前均为南方边郡，军务必然繁重。然而里耶秦简里郡守涉及的军务只见兵器管理，如简 8 - 653 记载迁陵县向郡守上计的内容包含兵器，简 16 - 6、16 - 5 记载洞庭郡守负责向内史输送兵器。④ 而战国秦兵器铭文反映郡守职掌兵器的监造⑤，秦统一以后的兵器监造制度依旧如此，如随葬于四川涪陵小田溪三号墓"廿六

---

① 简 8 - 164 + 8 - 1475 记载迁陵县少内上呈"上计☐☐☐而后论者狱校廿一牒，谒告迁陵将计丞☐上校"。接受文书者或即洞庭郡守，反映刑狱亦为属县上计的内容。

② 年终九月上岁计，符合文献记载，如《续汉书·百官志》刘昭补注引卢植《礼注》："计断九月，因秦以十月为正故。"见《后汉书》志二八，中华书局标点本 1965 年版，第 3622 页。里耶秦简 8 - 653 "上真见兵，会九月朔日守府"或许也是岁计。简 8 - 183 + 8 - 290 + 8 - 530 记载秦始皇三十四年十月迁陵县丞向上呈秦始皇三十三年人口增减的数目。虽晚了一个月，仍应与岁计有关，惜该简未言上呈于何处。

③ 汉之上计承袭秦制，参郭浩《汉代地方财政研究》，山东大学出版社 2011 年版，第 86—93 页。

④ 见《里耶发掘报告》，第 192—194 页。简 8 - 1510 记载事隔一月，迁陵县贰春乡便派出四艘六丈以上的船，运输至少五石一钧七斤之"兵"（兵器）至内史。《校释》根据"五石一钧七斤"的重量，怀疑"兵"指谷物。其说并不可靠，以石、钧、斤计算由船承载的兵器重量，并无可疑之处。

⑤ 参苏辉《秦三晋纪年兵器研究》，上海古籍出版社 2013 年版；游逸飞《战国至汉初的郡制变革》，第 18—30 页。

年蜀守武戈"的铜戈①、陕西宝鸡出土的"廿六年临湘守藉戈"②。金文所见郡守职掌兵器监造,与里耶秦简所见郡守职掌兵器管理恰相呼应。然而下节探讨郡尉军权时,不见管理兵器,只见管理戍卒。郡守管理兵器、郡尉管理戍卒,秦出土文献似乎反映郡守与郡尉在军权上分工制衡。

(三) 司法③

岳麓秦简《为狱等状四种》记载不少县上谳郡的案件,里耶秦简亦见有迁陵县狱东曹、南曹上呈洞庭郡守府的文书④,在在反映郡县之间密

---

① 见四川省博物馆、重庆市博物馆、涪陵县文化馆《四川涪陵小田溪战国土坑墓清理简报》,《文物》1974年第5期,第61—80页。该戈风格为战国晚期,其时秦国君主如惠文王、昭王以及秦始皇在位均超过二十六年,于豪亮引用《史记·秦本纪》与《华阳国志》指出秦惠文王二十四(前314)年至秦昭王三十年(前277)的蜀郡郡守均为张若(任职三十七年以上),故"蜀守武"任职的"廿六年"只能是秦始皇纪年,该戈铸造年代已是秦统一之初。参于豪亮《四川涪陵的秦始皇二十六年铜戈》,收入氏著《于豪亮学术文存》,中华书局1981年版,第70—73页。

② 该戈现藏于宝鸡青铜器博物院,始终未曾发表照片或拓本,最初披露于王红武、吴大焱《陕西宝鸡凤阁岭公社出土一批秦代文物》,《文物》1980年第9期,第94—95页。李学勤将铭文其中四字释为"□栖守造",推测□为"陇"字,该戈为陇西郡铸造。参李学勤《秦国文物的新认识》,收入氏著《新出青铜器研究》,文物出版社1990年版,第272—286页。黄盛璋透过管道取得照片,指出"□栖"乃误释,实为"丞相"二字。王辉、董珊均从之。参黄盛璋《秦兵器分国、断代与有关制度研究》,吉林大学古文字研究室编《古文字研究》第二十一辑,中华书局2001年版,第285页;王辉《秦铜器铭文编年集释》,三秦出版社1990年版,第62—64页;董珊《战国题铭与工官制度》,博士学位论文,北京大学,2002年,第225页。近年郭永秉与广濑熏雄亦取得照片,重作摹本,指出"丞相"二字实为"临相(湘)"之误释,该戈释文应为"廿六年,临相(湘)守藉造,右工室阉,工□",其说可信。临湘当为长沙郡治所在,故长沙郡守又称临湘守。如此一来,该戈便为长沙郡守监铸。"临湘守"后的"右工室"与"工",亦大抵符合秦兵铭文格式。至于该戈的铸造年代,黄盛璋倾向秦始皇二十六年(前221),王辉、董珊则倾向秦昭王二十六年(前281)。"丞相"改释"临相(湘)"后,秦昭王二十六年(前281)时秦尚无长沙郡,该戈只能铸于秦始皇二十六年(前221),该戈铸造年代亦为秦统一之初。参郭永秉、[日]广濑熏雄《绍兴博物馆藏西施山遗址出土二年属邦守蓐戈研究——附论所谓秦廿二年丞相戈》,复旦大学出土文献与古文字研究中心编《出土文献与古文字研究》第四辑,上海古籍出版社2011年版,第112—127页。

③ 本节初稿曾宣读于中国政法大学法律古籍整理研究所主办,"中国法制史基础史料研读会",2013年5月23日。

④ 狱东曹见简8-273+8-520、8-959+8-1291、8-1155,狱南曹见简8-728+8-1474。

切的司法往来。① 目前秦简所见郡守的司法职能有三：直接审判、疑狱审判、刑狱覆审，以下分别论之。②

1. 直接审判

陈苏镇曾据张家山汉简，指出汉初地方司法判决主要由县道官负责，郡仅监察县的司法判决，两者的司法职能分工明确。③ 秦简所见郡守覆审刑狱与审判疑狱的案件均为县道官上呈，既印证了陈苏镇之说，更反映秦代地方司法判决亦由县道官负责，郡仅监察县的司法判决，汉初郡县司法职能分工明确，乃承袭秦制。里耶秦简里郡守直接审判案件的例子仅见于简16-6、16-5，该事件为洞庭郡向内史输送兵器，郡守勒令属县县吏执行勤务，如有违令者：

辄劾移县，县丞以律令具论当坐者，言名夬（决）泰守府。④

在该事件里郡守拥有最终审判权的原因，或为命令乃郡守直接下达之故。即便如此，县道官仍可预拟审判方式，在一定程度上影响了郡守的判决。

2. 疑狱审判

岳麓秦简《为狱等状四种》记载了四个秦统一前夕郡守判决疑狱的案件。⑤ 案例一《癸、琐相移谋购案》是秦王政二十五年（前222）州陵代理县令绾、县丞越、史获的上谳案件，由南郡代理郡守贾批覆：

---

① 简8-61+8-293+8-2012为巴郡与洞庭郡之间的司法文书，其意义尚待探究。
② 岳麓秦简1114记载"泰山守言，新黔首不更昌等夫妻盗，耐为鬼薪（薪）白灿（粲）……"释文径作"白灿"，"灿"若非手民致误，便是"粲"的通假。该简前后文不详，无法了解泰山郡守在该案件里扮演的角色为何，姑录于此。见陈松长《岳麓书院藏秦简中的郡名考略》，《湖南大学学报》2009年第2期，第1—9页。
③ 周长山肯定其说。陈苏镇对汉初郡县司法具体现象的分析虽然准确，但我认为该现象与陈、周两人主张的"汉初地方行政重心在县不在郡"学说之间仍有距离，究竟要如何论证"西汉中叶地方行政中心发生了从县到郡的转移"仍有斟酌空间。参陈苏镇《汉初王国制度考述》，《中国史研究》2004年第3期，第27—40页；后收入氏著《两汉魏晋南北朝史探幽》，北京大学出版社2013年版，第139—156页；参周长山《汉代地方政治史论：对郡县制度若干问题的考察》，中国社会科学出版社2006年版，第45—93页；游逸飞《战国秦汉郡县制研究新境——以中文成果为主的检讨》，《中国史学》，东京，第24卷，2014年，第71—86页。
④ 《里耶发掘报告》，第192—194页。
⑤ 见朱汉民、陈松长编《岳麓书院藏秦简（叁）》，简1-30。

> 有律，不当讞（谳）。获手。其赀绾、越、获各一盾。

郡守认为该案件涉及的法律明确，不应上谳。判处县令绾、县丞越、史获赀一盾，当即不应上谳而上谳的惩罚。① 赀一盾是秦简里罚金的最低数额，约值金 16 铢（384 钱）。② 郡守判处不应上谳而上谳者赀一盾，对县吏的上谳之风或有一定的遏止作用。

案例二《尸等捕盗疑购案》亦为秦王政二十五年（前 222）南郡代理郡守贾批覆州陵代理县令绾、县丞越的上谳案件。③ 该案件原为捕盗案，因捕得盗贼既有秦国亡人，又有楚国人，身份复杂不一，县长吏无法决定给予捕盗者何种奖金，因而上谳。郡守批覆赏金数额后，并未惩罚州陵县长吏。

案例四《芮盗买公列地案》为秦王政二十二年（前 225）江陵县的上谳案件。④ 江陵县上谳后，南郡郡守批示，要求江陵县调查清楚该案件涉及官市摊位的地价情况，再行上谳。

案例十四《学为伪书案》是秦王政二十二年（前 225）胡阳县的上谳案件。⑤ 该案为庶民"学"冒充冯将军之子，胡阳县提出两种惩罚方式：

> ·吏议：耐学隶臣。或［曰］：令赎耐。

批覆者应为南阳郡守，却仅言：

> 谨竆（穷）以灋（法）论之。

---

① 朱潇于 2013.5.23 的中国法制史基础史料研读会，提出"赀绾、越、获各一盾"亦可能是三吏"劾人不审为失"的惩罚。我认为从上下文脉观之，"不当谳"与"赀各一盾"的关系更为密切，且郡守贾并未指出绾、越、获三吏判决有失，故仍认为赀一盾是不应上谳而上谳的惩罚。

② 据于振波提供岳麓秦简里甲、盾、金、钱的比价所换算，参于振波《秦律中的甲盾比价及相关问题》，《史学集刊》2010 年第 5 期，第 36—38 页。

③ 见朱汉民、陈松长编《岳麓书院藏秦简（叁）》，简 31－43。

④ 同上书，简 62－87。

⑤ 同上书，简 210—236。

不知胡阳县最后如何处理。

上述四个案例恰好分别反映郡守接获疑狱案件后，四种可能的处理态度：积极判决、驳回惩处、追问细节、不予判断，对县长吏上谳颇具参考价值。岳麓秦简《为狱等状四种》在一定程度上或为有意挑选的吏学教材①，益发反映郡县之间密切的司法关系。

3. 刑狱覆审

简 8-755~8-759+8-1523 记载迁陵县丞向洞庭郡守上奏②，企图以"徒隶不田"的罪名，判处"司空厌等当坐，皆有它罪，耐为司寇"。郡守礼则回复："（司空）厌失，当坐论，即如前书律令。"反映县道官拥有司法审判权，但须上请郡守覆审。然而张家山汉简《二年律令·兴律》简 396—397 规定"县道官所治死罪及过失、戏而杀人，狱已具，勿庸论，上狱属所二千石官"。③汉初县道官只有"死罪及过失、戏而杀人"的案件须上请郡长官覆审，秦代县道官却连"耐为司寇"的轻罪亦须上请郡守覆审④，反映秦代郡守对县道官司法审判的监察力度高于汉初。⑤

---

① 秦简《为吏之道》是公认的吏学教材，但从律令学的角度观之，法律与司法判例等资料同样具有教材性质，编纂《奏谳书》等简册时不无可能带有一定的教育目的。参林素清《秦简〈为吏之道〉与〈为吏治官及黔首〉研究》，武汉大学简帛研究中心编《简帛》第八辑，第 279—307 页；陈松长《秦代宦学读本的又一个版本——岳麓书院藏秦简〈为吏治官及黔首〉略说》，武汉大学简帛研究中心，简帛网 http://www.bsm.org.cn/show_article.php?id=1150，2009 年 10 月 1 日；邢义田《秦汉基层员吏的精神素养与教育——从居延牍506.7（《吏》篇）说起》，李宗焜编《古文字与古代史》第三辑，台北："中央研究院"历史语言研究所，2012 年，第 399—433 页。

② 该简册的缀合参陈垠昶《里耶秦简 8-1523 编连和 5-1 句读问题》，武汉大学简帛研究中心，简帛网 http://www.bsm.org.cn/show_article.php?id=1794，2013 年 1 月 8 日。根据该简册内容，"奏"在秦代并非专门用于上书皇帝的文体。上引简 8-433 "令佐华劾奏"可能也是县上书郡守府。

③ 整理小组认为本条可能归入《具律》，见张家山二四七号汉墓竹简整理小组编《张家山汉墓竹简〔二四七号墓〕》（释文修订本），文物出版社 2006 年版，第 62 页。

④ 此处犯罪者有县司空，在张家山汉简《秩律》里秩级不到六百石，似不到"有罪先请"的等级。县吏犯罪是否须上请郡守覆审？目前尚无资料探讨。

⑤ 由此可知《二年律令·兴律》简 396—397 必非秦律之旧。由于秦废封建，该律文最末的"彻侯邑上在所郡守"显然亦为汉初增订。《兴律》简 396—397 有不少内容为汉初特有。但因秦代很可能已规定某一刑罚级别以上的案件，县道官须上请郡守覆审，汉初只是将刑罚级别提高至死罪，扩大县道官的判决权，削弱郡守的覆审权，因此我们亦不宜将《兴律》简 396—397 视为全新制定的律文。无论如何，将现存律令视为历年不断修订的产物，在情况允许时推测原始律令的内容，分析秦汉法律史的"层累造成"，应是有意义的研究课题。

强大监察权的赋予，使秦代郡守可以强势推翻县令的司法判决。张家山汉简《奏谳书》案例十八是南郡派遣四名卒史覆审苍梧郡攸县县令庫等人的司法案件①，乃郡守威压县令的佳例。

首先讨论案情梗概如下：攸县的利乡叛乱，攸县令史义率领新黔首前往平乱，却被反盗杀害，致使攸县人心惶惶。简131记载："义等战死，新黔首恐，操其叚（假）兵匿山中。②诱召稍来，皆榣（摇）恐，畏其大不安，有须南郡复者即来捕。"简143—144又记载："义死，黔首当坐者多，皆皆榣（摇）恐吏罪之，有（又）别离居山谷中，民心畏恶。"新黔首害怕战败的惩处，宁可逃亡到山中，也不肯返家。战败的惩处到底是甚么？究竟有多可怕？此案最终由郡卒史判决，引用律、令各一条：

> 令：所取荆新地多群盗，吏所兴与群盗遇，去北，以儋乏不斗律论。
>
> 律：儋乏不斗，斩。

斩首无疑就是新黔首所害怕的战败惩处。秦占领楚国旧地后，当地多群盗。秦政府为了有效统治新占领区，遂以死刑为后盾，颁布较为严苛的特别法。苍梧郡乃楚国旧地，郡卒史根据特别法判决，显然于法有据。然而特别法的制定目的是预防、吓阻民军临阵脱逃。在战败逃走的既成事实下，严苛的特别法却产生反效果：民军宁可成为亡人，也不愿意回乡问

---

① 该案件标题简记载"南郡卒史盖庐、挚、朔、叚（假）卒史𩧭复攸庫等狱簿"，似乎反映攸县为南郡所辖。然而攸县位于今湖南攸县东北，不在秦南郡界域之内。故彭浩认为此案反映秦始皇二十七年，攸县为南郡所辖，其后方被分出。参彭浩《谈〈奏谳书〉中秦代和东周时期的案例》，《文物》1995年第3期，第43—47页。但陈伟、蔡万进指出该案件简131记载"苍梧县反者，御史恒令南郡复"的"苍梧县"是指"苍梧郡所辖之县"，正如《奏谳书》案例二十一"输巴县盐"的"巴县"亦指"巴郡所辖之县"。参陈伟《秦苍梧、洞庭二郡刍论》，《历史研究》2003年第5期，第168—172页，后收入氏著《燕说集》，第353—361页。类似意见又见蔡万进《张家山汉简奏谳书研究》，广西师范大学出版社2006年版，第103—110页。苍梧为郡的证据尚见该案件简129记载"苍梧守灶、尉徒唯告庫"，即指苍梧郡守灶、郡尉徒唯告知攸县县庫，正如里耶秦简8-755"洞庭守礼谓迁陵丞"，亦指洞庭郡守礼告知迁陵县丞。由此可知攸县亦属于"苍梧县"，乃苍梧郡所辖之县。而上引简131记载苍梧郡属县攸县的叛乱案件由南郡覆审，是因为中央御史大夫直接下令；由邻郡覆审叛乱案件，可能是为了避免郡县之间相互包庇。

② 原作逗号。

斩。为了解决问题，攸县县令庨不顾特别法，将惩罚减轻为"夺爵、令戍"。① 秦代官僚尚法，攸县县令庨减轻亡人的惩罚理应有法源依据，很可能是在特别法制定前，"吏所兴与群盗遇，去北"所适用的一般法。② 适用的一般法是否有蛛丝马迹可循呢？汉初《二年律令·捕律》简142—143 规定：

> 与盗贼遇而去北，及力足以追逮捕之⬚而⬚官□□□□逗留畏耎（愞）弗敢就，夺其将爵一络〈级〉，免之，毋爵者戍边二岁；⬚而⬚罚⬚其⬚所⬚将⬚吏⬚徒⬚以⬚卒⬚戍⬚边⬚各⬚一⬚岁。兴吏徒追盗贼，已受令而逋，以畏耎论之。

据此规定，攸县令史义率领的新黔首当以畏愞论，有爵者夺一级，无爵者戍边二岁，这与庨提出的"夺爵、令戍"惩罚高度雷同，似可视为相同的惩罚方式。《二年律令·捕律》的规定应继承了秦律，庨将惩罚减轻为"夺爵、令戍"，很可能是依据内容类似《二年律令·捕律》的秦律，也许就是秦《捕律》中的一条。岳麓秦简《为狱等状四种》案例十五记载秦始皇二十六年（前221）士卒"畏耎（愞）"的惩罚不止一种，最重者似为"完以为城旦、鬼薪"，其次为"耐以□"。③ "夺爵、令戍"的惩罚比"耐以□"更轻，确实可能见于秦《捕律》中。而庨舍特别法（秦令）而就一般法（秦律），减轻逃亡入山的新黔首的惩罚，应有一定的劝诱效果。

然而庨的减刑并未有效劝诱新黔首来归，其原因为新黔首害怕南郡覆审攸县司法案件时翻案。根据案件结果，新黔首的担忧并非杞人忧天，南

---

① 见简147。原无顿号。根据该简记载"庨曰：闻等上论夺爵令戍"，在攸县县令庨之前已有"等"提出"夺爵、令戍"的轻刑，"等"或许是前任攸县县令。

② 后文攸县县令庨的罪名之一为"毋法令"、"不以法论之"，遂使读者可能以为庨的减刑措施没有法源依据。但观《奏谳书》案例二十一的和奸案情根本没有直接相关的法条，官吏判决时仍想方设法引用七条律令，企图比附出判罪的法源依据，可见秦吏判案不引律令应是时人难以想象之事。何况本案案情在特别法制定之前，必有一般法可循。"毋法令"、"不以法论之"不应仅从字面上去理解，这两句话并非事实陈述，而是罪刑论述。参邢义田《秦或西汉初和奸案中所见的亲属伦理关系——江陵张家山二四七号墓〈奏谳书〉简 180—196 考论》，收入氏著《天下一家：皇帝、官僚与社会》，中华书局2011年版，第489—539页。

③ 见朱汉民、陈松长编《岳麓书院藏秦简（叁）》，第241页。

郡卒史覆审时便诘问庳①：

> 敺（击）反群盗，儋乏不斗，论之有法。庳挌掾狱，见罪人，不以法论之，而上书言独财（裁）②新黔首罪，是欲绎（释）纵罪人也。何解？

庳回答：

> 闻等上论夺爵令戍，今新黔首实不安辑，上书以闻，欲陛下幸诏庳以抚定之，不敢择（释）纵罪人，毋它解。

南郡卒史继续诘问：

> 等虽论夺爵令或〈戍〉，而毋法令，大臣当谨奏〈奉〉法以治。今庳绎（释）法而上书言独财（裁）新黔首罪，是庳欲绎（释）纵罪人明矣。吏以论庳，庳何以解之？

而庳只能回答："毋以解之，罪。"③ 郡卒史认为攸县县令庳不依据特别法

---

① 本案由郡卒史覆狱，张家山汉简《二年律令·兴律》却规定"二千石官令毋害都吏复案"，卒史与都吏的关系为何？由于汉初都吏是一种官吏的泛称，我认为此处的卒史即律令记载的都吏。然而指出汉初都吏是泛称的李迎春，却没有将汉初卒史与都吏联系起来，不知何故。参李迎春《秦汉郡县属吏制度演变考》，博士学位论文，北京师范大学，2009年，第20—21、72—86页。岳麓秦简0485记载"新地守时修其令，都吏分部乡邑间，不从令者论之"。反映秦代都吏亦为郡守派出的使者，汉初律令的都吏显然承袭自秦法，参陈松长《岳麓书院藏秦简中的郡名考略》，《湖南大学学报》2009年第2期，第1—9页。里耶秦简8-461"秦更名方"记载"乘传客为都吏"，反映都吏的前身为"乘传客"，大抵亦为泛称。都吏尚见于里耶习字简8-176+8-215，反映在当时的常见程度。

② 李学勤、彭浩、整理小组均认为"裁"是"制裁"之意，张建国、陈伟则认为"裁"是"减免"之意。后者对文意的解读较通畅，今从之。参李学勤《〈奏谳书〉续论》，收入氏著《简帛佚籍与学术史》，江西教育2001年版，第212—221页；彭浩《谈〈奏谳书〉中秦代和东周时期的案例》，《文物》1995年第3期，第43—47页；《张家山汉墓竹简〔二四七号墓〕》（释文修订本），第105页；张建国《关于张家山汉简〈奏谳书〉的几点研究及其他》，收入氏著《帝制时代的中国法》，法律出版社1999年版，第274—293页；陈伟《秦苍梧、洞庭二郡刍论》，收入氏著《燕说集》，第353—361页。

③ 以上记载见简146—150。

判决，是"毋法令"的表现，故完全不承认庳的减刑判决，甚至以"篡遂纵囚"的罪名将庳论处为"耐为鬼薪"。① 新黔首对郡吏覆审案件的戒慎恐惧，显非单方面的无根臆测，反映郡的强大监察权已执行日久，才会深入黔首人心。

攸县县令庳无疑比新黔首更了解郡吏覆审案件的权力，庳不依据特别法，直接下达减刑判决时，不可能不清楚其风险：从有爵的一县首长沦为身份卑贱的黥面无期刑徒。因此庳竟上书给始皇帝，请求秦始皇准许他以一般法判决！② 然而秦始皇并未回应庳的上奏，似可视为秦始皇并不认同庳的意见，认为六国旧地仍须严厉镇压，此案交付官僚机器依法处理即可，不须由凌驾于法律之上的皇权出面翻案。覆审此案的郡卒史便是如此认为，故强调"人臣当谨奉法以治"，反映秦郡行政强烈的法家精神③，郡对县的依法监察也就在情理之中。

综上所述，南郡卒史覆狱，不仅大幅加重攸县新黔首的罪刑，更论处攸县县令为无期徒刑，案情可谓有着一百八十度的翻转，南郡卒史对此案的主导力毋庸置疑。郡卒史虽为无秩属吏④，在外担任郡府使者时，却代

---

① 见简158—159。庳纵放死罪罪犯原应判处"黥为城旦"，因其有爵而减免为"耐为鬼薪"。
② 庳的上始皇帝书内容今已不得其详，考虑到本案审理时间已是秦始皇二十七年，庳企图说服始皇帝的理由之一或许为：当今已天下一统，四海升平，楚国旧民与秦人同样是天下黔首，不宜依据特别法，应以施行天下的一般法处判。李开元曾指出一永恒的困惑："对历史上肯定有过而史书没有记载的事情，究竟是沉默不语，用严谨和慎重将其束之高阁？还是打破沉默，用推测和想象将其构筑出来？"见李开元《序文学比史学更真实？》，收入氏著《楚亡：从项羽到韩信》，台北：联经出版公司2013年版，第3—7页。本文首鼠两端，既不愿完全沉默不语、讳莫如深，又不敢像苏东坡、王世贞、李开元那样大胆构筑"没有史料的历史"。
③ 但法律终非万灵丹，"奉法以治"的南郡卒史必须仰赖"智巧"，才能将新黔首诱入城中，完结悬宕一年多的案件（见简152—154）。南郡卒史如何"智巧"？我们不得而知，或可推测郡卒史利用了县令原来施行的怀柔招抚政策，诱骗黔首。在黔首心目中，郡吏不仅推翻县吏的轻刑判决，更罔顾民信、欺骗民众。秦郡虽贯彻了律令，却失去了民心。当这类事件日积月累，秦对社会的严密控制，也就成了秦朝迅速灭亡的推手。
④ 见于张家山汉简《奏谳书》与《二年律令·史律》的卒史不见于《二年律令·秩律》，似反映卒史无秩。然而李迎春认为《秩律》从二百五十石至百廿石，乃末端秩级，又称"有秩"；有秩之下又有百石、斗食、佐史之秩。《秩律》未载卒史，故卒史非有秩；但卒史等级在属吏里较高，故应为百石。参李迎春《秦汉郡县属吏制度演变考》，第48页。李迎春论证汉初百石之秩的材料为《二年律令·赐律》简297："赐吏酒食，逯（率）秩百石而肉十二斤、酒一斗；斗食、令史肉十斤，佐史八斤，酒各一斗。"根据颜师古注解《汉书·文帝纪》"率百石者三匹"为"每百石加三匹"（《汉书》卷四《文帝纪》，中华书局标点本1962年版，第124页），《赐律》

表了郡的权力,因而在司法上有权褫夺县吏的审判权、推翻六百石县令的判决。由此可知,郡确实拥有强大的司法权,而且已执行日久,黔首方会对郡的司法权戒慎恐惧,司法权可能是郡守对属县影响最大的权力之一。然而下文将指出郡监御史亦拥有一定程度的司法权,郡守在司法事务上并不能独揽大权。

(四)小结

岳麓秦简370记载:

> 郡尉不存,以守行尉事;① 泰守不存,令尉为假守;② 泰守、尉皆不存,令吏六百石以上及守吏风莫(模)官……③

秦郡郡守可冠"泰"字,称"泰守";郡尉则不得冠"泰"字,称"泰尉"。④ 郡守兼任郡尉时,以上对下的"行"称之;郡尉兼任郡守时,则以下对上的"假"称之。这些语言现象在在反映秦代郡守的地位高于郡尉。然而秦代郡守与郡尉各自开府,则反映郡尉绝非郡守的属下,拥有独立的行政权。就像秦汉中央的丞相府与御史大夫府合称"二府",官位虽以丞相为尊,实际权力则各擅胜场,有时御史大夫的实权甚至凌驾于丞相之上。新出秦简所见秦代郡守至少有财政、军事、司法等权力,权力已相当全面。然而郡守在司法权与军事权上,必须与郡监御史、郡尉分权,更

(接上页)"率秩百石"显非单独秩级,该句是指"斗食、令史"以上的官吏秩级每增加百石则赏赐"肉十二斤、酒一斗"。汉初《二年律令》实无百石之秩,卒史秩级并非百石,应属无秩。阎步克曾指出《赐律》简296"御史比六百石",反映御史无秩级,其赏赐待遇比照六百石官吏。参阎步克《若干"比秩"官职考述》,收入氏著《从"爵本位"到"官本位":秦汉官僚品位结构研究》下编第五章,生活·读书·新知三联书店2009年版,第408—432页。卒史应与御史类似,虽然无秩,但可比于某秩,故地位高于一般属吏。

① 原作逗号。
② 原作逗号。
③ 见陈松长《岳麓书院藏秦简中的郡名考略》,《湖南大学学报》2009年第2期,第1—9页。
④ 为何"泰"字如此重要?大西克也认为"泰"字是秦始皇造的新字,具有神圣意涵,可备一说。参[日]大西克也《从里耶秦简和秦封泥探讨"泰"字的造字意义》,《简帛》第八辑,第139—148页。

不见郡守掌握人事权的记载，秦代郡守的权力显然并不完整，其权力甚至不如中央的丞相来得全面。下节探讨郡尉与郡监御史的权力时，将指出尉府与监府的权力，恰可填补守府的权力空白，反映秦郡三府之间明确的分工分权。

二 郡尉与"尉府"①

孙闻博根据里耶8－461号"秦更名方"的记载：

> 郡邦尉为郡尉。

认为"郡邦尉"应理解为郡之邦尉，整句指郡之邦尉更名为郡之尉。简8－649：

> 邦尉、都官军在县界中者各☐
> 皆以门亭行，新武陵言书到，署☐
> ☐

里的"邦尉"即秦更名方的郡之邦尉，也就是更名后的郡之尉。秦更名方之所以不写"邦尉为尉"，是为了与中央之"邦尉"区隔。② 此说反映郡尉早期曾称邦尉，似乎透露了早期秦郡曾称邦的可能性。而秦更名方不见"郡邦守为郡守"的记载，则可能反映早期秦郡称邦时，置有邦尉，但未置邦守，郡守的起源要晚于郡尉。③ 如此一来，早期秦郡郡尉有何职

---

① 据里耶秦邮书简8－728+8－1474"一洞庭泰守府，一洞庭尉府"、简8－1225"一封诣洞庭泰守府，一封诣洞庭尉府"，可知秦代郡吏的"尉府"非"泰府"之省。

② 参孙闻博《秦汉军制演变研究》，博士学位论文，北京大学，2013年，第39页。

③ 秦更名方还记载"邦司马为郡司马"、"骑邦尉为骑☐尉"，邦司马与骑邦尉应当亦是秦郡称邦时之吏。里耶秦简所见"邦"吏又如简8－773的"邦司空"、简9－2290的"邦候"、"（邦）候丞"。简9－2290见张春龙《里耶秦简第九层选读》，发表于武汉大学简帛研究中心、北京大学出土文献研究所主办，"中国简帛学国际论坛2012·秦简牍研究"，武汉大学简帛研究中心，2012年11月17—19日。西安相家巷秦封泥有"南阳邦尉"，参许雄志编《鉴印山房藏古封泥菁华》，河南美术出版社2011年版，第35页。这些"邦"吏似乎都反映早期秦郡强烈的军事性质。唯孙闻博认为秦更名方里的邦司马"主要设置于郡"，故不加郡字。参孙闻博《秦汉军制演

权便十分值得重视。

(一) 人事

秦简不见郡守涉及官吏任免的内容①，却有不少郡尉职掌人事的资料，出人意表。如睡虎地《秦律杂抄·除吏律》简135规定：

> 除士吏、发弩啬夫不如律，及发弩射不中，尉赀二甲。

邹水杰指出此律的"尉"指县尉，此律规定秦县之武吏任用不当时，县尉必须负责。他又指出睡虎地《秦律十八种·置吏律》简83规定：

> 除吏、尉，已除之，乃令视事及遣之；所不当除而敢先见事，及相听以遣之，以律论之。

开头应标点为"除吏，尉已除之"，反映战国秦国县尉拥有任命一般官吏的权力。邹水杰进而指出里耶秦简8-157记载乡啬夫任命邮人，须"谒

（接上页）变研究》，第39页。此说主张秦中央政府有邦尉，却无邦司马，似不易索解。狮子山楚王陵出土三十方"楚司马印"，乃汉初楚国官印。参李银德《徐州出土西汉印章与封泥概述》，西泠印社、中国印学博物馆编《青泥遗珍——战国秦汉封泥文字国际学术研讨会论文集》，西泠印社2010年版，第9—29页。不管认为汉初楚国是封建邦国，还是认为汉初楚国是小中央，均为邦司马"主要设置于郡"的反证。无论强调战国秦国原为封建邦国，抑或强调战国秦国已有中央政府，秦中央均应有邦司马一职。若主张"邦司马"之前省略"郡"字，全文应作"郡邦司马为郡司马"，与"郡邦尉为郡尉"相呼应，或不失为一种解释。此外杨振红认为秦之"邦"吏的分类只有中央官吏、封建官吏两种，我曾经主张秦更名方里的"邦"指封建之邦，现在看来都不妥当。参杨振红《从秦"邦"、"内史"的演变看战国秦汉时期郡县制的发展》，《中国史研究》2013年第4期，第49—68页；游逸飞《里耶8-461号"秦更名方"选释》，魏斌编《古代长江中游社会研究》，上海古籍出版社2013年版，第68—90页。拙文为先前发表两篇文章的整合：《里耶秦简8-455号木方选释》，武汉大学简帛研究中心编《简帛》第六辑，上海古籍出版社2011年版，第87—104页；《里耶秦简8-455号木方补释——〈岳麓书院藏秦简（壹）〉读后》，武汉大学简帛研究中心，简帛网，http://www.bsm.org.cn/show_article.php?id=1640，2012年2月15日。

① 里耶秦简8-768记载迁陵县依据"守府下四时献者上吏缺式"，上呈文书至洞庭郡守府，似反映秦代郡守亦拥有自辟属吏以外的人事权，但该简内容的理解尚待斟酌。

令尉以从事"①，由县尉审核、确认。睡虎地《除吏律》尚可解释为县尉人事权仅限于士吏、发弩啬夫等军职，但睡虎地《置吏律》的"除吏"以及里耶秦简的"邮人"任免在在反映县尉的人事权不限于军职，可见从战国晚期至秦统一，秦的县尉均有相当的人事权。②

秦代郡尉是否也拥有人事权呢？《二年律令·置吏律》简214—215规定县道官：

> 县道官之计，各关属所二千石官：③ 其受恒秩气（饩）禀，及求财用委输，郡关其守，中关内史；④ 受（授）爵及除人关于尉。

"受（授）爵及除人关于尉"揭示郡及内史辖下县道官的官吏任免与爵位除授均须上报郡尉或中尉，反映郡尉亦拥有人事权。⑤ 张家山汉简时代属于汉初，汉初郡尉的人事权，很可能承袭自秦。从战国晚期秦国、秦统一乃至汉初，郡尉与县尉似乎都拥有相当的人事权，是过去所不知的历史现象。

除了重新诠释睡虎地、张家山等旧简，里耶、岳麓等新简亦见有郡尉

---

① 张春龙、龙京沙与马怡将"令尉"断开，认为"令、尉"指县令与县尉；里耶秦简讲读会认为"令"指命令，"令尉"不应断开，《校释》从之。《里耶秦简（壹）》见有大量"谒令"词例，其后缀"尉"（简8-69）、"官"（简8-143、8-673+8-2002）、"仓司空"（简8-904+8-1343）、"司空"（简8-1510）、"仓守"（简8-1525）、"仓"（简8-1563）等官吏及官署，可见"令"确指命令，简8-157的负责人只有县尉，没有县令。参湖南省文物考古研究所、湘西土家族苗族自治州文物处（张春龙、龙京沙整理）《湘西里耶秦代简牍选释》，《中国历史文物》2003年第1期，第8—25页；[日]里耶秦简讲读会《里耶秦简译注》，《中国出土资料研究》第8号，2004年，东京，第88—137页；马怡《里耶秦简选校》，中国社会科学院历史研究所学刊编委会编《中国社会科学院历史研究所学刊》第四集，商务印书馆2007年版，第133—186页。

② 参邹水杰《两汉县行政研究》，湖南人民出版社2008年版，第78—79页。

③ 原作句号。据"其受恒秩气（饩）禀"的"其"字，可知前后文的关联性，故改为冒号，以强调之。

④ 原作句号。但"授爵"与"除人"等人事任免数据亦属于上计的内容，因此"受（授）爵及除人关于尉"应当是"县道官之计，各关属所二千石官"的一部分内容，故改为分号，以免割裂前后文的关联。

⑤ 参黄怡君、游逸飞、李丞家、林盈君、李协展《张家山汉简〈二年律令·置吏律〉译注》，《史原》复刊第1期，总第22期，2010年，台北，第287—337页。里耶秦简8-1225记载迁陵县尉曹上呈文书至洞庭郡尉府，文书内容或与此有关。

人事权的资料。里耶秦简8-247记载"尉府爵曹卒史文"①，反映秦代郡尉府设有爵曹，内有卒史任职。②综合上引《二年律令·置吏律》简215的规定，可推测秦至汉初县道官除授军功爵，应由郡尉府爵曹协助郡尉监督。里耶秦简8-1952记载"迁陵尉计□☑主爵发。敢言之"。③似反映迁陵县尉的上计文书，由郡之"主爵"拆阅，"主爵"可能是指简8-247的"爵曹"。县尉上计至郡尉府爵曹，其内容当与授爵有关。杨振红探讨里耶秦简8-71正：

卅一年二月癸未朔丙戌，迁陵丞昌敢言之：迁☑佐日备者，士五（伍）梓潼长觊欣补，谒令☑

背：

二月丙戌水十一刻刻下八，守府快行尉曹。☑

指出"敢言之"一词为上行文书用语，县丞传递文书给县之尉曹，不应使用"敢言之"，故此处"尉曹"应为郡之尉曹，本简是迁陵县上呈洞庭郡尉曹的补吏文书。④洞庭郡尉曹属于郡守抑或郡尉？从"尉曹"与郡尉同样以"尉"为称、县尉上计至郡尉府爵曹、郡尉拥有人事权等现象观察，简8-71的"尉曹"较可能属于郡尉府。郡尉府的爵曹与尉曹似皆协助郡尉行使人事权，爵曹或主授爵，尉曹或主除人。⑤

综上所述，秦代郡尉拥有自辟属吏以外的人事权，郡尉权力比我们过

---

① 《校释》"尉"（）作"［尉］"，该字墨迹残缺不多，应可确定为"尉"字。
② 秦代"爵曹"或即汉代功曹的前身，此承阎步克老师提示。
③ "迁"（）、"陵"（）、"尉"（）、"计"（）四字，《校释》作"［迁陵尉计］"，四字墨迹大致可辨，应可确定为"迁陵尉计"。
④ 参杨振红《秦汉时期的"尉"、"尉律"与"置吏"、"除吏"——兼论"吏"的属性》，《简帛》第八辑，第333—341页。
⑤ 郡府之"曹"是郡吏组织的重要组成，但里耶秦简目前只见郡尉府有爵曹与尉曹，不足以窥测完整的郡曹组织。里耶秦简已见县曹约十数，已在一定程度上反映了完整的县曹组织，但秦代郡曹与县曹组织未必一致，目前不宜根据秦县之曹构拟秦郡之曹，因此秦代郡曹组织的探讨只能俟诸日后。

去所知要强大，郡尉的强大权力可能渊源于早期秦郡的军事职能①，或许是早期秦郡仅置邦尉、不置郡守时的遗留。

秦代郡尉的人事权尚可与上计制度结合，进一步分疏。上引里耶秦简 8-1952 记载迁陵县尉上计于郡尉府爵曹，而简 8-98 + 8-1168 + 8-546：

> ☐廷②吏曹当上尉府计者，行赍，勿亡。③

反映迁陵县吏曹须上计于洞庭郡尉府，其上计内容应与官吏任免、考核等事务相关。里耶秦简显示秦代属县的上计对象不限于郡守，亦包含郡尉，属县财政资料上计于郡守，人事资料上计于郡尉。郡守与郡尉对财政与人事职权的明确分工，清楚地体现于上计制度。

更有甚者，上节虽据大量里耶秦简指出秦统一后属县财政资料须上计于郡守，然而里耶秦简 8-1845 却记载：

> 卅二年，迁陵内史计。☐

反映直至秦始皇三十二年（前 215），迁陵县仍向中央内史上计，战国时期秦内史对全国属县财政的控制在秦统一以后仍未完全解除。④ 秦代属县财政资料大抵既须上计于郡守，又须上计于内史；对于具体的属县财政事务，郡守与内史大抵亦有分工，属县应非将所有财政数据制作两份，分别

---

① 参游逸飞《从军区到地方政府——简牍及金文所见战国秦之郡制的演变》，刊于《台大历史学报》第 56 期，2015 年，台北。战争对战国秦汉行政制度的剧烈影响，可参杜正胜《编户齐民——传统政治社会结构之形成》，台北：联经出版公司 1990 年版；赵鼎新《东周战争与儒法国家的诞生》，华东师范大学出版社 2006 年版；[美] 许田波（Victoria Tin-Bor Hui）著《战争与国家形成：春秋战国与近代早期欧洲之比较》，徐进译，上海人民出版社 2009 年版。

② 原阙释，可参简 8-829 "廷吏曹"的 "廷"字，据内容、词例及残画补为 "廷"字。

③ 见何有祖《里耶秦简牍缀合（四则）》，武汉大学简帛研究中心，简帛网，http://www.bsm.org.cn/show_article.php?id=1920，2013 年 10 月 4 日。

④ 参 [日] 工藤元男著，[日] 广濑熏雄、曹峰译《内史的改组与内史、治粟内史的形成》，收入氏著《睡虎地秦简所见秦代国家与社会》，上海古籍出版社 2010 年版，第一章，第 18—49 页；蔡万进《秦国粮食经济研究》，大象出版社 2009 年版。

上计给郡守与内史,而是依照郡守与内史的职掌差异,提供不同的财政数据。

秦县既须上计财政资料于郡守与内史,又须上计人事资料于郡尉①,秦代属县上计制度继承了战国秦昭王晚期上计于内史的旧制,更增添上计于郡的新制,可谓多重分工上计制。秦代属县并不对单一长官负责,郡守、郡尉、内史等直属二千石官吏都只能掌握属县的一部分数据,无法彻底控制属县行政。只有更高层级的丞相与御史大夫才可能全面掌握属县数据,但他们与属县之间又隔了二千石官吏一层,无法直接控制属县行政。没有任何官吏可以独揽大权,应是秦之多重分工上计制的设计理念。

(二) 军事

里耶秦简8-1563记载"洞庭尉遣巫居贷公卒安成徐署迁陵",反映来自巫县的戍卒至迁陵县戍守,是由洞庭郡尉派遣。著名的阳陵戍卒讨债文书(简9-1~9-12)②,记载阳陵县司空向洞庭郡尉询问十二位来自阳陵的戍卒究竟至洞庭郡何县戍守,以便追讨债务,反映阳陵戍卒至迁陵县戍守,亦由洞庭郡尉派遣。由此可知,洞庭郡戍卒的管理是由郡尉负责。上节指出里耶秦简所见郡守日常军权限于管理兵器,而里耶秦简所见戍卒管理事务全由郡尉负责,郡守与郡尉在日常军务上的分权分工非常明确。③ 郡尉有权管理戍卒,平时可借此直接控制戍卒,在军队里建立威信,战时更可调遣军队、领军出征。相较之下,郡守管理兵器,不能直接控制戍卒,但可控制军事活动,具有监察郡尉与戍卒的意义。由此可知,秦代郡守在军事上扮演的角色更近于"监军",而秦代郡尉的军权比郡守

---

① 故我们无法判断里耶秦简8-2+8-108记载"迁陵将计殿(假)丞☐☐数,与计偕",迁陵县究竟上计至何处。参何有祖《里耶秦简牍缀合(六则)》,武汉大学简帛研究中心,简帛网,http://www.bsm.org.cn/show_article.php?id=1765,2012年12月24日。

② 见《里耶发掘报告》,第185-190页。

③ 财政权由郡守独揽,人事权由郡尉独揽,军事权则由郡守与郡尉分享,其缘由或为郡守管理财政物资及军事物资,所管理者皆为"物";郡尉管理官吏任免与戍卒驻防,所管理者皆为"人"。换言之,财政权、人事权、军事权是现代官僚行政的分类概念,不一定吻合古人的官僚行政分类概念。本文使用财政权、人事权、军事权、司法权等概念,只是为了便于讨论,并非主张秦代官僚行政已有这些概念。若想探讨秦代官僚行政已存在哪些分类概念,里耶秦简所见迁陵县有狱曹、户曹、仓曹、尉曹等曹,是最忠实的反映。参[加]叶山(Robin Yates)著,胡川安译《解读里耶秦简——秦代地方行政制度》,《简帛》第八辑,第89—137页。

更为直接、重要,是真正的"郡将"。了解秦郡的军权分工后,有助于理解下列几条关于秦代郡尉的传世文献,如《汉书·严助传》秦始皇三十三年(前214)派遣"尉屠睢"攻越。张晏注解为:

> 郡都尉,姓屠名睢也。①

秦代郡尉不称"都尉",张晏之注不确。张家山汉简《奏谳书》案例十八简129记载秦始皇二十七年的"苍梧守灶、尉徒唯","徒唯"应即"屠睢"。②可知"尉屠睢"为苍梧郡尉,"屠睢"是名,其姓不详。郡尉屠睢得以受命统帅秦朝伐越的大军,必与其长期镇守于南方边地,管理、训练戍卒有关。③而秦二世时,南海郡尉赵佗有权直接"移檄告横浦、阳山、湟溪关曰:'盗兵且至,急绝道聚兵自守!'"④虽有事急从权的味道,但也可能反映秦代郡尉可直接下令给郡内城关徼塞的军官、戍卒,无须通过郡守。

(三) 小结

综上所述,严耕望将郡尉视为佐官,主张郡守才是一郡之长,在郡内拥有绝对的权力。⑤然而秦简所见郡尉的权力不可谓不大,集中于人事与军事两方面,恰恰填补了郡守权力之阙,反映秦代郡守与郡尉职掌分工明确、权力相互制衡,郡守并无绝对的权力。严耕望又认为:

> 秦讫汉武帝初,边疆初郡或但置都尉,不置郡守,颇类后汉之属

---

① 见《汉书》卷六四上,第2784页。

② "屠"、"徒"音同可通,如《汉书》卷四"申屠嘉"(第115页)在《史记》卷一〇《孝文本纪》作"申徒嘉",第421页;"唯"、"睢"均从"隹"声,亦可通。辛德勇已指出"徒唯"、"屠睢"可能为一人。参辛德勇《秦始皇三十六郡新考》,收入氏著《秦汉政区与边界地理研究》,中华书局2009年版,第81页。

③ 辛德勇认为一郡之尉不足以担当伐越战役的主帅,揆诸当时秦朝廷之人才,该战役的主帅非王翦莫属。参辛德勇《秦始皇三十六郡新考》,收入氏著《秦汉政区与边界地理研究》,第73—75页。此说并无文献支撑,若充分考虑新出秦简呈现的秦代郡尉军权,似无必要怀疑文献记载。

④ 见《史记》卷一一三《南越列传》,第2967页。

⑤ 参严耕望《中国地方行政制度史》甲部《秦汉地方行政制度》,第155页。

国。盖初郡蛮夷错杂，首重军事，此外更无所事事故也。①

里耶秦简所见秦代南方边郡洞庭郡不仅郡守、郡尉并置，分工制衡，郡尉更须处理大量人事事务，绝非"此外更无所事事"。但严耕望怀疑郡或有只置郡尉、不置郡守的可能性，却说中了早期秦郡有邦尉而无郡守的情况。无论如何，严耕望的郡吏体系显然不完全适用于秦代，我们应根据秦简将郡尉视为与郡守并立的秦郡长官之一，将"尉府"视为与"守府"分立的郡之官署之一。

三　郡监御史与"监府"

秦郡长官的分工制衡不只见于郡守与郡尉，亦见于本节探讨的郡监御史。与郡尉相同，秦代"郡监御史"的名称亦须加以梳理。上文已指出新出秦简的"监府"与《史记·秦始皇本纪》记载"郡置守、尉、监"的"监"恰可对应，因此里耶秦简8-1006"到监府事急"、简8-1644"监府书迁陵"②的"监府"均指郡监府。郡监府的长官名称在传世文献里较为混乱。据《秦始皇本纪》，郡监府长官宜称"监"或"郡监"。但《史记·萧相国世家》记载了"泗水监"，颜师古认为"监"指"御史监郡者"③，《汉书·百官公卿表》却又记载"监御史，秦官，掌监郡"。④监府长官究竟是监、御史、监御史？两千年来难有解答，今凭出土文献可一言而决，如里耶秦简11-34：

　　☐敢言之。洞庭监御史☐⑤

"洞庭监御史"一词揭示《百官公卿表》的记载无误，监府长官的正式名称应为监御史，"御史"与"监"都是简称，秦郡"守、尉、监"的三

---

① 参严耕望《中国地方行政制度史》甲部《秦汉地方行政制度》，第155页。
② 《校释》"陵"作"［陵］"，应可据残余墨迹与词例确定为"陵"字。
③ 见《史记》卷五三，第2014页。"泗水监"又见于《汉书·樊郦滕灌傅靳周传》，故为颜师古所注，见《汉书》卷四一，第2067页。
④ 见《汉书》卷一九上，第741页。
⑤ 见《湖南出土简牍选编》，第119页。

大长官之一是监御史。

睡虎地《秦律十八种·传食律》简 179 规定了"御史卒人使者"的传食种类及数量，整理小组怀疑"御史"为监郡的御史①，似又反映战国晚期秦国监郡的官吏为"御史"，而非"监御史"。由于睡虎地秦律制定时代较早，里耶秦简行政文书的制作时代较晚，"御史"与"监御史"的差异未必矛盾，可能反映战国晚期至秦代监郡长官名称的变迁。从"御史"到"监御史"的名称变迁背后，或反映监郡的御史原由中央临时派遣，较不普遍，没有固定治所，行政方式与西汉刺史巡行郡县相似；秦始皇统一天下前后，"监御史"方普遍在秦郡开府，有固定的治所，秦郡长官的"三府分立"始得成立，中央监察郡的力度亦因而增强。②

汉初废除郡监御史，故张家山汉简《二年律令·秩律》未载监御史，监御史之有无是秦汉郡制最突出的差别。不过秦郡置监御史并非秦人孤明独发。战国三晋之县已置御史，如《战国策·韩策》记载安邑县令任命"安邑之御史"③，《韩非子·内储说》记载县令卜皮有御史④；《商君书·

---

① 见《睡虎地秦墓竹简》，第 60 页。《论衡·谢短》记载"两郡移书曰'敢告卒人'"，西北汉简常见郡守与都尉的往来文书使用"卒人"称谓，反映"卒人"曾为郡长吏之部属，故用作郡长吏的代称。此条秦律的"卒人"当指御史的部属，若与汉代"卒人"称谓确有关联，则可推测此条秦律的"御史"监郡，或为郡监御史的前身。

② 《里耶秦简（壹）》《前言》指出尚未公布的简牍里有"临沅监御史"之文，反映秦亦于县设监御史。参《里耶秦简（壹）》，第 5 页。惟该简未完整公布，"临沅""监御史"若断读，便无县监御史存在。而简 8-1032 记载"监府致毄（系）痤临沅"，反映"临沅"与"监御史"有一定关联，或即监御史的治所，"临沅监御史"也许仍指洞庭郡监御史。简 8-141+8-668 记载"县□治狱及覆狱者，或一人独讯囚，啬夫长、丞、正、监非能与□□毁，不参不便"。"监"具有治狱及覆狱权，或即监御史。蒋礼鸿整理《商君书·境内第十九》"将军为木台，与国正监与正御史参望之"，怀疑"与正"为衍文，原文为将军"与国正、监御史参望之"。但此监御史似非郡监御史。参蒋礼鸿《商君书锥指》卷五，中华书局 1986 年版，第 121 页。《吕氏春秋·季夏纪》记载"令四监大夫合百县之秩刍，以养牺牲"。一位监大夫领二十五县，与郡监御史不无相似之处。高诱援引《逸周书·作雒》"分以百县，县有四郡"，主张《吕氏春秋》的"百县"就是《逸周书》的"百县"，"四监大夫"则是县下四郡的监大夫。《吕氏春秋》的"四监大夫"地位明显在县之上，而非在县之下。但高诱挽合《逸周书》与《吕氏春秋》的思路不无启发意义，《逸周书》此条的著述时代应为县大郡小时期，《吕氏春秋》的著述时代则为郡大县小时期，行政制度改变对典籍文本文字改易的影响，值得探究。见许维遹著，梁运华整理《吕氏春秋集释》卷六，中华书局 2009 年版，第 131 页；陈奇猷《吕氏春秋新校释》卷六，上海古籍出版社 2002 年版，第 314 页；王利器《吕氏春秋注疏》卷六，巴蜀书社 2002 年版，第 583 页。

③ 见缪文远《战国策新校注》卷二八，巴蜀书社 1998 年版，第 891 页。

④ 参（清）王先慎著，钟哲点校《韩非子集解》，中华书局 1998 年版，第 237 页。

禁使》指出秦国置"监"以监察官吏①，出土秦封泥见有"禁苑右监"②、"郎中监印"③ 等监官。秦郡普置监御史，反映镇抚地方的郡为秦中央政府的重要监察对象。秦郡监御史有哪些职能，得以监察手握重权的郡守与郡尉，是本节的主题。

（一）特殊信息的传播

秦郡三府皆可直接与中央政府往来文书，但郡监御史独占了中央政府校雠律令与制作地图等特殊信息的传播渠道，反映郡监御史是秦郡三府里与中央政府的关系最密切者。④

首先讨论中央政府校雠律令的传播渠道。睡虎地《秦律十八种·尉杂》简199规定"岁雠辟律于御史"，整理小组认为《尉杂》之"尉"指廷尉，本条指"廷尉到御史处核对法律条文"。然而睡虎地秦律出土于秦南郡安陆县，是曾任安陆令史、鄢令史的墓主喜的随葬品。⑤ 一位一辈子连郡吏都未能升迁、遑论中央的地方小吏，抄写的律文理应涉及地方，为何会抄写这条看似是中央规定的《尉杂》之律呢？而里耶秦简6-4记载迁陵令史"雠律令沅陵"，反映秦统一前后的迁陵县令史校雠律令时不须远赴秦朝首都咸阳，只须前往洞庭郡属县沅陵，在郡内校雠律令即可，这与睡虎地秦律的规定有所落差，又要如何解释呢？

虽然现有数据十分有限，但我们或可如此推测：秦国甫兴之时，中央

---

① 参蒋礼鸿《商君书锥指》卷五，第133页。
② 见中国社会科学院考古研究所汉长安城工作队《西安相家巷遗址秦封泥的发掘》，《考古学报》2001年第4期，第509—544页。
③ 见周晓陆、路东之编《秦封泥集》，三秦出版社2000年版，第409页。
④ 近年唐宋政府信息渠道的研究已颇丰硕，秦汉政府信息渠道的研究则尚待开展。参邓小南编《政绩考察与信息渠道：以宋代为重心》，北京大学出版社2008年版；黄宽重、邓小南等"宋代的讯息传递与政令运行"专辑，《汉学研究》第27卷第2期，汉学研究中心2009年版；邓小南、曹家齐、［日］平田茂树编《文书·政令·信息沟通：以唐宋时期为主》，北京大学出版社2012年版；［日］藤田胜久著，凡国栋译《里耶秦简的文书与信息系统》，武汉大学简帛研究中心编《简帛》第三辑，上海古籍出版社2008年版，第207—227页；［日］藤田胜久著，戴卫红译《里耶秦简的文书形态与信息传递》，卜宪群、杨振红编《简帛研究（二〇〇六）》，广西师范大学出版社2008年版，第35—50页；渡边将智《政策形成と文書伝达——后汉尚书台の机能おめぐって》，《史観》第159册，东京，2008年，第18—38页。
⑤ 参《云梦睡虎地秦墓》编写组《云梦睡虎地秦墓》，文物出版社1981年版；《睡虎地秦墓竹简》，第6—7页。

与地方各级官吏皆"岁雠辟律于御史",至首都的御史官署校雠中央律令。随着秦国疆域扩大,地方官吏前往首都的御史官署校雠中央律令开始变得旷日废时、不切实际。秦国中央政府最初可能先派遣御史巡行地方,使地方官吏可以就近找巡行御史校雠中央律令。随着御史巡行地方的常态化、郡监御史开始成为常置官吏,郡监御史便取代了首都御史与巡行御史的角色,郡辖县道等官吏只须前往郡监御史治所,不须至首都的御史官署,便可校雠中央律令。

上述推论如果成立,睡虎地《尉杂》律没有呈现出中央御史与郡监御史的区别,应是郡监御史设置以前制定的法律;里耶秦简反映地方官吏不须至首都的御史官署,便可校雠中央律令,应呈现了较晚期的情况,也显示沅陵很可能是郡监御史的治所。①睡虎地秦律与里耶秦简一早一晚,不相矛盾。

墓主喜身处的时代已是秦统一前后,既然里耶秦简反映迁陵县令史是去洞庭郡属县沅陵校雠律令,曾担任南郡安陆县与鄢县令史的墓主喜,若有校雠律令的任务在身,很可能不须前往首都咸阳,而是前往南郡监御史治所。故墓主喜手上拿的睡虎地秦律制定时间虽然较早,但原律文"岁雠辟律于御史"的"御史"却已不仅指中央的御史,还可指郡监御史,反映了原始律令在施用上的弹性。因此该条秦律的规定看似只限于中央御史,实则包含了派遣、常驻于地方的御史,墓主喜手持此条律文并不奇怪。

综上所述,秦统一前后的地方诸官署若想取得最新最准确最完备的律令版本,便须前往郡监御史治所校雠律令。郡监御史代理中央政府公布律令,堪称地方政府的律令数据库。而中央君主透过律令赋予官吏权力,掌握律令的郡监御史在官吏里显然具有特殊地位,可能借此获得更多权力。这不禁令人联想到《商君书·定分》的记载:

> 天子置三法官,殿中置一法官,御史置一法官及吏,丞相置一法

---

① 郑威与我根据郡之文书的发出地,分别指出新武陵、临沅、沅阳、上衍都可能是秦代洞庭郡郡守治所。参郑威《里耶部分涉楚简牍解析》,宣读于湖南省博物馆、湖南省文物考古研究所主办,"湘鄂豫皖楚文化研究会第十三次年会",长沙,2013年11月22—25日;游逸飞《战国至汉初的郡制变革》,第19—121页;游逸飞《里耶秦简所见的洞庭郡》,《中国文化研究所学报》第61期,2015年,香港,第29—67页。

官，诸侯、①郡、②县皆各为置一法官及吏，皆比秦一法官。郡县诸侯一受禁室之法令，并学问所谓。吏民欲知法令者，皆问法官，故天下之吏民，无不知法者。③

秦之法家企图在一般官僚之外设置独立的"法官"，不管天子、御史大夫、丞相、诸侯、郡、县之吏乃至庶民均须听取法官的专业意见。法官表面上只掌握律令知识，实际上却掌握了一切依法行政的指导权。现实上秦国虽未设置独立的法官，但负责校雠律令的御史庶几近之，那么郡监御史对地方行政是否有指导权呢？下节将指出较全面掌握律令知识的郡监御史，亦可干预郡的司法事务，拥有一定的司法权力。

除了校雠律令，中央政府制作地图的渠道似乎亦与郡监御史有关。里耶秦简 8－224＋8－412＋8－1415 记载：

……其旁郡县与接界者毋下二县，以□为审，即令卒史主者操图诣御史，御史案雠更并，定为舆地图。有不雠、非实者，自守以下主者……

该简经缀合后，基本完整，但前后文仍阙，故加"……"符号以强调之。④观其内容及形制，原来或为诏令册之单简。该简内容规定郡卒史持地图至御史处⑤，由御史校雠、修改、合并为舆地图；地图若未校雠、不精确，郡守以下均须惩处。由于全文有阙，此处"御史"既可理解为中央御史，亦可理解为郡监御史。然而上文推测睡虎地秦律"岁雠辟律于御史"的"御史"既可指郡监御史，迁陵县令史又至洞庭郡监御史治所校雠律令；本诏令册的"御史"应亦可指郡监御史，洞庭郡卒史可将地图上呈

---

① 原无顿号。
② 原无顿号。
③ 见蒋礼鸿《商君书锥指》卷五，第143—144页。
④ 简 8－543＋8－667 出现"□图西水□西阳图□□界不□事□"的内容，或有关联。
⑤ 中央与郡虽皆见卒史，但里耶秦简所见卒史均为郡史，此处若无特殊原因，不应记载中央的卒史。参严耕望《中国地方行政制度史》甲部《秦汉地方行政制度》，第108—109页；李迎春《"卒史"考》，收入氏著《秦汉郡县属吏制度演变考》，第108—112页。

至洞庭郡监御史治所。郡监御史完成郡舆地图后①，应上呈至中央的御史大夫府，御史大夫再将诸郡舆地图拼成完整的天下舆地图。郡监御史掌握了地方舆地图的制作权力，所扮演的角色有如中央政府在地方的耳目。

综上所述，秦代郡监御史的前身应为中央派遣至地方巡行监察的御史，郡监御史将正确的中央律令传布到地方，将完整的郡舆地图上呈中央，在特殊信息的传播渠道扮演了枢纽角色。郡监御史对下情上达与上令下行的行政运作特别重要，反映其与中央政府的关系特别密切，无怪乎可与郡守、郡尉三足鼎立。若秦之国祚长久，监府不无可能凌驾于守府、尉府之上，成为秦郡的最高长官。

（二）司法②

郡监御史既能掌握律令，进而干预郡的司法案件也就在情理之中，相关例证见下。岳麓秦简《为狱等状四种》案例一《癸、琐相移谋购案》③，为捕盗者欲盗领赏金之案，初由州陵县审理，判决为：

> 令癸、琐等各赎黥。癸、行戍衡山郡各三岁，以当灋（法）；先备赎。不论沛等。

州陵县判决之后，郡监御史举劾：

> 监御史康劾以为：不当，钱不处，当更论。更论及论失者言夬（决）。

"赎黥"只是罚金刑，三年戍边亦非无期徒刑等重刑④，郡监御史似有权

---

① 尹湾汉牍《东海郡属吏设置簿》记载"上争界图一人"、"画图一人"、"写图一人"，其职掌皆和郡舆地图有关。参连云港博物馆、东海县博物馆、中国社会科学院简帛研究中心、中国文物研究所编《尹湾汉墓简牍》，中华书局1997年版，第101页；邢义田《中国古代的地图——从江苏尹湾汉牍的"画图"、"写图"说起》，收入氏著《治国安邦：法制、行政与军事》，第356—379页。

② 本节初稿曾宣读于中国政法大学法律古籍整理研究所主办，"中国法制史基础史料研读会"，2013年5月23日。

③ 见朱汉民、陈松长编《岳麓书院藏秦简（叁）》，第95—104页。

④ 参张家山汉简《二年律令·告律》简127—131。

全面监察、举劾县的司法判决，无分轻重。

州陵县被郡监御史举劾后，上谳该案后的程序为：

> 南郡叚（假）守贾报州陵守綰、丞越。

郡守处理县的判决的术语是"报"（批覆），郡监御史则用"劾"，似反映郡守与郡监御史的司法权之别。郡监御史的举劾只是指出县吏判决的问题，县吏只须参考郡监御史的意见，将案件上谳给郡守即完成任务；郡监御史的司法权近于监察，并非直接向县吏下令。但县吏既上谳疑狱至郡守，便须遵照郡守的批覆判决案件；郡守对案件的批覆，是直接干预县的司法。郡监御史的举劾无法直接影响县吏的判决，更无法干预郡守的批覆，郡守的司法权显然较郡监御史为强。

郡守的司法权较强，并不表示郡守是郡监御史的司法上级。郡守对该案的批覆为"有律，不当瀺（谳）"。进而处罚州陵县的相关人员。郡监御史举劾州陵县的判决有问题，州陵县上谳后，郡守却认为该案不应上谳；但郡守的惩罚只及于州陵县不应上谳，而未追究郡监御史的举劾，则反映郡守无权追究郡监御史的责任。进而言之，郡守虽有权不理会郡监御史的举劾，直接向县吏下达批覆，这却不表示郡监御史对郡守的批覆疑狱权一点掣肘的手段都没有。虽然本案的记载未及，但郡监御史显然完全可能往更上一层，也就是中央的御史大夫弹劾郡守，坚持自己的举劾正确无误。郡守在司法权上的强势并非绝对，只要中央的御史大夫支持地方的郡监御史，郡守的司法权就只能取得短暂的胜利，最终仍须向代表中央的郡监御史俯首称是。整体而言，守府与监府同为三府之一，郡守与郡监御史互不统属、相司相察，本案透露的郡守与郡监御史的司法关系大抵如是。

注意到监御史用"劾"的术语，便可指出岳麓秦简《为狱等状四种》案例三《猩、敞知盗分赃案》①，江陵县的上谳记载可能与监御史有关：

> 廿（二十）三年四月，江陵丞文敢瀺（谳）之："廿（二十）

---

① 见朱汉民、陈松长编《岳麓书院藏秦简（叁）》，第119—124页。

〈三〉① ［二］年九月庚子，令下：② '劾：掾江陵狱。③ 猩智（知）人盗叔冢，分臧（赃）。得。敞当耐鬼薪，猩黥城旦。沓戊午赦（赦），为庶人。'鞠审，灡（谳）。"④

探讨此案原委前，须先讨论"掾"字的释读与理解。该字字形作（▇），整理者认为秦汉隶书"彖"与"录"旁常混用，故"掾"可通"掾"，读为"录"，乃省察之意。⑤ 其实"掾"本为佐助之意⑥，秦汉律令出现"掾"字时，多指其他官吏协助原官吏处理事务，如睡虎地秦简《效律》：

> 官啬夫赀二甲，令、丞赀一甲；官啬夫赀一甲，令、丞赀一盾。其吏主者坐以赀、谇如官啬夫。其它冗吏、令史掾计者，及都仓、库、田、亭啬夫坐其离官属于乡者，如令、丞。

"其它冗吏、令史掾计者"应指其他冗吏、令史协助上文的官啬夫、令、丞、吏主者进行会计。而张家山汉简《奏谳书》案例十六简76记载：

> 淮阳守行县掾新郪狱。

与本案的"掾江陵狱"完全一致，只是多了明确主词。既然《奏谳书》案例十六应理解为淮阳郡守行县时协助新郪县治狱，而非郡守直接审理新郪县的刑狱；本案的"掾江陵狱"亦应指郡吏协助江陵县

---

① 原未加"〈〉"符号。
② 原作逗号。
③ 原作冒号。
④ 原无双引号及单引号。区别本案"令文"与"劾文"的难度甚高，目前有多种理解，本文的观点仅供参考。
⑤ 参见朱汉民、陈松长编《岳麓书院藏秦简（叁）》，第125页。
⑥ 参见（清）朱骏声《说文通训定声》，中华书局1984年版，第747页。王伟根据出土秦汉法律文书主张"掾"为"审核"之意，未免过于重视语境，而忽略训诂方法。李迎春便指出按照王伟的方法，将"掾"解释成"管理"，文献亦全可通。事实上传世文献所见"掾"的"佐助"之意亦符合出土秦汉法律文书的语境，不宜轻易放弃。只谈"语境"，不免有两面刃的嫌疑：批判他人的同时，其实也批判了自己。参王伟《张家山汉简〈二年律令〉杂考》，简帛研究网，http://www.jianbo.org/Wssf/2003/wangwei01.htm#_edn1，2003年1月12日；李迎春《秦汉郡县属吏制度演变考》，第127页。

治狱。

我认为本案江陵县丞所言的"令下"内容大抵即"劾"的内容，因此下令者与举劾者应为同一人。"令下"内容中"劾"与"掾江陵狱"的主词均未写出，似为同一人，因此下令者、举劾者、协助江陵县治狱者为同一人。有权"掾江陵狱"者为郡吏。在郡吏里，以举劾形式处理司法案件者则以郡监御史的可能性最大。因此"令下"的完整表述应为"监御史令下"，案件原委似为郡监御史协助江陵县治狱时，注意到江陵县对猩、敞等人的判决已因戊午赦令而无效，遂以下令的形式举劾江陵县的判决不当。江陵县虽据郡监御史的举劾重新判决，最终仍须上谳至郡守，则反映郡监御史举劾的案件，不管属县同意与否，均须经郡守确认，郡监御史的司法权力确实近于从旁监察。

本节最后探讨岳麓秦简《三十四年质日》的"监府"与"监公"。① 如简44记载正月十五"腾会逮监府"，简5记载二月初六"腾去监府，视事"。② 整理者指出"会逮"见于《史记》《汉书》，颜师古解释为"应逮书而往"。③ 腾虽于正月十五日被逮捕文书传唤到监府，但二月六日便离开监府，回到原单位办公，并未被拘留。简8又记载二月九日"'失以纵不直论'令到"④，腾的过失应为"纵不直"之罪；或因所纵者罪轻，故腾罪亦轻⑤，仍复职办公。逮书与"失以纵不直论"之令，皆应为郡监御史发出，反映郡监御史的司法权除了举劾，尚有传唤案件相关人士的权力。⑥

岳麓秦简《三十四年质日》简46记载五月十七"监公亡"。⑦ 整理者指出"监公"亦见于《史记》《汉书》，司马贞认为是当时人对监御史的

---

① 参见朱汉民、陈松长编《岳麓书院藏秦简（壹）》，上海辞书出版社2011年版，第68、82页。此资料得邬文玲老师提示。

② 整理者未断句，此断句方式得陈侃理提示。

③ 见《汉书》卷四四，第2151页。

④ 见《岳麓书院藏秦简（壹）》，第69页。

⑤ 睡虎地秦简《法律答问》简93解释了"不直"与"纵囚"之意，张家山汉简《二年律令·具律》简93则指出"故纵、不直"者须判处相同的罪刑。

⑥ 循此便可理解里耶秦简8-1032"书迁陵，迁陵论言。问之：监府致毄（系）痤临沅"，应指洞庭郡监御史将"痤"关在临沅（疑为当时洞庭郡治）。整理者的释文标点原无句号与冒号，为我所加。

⑦ 参《岳麓书院藏秦简（壹）》，第83页。

尊称①，其说可从。由于《三十四年质日》简7有"公子死"的文句②，故"监公亡"的"亡"应指逃亡，而非死亡。南郡监御史的逃亡，或与简33记载五月四日"腾与廷史"③，廷尉史到南郡治事有关。监公亡后，简58记载五月二十九日"廷史行行南"④，简8记载六月九日"廷史行北"⑤，似反映廷尉史正在巡视南郡全境。秦中央政府原遣御史监郡，当监郡的御史普遍化、固定化，成为"郡监御史"后，秦中央政府或许另遣特使巡行、监察地方，此处"廷史"应即中央特使之一，其职责大抵为监察郡县司法。⑥此说若成立，已成为郡长吏之一的监御史，亦须受到廷尉史的监督，故因有罪而逃亡，反映秦中央政府对地方的层层节制，任何官吏均受其他官吏的监察，只有君主的地位超然乎其上。

综上所述，郡监御史拥有举劾、捕人等司法权力，监察县道官的司法审判，进而制约郡守的司法权力。此制显然与上引《商君书·定分》专门处理法律事务，解答吏民律疑难的郡法官之制若合符节。然而"法官"这种理想的法家政制规划并未完全投射于郡监御史，郡监御史并无独断的司法权，其所举劾的案件最终仍由郡守定案，除非郡监御史请出中央的御史大夫干预，驳回郡守的判决。即使郡监御史是中央派遣至地方的监察官吏，与中央政府的关系较为紧密，也难逃被新的中央监察官吏监察的命运。因此在地方行政的范围内，秦郡司法权并未被任一长吏独揽，郡监御史与郡守相互制衡，分权独立。

---

① 见《史记》卷五四，第2021页。包山楚简里的"子宛公"、"汤公"均为郡长吏之称，可见楚地之"公"不仅用于县，更用于郡。参陈伟等《楚地出土战国简册［十四种］》，经济科学出版社2009年版。里耶8-461号"秦更名方"记载"大府为守□公"，□（ ）或可释作"尉"（ ，见里耶秦简8-85），"大府为守尉公"或指郡守、郡尉、郡监御史三府均以"大府"为称。

② 见《岳麓书院藏秦简（壹）》，第69页。
③ 同上书，第78页。
④ 同上书，第87页。
⑤ 同上书，第69页。
⑥ 《汉书·刑法志》记载"遣廷史与郡鞠狱"，为秦中央政府遣廷尉史干预郡的司法之旁证。见《汉书》卷二三，第1102页。

（三）军事

秦简目前未见郡监御史的日常职掌涉及军务①，郡的日常军权大抵由郡尉与郡守瓜分。但郡监御史既为派遣至地方的监察官吏，其权力即使伸张至军务也不令人意外。秦始皇三十三年（前214）中央政府派遣苍梧郡尉屠睢伐越时，又"使监禄凿渠运粮"②，便是一例。秦末汉初之际，郡监御史更可率兵平乱，如《史记·高祖本纪》记载刘邦起义之初，"秦泗川监平将兵围丰"。③ 这些记载提醒我们：新出秦简所见郡监御史的权力种类虽不如郡守、郡尉多元，但郡监御史的潜在权力不容小觑，随着时间与地域的不同，郡监御史很可能拥有我们未知的权力。

（四）小结

上文已指出监府在三府里的特殊性，郡监御史扮演着中央监察官吏的角色，握有司法举劾以及律令、地图等特殊信息传播的重要权力，无愧于三府分立的郡制格局。

郡监御史虽是郡吏，亦不妨视为在地方的中央监察官吏，兼以秦代律令里的"御史"往往可兼指中央御史与郡监御史，我们似可进而推测秦代中央御史与郡监御史具有相似的职能，皆统属于中央御史府的最高长官——御史大夫，可视为同一系统。秦代政府以御史大夫为核心，以诸种御史为耳目，建立起相对独立的监察系统，为皇帝控制整个官僚体系的重要工具。《淮南子·泰族》记载"赵政昼决狱而夜理书，御史冠盖接于郡县"。④ 御史为秦始皇耳目的形象背后，其实存在一个庞大而独立的监察系统。正因监察系统庞大而独立，御史大夫方能在秦汉中央政府里与丞相、太尉对峙、制衡，使"二府"、"三公"的行政格局得以实际运作。秦郡三府分立的行政格局看似特殊，其实只是秦汉中央政府行政格局在地方的投射。

---

① 秦始皇"使扶苏北监蒙恬于上郡"，必可监察军务。但扶苏身份特殊，亦不明以何种身份监军，不宜与郡监御史比附。见《史记》卷六《秦始皇本纪》，第258页。
② 见《史记》卷一一二，第2958页。"监禄"或即苍梧郡监御史，与苍梧郡尉屠睢共同负责南征。
③ 见《史记》卷八，第351页。
④ 见《淮南子集释》卷二〇，中华书局1998年版，第1399页。

结语　秦郡三府分立的行政关系——兼论法家式地方行政理念

综上所述，秦代郡守独揽财政权，郡尉独揽人事权，郡监御史独揽律令、地图等特殊信息的传播权，秦郡三府分别独占了其余二府无法染指的重要权力，守府、尉府、监府皆在郡之行政运作上扮演了不可或缺的一角，故可维持三府分立的鼎足之局。而秦郡之司法权由郡守与郡监御史分割（郡守负责谳狱、郡监御史负责举劾），郡之日常军事权由郡守与郡尉分割（郡守管理兵器、郡尉管理戍卒），战时三府包括监府皆可带兵作战，在在体现了秦郡三府监察相司的行政精神。正因如此，秦郡属县须向郡守、郡尉甚至中央的内史上计，其上级长官不止一人，而单一郡府亦无法专权独断，全面控制属县。秦郡三府分立分权之制，不禁令人想到宋代在州郡之上，亦置有安抚司、转运司、提点刑狱司、提举常平司分别负责军事、漕运、司法、常平仓的宋路四司之制。① 过去严耕望主张秦汉晋唐地方政制均为"长官元首制"，直至宋路四司出现，中国地方政制方有结构性的变革。② 根据新出秦简，秦代地方政制并未实行长官元首制，汉郡的长官元首制是从秦郡三府分立之制发展而来，不可不察。整体而言，秦郡没有单一独大的长官，郡守、郡尉、郡监御史都是秦郡长官。秦郡行政的特色为守府、尉府、监府各自拥权、相互制衡，属县不仅要面对三位各自独立的郡长吏，部分事务更须直接面对中央政府。秦代中央政府对地方不仅层层监察③，同一行政科层之间亦加以分割，不使任何一个官吏、官署独揽大权。

秦代如此严密，甚至趋于极端的地方行政监察制度，自有其行政理念的源头。自商鞅变法以来，秦之行政便与法家思想有着千丝万缕的联系。

---

① 参周振鹤《中国地方行政制度史》，上海人民出版社2005年版；朱瑞熙《中国政治制度通史（第六卷）：宋代》，人民出版社1996年版；包伟民《宋代地方财政史研究》，上海古籍出版社2001年版；王晓龙《宋代提点刑狱司制度研究》，人民出版社2008年版。

② 参严耕望《中国地方行政制度史》甲部《秦汉地方行政制度》，第76—97页。

③ 上文探讨者多为郡监察县，岳麓秦简1159规定"江东江南郡吏四岁智（知）官留弗遣而弗趋追，与同罪"，则反映中央对郡的监察。见陈松长《岳麓书院藏秦简中的郡名考略》，《湖南大学学报》2009年第2期，第1—9页。

《韩非子·外储说》主张"明主治吏不治民"①，君王对官吏的管理高度重视。《韩非子·二柄》透过韩昭侯惩罚臣下逾越职掌的故事：

> 昔者韩昭侯醉而寝，典冠者见君之寒也，故加衣于君之上，觉寝而说，问左右曰："谁加衣者？"左右对曰："典冠。"君因兼罪典衣与典冠。其罪典衣、以为失其事也，其罪典冠、以为越其职也。非不恶寒也，以为侵官之害甚于寒。

主张"明主之畜臣，臣不得越官而有功"②，秦之行政理念为清楚制定官吏的职权，要求官吏明确分工，做好分内之事，分外之事不得也不必干涉。要实践此行政理念，不能靠君主自己监察官吏，必须倚赖官吏之间相互监察。而韩非曾如此描述战国晚期中央与郡守的关系：

> 出军命将太重，边地任守太尊，专制擅命，径为而无所请者，可亡也。③

秦中央对边郡郡守"专制擅命"的情况显然不会坐视不管，设置郡监御史的目的很可能就是为了监察郡守。事实上《商君书·禁使》的记载已经指出秦之"监"官的设置目的为何：

> 今恃多官众吏，官立丞、监。夫置丞、立监者，且以禁人之为利也；而丞、监亦欲为利，则以何相禁？故恃丞、监而治者，仅存之治也。通数者不然，别其势，难其道。故曰："其势难匿者，虽跖不为非焉。"故先王贵势。④

此记载的目的虽是批评当时秦国官吏之间相互监察的制度，强调"势"

---

① 见（清）王先慎著，钟哲点校《韩非子集解》卷一四，第332页。
② 见（清）王先慎著，钟哲点校《韩非子集解》卷二，第41页。
③ 见（清）王先慎著，钟哲点校《韩非子集解》卷五《亡征》，第112页。《史记·六国年表》还记载秦惠襄六年王（前301）"蜀反，司马错往诛蜀守辉"。见《史记》卷一五，第736页。但据《秦本纪》与《樗里子甘茂列传》的"蜀侯辉"，"蜀守辉"应为"蜀侯辉"之误。
④ 见蒋礼鸿《商君书锥指》卷五，第133页。

比相互监察之制更为重要，无意间却透露出秦国当时行政制度刻意"置丞"、"立监"，使官吏之间得以相互监察，秦郡之监御史的设置目的不应有别。除了官名便明确透露出监察功能的"监官"，该记载还主张几乎普置于所有官署的"丞"亦具有监察功能。① 而严耕望研究秦汉地方行政制度时指出郡县之丞有秩级，为朝廷命官，其副署文书权，具有监察郡县长官的作用②，与《商君书》之说恰可相互印证。法家思想不仅确实影响了秦汉地方行政制度，更透过文书行政运作不可或缺的"丞"，以及文书行政之上的再一重监察官制——"监"，将官吏相互监察之制推行至所有官署。相互监察无疑是秦郡的行政理念，更是整个秦官僚制的重要行政理念。

秦郡的监察精神对承袭秦制的汉人应不陌生，故《史记·秦始皇本纪》张守节《正义》引东汉《风俗通》云："秦始皇初置三十六郡以监县也。"③ 曹魏夏侯玄更认为：

> 始自秦世，不师圣道，私以御职，奸以待下；惧宰官之不修，立监牧以董之，畏督监之容曲，设司察以纠之；宰牧相累，监察相司，人怀异心，上下殊务。汉承其绪，莫能匡改。④

清人王先谦注解此段文字时指出"宰官"即县令，"监牧"即郡守，"司察"即郡监御史。秦县受郡守监督管理，郡守又受郡监御史监察纠举，地方政府"监察相司"，层层相制。王先谦认为秦中央政府如此设计郡制，是因为废封建行郡县后，秦中央政府仍害怕地方郡县权力过重。⑤ 夏侯玄则强调秦代郡制会"监察相司"，是因为"不师圣道"，也就是秦尚法家，不用儒术之故。

既然东汉、三国士人的观察与上引《商君书》及《韩非子》反映的行政理念、出土秦代行政文书及律令呈现的制度运作，不约而同地显示秦郡

---

① 出土秦玺印、封泥里各级各类官署置"丞"的情况极其普遍，参王伟《秦玺印封泥职官地理研究》，中国社会科学出版社 2014 年版。
② 参严耕望《中国地方行政制度史》甲部《秦汉地方行政制度》，第 104 页。
③ 见《史记》卷六《秦始皇本纪》，第 240 页。
④ 见《三国志》卷九《夏侯玄传》，中华书局标点本 1959 年版，第 296 页。
⑤ 见（清）王先谦著，上海师范大学古籍整理研究所整理《汉书补注》卷一九上《百官公卿表》，上海古籍出版社 2012 年版，第 907 页。

的行政理念在于相互监察；夏侯玄主张秦代郡制背后存在法家理念，本文进而主张秦代郡制承载了"法家式地方行政"的理念，虽无直接证据，却也存在一定的合理性。① "法家式地方行政"概念的提出虽然尚不周延，却有助于刺激我们思考两千年来传统中国地方行政的运作基于何种行政理念，究竟是"百代犹行秦法政"？抑或秦代较为纯粹且趋于极端的"法家式地方行政"在后世已有所削弱甚至改变，汉武帝独尊儒术后曾塑造出有别于"法家式地方行政"的"儒家式地方行政"？若从本文所强调的"法家式地方行政"的主要行政理念——相互监察——之有无立论，汉初废除郡监御史②，文帝时授虎符予郡守，郡守此后又掌握一定程度的地方政府人事权，西汉郡守既不受郡监御史的监察，又取得军事与人事两大权力，郡守专权的程度几可上比诸侯，与秦郡三府分立、相互监察的情况大相径庭③，汉郡的行政理念已非"法家式"可以名之，其内涵与定名尚待另文研究。④

(作者单位：中兴大学历史学系。原载《"中央研究院"历史语言研究所集刊》总第87本第3分，2016年)

---

① 汉人的说法虽非直接证据，但去秦未远，终有参考价值。秦人自身的记载，反而可能是粉饰之词，比汉人的说法更缺乏说服力。如湖南兔子山出土的秦二世登基文告，宣称要大赦罪人、救济黔首，便应只是照本宣科的官样文章，而非秦二世胡亥真正信奉的政治理念。参吴方基、吴昊《释秦二世胡亥"奉召登基"的官府文告》，武汉大学简帛研究中心，简帛网，http://www.bsm.org.cn/show_article.php?id=2025，2014年5月27日。

② 秦代郡监御史之制虽于汉初废除，却在中国边陲保留下来，且维持甚久，亦可谓"礼失求诸野"。《史记·建元以来侯者年表》记载汉武帝元鼎三年（前114）伐南越，南越人居翁劝服"瓯骆兵四十余万"投降汉朝，武帝遂封居翁为湘成侯。然而司马迁称居翁在南越国担任的官职为"桂林监"（见《史记》卷二〇，第1051页），在汉代郡制里十分突兀，其来历值得分疏。"桂林"是秦始皇平越后所置之郡（见《史记》卷六，第253页）。南越开国君主赵佗原为秦代南海郡尉，趁秦末大乱，"击并桂林、象郡"。南越立国后，其疆域与政区大抵沿袭了南海、桂林、象郡等秦郡的旧有规制，但南海郡应改为内史，国内只剩桂林、象郡两大郡，南越王为了控制桂林、象郡的守、尉，保留郡监御史以监察郡守、郡尉，维持三府分立的郡长官体系，实在情理之中。因此"桂林监"即桂林郡监御史，郡监御史这一秦代郡制最具特色之处，竟随着南越国祚的延续，保存至汉武帝时期。

③ 参游逸飞《战国至汉初的郡制变革》，第159—215页。

④ 秦晖曾经提出"儒家吏治观"与"法家吏治观"的对应概念，并列举两者十余种差异，其中"主信臣忠，用人不疑"与"以私制私，设事防事"的差异，与本文指出的汉郡"郡守专权"与秦郡"三府分立，相互监察"若合符契，值得深入探究。参秦晖《西儒会融，解构"法道互补"——典籍与行为中的文化史悖论及中国现代化之路》，收入氏著《传统十论——本土社会的制度、文化及其变革》，复旦大学出版社2003年版，第167—248页。

秦及汉初黄河沿线地带郡县与河津管理体系[*]

[韩]琴载元

绪　论

　　黄河是中国的两大河流之一，从青藏高原发源，流入渤海，全长5400多公里。其中，属于所谓华夏领域内的部分，在今内蒙古鄂尔多斯以南至下游的河间地区之间。再将时间限定于战国秦至汉初，并且把地点限为郡县区域，那便只包括黄河中游的晋陕峡谷地带、河南省中北部及下游的山东省西部、河北省西南部一带，而河间地区除外。

　　本文之所以关注秦及西汉初期的黄河沿线地带，是因为在该地施行的郡县制反映出秦汉朝廷疆域管理方式的核心特征。秦汉帝国不是通过短时间掌控广阔幅员建立起来的，而是首先在确保各地据点的基础上，在据点与据点间连接陆路或水路交通路线，灵活运用物资及人力后，才能确定对广大领土的直辖统治。战国时期秦领土扩张，可以说是确保据点及交通路线的过程。战国末期秦所置的郡县更突出这种目的，此时确立的交通据点及路线管理政策，在汉初郡国制下仍然是汉朝廷管理直辖区域的关键。

　　秦汉时期以据点及路线为中心展开的疆域管理政策，随着简牍资料的发现逐步显示出了其具体面貌。其中，通过《二年律令》的发现更可明

---

[*] 基金项目：国家社会科学基金一般项目"战国秦至汉初关外郡研究"（项目编号：16BZS037）。

确了解到汉初郡国制的实际①,并且通过与秦简比较能看到此政策从战国秦至汉初长期持续的局面。所谓"汉承秦制"的真正意义,不尽在于制度方面的继承,还包括在秦所划定的区域中管理政策的继承。特别是,《津关令》反映出汉初的"关中"以"五关"为界区划②,由此学界开始关注当时关中政策的新一面。然而,《津关令》真正要针对的是"五关"以外的"关外郡",而"关外"区域却没有像"关中"那样被关注。而且,《津关令》所见的"五关"只是所有津、关中的一部分,法令指定的适用对象还包括"塞之津关"、"塞之河津"、"诸河塞津关"、"夹豁关"等,实际上是广泛涉及全国水路交通据点的。既往有的研究认为,《津关令》的条文主要以国境为对象,所指的"河津"位于与西北边塞邻近的黄河流域。③但是,笔者反对这种观点,已在前稿《漢初"關外郡"의設置와그源流》一文(下面简称前稿)中指出过《津关令》所针对的津、关、塞主要属于内地,尤其分布在关外郡。④如果笔者的意见没错,《津关令》所指的"河津"有可能位于国境内部的水路据点,而分布在黄河中下游沿线的区域也应包括在内。《津关令》是汉初关于郡县内交通据点管理方面的法令,这样理解才能追踪其政策与秦代的继承关系。

本文按照这种论点,分析黄河沿线地带郡县及秦汉河津管理体系的延续。首先,整理既往研究并补充一些新资料,概要地说明秦及汉初疆域管理政策的基本概念。其次探讨战国秦在黄河沿线一带所进行的置郡,并提到其对秦统一六国的影响。最后分析《二年律令·津关令》所见河津管理体系,同时考察其中反映的汉初郡国制特殊的一面。

一 秦、汉初关外据点及疆域区划政策的继承

笔者在前稿提到过,汉初郡国制下的领土除郡县与诸侯国的区分之

---

① 彭浩、陈伟、[日]工藤元男主编:《二年律令与奏谳书——张家山二四七号汉墓出土法律文献释读》,上海古籍出版社2007年版。
② 王子今、刘华祝:《说张家山汉简〈二年律令·津关令〉所见五关》,《中国历史文物》2003年第1期。
③ 陈伟:《张家山汉简〈津关令〉"越塞阑关"诸令考释》,《简帛研究(二〇〇六)》,广西师范大学出版社2008年版。
④ 琴载元:《漢初"關外郡"의設置와그源流》,《中國古中世史研究》第38輯,2015年。

外，还存在郡县以内关中与关外郡之间的区别，其中关外郡是位于郡国之间的缓冲地带、有特别军事功能的区域。而且，这种特点大概来源于战国时期秦对六国防御战略。但是，具体来讲，关中、关外郡以及诸侯国的领土范围，从战国到汉初一直没固定下来。笔者在前稿提出观点的过程中，有些问题未能充分论证，随着新史料的发现需要不断修改、补充与它相关的论述。本文加强动态视角，同时按微观视角具体考察关外郡的区域特征。

首先，简单整理一下前稿中所指出的关外郡问题。第一，在《二年律令·津关令》中涉及扞关、郧关、武关、函谷关、临晋关，当时可能以这"五关"来区分关中与关外。在"五关"以东区域还存在汉朝廷直辖的区域，大概可以将此地命名为"关外郡"。根据《二年律令·秩律》县令秩禄等级，河南郡、河东郡、河内郡、上党郡、南郡、南阳郡、颍川郡、东郡等地属于关外郡。第二，关外郡本身具有与关中区域郡县制不同的体系。《二年律令·津关令》中一则法令，曰："越塞阑关，论未有令。·请阑出入塞之津关，黥为城旦舂；越塞，斩左止（趾）为城旦。"①这则法令条文是在汉初某一时期为加强控制津、关新制定的。有的研究主张法令所说的塞、关、津指的是边塞、边关、位于西北边境的河津。笔者对此提出疑问，认为它主要位于郡县内的塞、关、津。《二年律令·贼律》中有一条法律表明，对防守在诸侯国邻近地区里有通敌行为的兵卒会施加更加严厉的处罚②，而且在《贼律》中的其他法律以及一件《奏谳书》的案例中，涉及关于一般百姓亡命诸侯国及诸侯国人来郡县区域做离间行为的处罚规定，其处罚可能会达到"磔刑"。③ 与此不同，对"阑关"与"越塞"的论处不会达到死刑，处罚只是以肉刑为上限。由此看

---

① 彭浩、陈伟、[日]工藤元男主编：《二年律令与奏谳书——张家山二四七号汉墓出土法律文献释读》，第305页。

② "以城邑亭障反，降诸侯，及守乘城亭障，诸侯人来攻盗，不坚守而弃去之，若降之，及谋反者，皆要（腰）斩。其父母、妻子、同产、无少长皆弃市。其坐谋反者，能偏（徧）捕，若先告吏，皆除坐者罪。"彭浩、陈伟、[日]工藤元男主编：《二年律令与奏谳书——张家山二四七号汉墓出土法律文献释读》，第88页。

③ 彭浩、陈伟、[日]工藤元男主编：《二年律令与奏谳书——张家山二四七号汉墓出土法律文献释读》："·人婢清助赵邯郸城，已即亡从兄赵地，以亡之诸侯论。今阑来送徒者，即诱南。"（第339页）陈苏镇根据它将《二年律令·贼律》"☐来诱及为间者，磔。亡之☐"一句复原为"从诸侯来诱及为间者，磔。亡之诸侯……"（《汉初王国制度考述》，《中国史研究》2004年第3期）。

来,"阑关"与"越塞"所针对的不是边境区域,而是属于郡县领域内的犯罪。特别是,由于关外郡与诸侯国邻接,多数的津、关等军事要地分布,所以关外郡自然成为相关法律令施行的主要对象。

与此同时,笔者还主张汉初关外郡政策可以从战国秦找出源流,需要关注这种政策长期持续性。这种观点是通过分析关于战国秦及汉初的文献记载以及秦简资料,与《二年律令》中相关律令比较而推论出来的。最近又公布了岳麓秦简的部分律令,因此需要补充分析与它相关的问题。这里介绍有关律令,如:

类型Ⅰ:

①郡及襄武、上雒、商、函谷关外人及粵(迁)郡、襄武、上雒、商、函谷关外[053 正]男女去,阑亡、将阳,来入之中县、道,无少长,舍人室,室主舍者,智(知)其请(情),以律粵(迁)之……[054 正]①

②·郡及关外黔首有欲入见亲、市中县【道】、【毋】禁锢者殹(也),许之。入之,十二月复,到其县,毋后田……[366 正]②

类型Ⅱ:

③……之亡徼中蛮夷而未盈[099 正]岁,完为城旦舂。奴婢从诱,其得徼中,黥颧(颜)頯;其得故徼外,城旦黥之,皆畀主。[100 正]诱隶臣,隶臣从诱以亡故塞徼外蛮夷,皆黥为城旦舂;亡徼中蛮夷,黥其诱者,以为城旦舂;亡县道,耐其诱者,以为隶臣。[101 正]③

④·尉卒律曰:缘故徼县及郡县黔齿〈首〉、县属而有所之,必谒于尉,尉听,可许者为期日。所之[132 正]它县,不谒,自五日

---

① 陈松长主编:《岳麓书院藏秦简(肆)》,上海辞书出版社 2015 年版,第 56 页。
② 同上书,第 216 页。
③ 同上书,第 71—72 页。

以上，缘故徼县，赀一甲；典、老弗告，赀一盾。非缘故徼县殹（也），赀一盾；典、老弗［133 正］告，治（笞）□□……［134 正］①

⑤·……诸挟符者皆奔敬（警）故［177 正］徼外盗徹所，合符焉，以譔（选）伍之……［178 正］②

⑥置吏律曰：敢任除战北、耎、故徼外盗不援及废官者以为吏及军吏、御右、把钲鼓志及它论官者［215 正］□□□□□谒置□□丞、尉□□卒史、有秩吏及县令除有秩吏它县者，令任之，其［216 正］任有辠刑辠以上，任者赀二甲而废；耐辠、赎辠，任者赀一甲；赀辠，任者弗坐……其身有辠耐以上及使［218 正］故徼外不来复令而臣逋（？）者，其所置者皆免之，非计时殹（也），须已计而言免之。[219 正]③

上面所记的法律，以各法律所提示的区域范围为准，可以分为两种类型。首先要关注类型Ⅰ中①的"襄武、上雒、商、函谷关外"。这里涉及的地名，襄武为今甘肃省陇西县东部，上雒及商位于陕西省商县，而函谷关位于河南省灵宝市。其中，上雒及商是汉水水系上的主要关所，与武关及郧关的防御有关，另外函谷关就是黄河水系上最具代表性的据点。像整理者注释里提及的那样，这些据点以内的管辖区域大概等于西以散关为界、东以函谷为界的狭义的关中。而且，这一"关中"被称为"中县、道"，禁止外地的定居民及迁徙到郡的人们进入该地区。②提到外地人可以进入"中县、道"的例外情况，而这里说的"关外"可能是①所说"襄武、上雒、商、函谷关外"的省略。总之，秦代的关中及关外是，以"襄武、上雒、商、函谷关"为界，区分为"中县、道"及其外部区域的。

类型Ⅱ都是关于"故徼"的法律。"故徼"在里耶秦简 J(1)8－461 号木

---

① 陈松长主编：《岳麓书院藏秦简（肆）》，第 111—112 页。
② 同上书，第 126—127 页。
③ 同上书，第 139—140 页。

方"边塞曰故塞；毋塞者曰故徼"，在《岳麓书院藏秦简（肆）》"行书律" 197 号简"县请制，唯故徼外盗，以邮行之，其它毋敢擅令邮行书"里都被提到过①，可见它是秦代正式使用的法律用语。很多学者指出里耶秦简 J(1)8－461 号木方，与秦统一后建立帝国政体时施行的"书同文字"政策密切相关。②那么，"故徼"应是秦帝国时期指称旧边境的用语，由此看来类型Ⅱ的诸律令都施行于秦帝国时期。从③④可以看到，"故徼外"与"徼中"之间，在法律上有明确的区别。其中，③所说"徼中蛮夷"及"徼外蛮夷"，有些难以解释。尽管如此，在法律条文的脉络上可以看到，对奴婢亡命"徼中"或"徼外"，以及在徼中、徼外、蛮夷区域的人利诱奴婢逃亡等，都有不同的处罚规定。通过④就能看到郡县的黔首及属吏出行时应该报告尉官，并拿出铭记期限的通行证。而如果没拿到凭证出行，从超过五日开始处罚该地的里典、父老。尤其要关注的是，对靠着故徼的县比一般县的处罚高。从此可以看到秦朝廷在军事方面比其他区域更看重故徼，更严格控制该地的人口流动。⑤也反映了同样的特点，即律文中特意提到出现"故徼外盗"时征发当地民充当不足的兵力（奔惊），就是因为故徼本身在军事上比其他区域被更严格地控制。此外，⑥的"置吏律"指出，镇压故徼外盗的过程中由于失误而免的官吏，以后的任用受到限制，也反映出在"故徼"一带的特殊情况。

  以上，岳麓秦简类型Ⅰ及类型Ⅱ律令分别设定"关外"及"徼外"为特殊区域。这种设立不同性质区域的政策，在前稿有关《二年律令》的研究中已出现过。根据《津关令》，汉初禁止向"五关"及"塞之河津"以外区域流出黄金物品及马匹。③而且，法令中提到"关外人"及"关外郡"等称谓，可见当时关中与关外间人口出入方面有一定的法律规定。关外的区域再次以"徼"为境界，与诸侯国及其他国外区域分开。

---

  ① 陈伟主编，何有祖、鲁家亮、凡国栋编著：《里耶秦简牍校释（第一卷）》，武汉大学出版社 2012 年版，第 157 页。

  ② 相关研究如下：臧知非：《从里耶秦简看"书同文字"的历史内涵》，《史学集刊》2014 年第 2 期；陈侃理：《里耶秦方与"书同文字"》，《文物》2014 年第 9 期。

  ③ 彭浩、陈伟、[日]工藤元男主编：《二年律令与奏谳书——张家山二四七号汉墓出土法律文献释读》："二、制诏御史，其令扞关、郧关、武关、函谷【关】、临晋关，及诸其塞之河津，禁毋出黄金、诸奠黄金器及铜，有犯令。"（第 307 页）

《二年律令·盗律》说:"徼外人来入为盗者,要(腰)斩"①,对"徼外人"的盗窃行为比郡县人更加严格处罚,对这种事实需要跟岳麓秦简所见"徼中"、"徼外"等一起考察。总的来说,汉初的关中、关外郡、诸侯国的区域划分,正是从秦代的"中县、道"、"关外"、"故徼外"间的区分继承下来的。

秦及汉初律令上的疆域管理政策,除类似的部分外,还有细节上的区别。首先,各时代的关中、关外及徼中、徼外的地理范围有所不同。从新公布的岳麓秦简法律律令,可以明显看出秦代关中、关外的区划。从①的事例可见,秦代按法律指定"中县、道"与"郡及襄武、上雒、商、函谷关外",有明确的地理界限。汉初的《二年律令》中涉及"关外"、"关外人"、"关外郡"等用语,可知汉初也有关中、关外区分的规定。其中,一个核心的端绪是《二年律令·津关令》所记的"五关",按照当时相关的文献记载来看,"五关"有可能是关中的主要界限。关键的问题是,关中的地理范围中是否包括长江水系据点(《二年律令》中说的扜关)。与汉初不同,秦代的关中范围只包括函谷关、上雒、商以及襄武等,没有涉及长江水系的据点。如果汉律中的关中确实是包括扜关的"大关中",那便可以认为它是秦代关中政策的革新。

徼中与徼外的边界,秦律比汉律还模糊。关于秦代"故徼"的地理范围,在未公布的岳麓秦简资料中有相关记录:"绾请许而令郡有罪当成者,泰原署四川郡;东郡、叁川、颍川署江湖郡;南阳、河内署九江郡[0706];泰原署四川郡;东郡、叁川、颍川署江湖郡;南阳[0194];河内署九江郡;南郡、上党□(臣)邦、道当成东故徼者,署衡山郡[0383]。"② 这里所说"东故徼",指的是统一战争前占领的旧六国区域与新占领地之间的地带。③ 法令涉及泰原郡、东郡、叁川郡、颍川郡、南

---

① 彭浩、陈伟、[日]工藤元男主编:《二年律令与奏谳书——张家山二四七号汉墓出土法律文献释读》,第114页。

② 陈松长:《岳麓书院藏秦简中的郡名考略》,《湖南大学学报(社会科学版)》2009年第2期,第9页。

③ 赵志强认为所谓"东故徼"位于安陆、沙羡、州陵一线,即南郡与衡山郡的界限。参赵志强《西陵县与"东故徼"》,李学勤主编《出土文献》第五辑,中西书局2014年版,第271页。但是,按当时整体政治局面来看,"东故徼"不光指南郡之东,还会包括黄河中游一带的境界。

阳郡、河内郡等就是与旧六国区域邻近的郡。但是，上面所引用的①法律中，以县及特定关所等为主设定关中（中县、道），描绘边界相当仔细。所以，在秦律中对东故徼的位置也有可能会更具体地指定郡下属的县、道及津、关等。除此之外，故徼、故塞的所有范围中，不但包括旧秦地与六国间的地带，还会有西北及西南一带的国境。所以，对于故徼及故塞的准确区域，还需要等待更多秦律令资料的发现。汉律与它不同的是，由于《二年律令·秩律》县令秩禄等级记录的发现①，可以明确知道郡、国间的边界。但是，还存在一些疑难之处，即《秩律》并没有反映出汉初郡国地理的所有信息。在颁布《秩律》的前后时期，郡国的区划随着政治形势的变动不断调整。尤其黄河中下游一带的郡县建制，是《二年律令》出土后争论最多的地方之一。这就意味着汉初该建制的变动尤其频繁，其原因将在下面讨论秦与汉初的不同特点时一起说明。

  秦律与汉律的另一种不同是，汉律中对人口出入管理比秦律还要严格。《二年律令·津关令》所记的"越塞阑关令"到汉初才制定，并且施行关于"亡之诸侯"及"从诸侯来诱"的规定，其处罚最高会达到死刑。与此相反，以"故徼"为界施行的律令③中，奴婢亡命"徼外"的处罚居然没有达到死刑。虽然通过这一事例还不能完全知道对一般百姓亡命徼外的处罚怎样，但是它至少也不可能达到死刑。③的量刑标准除"徼中蛮夷"和"徼外蛮夷"外，还有"县、道"。在县、道的边界内利诱奴婢的处罚为"耐为隶臣"，量刑与其他情况相比最轻。由此推测，秦代对各种亡命的区分注重的不是界限而是疆域，即县、道与蛮夷区域间的区分比徼内外的边界线还重要。如果一般民亡命故徼以外区域，而此地还属于郡县区域，不会比亡命徼中或徼外蛮夷区域受到更重的处罚。这种特点可能与秦代在全国范围施行郡县制的事实有关，可见秦朝廷对地方形势的视角与汉朝廷不同。

  汉初对关外郡及各地津、关的控制，可能是在郡国制的情况下，严格建立对诸侯国防御体系的结果。然而，我们现在所看到的《二年律令》，或许更反映出汉初郡国制形势中的某些特殊情况。尤其，黄河中下游一带郡县的特殊性比较突出。再说，秦至汉初各地据点及领域区划变迁问题，

---

① 彭浩、陈伟、[日]工藤元男主编：《二年律令与奏谳书——张家山二四七号汉墓出土法律文献释读》，第260—290页。

关键在于能分析出变化集中出现的黄河沿线地带的特点。

二 战国秦黄河沿线地带河津管理体系的形成及持续

汉初郡国制的形势在很多方面与战国时期类似。周振鹤曾经提出过这一点①，而《二年律令·秩律》及《津关令》发现后，相关问题就更凸显出来了。因此，我们可以将《秩律》《津关令》作为汉初郡国制研究的核心资料，而且它还需要进行与战国时期文献资料的比较，直接证明继承关系。然而，战国时期秦与六国对峙，从秦孝公时期开始施行变法，到统一全国经过130余年。在此期间，秦领土及法律制度、社会文化等都有非常大的变化，秦对六国战略也随之不断变动。汉初郡国制不会是对战国秦所有方面的继承，而是战国某些时期以后情况的延续，因此，与汉初比较的时间点应该要限定在战国末的某些时期以后。关于这一问题，首先要参考的是，在《史记·秦始皇本纪》中所见对秦王政即位时（前247）秦疆域的叙述：

> 当是之时，秦地已并巴、蜀、汉中，越宛有郢，置南郡矣；北收上郡以东，有河东、太原、上党郡；东至荥阳，灭二周，置三川郡。②

这里要关注的是，司马迁分三条路线描述了秦的开疆拓土与置郡。第一路线是从巴、蜀、汉中经过宛到南郡的南方路线。据孙闻博的分析，秦据汉水水系的上游往南扩张，最终完成了南阳至南郡的交通路线。③ 另外有北方及东方路线，按同样的角度来看，这些领域可以理解为据黄河水系上游，逐渐扩张到其南北沿岸交通路线。然而，上面所见的秦领域并没有与汉初郡县领域完全相同，其中没有涉及河内郡、东郡、颍川郡。这些区域

---

① 周振鹤：《西汉政区地理》，人民出版社1987年版。
② 《史记》卷六《秦始皇本纪》，中华书局标点本1959年版，第223页。
③ 孙闻博：《秦据汉水与南郡之置——以军事交通与早期郡制为视角的考察》，曾磊、孙闻博、徐畅、李兰芳编《飞軨广路——中国古代交通史论集》，中国社会科学出版社2015年版。

是秦王政即位后再次扩张领土而置郡的。①

秦王政即位后设置的河内郡、东郡、颍川郡，都位于黄河邻近的地带。进而，自秦庄襄王元年灭周而置三川郡（前249）②，到灭韩而置颍川郡（前230）的这20余年期间③，秦置郡的分布都集中在中原一带。而且，这20年中的置郡除颍川郡外，都是在吕不韦掌权时期进行的。再说，这一期间秦在同样的政治势力的支持下，进行了一贯的对外战略。所以，我们应该要关注这一时期与其他前后时期的不同，此时所发生的变化有可能对之后形成的局面有深刻的影响。

吕不韦时期的置郡，是调整秦昭襄王时期对外战略的结果。秦昭襄王时期的领土扩张及对外政策，与统一战争期间的战略有根本的区别。秦王政时期追求的是灭国战争，但是秦昭襄王时期并没有追求灭国，而是压迫六国服从秦，试图建立宗藩关系。秦成功占领楚都郢并设置南郡（前278）④，从此对六国的优势完全明显，之后攻略三晋，韩、魏基本沦为秦之藩国。但是，当时秦领土扩张及置郡的速度居然开始减缓⑤，在领土扩张方面碰到了限制。中原地区的国家与边缘地带相比，人口过密而文化先进，并且具有通过合纵而图谋生存的高度的外交能力。秦用武力压迫韩、魏，但这些国家频繁摆脱藩属关系而抗秦。秦逼韩割让上党郡，而没有得到成果，后来发生了长平战争。之后，三晋的反秦情绪反而更强烈，而秦继续展开对赵战争，但结果败给六国联军，此后不得不改变对外战略。⑥

秦昭襄王时期的"失败"，可能之后在吕不韦掌权时期确立对外战略

---

① 其中关于秦东郡，孙闻博还专门探讨过相关问题。参孙闻博《东郡之置与秦灭六国——以权力结构与郡制推行为中心》，《史学月刊》2017年第9期。笔者基本同意他的说法，而本文在他论点的基础上，要将视角扩大到汉初郡国制。

② 《史记》卷五《秦本纪》："东周君与诸侯谋秦，秦使相国吕不韦诛之，尽入其国……使蒙骜伐韩，韩献成皋、巩。秦界至大梁，初置三川郡。"（第219页）

③ 《史记》卷六《秦始皇本纪》："十七年，内史腾攻韩，得韩王安，尽纳其地，以其地为郡，命曰颍川。"（第232页）

④ 《史记》卷五《秦本纪》："二十九年，大良造白起攻楚，取郢为南郡，楚王走。"（第213页）

⑤ 在这一期间中，秦设置南阳郡（《史记》卷五《秦本纪》："三十五年……初置南阳郡。"第213页）。但是，南阳郡是将过去的占领地转换成郡县的，而新占领的领域比较少。

⑥ 对相关问题的详细的分析，可参拙稿《战国时期秦领土扩张及置郡背景》，《首都师范大学学报（社会科学版）》2016年第4期。

时，被当作反面的参考资料。在对赵战争失败的背后，有应侯与白起间矛盾而导致的内部分裂，因此秦在失去了战机的情况下，将补给路线勉强延长至赵首都邯郸进行了战斗。① 战争进行中的关键时刻，公子无忌（信陵君）抗命魏王，杀死将军晋鄙并率军支援赵国，最终决定了六国联合的胜利。② 由此可见，秦在背后区域不稳定的情况下，不能进行对赵战争。尤其，这次失败后明显看出，对韩、魏等中原国家进行的藩属政策没有实在的意义。所以，秦朝廷开始摸索对此地直辖，并招来韩、魏民的方案。《商君书·徕民》里说"今以故秦事敌，而使新民事本，兵虽百宿于外，境内不失须臾之时，此富强两成之效也"③，这种徕民的方案不是在商君掌权时施行的，而正是在对赵战争失败后，为打开困难局面而提出的。我们还不能知道之后秦是否施行过《商君书》所见的徕民政策，但是起码可以知道秦真的推进了对韩、魏领域的直辖。从庄襄王即位的那一年开始置郡，也即吕不韦当相国的那一年，有可能是因为此时吕不韦彻底掌握了中央权力，形成了积极推进政策的有利环境。

吕不韦掌权时期进行的置郡，可以参考《史记》中的如下记录：

> 庄襄王元年……东周君与诸侯谋秦，秦使相国吕不韦诛之，尽入其国。秦不绝其祀，以阳人地赐周君，奉其祭祀。使蒙骜伐韩，韩献成皋、巩。秦界至大梁，初置三川郡。……三年……王齕攻上党。初置太原郡。④

> （秦王政）五年，将军骜攻魏，定酸枣、燕、虚、长平、雍丘、山阳城，皆拔之，取二十城。初置东郡。⑤

---

① 对于对赵战争的战略错误，《史记》卷七三《白起王翦列传》里白起自述："远绝河山而争人国都，赵应其内，诸侯攻其外，破秦军必矣。不可。"（第2337页）关于其始末的更详尽的内容，可参见《战国策》卷三三《中山》"昭王既息民缮兵"章，上海古籍出版社1988年版，第1185—1192页。

② 《史记》卷七七《魏公子列传》："朱亥袖四十斤铁椎，椎杀晋鄙，公子遂将晋鄙军……得选兵八万人，进兵击秦军。"（第2381页）

③ 《商君书》卷四《徕民》，蒋礼鸿撰：《商君书锥指》，中华书局1986年版，第92页。

④ 《史记》卷五《秦本纪》，第219页。

⑤ 《史记》卷六《秦始皇本纪》，第224页。

在以上《史记》记录中只涉及三川郡、太原郡、东郡。此外，对河内郡的设置年代，《史记》没有记录，在其他资料也没有明确的记载。而且，上党郡一般认为长平之战后被秦占领，但是在《史记》此后时期的记载中，仍然提到秦攻略上党地区。由此可见，河内郡与上党郡或许在吕不韦当相国时没有被设置，或者设置后不能持续稳定统治。这种情况之所以可能，是因为以黄河为界，在北岸区域与南岸之间形成了不同的政治形势。

中原地区的秦郡以黄河为界区分的话，三川郡、东郡属于河南，而太原、上党、河内郡属于河北地区。宋杰认为战国时期秦开始施行远交近攻政策后，主攻路线定为河北（晋南豫北通道），结果获得成功，保证了统一战争的顺利完成。① 如果他的主张没有错，秦顺利完成太原、上党、河内郡的设置后，会依次进行三川郡、东郡的设置。不过，秦对中原地区置郡的过程，没有像宋杰所说那样简单。在黄河北岸区域，顺利置郡的只有在范雎提出远交近攻以前设置的河东郡而已。之后对其他地区的置郡，因赵国的抵抗而长期没有完成。如果秦通过占领上党地区，掌握太行山脉的交通路线及河内地区的话，就能将黄河的漕运延长至河北平原，最终赵国会被孤立在河北平原内，形成被秦包围的局面。因此，赵国认识到保卫这些地区的重要性，对秦展开激烈的防守战，上党、河内一带长期被秦与赵反复占领或收复。此外，庄襄王三年设置太原郡，但秦对此地能否进行稳定统治却成疑问。太原郡设置的第二年（秦王政元年），在太原郡的腹地晋阳发生叛乱，派将军蒙骜征伐。② 可见太原与上党、河内一样是赵国的藩屏，秦不能顺利拿下。但是，这里需要指出的是，秦此时对黄河北岸区域的攻略与昭王时期不同，即秦此时没有直接打击赵国的本营河北平原。当时对赵攻略的主要目标在于确保河北平原周围的补给路线，所以秦要极力推进在河北平原周围的太原、上党、河内置郡。

在北岸区域的置郡主要有包围赵国的作用，而在南岸区域所置的三川郡、东郡，以后对分裂三晋的联合起到关键作用。三川郡在灭周后设置，其象征意义比较大，但是，学界很少提到它的实际意义。三

---

① 宋杰：《秦对六国战争中的函谷关和豫西通道》，《首都师范大学学报（社会科学版）》1997年第3期。

② 《史记》卷六《秦始皇本纪》："晋阳反，元年，将军蒙骜击定之。"（第224页）

川郡是在黄河南岸区域最初设置的郡，其主要目的在于掌握黄河水系上的据点，并构筑河津管理体系。正因为如此，即使会背负灭亡天下宗主的恶名，秦仍旧需要建立对此地的直辖。三川郡包括从韩国所获的成皋、巩等地，西边以函谷关为界，东至魏首都大梁郊外，东西横穿连接了黄河南岸的豫西走廊。这样能明确看到秦三川郡的设置，是为了确保黄河南岸交通据点。

东郡在秦王政五年设置。之前信陵郡去世，六国失去了合纵领袖，于是秦抓住这次机会，迅速突破魏国的黄河南岸领地后，确立了对此地的直辖。① 由于这样的原因，东郡就沿着黄河中游至下游的南岸一带，其领域像牛角向东边突出，深入贯通三晋区域。设置东郡的过程反映出秦按照明确的战略，进行对黄河沿线交通的延长。置三川郡及东郡，为秦灭六国奠定了重要基础。以后秦进行灭国战争，以东郡—齐国为界，分南、北两侧攻灭诸国。②

此后，秦没有实现对东郡以东区域的置郡，但是吕不韦好像计划将直辖地扩张至剩下的黄河沿线区域。《战国策·秦策五》"文信侯欲攻赵以广河间"章说："文信侯欲攻赵以广河间，使刚成君蔡泽事燕三年，而燕太子质于秦。文信侯因请张唐相燕，欲与燕共伐赵，以广河间之地。"③当时秦与燕交流，是在扩张到黄河下游的河间区域的战略下进行的。于是，赵国将河间割让给秦而抵制燕国，但是《史记》没有记载这一事实。其原因可能是秦攻略河间区域与三川郡、东郡不同，没有获得有意义的成果，或者这种战略在吕不韦失权后被中断。对河间区域秦没有实现直辖，在战国期间没有完成所有黄河交通路线的连接，而以与齐国同盟来代替。④ 总之，秦通过三川郡、东郡设置，确保了在黄河南岸的直辖地，并且与齐国同盟，有效分离了六国之间的联合。

在黄河沿线一带横向置郡并控制河津，对突破六国联合势力起了关键

---

① 《史记》卷七七《魏公子列传》："秦闻公子死，使蒙骜攻魏，拔二十城，初置东郡。"（第2384页）

② 孙闻博：《东郡之置与秦灭六国——以权力结构与郡制推行为中心》，《史学月刊》2017年第9期，第27页。

③ 《战国策》卷七《秦策五》，第282页。

④ 秦设置东郡5年后，齐国向秦国入朝。（《史记》卷四六《田敬仲完世家》："二十八年，王入朝秦，秦王政置酒咸阳。"第1902页）同年，吕不韦连坐嫪毐的叛乱免相国。

作用,而到反秦战争时秦由于失去它而导致灭亡,就是对此事实的反面证据。钜鹿之战是起义军与秦军争夺胜败的分水岭。在《史记·项羽本纪》中多描述项羽及楚军的超人之力。① 相反,《张耳陈余列传》的记录与《项羽本纪》不同,反映了更实在的层面。如:

> 章邯引兵至邯郸,皆徙其民河内,夷其城郭。张耳与赵王歇走入钜鹿城,王离围之。陈余北收常山兵,得数万人,军钜鹿北。章邯军钜鹿南棘原,筑甬道属河,饷王离。王离兵食多,急攻钜鹿……
> 当是时,燕、齐、楚闻赵急,皆来救。张敖亦北收代兵,得万余人,来,皆壁余旁,未敢击秦。项羽兵数绝章邯甬道,王离军乏食,项羽悉引兵渡河,遂破章邯。②

秦军包围钜鹿,反秦联合军碰到困难,当时章邯军掌握河内地区,给王离军援助供应,持续占据优势。关于"甬道",文献中记载得很多,尤其在《史记·高祖本纪》中说"汉王军荥阳南,筑甬道属之河,以取敖仓。与项羽相距岁余。项羽数侵夺汉甬道,汉军乏食,遂围汉王。汉王请和,割荥阳以西者为汉"③,可见"甬道"的争夺成为胜负的关键。④ 这里核心的内容是,"筑甬道属河"或"筑甬道属之河",以甬道连接到黄河。即,甬道是为了保障军事供应运送的安全而开通的。然而,钜鹿之战的时候,秦从黄河至河北平原的补给路线过于漫长,项羽军看到了秦军的这个弱点,数次渡河断绝甬道,结果,秦军由于补给不足而败给起义军。秦统一前设置的三川郡及东郡,就是为了防止六国势力渡河并联合而置的。但是,在关外到处发生起义,兵力不足的情况下,秦无法运用完整的河津管理体系,最终不能抑制楚军渡过黄河联合赵军的情况。我们在上面的分析中能看到,秦在以"五关"为界的纵向防御路线外,还有在关外沿着水系而构筑的横向路线。以这两种方向为骨干的防御体系,可以说是秦

---

① 《史记》卷七《项羽本纪》:"当是时,楚兵冠诸侯。诸侯军救钜鹿下者,十余壁,莫敢纵兵。及楚击秦,诸将皆从壁上观。楚战士无不一以当十,楚兵呼声动天,诸侯军无不人人惴恐。"(第307页)
② 《史记》卷八九《张耳陈余列传》,第2578—2579页。
③ 《史记》卷八《高祖本纪》,第372—373页。
④ 王子今:《秦汉"甬道"考》,《文博》1993年第2期,第29页。

保障军需补给的基础，进而可以说是秦以军事来压倒六国势力的关键机制。但是，钜鹿之战的结果，就反映出秦末在横向路线的体系中出现了问题。

此外，还有秦河津管理体系中发生异常情况的另外例子。刘邦军在进入关中前，有过一次缺乏一惯性的军事活动。如《史记·高祖本纪》说"当是时，赵别将司马卬方欲渡河入关，沛公乃北攻平阴，绝河津"①，就是为抵制司马卬军渡河而断绝河津。这里可以发现几点有趣的事实，司马卬、刘邦两军集合在平阴周围河津时，秦军没有来抵制他们。而且，赵军与楚军竞争进入关中，各国起义军的队伍没有统一。不管其理由是什么，刘邦军断绝河津，结果抵制赵军进入黄河南岸。从这一例子也可以看出，掌握或断绝黄河沿线据点，对关中防御起到核心的作用。

刘邦集团不可能没有认识到秦河津防御体系的重要性。刘邦军在楚汉战争中，为了保持荥阳与敖仓之间的补给路线，进行了必死的斗争，而此战略只有在掌握住三川郡一带河津的前提之下才能实现。而且，刘邦军后来派别军骚扰项羽军的后方，逐步对项羽军确立优势，也是占领东郡并构筑以白马津为代表的河津后才能获得成功的。②击败项羽后在各地分封诸侯国时，汉朝廷还是要对黄河沿线的所有区域进行直辖，而给刘邦长庶子肥分封齐国后才解除了这种战略。当然，汉帝国建立时保留分封齐国还有另外原因，如齐王韩信徙封楚王，而且田氏势力没有归附于汉等。但是，在一方面来说，汉建国初期异姓诸侯王的势力仍然强大，汉朝廷需要防备诸侯国间构筑联合战线的可能，所以首先掌握了黄河沿线区域。从此可以看出，刘邦集团在建国初期积极利用黄河沿线防御体系，来牵制诸侯国势力。

然而，汉初郡国制下汉朝廷与诸侯国的情况变化不断，黄河沿线的区域也随之频繁调整。《二年律令》就是生动反映这一事实的资料，它除了表明汉继承秦制的历史之外，还反映出汉初郡国制与战国时期不同的细节，尤其要关注在黄河沿线地带发生的特殊情况。以下主要针对《二年律令》中的相关律令，追踪一下汉初河津管理体系中发生的变化。

---

① 《史记》卷八《高祖本纪》，第359页。
② 《史记》卷八《高祖本纪》："使卢绾、刘贾将卒二万人，骑数百，渡白马津，入楚地，与彭越复击破楚军燕郭西，遂复下梁地十余城。"（第374页）

三 汉初《二年律令·津关令》
改订的主要背景

为了了解汉初郡国制的详细情况，必须要考证相关资料的形成年代。其中，对《二年律令》的年代考证，需要进行更精密的分析。《二年律令》总体的年代，可以从简牍资料的内部信息推论出来。众所周知，简牍整理者根据《二年律令》第一条简背面上写的"二年律令"这一标题，确定了该律令成书年代是吕后二年（前186）。此外，与它一起出土的历谱，涉及从高祖五年至吕后二年的月干支，并且在法律条文中提到吕宣王及吕后外孙张偃等，都作为证明年代的主要根据。[①]

虽然有这些证据，有的学者还是按自己对秦汉代法典编撰的观点，提出了一些《二年律令》成书年代的其他意见。[②] 像杨振红指出的那样，相关问题的要点在于汉代的法律是如何制定的，又是如何进行增补、修订的，即律、令的本质及其关系问题。[③] 按《二年律令》的性质来看，汉初律令不是以固定的法典形式颁布的，而是从最初颁布从逐步累积增补、修订的。严格来说，"吕后二年"不是律令的颁布时期，可能是最终集成时期。

在这种观点的基础上，对《二年律令》制定年代可以进行多方面的分析。即，按照制定时期重新分类《二年律令》各项法律及条文。《津关令》可以说是一个典型的例子，根据几种端绪可以类推各法令的颁行时间。彭浩曾经提出过《津关令》各条文的制定时期，认为在第"廿一"项前排列的各令是在高祖九年至惠帝六年十月间颁布的，而第"廿一"项后的法令是在惠帝六年十月至吕后二年之间颁布的。其主要的根据是"相国、御史请"、"相国上御史书言"以及"制诏相国"等。在法令中

[①] 彭浩、陈伟、[日]工藤元男主编：《二年律令与奏谳书——张家山二四七号汉墓出土法律文献释读》，第87页。

[②] 张建国、曹旅宁认为"二年"是汉二年。参张建国《试析汉初"约法三章"的法律效力——兼谈"二年律令"与萧何的关系》，《法学研究》1996年第1期；曹旅宁《张家山二四七号汉墓汉律制作时代新考》，《出土文献研究》第六辑，上海古籍出版社2004年版。而邢义田认为是惠帝二年，参邢义田《张家山汉简〈二年律令〉读记》，《燕京学报》新15期，2003年。

[③] 杨振红：《从〈二年律令〉的性质看汉代法典的编撰修订与律令关系》，《中国史研究》2005年第4期，第28页。

提及"相国",是法令在丞相改称为相国的高祖九年至惠帝六年前颁布的证据。① 第"廿一"至"廿三"项与此相同,法令中提及"丞相",由此可以将其颁布时间限定在高祖九年前或惠帝五年后。进而,第"廿一"项法令中有长信詹事提请放宽汤沐邑马匹通关内容,而且"廿二"以下三条法令提到吕后外孙张偃,与吕后掌权时的情况相关。因此,可以确定"廿一"以下的法令是惠帝六年以后颁布的。②

彭浩的意见大致合理,但还需要补充几点。首先,第"廿一"项前排列的法令中,包括由于没有记载"相国"而无法考证制定年代的法令。第一条所提请的是"御史言",而以下的两条法令都说"制诏御史"。此外还有像"☐议"那样,由于残缺看不到上书担当者的法令。彭浩将此包括在"相国"文书的范围内,分类于高祖九年至惠帝六年十月间颁布的法令。但对此需要更具体的考证。其次,第"廿一"项后的法令都由丞相上书,并且大致反映出吕后掌权时期的情况。但是,第"廿三"项中的一条法令,文书内容上与吕后掌权时的情况无关。这条法令与第"一"、"四"、"五"项法令条文一起,属于"越塞阑关令",这条法令可能是在前期颁布"越塞阑关令"的基础上后来增补的。它与前面的三条法令不同,排列在《津关令》最后的第"廿三"项内。彭浩对于《津关令》的编号与颁布时期的关系,没有提到过任何问题。但是,将此年代分为惠帝六年十月前与其后,暗示了法令按顺时排列。如果是这样,可以将第"廿三"项法令的颁行时间确定为惠帝六年至吕后二年间,进而可以推测它在所有法令中颁布时间最晚。按其颁布时间来看,该法令的内容与吕后掌权的情况有某种关系。

下面《津关令》中举出第"廿三"法令乃至与此相关的"越塞阑关令",考证此间的时间关系。按照法令内容及关键信息,可以整理出表1。

---

① 《汉书》卷一九上《百官公卿表》说"十一年更名相国",提到不同的年度。对此问题,李学勤如下说明,"按汉高祖元年萧何为丞相,九年为相国,至惠帝二年卒。曹参继任,至六年卒,于是王陵为右丞相,陈平为左丞相"(《简帛佚籍与学术史》,江西教育出版社,第182页),即,丞相改称相国时期可能会不晚于高祖九年。

② 彭浩:《〈津关令〉的颁布年代与文书格式》,《郑州大学学报(哲学社会科学版)》2002年第3期。

表1　　　　　　　　　　　"越塞阑关令"比较

	上书	提请内容	前期法令的适用
①①	御史言	·请阑出入塞之津关，黥为城旦舂；越塞，斩左止（趾）为城旦；吏卒主者弗得，赎耐；令、丞、令史罚金四两。智（知）其请（情）而出入之，及假予人符传，令以阑出入者，与同罪。非其所□为□而擅为传出入津关，以□传令、阑令论，及所为传者。县邑传塞，及备塞都尉、关吏、官属、军吏卒乘塞者，禁（?）其□弩、马、牛出，田、波（陂）、苑（?）、牧缮治塞，邮、门亭行书得以符出入。	越塞阑关，论未有令。
②②	相国、御史请	缘关塞县道群盗、盗贼及亡人越关垣、离（篱）格（落）、堑、封、刊，出入塞界，吏卒追逐者得遂出入服迹穷追捕。令将吏为吏卒出入者名籍，伍以阅具，上籍副县廷。	事已，得道出入所人〈入〉，盈五日不反（返），伍人弗言将吏，将吏弗劾，皆以越塞令。
③③	相国上内史书言	请诸诈（诈）袭大符传出入塞之津关，未出入而得，皆赎城旦舂；将吏智（知）其请（情），与同罪。	制曰：可，以阑论之。
④④	丞相上备塞都尉书	请为夹谿河置关，诸漕上下河中者，皆发传，及令河北县为亭，与夹谿关相直。	·阑出入、越之，及吏卒主者，皆比越塞阑关令。

首先，各法令的上书担当者，①是"御史"，②③是"相国"，而④是"丞相"。至于①只根据上书者信息，无法知道颁布时间，但在法令中提到之前没有制定关于"越塞、阑关"的论处，接着提示对阑关、越塞的处罚规定，可见①是比②③④早制定的基底法令。然而，杨振红认为，通过①与《奏谳书》第三案例的比较，可以进一步确定《津关令》的颁布最迟不晚于高祖十年。⑤ 不过，笔者质疑这一观点。在《奏谳书》第三

---

　① 彭浩、陈伟、[日]工藤元男主编：《二年律令与奏谳书——张家山二四七号汉墓出土法律文献释读》，第305页。着重号为作者所加。下同。
　② 同上书，第310页。
　③ 同上书，第311页。
　④ 同上书，第324页。
　⑤ 杨振红：《从〈二年律令〉的性质看汉代法典的编撰修订与律令关系》，《中国史研究》2005年第4期，第37—38页。

案例所审判的事件是：在高祖十年七月齐临淄狱史"阑"与已迁徙到关中的"南"结婚后，隐瞒身份并盗窃他人的凭证试图通过关所。① 其中，要关注的是县廷审判中提到的处罚规定，即县廷在审议中说将"阑"应判为与"亡之诸侯"同类的"从诸侯来诱"，或者"奸及匿黥舂罪"。但是，县廷并没有提到与"越塞阑关令"相关的规定。并且，中央审议县廷的审判时，说"谳固有审"，即对疑案的有关法律已很清楚。如果当时已颁行"越塞阑关令"，中央肯定会提到有关"越塞阑关令"的规定，但实际结果以娶亡人为妻论之。可见，在制作《奏谳书》第三案例的时候，还没有颁布"越塞阑关令"。② 案例所提到的"亡之诸侯"及"从诸侯来诱"，可能是与《贼律》中涉及的"☐来诱及为间者，磔。亡之☐"相关的法律。③ 按时间顺序来看，在颁布《津关令》之前（即，高祖十年前），已有关于"亡之诸侯"及"从诸侯来诱"的规定，因此第三案例中举出与它相关的审判例子，解释对于"从诸侯来诱"规定的具体，但它实际上与"越塞阑关令"没有关系。

②③是对①法令增补的。对相关问题的论处适用"皆以越塞令"和"以阑论之"，所指的是①。所以，②③在颁布①之后，随之附加制定。而且，在④中也提到"皆比越塞阑关令"，可见它与②③同样按照①法令而增订。但是，对于法令的提请人，②③说相国而④为丞相，因此②③与④的颁布时间分为惠帝六年十月以前和以后。以上包括关于"亡之诸侯"及"从诸侯来诱"的法律，对①②③④法令的颁行时间可以总括如下：在高帝十年以前，已制定"亡之诸侯"及"从诸侯来诱"规定；然后高祖十年八月以后颁布了①法令所说的"越塞阑关令"，随之在惠帝六年十月前增补了②③法令，最后在惠帝六年至吕后二年间再次增补④法令。

---

① 彭浩、陈伟、［日］工藤元男主编：《二年律令与奏谳书——张家山二四七号汉墓出土法律文献释读》，第338—339页。

② 宋真在进行该案例的分析时，提到中央最终判决的"黥为城旦"与《津关令》所说的阑关的处罚相同。（《前漢시기帝國의내부境界와그出入관리》，《東洋史學研究》第121辑，2012年，第22页）但是，对阑的嫌疑判决为"黥为城旦"，还有很多另外的法律根据。正好县廷保留判决的"奸及匿黥舂罪"的处罚，也是"黥为城旦舂"。而且，根据上面提到的《津关令》③法令，诈骗他人的身份证要通过关所的行为的处罚，不是"黥为城旦舂"而是"赎城旦舂"。按照以上的情况来看，此时不会已判刑越塞阑关令。

③ 彭浩、陈伟、［日］工藤元男主编：《二年律令与奏谳书——张家山二四七号汉墓出土法律文献释读》，第90页。

如以上分析所见,"越塞阑关令"的制定不是一时的,而是经过几年的过程次第进行的。这意味着在汉初施行的法令,按实际需求不断修订、增补。那么,"越塞阑关令"的制定与改订,与当时哪些实际需求相关?下面接下来进行文献所见的汉初郡国建制变动与有关律令的比较。其大致可以整理如下表2。

表2　　　　　　　　汉初郡国领域变动与律令比较

	《二年律令》	《史记》①
高祖五至十年八月 (前202—前197)	(从诸侯)来诱及为间者,磔。亡之(诸侯)……	·六年: (十二月)后十余日……高祖曰将军刘贾数有功,以为荆王,王淮东,弟交为楚王,王淮西。子肥为齐王……徙韩王信太原。 ·七年: 匈奴攻韩王信马邑,信因与谋反太原……立兄刘仲为代王。 ·八年: 代王刘仲弃国亡,自归雒阳,废以为合阳侯。
高祖十一年至惠帝五年 (前196—前190)	①②③	·十一年: 于是乃分赵山北,立子恒以为代王,都晋阳。 夏,梁王彭越谋反,废迁蜀;复欲反,遂夷三族。立子恢为梁王,子友为淮阳王。 秋七月,淮南王黥布反,东并荆王刘贾地,北渡淮,楚王交走入薛。高祖自击之。立子长为淮南王。 ·十二年:沛父兄固请,乃并复丰,比沛。于是拜沛侯刘濞为吴王。……四月甲辰,高祖崩长乐宫。 ·(惠帝)二年: 齐王乃上城阳之郡……
惠帝六年至吕后二年 (前189—前186)	④	·(吕后)元年: 太后欲王吕氏,先立孝惠后宫子彊为淮阳王,子不疑为常山王,子山为襄城侯,子朝为轵侯,子武为壶关侯。太后风大臣,大臣请立郦侯吕台为吕王,太后许之。

① 《史记》卷八《高祖本纪》,第384—392页;卷九《吕太后本纪》,第401页。

以上表格分类的时间，以《二年律令·贼律》"从诸侯来诱"及"亡之诸侯"规定与"越塞阑关令"制定时期为准。进而，通过与文献记录比较，可以找出更精密的时间范围。首先，制定"从诸侯来诱"及"亡之诸侯"，在高祖五年至十年期间进行，而此时诸侯王逐步从异姓转换到同姓。特别是，在高祖六年十二月逮捕楚王韩信并徙封为淮阴侯，将高祖的长庶子肥、将军刘贾、弟交分别封为齐王、荆王、楚王，正式开始对同姓子弟进行分封。从此汉朝廷与异姓诸侯王间的关系紧张起来，所以，此时可能为了防备诸侯国势力的军事行动，汉朝廷制定关于"亡之诸侯"及"从诸侯来诱"的规定，对此加强处罚。

　　高祖十一年，在肃清彭越、征伐黥布时，再次将刘氏子弟封为梁王、淮阳王、淮南王。第二年，将刘濞封为吴王，大致完成了同姓诸侯体系。其间《津关令》①②③法令是大概在确立同姓诸侯体系后颁行的，但还不能断定具体的颁布时间是高祖年间还是惠帝年间。然而，高祖十年八月分封同姓诸侯王后，郡国关系可能开始进入了缓和局面，所以汉朝廷解除黄河中下游一带的直辖，并让给诸侯王。之后，高祖在十二年四月去世，由此推测"越塞阑关令"不太可能在高祖年间颁行，在惠帝即位后颁行的可能性比较大。

　　在颁布④法令的时间段中，吕后元年（前187）吕台被封为吕王，随之朝廷进行了对诸侯国建制的调整。那么④法令是否与当时这一事件有关？该法令以"丞相"提请备塞都尉书的形式，提出在"夹谿河"设置关，对漕运船发放传，以及在河岸设置与关相应的亭等问题。并且对于新置的关所出入，适用"越塞阑关令"来论处。即，到此时将"越塞阑关令"扩大适用于黄河与支流交叉的水路交通要地，其地指的可能是吕后元年前后重新收归的直辖地。

　　关于这一问题，还要参考《二年律令·秩律》，从此能找出吕后年间郡国领域变动的情况。很多学者曾经根据《二年律令·秩律》进行过对既往地理沿革研究的修改，尤其关注的是东郡乃至位于黄河沿线地带的诸县。马孟龙对此研究得最详细，在分析《秩律》抄写年代时提出与本文相关的关键问题。据他研究，《秩律》所见的侯国名其实是侯国废除后收录在《秩律》内，或者在书写《秩律》的当时还没有分封侯国的，即《秩律》所记的地名都属于汉朝廷的直辖地。而且，他确定了《秩律》抄写于吕后元年五月前后，关键信息是六百石秩禄等级中"·"符号以下

记录的地名,认为那些是增补吕后元年五月行政建制的部分。① 相关内容在此引用如下:

・郦、美阳、襄德、共、馆阴〈陶〉、隆虑、□□、中牟、颍阴、定陵、无阳、启封、闲阳、女阴、索、鄢陵、东阿、聊城、燕、观、白马、东武阳、茌平、鄄城、顿丘。②

对秦汉法律文书中"・"符号的性质,最初提出问题的是日本学者佐佐木研太。③ 根据他的研究,睡虎地秦简法律文书中的"・"符号的作用在于提示补充的部分,此下的条文是后来附加的。马孟龙参考佐佐木研太的研究,主张《秩律》中"・"以下罗列的地名,是后来附加记载的。进而,他据此分析了各侯国设置的前后时间,而"・"符号以下的地名中郦、共、隆虑、中牟、无阳、启封、女阴、鄢陵,就属于吕后元年五月后变为汉直辖地的领域。并且,东阿、聊城、燕、观、白马、东武阳、茌平、鄄城、顿丘等,就属于秦代东郡区域内的县,可能在此时再次收归汉朝廷。马孟龙对东郡问题只作为参考,没有展开进一步的分析。但是,笔者认为东郡建制的调整涵盖当时郡国关系的关键信息,而且《津关令》的增补也有可能与这一事实有一定的关系。

众所周知,《汉书》记载"罢东郡,颇益梁",可见在高祖十一年刘恢封为梁王时废置东郡。④ 但是,《秩律》中多数包括东郡辖县,反映了此后东郡建制的变化。除此之外,在《史记·高祖本纪》中也可以找出相关的记录,在最后一段简单记载高祖八男的分封情况,其中说"次梁王恢,吕太后时徙为赵共王"⑤,从此能确认吕后时期徙封梁王的事实。然而,这些东郡辖县主要位于黄河沿线地带,就是很多河水支流交叉的地

---

① 马孟龙:《张家山二四七号汉墓〈二年律令·秩律〉抄写年代研究——以汉初侯国建置为中心》,《江汉考古》2013 年第 2 期。

② 彭浩、陈伟、[日]工藤元男主编:《二年律令与奏谳书——张家山二四七号汉墓出土法律文献释读》,第 270 页。

③ [日]佐佐木研太:《出土秦律书写形之异同》,《清华大学学报(哲学社会科学版)》2004 年第 4 期。

④ 《汉书》卷一下《高帝纪》:"燕王绾、相国何等请立子恢为梁王,子友为淮阳王。罢东郡,颇益梁;罢颍川郡,颇益淮阳。"(第 72 页)

⑤ 《史记》卷八《高祖本纪》,第 393 页。

区。上面所记的④法令中指定"夹谿河",东郡的地理环境就符合于"夹谿河"的条件。按这些所有状况,可以推测吕后元年汉朝廷收回分布在黄河中下游的侯国及诸侯国区域的同时,还附加颁行④法令到此地,扩大适用"越塞阑关令"。那么,④法令的制定时期可能比其他法令更晚,制定于吕后元年五月后。

以上,以《津关令》"越塞阑关令"为中心,分析了汉初郡国制的变迁情况。《津关令》是在高祖九年至吕后二年间逐步颁行、累积的法令。尤其,"越塞阑关令"主要与惠帝在位以后的情况密切相关。"阑关"与"越塞"分别处罚为黥为城旦舂与斩左趾城旦,其量刑大概与秦代国外亡命的罪名"邦亡"相同。① 对于汉初更严格控制津、关的出入,可以提出两方面的推测。首先,其目的或许在于第二代皇帝在位期间防备遇事。前朝秦始皇死亡后秦二世即位时,在旧六国各地爆发反秦起义,所以汉朝廷可能将此事作为反面教材,谨慎准备皇位继承。其次,它可能是为了维护吕氏集团的权力而特意制定的法令。吕后掌握中央权力后,郡县与诸侯国间进入了极度紧张的局面。比如,吕后元年解除白马之盟,将吕氏家族封为诸侯王。而且,在黄河沿线一带分布的一些侯国及诸侯国区域,再次收归为汉朝廷的直辖地,进而,在此地的水路交通据点扩大适用"越塞阑关令"。由此可见,当时吕氏集团掌控权力,不但在占有中央朝廷的官职及分封方面,还涉及直辖地建制及各地交通要地管理等方面。

汉初郡县区域防卫体系的大纲,是掌握以"五关"为界的纵向据点的同时,结合管理沿着关外河津的横向据点。这样的体系在战国秦吕不韦掌权时期大约完成,但是到汉初按照政治情况放松或加强控制横向的河津管理体系。汉高祖赢得楚汉战争建立帝国时,掌握黄河中下游的所有据点,之后逐步缓解防备,在高祖死亡前解除到东郡一带的防备。但是,吕后及其族掌握权力后,再次加强控制此地河津。《二年律令》所见的信息就是反映出这一时期的情况,而此后的变化也可以按这种大框架来理解。文帝时期贾谊提出放松对津、关的控制,与此相应解除国内塞关及河津的

---

① 具体的内容,可参拙稿《漢初"關外郡"의設置와ユ源流》,《中國古中世史研究》第38輯,2015年,第99—106页。

防备，但在吴楚七国之乱以后再次回归。① 这一系列的变动，可以说是长期局面中有一定周期的变化。在惠帝及吕后时期颁行的《津关令》反映出了其中的一面，并且是证明战国时期所构筑的河津管理体系，在汉初郡国制下仍然有效运行的例子。

（作者单位：西北大学历史学院。原载《简帛》第十六辑，上海古籍出版社 2018 年版）

---

① 对相关内容的分析，可参宋真《前漢시기帝國의내부境界와그出入관리》，《東洋史學研究》第 121 辑，2012 年，第 23—25 页。

战国秦汉之际的燕北长城

冯 立

"长城"一词见于《史记》记述者最多,其后在我国历代典籍中都有许多意义相近、称谓不同的记载。顾名思义长城是指比一般城墙更长的线性墙体。关于长城的定义,长城研究专家景爱先生指出,长城是古代人工建筑,是以土、石、砖为墙体的连续性高墙,属于军事工程,具有边境御敌的作用。①

史记所载的边境防御工事有很多,包括堑落、城堑、长城亭、鄣、塞等,古人称呼不同,这一切的防御工事皆可称之为长城,为中原政权抵御北方游牧民族南下的防御系统,此为学界主流观点。但是近年来以范恩实先生为首的一批学者的观点将长城的定义狭义化理解,认为只有防御性的线性墙体建筑才能称之为长城,而其他障塞等边疆防御设施并不能称之为长城建筑。② 这一争议主要出现在燕北长城地带,本文梳理战国秦汉之际的相关史料与学界成果对燕北长城的定义提出一些讨论。

一 长城性质的再定义

范恩实先生认为在辽东地区发现的燕秦汉时代的障塞烽燧遗址,并非

---

① 景爱:《长城》,学苑出版社2008年版,第4—8页。
② 范恩实:《燕秦汉东北"长城"考论——障塞烽燧线性质再分析》,《中国边疆史地研究》2015年第3期;肖景全、郑辰:《辽东燕汉长城的调查及吉林境内长城遗迹性质再探》,李乐营等主编:《高句丽与东北民族研究》第6辑,吉林大学出版社2006年版;范恩实:《再论燕秦汉东北障塞烽燧线不是长城——对李树林先生商榷文的回应》,《中国边疆史地研究》2018年第1期。

燕秦汉长城的东北段，而是相关势力进入东北地区后构建的军事镇戍体系。他认为只有形成长城线的地段才能称之为燕秦汉东北长城，其最终端为辽宁铁岭地区，再往东的障塞线、烽燧线并不能称之为长城。① 笔者以为这种观念是一种倒放电影的历史理解模式，片面地理解了长城只是一种防御性墙体建筑，而非基于考古学观点的客观思考。

考古学意义上的"城"并非现代意义上城墙建筑的省称，而是"城郭"这一军事防御体系的省称。"郭"的本意是指在城的外围加筑的城墙。许宏认为从聚落形态看，郭是圈围起整个聚落的防御体系。相对于外郭，城指的是被圈围起的聚落的一部分空间。② 继而，许宏指出考古学领域中广义上的"城"的概念，指的是人们在聚落上构筑的区隔性设施（以防御性为主）及拥有这种设施的聚落。这种设施一般为墙垣，但也包含其他构筑物如壕沟、栅栏等，以及部分利用自然直线形成的防御系统。③ 由此可知在考古学领域"城"并非指单一城墙建筑，而是一种战略防御体系的代称。一个防御体系势必需要多个建筑才能构建体系性的互动。

夏商西周时期都邑的布局已初具内城外郭的雏形，但罕见城垣。当时的都邑遗址大都由宫庙基址群及周围的广大郭区（含一般居民区、手工业作坊和墓地等）组成。在最早的广域王权国家都邑二里头至曹魏邺北城之间"宫城+郭区"而非"宫城+郭城"的布局，是都城空间的主流。在这一历史阶段，只有商代的二里岗文化，以及春秋战国为城、郭建筑并立布局的兴盛期，其特殊历史背景，即军事局势的高度紧张是共性。④ 由此可知战国时期城郭并立的布局，是社会矛盾尖锐、列国对峙兼并特殊历史时期的产物，属于承前启后环节。

据传世史料与考古遗迹可见，学界主流观点指出长城出现在战国中期，最早的长城是齐长城。张守义《史记正义》载："齐宣王乘山岭之

---

① 范恩实：《燕秦汉东北"长城"考论——障塞烽燧线性质再分析》，《中国边疆史地研究》2015年第3期。
② 许宏：《先秦城市考古学研究》，北京燕山出版社2000年版。
③ 许宏：《大都无城——中国古都动态解读》，生活·读书·新知三联书店2016年版，第6页。
④ 同上文，第17页。

上，筑长城，东至海，西至济州，千余里，以备楚。"① 之后战国各个国家陆续在本国与他国之间的战略要地修筑战略防御用途的长城包括楚长城、秦长城、赵长城、中山长城和燕长城。

据上可知长城建筑出现的时间也是在战国中期，正巧是"宫城+郭城"这种强调军事防御特性的特殊都城建筑流行的历史时期，即中国上古史长时段中相对特殊的短时段历史时期，"城"本身就已经兼具直线型战略防御体系的定义，那么"长城"的定义应是指长度较广的直线型战略防御建筑体系，而非指"长墙"性防御建筑。那么城市作为聚落的进阶物，除了外围的墙体以外，势必包括城市的基础设施，还包括宗庙性建筑、住宅区与城市道路，同理而言，长城作为一个战略防御建筑体系而言，除了基础的城墙部分，还有瞭望台（烽燧）、道路等基础设施。长城除了基本的战略防御作用以外，王子今先生考证长城及其沿线的"北边道"对于沟通东北与中原，或者东北与黄河河套平原地区都有着深远的战略意义，甚至影响了历史时期大规模的人口流动。②《史记》中对于边疆防御建筑的称呼很多，包括城堑、长城亭、鄣、塞等；《汉书》中还有塞垣，笔者认为以上这些都算是长城防御建筑体系中的重要组成部分。

二 燕北长城沿革范围

战国时期的燕代长城以国界南北划分，一条是位于易水之北，为了防御齐国北进，拱卫燕下都南部所修建的防御性屏障——燕南长城。据《史记·张仪列传》可知，燕南长城修建于燕昭王即位初期（前312）。另一条是位于燕国北侧国界，为了抵御北方游牧民族修筑的燕北长城。据今考古学资料考证，最初建造应发生在燕昭王十二年（前300）之后，这一项复杂的系统工程直到燕昭王二十八年（前284）已基本完成了。③

据《史记·匈奴列传》记载：

---

① 《史记》卷四〇《楚世家》，中华书局标点本1954年版，第1731页。
② 王子今：《秦汉长城与北边交通》，《历史研究》1988年第6期。
③ 郭勇：《赤峰境内战国燕北长城调查研究》，硕士学位论文，辽宁师范大学，2014年，第23页。

> 其后燕有贤将秦开，为质于胡，胡甚信之。归而袭破走东胡，东胡却千余里。与荆轲刺秦王秦舞阳者，开之孙也。燕亦筑长城，自造阳至襄平。置上谷、渔阳、右北平、辽西、辽东郡以拒胡。①

《史记集解》中韦昭指明造阳为上谷地名。《汉书·地理志》指明造阳乃上谷郡郡治所在，而襄平乃辽东郡郡治所在。此一描述可以勾勒出燕北长城的大致走向。学者张维华指明燕北长城乃战国时期修建的最后一道长城，其最初用途是为了抵御匈奴与东胡。②但是实际考古遗迹显示并非如此，据学者考证燕北长城西起河北围场县至丰宁县境内，据考古遗迹显示在内蒙古赤峰市、朝鲜鸭绿江支流大宁江附近的长城遗迹，均有出土战国时期燕国兵器、货币与瓦当，可见此些地段也是燕北长城。故而所谓"自造阳至襄平"，确切说应该是自战国时代燕国上谷郡至辽东郡北沿修建更为妥帖，即今河北省围场县，经张家口、承德至辽宁省朝阳、阜新，至内蒙古自治区通辽、赤峰市一带。③

根据2009年来全国最新的长城遗迹调查工作成果显示，燕北长城也有两条，《史记》所载燕将秦开击败东胡，建长城，置五郡，应是燕北内线长城。此后，燕国在打击东胡势力中不断取胜，疆域向北拓展，就又在内线长城之北设置修建了另一道防线，即燕北外线长城，与燕北内线长城相距10千米—50千米。内线长城较外线长城多烽燧，多土、石合筑城墙。④燕北内线长城的具体走向是西端起始点在河北围场县，之后进入内蒙古自治区喀喇沁旗，一路东北向延伸跨越老哈河，进入辽宁省建平县境，复向东穿过敖汉旗，进入辽宁朝阳市北票县境内。燕北外线长城的具体位置，西端在今内蒙古自治区赤峰市松山区夏家店村附近，向东穿过敖汉旗，直到内蒙古自治区通辽市奈曼旗。⑤

待秦始皇统一中国之后开始统一修建长城，秦始皇长城始建于秦王三十四年（前213），西起今甘肃省临洮县，途径甘肃、宁夏、内蒙古、河

---

① 《史记》卷一一〇《匈奴列传》，第2886页。
② 张维华：《中国长城建制考》，中华书局1979年版，第124页。
③ 文物编辑委员会：《中国长城遗迹调查报告集》，文物出版社1981年版。
④ 郭勇：《赤峰境内战国燕北长城调查研究》，硕士学位论文，辽宁师范大学，2014年，第23页。
⑤ 同上书，第7、11页。

北、辽宁等省，其东段进入今朝鲜境内。由于秦始皇长城在构筑时因地制宜，其主要由三段组成，即西段、北段（中段）和东段。其中秦始皇长城的东段，就是改造的从秦驰道联通咸阳至九原，之后联通秦长城北段—赵北长城—燕北长城，沿线分布有障塞、烽燧。

秦始皇长城的东段指今内蒙古化德县向东直至朝鲜境内的秦长城。其中内蒙古化德县至辽宁阜新一段可考证的秦始皇长城长度约350千米，其主体长城是从内蒙古化德县至河北省丰宁县森辕图村南段，平行于战国时期燕北长城而修筑的外长城，即今所谓的的燕北外线长城，此段长城多利用东西纵横的山边险阻而建造，属于长城建造中"因边山险"的建筑类型。据《内蒙古自治区长城资源调查报告·东南部战国秦汉长城卷》数据可知，燕北长城当中80%的长城遗迹均是"因边山险"筑造而成，即利用陡峭的群山地势，在两个山头之间用自然石块垒砌成石墙，便于连接两个山口，构造天然的防御屏障，石筑长城在建筑方法上，主要采用自然大石呈梯形垒砌而成，其基址一般在2—3米，最宽处不及4米，下宽上窄，内外侧用较规整的大块自然石，中间填以乱石碎块或砂砾等。①

据今考古资料显示，石筑长城段一般都有明显的接痕墙缝，估计当时多为按地区分工分段建造。其中"内蒙古赤峰—辽宁阜新"段沿用战国时期的燕北外线长城，这一段长城因地势原因既有土筑长城，也有石筑长城，后者的建筑结构较多采用，另外，这一段长城遗迹的诸多地段都曾发现各类秦代城障遗址，以及带有秦始皇诏书的铁权或陶量，足以证明这里的长城在秦始皇时期得以翻新修筑。从阜新东行，越过辽河，向东进入丹东，并且直到朝鲜境内的秦始皇长城其走向目前尚不清楚。这一段长城因地形不同，其建筑形式既有土筑，也有石筑或者依靠自然地势据险而成，这一段长城后多为西汉长城所替代。1985年，在辽宁宽甸曾出土秦代窖藏中二世元年（前209）铸造的戈，专家认为或可证明这一地区为秦代北部长城上的边防要塞。1984年，在朝鲜境内的大宁江东岸曾发现了长达120千米的长城，应是燕北长城或秦始皇长城最东的地段。待西汉统一北方前后，刘邦继续沿用此段长城抵御因冒顿统一而强大的匈奴政权，今日在此段可见长城遗迹，大多为汉代烽燧遗迹。在长城东线有一些考古遗迹

---

① 内蒙古自治区文化厅（文物局）、内蒙古自治区文物考古研究所编著：《内蒙古自治区长城资源调查报告·东南部战国秦汉长城卷》，文物出版社2014年版。

可相互印证。①

自燕国至秦汉时代，燕北长城贯穿的北部五郡的名称未曾因为政权更迭而变革，因此延续，在这条由长城北边道连接的交通网络系统中，包括辽西郡的柳城、渔阳郡的平刚两个重要的交通枢纽，均有大量考古材料可以印证燕北长城在沟通东西方交通文化传播中的作用。

战国秦汉时期辽西郡北部边防重镇——柳城，位居这一段燕北长城之内，即今辽宁省朝阳市，为连接中原与东北的所有交通道路——并海道、柳城道、卢龙道、长城北边道的交通枢纽。据考古资料可知，现今出土于朝阳市的袁台子墓地出土文物众多，从战国到秦汉魏晋时代，袁台子墓地共发掘349座西汉墓，汉人、游牧民族皆有墓葬，挖掘出土的遗物主要是陶器、铜镜、带钩及铁制农具，钱币多为西汉半两。未见新莽时期以后的文物出土。葬品中还出土大量当地出产的铁器、铜器，说明西汉时期辽西郡在金属冶炼、铸造业上有了发展，另有辽西的西汉城址，则是其手工生产、建筑技术等领域发展状况的综合反映。② 大量西汉文物的出土说明柳城地区在西汉时期人丁兴旺，此地带为重要的交通枢纽。但此地区并没有出土东汉、三国时期墓葬，可见该地区在西汉之后因为某些原因而逐渐荒废。

渔阳郡北方重镇平刚，据考证即今内蒙古自治区宁城县黑城古城址所在，在该城址曾考察出完整汉代防御外城遗址，并挖掘出大量汉代瓦当、方砖、陶器、铜簇、铁权，尤其是官印和封泥，诸如"渔阳太守章"封泥、"白狼之丞"封泥、"卫多"封泥、"部曲将印"铜印、"假司马印"铜印、"宜官"石印等文物。说明汉代此地区军事活动频繁，且该地区属于重要的政治、经济、军事枢纽。③

三 燕北长城的军事交通

燕北长城一线还是连接东西的交通线，且东西交流使用频繁。长城是

---

① 内蒙古自治区文化厅（文物局）、内蒙古自治区文物考古研究所编著：《内蒙古自治区长城资源调查报告·东南部战国秦汉长城卷》，第34页。
② 郑君雷：《论"西汉墓幽州分布区"》，《考古与文物》2005年第6期，第38—51页。
③ 冯永谦、姜念思：《宁城县黑城古城址调查》，《考古》1982年第3期，第159—164页。

从西向东修建，公元前219年，秦始皇开始沿驰道巡游全国也是走此路线。其间，秦始皇从上郡沿着长城边道由西往东直达辽西郡，在靠近渤海的碣石山上刻石写赋。秦代全国的交通网由秦直道与北部长城边道组成，据王子今先生考证，沿着北方东西向长城的两侧，都存在着长城边道，即"北边道"①，这最初也是由蒙恬督办修建而成，蒙恬所修的长城边道，西接河套——阴山山脉地区的战国秦长城，南与战国后期的秦昭襄王长城交合相连，构成秦西北防御匈奴、月氏和羌胡等部落的防线，在秦代国防中发挥着重要的作用。

在蒙恬所修的长城中主要兴建了两种长城防御体系，一种是亭障，另一种是河上塞。亭，亦称"烽燧"、"亭燧"，即我们在长城上所看到的特有建筑形制——烽火台，其用途属于军事作战中的候望系统，主要用于传递敌情。而"障"在古代汉语中山中"堡城"的含义，主要是指在长城进入山区之后，因为长城是依据山势修建而成，故而只在长城之上抵御外敌会出现战略盲点，为了巩固长城防御，秦人会在长城两侧半里左右的辖区之中，在险要地带修筑一些只用来驻兵的城堡，即候城，作为前哨阵地而存在，一方面可以更早地发现敌情，同时在敌人发动全面攻势之时，也可以与长城中的守兵，互为内应，起掎角之势。蒙恬在今阴山山脉西段狼山山脉筑亭障，旨在候望敌情，防御秦朝北方匈奴等民族的南下侵犯。

塞类建筑，本指用石头堆砌起来的城垣，河上塞本指在河流、湖泊旁边为了抵御洪水、保护水土而修建的堤坝。从亭障、河上塞的分布和作用看，二者都具有卫土御敌的功效。正因蒙恬北逐匈奴后，充分利用今阴山山脉和黄河天然屏障固守秦北疆域，前者依据位于今内蒙古狼山山脉的陡崖而建，重在防备匈奴等部落的骑兵依据高山地形率兵南下；后者在今河套地区黄河内侧临河而筑，主要是为了抵御洪灾、冰灾，一同构建起河南地的外围防线，才使得"胡人不敢南下而牧马"。关于障塞的研究在以《居延新简》为主的西北汉简的研究中为常见讨论课题，但是此一制度为长城全线所通用，《盐铁论·险固篇》也讲道："燕塞碣石，绝邪谷，绕援辽。"可知燕北长城一线的战略交通作用显著。

之后沿燕北长城边道快速行军的战例在秦汉两次统一北方的战争中多

---

① 王子今：《北边：交通经营与行政建设》，《战国秦汉交通格局与区域行政》，中国社会科学出版社2015年版，第186页。

次出现。公元前 222 年，秦始皇以王贲统领大批军队，出蓟城（今北京西城），沿燕北长城边道向东，灭亡燕国，俘虏燕王喜。然后沿长城边道回击代地，俘虏代王嘉。此一时期还有燕人卫满也是按照此一线路流窜在幽州与朝鲜之间。先从东逃入朝鲜，继而利用障塞入侵辽东，此一历史事件见于《史记·朝鲜列传》：

> 朝鲜王满者，故燕人也。自始全燕时尝略属真番、朝鲜，为置吏，筑鄣塞。秦灭燕，属辽东外徼。汉兴，为其远难守，复修辽东故塞，至浿水为界，属燕。燕王卢绾反，入匈奴，满亡命，聚党千余人，魋结蛮夷服而东走出塞，渡浿水，居秦故空地上下鄣，稍役属真番、朝鲜蛮夷及故燕、齐亡命者王之，都王险。①

《汉书·朝鲜传》颜师古注解说："燕、齐之人亡居此地，及真番、朝鲜蛮夷皆属满也。"② 可知战国时燕人沿此线进入大宁江朝鲜地区的人口数量不少。卫满，战国末期秦汉初期燕国人，卫氏朝鲜（前 198—前 105）的建立者。后来，燕王卢绾向西汉政权造反失败之后，投降了匈奴，卫满为了避免引起事端，率其党羽千余人和众多当地居民在障塞地带居住，此时大量来自今天山东、河北一带的逃亡难民皆渡过渤海，逃难至此居住。在这一地带，卫满受到了朝鲜准王的热情接待，准王将卫满和他领导的汉人流亡集团安置在朝鲜西部。处于秦代初年的王贲统一全国，以及秦末的卫满东流，均是利用燕北长城作为重要的人口大规模移动的交通线，将西边的军队沿燕北长城东迁，从代地沿长城向东北推进，继而推动了历史的进程发展，巩固统一全国性的秦代政权，或者地方性政权卫氏朝鲜。

之后，西汉建立之初，北方的各个异姓诸侯国相继发动叛乱。占据代地（治今河北蔚县）的韩王信率先造反，周勃利用秦朝时在代地北侧修筑的秦始皇长城边道之便，连续攻占云中郡（治今内蒙古托克托）和代郡（治今河北蔚县）的诸多县，击破了韩王信的胡骑部队。之后，再次利用长城边道攻打陈豨所率的代国残余势力，收复了长城一线上代郡的九个县、云中郡的十二个县和雁门郡（治今山西朔州市右玉县南）的七个

---

① 《史记》卷一一五《朝鲜列传》，第 2985 页。
② 《汉书》卷九五《朝鲜传》，中华书局标点本 1964 年版，第 3864 页。

县。见于《史记·绛侯周勃世家》：

> 燕王卢绾反，勃以相国代樊哙将，击下蓟，得绾大将抵、丞相偃、守陉、太尉弱、御史大夫施，屠浑都。破绾军上兰，复击破绾军沮阳。追至长城。①

此处之长城即为燕北长城。汉高祖十二年（前195）十一月，燕王卢绾在剿灭陈豨的战役中弄巧成拙，被迫与陈豨一同叛乱，将大军退守到秦始皇长城辽东一线，刘邦派使臣去请回卢绾，卢绾不从，刘邦大怒，遂派周勃、樊哙大举进攻燕地，镇压叛乱。之后，刘邦死于长乐宫。卢绾听说刘邦去世了，遂放弃驻守辽东长城，率部队向北没入大漠，投降匈奴去了。西汉初年的卢绾的生命轨迹也是从战国末年延续到了西汉初年，在他可以获取的地方信息中，一定包括当年卫满沿长城东进的历史信息，由此可知秦汉之际以燕北五郡为根基的地方势力可以自由运用长城交通线，沟通西边的河套平原至太行山脉、燕山山脉地区的人口与军队的大规模迁移、调动。

结 论

长城产生于战国中期，彼时是战国城市建筑时代中宫城与郭城并构的特殊历史时期，故而长城应是特殊历史时期战略防御体系的延伸。燕北长城更是战国长城防御体系中的特例，不仅由石头、泥土构筑而成，还包括与之并行的北边道等构成统一的防御建筑体系。

燕北长城自战国至秦，再到西汉初期的主体防御体系位置不变，同时具有相距10—50千米的内外两条防线，构成完整的燕北长城防御体系，对于巩固战国秦汉北部边防，抵御北方游牧民族南侵有重要的战略意义，并且对于"秦王朝与汉王朝"的两次全国性统一战争中，为地方军事实力、边境居民大规模迁徙选择的重要交通线路。

考察燕北长城一线的历史史事与考古材料之时发现，此段长城及其边道的东西交通价值远胜于其最初修造之目的，对于战国、秦、汉两代三代

---

① 《史记》卷五七《绛侯周勃世家》，第2070页。

东北地区的战略统一性的变革都极具战略意义,值得后世研究谨慎思考,多加重视。

(作者单位:清华大学人文学院历史系)

试论里耶秦简中的"献"

李兰芳

里耶秦简中有不少关于秦朝"献"的资料。从这些资料可以看出，迁陵地区所献之物种类繁多，有动物、植物、手工业品，还有官吏专门负责"献"事，称为"献官"，而且出现了"四时献"这一专门称呼。杨小亮、鲁家亮、沈刚等学者对这一问题进行过讨论①，新公布的《里耶秦简博物馆藏秦简》《里耶秦简（贰）》为我们进一步认识这个问题提供了新的材料，今试论之。

一 迁陵县诸献物

从简文可知，迁陵地区所献之物种类很多，有动物、植物、手工业品等。其中，珍稀鸟类是重要的一种，称为"献鸟"。

廿八年二月辛未朔庚寅，贰春乡守行敢言之：廿八年岁赋献黄二、白翰二、黑翰二、明（鸣）Ⅰ渠鸟二、鹜鸟四。令令乡求捕，毋出三月。乡毋吏、徒，行独居，莫求捕。捕爱用吏、徒Ⅱ多。谒令官有吏、徒者将求捕，如廿七年捕爱，乃可以得爱。敢言之。Ⅲ9-31

---

① 杨小亮：《里耶简中有关"捕羽成镞"的记录》，中国文化遗产研究院编《出土文献研究》第十一辑，中西书局2012年版，第147—152页；鲁家亮：《里耶出土秦"捕鸟求羽"简初探》，魏斌主编《古代长江中游社会研究》，上海古籍出版社2013年版，第91—111页；沈刚：《"贡""赋"之间——试论〈里耶秦简〉（壹）中的"求羽"简》，《中国社会经济史研究》2013年第4期。

仓□已付。……Ⅰ
　　　二月戊戌□□□□□□士五（伍）程人以来。/除半。
　　　　行手。Ⅱ9－31 背①

简9－31记录了秦始皇二十八年（前219）二月，贰春乡接收到了今年的赋献任务——黄二、白翰二、黑翰二、明渠鸟二、鷩鸟四。《校释》以为，黄指黄猨，可从。②白翰，即白雉。③黑翰，可能指黑雉一类的鸟。明渠或与雍渠相类。④鷩，《说文》曰："赤雉，从鸟，敝声。《周礼》曰，'孤服鷩冕'。"段玉裁注："《隹部》，雉十四种，有鷩雉。《释鸟》：'鷩雉。'樊光曰：'丹雉也。'《左传》：'丹鸟氏，司闭也。'杜曰：'丹鸟，鷩雉也。以立秋来，立冬去，入大水为蜃。'"⑤这项具体工作由吏徒承担，且必须在三个月内完成。简9－125亦载白翰鸟之名：

　　　□问之：白翰鸟皆已□9－125⑥

简9－1078则记载了司空守兹安排徒一人捕鸟：

　　　卅年七月丁巳朔丙子，司空守兹薄（簿）作□□Ⅰ
　　　二人有逮：襄、敬。□Ⅱ
　　　一人捕鸟。□Ⅲ
　　　一人与上攻者偕：诸。□Ⅳ9－1078
　　　卅年七月丁巳朔丙子，司空守兹敢□Ⅰ
　　　七月丙子水十一刻刻下二□Ⅱ9－1078 背⑦

---

① 陈伟主编：《里耶秦简牍校释（第二卷）》，武汉大学出版社2018年版，第43—45页。以下简称《校释》。
② 同上书，第44页。
③ 陈伟主编：《里耶秦简牍校释（第一卷）》，武汉大学出版社2012年版，第197页。
④ 同上书，第360页。
⑤ （汉）许慎撰，（清）段玉裁注：《说文解字注》四篇上，上海古籍出版社1988年版，第155页。
⑥ 陈伟主编：《里耶秦简牍校释（第二卷）》，第71页。
⑦ 同上书，第250—251页。

捕到的献鸟还须送到京师，这一任务也是由县里的基层官吏带领徒承担。简 10 – 1170 载：

> 卅四年十二月仓徒簿最。
> 大隶臣积九百九十人。
> 小隶臣积五百一十人。
> 大隶妾积二千八百七十六。
> ……
> 女卅九人与史武输鸟。10 – 1170①

承担输鸟任务的是大隶妾，三十四年（前213）十二月一个月共达49人次，平均一日约为 1.6 人。② 简 8 – 1562 则详细记录了一次因输鸟产生的纠纷：

> 廿八年七月戊戌朔乙巳，启陵乡赵敢言之：令令启陵捕献鸟，得明渠Ⅰ雌一。以鸟及书属尉史文，令输。文不盲（肯）受，即发鸟送书，削去Ⅱ其名，以予小史适。适弗敢受。即詈适。已有（又）道船中出操枒〈楫〉以走赵，褒韵Ⅲ詈赵。谒上狱治，当论论。敢言之。令史上见其詈赵。Ⅳ8 – 1562
>
> 七月乙卯，启陵乡赵敢言之：恐前书不到，写上。敢言之。／贝手。Ⅰ
>
> 七月己未水下八刻，□□以来。／敬半。　贝手。Ⅱ8 – 1562 背③

秦始皇二十八年（前 219）七月，启陵乡捕得一只雌明渠鸟后，将鸟和相关文书交给了尉史文，命他输送。但尉史文为了不承担这项任务，削去了文书中自己的名字，交给了小史适。小史适也不敢接受，尉史文便辱骂适，还用船桨将启陵乡的赵赶走。令史上看到了他呵斥赵的情形。由此可

---

① 里耶秦简博物馆、出土文献与中国古代文明研究协同创新中心中国人民大学中心编著：《里耶秦简博物馆藏秦简》，中西书局 2016 年版，第 130 页。

② 据晋文研究，此处的"卅九人"指人次而非人数。参见晋文《里耶秦简中的积户与见户——兼论秦代基层官吏的量化考核》，《中国经济史研究》2018 年第 1 期。

③ 陈伟主编：《里耶秦简牍校释（第一卷）》，第 359—361 页。

见,"此类送鸟的差事在当时是十分棘手的"。①

除了珍稀鸟类,羽毛也是进献的大宗。里耶秦简中有大量关于"捕羽"的记录,如简9-2289:

卅二年十月己酉朔乙亥,司空守圂徒作簿。AⅠ
……
八人捕羽:操、宽、未、衷、丁、圂、辰、却。CⅦ
……
六人捕羽:刻、婢、卑、鼇、娃、变。EⅨ
……
一人捕羽:强。GⅣ 9-2289②

简文表明这批徒隶由司空守圂管理,圂还在作徒簿中详细记录了他们的名字。在这些羽毛中,白翰羽出现次数最多:

白翰羽二尺五□□□。AⅠ
二尺八寸三□□□。AⅡ
尺□□BⅠ
尺□□BⅡ 9-2516③

钱十七。卅四年八月癸巳朔丙申,仓□、佐却出买白翰羽九□长□□□□之□十七分,□阳里小女子胡伤Ⅰ
□。　　令佐敬监□□□□。䟆手。Ⅱ 8-1549④

买白翰羽□少内Ⅰ應(应)等六十所Ⅱ 9-1339⑤

---

① 鲁家亮:《里耶出土秦"捕鸟求羽"简初探》,《古代长江中游社会研究》,第96页。
② 陈伟主编:《里耶秦简牍校释(第二卷)》,第455—463页。
③ 同上书,第500—501页。
④ 陈伟主编:《里耶秦简牍校释(第一卷)》,第355页。
⑤ 陈伟主编:《里耶秦简牍校释(第二卷)》,第292页。

☐☐羽不可得☐9－1379①

　　白翰羽三尺五寸二镞。　卅七年八月丙午朔☐9－738+9－1981②

　　卅五年正月庚寅朔甲寅，迁陵少内壬付内官……☐
　　（第一栏）翰羽二当一者百五十八镞，三当一者三百八十六镞，
　　（第二栏）·五当一者四百七十九镞，·六当一者三百卅六镞，
　　（第三栏）·八当一者 五 ［百］ 廿八镞，·十五当一者☐百七十三镞。
　　（第四栏）·卅五年四月己未☐☐，·凡成镞四百☐☐8－1457+8－1458+8－1260③

以上诸简还说明，官府对所献羽毛的尺寸有一定要求。"捕羽"所得不能完成任务时，还需派人外出购买。最后，这些羽毛用于制作镞矢。关于这一问题，杨小亮、鲁家亮、沈刚、王子今④等人已有详细论述，不再赘述。不过，需要说明的是，目前所见里耶秦简有将其称为"羽赋"⑤，而未有称"献"者，所以鲁家亮认为羽毛不属于"献"："秦时，广大南方地区的蛮夷需上缴'义赋'，同时也要缴纳'幏布'、'羽赋'，而普通民众还需承担'四时献'。"⑥但由上引简9－31可知，献鸟亦被称为"赋"。且承担献鸟、捕羽具体任务者不是当地蛮夷，而是来这里服刑的中原人。另外，简8－1515载：

---

① 陈伟主编：《里耶秦简牍校释（第二卷）》，第297页。
② 同上书，第195页。
③ 杨小亮：《里耶简中有关"捕羽成镞"的记录》，《出土文献研究》第十一辑，第149页。杨小亮还准确辨析了"镞"的不同含义。"三尺五寸二镞"，"六当一者三百卅六镞"中的"镞"是量词，即"㭨"。《说文》："㭨，羽本也。""成镞四百"中的"镞"是名词，意为"箭"。
④ 王子今：《里耶秦简"捕羽"的消费主题》，《湖南大学学报（社会科学版）》2016年第4期。
⑤ "廿七年羽赋二千五【百】☐。8－1735"陈伟：《里耶秦简牍校释（第一卷）》，第384页。
⑥ 鲁家亮：《里耶出土秦"捕鸟求羽"简初探》，《古代长江中游社会研究》，第111页。

试论里耶秦简中的"献"

卅年十月辛卯朔乙未，贰春乡守绰敢告司空主，主Ⅰ令鬼薪轸、小城旦乾人为贰春乡捕鸟及羽。羽皆已Ⅱ备，今已以甲午属司空佐田，可定薄（簿）。敢告主。Ⅲ8-1515

十月辛丑旦，隶臣良朱以来。/死半。 邛手。Ⅲ8-1515背①

可见，捕鸟及羽的工作可以直接交由同一批人负责，说明二者相关。因此笔者认为，羽与鸟均可称为"献"。关于这一问题，留待后文详论。

简文中还多次出现"捕爰"：

☑□佐居将徒捕爰Ⅰ
☑□二、黑爰一Ⅱ
☑百五十人。·皆食巴葵。Ⅲ8-207
☑□年 8-207背②

卅一年五月壬子朔辛巳，将捕爰，叚（假）仓兹敢Ⅰ言之：上五月作徒薄及冣（最）卅牒。敢言Ⅱ之。Ⅲ8-1559

五月辛巳旦，佐居以来。气发。 居手。8-1559背③

☑言之☑Ⅰ
☑【隶妾】☑Ⅱ8-2429
☑□赀责七☑Ⅰ
☑□人为蒲席☑Ⅱ
☑□人与令史□☑Ⅲ
☑□人捕爰☑Ⅳ8-2429背④

及有（又）数遣子捕爰，出入三月□至。9-205⑤

---

① 陈伟主编：《里耶秦简牍校释（第一卷）》，第343页。
② 同上书，第113页。
③ 同上书，第358页。
④ 同上书，第467页。
⑤ 陈伟主编：《里耶秦简牍校释（第二卷）》，第87页。

☐狐初捕爰以 9－961①

廿九年Ⅰ□尽岁库Ⅱ及捕爰徒Ⅲ薄（簿）廷。Ⅳ9－1116②

已有学者指出，"爰，疑通'蝯'，亦作'猨'，猿猴"。③从前引简 9－31 及上述简文可以看出，秦始皇二十七年、二十八年、二十九年、三十一年都有捕捉猿猴的任务，猿猴应是当地常态化的献，已经形成惯例。据简 9－1116，每年要将"捕爰徒簿"单独上报给县廷，可见对"捕爰"十分重视。对于简 8－1559 所载"五月作徒薄及冣（最）卅牒"，胡平生提出："五月有三十天，每天一牒加上'最'，该一共有三十一牒。这里却连同'最'总共只有三十牒。我们注意到，该文书发出的时间是五月三十日旦，也就是说，这个统计缺少了五月最后一天的数据。为什么会这样呢？可能就是文书开头所说'将捕爰（猨）'，大家一窝蜂出动去'捕猨'了，也就无法考核绩效了。"④ 可以想见，捕捉猿猴需要大量人手。简 9－31 更是直言"捕爰用吏徒多"。简 8－207 则记录了佐居将徒捕爰（猨）的情况，虽然因为简牍上端残损，无法获知此次参与捕爰（猨）的确切人数，但至少有 150 人参加。相对于其他劳作内容，所需人手确实较多。这可能与猿猴体型较大、身手敏捷，不易捕捉有关。简 9－3311 似乎指明了猿猴的用途：

贰春乡黄爰皮一，☐Ⅰ
黑爰皮二。☐Ⅱ9－3311⑤

目前已公布的里耶秦简仅见贰春乡需献黄猿皮一、黑猿皮二，不知都乡、启陵乡是否有这一任务。

除了鸟、羽、猿，里耶秦简还记录了关于进献鲛鱼、山今卢（鲈）

---

① 陈伟主编：《里耶秦简牍校释（第二卷）》，第 230 页。
② 同上书，第 262 页。
③ 陈伟主编：《里耶秦简牍校释（第一卷）》，第 113 页。
④ 胡平生：《也谈"作徒薄及最"》，简帛网，http：//www.bsm.org.cn/show_article.php?id=2026.htm。
⑤ 陈伟主编：《里耶秦简牍校释（第二卷）》，第 569 页。

鱼、干鲐鱼的事：

卅五年八月丁巳朔己未，启陵乡守狐敢言之：廷下令书曰取鲛鱼与Ⅰ山今卢（鲈）鱼献之。问津吏徒莫智（知）。·问智（知）此鱼者具署Ⅱ物色，以书言。·问之启陵乡吏、黔首、官徒，莫智（知）。敢言之。·户Ⅲ8-769 曹。Ⅰ
八月□□□邮人□以来。/□发。　狐手。Ⅱ8-769背①

献冬瓜　干鲐鱼 8-1022②

简8-769载，启陵乡收到了献鲛鱼和山今卢（鲈）鱼的令书，但当地的乡吏、黔首、官徒都不知此为何物。简8-1022表明，干鲐鱼和冬瓜可能是当地的特产。

植物类献物主要有枳枸、冬瓜、橘。枳枸是当地的特产，《里耶秦简（壹）》公布的简8-455、8-855、8-1577有记录，笔者曾撰文进行详细讨论。③需要补充的是，简8-855载，"下临沅请定献枳枸程，程　已8-855"④，表明当时上级还没下发献枳枸相关规章制度的公文，《里耶秦简（贰）》新披露的简9-718恰与此对应："献枳枸毋程令书。"⑤

简9-869为"橘园橘志"：

橘园橘志：Ⅰ☑
橘四百九十一。Ⅱ☑
□十八。Ⅲ
□一。Ⅳ
·凡五百一十。Ⅴ9-869
□□□□□□☑9-869背⑥

---

① 陈伟主编：《里耶秦简牍校释（第一卷）》，第222页。
② 同上书，第263页。
③ 李兰芳：《里耶秦简所见秦迁陵一带的农作物》，《中国农史》2017年第2期。
④ 陈伟主编：《里耶秦简牍校释（第一卷）》，第237页。
⑤ 陈伟主编：《里耶秦简牍校释（第二卷）》，第190页。
⑥ 同上书，第217页。

虽然有些文字无法辨识，但可以看出它与简 8－455 所载"贰春乡枝（枳）枸志"十分相似，对橘子等物的数量记录得十分清楚，也当为进献之物。《尚书·禹贡》载："淮、海惟扬州。……厥贡惟金三品，瑶、琨、筱簜，齿、革、羽、毛、惟木。岛夷卉服，厥篚织贝，厥包橘、柚，锡贡。"① 可见，橘作为南方珍果很早就成为重要的献物。陕西历史博物馆藏有"橘印"，"原西北军政委员会文物处拨交。土红色，饼形，直径 3.6、厚 1.8 厘米。印面为长方形半通印，日字格，边长 2.1×1.2 厘米。印文篆书二字，笔划纤细"（图 1）。② 吴镇烽、陈直未明言年代，从文意来看，似认为是汉封泥。③ 周晓陆、刘瑞明确指出此系秦封泥。④《秦封泥集》还载有"橘监"，"三品，半通"，分别著录于《续封》《建德》《齐鲁》《封存》（图 2）。⑤ 在今西安六村堡还出土有"橘丞之印"（二品）、"橘府"（二六品，图 3）、"橘官"（九品，图 4）等封泥。⑥ 此外，还有"橘邑丞印"封泥。⑦ 这说明秦朝时已在地方派驻橘丞、橘监等橘官，他们共同负责管理、进献橘子。这些封泥多发现于今西安地区，可能是南方献橘运至都城，开启相关公文书后的孑遗。但何地曾设橘官，不同橘官具体职掌为何，史书不载。新公布的里耶秦简为我们提供了新的信息，它表明在迁陵县一带可能设有专门管理橘园的橘官。

---

① （清）孙星衍撰：《尚书今古文注疏》卷三《禹贡》，中华书局 2004 年版，第 160—162 页。

② 吴镇烽：《陕西历史博物馆馆藏封泥考（下）》，《考古与文物》1996 年第 6 期。

③ 陈直：《汉书新证》，中华书局 2008 年版，第 145 页。

④ 周晓陆、刘瑞：《90 年代之前所获秦式封泥》，《西北大学学报（哲学社会科学版）》1998 年第 1 期。后收录于周晓陆、路东之《秦封泥集》，三秦出版社 2000 年版，第 237 页。

⑤ 周晓陆、路东之：《秦封泥集》，第 237 页。

⑥ 杨广泰编：《新出封泥汇编》第三编《传西安六村堡所出秦封泥 270 种 1032 件》，西泠印社出版社 2010 年版，第 68—69 页。

⑦ 周晓陆、路东之：《秦封泥集》，第 331 页。陈直误以为是汉封泥，并"疑太后橘园为太后所食汤沐邑，故设橘邑丞管理"。（《汉书新证》，第 145 页）高子期认为"橘邑"、"朐忍"两词音近，朐忍又有橘官之设，或即此地（《秦封泥中的川渝史料》，《四川文物》2013 年第 3 期），亦不确。

图1 橘印　　　　　　图2 橘监

图3 橘府　　　　　　图4 橘官

除了动物、植物及其制品，纺织品锦缯也是当地重要的献物：

　　　锦缯一丈五尺八寸。　卅五年九月丁亥朔朔日，少内守绕出以为【献】☐Ⅰ
　　　令佐俱监。☐Ⅱ 8-1751+8-2207①

二　献官及贡献制度

除了献物，里耶秦简中还有不少有关"献"的职官、制度的材料。

---

① 陈伟主编：《里耶秦简牍校释（第一卷）》，第386页。

卅四年五月乙丑朔己丑，貳春□兹敢言之：廷下献官丑书Ⅰ曰：献官吏徒莫智（知）薏□，问有智（知）者言。今问之，莫Ⅱ智（知）。敢言之。仓。Ⅲ9-165+9-473

……以来。/……9-473背①

☐子，临沅献官受迁陵少内【壬】☐9-1162②

☐署【献者】☐☐9-3391③

☐□田佐狐守府赋迁陵献□☐9-1486④

简9-165+9-473、9-1162表明，迁陵、临沅两县均设有献官，其下有吏徒从事相关劳作。虽然没有更多史料，但可以推测献官当不仅设于这两县。且将简9-165+9-473与前引简8-769对比可以发现，二者属于一类文书。所以，虽不知简9-165+9-473中"献官吏徒莫智（知）"为何，但也应该是某种献物。⑤两汉时期也有类似的职官与机构。元帝初即位时，"诏列侯举茂材，勃举太官献丞陈汤"。苏林注曰："献丞，主贡献物也。"⑥可见，献丞是太官七丞之一。《陈汤传》与此不同，曰"太官献食丞"。⑦陈直认为"误衍食字"。⑧地方上设有献曹。东汉灵帝中平五年（188）立巴郡太守张纳碑，碑阴载巴郡太守张纳属吏有"垫江宋亶献曹史"。⑨严耕望《秦汉地方行政制度史》列"献曹"，并举此例，言

---

① 陈伟主编：《里耶秦简牍校释（第二卷）》，第79—80页。
② 同上书，第271页。
③ 同上书，第576页。
④ 同上书，第317页。
⑤ 《校释》认为，"薏□"指薏苡。
⑥ 《汉书》卷五九《张延寿传》，中华书局1964年版，第2654页。
⑦ 《汉书》卷七〇《陈汤传》，第3007页。
⑧ 陈直：《汉书新证》，第319页。不过他又于《百官公卿表》注：大官献丞，"繁称为大官献食丞"（第97页）。
⑨ （宋）洪适：《隶释·隶续》卷五《张纳碑阴》，中华书局1986年版，第63页。

"不知所职"。① 湖南长沙东牌楼东汉简牍和走马楼吴简亦载有"献曹":

☐曹掾何宋　献曹掾赵阳（九〇）②

☐田掾蔡忠区光谢邵等将民言☐黄☐☐☐事　三月廿九日兼献曹史☐☐白（2964）③

长沙东牌楼东汉简牍整理小组认为，献曹"应为郡、县列曹之一，专掌贡献侍奉"。郭俊然据《巴郡太守张纳碑》认为，"蛮夷君长'贡献'以及橘官、盐官所产，都需要专门的机构和人员负责'贡献'朝廷。'献曹'当是郡政府所设专门负责此类事务的机构"，所论有理。④ 由此可见，汉承秦制，两汉献官、献曹之制是由秦朝发展而来的。

对于各种献物，当有相关"程令"对其数量、规格进行规定。前引简8-855、9-718言秦始皇三十四年（前213）没有献枳枸"程令"可能是特殊情况，可能与当年枳枸不结实有关。即使之前没有规定，到临沅请示后，也会制定出来。简8-997+8-883即载:

春曰: 不审献此程令，疑它郡县8-997亦尽然，各以程令曰: 为8-883⑤

按照"程令"的要求，如不能完成任务，会受到惩罚。确实有特殊原因，也要加以说明:

---

① 严耕望:《中国地方行政制度史》甲部《秦汉地方行政制度》，台北，"中央研究院"历史语言研究所，1997年，第138页。
② 长沙市文物考古研究所、中国文物研究所编:《长沙东牌楼东汉简牍》，文物出版社2006年版，第110页。
③ 走马楼简牍整理组编著:《长沙走马楼三国吴简·竹简[柒]》，文物出版社2013年版，第801页。
④ 笔者博士学位论文《植物与战国秦汉的政治文化》对两汉时期的"献丞"、"献曹"有详细论述。(中国人民大学，2018年，第61—67页)
⑤ 何有祖:《里耶秦简牍缀合（八则）》，简帛网，http://www.bsm.org.cn/show_article.php?id=1852.htm。

□乏献罪不轻□子轻☒9－2350①

谒者日月有譜（谴）问，毋有此献行久矣，何9－77②

是即□献□☒9－1001③

故不言献☒9－1042④

由于史料不足，我们无法获知更多的细节。但据西汉早期的情况，可以推知秦制的概况。湖北省荆州市荆州区纪南镇松柏村出土松柏汉简57号木牍"令丙第九"：

·令丙苐（第）九（1）
丞相言：请令西成（城）、成固、南郑献枇杷各十，至不足，令相补不足，尽所（2）得。先告过所县用人数，以邮、亭次传。人少者，财助。献起所为檄，（3）及界，邮吏皆各署起、过日时。日夜走，诣行在所司马门。司马门更诣（4）大（太）官，大（太）官上檄御史，御史课县留稽（迟）者。御史奏请许。（5）
制曰：可。孝文皇帝十年六月甲申下。（6）⑤

这则"献枇杷令"颁布于汉文帝十年（前170），详细规定了承担这一任务的县级行政单位，所献枇杷的数量，运输方式，无法按时完成时会受到惩罚等。⑥ 秦朝献物"程令"当亦有类似规定。

另外，简8-768中出现了"四时献"：

---

① 陈伟主编：《里耶秦简牍校释（第二卷）》，第482页。
② 陈伟主编：《里耶秦简牍校释（第二卷）》，第62页。
③ 同上书，第240页。
④ 同上书，第246页。
⑤ 朱江松：《罕见的松柏汉代木牍》，荆州博物馆编《荆州重要考古发现》，文物出版社2009年版，第210页。更清晰的文物图片见《荆州博物馆馆藏精品》，湖北美术出版社2008年版，第77页。
⑥ 笔者博士学位论文《植物与战国秦汉的政治文化》对此有详细论述（第68—80页）。

卅三年六月庚子朔丁未，迁陵守丞有敢言之：守府下Ⅰ四时献者上吏缺式，曰：放（仿）式上。今牒书瘛（应）Ⅱ书者一牒上。敢言之。Ⅲ 8-768

　　六月乙巳旦，守府即行。　　履手。8-768背①

《校释》作者认为"四时献诸上，四季进献于皇帝"，即"者"通"诸"。其意为太守府下发了"四时献者上吏缺"的"式"，命下辖各县仿照此式上报本县"吏缺"的情况。迁陵守丞有收到郡下达的文书后，制作牒书，附于其后，命即发往太守府。② 这说明秦朝有"四时献"的制度。不过，这并非秦朝首创，至晚战国时期已出现。据史书记载，苏秦曾说楚威王曰："大王诚能听臣，臣请令山东之国奉四时之献，以承大王之明诏，委社稷，奉宗庙，练士厉兵，在大王之所用之。"③ 由上文可知，迁陵一带所献之物多为植物，它们依时令而生，不是当时人力所能控制的，又不易长久保存。像明渠等鸟类，也有可能是冬候鸟，只在特定季节出现，故须四时依时令进献。

沈刚认为，从字面理解"献"是向中央进贡的物品，而非制度化的赋税，但"至少在秦统一前后这一时段的'献'，是一种接近常态化的一种税种"。④ 笔者以为，关于这一问题还需从献物本身和具体承担任务的人的身份考虑。羽毛主要用于制作箭镞，且数量较大，官府对羽毛的规格也有一定要求，可能是"军赋"⑤，但像鸟、猿、枳枸、橘等物，多为当地特产，当是用于满足秦始皇及其他皇室成员的生活享受，可能还用于祭祀，类似后世所说土贡，与羽性质不同。另外，如果是税种，应由户籍登记在册的普通民众承担，但正如沈刚指出的，"求羽"的工作由少内率领徒完成，前引简9-2289、简9-1099均可证明：

---

① 陈伟主编：《里耶秦简牍校释（第一卷）》，第222页。据沈刚意见，"式"与"曰"之间断开。（《"贡""赋"之间——试论〈里耶秦简〉（壹）中的"求羽"简》，《中国社会经济史研究》2013年第4期）

② 不过，文书称六月庚子朔丁未（六月八日）迁陵县才完成牒书，六月乙巳日（六月六日）已发往太守府，于理不通。考虑到这是迁陵县发往太守府的文书，却发现于迁陵县治，应为副本，可能是书手抄写错误。

③ 《史记》卷六九《苏秦列传》，中华书局1959年版，第2260页。《战国策·楚策》亦载此事。

④ 沈刚：《"贡""赋"之间——试论〈里耶秦简〉（壹）中的"求羽"简》，《中国社会经济史研究》2013年第4期。

⑤ 同上。

二月乙丑，少内作徒薄（簿）。AⅠ
受司空城旦二人，鬼薪一人，仓隶妾二人。·凡五人。AⅡ
其三人求羽：吉、胃、温。AⅢ
二□BⅠ
卅□BⅡ 9-1099①

捕猿亦由吏将徒承担，前引简 9-31 正是贰春乡守上言捕猿所需吏徒多，"谒令官有吏、徒者将求捕，如廿七年捕爰"，如此方可得猿。前引简 9-1078、10-1170 亦表明所献之鸟由作徒捕、输，而前引非鲁家亮所说的普通民众。鲛鱼、山今卢（鲈）鱼、冬瓜、枳枸、橘等献物的情况，目前公布的里耶秦简尚无相关记载，但笔者推测亦由吏率领作徒承担。由吏徒劳作获取的献物，显然不属于税。这说明先秦时期贡赋不分，处于统一进程中的秦朝，各项制度还在初创阶段，因此称呼并不规范。

结　语

迁陵县地处边远，被秦人视为蛮荒之地。"时至今日，湖南省湘西土家族苗族自治州龙山县里耶镇，依旧是外人罕至的世外桃源，亦是入者难以离开的天然牢笼。"② 简 9-2300 载："都乡黔首毋濮人、杨人、臾人。"③ 可见秦占领此地前，这里可能主要分布着濮人、杨人、臾人等南方土著。而秦占领后之所以能迅速建立有效的行政统治，则是依靠"派遣大量的外郡戍卒、官吏、乃至黔首入驻湘西山地，剥夺了当地人的合法武力与政治权力"。④ 据晋文研究，迁陵的官民比非常高，有限的赋税收入并不能支撑这一庞大的官吏队伍。其主要财政来源实际是朝廷的大

---

① 陈伟主编：《里耶秦简牍校释（第二卷）》，第 257 页。
② 游逸飞：《里耶秦简所见的洞庭郡——战国秦汉郡县制个案研究之一》，简帛网，http://www.bsm.org.cn/show_article.php?id=2316.htm。原刊于《中国文化研究所学报》第 61 期，2015 年，收入简帛网时略有修订。
③ 陈伟主编：《里耶秦简牍校释（第二卷）》，第 466 页。
④ 游逸飞：《里耶秦简所见的洞庭郡——战国秦汉郡县制个案研究之一》，简帛网，http://www.bsm.org.cn/show_article.php?id=2316.htm。

量拨款。① 这固然说明朝廷的重视，但更说明对这一新占领区的有效统治信心不足。在当地经济水平有限的情况下，仍命其将羽、鸟、猿、冬瓜、枳枸等物详细记录并上献京师，说明秦王朝对当地管理之严密，也彰显出秦始皇铁腕统治达于边鄙的无上权威。这些献物，无论是"赋"，还是"献"，都已超越其自身具体的实用价值，具有了抽象的政治意义和权力色彩。

附记：匿名评审专家提供了宝贵的修改意见，谨致谢忱！

（作者单位：首都博物馆。原载《中国农史》2019年第6期）

---

① 晋文：《里耶秦简中的积户与见户——兼论秦代基层官吏的量化考核》，《中国经济史研究》2018年第1期。

秦代封检题署新探

——以里耶秦简为中心

单印飞

一

2002年湖南省龙山县里耶一号古井中出土了一批秦代的封检实物，这为秦代封检制度研究提供了新材料。封检题署（即封检上的文字说明）涉及书写格式、封检性质、封缄方式、文书传递等方面，所以它一直是大家关注的焦点。

里耶秦简中最典型的封检题署就是"迁陵以邮行洞庭"[例（1）、例（2）]。对此主要有两种意见：一是认为迁陵是发出地，洞庭是目的地；二是认为迁陵是目的地，洞庭是发出地。里耶秦简整理者持第一种意见，并指出在迁陵县治所出土的"轵以邮行河内"当是轵县发往河内郡的物品由于某种原因转到了迁陵。① 日安（晏昌贵）先生最早提出异议，并根据汉代封检中"以邮行"前面的地名均为接收地点而非始发地点，认为迁陵为接收文书的地点，洞庭郡为文书的始发地点。此外，他还提出，可以将迁陵理解为洞

---

① 湖南省文物考古研究所编：《里耶发掘报告》，岳麓书社2007年版，第180页；湖南省文物考古研究所：《里耶一号井的封检和束》，《湖南考古辑刊》第8集，岳麓书社2009年版，第70页。

庭郡的属县。① 此后，陈伟、游逸飞两先生根据新公布的材料对第二种观点进行了补充性论证。陈先生依据其他封检题署中有"丞自发"（"迁陵以邮行丞自发洞庭"）、"发令、丞前"（"迁陵以邮行发令丞前洞庭"）等字样，认为令、丞均为县级官职，这显示出文书的开启地点应该是在县而不是在郡，而且里耶封检的前一个地名以"迁陵"为多，所以将其理解为文书的目的地也较合理。② 游先生则首先是注意到有些邮书简中有墨点，如"迁陵·洞庭"、"迁陵以邮行·洞庭"，认为"迁陵洞庭"不应连读，须断开理解为"迁陵"与"洞庭"，所以将之连读并理解为"由邮人传递至洞庭郡"不妥；其次，他指出"迁陵以邮行"中只有一个地名，发出地和目的地中必有一处被省略了，与发出地相比，目的地更为重要，由此认为这里的迁陵应是目的地；最后，"迁陵主簿发洞庭"、"迁陵主仓发洞庭"中的主簿、主仓等应与迁陵连读，是迁陵的县吏，拆封文书的"发"字是主簿、主仓的动作，与洞庭无涉。③ 这些论据都有力地支持了第二种观点，此观点也在逐渐地被大多数学者所认同。

"目的地"的问题已经基本上被解决了，但是"以邮行"后面的地名就一定是"发出地"么？若前一地名是目的地，后一地名是发出地，那么"轵以邮行河内"（14-169）④、"广武以邮行泰原"（16-182）⑤、"武关　内史"（8-206）⑥、"彭阳　内史"（8-105）中，这些河内郡送往轵县、泰原郡送往广武县、内史送往武关和彭阳的封检为何会在千里之外的洞庭郡迁陵县被发现呢？同样，"酉阳以邮行洞庭"（5-34）、"充·

---

① 日安：《里耶识小》，简帛研究网，http://www.jianbo.org/showarticle.asp?articleid=780，2003年11月2日。晏先生后来又指出此类封检中，前者多为后者之属县。（晏昌贵：《里耶秦简牍所见郡名县名录》，中国地理学会历史地理专业委员会、《历史地理》编辑委员会编《历史地理》第30辑，上海人民出版社2014年版，第141页）

② 陈伟：《关于秦文书制度的几个问题》，渡边义浩编《中国新出资料学的展开》，東京，汲古書院2013年版，第47—49页。

③ 游逸飞：《里耶秦简所见的洞庭郡——战国秦汉郡县制个案研究之一》，《中国文化研究所学报》第61期，2015年。

④ 湖南省文物考古研究所编：《里耶发掘报告》，第180页。同一枚简再次出现时不再另行标注。

⑤ 湖南省文物考古研究所：《里耶一号井的封检和束》，《湖南考古辑刊》第8集，第68页。

⑥ 陈伟主编，何有祖、鲁家亮、凡国栋撰：《里耶秦简牍校释（第一卷）》，武汉大学出版社2012年版，第113页。第5、6、8层的简文均出自于本书，不再另行注释。

洞（庭）"（8-903）、"临沅主司空发洞庭"（8-695）中，这些洞庭郡发往酉阳、充、临沅的封检为何也在迁陵县被发现呢？本文拟在前人研究的基础之上，对封检题署中所谓的"发出地"提出自己的看法，当否之处敬请批评指正。

二

目前公布的里耶秦简材料中有数百枚封检，大可分为带封泥匣的"有匣检"和无封泥匣的"平板检"两大类。① 从题署书写格式上来看，两者大致相同，只是"平板检"的格式更加灵活多变。如例（1）、例（2）分别是"有匣检"和"平板检"的题署，两者内容与格式完全相同。西北汉简中亦有此类情况，如例（3）、例（4）即是典型的例子。至于"平板检"是"有匣检"削去封泥曹后的状态，还是作为"封函"使用，尚无定论。② 不过，两类封检格式一致，甚至内容相同，所以在讨论封检题署问题时，将"平板检"与"有匣检"视为相同的材料也未尝不可。

（1）迁陵以邮行洞庭　　　　　　　　　　　　　（J1⑦-1）③
（2）迁陵以邮行洞庭　　　　　　　　　　　　　（6-2）④

---

① 青木俊介：《封検の形態発展——"平板検"の使用方法の考察から》，籾山明、佐藤信编《文献と遺物の境界Ⅱ——中国出土簡牘史料の生態的研究》，東京：東京外国語大学亚非语言文化研究所，2014 年，第 229—246 页。
② 李均明先生认为"平板检"的存在有两种可能，一是带封泥槽的封检在接收后不便保存，所以封泥槽被削平或截断了；二是函封与封检为两体，封函就是题署格式、内容与封检相同但未见封泥槽的木板。（李均明：《封检题署考略》，《文物》1990 年第 10 期）居延简中确实存在部分封泥槽的上下壁有切削的痕迹，但是大庭脩先生指出，从检的长度来看，并非所有的无封泥匣检都是后来削去的。（［日］大庭脩：《汉简研究》，徐世虹译，广西师范大学出版社 2001 年版，第 200 页）青木俊介先生对居延简中近一百枚的"平板检"和"有匣检"进行了测量，发现"有匣检"的平均长度是 137 毫米，"平板检"的平均长度是 158 毫米。"平板检"的平均长度甚至比"有匣检"还长，所以并不能将所有的"平板检"都认为是"有匣检"截掉封泥匣的结果。（青木俊介：《封検の形態発展——"平板検"の使用方法の考察から》，籾山明、佐藤信编《文献と遺物の境界Ⅱ——中国出土簡牘史料の生態的研究》，第 231 页）
③ 湖南省文物考古研究所编：《里耶发掘报告》，第 211 页。
④ 同上书，第 181 页。

(3) 甲渠官 王彭印　　　　　　　　　　（133.4A）①
　　　　四月乙丑卒同以来

(4) 甲渠官 王彭印　　　　　　　　　　（133.5）②
　　　　四月乙丑卒同以来

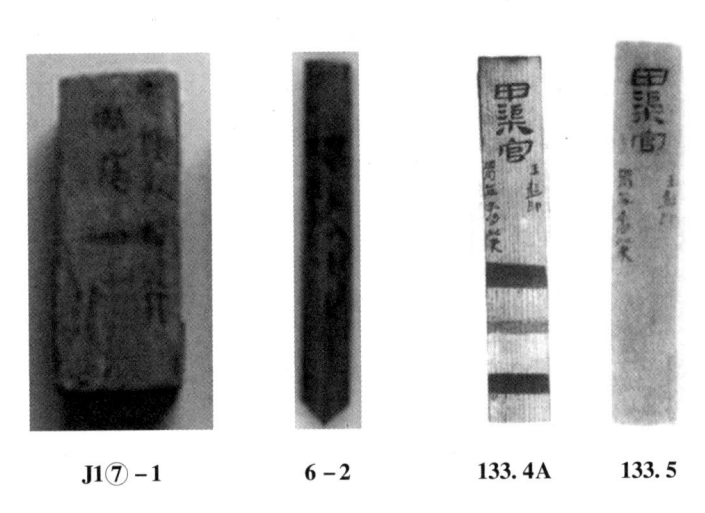

　　J1⑦-1　　　6-2　　　133.4A　　133.5

　　首先来看一下里耶所见秦代封检题署的内容。陈伟先生曾将封检题署内容整理为以下六部分：（a）目的地、（b）发送方式、（c）开启者、（d）发出地、（e）文书紧急程度描述、（f）物品及其数量的记述。③ 从目前所公布的资料来看，这一分类还是比较全面的，本文将在此分类基础之上进行探讨。其中，（f）"物品及其数量的记述"主要用于实物封检题署中，尚无争议，暂且不论；笔者认为（d）是"发出地"的观点值得商榷，姑且用"X地"表示。封检题署中（a）（b）（c）（d）（e）五部分会以不同的组合形式出现，现将文书封检实例归类如下。④

---

① 谢桂华、李均明、朱国炤：《居延汉简释文合校》，文物出版社1987年版，第221页。
② 同上。
③ 陈伟：《关于秦文书制度的几个问题》，渡边义浩编《中国新出资料学の展开》，第49页。目的地，陈先生原文为"发往地"。
④ 高村武幸、姚磊等先生也曾做过类似的归类，可参见氏著。（高村武幸：《里耶秦简第八層出土簡牘の基礎的研究》，《三重大史学》第14卷，2014年；姚磊：《〈里耶秦简（壹）〉所见"检"初探》，简帛网，http://www.bsm.org.cn/show_article.php?id=2407，2015年12月28日）

第1类，仅有（a）。

①洞庭（8-1597），迁陵（8-1197）、旬阳（8-1851）、镡成（8-1373）、高密（8-1079）、枳（8-910）、阆中（8-931），都乡（8-842）、启陵乡（8-250）、贰春乡（8-1737）。

②廷（8-30）、尉（8-813），仓（8-794）、库（8-509）、司空（8-2197）、少内（8-33）。

第2类，（a）+（b）组合。

迁陵以邮行（16-183）①、贰春乡以邮行（8-1147）、尉以邮行（8-1951）。

第3类，（a）+（c）组合。

①廷吏曹【发】（8-2507）、廷户曹发（8-263）、廷狱东发（8-1741）、廷金布发（8-506）、廷令曹发（8-778）。

②廷主仓发（8-1294）、廷主吏发（8-52）、廷主户发（8-1650）、迁陵主仓发（8-579）、贰春乡主漆发（8-1548）。

第4类，（a）+（d）组合。

①迁陵洞庭（8-188）、迁陵洞庭郡（8-1149）、酉阳洞庭（9-983）。②

②迁陵·洞庭（8-976）、迁陵·洞庭郡（8-469）、充·洞（庭）（8-903）。

③彭阳内史（8-105）。

第5类，（a）+（b）+（c）组合。

---

① 湖南省文物考古研究所：《里耶一号井的封检和束》，《湖南考古辑刊》第8集，第68页。
② 湖南省文物考古研究所编：《里耶发掘报告》，第191页。

廷以邮行令曹发（10-92）。①

第6类，（a）+（b）+（d）组合。

①迁陵以邮行洞庭（6-2）、迁陵以邮行洞庭郡（15-176）②、酉阳以邮行洞庭（5-34）、轵以邮行河内（14-169）、广武以邮行泰原（16-182）。

②迁陵以邮行·洞庭（8-12）。

第7类，（a）+（c）+（b）组合。

洞庭泰守府尉曹发以邮行（10-89）。③

第8类，（a）+（c）+（d）组合。

迁陵主薄（簿）发洞庭（8-303）、迁陵主仓发洞庭（8-922）、迁陵主馕发洞庭（12-851）④、迁陵金布发洞庭（6-18）、迁陵发丞前洞庭（8-264）。

第9类，（a）+（d）+（b）组合。

迁陵洞庭以邮行（5-35）。

第10类，（a）+（b）+（c）+（d）组合。

---

① 湖南省文物考古研究所：《里耶一号井的封检和束》，《湖南考古辑刊》第8集，第67页。
② 同上书，第68页。
③ 同上书，第67页。
④ 宋少华等编：《湖南出土简牍选编》，岳麓书社2013年版，第216页。

①迁陵以邮行吏发洞庭（16－185）①、迁陵以邮行丞自发洞庭（9－45）②、迁陵以邮行发令丞前洞庭（12－117）③。

②迁陵以邮行覆曹发・洞庭（8－2550）。

第11类，(a) + (b) + (d) + (c) 组合。

迁陵以邮行洞庭主仓发（11－111）。④

第12类，(a) + (b) + (d) + (e) 组合。

迁陵以邮行洞庭急（11－108）⑤、迁陵以邮利足行洞庭急（8－90）、迁陵故令人行洞庭急（8－182）。⑥

第13类，(a) + (c) + (b) + (d) 组合。

迁陵丞自发以邮行洞庭（9－46）。⑦

通过分类比较可以看出一些有效的信息。第一，(a)(b)(c)(d)(e)

---

① 湖南省文物考古研究所：《里耶一号井的封检和束》，《湖南考古辑刊》第8集，第68页。
② 同上书，第67页。
③ 同上书，第68页。
④ 同上书，第67页。
⑤ 同上。
⑥ 这是一枚完整的封检，陈伟等先生认为"故"是人名。[陈伟主编，何有祖、鲁家亮、凡国栋撰：《里耶秦简牍校释（第一卷）》，第106页] 笔者认为此说不妥，"故令人行"应该连读，是一种文书传递方式。里耶秦简中有一枚封检"御史覆狱治充故令人行"（8－631＋8－632），将两简对读，就会发现"故令人行"不仅连读，而且是封检题署中的常用术语。居延简中常见"甲渠候官故行"（E.P.T20：1），"莫府吏马驰行以急为故"（《甲乙编》259.5），李均明先生认为，急，紧急；故，事；以急为故，作为紧急事情办理。（李均明：《封检题署考略》，《文物》1990年第10期）大庭脩先生认为"故"可通"固"，"故行"意为务必无差错送达，此外"故行"又有急行之意。（[日] 大庭脩著：《汉简研究》，徐世虹译，第191—192页）"故行"或为"令人故行"的发展或省称。
⑦ 宋少华等编：《湖南出土简牍选编》，第205页。

五部分各自代表一定的含义，彼此之间相对独立。通过第3、5类中"廷令曹发"、"廷以邮行令曹发"或第4、6类中"迁陵·洞庭"、"迁陵以邮行·洞庭"的比较，知道（b）可以被省去；通过第4、8类中"迁陵洞庭"、"迁陵主薄（簿）发洞庭"或第6、10类中"迁陵以邮行·洞庭"、"迁陵以邮行覆曹发·洞庭"的比较，知道（c）可以被省去；通过第2、6类中"迁陵以邮行"、"迁陵以邮行洞庭郡"或第3、8类中"迁陵主仓发"、"迁陵主仓发洞庭"的比较，知道（d）可以被省去；通过第6、12类中"迁陵以邮行洞庭"、"迁陵以邮行洞庭急"的比较，知道（e）可以被省去。① 也就是说，在这13种类型中，（b）（c）（d）（e）均可以根据不同的情况被省去，但是（a）绝不会被省，始终被写在封检题署的最上端。封检的功能之一就是指明去向，正如游逸飞先生所言，与发出地相比，目的地更为重要。所以，从省略、简化的角度也可以补充说明将（a）视为"目的地"较为合理。

第二，通过对比可以看到，（a）（e）的位置相对比较固定，（a）位于封检题署最前端，（e）位于最后端，而（b）（c）（d）则比较灵活，位置不定，会穿插在（a）（e）之间的任何位置。

第三，封检题署中还有一些未列进去但与第3类相似的例子，如"廷仓曹"（8-1288）、"廷吏曹"（8-829）、"廷户曹"（8-1072）、"狱南曹"（8-1760）、"狱东曹"（8-996）以及"廷主仓"（8-1498）、"廷主吏"（8-1696）、"廷主户"（8-266）、"廷主计"（8-1773）等，通过比较不难看出这些"廷……曹"、"廷主……"其实就是第3类"廷……曹发"、"廷主……发"的省略格式。

在此基础上来分析一下"廷以邮行户曹"（8-1318）。这是一枚内容完整的封检。如果这里的户曹是洞庭郡或外县的户曹，那么目的地就应该使用"迁陵"这种字样，而不会使用"廷"。既然使用"廷"字，说明这是县内使用的封检，这里的户曹就应该是县的户曹。如果按照"A以邮行B"中A是目的地，B是发出地的观点，这枚检的含义就应该是"县户曹以邮行至县廷"，但是一般认为县诸曹设于县廷之内，而且里耶的诸多封检上都写着"廷户曹发"，那么该如何理解这里的矛盾呢？

---

① 这里所说的省略并非任意取舍、存留，而是根据每枚封检的情况决定是否书写相关部分。例如，是否书写（e），则是根据文书内容的紧急程度决定的。

通过上文分析可知，（b）"以邮行"的位置并不固定，可以写在（a）"目的地"和（e）"文书紧急程度"之间的任何位置。所以，这里的"廷以邮行户曹"还可以写为"廷户曹以邮行"。前文又提到，封检题署中"廷……曹"往往是"廷……曹发"的省称，所以，"廷户曹以邮行"应是"廷户曹发以邮行"的省称。也就是说，"廷以邮行户曹"其实就是"廷以邮行户曹发"的省称，与"廷户曹发以邮行"同义。里耶秦简中有两枚与之相似的封检，"廷以邮行令曹发"（10-92）和"迁陵以邮行覆曹发·洞庭"（8-2550），这不仅可以验证前面的推论，而且后一例子中的"·洞庭"更加明确地显示"户曹（发）"是（c）"开启者"而不是（d）"X地"。

接着再来看（d）"X地"的性质。当一枚封检中出现两个地名时，很容易将一个视为目的地，将另一个视为发出地。从晏昌贵先生开始，学者们一直把里耶封检题署"迁陵以邮行洞庭"中的"洞庭"当做文书的发出地。晏先生根据以下三枚简中"以邮行"前的地名为"目的地"，提出"迁陵以邮行洞庭"中迁陵是接收文书的地点，这是很有卓见的，但同时又提出文书的始发地点应为洞庭①，不知是何依据。

在汉代封检题署中确实有发件方的记录，如例（6）中的"居延丞印"表明发件方是居延丞，例（7）中的"张掖都尉章"表明发件方是张掖都尉，但是"居延丞印"、"张掖都尉章"这些小字都是收件方在收到封检之后将印泥上的文字补写上去的，并非与"甲沟候官以邮行"、"肩水候以邮行"同时书写的。正如李均明先生所言，当收件人署上发件人、收件时间及送件人等文字后，"封检的性质起了根本的变化，这时它已不指示邮递方向及方式，而只起了收文记录供存档备查的作用"。② 通过字迹比对可以看出"迁陵以邮行洞庭"、"轵以邮行河内"中的"洞庭"、"河内"与"迁陵以邮行"、"轵以邮行"均是由发件方同时书写上去的，而非二次书写。也就是说，秦封检中的"洞庭"与汉封检中的发件方"居延丞"、"张掖都尉"并不是一回事，不能将其同等看待，所以在"迁陵以邮行洞庭"中将"洞庭"视为发出地是没有根据的。

---

① 日安：《里耶识小》，简帛研究网，http：//www.jianbo.org/showarticle.asp?articleid=780，2003年11月2日。

② 李均明：《封检题署考略》，《文物》1990年第10期。

(5) 居延甲渠候官以邮行　　　　　　　　　　　（E. P. T53：86）①
　　居延丞印
(6) 甲沟候官以邮行　　　　　　　　　　　　　（E. P. T14：1）②
　　十二月辛□门卒同以来
　　张掖都尉章
(7) 肩水候以邮行　　　　　　　　　　　　　　（74.4）③
　　九月庚午府卒孙意以来

如果抛开（d）"X地"为"发出地"的观点，（d）还可能代表什么意思呢？在目前所见的秦代文书封检题署中存在这样一种有趣的现象，即如果（d）出现的话，它均是作为（a）"目的地"的上级隶属机构而出现，尚无反例。晏昌贵先生曾已指出此现象，"前者多为后者之属县"。④其实，从"武关　内史"［例（14）］的例子来看，更确切地应该是后者多为前者的上级隶属机构。

(8) 迁陵以邮行洞庭　　　　　　　　　　　　　（8 - 32）
(9) 酉阳以邮行洞庭　　　　　　　　　　　　　（5 - 34）
(10) 临沅主司空发洞庭　　　　　　　　　　　　（8 - 695）
(11) 充·洞（庭）　　　　　　　　　　　　　　（8 - 903）
(12) 轵以邮行河内　　　　　　　　　　　　　　（14 - 169）
(13) 广武以邮行泰原　　　　　　　　　　　　　（16 - 182）
(14) 武关　内史　　　　　　　　　　　　　　　（8 - 206）
(15) 彭阳　内史　　　　　　　　　　　　　　　（8 - 105）

例（8）—（11）中的迁陵、酉阳、临沅、充隶属于洞庭郡，例（12）中的轵隶属于河内郡，例（13）中的广武隶属于泰原郡，均无

---

① 甘肃省文物考古研究所等编：《居延新简——甲渠候官与第四燧》，文物出版社1990年版，第286页。

② 同上书，第62页。

③ 谢桂华、李均明、朱国炤：《居延汉简释文合校》，第130页。

④ 晏昌贵：《里耶秦简牍所见郡县名录》，中国地理学会历史地理专业委员会、《历史地理》编辑委员会编《历史地理》第30辑，第141页。

争议。关于例（14）、例（15）中的武关和彭阳是否隶属于内史，需要略作说明。

武关，虽然不是内史的属县，但是它位于内史范围内，在一定程度上受内史管辖。《史记·秦始皇本纪》："上自南郡由武关归。"《集解》注引应劭曰："武关，秦南关，通南阳。"文颖曰："武关在析西百七十里弘农界。"《正义》注引《括地志》云："故武关在商州商洛县东九十里，春秋时少习也。杜预云少习，商县武关也。"① 弘农、商县，在秦代均属于内史辖区。谭其骧先生有言，"关中之地为秦王业所基，断不能割以隶外郡"。② 作为关中门户之一的武关，自然也不会让与外郡管辖。《二年律令·津关令》："相国下〈上〉内史书言，函谷关上女子厕传，从子虽不封二千石官，内史奏，诏曰：入，令吏以县次送至徙所县。"③ 当函谷关的官吏有事务需要上报时，先上报至内史，内史无法处理时再上报给相国，由此可见，汉初的内史与函谷关是一种上下级关系，而且内史对函谷关具有一定的管辖权。笔者认为秦代武关与内史的关系或与之相似。也就是说秦及汉初的内史可能是武关的上级机构。

彭阳，《汉书·地理志》和《续汉书·郡国志》记载彭阳隶属于安定郡，而安定郡设置于汉武帝元鼎三年（前114）。④ 张家山汉简《二年律令》中出现"彭阳"一词，说明汉初已设彭阳县。⑤ 中国书法艺术博物馆收藏有一品"彭阳丞印"封泥，傅嘉仪先生首次提出彭阳应为秦县⑥，例（15）这枚封检证实了彭阳在秦代已设县。那么在安定郡设置之前的秦及汉初，彭阳又归属于何地呢？张家山汉简整理小组认为，"彭阳，秦属北地郡，高帝二年属汉，武帝元鼎三年分属安定郡"⑦，但是没有给出"秦属北地郡"的依据。晏昌贵先生开始也认为彭阳隶属于北地郡⑧，后来又

---

① 《史记》卷六《秦始皇本纪》，中华书局标点本1959年版，第248—249页。
② 谭其骧：《长水集》上册，人民出版社1987年版，第13页。
③ 彭浩等主编：《二年律令与奏谳书》，上海古籍出版社2007年版，第314页。
④ 《汉书》卷二八下《地理志下》，中华书局标点本1962年版，第1615页；《后汉书》志二三《郡国五》，中华书局标点本1965年版，第3519页。
⑤ 彭浩等主编：《二年律令与奏谳书》，第264页。
⑥ 傅嘉仪：《秦封泥汇考》，上海书店出版社2007年版，第235页。
⑦ 彭浩等主编：《二年律令与奏谳书》，第264页。
⑧ 晏昌贵：《〈二年律令·秩律〉与汉初政区地理》，中国地理学会历史地理专业委员会、《历史地理》编辑委员会编《历史地理》第21辑，上海人民出版社2006年版，第48页。

指出秦及汉初的彭阳隶属于内史①。在此，对彭阳隶属于内史的观点略作补充论证。

《史记·匈奴列传》：

> 汉孝文皇帝十四年，匈奴单于十四万骑入朝䖂、萧关，杀北地都尉卬，虏人民畜产甚多，遂至彭阳。使奇兵入烧回中宫，候骑至雍甘泉。于是文帝以中尉周舍、郎中令张武为将军，发车千乘，骑十万，军长安旁以备胡寇。而拜昌侯卢卿为上郡将军，宁侯魏遬为北地将军，隆虑侯周灶为陇西将军，东阳侯张相如为大将军，成侯董赤为前将军，大发车骑往击胡。单于留塞内月余乃去，汉逐出塞即还，不能有所杀。②

这是发生在汉文帝十四年（前166）的一次匈奴入侵事件。匈奴单于率军攻入朝䖂、萧关，杀死北地都尉后到达彭阳。派兵火烧回中宫，巡逻的骑兵抵达雍的甘泉。于是汉文帝调将发兵以回击，单于在塞内停留一个多月乃回，汉将匈奴驱逐出塞即收兵。这里的几处地名与彭阳的地望有关。

首先，匈奴自西北攻入萧关之后才到达彭阳，而萧关往往被认为是关中的北界，这说明当时彭阳应该是在萧关之南的关中之地，关中又由内史进行管辖，所以秦及汉初时期的彭阳可能隶属于内史。《史记·项羽本纪》："人或说项王曰：'关中阻山河四塞，地肥饶，可都以霸。'"《集解》注引徐广曰："东函谷，南武关，西散关，北萧关。"③《史记·汉兴以来将相名臣年表》："入都关中。"《索隐》注曰："咸阳也。东函谷，南峣、武，西散关，北萧关。在四关之中。"④ 这两则材料都指出萧关是当时关中的北界关口。四关之内的关中由内史进行管辖，《三辅黄图·三辅沿革》载，"秦并天下，置内史以领关中"。⑤ 当然，这都是魏晋以后的注家所言，是否可信呢？其中，函谷关、武关、峣关的地望比较明确，谭

---

① 晏昌贵：《里耶秦简牍所见郡县名录》，中国地理学会历史地理专业委员会、《历史地理》编辑委员会编《历史地理》第30辑，第140页。
② 《史记》卷一一〇《匈奴列传》，第2901页。
③ 《史记》卷七《项羽本纪》，第315页。
④ 《史记》卷二二《汉兴以来将相名臣年表》，第1120页。
⑤ 《三辅黄图》卷一，《四库全书》第468册，上海古籍出版社1987年版，第3页。

其骧先生已将其绘于秦内史的范围内。① 至于散关，《史记正义》注引《括地志》云："散关在岐州陈仓县东南五十二里。"② 《后汉书·顺阳怀侯嘉传》："复与延岑连战，岑引北入散关，至陈仓，嘉追击，破之。"李贤注："散关，故城在今陈仓县南十里，有散谷水，因取名焉。"③ 散关位于今宝鸡市西南，谭其骧先生在东汉右扶风的边界在线标注有散关，而在秦内史地图上未明确标注，两图对比来看，似乎也承认秦代的散关在内史范围内，只是未明确说明。④ 萧关的具体地望目前尚不能确定，不过既然函谷关、武关、峣关，甚至散关可能都在秦内史的范围内，那么注释家将萧关视为秦内史的北界也不难相信。匈奴越萧关而南侵彭阳，所以彭阳在秦及汉初可能为关中之地，属内史辖地。

其次，《二年律令·秩律》中出现大量的县名，晏昌贵先生指出这些县名可以分为若干组，同组多同郡，且《秩律》千石、八百石的县均由内史县开始。⑤ 《二年律令·秩律》："栎阳、长安、频阳、临晋、成都……秩各千石，丞四百石。"⑥ 其中，栎阳、长安、频阳、临晋均隶属于内史，蜀郡的成都紧随其后。《二年律令·秩律》："胡、夏阳、彭阳、朐忍……秩各八百石，有丞、尉者半之，司空、田、乡部二百石。"⑦ 这里的胡、夏阳在亦隶属于内史，朐忍隶属于巴郡。彭阳紧随胡、夏阳这些内史县之后，将其视为内史属县似乎更妥。

再回到封检题署问题上来。如上所述，目前的材料显示出（d）"X地"均为（a）"目的地"的上级机构。那么，为何要将目的地的上级机构一并写在目的地之后呢？湖南长沙五一广场出土的两枚东汉封检为此提供了重要的线索。

（16）☐封安陆长印诣如署

---

① 谭其骧主编：《中国历史地图集》第 2 册，中国地图出版社 1982 年版，第 5—6 页。
② 《史记》卷六三《老子韩非列传》，第 2141 页。
③ 《后汉书》卷一四《顺阳怀侯嘉传》，第 568 页。
④ 谭其骧：《中国历史地图集》第 2 册，第 5—6、42—43 页。
⑤ 晏昌贵：《〈二年律令·秩律〉与汉初政区地理》，中国地理学会历史地理专业委员会、《历史地理》编辑委员会编《历史地理》第 21 辑，第 41—51 页。
⑥ 彭浩等主编：《二年律令与奏谳书》，第 260 页。
⑦ 同上书，第 264 页。

临湘属长沙郡以邮行　　　　　　　　　（CWJ1①：78）①
永初五年七月廿三日己巳起。
(17) 长沙太守丞印
临湘以邮行　　　　　　　　　　　　　（CWJ1③：208）②
元兴元年九月七日昼漏尽起。

　　通过简文的图版可以看到例（16）右上角残缺约两个字，但是不影响文意的理解。根据"诣如署"、"起"等字眼可以知道"……封安陆长印诣如署"、"永初五年七月廿三日己巳起"等小字是由发件人所写，当然，"临湘属长沙郡以邮行"自然也是发件人所写。安陆县在东汉时期隶属于江夏郡，例（16）是江夏郡安陆县的县长用"以邮行"的方式向长沙郡临湘县发送文书的封检题署。这里不仅出现了"目的地"、"传递方式"，还出现了目的地的上级机构，而且"属长沙郡"四个字明确地显示出"长沙郡"是作为"临湘"的上级隶属机构而存在，而并非是文书的发出地。笔者认为这与"迁陵洞庭以邮行"是相似的案例。例（17）是长沙郡太守丞向下辖的临湘县发送文书的封检，由于这是郡内流通，无需缀写"属长沙郡"，上文的"迁陵以邮行"也是相似的词例。

　　虽然秦与东汉在时间上相隔久远，但是从秦、西汉、东汉的封检题署对比来看，其发展是一脉相承的。上文所列秦代第1类封检题署在汉代被沿用的例子有例（3）、例（4）（小字是拆封后书写上去的，拆封前仅有"甲渠官"三字）；第2类在汉代被沿用的例子有例（5）、例（17）；第3类在汉代被沿用的例子有"甲渠候尉发"③、"甲渠发候尉前"④；第12类中如果（d）省略的话，与汉代的"莫府吏马驰行以急为故"⑤、"甲渠官亭次急行"⑥是相同的格式；等等。秦汉时期封检题署中"目的地"、

---

① 长沙市文物考古研究所等编：《长沙五一广场东汉简牍选释》，中西书局2015年版，第74页。
② 同上书，第115页。
③ 甘肃省文物考古研究所等编：《居延新简——甲渠候官与第四燧》，第304页。
④ "甲渠发候尉前"旁尚有小字"居令延印"。（简牍整理小组编：《居延汉简（壹）》，台北，"中央研究院"历史语言研究所，2014年，第175页）
⑤ 谢桂华、李均明、朱国炤：《居延汉简释文合校》，第429页。
⑥ "甲渠官亭次急行"旁有小字"张掖甲渠塞尉""十月癸巳隧长尚以来"。（甘肃省文物考古研究所等编：《居延新简——甲渠候官与第四燧》，第139页）

"发送方式"、"开启者"、"归属地"、"文书紧急程度描述"五项基本元素并没有发生大的变化，只是秦代的题署格式更加灵活多变，汉代题署中的"归属地"出现稀少，其他各因素若有出现的话其间的相对位置逐渐固定。

由此再来反观例（8）—（15），轵、广武、武关、彭阳、迁陵、酉阳、充等是封检的目的地，没有问题，如果其后的河内、泰原、内史、洞庭等"X地"只表示目的地的上级隶属机构而非发出地的话，那么上文所述出现在异地的矛盾自然迎刃而解。那么，迁陵县会向洞庭郡的其他县或者其他郡的下辖县发送文书吗？

(18) ☐狱南曹书二封，迁陵印：一洞庭泰守府，一洞庭尉府。·九月☐　　　　　　　　　（8-728+8-1474）
☐己亥餔时，牢人误以来。☐　　（8-728背+8-1474背）
(19) 书一封·迁陵丞印，诣启陵（乡）。① Ⅰ
卅五年六月甲子，隶妾孙行。Ⅱ　　　（8-475+8-610）
(20) 狱南曹书三封，丞印，二诣酉阳、一零阳。/卅年九月丙子旦食时，隶臣罗以来。　　　　　（8-1886）
(21) 户曹书四封，迁陵印，一咸阳、一高陵、一阴密、一竞陵。Ⅰ
廿七年五月戊辰水下五刻，走茶以来。Ⅱ　（8-1533）
(22) 尉曹书三封，令印。AⅠ其一诣销，AⅡ一丹阳，AⅢ一☐陵。AⅣ
廿八年九月庚子水下二刻，走禄以来。B　（8-453）
(23) 卅五年二月庚申朔戊寅，仓☐择敢言之：隶☐颔为狱行辟Ⅰ书彭阳，食尽二月，谒告过所县乡以次赍（续）食。节（即）不Ⅱ能投宿齎。迁陵田能自食。未入关县乡，当成齎，Ⅲ以律令成齎。来复传。敢言之。Ⅳ（8-169+8-233+8-407+8-416+8-1185）
择手。
（8-169背+8-233背+8-407背+8-416背+8-1185背）

---

① 笔者推测"启陵☐"可能是迁陵县下的"启陵乡"。

例（18）显示出迁陵县狱南曹分别向洞庭泰守府、洞庭尉府发送了一份文书；例（19）显示出迁陵县向启陵乡发送了一份文书；例（20）显示出迁陵县狱南曹向洞庭郡的酉阳和零阳发送了文书；例（21）、例（22）显示出迁陵县的户曹、尉曹曾向内史的咸阳、高陵，北地郡的阴密，南郡的竞陵、销、丹阳发送过文书；例（23）显示迁陵县曾派遣人到彭阳去"行辟书"。也就是说，迁陵县不仅会向上级洞庭泰守府、洞庭尉府发送文书，会向下级启陵乡发送文书，而且还会经常向郡内诸县、郡外诸县发送文书。在迁陵县的治所发现诸多外县、外郡辖县的封检也就不足为奇了。同样，这些郡、县、乡肯定也会因各种各样的事务经常向迁陵县发送文书，那么封检中出现大量"迁陵"、"迁陵以邮行"、"迁陵以邮行洞庭"等题署也就可以理解了。

此外，封检题署第 1 类中旬阳（8-1851）、镡成（8-1373）、高密（8-1079）、枳（8-910）、阆中（8-931）等，这些向外郡县发送的封检上没有书写归属地，应该与当时封检题署格式不严格有关。正如发往迁陵的封检，既可以写为"迁陵"、"迁陵以邮行"，又可以写为"迁陵·洞庭"、"迁陵以邮行·洞庭"。

结　语

秦代文书封检题署的内容主要包括目的地、传递方式、开启者、上级隶属机构、紧急程度等五项。通过实例对比可以看到，除了第一项外，其他四项均可以根据不同的情况被省略，由此可进一步证明第一项应该是封检的"目的地"。第一、五项的位置相对比较固定，而第二、三、四项则比较灵活，位置不定，会穿插在第一、五项之间的任何位置。由此可以知道"廷以邮行户曹"并非是"户曹以邮行至县廷"而是"廷以邮行户曹发"的省称，与"廷户曹发以邮行"同义。

以往学者多认为封检题署中的第四项为"发出地"，此说不仅没有成立的依据，而且会使诸多现象难以理解。目前所公布的封检题署显示，当第一项和第四项出现时，第四项均为第一项的"上级隶属机构"。五一广场出土的一枚东汉封检明确显示，第四项是第一项的"上级隶属机构"而非"发出地"。秦汉时期的封检虽然在细节上有所变化，但是其发展是一脉相承的。里耶秦简中大量的数据显示迁陵县经常与洞庭郡的其他县或其他郡的下辖县有文书往来。由此本文提出将秦代文书封检题署第四项理解为目的地的"上级隶属机构"比理解在"发出地"更为妥当，诸多现象也可得到合理的解释。当然，此说只是基于现有的材料提出的一种解释观点，能否成立尚需更多资料的进一步验证。

（作者单位：西北大学历史学院。原载《出土文献研究》第十六辑，中西书局2017年版，收入本书时有所修订）

里耶秦简 7-304 简文解析

——兼及秦迁陵县徒隶人数问题

刘自稳

一 简 7-304 正面死亡率考察

里耶秦简 7-304 是一枚统计秦始皇二十八年（前 219）迁陵县隶臣妾及黔首居赀赎债作官府者死亡状况的简牍，其正面释文如下：

廿八年迁陵隶臣妾及黔首居赀赎责〈债〉作官府课。·泰凡百八十九人。死亡·（率）之六人六十三分人五而死亡一人。

已计廿七年余隶臣妾百一十六人。

廿八年新·入卅五人。

·凡百五十一人，其廿八死亡。·黔道〈首〉居赀赎责〈债〉作官［府］卅八人，其一人死。①

该简牍正面文字据语义可分为两部分，第一列总叙迁陵县始皇二十八

---

① 里耶秦简博物馆、出土文献与中国古代文明研究协同创新中心中国人民大学中心编著：《里耶秦简博物馆藏秦简》（精装本），中西书局 2016 年版，第 164 页。该简图版或释文又见于以下诸书及文章，郑曙斌、张春龙等编著《湖南出土简牍选编》，岳麓书社 2013 年版，第 18 页；宋少华、张春龙等编《湖南出土简牍选（一）》（湘湖文库本），湖南大学出版社 2013 年版，第 23 页；里耶秦简牍校释小组《新见里耶秦简牍资料选校（一）》，简帛网，http://www.bsm.org.cn/show_article.php?id=2068，2014 年 9 月 1 日。

年隶臣妾及黔首居赀赎债者作官府的总人数及死亡率，后三列分言两类徒隶的总人数及死亡人数。但是，计算所得两组数据的死亡率并不一致。

第一部分中，始皇二十八年迁陵县"隶臣妾及黔首居赀赎责"的总人数为189人，"六人六十三分人五而死亡一人"即死亡率为$\frac{34}{383}$，则死亡人数为$31\frac{63}{383}$。此数字在死亡人数上出现分数，这显然不符合常理。第二部分中，已统计二十七年（前220）剩余隶臣妾116人，在二十八年又新收录35人，则二十八年隶臣妾总人数应是151人；但此年又有28人死掉或逃亡，则实际剩余隶臣妾是123人。同时，这一年"黔首居赀赎债"有38人，其中有1人死，则剩37人。则二十八年两种身份徒隶总人数为189人，总死亡人数为29人，死亡率为$\frac{29}{189}$，即六人二十九分人十五而死亡一人。

比较两部分数据，二者记录始皇二十八年两种身份徒隶总人数都为189人，而根据第一部分死亡率计算所得死亡人数与第二部分分列情况不一致且存在分数。所以，第一部分的死亡率应当有误。以下根据张家山汉简《算数书》《九章算术》等材料，尝试还原该简数值计算过程，从而找出其错误的可能性原因。

简文第二部分揭示二十八年的总人数是189人，死亡人数是29人，死亡率即求189对29的比值。整个计算可以分为两步：第一步求整数部分，第二步将分数部分约分。

先看第一步。《算数书》《九章算术》中有大量求假分数的整数部分的描述，即"母乘母为法，子羨乘母为实，（实）如法而一"。① "实"是分子，"法"是分母，也就是说分子里每有一个等于分母的数，整数部分就加1。计算过程是：先设定"实"189，"法"29，整数部分0。189 − 29 = 160，得到新的"实"160，整数部分为1。160 − 29 = 131，得到新的"实"131，整数部分为2。以此类推，可得到下表：

---

① 彭浩：《张家山汉简〈算术书〉注释》，科学出版社2001年版，第46页。

表1

计算步数	实	法	整数部分
0	189	29	0
1	160		1
2	131		2
3	102		3
4	73		4
5	44		5
6	15		6

结果为："实"189，"法"29，整数部分6，余数（也就是新的"实"）15。

再看第二步。《算数书》《九章算术》中记载的约分术基本相同，以《九章算术·方田·约分》为例，其内容为："约分术曰：可半者半之；不可半者，副置分母、子之数，以少减多，更相减损，求其等也。以等数约之。"[①] 也就是说，当时有两种约分方法，一种是直观法，看看分子、分母能否同时被2、3等简单的整数整除，一种是用更相减损法以求得最大公约数。

在此题中，"法"为29，"实"为第一步得到的15，很显然不能用直观法，只能用更相减损法，计算过程如下：

表2

计算步数	实	法
0	15	29
1		29 - 15 = 14
2	15 - 14 = 1	
3		14 - 1 = 13
4		13 - 1 = 12
5		12 - 1 = 11
……		……
15		2 - 1 = 1

---

① 李继闵：《九章算术校证》，陕西科学技术出版社1993年版，第136页。

可见两者的最大公约数为1，没法进行约分。说明"实"为15，"法"为29时，两者不能进行约分，则正确的死亡率应该是 $1:6\frac{15}{29}$。

但是，如果在"法"、"实"置换过程中出现错误，也就是在"副置分母、子之数"时，将第一步的"实"189误为"法"，结果就会不同。其计算过程为：

表3

计算步数	实	法
0	15	189
1		189 - 15 = 174
2		174 - 15 = 159
……		……
12		24 - 15 = 9
13	15 - 9 = 6	
14		9 - 6 = 3
15	6 - 3 = 3	

可见两者的最大公约数为3，约分得"法"为63，"实"为5，此时即得出错误的死亡率 $1:6\frac{5}{63}$。值得注意的是，整个计算过程中需要不断确定新的"法"与"实"，产生"法"或"实"的误置是很正常的。

近百年来，地不爱宝，大量出土文献丰富了历史学研究，但并不意味着出土文献的真实性和可靠性就一定大于传世文献，传世文献存在的文字错讹、逻辑混乱等问题在出土文献中同样存在。单就数字计算错误现象在出土材料中也并不少见，张家山二四七号墓的抄本《算术书》，脱文、衍文、讹文数量较多，且存在算题计算错误的情况[①]；胡平生先生曾指出《简牍名迹选2》所见"走马楼前汉简牍"的一份文书中就存在人口统计

---

① 彭浩：《张家山汉简〈算术书〉注释》，第32—35页。

数字算错的现象①。里耶秦简中数字计算错误也并非仅此一处，简 10 - 1170 是一更为明显的例子，该简文第一段汇总所有大隶妾时的数值 2876 人就比所列各项大隶妾分工数值相加的 2886 人少了 10 人。② 所以，当出土文献中出现语义矛盾时，同样需要利用文献学等知识进行辨析。下面要考察的 7 - 304 简牍背面释文以符号错误的形式再次说明了这一现象。

二　简 7 - 304 背面符号考察

根据图版所示，简 7 - 304 背面文字及符号信息如下：

令拔丞昌守丞膻之仓武令史上＝逐∠除仓佐尚司空长史郶当坐

《新见里耶秦简牍资料选校（一）》一文和《里耶秦简博物馆藏秦简》断句方式相同，其释文如下：

令拔、丞昌、守丞膻之、仓武、令史上、上逐∠除，仓佐尚、司空长、史郶当坐。③

图版显示"令史上"后有重文符号，整理者严格按照图版信息移录简文并作出断句。《新见里耶秦简牍资料选校（一）》注释认为"拔、昌、膻之、武、上、上逐，人名。除，免除，这里指免除其罪"。④ 按照整理者的理解，令拔、丞昌、守丞膻之、仓武、令史上、令史上逐诸人皆免除罪罚，而仓佐尚、司空长、史郶当坐罪。这种断句方式虽然在符号上符合原简牍，但在文意上存有不通之处。首先，仓武、令史上、令史上逐无需

---

① 胡平生：《〈简牍名迹选 2〉所刊"走马楼前汉简"释文校订》，《简帛》第七辑，上海古籍出版社 2012 年版，第 211—212 页。
② 里耶秦简博物馆、出土文献与中国古代文明研究协同创新中心中国人民大学中心编著：《里耶秦简博物馆藏秦简》（精装本），第 197—199 页。
③ 同上书，第 164 页。
④ 里耶秦简牍校释小组：《新见里耶秦简牍资料选校（一）》，简帛网，http://www.bsm.org.cn/show_article.php? id = 2068，2014 年 9 月 1 日。

坐罪，而仓佐尚需要坐罪，同为仓的官吏却受到不同处置难以理解。其次，简文中的处置办法与秦基层徒隶管理制度不符。该简正面是关于隶臣妾和黔首居赀赎债者的徒死亡课，里耶秦简中的课文书是依据既定的标准对机构或管理人员予以核验而产生的文书。① 学者已根据里耶秦简作徒簿揭示出隶臣妾由仓管理，城旦舂、鬼薪白粲和居赀赎债者皆属司空管理②，故而该简所统计"隶臣妾及黔首居赀赎债"的管理涉及司空和仓两个部门。然而，整理者释文断句中司空长官需要坐罪，仓的长官却无需坐罪，两个部门长官不同的处置方式难以理解，而根据正面第二部分简文可知隶臣妾的死亡率远高于黔首居赀赎债者，仓的长官无需坐罪则更无法解释。最后，就行文格式而言，当前所见里耶秦简中并无分别记录免责人员和坐罪人员的文书形式。

《里耶秦简博物馆藏秦简》断句方式虽同于《新见里耶秦简牍数据选校（一）》，但在文字校释部分指出另外一种断句可能：

> 因令史上、令史逐、令史除均见于《里耶秦简（壹）》，或疑重文符号为勾识符之误。如此，所列诸人均当坐罪，而非部分免除。聊备一说，暂不改动。③

整理者虽提出"重文符号为勾识符之误"，但囿于体例所限未改动释文，也没有给出详尽的解释。有鉴于当前断句存在诸多疑问，若将重文符号视为勾识符之误更为合理，则新的断句方式如下：

> 令拔、丞昌、守丞膻之、仓武、令史上、逐、除、仓佐尚、司空长、史郒当坐。

---

① 徐世虹：《秦"课"刍议》，《简帛》第八辑，上海古籍出版社2013年版，第251—265页。
② 关于徒隶管理研究参见李学勤《初读里耶秦简》，《文物》2003年第1期；张金光《秦赀、赎之罚的清偿与结算问题——里耶秦简J1（9）1~12简小记》，《西安财经学院学报》2010年第4期；高震寰《从〈里耶秦简〉（壹）"作徒簿"管窥秦代刑徒制度》，《出土文献研究》第十二辑，中西书局2014年版，第132—143页；贾丽英《里耶秦简所见徒隶身份及监管官署》，《简帛研究（二〇一三）》，广西师范大学出版社2014年版，第68—81页。
③ 里耶秦简博物馆、出土文献与中国古代文明研究协同创新中心中国人民大学中心编著：《里耶秦简博物馆藏秦简》（精装本），第164页。

新的断句方式将重文符看作勾识符,则"上"、"逐"、"除"被看作三个仓令史的名字。调整后的断句方式使语义得以明晰,所列诸官吏皆需坐罪,避免了一部分免罪而一部分治罪的情况。除了语义更加合理,新断句方式所反映的处罚方式符合秦基层徒隶管理制度。学者在考察里耶秦简所见刑徒管理问题中指出"县对刑徒劳作进行统计、监督;具体执行主要是司空和仓以及接受刑徒的各部门和属乡"。① 新的断句方式中坐罪对象分三个层次,迁陵县一级的令拔、县丞昌和县守丞膻之,他们作为仓和司空的上层领导需要对两个单位徒隶死亡现象负领导责任;隶臣妾的管理机构仓负责人武、仓令史上、仓令史逐、仓令史除和仓佐尚对隶臣妾的死亡现象负直接责任;黔首居赀赎债者的管理机构司空负责人长和司空史都对黔首居赀赎债者死亡现象负直接责任。由于管理不善,仓分管的隶臣妾和司空分管的黔首居赀赎债者出现死亡状况后,上至县官下至具体职能部门的仓和司空人员都要受到相应的治罪。

新的断句方式能够成立,需要证明令史上、逐、除在当时的迁陵官吏体系中确有其人。正如整理者释文校订所言,令史上、令史逐和令史除的名字确实多见于里耶秦简它处。令史上见于简 8-137+8-175+8-525+8-526、8-260、8-1480、8-1570。特别是简 8-260"丞昌令史上主"② 中同时出现"丞昌"、"令史上",可以确定此两处"令史上"为同一人。令史逐见于简 8-673、8-782+8-1102、8-1331、8-1341、8-1410、8-1565、8-1583+8-1795、8-1847、8-2256。这些"令史逐"大多作为监视者出现在禀食简中,可能与简 7-304 中的逐同为仓令史。"令史除"见于简 8-137+8-175+8-525+8-526、8-211。"令史上"和"令史除"同出现在简 8-137+8-175+8-525+8-526,二人与简 7-304 同名者为一人可能极大。在里耶秦简中又并无人名为"上逐"文例的情况下,结合里耶简中它处屡见"令史上"、"令史逐"和"令史除"的人名文例,则此处断句为三人更为合适。

另外,结合里耶秦简所见勾识符的使用方法,此句为并列三个人名更为合适。■是简牍材料中句读符号的一种常见形式,"施于人名及数词之

---

① 沈刚:《〈里耶秦简〉(壹)所见作徒管理问题探讨》,《史学月刊》2015 年第 2 期。
② 陈伟主编:《里耶秦简牍校释(第一卷)》,武汉大学出版社 2012 年版,第 123 页。

间，其作用犹今之逗号与顿号"。① 《流沙坠简》载"第四十六简，隧长四人，前三人名下皆书∟以正之，如后世之施句读"。② 里耶秦简中此种用法十分常见，如9－2294＋9－2305＋8－145正面第三列"八人捕羽：操∠、宽∠、未∠、衷∠、丁∠、圂∠、辰∠、却"③，所列八位捕羽人名中间皆以■式勾识符标注；又如简8－134正面有"今写校券一牒，上谒言巴卒史衰∠义所"④一句，在衰和义二人名中间即以■勾识符隔开。里耶秦简中■勾识符的使用惯例说明简7－304中"逐"、"除"皆为人名，而"上"和"逐"中间的■若为■之误，更加符合勾识符的使用原则。

通过以上分析，可以发现简7－304背面的重文符号当为勾识符之误，该简正面记载秦始皇二十八年迁陵县隶臣妾及黔首居赀赎债者的死亡状况致使背面记载的相关人员都要坐罪。

三　秦迁陵县徒隶人数蠡测

上文分析了里耶秦简7－304的简文，在第一部分的考察中指出迁陵县在秦始皇二十八年的隶臣妾数量为151人。隶臣妾属于徒隶⑤的一种，而结合简7－304及里耶秦简相关材料有无可能统计出秦迁陵县徒隶人数，从而进一步考察有关秦"赭衣半道"的认识？里耶秦简中一类自名为

---

① 李均明：《简牍符号考述》，《华学》第二辑，中山大学出版社1996年版，第102页。
② 罗振玉、王国维：《流沙坠简》，中华书局1993年版，第142页。
③ 里耶秦简博物馆、出土文献与中国古代文明研究协同创新中心中国人民大学中心编著：《里耶秦简博物馆藏秦简》（精装本），第192页。
④ 同上书，第165页。
⑤ 本文考察的对象以"徒隶"而非"刑徒"命名，因为两者在概念上存在差别。虽然"徒隶"的概念因语境不同而并不固定，但是在里耶秦简的作徒簿中大致可以看作包含仓管理的隶臣妾和司空管理的城旦舂、鬼薪白粲和居赀赎债者。至于刑徒，张金光先生指出秦的刑徒等级序列是城旦舂—鬼薪白粲—隶臣妾—司寇—候。两相比较，显然徒隶中没有司寇和候，所以不能等同。本文考察对象为刑徒意义上的徒隶，则不包含黔首居赀赎债者。相关研究参见李学勤《初读里耶秦简》；张金光《秦制研究》，上海古籍出版社2004年版，第533页；李力《论"徒隶"的身份》，《出土文献研究》第八辑，上海古籍出版社2007年版，第33—42页；曹旅宁《释"徒隶"兼论秦刑徒的身份及刑期问题》，《上海师范大学学报》2008年第5期；贾丽英《里耶秦简所见"徒隶"身份及监管官署》；沈刚《〈里耶秦简〉（壹）所见作徒管理问题探讨》；孙闻博《简帛学的史料辨析与理论探求》，《中国史研究动态》2016年第2期。

"作徒簿"、"徒簿"或"徒作簿"① 的材料为我们认识这一问题提供了可能。这类材料虽名称有别,但根据其格式及内容可以确定实为同一性质文书,都是徒隶使用单位提交到县廷进行存档、校验的文书,其中记载了徒隶的分工情况及人员数量。

目前公布的里耶秦简所见作徒簿数量并不少,但大多残缺不全,可供利用并不多,而且并非所有类别的作徒簿都可以作为讨论徒隶总数量的材料,使用时需要辨别其性质和类型。根据编制部门和统计时段的不同可以对"作徒簿"进行分类。就编制部门而言,可以分为付授方作徒簿和接受方作徒簿。仓主管隶臣妾,司空主管城旦舂、鬼薪白粲和居赀赎债,两者皆是徒隶的付授方。此类作徒簿如简 9-2294+9-2305+8-145"卅二年十月己酉朔乙亥司空守圂徒作簿"② 和简 8-734"卅一年四月癸未朔甲午,【仓是】□☑"③。徒隶的接收方包括库、田官、畜官、少内和各属乡等部门。此类作徒簿简在里耶秦简中数量最多,诸如简 8-2011"卅一年五月壬子朔壬戌,都乡守是徒薄(簿)"。④ 就统计时段而言,当前所见作徒簿可以分为日计簿和月计簿。⑤ 日计簿一般具体到某一天的干支,上引三条皆是日计簿。月计簿是合计该月每天作徒人数总和、各自作务分工、疾病、逃亡、死去情形的文书,这类材料通常名为"徒簿冣"。⑥ 付授方和接受方都会制作日计簿和月计簿。但是,作为徒隶接受方的库、田官和属乡,其制作的作徒簿只能反映本部门从仓和司空接收到的徒隶使用情况,所以只能部分反映徒隶数量。因为迁陵县所有的徒隶都由仓和司空管理,所以只有这两个部门制成的作徒簿才能作为讨论迁陵县徒隶总数的

---

① 以下为行文方便,统称为"作徒簿"。
② 里耶秦简博物馆、出土文献与中国古代文明研究协同创新中心中国人民大学中心编著:《里耶秦简博物馆藏秦简》(精装本),第192—194页。
③ 陈伟主编:《里耶秦简牍校释(第一卷)》,第212页。
④ 同上书,第417页。
⑤ 梁炜杰和贾丽英认为还存在"年作簿",高震寰认为此外可能还存在"季作簿"。但所列"年作簿"实为"月作簿",且目前所见秦简中并未出现"季作簿",故不采用。相关研究参见梁炜杰《读〈里耶秦简(壹)〉札记——"作徒簿"类型反映的秦"冣"意义》,简帛网,http://www.bsm.org.cn/show_article.php?id=1949,2013 年 11 月 9 日;高震寰《从〈里耶秦简〉(壹)"作徒簿"管窥秦代刑徒制度》;贾丽英《里耶秦简所见徒隶身份及监管官署》。
⑥ 胡平生:《也说"作徒簿及冣"》,简帛网,http://www.bsm.org.cn/show_article.php?id=2026,2014 年 5 月 31 日。

材料。

首先讨论仓作徒簿所能反映的隶臣妾数量。根据仓作徒簿格式，明确属于仓的作徒簿有简 8 - 734、8 - 445①、8 - 664②、8 - 2106、8 - 2110、10 - 1170。由于残断严重，仓作徒簿中可以拿来讨论的只有简 10 - 1170。该简保存十分完整，分七栏书写，简文可分为两个部分，第一部分说明该作徒簿的名称及不同类型徒隶的人数及其总人数，第二部分是徒隶的详细分工和人数。第一部分释文如下：

卅四年十二月仓徒簿最。大隶臣积九百九十人。小臣积五百一十人。大隶妾积二千八百七十六。·凡积四千三百七十六。③

由上可知大隶臣积 990 人，小隶臣积 510 人，则男性隶臣的总积数是 1400 人，与简文第二部分详细罗列的男性徒隶总数相符。同时，大隶妾积 2876 人，而无小隶妾，但后文详细罗列的女性徒隶各项相加之和为 2886 人，原因可能在于统计者计算失误漏掉积 10 人，所以应当采用实际相加的 2886 人。由"卅四年十二月仓徒簿最"可知这是一份月作徒簿，隶臣人数 1400 人和隶妾人数 2886 人不能看作仓这一个月实际掌握的隶臣妾总人数，而是所有隶臣妾一个月内劳作天数的总和。④ 简文第一部分中大隶臣积 990 人、小隶臣积 510 人和第二部中男 30 人廷走、女 90 人居赀临沅等大部分数字都能被 30 整除，显然这个月有 30 天。

---

① 该简上端残端，缺"某部门作徒簿"信息，但根据其保留"六人付田官"可知是徒隶付授方作徒簿，又根据其"小隶妾八人"统计小隶妾人数信息，可知其为仓作徒簿。简 8 - 2106 和简 8 - 2110 认识方式与此同。

② 该简正面上端无残缺，但开头直接书写"二人付□□□"，可能前有其他简相连。根据简牍背面"五月甲寅，仓是敢言之"知提交者为仓负责人是，可知其为仓作徒簿。

③ 里耶秦简博物馆、出土文献与中国古代文明研究协同创新中心中国人民大学中心编著：《里耶秦简博物馆藏秦简》（精装本），第 197 页。

④ 唐俊峰、王伟等在讨论里耶秦简"见户"和"积户"概念中指出"月作徒簿"材料中的数字是该月徒隶数累加的结果，其数字能被该月天数整除。相关研究参加王伟、孙兆华《"积户"与"见户"：里耶秦简所见迁陵编户数量》，《四川文物》2014 年第 2 期；唐俊峰《里耶秦简所示秦代的"见户"与"积户"——兼论秦代迁陵县的户数》，简帛网，http://www.bsm.org.cn/show_article.php?id=1987，2014 年 2 月 8 日。

那么，用简文第一部分中的总数除以 30 有以下结果：

大隶臣：990÷30=33

小隶臣：510÷30=17

大隶妾：2886÷30=96……6

三个类别的徒隶中，只有大隶妾是除不尽的，又根据详细分工记录中没有似男性隶臣书写死亡人数，除不尽的原因可能是这个月中有新的隶妾加入进来。当大隶妾总数是 2886 人时，余数 6 可以是最后一天加入，则没有积累，即有 102 人；余数 6 也可能是只增加了 1 人，即 1 人积累了 6 天，即有 97 人。所以，大隶妾的人数区间是 97 到 102，加上大隶臣 33 人和小隶臣 17 人，则这个月隶臣妾人数区间是 147 人到 152 人。至此，以始皇三十四年（前 213）十二月为样本，可知仓所掌握的隶臣妾人数大概在 150 人左右。

再来考察司空所能掌管的徒隶数量。明确属于司空的作徒簿有简 8 - 162①、8 - 240、8 - 696、8 - 1649、8 - 1670、8 - 2020、8 - 2165、8 - 2151、9 - 1079、9 - 1779、9 - 2294 + 9 - 2305 + 8 - 145、11 - 2499。司空作徒簿较完整的也仅为经过缀合后的简 9 - 2294 + 9 - 2305 + 8 - 145。与简 10 - 1170 仓月作徒簿不同，该简是始皇三十二年（前 215）十月乙亥这一天的日计徒簿，其统计内容按照统计对象性别和成年与否可以分为四个部分。以下移录各部分徒隶总数，省去详细分工记录。

第一部分成年男性徒隶：

城旦司寇一人、鬼薪廿人、城旦八十七人、仗城旦九人、隶臣系城旦三人、隶臣居赀五人·凡百廿五人

第二部分成年女性徒隶：

---

① 该简上端残端，缺"某部门作徒簿"信息，但根据其保留"二人付少内"可知是徒隶付授方作徒簿，又根据其"小城旦十人"统计小城旦人数信息，可知其为司空作徒簿。简 8 - 240、8 - 1649 认识方式与此同。

白粲八人、舂五十三人、隶妾系舂八人、隶妾居赀十一人、受仓隶妾七人·凡八十七人①

第三部分未成年男性徒隶：

小城旦九人

第四部分未成年女性徒隶：

小舂五人

四部分徒隶总数为226人，此虽为司空在始皇三十二年十月乙亥日所能实际掌握的徒隶数量，但统计迁陵徒隶总数时，简文中有些徒隶数量需要减掉。在简10-1170中记录的仓作徒簿分工中，可以发现有"男百五十人居赀司空"、"男九十人系城旦"、"男卅人付司空"的统计项目，所以隶臣妾系城旦舂和付司空者已经被统计到仓徒隶数目中，那么在统计司空徒隶数量时就需要将这些身份的人数减掉，否则就存在重复统计。该司空作徒簿中的隶臣系城旦3人、隶臣居赀5人、隶妾系舂8人、隶妾居赀11人和受仓隶妾7人，共计34人。所以，除了从仓接收的徒隶，司空在始皇三十二年十月乙亥日所能实际掌握的徒隶数量为192人。

前文根据简10-1170考察始皇三十四年十二月仓所管理隶臣妾的数量为147人至152人，这一数值与本文第一部分简7-304所揭示的始皇二十八年隶臣妾151人相当。两者相差七年之久，数值相当是否意味包括隶臣妾在内的迁陵县徒隶数量一直保持在某个常数？由于目前所见里耶秦简作徒簿数量有限且大多残断不全，以上对秦迁陵县仓和司空所能掌握的徒隶人数只是某一时间节点上的数值，并不能反映出动态变化。目前只能

---

① 简文中"白粲八人、舂五十三人"依据图版仅能释出为"□□【八】人、□□十三人"。里耶秦简牍校释小组据文例及简牍形制认为"【八】人"前为"白粲"，"十三人"前为"舂五"，可从。参见里耶秦简牍校释小组《新见里耶秦简牍资料选校（一）》，简帛网，http://www.bsm.org.cn/show_article.php?id=2068，2014年9月1日。

根据所见部分残简数字及徒隶管理制度对这一问题做出推测。

上文引用的简9-2294+9-2305+8-145统计的是始皇三十二年十月乙亥日这一天司空掌握徒隶的数量，《龙山里耶秦简之"徒簿"》一文中披露的残简11-249统计的是司空在始皇三十一年（前216）九月癸亥日的徒隶信息①，两简日期相隔71天，比较两简内容存在多处相同。首先，两简都记载"鬼薪廿人"，可见在这个时段内鬼薪的数量并没有变化。其次，比较具体分工信息。简11-249中名为"平"的徒隶"一人佐园"，而在71天后的作徒簿中"平"还是"二人佐园"中的一人，同样反映徒隶工作和规模的稳定性。同时，在一些缺失纪年信息的司空作徒簿中，也反映了司空掌握徒隶数量的稳定性。如简8-2165"城旦司寇一人"和"鬼薪十九人"，简8-2151"城旦司寇一人"和"□薪廿人"，简8-162"小城旦十人"，简8-240"小舂五人"，简8-1649记载女性成年徒隶"凡八十五人"，这些残缺且可能属于不同日期的司空作徒簿中记载数字都和简9-2294+9-2305+8-145中对应类型的徒隶数值相同或相当。残缺的仓作徒簿也有同样的现象，简8-734"大隶臣廿□人"，简8-445"小隶妾八人"，简8-2106记载女性成年徒隶"凡八十三人"，这些数值也与简10-1170中对应类别的徒隶数值大致相当。

另外，里耶简有关徒隶制度的材料表明迁陵县徒隶数量在一些目前还没有被认识到的律令制度规定下保持某个常数。里耶秦简8-986记载"迁陵隶臣员不备十五人"②，意即当迁陵县隶臣数量不足时，需要向上级汇报，从而补齐到某一数额。补充徒隶的重要方式可能是购买，简9-1408记载少内购买徒隶的情况"廿九年少内□，买徒隶用钱三万三千□□，少内根佐之主□"③，同时有律令规定县廷要在规定日期上报购买徒隶情况，如里耶秦简8-154记载"恒以朔日上所买徒隶数"④。

里耶秦简的时代为秦始皇二十五年（前222）至秦二世元年（前

---

① 湖南省文物考古研究所：《龙山里耶秦简之"徒簿"》，《出土文献研究》第十二辑，中西书局2012年版，第105页。

② 陈伟主编：《里耶秦简牍校释（第一卷）》，第257页。

③ 里耶秦简博物馆、出土文献与中国古代文明研究协同创新中心中国人民大学中心编著：《里耶秦简博物馆藏秦简》（精装本），第186页。

④ 陈伟主编：《里耶秦简牍校释（第一卷）》，第93页。

209），其中明确纪年的作徒簿时限为秦始皇二十七年（前220）至三十五年（前212）。基于以上分析，可以发现秦迁陵县在这一时段内仓日常所掌握的隶臣妾数量在150人左右，司空所能掌握的城旦舂和鬼薪白粲的数量在190人左右，两者之和即迁陵县日常掌握的徒隶人数，即340人左右。

结　语

上文通过对里耶秦简7-304和相关作徒簿材料的分析，得出秦时迁陵县的徒隶规模，在此基础上有助于观照秦"赭衣半道，群盗满山"[①]的认识。学者历来将刑法严苛、轻罪重治看作秦二世而亡的原因之一，而其造成的直接后果即是整个社会充斥着大量刑徒。汉人鉴于秦之短祚兴起的"过秦"思想[②]曾批判秦时"赭衣半道，群盗满山"，其意为刑徒人数约占总人口数的半数之多。"赭衣半道"之说不免有夸张之嫌，况且吕思勉先生曾评论汉人论秦"轻事重言，述事多不审谛"[③]，然秦时徒隶所占人口比重较大的印象当不误。张金光先生就曾在《秦制研究》中指出"秦刑徒不仅数量惊人，而且其中多城旦等重刑"[④]，然这也只是推测无法予以坐实。总之，此前学者一贯认为秦时刑徒数量巨大，但是对于大到何种程度受制于材料一直未能有所直观认识。里耶秦简作徒簿及其他有关徒隶管理的简牍为进一步认识这一问题提供了新的出土材料。王伟、孙兆华考察迁陵县编户数量认为秦时当地编户人口数量为一两千人，而其中不包括外地户籍的官吏、戍卒、居赀赎责者等以及城旦舂、鬼薪白粲、隶臣妾。[⑤]将上文得到的徒隶340人与编户人口数量为一两千人比较，秦朝在在迁陵这一地区徒隶所占比重虽然远未达到"赭衣半道"的夸张程度，

[①]《汉书》卷五一《贾山传》，中华书局1962年版，第2327页。同书卷二四《食货志》也有类似说法，即"民愁亡聊，亡逃山林，转为盗贼，赭衣半道"（第1137页）。

[②] 孙家洲：《汉初的"过秦"思潮及其影响》，《光明日报》2008年1月1日第3版；王绍东：《论汉代"过秦"思想的历史局限》，《史学史研究》2009年第3期。

[③] 吕思勉：《秦汉史》，上海古籍出版社2005年版，第13页。

[④] 张金光：《秦制研究》，上海古籍出版社2004年版，第545页。

[⑤] 王伟、孙兆华：《"积户"与"见户"：里耶秦简所见迁陵编户数量》，《四川文物》2014年第2期。

但是在总人口中所占的比重依然不低。

［作者单位：中国人民大学历史学院。原载《简帛研究》二〇一七·春夏卷，广西师范大学出版社 2017 年版］

岳麓秦简所见"状"类文书的性质与功用

苏俊林

2007年12月,湖南大学岳麓书院从香港购回一批竹简。次年8月,香港某收藏家将其所购的竹简捐赠给岳麓书院。经鉴定,购回简与捐赠简应出土于同一地方,都是秦简。① 学界一般称之为"岳麓书院藏秦简",简称为"岳麓秦简"。目前,岳麓秦简已公布五卷,分别为《岳麓书院藏秦简》(壹)(贰)(叁)(肆)(伍)。② 《岳麓书院藏秦简(叁)》公布了一批与奏谳相关的秦代司法文书,与张家山汉简《奏谳书》极为相似。不过,此卷中未见"奏谳书"这样的标题,而是出现了"为狱𠭊状""为乞鞫奏状"和"为覆奏状"三个小标题。这类可称之为"状"的文书,除了出现于岳麓秦简外,还出现于居延汉简以及传世文献中。虽然已有学者对居延汉简的"劾状"进行过研究,但目前尚无文章对岳麓秦简的"状"类文书进行专门探讨。本文试图对此类文书的性质和功用进行分析,不当之处敬请指正。

一

关于奏谳类文书的性质与分类,学界已有不少研究。张家山汉简

---

① 陈松长:《岳麓书院所藏秦简综述》,《文物》2009年第3期。
② 朱汉民、陈松长主编:《岳麓书院藏秦简(壹)》,上海辞书出版社2010年版;朱汉民、陈松长主编:《岳麓书院藏秦简(贰)》,上海辞书出版社2011年版;朱汉民、陈松长主编:《岳麓书院藏秦简(叁)》,上海辞书出版社2013年版;陈松长主编:《岳麓书院藏秦简(肆)》,上海辞书出版社2015年版;陈松长主编:《岳麓书院藏秦简(伍)》,上海辞书出版社2017年版。

《奏谳书》出土后，学界大多倾向于认为《奏谳书》是司法案例的汇编。① 即便如此，还是存在一些没有解决的问题。《奏谳书》中某些案例的内容和文书格式，与其他案例的内容和文书格式存在差异，学者对将其纳入《奏谳书》范围存有疑虑。彭浩先生曾言："《奏谳书》中少数案例不属于奏谳而是审讯记录，它们被编入书中的原因尚须研究。"② 出于类似原因，张建国先生将这部《奏谳书》分为两类，认为："我们现在见到的这部《奏谳书》看来似是一个合成词，也就是说，除了谳的部分案例外，还有奏的部分文案，也许我们可以分别称它们为'奏书'和'谳书'，所以不妨在理解时将它们视为两类。"③ 蔡万进先生不认同张建国先生提出的"奏书"、"谳书"两分说，认为"那种认为《奏谳书》是由'奏书'和'谳书'两类组成的观点是站不住脚的"，其指出："张家山汉简《奏谳书》中诸奏谳案例文书并非奏谳文书的原件照录，编录者为适应《奏谳书》体例和发挥《奏谳书》教育功能作用的需要，在官府保存的奏谳文书原件基础上曾进行剪裁加工，其原始形态，随着里耶秦简文书实物今后的大量公布而有望复原。"④ 其认为在《奏谳书》之外还存在奏谳案例文书的原件。

因为当时有明确的"奏谳书"标题而未出现其他标题，故而张建国先生的观点没有受到学界的重视。蔡万进先生虽然提出了存在奏谳案例文书原件的观点，但苦于没有材料予以佐证。岳麓秦简中没有"奏谳书"的标题，却出现了"为狱䛇状"、"为乞鞠奏状"、"为覆奏状"三个标题。虽然带有"状"字的文书不是第一次出土，但之前出土的"状"类文书类型较少，学者并未给予足够的重视。岳麓秦简中出现了三份带有标题的"状"，这种带有明确目的指向的文书，无疑给研究秦汉时期"状"类文书的相关问题带来了新的契机。岳麓秦简中这三份"状"类文书的性质和功用如何，有专门研究的必要。

---

① 张家山二四七号汉墓竹简整理小组：《张家山汉墓竹简〔二四七号墓〕》（释文修订本），文物出版社2006年版，第91页。
② 彭浩：《谈〈奏谳书〉中的西汉案例》，《文物》1993年第8期。
③ 张建国：《汉简〈奏谳书〉和秦汉刑事诉讼程序初探》，《中外法学》1997年第2期。
④ 蔡万进：《张家山汉简〈奏谳书〉研究》，广西师范大学出版社2006年版，第35、144页。

二

"状"有多种义项。既有"情形、状况"之义,也有"向上级陈述或记载事情的文书"之义。① 有日本学者认为"状"不是文书,而是状况、事情经过的意思。② 但是,我们检索《史记》《汉书》《后汉书》《三国志》等传世文献和秦汉简牍等出土文献后发现,"状"不仅有"情形、状况"之义,也有不少地方是作为文书使用。现将作为文书使用的"状"的事例,略举几例如下。

(1) 奏状。《汉书·景十三王传》:"相强劾系倡,阑入殿门,奏状。"③《汉书·韦贤传》:"大鸿胪奏状,章下丞相御史案验。"④

(2) 辞状。《后汉书·张法滕冯度杨列传》:"于是征交趾刺史张磐下廷尉。辞状未正,会赦见原。"⑤ 《三国志·吴书·张顾诸葛步传》:"(顾)雍往断狱,壹以囚见,雍和颜色,问其辞状。"⑥

(3) 劾状。"劾状"一词多出现于简牍中。居延汉简 20.6 载:"劾状辞曰公乘日勒益寿里年卅岁姓孙氏乃元康三年七月戊午以功次迁为。"⑦ 传世文献中"劾"字出现不少,但未出现"劾状"一词。《后汉书·周黄徐姜申屠列传》中有"遂辞出,投劾而去"条,其注释为:"案罪曰劾,自投其劾状而去也。"⑧ 所投的"劾"当为"劾状"的简称。

(4) 文状。《后汉书·列女传》:"祀为屯田都尉,犯法当死,文姬诣曹操请之……操曰:'诚实相矜,然文状已去,奈何?'"⑨

(5) 行状。《后汉书·光武十王列传》:"敞丧母至孝,国相陈珍上其

---

① 《汉语大字典》编辑委员会:《汉语大字典》(光盘版)2006 年版,第 1334 页。
② [日]鹰取祐司著,宫长为译:《居延汉简劾状册书的复原》,李学勤、谢桂华主编《简帛研究(二〇〇一)》,广西师范大学出版社 2001 年版,第 742—743 页。
③ 《汉书》卷五三,中华书局标点 1962 年版,第 2431 页。
④ 《汉书》卷七三,第 3108—3109 页。
⑤ 《后汉书》卷三八,中华书局标点本 1965 年版,第 1286 页。
⑥ 《三国志》卷五二,中华书局标点本 1971 年版,第 1226 页。
⑦ 谢桂华、李均明、朱国炤:《居延汉简释文合校》,文物出版社 1987 年版,第 33 页。
⑧ 《后汉书》卷五三,第 1740 页。
⑨ 《后汉书》卷八四,第 2800 页。

行状。"①

（6）品状。《三国志·魏书·程郭董刘蒋刘传》裴松之注引《晋阳秋》曰："（王济）为本州大中正。访问关求楚品状。"②《三国志·魏书·王卫二刘傅传》中傅嘏与刘劭辩论考课法时曾说："案品状则实才未必当，任薄伐则德行未为叙。"③

（7）功状。《后汉书·皇甫张段列传》："中常侍徐璜、左悺欲从求货，数遣宾客就问功状，规终不答。"④《三国志·吴书·孙破虏讨逆传》："刺史臧旻列上功状，诏书除坚盐渎丞。"⑤《东观汉记·散句》载："诏书令功臣家各自记功状。"⑥

（8）名状。《史记·外戚世家》"行诏门著引籍"条下《正义》注曰："武帝道上诏令通名状于门使，引入至太后所。"⑦《汉书·霍光金日磾传》"当上南大行为太夫人"条下引文颖注曰："南，名也。大行，官名也。当上名状于大行也。"⑧

上列史料中"状"都是作为文书使用。秦汉史籍中经常见到"以状闻"、"以状对"等语句。"状"有"情形、状况"之义，但也可能是一种文书称谓。《后汉书·孝和孝殇帝纪》所载诏书有："又德行尤异，不须经职者，别署状上。"⑨ 既然"状"可以"别署"，那么此"状"就很难作"情形、状况"解，而应作"文书"解。居延汉简 E·P·T101.30+173.17+260.3 载："官易檄有书檄到遣卒艾苇辄莫还持状诣官易。"⑩ 能被人拿着的"状"，只能是文书这样的具体实物。《全后汉文》卷八二《上言复华山下民租田口算状》署名为："掾臣条属臣淮书佐谋，弘农太

---

① 《后汉书》卷四二，第 1442 页。
② 《三国志》卷一四，第 462 页。
③ 《后汉书》卷二一，第 623 页。
④ 《后汉书》卷六五，第 2135 页。
⑤ 《三国志》四六，第 1093 页。
⑥ （汉）刘珍等撰，吴树平校注：《东观汉记校注》，中华书局 2008 年版，第 922 页。
⑦ 《史记》卷四九，中华书局标点本 1982 年版，第 1982 页。
⑧ 《汉书》卷六八，第 2965、2966 页。
⑨ 《后汉书》卷四，第 176 页。
⑩ 谢桂华、李均明、朱国炤：《居延汉简释文合校》，第 169 页。

守上祠西岳乞县赋发差复华下十里以内民租田口筭状。"① 此处的"状"作"文书"解似更妥当。《汉书·西域传下》载:"郡国二千石各上进畜马方略补边状,与计对。"②《后汉书·隗嚣公孙述列传》载:"嚣复遣兵佐征西大将军冯异击之,走鲔,遣使上状。"③ 其所上之"状"当与《上言复华山下民租田口筭状》中弘农太守所上"状"一样,也应是一种文书称谓。《全汉文》中有赵王彭祖《上书告张汤奸状》、终军《奉诏诘徐偃矫制状》、赵充国《条上屯田便宜十二事状》、张敞《条奏故昌邑王居处状》、侯应《对问罢边备事状》、(作者名阙)《初置五经博士举状》、但钦《上书言匈奴状》、冯英《上言廉丹史熊调发状》,《全后汉文》中有唐羌《上书陈交趾献龙眼荔支事状》、苌照《在狱自列状》、(作者名阙)《八能士书版言事状》、(作者名阙)《督邮保举博士版状》,《全三国文》中有樊毅《复华山下民租田口筭状碑》、王昶《奏吴蜀事状》、王基《被诏迎邓由驰驿陈状》、孙权《白曹公状》等。④ 此虽为严可均自拟标题,但严氏将"状"作为文书看待,由此可见一斑。除此之外,还有《南方草物状》《先贤行状》等在书名中使用"状"的情况存在。

作为一种文书形式,"状"在秦汉时期已被广泛使用。不仅司法文书中可以使用,如(1)奏状、(2)辞状、(3)劾状、(4)文状等都是与司法相关的文书;其他非司法文书中也可以使用"状",如(5)行状、(6)品状、(7)功状、(8)名状。"状"类文书可以是上行文书,如"奏状";也可以在下行文书中使用,《后汉书·杨震列传》载:"南阳太守张彪与帝微时有旧恩,以车驾当至,因傍发调,多以入私。秉闻之,下书责让荆州刺史,以状副言公府。"⑤ "状"类文书可以在多种场合中使用。

张家山汉简中有"覆视其故狱"等语句。李学勤先生认为:"'视其

---

① (清)严可均校辑:《全上古三代秦汉三国六朝文》,中华书局1958年版,第915页。《全三国文》中名为《复华山下民租田口筭状碑》,《全上古三代秦汉三国六朝文》,第1211页。

② 《汉书》卷九六下,第3914页。

③ 《后汉书》卷一三,第523页。

④ (清)严可均校辑:《全上古三代秦汉三国六朝文》第190、276、286、292、382、438、462、463、744、836、996、996、1211、1225、1269、1397页。其中《全汉文》中的《初置五经博士举状》与《全后汉文》中的《督邮保举博士版状》内容相同,应为同一份文书。

⑤ 《后汉书》卷五四,第1773页。

故狱'，是查阅原审的案卷。"① 其将"故狱"释为"原审的案卷"。"覆视其故狱"，就行为内容看是重新审核奏谳案件的具体内容，从行事方式看是审核奏谳案件的原有案卷。如此，"狱"字兼有了"案件的具体内容"和"记载案件具体内容的案卷（文书）"两层意思。"状"字可能与"狱"字相同，在某些特定场合兼有"情形、状况"和"陈述某些事情或行为的具体情况的文书"两层意思。"状"原为"情形、状况"之义——该义项在秦汉时期被经常使用，后逐渐发展成一种文书形式即"状"类文书。虽然"状"字由"情形、状况"义项向"文书"义项演变的具体时间尚不清楚，但就目前资料可知，秦时期这种演变已经发生，"状"作为"文书"而使用的情况已经出现。这类文书以陈述某些事情或行为为具体内容，故以"状"来命名。

三

岳麓秦简中出现了"为狱訽状"、"为乞鞫奏状"、"为覆奏状"三份"状"类文书。为了便于分析，我们先将简文内容誊录如下：

·十月癸酉，佐竞曰：士五譊刑人（？）市舍……

（岳简 0048－1 正）

为狱訽状　　　　　　　　　　　　　　　（岳简 0048－1 背）

……□□定（？）曰：譊歓（饮）妘，亡……（岳简 0048－2）

□□䰙不可起，怒，以刀刑（？），弃刀……（岳简 0494 正）

为气（乞）鞫奏状　　　　　　　　　　　　（岳简 0494 背）

不（？）得。诊、问。鞫：譊刑审；妘杀疑。·九月丙寅，丞相、史如论令妘赎舂。仓人……　（岳简 0421 正）

为覆奏状　　　　　　　　　　　　　　　（岳简 0421 背）

---

① 李学勤：《〈奏谳书〉解说（下）》，《文物》1995 年第 3 期。

> 九月丙辰，隶臣哀诣隶臣喜，告盗杀人。┕问：喜辤（辞）如
> 告。·鞫，审。己卯，丞相、史如论磔……　　　　（岳简0455）①

整理小组虽把此五简列在《譊、妘刑杀人等案》之下，但并不十分确定。其注释说："简141（即0455）仅据揭取位置插入此处，疑其为案中所引用的判例。简139（即0494）的记载内容虽与《譊、妘刑杀人等案》相近，但关联性不十分清楚。暂归并为《譊、妘刑杀人等案》，以待后考。"②正如整理小组自己所说，此归类是存在问题的。简0421中"九月丙寅"整理者注释为"疑为秦始皇二十八年九月二十九日"，简0455中"九月丙辰"整理者注释为"疑为秦王政二十年九月初三"。③ 时间前后相差八年的两枚简，若仅依据并不可靠的揭取位置来编联，很难让人信服。实际上，岳麓秦简的揭取位置，在编联上的价值非常有限。④ 简0494虽有刑杀行为，但以此断定其与譊、妘刑杀人有关，缺乏有力证据。我们认为，此五简中除了简0448－1、简0448－2和简0421的内容相关、可能为一个案件外，简0494、简0455尚难说是《譊、妘刑杀人案》的内容。

简0455所载案件虽然内容残缺，但案情简单明显。某年九月丙辰（4）日这天，隶臣哀押送隶臣喜来官府，告发喜盗杀人。经过讯问，喜坦白了罪行，"喜辤（辞）如告"即喜的供辞与哀的告辞内容一致。鞫的结果是"审"即如实。23天后的己卯（27）日，丞相（"相"为人名）和史如（"史"为职官名）判处喜"磔"。此案前缺抬头语，后缺结束语，文书内容并不完整，但从案情推测，既然所告与供辞一致，案情没有疑问，则内容不会太多。鉴于此案主犯"喜"不同于《譊、妘刑杀人等案》的"譊"、"妘"，且此案为"盗杀人"，罪行性质也不同于《譊、妘刑杀人等案》的"刑杀人"，故而可将简0455独立为"喜盗杀人案"，而无需将其归在《譊、妘刑杀人等案》之下。⑤

---

① 朱汉民、陈松长：《岳麓书院藏秦简（叁）》，第175—176页。
② 同上书，第176—177页注释一。
③ 同上书，第177页注释八，第178页注释十一。
④ 参见拙文《说岳麓秦简的编联依据》，待刊。
⑤ 本文首次发表时怀疑该简可能不属于《譊、妘刑杀人等案》。其后刘庆先生发表《也论秦汉司法中的"状"文书》（载《国学学刊》2015年第4期）一文赞同我们的观点，并已注意到二者的涉案人物不同。

我们关注的重点不在此案例的编联，而在于带有"状"的文书。明确可知属于"状"类文书的内容有简 0448－1、简 0448－2、简 0494、简 0421 这 4 枚简。此 4 简内容残缺严重，无法得知案件的完整情况。但从其标题涉及的司法行为及残留内容，或可推知其文书的性质和功用。

"为乞鞫奏状"有"乞鞫"一词。睡虎地秦简《法律答问》言："以乞鞫及为人乞鞫者，狱已断乃听，且未断犹听殹（也）？狱断乃听之。"①"乞鞫"即请求重新审判案件。岳麓秦简 0423 简记有"它如气（乞）鞫书"②，可知乞鞫是以文书形式进行申述的。岳麓秦简中的"为乞鞫奏状"，可能正是请求重审案件的"乞鞫书"。"为乞鞫奏状"可能是文书的正式名称，而"乞鞫书"则应是略称或泛称。

对"乞鞫"如何处理，法律也有明文规定。张家山汉简《二年律令·具律》载："罪人狱已决，自以罪不当，欲气（乞）鞫者，许之。气（乞）鞫不审，驾（加）罪一等；其欲复气（乞）鞫，当刑者，刑乃听之。死罪不得自气（乞）鞫，其父、母、兄、姊、弟、夫、妻、子欲为气（乞）鞫，许之。其不审，黥为城旦舂。年未盈十岁为气（乞）鞫，勿听。狱已决盈一岁，不得气（乞）鞫。气（乞）鞫者各辞在所县道，县道官令、长、丞谨听，书其气（乞）鞫，上狱属所二千石官，二千石官令都吏覆之。都吏所覆治，廷及郡各移旁近郡，御史、丞相所覆治移廷。"③除了法律规定的可以不予受理的情况外，乞鞫都要予以受理。

受理了"乞鞫"，就有了"覆狱"。张家山汉简《奏谳书》记载了"覆视其故狱"的行为和内容。④ 岳麓秦简"[为]覆奏状"简正面简文记有"诊问鞫"。"诊""问"作为司法用语，在睡虎地秦简、张家山汉简等司法文书中经常见到，二者有时可换用。张家山汉简《奏谳书》中有"诊如辤（辞）"（简45），也有"问如辤（辞）"（简120），还有如"诊问苍、信、丙、赘"（简88）。⑤ "诊""问"可能是简称，完整形式为"诊问"。《二年律令·具律》规定："鞫（鞫）狱故纵、不直，及诊、

---

① 睡虎地秦墓竹简整理小组：《睡虎地秦墓竹简》，文物出版社1990年版，第120页。
② 朱汉民、陈松长：《岳麓书院藏秦简（叁）》，第198页。
③ 张家山二四七号汉墓竹简整理小组：《张家山汉墓竹简〔二四七号墓〕》（释文修订本），第24—25页。
④ 同上书，第100页。
⑤ 同上书，第95、101、99页。

报、辟故弗穷审者，死罪，斩左止（趾）为城旦，它各以其罪论之。"①
"诊问""鞠"为案件审理过程中两个不同的司法环节。但"为覆奏状"简中将"诊问鞠"三字连写，没有分别记载"诊问"、"鞠"的具体内容。这种记录格式与张家山汉简《奏谳书》分别记录"诊问"、"鞠"内容的格式不同，也不同于岳麓秦简奏谳案例文书中"诊问"、"鞠"的记录格式。整理者将"为覆奏状"简正面内容断读为："不（？）得。诊、问。鞠：譊刑审，妘杀疑。·九月丙寅，丞相、史如论令妘赎舂。仓人【……】"此种断读缺乏"诊"、"问"的具体内容，不符合文书的书写要求。文书中一般不会只有司法程序名而无内容的记录。我们将其断为："不（？）得。诊问、鞠：譊刑，审；妘杀，疑。·九月丙寅丞相、史如论令妘赎舂，仓人【……】""譊刑审妘杀疑"当为"诊问"、"鞠"的共同结果，而不止是"鞠"的结果。"令妘赎舂"等为丞相、史如在九月丙寅日的断案结果。其以提示符号"·"与前文分开，表明其是不同于"诊问"、"鞠"的行为。"诊问"、"鞠"与断案结果可能都是"覆狱"所得的内容。考虑到该简内容的记录格式以及此文书的标题，我们推断"为覆奏状"可能是受理"乞鞠"后，负责"覆治"案件的官吏将"覆治"情况向上汇报的文书。至于其是否就是前引《二年律令·具律》所言"都吏所覆治，廷及郡各移旁近郡，御史、丞相所覆治移廷"中所移文书，目前还不清楚。

岳麓秦简残 120/0509 载："·元年四月，得之气（乞）鞠曰：和与夋卧，不奸。·廷史赐等覆之。"② 张家山汉简《秦谳书》简 99 也有类似记载："黥城旦讲气（乞）鞠……覆视其故狱。"③"乞鞠"和"覆"为前后相续的行为，并将形成相应的文书。"为乞鞠奏状"和"为覆奏状"正是"乞鞠"和"覆狱"环节所形成的相互独立的文书。④ 是否所有的

---

① 张家山二四七号汉墓竹简整理小组：《张家山汉墓竹简〔二四七号墓〕》（释文修订本），第 22 页。
② 朱汉民、陈松长：《岳麓书院藏秦简（叁）》，第 197 页。
③ 张家山二四七号汉墓竹简整理小组：《张家山汉墓竹简〔二四七号墓〕》（释文修订本），第 100 页。
④ 岳麓秦简整理者认为："'为气（乞）鞠'也可以称之为'为覆'"，"'为气（乞）鞠奏状'和'为覆奏状'两种标题实质上无异。"参见《岳麓书院藏秦简（叁）》前言"部分之四的相关说明。此说法与本文认为此两份"状"是两种作用不同的文书的观点不同。

"乞鞫"文书和"覆狱"文书都称为"为乞鞫奏状"和"为覆奏状",难以断言。就岳麓秦简的"为乞鞫奏状"和"为覆奏状"而言,二者虽程序上前后相续,但是否属于同一个案件,目前尚难确定。虽然如此,因为前者是被告(或被告亲人)向官府请求重审案件的文书,后者是受命重审案件的部门将重审记录向上级汇报的文书,二者都是上行文书,故而都被称为"奏状"。

"为狱訑状"因为释文有缺,无法知道具体为何。从"訑"残留部件推测,可能与"讯狱"、"论狱"、"谳狱"等司法行为有关。但到底是哪一种行为目前还无法断定。该简正面内容残缺严重,只能推测其是与案件审理有关的司法文书。张家山汉简《奏谳书》中有"覆视其故狱"、"它如狱"、"它如故狱"等记载。① "故狱"、"狱"可能是先前审理或判决案件的记录文书,故以"故狱"、"狱"代称之。《奏谳书》中有"南郡卒史盖卢、挚田、叚(假)卒史䲧复攸库等狱簿"②,高恒先生认为"狱簿"为"案件卷宗"③。"为狱訑状"是否与"狱簿"有关,其用途到底如何,有待新资料的发现和研究的进一步深入。

四

张家山汉简《奏谳书》具有独立成书的性质,但其内容应是摘录自其他文书,然后按某种程式编写而成。学者认为《奏谳书》"皆非原件,而是摘录、合成件"④,原因正在于此。就张家山汉简和岳麓秦简所见,一份完整的奏谳案例文书涉及如下内容:告、劾、供辞、诘、诊问、鞫、谒报、吏议或吏当、廷报,以及援引的律、令等,这些内容都对应着独立的文书或律令。奏谳案例文书中所列"告"、"劾"等,无一例外只有内容记录,没有单行文书所必备的抬头语、结束语等,可见它们并不是完整的单行文书。奏谳案例文书之外存在独立的律、令,可以佐证告、劾等也

---

① 张家山二四七号汉墓竹简整理小组:《张家山汉墓竹简〔二四七号墓〕》(释文修订本),第100—101页。
② 同上书,第103页。
③ 高恒:《秦汉简牍中法制文书辑考》,社会科学文献出版社2008年版,第382页注释③。
④ 李均明:《秦汉简牍文书分类辑解》,文物出版社2009年版,第100页。

有相应的独立文书存在。岳麓秦简中简0423"它如气(乞)鞫书"的记录和三份"状"类文书的存在,也足以说明在奏谳案例文书之外,还存在记录各司法环节案件内容的独立文书。①

张家山汉简《奏谳书》中没有发现其他独立的单行文书,但这并不表示奏谳案件审理过程中不存在独立的单行文书。《奏谳书》有"上奏七牒"、"为奉〈奏〉、当十五牒上谒"②、"为奏廿二牒"。③ 整理者注释"七牒"为:"原件由七支简组成。"将"牒"做"简"解可能并不合适,因为牒数与《奏谳书》的用简数并不相符。"上奏七牒"所在案例(简63—简68)用简6枚,"为奉〈奏〉、当十五牒上谒"所在案例(简75—简98)用简24枚,"为奏廿二牒"所在案例(简197—简228)用简32枚。牒数与《奏谳书》用简数的数额差距,说明"牒"并不表示该《奏谳书》的用简数量。高恒先生认为"牒"为奏谳书的附件④,此解可能更合符实情。有秦一代,"牒"字在少量场合表示所用简牍的数量,但文书中的"牒"字一般具有量词化名词的意义,表示呈文所附文书的数量。⑤《二年律令·田律》有"二尺牒"之说。"二尺牒"足以书写一份简短的文书。将这些牒作为附件上奏,可能有以备受理奏谳案件官员判断案情之用的考虑。案件奏谳过程中,作为附件而上奏的奏牒,可能就包括"为狱訑状"、"为乞鞫奏状"、"为覆奏状"等"状"类文书。

"状"类文书本身具有独立文书的性质,在奏谳案件中可以作为奏谳案例文书的附件,成为奏谳案例文书的构成内容。不过,岳麓秦简中的三份"状"类文书与其他奏谳案件没有内容上的关联性,不是这些奏谳案例文书的附件。从出土情况看,"状"类文书也并非必定与奏谳案例文书

---

① 关于奏谳案例文书之外存在的与各程序相关的独立文书,我们曾专门进行研究,详见拙文《岳麓秦简〈奏谳文书〉"它如某"用语研究》,待刊。

② 以现今所见岳麓秦简的法律条文看,"奏"和"当"应是两个独立的文书形式,故而将"奏"、"当"断开。

③ 张家山二四七号汉墓竹简整理小组:《张家山汉墓竹简〔二四七号墓〕》(释文修订本),第97、99、111页。

④ 高恒:《秦汉简牍中法制文书辑考》,第365页注释⑤,第404页注释③。

⑤ 关于秦代"牒"字的含义,我们以秦简牍中"牒"字的使用实例进行详细讨论,详见拙文《秦简牍中"牒"字的使用及含义》,待刊。

一并保存，张家山汉简《奏谳书》中就没有"状"类文书。岳麓秦简中将"状"类文书与其他奏谳案例文书一并保存，可能与岳麓秦简《奏谳文书》①具有"实务参考"等功能有关。②

《汉书·刑法志》载："高皇帝七年，制诏御史：'狱之疑者，吏或不敢决，有罪者久而不论，无罪者久系不决。自今以来，县道官狱疑者，各谳所属二千石官，二千石官以其罪名当报之所不能决者，皆移廷尉，廷尉亦当报之。廷尉所不能决，谨具为奏，傅所当比律令以闻。'"③ 上奏的文书应当不止请谳的文书，还应包括具体的告、劾、诘、（诊）问、鞫等司法文书，上奏皇帝时还要附上"所当比律令"。有了这些司法文书的原始记录及"所当比律令"，才能准确判定案件内容，并对奏谳案件予以回复。张家山《奏谳书》载："狱留盈卒岁，不具断，苍梧守已劾论□□□□□□□䚡及吏卒不救援义等去北者，颇不具，别奏。"④ "别奏"也说明在奏谳案例文书之外有另外存在的单行的上奏文书。

岳麓秦简的"为狱䇎状"、"为乞鞫奏状"和"为覆奏状"，正是奏谳案件审理过程中使用的众多往来文书之一。因为"状"类文书的内容与奏谳案件密切相关，所以它们的内容可以成为奏谳案例文书的内容，被摘录编入奏谳案例文书中，必要时可作为附件附在奏谳案例文书之后。但就文书性质而言，其本身不是奏谳案例文书，而是在奏谳案例文书之外独立发挥其功能的单行文书。岳麓秦简中的"状"类文书跟奏谳案例文书并无内容上的关联，与二者的性质和功用不同有关。

（作者单位：西南大学历史文化学院。原题《秦汉时期的"状"类司法文书》，载《简帛》第九辑，上海古籍出版社2014年版，收入本书时有所修订）

---

① 整理者将《岳麓书院藏秦简（叁）》的文书统称为"为狱等状四种"，我们将其称之为"奏谳文书"，详见拙文《岳麓秦简〈为狱等状四种〉命名问题探讨》，西北师范大学历史文化学院、甘肃简牍博物馆主编《简牍学研究》（第5辑），甘肃人民出版社2014年版，第9—14页。

② 关于岳麓秦简《奏谳文书》的功能，详见拙文《岳麓秦简〈奏谳文书〉的性质与编成》，待刊。

③ 《汉书》卷二三，第1106页。

④ 张家山二四七号汉墓竹简整理小组：《张家山汉墓竹简〔二四七号墓〕》（释文修订本），第104页。

"缘亲"与"任法"

——以考察秦汉时期迁刑为中心

汪蓉蓉

秦汉时期迁徙现象出现频繁，如两汉史书中多处记载"谪戍"、"徙边"等，睡虎地秦简、张家山汉简、岳麓秦简也著录有关迁刑的律令内容。沈家本[①]、大庭脩[②]、冨谷至[③]、邢义田[④]等前辈各有相应的阐发，其中大庭脩指出汉代迁徙刑与西汉时期诸侯王的迁蜀刑、东汉时期因特赦而将死罪囚徙往边郡的临时性措施有所不同[⑤]。冨谷至考察秦汉刑罚中的缘坐制度，并从其变迁角度总结了迁刑发展的基本特征。[⑥] 温俊萍进一步补充讨论了秦代迁刑，指出秦时领土扩张促使具有实边意义的迁刑的产生，迁刑附加"包"这一连坐刑，在汉代得以发展。[⑦] 承前人论说，本文以为：一是秦时徙迁以实边为导向，有别于刑罚序列中的迁刑；二是秦时迁刑之"包"是一种缘坐刑，与实边无直接联系；三是，若以长时段论，从秦到汉迁刑内涵并不恒定，秦时迁刑为正刑，但同时存在实边性质的迁

---

① 沈家本：《历代刑法考·刑法分考九》，中华书局2006年版。
② 大庭脩对史汉典籍中汉代的迁刑有深入讨论，参看氏著《秦汉法制史研究》第二篇第四章《汉代的迁徙刑》，徐世虹等译，中西书局2017年版，第113—134页。
③ ［日］冨谷至：《秦汉刑罚制度研究》，柴生芳、朱恒晔译，广西师范大学出版社2006年版。
④ 邢义田：《治国安邦：法制、行政与军事》，中华书局2011年版。
⑤ ［日］大庭脩：《秦汉法制史研究》，第135页。
⑥ 冨谷至以迁刑、族刑关系切入讨论秦汉时期迁刑变化，参看氏著《秦汉刑罚制度研究》第三编《连坐制的诸问题》。
⑦ 温俊萍：《秦迁刑考略》，《湖南大学学报》2017年第5期。

徙刑，西汉时期正刑不包括迁刑，同时实边意义的迁刑使用扩大化，并与正刑产生交叉。文章从迁刑所涉及人群范围比较秦汉时期迁刑发展过程，"包"是迁刑所涉及人际关系，即对亲疏远近的界定在国家律令中的反映，比较秦汉时期迁刑所"包"对象，可以发现前后存在一定区别，以"包"作为切入点讨论秦汉时期迁刑的演变可以发现，秦律的迁刑的"当包"对象限于律令规定，而汉律以亲缘关系扩大连坐范围，这里可将二者理解为"任法"、"缘亲"特质。从任法到缘亲这一法律趋向的演变，一方面与迁刑演变存在联系，另一方面是秦汉律令整体演变的结果所致。

一 迁刑与"徙迁"刑

随着秦汉时期律令类简牍材料的不断补益，秦汉律令体系中迁刑特征逐渐明朗，从睡虎地秦简、张家山汉简、岳麓秦简等律令类材料所包含的迁刑内容，可以总结迁刑若干特性，如下。

首先，迁刑可作为独立刑名而存在并被执行。《法律答问》简61："啬夫不以官为事，以奸为事，论可（何）也？当迁。迁者妻当包不当？不当包。"① 按此，啬夫以"奸为事"而被定罪为"当迁"，是独立的刑罚规定。《封诊式·迁子》简46："某里士五（伍）甲告：'谒鋈亲子同里士五（伍）丙足，𨙸（迁）蜀边县，令终身毋得去𨙸（迁）所，敢告。'"② 结合后文，知士伍丙被"县次传诣成都"，即被执行迁刑。

其次，迁刑也可附加于部分"正刑"之后，呈现出一罪两罚的现象，《二年律令·□市律》简261—262记："诸（诈）给人以有取，及有贩卖贸买而（诈）给人，皆坐臧（赃）与盗同法，罪耐以下有（又）𨙸（迁）之。"③ 针对交易不当行为，该律文规定该当刑轻于耐罪者叠加迁刑。同时，部分正刑与迁刑存在一定联系，这里以刑徒户籍切入讨论。《商君书·画策》记载："乡治之间无所逃，迁徙无所入。"蒋礼鸿释"迁徙无所入"者为不得逃入他乡④，基于此可推测迁徙人员户籍已定著于所

---

① 睡虎地秦墓竹简整理小组：《睡虎地秦墓竹简》，文物出版社1990年版，第107页。
② 同上书，第155页。
③ 张家山二四七号汉墓竹简整理小组：《张家山汉墓竹简〔二四七号墓〕》（释文修订本），文物出版社2006年版，第45页。
④ 蒋礼鸿：《商君书锥指》，中华书局1986年版，第108页。

迁之地，故而限定其逃遁他地。《二年律令·户律》简307："隶臣妾、城旦舂、鬼薪白粲家室居民里中，以亡论之。"按此，凡为隶臣妾、城旦舂以及鬼薪白粲即刑徒则不再有权"家室居民里中"，另受簿籍编定统一管理。《法律答问》简147："甲徙居，徙数谒吏，吏还，弗为更籍，今甲有耐、赀罪，问吏可（何）论？耐以上，当赀二甲。"① "数"指户籍，整理小组释"徙数谒吏"为"请求吏迁移户籍"。此处甲身份是否为刑徒不得而知，而请吏移籍者则完全基于"徙居"之事实，那么相对应的在刑徒不可"家室居民里中"的情况下其户籍处理——随系其身而迁至所迁之县也当属如法炮制之功。

综上，迁刑存在"迁所县"，施行包括将刑徒从籍贯县输至"迁所县"的过程，同时部分正刑也可与迁刑叠加执行，对于刑徒而言，虽未被论为"迁刑"但实际行刑却已达到了"迁刑"的施刑效果。最后，两种刑罚均意味着刑徒身份的转变与户籍的变迁同时发生。

上文可见，迁刑具备正刑的若干性质，那么在刑罚序列中其地位又是如何？《秦迁刑考略》一文指出秦时迁罪与耐罪在当时刑罚体系中地位相近。② 又，《二年律令·具律》简119记：

赎死，金二斤八两。赎城旦舂、鬼薪白粲，金一斤八两。赎斩、腐，金一斤四两。赎劓、黥，金一斤。赎耐，金十二两。赎迁，金八两。有罪当腐者，移内官，内官腐之。③

邢义田根据"或赎迁，欲入钱者，日八钱"，认为迁刑属于有期刑，而结合简119可见此处赎迁所需金额少于赎耐，即在此时刑罚序列中赎迁当轻于赎耐。

同时，在正刑中的迁刑之外，两汉典籍另记有"徙迁"、"迁刑"现象，如《史记·秦本纪》记昭襄王时期：

---

① 睡虎地秦墓竹简整理小组：《睡虎地秦墓竹简》，第127页。
② 温俊萍：《秦迁刑考略》，《湖南大学学报》2017年第5期。
③ 张家山二四七号汉墓竹简整理小组：《张家山汉墓竹简〔二四七号墓〕》（释文修订本），第25页。

二十一年（前286），错攻魏河内，魏献安邑。秦出其人，募徙河东赐爵，赦罪人迁之。①

二十六年（前281），赦罪人迁之穰。②

二十七年（前280），错攻楚，赦罪人迁之南阳。③

二十八年（前279），大良造白起攻楚，取鄢、邓。赦罪人迁之。④

三十四年（前273），秦与魏、韩上庸地为一郡。南阳免臣迁居之。⑤

为开拓、固守新地，秦昭襄王不断赦免罪人移民填充，以作为军事攻略的善后公事，此处开疆拓土与移民实边前后相应。

秦王政时期也存在迁徙方面的记载。二十八年（前219）始皇南巡至琅琊，随后迁徙黔首三万户至琅琊，许以"复十二岁"⑥；三十五年（前212）迁徙三万家丽邑、五万家云阳，"皆复不事十岁"；三十六年（前211）迁三万家河北、榆中，"拜爵一级"；云梦秦简所见黑夫与惊的书信谈及"新地"或将调民充实的现实。西汉时期移民更为频繁，规模更为庞大，葛剑雄《西汉人口地理》一书分阶段论述西汉时期人口流动情况，反映出这一时期因内外国策、上下政务调整，人口移动的现象十分普遍。其中汉武帝时期徙民政策最为典型：

先为室屋，具田器，乃募罪人及免徒复作令居之；不足，募以丁

---

① 《史记》卷五《秦本纪》，中华书局标点本2014年版，第267页。
② 同上。
③ 同上。
④ 同上书，第267—268页。
⑤ 同上书，第268页。
⑥ 《史记》卷六《秦始皇本纪》，第313页。

奴婢赎罪及输奴婢欲以拜爵者；不足，乃募民之欲往者。皆赐高爵，复其家。予冬夏衣，廪食，能自给而止。郡县之民得买其爵，以自增至卿。其亡夫若妻者，县官买予之。①

两汉时期徙民举动较多，被迁徙者身份也各有不同。或基于政治上强本弱末的考虑，迁徙郡国豪杰、高赀富人而吏二千石之家于京师；或基于军事、经济和安定社会内部等原因，大规模移送灾民、贫民或罪犯到帝国的边陲地带。② 与律令条目所规定的基于犯罪行为+刑罚规定的迁刑不同，这种"徙迁"属于帝国控制之下人口的宏观调度。迁徙地、迁徙对象、迁徙福利等诸多具体因素随着国家需要而嬗变不定，较于正式刑名"迁刑"，这一人口徙迁行为缺乏法理上的内涵。

综上，刑罚序列中的迁刑不同于移民政策中的"徙迁"，前者在刑罚序列中有明文规定，可作为独立刑罚，也可与他刑合并，同时迁刑在赎罪金额中存在量化规定，即在法理层面上迁徙作为刑名之一所应具有的刑名属性。相比之下"徙迁"并不具备以上特征，不过从二者之间逐渐流变的历史梳理中仍可发现其中存在的联系。迁刑、徙迁二者虽性质不同，但均包括连坐范围，因此分析连坐对象当有助于理解迁刑的演变过程，同时也是考察秦汉法律"缘亲"与"任法"特色的视角之一。

二 迁刑与"徙迁"对象

睡虎地秦简、张家山汉简集中呈现了秦汉律令体系，其中不乏被施迁刑者，在此先将睡虎地秦简、张家山汉简中关于迁徙的内容梳理如下：

> 廷行事有罪当迁，已断已令，未行而死若亡，其所包当诣迁所。60③
> 啬夫不以官为事，以奸为事，论何也？当迁。迁者妻当包不当？

---

① 《汉书》卷四九《鼌错传》，中华书局标点本1962年版，第2286页。
② 邢义田：《治国安邦：法制、行政与军事》，第69页。
③ 睡虎地秦墓竹简整理小组：《睡虎地秦墓竹简》，第107页。

不当包。61①

当迁，其妻先自告，当包。62②

包，指与主犯同处流刑。③迁刑与"包"同时④，不过"包"的对象无明文划定，简60规定断狱之后已定罪为迁刑者，即使迁刑主体身死，其所牵连被包者仍旧被迁至迁所，而简61中啬夫被执行迁刑，其妻子"不当包"，对此于振波认为"妻子如果能享有某些特权（如减、免刑罚）的话，那也是由丈夫的官秩与爵位所决定的"⑤。按此，拥有官秩、爵位者其妻子应以"当包"而被迁。简62指妻子因丈夫有罪而当包，但是妻子主动告发自己其他罪行，这时的断狱涉及两方面：迁刑和因自身犯罪行为的定罪，本简规定"以当包"，即以迁刑先行。这表明妻子在所迁范围内。

《封诊式·迁子》中父甲要求迁其子丙，最终"迁丙如甲告，以律包"。⑥内涵即上述简60，此处虽无明文"当包"对象，但其父应不在所包范围之内，否则与"告子"举动不和。又，冨谷至讨论秦汉刑罚制度中的连坐制度，指出缘坐对象包括同一户籍的家族⑦，而商鞅变法以"二男不分异者倍其赋"促使小家庭的形成，子女婚姻脱离父母户籍而另行立户是这一时期基本形态，但这与赡养父母而归户并不相斥。《二年律令·户律》规定：

> 民大父母、父母、子、孙、同产、同产子，欲相分予奴婢、马牛羊、它财务者，皆许之，辄为定籍。孙为户，与大父母居，养之不善，令孙且外居，令大父母居其室，食其田，使其奴婢，勿贸卖。孙死，其母而代为户。令毋敢遂（逐）夫父母及入赘，及道外取其子

---

① 睡虎地秦墓竹简整理小组：《睡虎地秦墓竹简》，第107页。
② 同上书，第108页。
③ ［日］冨谷至：《秦汉刑罚制度研究》，第187页。
④ 魏德胜：《〈睡虎地秦墓竹简〉词汇研究》，华夏出版社2003年版，第142页。另，温俊萍认为"包"是主刑为"迁"刑时的一种连坐刑，可参考。见氏著《秦迁刑考略》，《湖南大学学报》2017年第5期。
⑤ 于振波：《秦汉法律与社会》，湖南人民出版社2000年版，第82—83页。
⑥ 睡虎地秦墓竹简整理小组：《睡虎地秦墓竹简》，第155页。
⑦ ［日］冨谷至：《秦汉刑罚制度研究》，第157页。

财。337—339①

> 诸后欲分父母、子、同产、主母、叚（假）母欲分孽子、叚（假）子田以为户者，皆许之。340②

律文规定，在财产、爵位、刑罚连坐中父母、妻子、同产三种身份均各有不用功能，迁刑同样涉及对受刑者亲疏关系的界定，当包范围止于妻子，是夫妻共籍的一般状态在刑罚体系中的同步反映。

迁刑将共籍作为判断当包被迁对象的依据之一，亲属关系的终止也以除籍消户的户籍操作为据。

> 甲杀人，不觉，今甲病死已葬，人乃后告甲，甲杀人审，问甲当论及当收不当？告不听。68③

> 家人之论，父时家罪殹（也），父死而蒱（甫）告之，勿听。可（何）谓家罪？家罪者，父杀伤人其奴妾，父死而告之，勿治。106④

> 父母及妻不幸死者已葬卅日，子、同产产、大父母、大父母之同产十五日之官。377⑤

简 68、简 106 出自《法律答问》，简 68 规定甲"病死已葬"而"后告"者不纳入司法程序，简 106 以"父死"同样拒绝受理告劾，犯罪者身灭之后的告发于犯罪者本身并无意义，应是针对犯罪者家属。被告死后，案情难以分明，这个情况与家罪相似。这就容易给坏人留下钻空子的机会，无中生有地诬赖死人，以"收"制为工具，灭掉整个家户。⑥ 这里，"死

---

① 张家山二四七号汉墓竹简整理小组：《张家山汉墓竹简〔二四七号墓〕》（释文修订本），第 55 页。
② 同上。
③ 睡虎地秦墓竹简整理小组：《睡虎地秦墓竹简》，第 108 页。
④ 同上书，第 118 页。
⑤ 张家山二四七号汉墓竹简整理小组：《张家山汉墓竹简〔二四七号墓〕》（释文修订本），第 55 页。
⑥ 徐世虹等著《秦律研究》，武汉大学出版社 2017 年版，第 55 页。

亡"是连坐在犯罪者亲属中是否仍旧有效的关键,即律令层面中人际关系是否终止的关键。很明显,此处应该存在两个时间节点:已死、已葬。

上列律文中已死与已葬同时存在,不过造成诉讼无效是源于已死还是已葬并不清晰。邢义田引用《春秋决狱》"夫死未葬,法无许嫁",指出人际关系以下葬为终止的可能性。刘欣宁同意本说,认为"已葬恐亦非无意义之赘词,主犯埋葬后,其妻子才能免于被收之命运"。① 秦汉时期以人身之亲疏行不同丧期,简377是为《二年律令·置后律》中治丧规定,假设"已死"成为人际关系终止标志,那么行丧治丧便无推行的可能,治丧行毕,或改嫁,或分户阻力减少,"夫死未葬,法无许嫁"恰属这一成例,即"已葬"作为人际关系终止的界定应是合理的,这符合户籍制度的管理方式。但是《法律答问》简60中廷行事仍旧以犯罪者死后"其所包当诣迁所",对此或可联系到,廷行事多对秦律有所调整,本条或为原定不当包之后的调整也不无可能。②

正如上文所及,秦时徙迁以实边为导向,有别于刑罚律列中的迁刑,作为正刑之一的迁刑,"包"是其连坐对象范围的专用术语,虽与徙迁所及同样具有限定范围的效果,但不宜混用。那么徙迁中其迁徙对象包括哪些?从上文可知,以实边为目的的徙迁地地处边陲,当以户为单位,政府推行迁徙策略之落实本无意造成对家庭结构的破坏,这一现象也表现于个人惩戒中的迁徙刑中。

《史记·秦始皇本纪》记载吕不韦死后,其舍人"秦人六百石以上夺爵,迁;五百石以下不临,迁,勿夺爵"③。两汉时期诸侯王以不奉法而被迁者更为显著:梁王彭越谋反,徙蜀青衣;汉文帝以刘长"不用汉法,出入警跸,称制,自作法令,数上书不逊顺"④,而迁徙之蜀,致其客死途中;楚王英以大逆不道,废徙丹阳泾县。

---

① 刘欣宁:《秦汉律令中的同居连坐》,王沛主编《出土文献与法律史研究》第1辑,上海人民出版社2012年版,第139—170页。
② 关于"已死"、"已葬"不同时间点与诉讼效力之间的联系,上文引鉴中国政法大学古籍研究所读书班的讨论意见,此处"已葬"司法意义应更为明显。借此本文试图延伸讨论亲属关系的终止与除籍消户之间的联系。
③ 《史记》卷六《秦始皇本纪》,第298页。
④ 《汉书》卷四四《淮南王传》,第2136页。

徙迁之刑同样受用于一般臣僚，甚至在成为爵减死刑之后的普遍刑名，沈家本辑录汉代刑罚，将减等划归赦免之中。《汉书·鲍宣传》记鲍宣因"摧辱宰相"而下廷尉狱，后"上遂抵宣罪减死一等，髡钳"。并徙之上党。①《汉书·李寻传》记"寻及解光减死一等，徙敦煌郡"。② 鲍宣、李寻、解光三人均以减死一等而被处以迁刑，这里迁刑为正刑，其连坐者并没有相关记载。又，《汉书·元后传》记王"章死狱中，妻子徙合浦"③，《王章传》记淳于长因大逆不道，死狱中，"妻子皆徙合浦"④。《汉书·佞幸传·董贤传》记董贤死后"父恭、弟宽信与家属徙合浦，母别归故郡巨鹿"⑤。这几例反映出犯罪主体已死而家属仍旧迁徙合浦，迁刑对象在妻子之外增加父母、兄弟等亲属成员。冨谷至讨论秦汉刑罚制度中的连坐制，指出大逆无道的主犯为腰斩，缘坐刑为弃市，而当主犯"死于狱"时，缘坐刑可减至迁刑，此二例中迁刑即从弃市减等而来。⑥据此，从死刑到迁刑，正刑与缘坐刑似乎具备"减死一等"这一相同减刑原则，作为缘坐刑的迁刑主体包括妻子、父母、同产等，那么作为正刑的迁刑其缘坐者也应包括妻子、父母、同产等。

至东汉明帝以后，将天下死罪系囚减死，连同家属迁往边地充军变成一种经常性的措施，《后汉书·显宗孝明帝纪》著录有相关内容，如下：

> 丙子，临辟雍，养三老、五更。礼毕，诏三公募郡国中都官死罪系囚，减罪一等，勿笞，诣度辽将军营，屯朔方、五原之边县；妻子自随，便占著边县；父母同产欲相代者，恣听之。其大逆无道殊死者，一切募下蚕室。亡命者令赎罪各有差。凡徙者，赐弓弩衣粮。⑦

---

① 《汉书》卷七二《鲍宣传》，第3094页。
② 《汉书》卷七五《李寻传》，第3193—3194页。
③ 《汉书》卷九八《元后传》，第4023页。
④ 《汉书》卷七六《王章传》，第3239页。
⑤ 《汉书》卷九三《董贤传》，第3740页。
⑥ [日] 冨谷至：《秦汉刑罚制度研究》，第180—186页。
⑦ 《后汉书》卷二《显宗孝明帝纪》，中华书局标点本1965年版，第111页。

> 九年（66）春三月辛丑，诏郡国死罪囚减罪，与妻子诣五原、朔方占著，所在死者皆赐妻父若男同产一人复终身；其妻无父兄独有母者，赐其母钱六万，又复其口算。①

> 九月丁卯，诏令郡国中都官死罪系囚减死罪一等，勿笞，诣军营，屯朔方、敦煌；妻子自随，父母同产欲求从者，恣听之；女子嫁为人妻，勿与俱。谋反大逆无道不用此书。②

东汉初期匈奴未定，边患频仍，永平五年（62）十一月北匈奴寇五原，八年（65）"北匈奴寇西河诸郡"，十六年（73）春明帝遣兵四路北伐匈奴，同年"北匈奴寇云中"。应战争需求，汉明帝以诏书减赦刑徒，同时将其迁徙至边郡"便占著边县"即著籍定户，妻子、父母、同产皆可同往。其中家属范围已超出妻子。

综上，秦时迁刑作为正刑，依据户籍界定缘坐范围，妻子因迁刑而被包，父母、同产等其他亲属应不在当包范围之内；主犯职事、爵位会对妻子是否被迁造成一定影响；"已葬"是秦汉律令中人际关系终止的标志，但《法律答问》以"廷行事"对迁刑有所调整，犯罪主体的已死、已葬不会影响当包被迁的执行，其执行与否应与"已狱"、"狱已断"司法程序相关。移民性质的徙迁以实边为目的，徙迁地地处边陲，以户为单位，政府推行迁徙策略本无意造成对家庭结构的破坏。至西汉迁刑以"恩惠形式"与正刑的死刑产生交叉，但并不属正刑，主犯与妻子相伴迁徙，同时父母、兄弟也可能同时被迁，至东汉时期妻子、父母、同产同步被迁已成惯例。

三 从秦到汉迁刑的流变

律令体系中迁刑具有一般性刑罚所具有的法理含义，在等级序列中轻于耐罪，当包对象仅仅限于妻子，甚至父亲可以直接谒请将其子执行迁刑，可见其中并无血亲界定亲疏范围的原则。同时其他罪刑中也包括

---

① 《后汉书》卷二《显宗孝明帝纪》，第112页。
② 同上书，第121页。

"被迁"的成分,这一刑罚现象的背后是夫妻共籍的户籍制度,迁刑主犯与妻子同行是基于法律、制度原因,同时迁刑规避对父母、同产的连坐被迁,这在一定程度上体现出迁刑规定所具有的法制特色。早期秦律以主犯已死且已葬来终止其妻子当包被迁,而《法律答问》以廷行事对迁刑有所调整,致使按律当包的妻子无法因有罪之夫的死亡而摆脱被迁的命运。

与律令体系中的迁刑不同,大规模的徙迁刑推行的背后是国家政策对人口的调度,被迁群体以家庭为单位接受被迁的事实,除服从之外别无他选;针对个人的徙迁举动不与他罪相联,无赎罪金额中的量化规定,被迁对象超出被迁主体妻子而涉及其父母、子女、同产等其他亲属——即血亲关系成为被迁者亲疏范围的界定标准,成为移民政策中的缘亲原则,而即使犯罪主体已死,其妻子、父母、同产等并不能避免被迁的结局。

如上所述,两种迁徙现象存在较多差异,而若从刑罚体系发展角度审视,两者之间存在紧密的联系。邢义田比较迁徙刑在秦汉两代刑罚中的轻重地位,并指出"迁"在睡虎地秦律中次于黥为城旦、黥劓为城旦舂和斩趾,至《二年律令·具律》中,以赎金多少而论,"迁"次于死、城旦舂、鬼薪白粲、斩、劓、黥、耐。但此后"徙边"变成仅次于死刑的重刑。汉初以来出现的一个现象是减死一等者,徙边。换言之,徙边在某些情况下,仅下死一等。秦代有肉刑、黥劓加终身劳役,在罚则等级上较迁为重。汉文帝废肉刑,又将原本多属无期的徒刑有期化,徒刑相对减轻,迁徙加劳役之刑在轻重的等级上就相对地提高了。① 关于汉初的迁刑,大庭脩着眼于其发展过程,指出在汉元、成之际死刑逐渐减少设置,徙迁刑因此逐渐向正刑过渡,到东汉顺帝时期成为正刑,与后世流刑存在一定联系。② 继于此,邢义田进一步归结此时迁刑实际存在但汉律却并未将此纳入正式的刑律系统的原因,其原因有二:汉代行政太过因循,不肯轻改祖宗成法;天子施恩的政治技巧。③

很明显,在汉初律令中,作为正刑的迁刑不同于迁徙之刑,二者

---

① 邢义田:《治国安邦:法制、行政与军事》,第78页。
② [日]大庭脩:《秦汉法制史研究》,第128页。
③ 邢义田:《治国安邦:法制、行政与军事》,第87页。

性质、沿革均有不同，不宜将秦汉时期迁刑的演绎划归为线性沿革，徙迁措施并不具有迁刑所具有的刑名属性即法理内涵，其徙迁对象、徙迁地以及徙迁所伴随的除复、赐爵、赐钱、赐粮等补偿诸内容多变动不定。以汉代为例，其迁徙刑可分为徙南方郡的徙远郡刑与徙北方边郡的徙边刑①，前者又可参考汉代"徙合浦"举动，西汉中晚期合浦成为重大罪犯集中流放地区，这促使了合浦地的地区开发，东汉以后流徙地区再度南迁，集中到九真、日南，这体现出两汉徙迁措施所具有的政策导向性。②

粟劲认为，"迁是根据法律规定的刑名，其本身就包含有必须发配到边远地区去的含义。而谪则是因为政治上的某种需要而把其他罪名的犯人，发配到边远地区去，其原来的罪名本身并不包含必须到边远地区去的含义"。③这里对"迁"与"谪"的区分能够代表迁刑与徙迁的差异，秦及汉初二者并存，且处于刑罚序列中的迁刑在法理层面上具备一定的刑名属性，而迁徙刑仅仅停留在移民政策层面，二者性质不同，不宜混同，自然"包"的使用亦不宜由此及彼。至西汉初期，赖于刑制改革所需，刑罚等级有所调整，二者逐渐融合，即政策属性之徙迁吸取迁刑赎金、减罪的法理属性而具备可减免性，史书所见"爵减"即指以爵位减免部分徙迁劳役，形成爵位等级与减罪等级相对应的基本模式。反之，迁刑逐渐被徙迁侵染，迁刑连坐对象超出妻子，逐渐扩大至父母、同产等其他血亲家属，迁刑褪去最初在秦律中所具备的"任法"特色，"缘亲"而迁的特点逐渐明显。

从秦到汉，刑罚序列中迁刑向两汉史书所记"徙迁"之刑的转变属迁刑小范围的递变，而其任法向缘亲特色的转变则是秦律到汉律宏观变化的整体底色，两者之间并非单线的历史演进，而是从分立到侵染再到融合的立体过程。滋贺秀三论述古代中国法律，认为其中情、理、法交融存

---

① 对汉代迁刑刑的分类参看大庭脩《秦汉法制史研究》，第134—135页。
② 参见蒋廷瑜《略论汉"徙合浦"》，《社会科学家》1998年第13卷第1期；蒋廷瑜《再论汉代罪犯流徙合浦的问题》，收入吴传钧主编《海上丝绸之路研究中国·北海合浦海上丝绸之路始发港理论研讨会论文集》，科学出版社2006年版，第207—213页。两文均对汉代"徙合浦"的政治含义有所阐述。
③ 粟劲：《秦律通论》，山东人民出版社1985年版，第286页。

在①，迁刑的变化是秦汉时期律令演变的一部分，背后是汉律延续秦律而又有所调整的法律文化的形成过程。

（作者单位：中国人民大学历史学院）

---

① ［日］滋贺秀三：《中国家族法的原理》，张建国、李力译，法律出版社2003年版。

信仰与民俗

秦统一战争中的重要将领白起的宗教化形象塑造

姜守诚

在中国古代战争史上，白起是一位用兵如神、战功赫赫的"不败将军"。在他的天才指挥下，秦军所向披靡、战无不胜，三十余年间共计歼敌百万、克城百余座、兼地几千里，极大削弱了敌国的战斗力，为秦帝国的统一大业立下汗马功劳。当然，在攻城略地的过程中也伴随着血腥和杀戮，大战过后往往是尸横遍野、血流成河的凄凉景象，尤其"坑赵卒"之举更显示出战争的残酷性，同时夯实了白起"嗜杀成性"的形象而令其背负千古骂名。历代史家对白起的功过褒贬不一，亦皆源于此。褒奖者誉其为"战神"、"虎将"，辩护"坑卒"乃系形势所迫、情非得已，"杀降亦无奈，谁解将军心"？贬抑者斥之为"杀神"、"人屠"，力主将其从历代忠臣良将名录中剔除、打入另册。对这位颇具传奇色彩的历史人物，官方、民间及道教基于不同的立场，在各自话语体系中塑造和建构出迥异的人物/神格之形象。

一 白起的历史真貌

白起，是声名显赫的秦国将领，被史家誉为战国四大名将之一。① 白起戎马一生，善于用兵、战功卓著，在秦国开疆拓土的争霸大业中立下汗

---

① 战国四大名将分别是：白起、王翦、廉颇、李牧。南朝梁武帝时期，员外散骑侍郎周兴嗣奉敕编撰的《千字文》即云："起翦颇牧，用军最精。"首句四字，即是指前述四位将军。其中，白起位居首位。

马功劳，也为秦王朝的横扫群雄、一统六合打下坚实的基础，揭开了秦统一的序幕。①

白起骁勇善战，亲历大小战役数十次，具有杰出的军队指挥才能，太史公司马迁称誉其为"料敌合变，出奇无穷，声震天下"。② 回顾白起的生平，恐怕无人不对他的辉煌战绩表示惊叹！秦昭王十三年（前294），白起为"左庶长"，领兵攻打韩国，拔下新城。昭王十四年（前293），白起晋升为"左更"，大败韩、魏联军于伊阙，杀魏将犀武，生俘公孙喜，拔下五城，迁为"国尉"，一战成名。昭王十五年（前292），白起为"大良造"，攻下魏国城池61座。昭王十六年（前291），又攻下垣城。昭王二十一年（前286），攻打赵国，拔下光狼城。昭王二十八年（前279），攻打楚国，拔鄢、邓五城。昭王二十九年（前278），攻入楚都郢、烧夷陵，以战功封为"武安君"。昭王三十四年（前273），与赵、魏联军战于华阳，打败魏将芒卯，又击败赵将贾偃。昭王四十三年（前264），攻占韩国陉城。昭王四十八年（前259），与赵括军大战于长平，重创赵军，使赵国一蹶不振。长平大捷后，白起"声振天下"、武运鼎盛，却也成为盛极而衰的命运转折点。昭王四十八年，白起统兵围攻赵国都城邯郸，唾手可得。秦相范雎妒其功大，游说昭王接受献地而罢兵，功败垂成。白起"闻之，由是与应侯有隙"，又托病拒领帅位、忤逆皇权、屡犯龙颜，应侯范雎趁机谗言，秦昭王将其削职流放（免"为士伍、迁之阴密"），旋即又赐死于途中（时为昭王五十年十一月，前257）。一代名将殒命杜邮（今咸阳市东郊），未得善终、悲剧收场。白起死后就近安葬于杜邮，《文选》卷一〇《纪行下》收录潘安仁撰《西征赋》其中有云"索杜邮其焉在，云孝里之前号"，唐代李善注曰："杜邮，亭名，在咸阳西，今谓之孝里。辛氏《三秦记》曰：毕陌西北有孝里，毕陌西有白起墓。"③ 1970年，中国人民解放军第3530厂（又名咸阳3530印染厂，位于咸阳市渭城区任家咀村北）建设施工时发现了白起墓，文物部门随即清理出土铁剑、兵器等随葬品，现存咸阳博物馆。1981年10月，白起墓

---

① 有关他的事迹，《史记·白起王翦列传》有详细记载，当今学界也有诸多研究。（《史记》卷七三《白起王翦列传》，中华书局标点本1959年版，第2331—2337页）

② 《史记》卷七三《白起王翦列传》，第2342页。

③ （南朝梁）萧统编，（唐）李善注：《文选》卷一〇，上海古籍出版社1986年版，第464—465页。

被陕西省人民政府公布为省级重点文物保护单位。

白起在历年的征伐中，最饱受争议的就是本性暴戾、杀戮无度和虐杀降卒，由此成为名副其实的"白骨堆上的将军"。白起为了在战争中取胜和最大程度上削弱对手的有生力量，不惜采用各种方式对敌方士兵实施肉体消灭，手段残忍、令人发指，见诸史籍的就有斩首、沉河、坑杀等。譬如，昭王十四年伊阙之战，斩首韩、魏联军24万人。昭王二十八年攻打鄢城时因久攻不下，遂采取水攻，引壅西山长谷水灌城，"水溃城东北角，百姓随水流，死于城东者数十万，城东皆臭，因名其陂为臭池"。① 昭王三十四年华阳之战，斩首魏军13万人，又将2万赵军沉于黄河。昭王四十三年陉城之战，斩首韩军5万人。昭王四十八年长平之战，坑杀赵军降卒40多万人，前后共计斩杀45万人。② 如上所言，歼敌已达百万人众，数目之巨大，令人瞠目结舌。因此，白起被世人冠以"杀神"、"人屠"、"刽子手"等恶号。

有关白起在中国历史上的是非功过，学界已有诸多讨论。大抵说来，白起留给后人的印象主要有三个鲜明的特征：（1）能征善战，有勇有谋；（2）嗜杀成性，杀人如草芥；（3）无视道义，坑杀俘虏。

二 祠庙与陪祀：白起的偶像化崇拜

白起自刎以后，秦地民众感哀之，自发地举行祭祀活动。如《史记·白起王翦列传》记载："（白起）死而非其罪，秦人怜之，乡邑皆祭祀焉。"③ 唐代李吉甫撰《元和郡县图志》卷一《关内道一·京兆府上》"咸阳"条："白起祠，在县城中。"④ 明代冯梦龙编著《智囊全集·上智部》

---

① （北魏）郦道元原注，陈桥驿注释：《水经注》卷二八，浙江古籍出版社2001年版，第451页。

② 《史记·白起王翦列传》叙述了此事的经过：秦昭四十八年，白起设计围困赵军、绝其粮道，"至九月，赵卒不得食四十六日，皆内阴相杀食。来攻秦垒，欲出。为四队，四五复之，不能出。其将军赵括出锐卒自搏战，秦军射杀赵括。括军败，卒四十万人降武安君。武安君计曰：'前秦已拔上党，上党民不乐为秦而归赵。赵卒反覆。非尽杀之，恐为乱。'乃挟诈而尽坑杀之，遗其小者二百四十人归赵。前后斩首虏四十五万人。赵人大震。"（《史记》卷七三《白起王翦列传》，第2335页）

③ 《史记》卷七三《白起王翦列传》，第2337页。

④ （唐）李吉甫撰，贺次君点校：《元和郡县图志》卷一，中华书局1983年版，第14页。

卷二《远犹》"白起祠"条云:"贞元中,咸阳人上言见白起,令奏云:'请为国家捍御四陲。正月吐蕃必大下。'既而吐蕃果入寇,败去。德宗以为信然,欲于京城立庙,赠起为司徒。李泌曰:'臣闻"国将兴,听于人"。今将帅立功,而陛下褒赏白起,臣恐边将解体矣。且立庙京师,盛为祷祝,流传四方,将召巫风。臣闻杜邮有旧祠,请敕府县修葺,则不至惊人耳目。'……上从之。"① 因预言吐蕃入寇有验,唐德宗欲在京师设立白起祠、赠白起"司徒"衔,后因李泌劝谏而作罢,并采纳李泌的建议,敕令府县修缮杜邮旧祠。这个杜邮旧祠,想必就是秦人自发祭祀白起的场所。

晚唐诗人白居易撰《太原白氏家状二道·故巩县令白府君事状》中云:"白氏芈姓,楚公族也。楚熊居太子建奔郑,建之子胜居于吴、楚间,号白公,因氏焉。楚杀白公,其子奔秦,代为名将,乙丙已降是也。裔孙曰起,有大功于秦,封武安君,后非其罪,赐死杜邮,秦人怜之,立祠庙于咸阳,至今存焉。及始皇思武安之功,封其子仲于太原,子孙因家焉,故今为太原人。自武安以下凡二十七代"云云。② 在这里,白居易回顾了其家族太原白氏的谱系脉络,将其始祖追溯到秦将白起,又指出起子白仲受秦始皇敕封太原而繁衍于斯,亦即说太原白氏是秦将白起的嫡亲血脉。不过,这种说法的可靠性尚有待证实。

除了设有独立的祠庙外,唐宋时期,白起还作为太公姜子牙的陪祀,供奉于武庙内。《万历野获编》补遗卷三《兵部》"武庙"条:"唐高宗上元初,封太公为武成王。开元间,始置亚圣十哲以从祀,寻加七十二弟子。宋太祖初即位,即诏修庙,与国学相对,未几幸庙,以白起杀降命去之。至徽宗宣和间,又升张良配享殿,上以管仲、孙武、乐毅、诸葛亮、李勣西向,穰苴、范蠡、韩信、李靖、郭子仪东向,为十哲。而两庑则白起、吴起各为之首,凡七十二人。"③ 据此可知,有唐一代,白起在武庙

---

① (明)冯梦龙编著,栾保群、吕宗力校注:《智囊全集》卷二,中华书局2007年版,第39页。

② (唐)白居易著,朱金城笺校:《白居易集笺校》卷四六《书颂议论状》,上海古籍出版社1988年版,第2832页。

③ (明)沈德符撰:《万历野获编》补遗卷三,中华书局1959年版,第866页。《寄园寄所寄》卷七《獭祭寄·类聚数考》云:"太公庙十哲(以张良配):田穰苴、吴起、韩信、李牧、李靖、孙武子、范蠡、白起、乐毅、李勣。"[(清)赵吉士辑撰,周晓光、刘道胜点校:《寄园寄所寄》卷七,黄山书社2008年版,第606页]

中是被作为"十哲"供奉的。宋太祖虽嫌其"杀降"而取消"十哲"资格，却也位居配享两庑的"七十二人"之首。换言之，白起在唐宋官方祭祀体系中，大抵是作为正面人物来塑造和出场的。

从秦地民众自发的祭祀，到唐德宗敕诏修缮杜邮旧祠以及唐宋时跻身"十哲"或"七十二人"陪祀武庙，无论民间抑或官方对于白起的评价和定位基本是持积极的态度，这恐怕是基于他杰出的军事才能和统一国家方面的贡献所做出的认同和肯定。准确地说，白起配享武庙，不仅彰显出世人对他的尊崇，更体现了中央朝廷对其赫赫战功的认可和赞许。

三 冥拷与轮回：白起的阴界谪罚

与官方的正面立场形成鲜明对照的是，唐代以来民众对白起的评价却始终采取贬抑的态度。他们认为，白起坑杀降卒、伐戮过重，犯下滔天罪行，即使死后也难逃其咎，必须受到严酷的谪罚才能涤清宿业。在历代志怪小说中，不乏以白起为反面典型编造出来的善恶报应故事。作为上述故事中的主人公，白起大致遭受两种惩罚：其一是沉沦于地狱，在地狱内受苦各种苦楚，借此偿还当年坑杀四十万赵军降卒的宿罪；其二是沉沦畜生道、不得为人，不断轮回投胎为猪、蜈蚣等动物，任人宰杀，借此赎罪。

唐代沙门释道世撰《法苑珠林》卷七九《十恶篇·邪见部》"隋赵文昌"条记载：隋开皇十一年，内大府寺丞赵文昌死而复活，自述被召至阎罗王所，阎罗王念其专心持诵《金刚般若经》而放还阳世，差人引他出离地狱城，"少时出南门外，见一大粪坑，中有一人，头发片出。昌问引人：此是何人？引人答云：此是秦将白起，坑赵卒，寄禁此中，罪犹未了。"① 唐人戴孚撰《广异记》"河南府史"条谈到河南府史王某（洛阳郭大娘的丈夫）死而复活，描述了阴府地狱中的见闻，其中见到白起的头被斩落在粪池狱。这是因为天帝惩罚白起坑杀赵卒之罪过，"每三十年

---

① （唐）释道世著，周叔迦、苏晋仁校注：《法苑珠林校注》卷七九，中华书局2003年版，第2320页。

一斩其头,追一劫方已"。① 唐玄宗时史官韦述所撰《两京新记》卷三《长安县所领坊》"次南曰布政坊"条"西门之南,法海寺"句下注释说:长安城内法海寺沙门英禅师和寺主沙门惠简,应约备办酒脯款待秦庄襄王等众魂,获知他们沉沦地狱中饱受饥饿之苦、数十年才得一食,随行侍从中就有白起、王翦,"(秦王)因指座上人曰:此是白起,此是王翦,为杀人多,受罪未了"。② 元末陶宗仪撰《南村辍耕录》卷一三"为将嗜杀"条亦谈到时人王皮被冥府狱卒摄召入地狱,回忆起前身是秦白起的偏将,故以证人身份,与久拘地狱、拒不认罪的白起当面对质,迫使其承认坑杀赵降卒四十万之事。③ 明代云栖寺僧

---

① 《广异记》"河南府史"条云:"洛阳郭大娘者,居毓财里,以当垆为业,天宝初物故。其夫姓王,作河南府史,经一年暴卒,数日复活,自说初被追,见王,王云:'此人虽好酒,且无狂乱,亦不孤负他人,筭又未尽,宜放之去。'处分讫,令所追人引入地狱,示以罪报。初至粪池狱,从广数顷,悉是人粪,见其妻粪池中受秽恶,出没数四。某悲涕良久,忽见一人头,从空中落堕池侧,流血滂沱,某问:'此是何人头也?'使者云:'是秦将白起头。'某曰:'白起死来已千余载,那得复新遇害?'答曰:'白起以诈坑长平卒四十万众,天帝罚之,每三十年一斩其头,追一劫方已。'又去一城中,悉是煻煨火,有数千人奔走其间,遥望城间驰欲出,至辄已闭,盘回其间,苦痛备急。事了别王,王言:'汝好饮酒,亦是罪,终须与一疾,不然,无诫将来。'令左右以竹杖染水,点其足上,因推坑中,遂活。脚上点处,成一钉疮,痛不可忍,却后七年方死。"[(唐)戴孚撰,方诗铭辑校:《广异记》,中华书局1992年版,第146页] 这则故事,亦收录于《太平广记·再生八》。[(宋)李昉等编:《太平广记》卷三八二,中华书局1961年版,第3047页]

② (唐)韦述撰,辛德勇辑校:《两京新记辑校》卷三,三秦出版社2006年版,第33页。《太平广记》卷三二八《鬼》"沙门英禅师"条所言亦大略相同。[(宋)李昉等编:《太平广记》卷三二八,第2606页]

③ 《南村辍耕录》卷一三"为将嗜杀"条云:"王皮者,住凤翔府城外八九里许。盛暑中,入城买皮料。归至中途,憩道傍大树下。忽有二卒来前,状貌奇怪,似非凡世间人,遽问曰:'汝王皮与?'王窃疑惧,然不敢不以实对,乃曰:'某是已。'卒曰:'阴府摄汝。'王曰:'某平生无他过恶,望赐矜怜。'卒不诺。又告曰:'容到家与妻子一别可乎。'卒乃诺。将及门,卒力挽之,不能入。王大叫:'救我!'比妻子来前,王已仆地气绝。既敛,胸间微暖如生,经宿,未敢盖棺。王于冥漠中随卒至一所,俨若王者之庭,仪卫吏隶,无不备具。问曰:'汝为秦白起偏将,坑赵降卒四十万,知其罪否?'王答曰:'某佣工,平生不曾读书,不知白起为何人,亦不知降卒为何事。'于是令王起,凡再历二庭,问亦如之,答亦如之。乃反接王一大池边,取池中泥涂其胸,寒气凛冽,洞腹透背。王即悟曰:'某已记前身事矣。'遂解其缚,复引至问第三庭。王告曰:'某当年曾为白起偏将,其杀赵降卒时,某曾力谏,不从,非某之罪。'顷间,牵一荷铁校者跪王侧,王认得似是白起,而形骸骨立,又若非似,盖因久囚故也。起见王曰:'子来矣,余复何言。'方招承。庭吏发王还第一庭,检录阳寿。及阅籍,尚有若干年。即命元摄卒引至原憩树下,一推,而王乃

人株宏论述水陆缘起时说，白起罪大恶极，幽囚阴府、不得救护，故托梦梁武帝以求助。武帝与宝志等人商议救拔之策，启建水陆道场，蒙荫法力超度而出离苦难。①前引史料均表达了相同的意思：白起因杀戮过重、宿业难消，必须在冥府地狱中接受各种严厉的刑罚，承受无尽的痛苦和折磨，借此赎罪。

明代郎瑛撰《七修类稿》卷四八《奇谑类》"李林甫"条和卷四九《奇谑类》"白起"条均谈到：洪武年间，杭吴山三茅观雷击白蜈蚣一条，长尺许、广二寸，身有殷色楷书"秦白起"三字。②明代周晖撰《金陵琐事》卷一"秦将白起"条："正德年间，守备太监富紫泉，建永宁寺于安德门外坌山口，屠一猪祭梁。猪腹上隐隐'秦将白起'四红字。富曰：

（接上页）在棺中跳跃而起。妻子亲邻，既惊且喜，叩问之，备言其故。有传之至京师者，差进士高哲笃来凤翔覆察，果实。时王元吉为本府照磨，元吉能备言其详，且有抄录公文。此一事然虽若幻诞，端可为为将而嗜杀人者之戒，故略节大樂如上。"〔（元）陶宗仪撰：《南村辍耕录》卷一三，中华书局1959年版，第161—162页〕

① 明代莲池大师著《竹窗三笔》中收录有"水陆仪文"〔（明）莲池大师著，华藏讲记组恭译：《竹窗随笔（三笔）白话解》，台北市，中华华藏净宗学会2014年版，第470—471页〕；戴晓云校点：《天地冥阳水陆仪文校点》，中国社会科学出版社2014年版，第121—123页。

② 《七修类稿》卷四八《奇谑类》"李林甫"条："予女翁曹和錞饮于陆允诚家，主人割鸡将烹而鸡背宛然'李林甫'三字，客皆惊而不食，事动杭城，后予闻而谓客曰：'千年之后林甫尚为冥报事耶？'客曰：'《癸辛杂志》所载耕牛批背之事，亦岂为妄耶？正'三世为牛七世娼'之意也。洪武间吴山雷震蜈蚣，背书"白起"，亦此之类欤？'众皆右之，予因言刘公《嘉话》中有画工解奉先私资入己，反誓曰：'若尔，当为牛报。'后果为人家一犊，背有白文'解奉先'三字，似此亦有之也。但此鸡不应如此之远，事乃偶然，当置之不言也。"〔（明）郎瑛撰：《七修类稿》卷四八，上海书店出版社2001年版，第511—512页〕又卷四九《奇谑类》"白起"条："《辍耕录》载白起、王皮对证事，且言当时朝廷知之，差进士高哲督察。余竟自秦至元千百年矣，就使有报应之说，王皮何不当前对之耶？岂前时又不可勾摄之邪？设使信之，则洪武己酉杭吴山三茅观雷击白蜈蚣一条，长尺许，广二寸，身有殷色楷书'秦白起'三字（《武林纪事》），亦一证也，是可信耶？谓之怪也。"〔（明）郎瑛撰：《七修类稿》卷四九，第525页〕此事亦见载于《西湖游览志余》卷二三《委巷丛谈》〔（明）田汝成辑撰：《西湖游览志余》卷二三，上海古籍出版社1958年版，第418页〕、《玉芝堂谈荟》卷一三"蜗牛成天子字"条〔（明）徐应秋撰：《玉芝堂谈荟》卷一三，载（清）永瑢、纪昀等纂修《景印文渊阁四库全书》第883册，子部一八九（杂家类），台北：台湾商务印书馆1986年版，第316页〕、《元明事类钞》卷一《天文门·雷电》"红色楷书"条〔载（清）永瑢、纪昀等纂修《景印文渊阁四库全书》第884册，子部一九〇（杂家类），第11页〕。

'此白将军也.'遂埋之。"① 其实，不光白起本人遭受冥报轮回、历世投胎为畜生，就连白的亲属及党羽亦被株连而为畜生。明代王同轨撰《耳谈》卷六"鱼腹豕腹字"条云："隆庆中，京师显灵宫道士买一鱼，腹有'秦白起妻'字。……白坑赵卒四十万，身赐杜邮剑。今二千余年，而妻尚受鱼屠。"② 明代佚名撰《续西游记》第三十三回《阴沉魔误吞行者、猪八戒辜负腾云》中的阴沉魔王原本是白起的僚属，亦受"杀降"牵连而在地狱中变为牛，"这妖魔唤做阴沉魔王，乃是个老牸牛成了精气，变化在这林间。这牛牸成精，却有些来历：当初原是白起之党，坑杀兵士，死后地狱罚他变牛"。③

值得注意的是，白起久拘地狱罹受冥考及元明以后出现的转世投胎为畜生等说法，大都源自民间的传说和杜撰，当系民众基于彰善恶报应的朴素理念而建构出来的，折射出世俗社会的价值观念及舆论导向。其实，这两种说法并不存在逻辑上的矛盾。按照佛、道教的说法，恶贯满盈之人先在地狱中饱受苦楚，期满后再堕入"旁生"，托生为动物而轮回转世。约元末明初时编纂的道教类书《道法会元》卷二一〇《丹阳祭炼内旨序》对此过程有过描述："复有积恶深重，冤报相干，魂系幽关，堕诸地狱，受苦满足，当堕旁生，如白起、秦桧之徒是也。"④

四　统兵鬼王：白起的鬼化

《真灵位业图》是编纂最早的道教神祇谱系，乃旨在将此前分散零乱的、彼此无隶属关系的各路仙真，依照玄门教义和尊卑观念予以统编和整合，借此建构出一套具有森严等级秩序的信仰系统。今《正统道藏》洞真部谱录类中存有《洞玄灵宝真灵位业图》一卷，卷首题署"梁贞白先

---

① （明）周晖撰：《金陵琐事》卷一，南京出版社2007年版，第24页。
② （明）王同轨撰，孙顺霖校注：《耳谈》卷六，中州古籍出版社1990年版，第144页。此外，《寄园寄所寄》卷五《灭烛寄·异》亦转录此则故事。[（清）赵吉士辑撰，周晓光、刘道胜点校：《寄园寄所寄》卷五，第313—314页]
③ （明）佚名撰，张颖、陈速校点：《续西游记》第三十三回，春风文艺出版社1988年版，第250页。
④ 《道法会元》卷二一〇，《道藏》第30册，文物出版社、上海书店、天津古籍出版社1988年版，第314页。

生陶弘景纂，唐天台妙有大师玄同先生赐紫闾丘方远校定"。① 该书共计收录近七百位神祇的职衔与名讳，按照从天上仙界到阴间地府的原则划分为七个位阶等级（即玉清、上清、太极、太清、九宫、地仙、酆都），每一层阶均设有中位主尊和左、右位诸神，个别还有散仙和女真位。第七位阶是以酆都北阴大帝为首的阴曹地狱诸鬼官，计有"鬼官见有七十五职，名显者凡一百一十九人"②，其中不少是历史上著名的帝王、将相、名士，如左位有秦始皇、魏武帝、周文王、晋宣帝、周颛、汉高祖、吴季札、周武王、齐桓公、晋文公、汉光武帝、杜预、李广、何晏、殷浩、刘备等五十多位，右位有戴渊、公孙度、郭嘉、刘封、郗鉴、陶侃、蔡谟、刘陶、赵简子、马融等六十多位。③ 这些真实的历史人物死后成为鬼官，统领辖下仙官和鬼兵。值得注意的是，白起并未入列其中。陶弘景在《真诰》卷一六《阐幽微》中对此予以解释："自三代已来贤圣及英雄者为仙鬼中，不见殷汤、周公、孔子、阖闾、勾践、春秋时诸卿相大夫，及伍子胥、孙武、白起、王翦，下至韩信、项羽辈，或入仙品而仙家不显之，如桀纣、王莽、董卓等，凶虐过甚，恐不得补职僚也。"④ 也就是说，白起等人是因为"凶虐过甚"而不得忝列仙职鬼官的。然而，待到六朝以后，这种情况发生了变化。

约六朝以后造作的《太上洞渊神呪经》⑤ 卷七《斩鬼品》已将白起、王翦等人视作鬼王，合称为"五通大鬼"，如谓："自大汉之后，有五通大鬼，鬼名王翦、白起、韩章、乐阳、楚狂，又有郝景、女娲、祝融三万九千人，各领八亿万人。此鬼从伏牺以来帝王相丞，此大鬼主召领十二万人。天下小鬼依凭求食，与其鬼王作兵，来耗动万民。万民患之。……今遣正一功曹、大明使者、验神使者各领铁面骑吏九亿万人，手持大戟、杀鬼之具，太上强力健士四十九万人，一合下来，收捕此土国中死将之鬼、一切魔邪、百千万魅、不正之殃、来害生人之家者，一一收捕打杀之，令

---

① 《洞玄灵宝真灵位业图》，《道藏》第3册，第272页。
② 同上书，第282页。
③ 同上书，第280—282页。
④ （南朝梁）陶弘景：《真诰》卷一六，《道藏》第20册，第587页。
⑤ 有关《太上洞渊神呪经》的造作时代，有学者认为："本经前十卷为原始部分，乃晋末至刘宋时写成。……后十卷盖成立于中唐以后至唐末。"［任继愈主编：《道藏提要》（修订本），中国社会科学出版社1995年版，第253页］

荡除宅中杀鬼。鬼王等悉加用力，次次缚之。若有一鬼不去者，鬼王等千斩不恕。急急如律令。"① 晚唐杜光庭对《神呪经》中出现王翦、白起等人名字做出辩解："昔在杜阳宫中出《神呪经》授真人唐平等，使其流布以救于人。世间无知愚俗见有王翦、白起之名，谓为虚诞。此盖从来将领者生为兵统、死作鬼帅，积功者迁为阴官，残暴者犹拘魔属，乘五行败气，为札、为瘥，然阳威惮之、神呪服之，自当殄戢矣。"② 杜光庭认为，白起、王翦等人活着是统兵的将军，死后在冥界中担任鬼帅、继续统领鬼兵，也是符合情理的事，没什么好奇怪的。这里的白起是"五通大鬼"之一，自然是被赦离地狱、不再受冥拷，作为"鬼王"的他麾下有亿万鬼兵，比起最初的"罪魂"身份确实改善和体面了许多。但与其他仙官、鬼吏相比，鬼王的地位却也不敢恭维。前引呪语中敕令白起等鬼王率领鬼兵收捕、歼灭一切作祟恶鬼，同时警告他们要尽心尽力、不得马虎，若放过一个恶鬼，就施予严惩，"鬼王等悉加用力，次次缚之。若有一鬼不去者，鬼王等千斩不恕"。漏网一鬼，鬼王即被"千斩"，尽管有夸张、恐吓之性质，但其地位之卑微，亦可想而知。

约略同时的《太上洞神洞渊神呪治病口章》主要介绍给人治病时上章的仪法。③ 该道书的核心理念，就是认为：人若有灾病，皆因凶神、杀鬼、恶星等作祟，必须上章召请官将吏兵、星神等众前来劾治。这些作祟的鬼卒分别由鬼王统领，而鬼王有很多，有些是真实的历史人物，更多的则未知出处，他们各有司职和所辖兵马数量，鬼王及其兵卒均是被禁斥、驱逐和劾制的对象，亦系各种疾病和灾厄的源头。而白起即是诸多行病鬼王之一，"又一鬼王，自称王翦、白起、邓艾之鬼，领三万鬼，行万病杀人"。④ 晚唐杜光庭删定《太上洞渊三昧神呪斋十方忏仪》是启建三昧神呪大斋的仪式流程，主旨是通过行道礼忏来祈福禳灾，基本节次是依序向东方、南方、西方、北方、中央、东北、东南、西南、西北、上方、下方等十一个方位，进行礼忏祝愿及诵念神呪，其中行至"西北方"时祝辞云："臣等谨为斋主某甲等，修建洞渊三昧神呪大斋。行道礼忏，思神念

---

① 《太上洞渊神呪经》，《道藏》第 6 册，第 24—25 页。
② （唐末五代）杜光庭撰：《太上洞渊神呪经序》，《道藏》第 6 册，第 1 页。
③ 有关《太上洞神洞渊神呪治病口章》的造作时代，详见任继愈主编《道藏提要》（修订本），第 1019 页。
④ 《太上洞神洞渊神呪治病口章》，《道藏》第 32 册，第 728 页。

真，祈恩请福。愿遣健兵力士，驱除王凤、白起所领灾凶。应时殄灭，不得容恕。"① 由此可知，白起所领灾凶是在西北方。

概括而言，前引道书中作为鬼王的白起，大致扮演了两种角色：一是统帅鬼兵行病杀人、施灾播凶，是疾疫灾厄的源头，故被施法者予以驱逐、殄灭，亦即是负面的形象；二是统领鬼兵驱逐一切作祟恶鬼，是驱逐任务的执行者，亦即发挥正面的力量。但无论哪种角色和形象，白起的地位都不高，基本上属于最为低层的鬼吏。

五　执法神将：白起的仙化

元末明初时编纂的《道法会元》乃系汇编宋元诸符箓道派法术著作而成，书中屡次涉及白起。在这些道法体系中出现的白起，俨然已彻底摆脱了昔日的罪魂、鬼王身份，摇身一变，跨入神将行列。推动这一转变的直接动因，是人们相信白起具有杰出的军事才能，在战争中所向披靡，为国家做出了重大贡献，故其死后也有能力再次这样做，因此是天界护法神将的合适人选。

依据白起神职位阶的等级高低，我们可将这一转变过程划分为三个阶段予以论述。

（1）水部使者

《道法会元》卷一三〇《北真水部飞火击雷大法》是以水神为中心的法术，其功用是祈晴祷雨、请雪禳灾。该法术的实施是由玄天上帝主法，麾下班将共计十八位成员、均系水部诸神，位列第十三位的是"飞霜凝冰使者白起"，其形象是"青鬼面，毡笠，皂靴皂袍，执铁槌"。②

在这里，白起担任水部的"飞霜凝冰使者"之职。③ 从字面的含义分析，我们可以判定其执掌飞霜、凝冰之权责，尽管"使者"的官阶品秩不算高，却也跻身仙界、入列仙班了。就其形貌而言，虽然仍为"青鬼面"，却也"毡笠，皂靴皂袍，执铁槌"，一身武将装扮，较之以往，可

---

① （唐末五代）杜光庭删定：《太上洞渊三昧神咒斋十方忏仪》，《道藏》第9册，第838页。

② 《道法会元》卷一三〇，《道藏》第29册，第639页。

③ 为何将白起归入水部诸神之列？笔者推测，或许不排除是因为当年白起攻打鄢城时采用水攻而致死数十万民众之故。

谓是"旧貌换新颜"了。

(2) 十王猛将

《道法会元》卷二三二《正一玄坛赵元帅秘法》是以玄坛元帅赵公明为主神的法术，其法术可以"驱雷役电，致雨呼风，除殟剪祟，保病禳灾"。该法术的实施以高明大帝为主法、赵元帅为主将，部下有八王猛将①，加上伍员、白起合称为"十王猛将"，"各头盔金甲，如将军状"。②这种将伍员、白起附列于"八王猛将"后而合称"十王猛将"或"十大蛮王"的做法，亦见于"召八王呪"中。③

显而易见，白起的神格身份已发生变化，不再隶属水部而归入作战部队之列（统领神兵荡除邪魔），其官阶位秩也得到相应提升，即由先前的"使者"晋升为"猛将"（将军），其形貌也一扫"青鬼面"等鬼王残留，径改为"头盔金甲，如将军状"。

(3) 二王

《道法会元》卷二三五《正一玄坛飞虎都督赵元帅秘法》亦以金轮大元帅赵公明为主将，副帅是正一那咤金轮大元帅黄元益，其后是忠孝威惠显圣王天下都伤王伍员、福顺贤德武烈无比报雠王白起，位阶已在"八方八王猛将"之前。④又卷二三六《正一龙虎玄坛大法》以高明大帝为主法、赵公明为主帅，统辖"二王"（无比报雠王伍员、天下都猖王白起），其后为"八王猛将"。⑤类似的情况亦见卷二四〇《正一玄坛元帅六阴草野舞袖雷法》，其以高明大帝和酆都大帝为主法，将帅名录中有神霄玉府大都督玄坛立应赵元帅公明、左营兵头无比报雠王伍将军员、右营兵头天下都伤王白将军起，其后是"八王猛将"及天毒、地毒、四值、天将、地将、先锋使者等。⑥

---

① "八王猛将"分别是：正一那咤王吴宛，蛮雷尽命王唐开，持枷生杀王谭超，烜赫长生王王宾，掣电轰雷霆王雷轰，通天遍地王龚狠，江河淮济王张彪，翻魂尽命王何魁。(《道法会元》卷二三二，《道藏》第30册，第446页)

② 《道法会元》卷二三二，《道藏》第30册，第445—446页。

③ "召八王呪"见载于《太上三洞神呪》卷五《祈禳驱治诸呪》(《道藏》第2册，第79页)，《道法会元》卷二四〇《正一玄坛元帅六阴草野舞袖雷法》(《道藏》第30册，第482页)。

④ 《道法会元》卷二三五，《道藏》第30册，第464页。

⑤ 《道法会元》卷二三六，《道藏》第30册，第472页。

⑥ 《道法会元》卷二四〇，《道藏》第30册，第481页。

上述引文中最令人瞩目的变化就是，伍员、白起的地位得到显著提升，即由原附列于"八王猛将"之后而合称"十王猛将"，改为单列出来并称为"二王"，且位序移至"八王猛将"之前。这时白起的形象是"怒容，金头盔，金甲，红罩袍，绿靴，执金戟，上有红缨"①，好个威风凛凛、英姿飒爽的统兵武将，哪还有半点青面獠牙的恶鬼形象！

伍员与白起，这两位搭档通常是联袂出场的，也因此导致在称谓上出现讹误和混淆，甚至"张冠李戴"。前引文中"都伤王"应是"都猖王"之误，而这个"天下都猖王"当指白起，"无比报雠王"则系伍员。这两个称号当是根据两人的生平事迹量身定制的，十分契合二人的性格与身世：白起凶恶暴戾、杀人无数，故为统帅猖兵的"天下都猖王"；伍员（伍子胥）忍辱负重、终报父兄之仇，是当之无愧的"无比报雠王"。伍员的"忠孝威惠显圣王"封号，始于元代。据《元史·成宗纪三》记载：大德三年（1299）二月，成宗皇帝加封"吴大夫伍员曰忠孝威惠显圣王"。② 白起的"福顺贤德武烈"封号，则未寻觅到出处。至于"左营兵头"、"右营兵头"则是对领兵头领的俗称。就伍、白二将所隶属的主法、主将而言，无论是玄天上帝、高明大帝，抑或玄坛赵元帅、酆都大帝，都是在仙真谱系中位居高阶的神祇，而白起听命、侍卫于斯，更加凸显出其神格的正统性和合法性。换言之，白起从"使者"到"猛将"，再到"王"的进阶，不仅见证了其地位的逐步提升，也是"神性"不断加注和扩充的过程。

表1　　　　　　《道法会元》中白起的神格与形象

	神职衔称	形象	隶属主神	品秩位阶	职责	出处
1	飞霜凝冰使者	青鬼面，毡笠，皂靴皂袍，执铁槌	主法：玄天上帝	在18位水部班将名录中，位列第13位	飞霜、凝冰	卷一三〇《北真水部飞火击雷大法》
2	十王猛将	头盔金甲，如将军状	主法：高明大帝 主将：赵公明	附列"八王猛将"之后	统兵、执法	卷二三二《正一玄坛赵元帅秘法》

---

① 《道法会元》卷二三五，《道藏》第30册，第464页。
② 《元史》卷二〇，中华书局标点本1976年版，第426页。

续表

	神职衔称	形象	隶属主神	品秩位阶	职责	出处
3	福顺贤德武烈无比报雠王	怒容，金头盔，金甲，红罩袍，绿靴，执金戟，上有红缨	主将：赵公明	身居"二王"之职，位列"八方八王猛将"之前	统兵、执法	卷二三五《正一玄坛飞虎都督赵元帅秘法》
4	天下都猖王		主法：高明大帝 主帅：赵公明	身居"二王"之职，位列"八王猛将"之前	统兵、执法	卷二三六《正一龙虎玄坛大法》
5	右营兵头天下都伤王白将军起		主法：高明大帝、酆都大帝	在将帅名录中居第三位，位列"八王猛将"之前	统兵、执法	卷二四〇《正一玄坛元帅六阴草野舞袖雷法》

结　论

在历代名将中，最富有争议性的莫过于秦将白起。史家评论和分歧的焦点，主要集中在坑杀四十万赵军降卒的问题上。翻检秦汉史，"坑杀降卒"者并非仅限于白起一人。在秦末农民战争中，项羽就曾于新安城南（今河南义马市境内）坑杀二十多万秦军降卒。① 汉武帝时，名将李广亦反省早年犯下"杀降"过错。② 在道教神祇谱系中，项羽与白起一样被归

---

① 《史记·项羽本纪》记载：汉元年（前206）十一月，章邯率二十多万秦军投降诸侯联军，项羽担心这些降卒难以驾驭、恐其哗变而全部坑杀，"项羽乃召黥布、蒲将军计曰：'秦吏卒尚众，其心不服，至关中不听，事必危，不如击杀之，而独与章邯、长史欣、都尉翳入秦。'于是楚军夜击坑秦卒二十余万人新安城南"。（《史记》卷七《项羽本纪》，第310页）此前一年，项羽亦坑杀了襄城守军，"项梁前使项羽别攻襄城，襄城坚守不下。已拔，皆坑之"。（《史记》卷七《项羽本纪》，第299—300页）

② 《史记·李将军列传》中记录了李广的自白："吾尝为陇西守，羌尝反，吾诱而降，降者八百余人，吾诈而同日杀之。至今大恨独此耳。"（《史记》卷一〇九《李将军列传》，第2874页）

入残暴之列，而李广则位居仙阶。① 由此可见，某位历史人物是跻身仙官抑或忝列鬼吏，"杀降"与否恐非决定性因素，关键在于生前的功绩及口碑的好坏。不过，那些道德上有瑕疵的名士，也可以通过一步步的晋升而入伍仙官神将之列。

白起的能征善战与"嗜杀成性"之形象早已深入人心，这就为后世道教改造其为统兵的鬼王做了充分铺垫。宋元以降，白起的神格形象发生了重大转型，亦即由鬼王演化为神将。这就意味着，白起的身份及地位得到极大提升。推究其质，白起最初是作为厉鬼、怨灵而被祭祀和崇拜的，后来则逐渐改变了性格与职能，原本强烈的厉鬼/怨灵的性格特征被淡化和褪去，其形貌亦由青面獠牙、凶神恶煞般的恶鬼形象，转变为英姿飒爽、仪表堂堂的武将形象。成功"祛魅化"后的白起，隶属于玄天上帝、玄坛赵元帅、酆都大帝等神祇，直接听命于这些高阶大神的领导，尤彰显出白起神格化改造的"合法性"和"正统性"。

"生当作人杰，死亦为鬼雄"（宋·李清照《夏日绝句》），这首千古绝唱反映了我国先民普遍认同的价值理念和人生信条。古人相信，那些爱民如子、精忠报国的忠臣义士，运筹帷幄、决胜千里的英雄良将，杀人如麻、无恶不作的枭雄奸贼，他们生前干出了一番轰轰烈烈的业绩，死后也不甘寂寞，而是转换了身份和角色，或成仙，或为鬼，在民众的信仰世界中继续发挥着某种潜在的影响力。这些人中有的壮志未酬身先死，有的战死沙场、身首异处，有的含冤衔恨、客死异乡，有的罪有应得、遗臭万年，道门中人会视情况而量体裁衣、精心打造出各种身份、职守、头衔和官职，尽可能将这些历史名人统统收编、网罗进来，进而编织出一套日益庞大的神鬼信仰体系。

某位神祇是由厉鬼演化而来的，这种现象在中国古代社会及当今乡村

---

① 譬如，北周武帝宇文邕敕令编纂的《无上秘要》卷八三《得鬼官道人名品》中就有李广之名。（《道藏》第25册，第234页）约六朝的《道迹灵仙记·太帝官隶》胪列出太帝的下属仙官，李广位居"侍帝晨"八人之第四，如谓："侍帝晨有八人：徐庶、庞得、爱榆、李广、王嘉、何晏、解结、殷浩居之，并如世之侍中。"（《道藏》第11册，第46页）宋末元初林灵真编辑《灵宝领教济度金书》卷二七八《书篆旨诀品（追摄用）》中出场的"抱魂守魄将军李广"是一幅戎装武将的扮相，"抱魂守魄将军李广：凤翅兜鍪，衣锦袍，金甲，吊墩靴，手持弓箭"。（《道藏》第8册，第452页）《道法会元》卷十一《清微天宝玄经上》则云李广是"五雷将"之一，"五雷将：陈元、杨光祖、赵灵、朱成、李广"。（《道藏》第28册，第725页）

庙宇中司空见惯。我们翻阅传世文献或从事田野调查时随处可见类似的案例，这也是华人宗教信仰的一个鲜明特色。古人认为"不得其死"者为厉①，又云"鬼有所归，乃不为厉"（《左传·昭公七年》）②。中国人自古以来相信，那些未能寿终而横死非命者，死后化为厉鬼祸害人间。倘若人们能够设位祭祀，使其有所依凭、享食，他们就不再危害世人了。因此，诸如征战沙场的败军死将、为非作歹的强盗恶人、含冤而死的村夫愚妇，同样有机会被立庙奉祀、享受香火。他们中的一部分，经过漫长的历史岁月，在各种因素的共同作用下，得以修成正果，成功"漂白"身上的"厉鬼"痕迹、摇身一变跨入"正神"行列。他们的这种身份转型，大抵经历了相同的模式："阴鬼"之所以被立庙奉祀，通常是人们基于恐惧的心理，因担心鬼魂作祟而迫不得已采取贿赂、绥靖的方式，后因屡有灵验而香火鼎盛，随着影响力的扩大而使信仰辐射圈突破了地域的界限，由最初的村落、里社发展为地区性，乃至走向全国。在此期间，地方乡绅、政府官员的支持也起到推动作用，并最终荣获"敕封"而使其神职身份合法化，借此摆脱"淫祀"、纳入祀典之列。就本文所讨论的白起的神化轨迹而言，他最终未能进入"国封"序列，仅算是"道封"，亦即他的神职头衔是由道门中人以某种"神示"方式（如感通、扶鸾等）编造的，未尝获得朝廷的认可，故其影响力便局限在道教信仰圈内。

最后，既然"鬼"可以升格为"神"，那么"神"是否可降格为"鬼"？答案是否定的，"神"的衰落通常是被人遗忘、不再享祀香火，而不会逆向变成"鬼"。郝瑞（C. Steven Harrell）对台湾民间信仰中常见的由"鬼"转化为"神"的现象及"鬼"与"神"的身份界限等问题予以分析，文末对"神"是否可降格为"鬼"的问题做出回答："如果鬼能够如此容易地变成神，为什么神不能蜕化成鬼？答案似乎是，人们认为神只有受到某种冒犯时才可能造成危害，因而任何被归咎于一个神的不幸最终

---

① 《宋史》卷四三八《儒林传·叶味道传》记载：宋理宗诏问鬼神之理，疑伯有之事荒诞，叶味道对曰："阴阳二气之散聚，虽天地不能易。有死而犹不散者，其常也。有不得其死而郁结不散者，其变也。……今伯有得罪而死，其气不散，为妖为厉，使国人上下为之不宁，于是为之立子泄以奉其后，则庶乎鬼有所知，而神莫不宁矣。"（《宋史》卷四三八，中华书局标点本1977年版，第12986—12986页）

② 《十三经注疏》整理委员会整理、李学勤主编：《春秋左传正义》卷四四，北京大学出版社1999年版，第1247页；杨伯峻编著：《春秋左传注》，中华书局1990年版，第1292页。

必然可追溯到某人的待神不当，而不是那个神自身怀有任何恶意。如果一个神以曾经帮助众人而闻名遐迩，那么，他很神的名声就会不断增长而变得更广受欢迎；如果他的帮助被认为是无效的，那么他仅仅会被忽视，他的庙宇会被破损失修。因此，神的降格之路通向遗忘，而非鬼。"①

（作者单位：中国人民大学哲学院、教育部人文社会科学重点研究基地中国人民大学佛教与宗教学理论研究所。原载《世界宗教研究》2016年第5期。原名《罪魂·鬼王·神将——秦将白起的宗教化形象建构》，收入本书时改为今名）

---

① ［美］郝瑞（C. Steven Harrell）著，韩琪译，郭潇威校：《当鬼成神》，［美］武雅士主编《中国社会中的宗教与仪式》，彭泽安、邵铁峰译，郭潇威校，江苏人民出版社2014年版，第210—211页。

政治文化视角下的秦始皇求仙

董 涛

一 求仙与秦始皇统治晚期政局

以往学者在讨论秦始皇求仙的时候，倾向于认为是皇帝个人对于死亡的恐惧和对长生的欲望，导致了一场极为荒诞的、以国家为主体推动的重大工程。正如清人丘琼山所言："始皇即平六国，凡平生志欲无不遂，唯不可必得志者，寿耳。"[①] 吕思勉也批评道："奇药何与于治，而与致太平并言？尊方士侔于道术之士，谓非自私得乎？"[②] 然而也有学者指出，秦始皇的求仙其实关系的是帝国的信仰问题，他因为是有史以来第一位皇帝，跟"煌煌上帝"一样处于生死之外，所以他不应该死。[③] 秦始皇求仙到底是为了"追寻一己之福"，还是为帝国的长治久安，这仍然是一个可以继续讨论的话题。[④] 然细心梳理秦始皇二十八年（前219）以后的历史可以发现，政治局势的演变迫使秦始皇必须"不死"，因为在他看来只有这样才能够维持帝国的继续统一。[⑤]

根据以往学者的研究，神界和不死药的传说来自西部《山海经》神

[①] （明）袁了凡、（明）王凤洲：《纲鉴合编》，中国书店1985年版，第195页。
[②] 吕思勉：《秦汉史》，上海古籍出版社2005年版，第19页。
[③] ［日］西嶋定生：《白话秦汉史》，台北：文史哲出版社1983年版，第35页。
[④] 关于这一问题的讨论参见蒲慕州《追寻一己之福：中国古代的信仰世界》第一章引论，上海古籍出版社2007年版，第3页。
[⑤] 王绍东认为秦始皇求仙是为了补救志愿无尽而生命有穷的缺憾，皇帝的不死成了秦政权的政治需要，此说可从。参见王绍东《论神仙学说对秦始皇及其统治政策的影响》，《内蒙古大学学报（人文社会科学版）》2000年第1期。

话系统，后来逐渐向东传播，到达东部海滨之后与当地固有的仙人传说以及特殊的海市蜃楼景致结合，就有了蓬莱海上仙山传说系统。① 而方术士们又继承了邹衍以来的阴阳五行学说，使得海上仙山及仙药的传说更加完整和丰富，《史记·封禅书》中提到的宋毋忌、正伯侨、充尚、羡门高，包括到汉代比较著名的海外仙人安期生，他们原本都是在滨海地域活跃的方术士，其中的一些人以医药为事，不排除某些人为了神化自己的药方，谎称是来源于海外仙山，于是一整套海外仙境的传说就这样一点一点地建构起来，然其中最关紧要者还是所谓不死之药。②

实际上秦始皇对于不死之药的传说始终都是将信将疑的态度。秦统一之初，秦始皇对未来王朝继承方式的设计是"二世三世至于万世，传之无穷"③，个人的生命终将终结，始皇帝并非没有意识到这一点，他把希望寄托于后人，希望后世能够继承自己的事业。生命通过繁衍后代的方式延续，这是符合自然规律的认知。只是在秦始皇统治的最后几年，一系列特殊事件的发生对他有不小的触动，让他对"不死"有了更为浓厚的兴趣。

首先是秦始皇三十二年（前215）"亡秦者胡"的谶语，据司马迁记载：

> 因使韩终、侯公、石生求仙人不死之药。始皇巡北边，从上郡入。燕人卢生使入海还，以鬼神事，因奏录图书，曰"亡秦者胡也"。始皇乃使将军蒙恬发兵三十万人北击胡，略取河南地。④

根据《蒙恬列传》的说法，秦并天下之后不久，蒙恬就率领三十万人北

---

① 顾颉刚：《〈庄子〉和〈楚辞〉中昆仑和蓬莱两个神话系统的融合》，《中华文史论丛》1979年第2辑。
② 相关研究参见朱钢《"安期生"考》，《文化遗产》2008年第1期；洪伟民《松乔考——关于赤松子和王子乔的传说》，《复旦学报（社会科学版）》1996年第4期；魏代富《太子晋与王子乔的融合——兼论"天下王氏出太原"的形成》，《甘肃社会科学》2013年第3期。
③ 《史记》卷六《秦始皇本纪》，中华书局标点本1982年版，第236页。
④ 同上书，第252页。另外，《剑桥中国秦汉史》对"亡秦者胡"预言的真实性提出质疑，原因有三点，一是这件预言后来应验了，二是这样的预言能够最终献给秦始皇有些荒谬，三是卢生献预言的方式非常奇怪。《剑桥中国秦汉史》，中国社会科学出版社1992年版，第115页。

逐戎狄，《史记》还说蒙恬"暴师于外十余年"①，则可以肯定蒙恬出击匈奴在卢生奏录图书之前。另外，作为帝国的基本政策，出击匈奴和修筑长城在秦统一之后不久就已经开始进行，似均与"亡秦者胡"的所谓谶语无关。② 然这则谶语的出现让秦始皇意识到他辛苦建立的帝国仍然有覆亡的危险，为了消除这种潜在的危险，秦始皇刻意强化在北边的军事行动，恐怕也是有的。③ 所以，如果卢生奏录图书这件事是确实存在的，那么它对秦始皇最大的触动恐怕在帝国的安全方面，正因此，尽管谶语图书事颇虚妄，皇帝还是相信了，然后采取了相应的行动。帝国内外的安全、统一局面的维持等问题，是秦帝国建立后一系列政策的基本出发点，这是考察秦始皇统治后期历史不能不留意的。

第二件事是侯生和卢生的逃亡，这也是影响极为深远的所谓"坑儒"事件的直接导火索。卢生在和侯生密谋时提到秦始皇不注意休息，而且贪于权势，所以不可以为他求仙药：

> 始皇为人，天性刚戾自用，起诸侯，并天下，意得欲从，以为自古莫及己。专任狱吏，狱吏得亲幸。博士虽七十人，特备员弗用。丞相诸大臣皆受成事，倚辨于上。上乐以刑杀为威，天下畏罪持禄，莫敢尽忠。上不闻过而日骄，下慑伏谩欺以取容。秦法，不得兼方，不验，辄死。然候星气者至三百人，皆良士，畏忌讳谀，不敢端言其过。天下之事无小大皆决于上，上至以衡石量书，日夜有呈，不中呈不得休息。贪于权势至如此，未可为求仙药。④

在听闻侯生卢生逃亡之后，秦始皇大为愤怒：

> 吾前收天下书不中用者尽去之。悉召文学方术士甚众，欲以兴太平，方士欲练以求奇药。今闻韩众去不报，徐市等费以巨万计，终不

---

① 《史记》卷八八《蒙恬列传》，第2566页。
② 陈苏镇：《两汉之际的谶纬与〈公羊学〉》，《文史》2006年第3辑。
③ 《史记集解》引郑玄曰："胡，胡亥，秦二世名也。秦见图书，不知此为人名，反备北胡。"（《史记》卷六，第253页）郑玄很可能是基于后来事实所作的判断，当然后来的事实证明，无论是北胡，还是胡亥，都与秦帝国的覆亡有直接的关系。
④ 《史记》卷六《秦始皇本纪》，第258页。

得药，徒奸利相告日闻。卢生等吾尊赐之甚厚，今乃诽谤我，以重吾不德也。诸生在咸阳者，吾使人廉问，或为訞言以乱黔首。①

可见在秦始皇看来，文学和方术士其实并没有什么区别，他把这些人召集在身边的主要目的是"兴太平"。所谓"兴太平"可以理解为一种文化上的怀柔政策，有学者认为秦始皇的文化怀柔政策可以追溯到吕不韦编著《吕氏春秋》②，此说可从，而且秦一直以来都善待东方士人，其历史或者更为悠久。而根据前文的说法，秦始皇其实一开始就对方术士们求仙药将信将疑，从所谓"奸利相告日闻"来看，秦始皇对方术士们的行为也并非完全没有怀疑，但即便如此，他还是只惩罚了其中一部分诽谤他，或者"訞言以乱黔首"的方术士。对于其他的文学和方术士，秦始皇还是愿意继续支持，例如徐市的出海求仙尽管传出各种不轨行迹，却还是在继续进行。正如钱穆所说："所谓自除犯禁者，即犯诽谤上及妖言祸乱黔首之禁，决非谓兴太平及炼求奇药为犯禁也。诽上之禁，即去年李斯奏请焚书所谓以古非今偶语诗书之类矣。故曰使天下知之以惩，正使皆惩于诽上与妖言，决不惩其望星气，炼奇药，为方术，及以文学兴太平也。后世乃谓秦廷所坑尽属术士，亦失其真。"③ 也就是说，真正令秦始皇愤怒的是方术士们对他的"诽谤"。

然而从相关记载来看，秦始皇确实非常勤于政事，侯生和卢生对他行政风格的评价是符合实际的，这一点即便是秦始皇本人怕也不会否认。那么秦始皇究竟把什么当成诽谤了呢？

首先，秦始皇把方术士们的诽谤行为导致的结果总结为"重吾不德"，这里的"德"指的是前面所谓的"尊赐之甚厚"，也就是说，秦始皇认为自己给予方术士们极好的待遇，但这些方术士们反而在背后诽谤他，让他的"德"受到了影响。其根本的逻辑还是对于文学和方术士们，或者也包含战国以来的"客"的尊崇是秦国一直以来的基本政策，这项政策的本意是展示秦国对各地人才的包容态度。然而侯生和卢生，以及部

---

① 《史记》卷六《秦始皇本纪》，第 258 页。
② 参见李禹阶《秦始皇"焚书坑儒"新论——论秦王朝文化政策的矛盾冲突与演变》，《重庆师范大学学报（哲学社会科学版）》2004 年第 6 期。
③ 钱穆：《秦汉史》，生活·读书·新知三联书店 2005 年版，第 26 页。

分方术士和文学公然批评秦国的这项基本政策，无视始皇帝的德政，这才导致了皇帝的盛怒。另外，侯生和卢生的言论也揭示了秦国包容人才政策的虚伪性，例如他们说秦始皇身边有博士七十人，"特备员弗用"，另外还有候星气者三百人，"畏忌讳谀，不敢端言其过"，甚至还说丞相和大臣们都"受成事，倚辨于上"，这些也让秦始皇极为愤怒。但秦始皇的言论也表明，他会对其中某些无视皇帝德政的人和言论进行坚决的镇压和打击，但秦国一贯的文化怀柔政策依然会持续下去。

当然这只是始皇帝盛怒的第一层原因，也是呈现给臣民的表面上的原因。皇帝盛怒的第二层原因是关于求仙和不死之药，实际上，当时社会上几乎没有人确切地知道是否真的存在仙人和仙药，在这种情况下求仙和求仙药就有行动的必要。然而作为求仙和仙药的重要负责人，侯生和卢生接受了秦始皇的大力支持，秦始皇甚至听从他们的建议加强在北边的军事行动，以及自称"真人"等等，但即便如此，他们还是否定了皇帝获得仙药的可能性，这是秦始皇不能够接受的。而且应当注意，侯生和卢生并不否认仙人和不死药的存在，他们只是觉得秦始皇过于贪于权势，所以不能给他求仙药，这当然更让秦始皇愤怒。

最后一层原因，侯生和卢生的"诽谤"言论和逃亡事件也让秦始皇意识到，他并没有真正能够控制帝国臣民的思想。正如秦始皇自己所言，他召集文学方术士的目的是为了"兴太平"，秦始皇关心的"太平"其实是帝国的统一和天下的安宁。也就是说，文学和方术士们被征召到中央，其实是让他们为统一的帝国服务，当然也包含把他们集中起来以便于控制的意思。对于这些人的思想秦帝国的统治者一直非常重视，就在坑儒前不久发生的焚书事件，也可以说就是对文学方术士言论进行管制的一种特殊方式。侯生和卢生的逃亡让秦始皇意识到，他所进行的努力并没有十分明显的成效，帝国内部的思想统一还未完成，这应当是真正令秦始皇愤怒的。

如果说前面两件事情只是引起了秦始皇的警惕和愤怒，那么三十六年（前211）发生的一系列事件则对秦始皇的内心造成了不小的触动。这一系列事件包括秦始皇三十六年的荧惑守心和"始皇帝死而地分"刻石，以及山鬼献璧等事件。《史记·秦始皇本纪》载：

> 三十六年，荧惑守心。有坠星下东郡，至地为石，黔首或刻其石

曰"始皇帝死而地分"。始皇闻之,遣御史逐问,莫服,尽取石旁居人诛之,因燔销其石。始皇不乐,使博士为《仙真人诗》,及行所游天下,传令乐人謌弦之。①

荧惑守心是对最高统治者极为不利的星象,但有学者推算,秦始皇三十六年实际上并没有发生荧惑守心的天象②,那么,究竟是谁告知秦始皇当年有荧惑守心天象的,他的目的究竟为何,由于史料的缺失现在对这个问题很难有确切的回答。但前面提到秦始皇身边有候星气者三百人,他们的政治倾向是否影响他们做出荧惑守心的判断,这应当是一个可以继续讨论的问题。

然无论如何,荧惑守心这件事给秦朝的臣民一种暗示,即始皇帝可能不久于人世。前面提到,秦始皇对帝国的继承者问题早已有打算,他希望帝国能够有二世、三世以至万世这样统治下去,然史料中并没有提到始皇帝立太子,而就在不久之前,长子扶苏也被他派去北方监蒙恬之兵,远离了政治中心。一年后也就是三十七年,秦始皇最后一次出巡,少子胡亥请从被允许,这或许有考察帝国未来继承人的意思。当然秦始皇很可能也已经意识到,再好的继承人也不如依靠自己统治,所以最理想的情况是方术士们能够求得仙药,服用后不死。

紧接着荧惑守心发生的是陨石坠落,附近的百姓在上面刻上了"始皇帝死而地分"字样。陨石坠落的地点是东郡,原属于魏国统治地区,这一地区至迟在秦王政二十二年（前225）的时候就已经被秦占领,在被秦人统治十余年之后,依然有反秦的势力活动,这件事情恐怕对秦始皇也有极大的触动。而且"始皇帝死而地分"这句话透露出来的政治信号极为明显,即秦始皇一直追求的大一统很可能会在他死后化为泡影,所以始皇"不乐",而这可能会让秦始皇对于不死有更强烈的欲望。秦始皇对这次刻石事件的处置十分坚决果断,甚至不惜把石旁之人尽皆诛杀,同时燔销其石,以彻底消除这次事件的影响。同时他也使博士做《仙真人诗》,巡游天下的时候令乐人謌弦之。实际上,秦始皇意在通过《仙真人诗》传递这样的政治信号,即方术士们的求仙已经获得成功,或者有可能获得

---

① 《史记》卷六《秦始皇本纪》,第259页。
② 黄一农:《中国星占学上最凶的天象:"荧惑守心"》,收入氏著《社会天文学史十讲》,复旦大学出版社2004年版,第23—49页。

成功，皇帝已然成为仙真人，或者即将成为仙真人，但无论如何皇帝不会很快死去，国家还会在皇帝的统治下继续有序运转。其目的自然在消除不安定因素和各地分裂势力的觊觎之心。

而三十六年（前211）秋天发生的山鬼献璧事件同样也在暗示皇帝可能会很快死去。据《史记·秦始皇本纪》载：

> 秋，使者从关东夜过华阴平舒道，有人持璧遮使者曰："为吾遗滈池君。"因言曰："今年祖龙死。"使者问其故，因忽不见，置其璧去。使者奉璧具以闻。始皇默然良久，曰："山鬼固不过知一岁事也。"退言曰："祖龙者，人之先也。"使御府视璧，乃二十八年行渡江所沉璧也。于是始皇卜之，卦得游徙吉。迁北河榆中三万家。拜爵一级。①

从"默然良久"这样的反应来看，这次的事件对始皇帝的心理造成了极大的冲击。二十八年秦始皇在封禅泰山、东游海上、祭祀八神、派遣徐市出海求仙、过彭城祷祠出周鼎之后，南下过淮河到衡山、南郡，在湘山祠附近遇到大风，"几不得渡"这样的字句意味着秦始皇的船有倾覆的危险，这令他非常生气，在听闻湘君乃是尧女舜妻之后，"使刑徒三千人皆伐湘山树，赭其山"②，沉璧于江或者就是此时之事。伐树赭山有着极强的神秘主义意义③，也是对当地神灵极大的不尊重。根据博士的说法，湘山祠中祭祀的湘君神是帝舜的两位妻子，《史记索隐》说："《楚词·九歌》有湘君、湘夫人。夫人是尧女，则湘君当是舜。今此文以湘君为尧女，是总而言之。"④ 无论如何，这件事对当地楚人是极大的不尊重，也必然会引起楚人思想的反弹，山鬼献璧事件或许就是这种反弹的结果。⑤

---

① 《史记》卷六《秦始皇本纪》，第259页。
② 同上书，第248页。
③ 相关问题参见曾磊《秦汉人色彩观念中的神秘象征》，博士学位论文，北京师范大学，2011年。
④ 《史记》卷六《秦始皇本纪》，第249页。
⑤ 秦楚之间的矛盾由来已久，统一帝国建立以后在秦人的统治下楚人承受着远比其他各国沉重的痛苦，相关研究参见陈苏镇《〈春秋〉与"汉道"——两汉政治与政治文化研究》第一章第一节"取守异术与亡秦必楚"，中华书局2011年版，第8—38页。

总的来说，荧惑守心、"始皇帝死而地分"刻石以及山鬼献璧事都有着非常明显的人为痕迹，联系三十二年"亡秦者胡"的谶语，以及侯生和卢生的逃亡，在秦始皇统治的最后几年中频繁发生这样的事件，至少表明大一统帝国的统治并不十分稳固，各种分裂思想和分裂势力一直都在以各种方式活跃，这一点秦始皇恐怕不会注意不到。这些带有神秘主义性质的预言固然可怕，然而对于一个政治家来说，这背后凸显的大一统帝国内部分裂思想以及离心力可能更加可怕。然而秦始皇意识到这些问题的解决只能依靠自己，他必须通过求仙的方式获得长生，以期永远地维持帝国的运转，那么就不会出现"始皇帝死而地分"的局面。或者退一步讲，如果秦始皇能够让臣民们相信仙人和不死药确实是存在的，求仙是有可能成功的，皇帝终将会长生不死，那么也可以在一定程度上维系大一统的局面。所以在这种情况下，秦始皇必须尽全力支持方术士们的求仙行为，至于他自己是否真的相信不死药的存在，反而已经不是那么的重要了。

二　崇方术而抑巫鬼

同时也应该注意到，秦始皇之所以一直支持方术士们求仙，也和巫鬼祭祀暴露出的问题有关，崇方术、抑巫鬼其实也是当时秦统治政策的一部分。

秦始皇本人对于巫鬼祭祀的态度较为复杂，一方面对于所谓"恶鬼"他也要有所避忌，例如方术士跟他说"恶鬼避，真人至"，他也会相信，而对于"山鬼"之言他也是将信将疑；另一方面受到传统"祭不越望"观念的影响，他对山东六国的鬼神却并不如何尊敬。根据规定，各国君主负责祭祀各自国内的山川鬼神，例如在《诅楚文》中秦王通过祭祀自己国内的水神来诅咒楚王，楚昭王也说"祭不越望"①，总之人们相信祭祀不属于自己国内的鬼神，不会得到福佑，也不会产生理想的效果。据《史记·蒙恬列传》："始皇三十七年冬，行出游会稽，并海上，北走琅邪。道病，使蒙毅还祷山川，未反"②，秦始皇在行旅途中生病还要派近

---

① 郭沫若：《诅楚文考释》，《郭沫若全集》第九卷《考古编》，科学出版社1982年版，第177页；杨宽：《秦〈诅楚文〉所表演的"诅"的巫术》，《文学遗产》1995年第5期。

② 《史记》卷八八《蒙恬列传》，第2567页。

臣返回秦国祭祀山川鬼神，实际上就是受传统的"祭不越望"观念的影响，不相信秦地以外的鬼神能够治愈自己的疾病。所以虽然秦始皇几乎每次出游都要祭祀经过的名山大川，但这看上去更像是一种表面上的礼遇，秦始皇既不寄希望这些鬼神能够给自己带来福佑，也不畏惧他们的威力。例如前文提到二十八年秦始皇行至湘山祠附近遇大风，几不得渡，一怒之下砍掉湘山上的树木，这是一种厌胜巫术，也是对鬼神极为不敬的行为。另外，秦始皇还梦与海神战，并乘船追杀巨鱼，足可见他在心理上并不畏惧神怪，还想要与之一争高下。值得一提的是，同样是做梦，《资治通鉴》记载汉武帝昼寝梦到被木人持杖攻击，醒来后"体不平，遂苦忽忽善忘"①，并由此引发对汉代历史影响深远的巫蛊之祸。秦皇汉武内心深处对于鬼神的不同态度颇堪玩味。

实际上，秦统一之后也在试图整合各国山川祭祀，通过这样的方式控制人们的信仰，即《史记·封禅书》所谓"令祠官所常奉天地名山大川鬼神可得而序也"②，并把祭祀分为太祝常主、上过则祠、民各自奉祠三个等级，其中太常所主的祭祀主要在咸阳和雍附近，是秦人原有的祭祀场所；上过则祠去则已的主要是山东六国的名山大川，例如齐地八神等；民间祭祀则散布在各地。有学者认为秦政权此举用意在于统一神权，是说甚确。③ 而没有被官方列入祀典或者祠令者都属于"淫祀"，这一类祠祀是被历代政府严令打击的对象，例如秦始皇时代就有禁绝淫祀的政令，如三十三年"徙谪，实之初县，禁不得祠"④，睡虎地秦简也有"擅兴奇祠，赀二甲"的说法，整理者认为"奇祠，不合法的祠庙，后世称为淫祠"⑤。

而作为国家的基本政策，除了整合祭祀系统、禁绝淫祀之外，秦始皇也在尝试放弃通过鬼神之说统治民众，努力摆脱巫鬼之术的影响，例如早在二十八年在琅琊刻石中秦始皇就批评五帝三王假借鬼神之力："古之五帝三王，知教不同，法度不明，假威鬼神，以欺远方，实不称名，故不久长"，《史记正义》解释说"五帝、三王假借鬼神之威，以欺服远方之民，

---

① 《资治通鉴》卷二二《汉纪》一四，中华书局标点本2011年版，第728页。
② 《史记》卷二八《封禅书》，第1371页。
③ 杨华：《秦汉帝国的神权统一——出土简帛与〈封禅书〉、〈郊祀志〉的对比考察》，《历史研究》2011年第5期。
④ 《史记》卷六《秦始皇本纪》，第253页。
⑤ 睡虎地秦墓竹简整理小组：《睡虎地秦墓竹简》，文物出版社1982年版，第131页。

若苌弘之比也"。① 也就是说，秦始皇认为对于民众的统治不能够依靠鬼神之说进行欺骗，五帝三王这么做，与他们的名号是不相称的。秦始皇还指出五帝三王不久长的原因还在于法度不明，所以需要明法律。秦始皇虽然是在批评历史上的五帝三王，但他有着明确的现实政治需求，即以秦人一直以来贯彻实行的明确的法律取代假威鬼神——实际上也就是山东各国原有的统治方式，当然最重要的目的还是希望民众能够接受这样的统治方式。在统治思想上以律令取代鬼神是秦为维护统一的政治需要，当然某种程度上也可以说它是一种政治文明的进步。

然在当时普遍的信仰背景之下，彻底放弃鬼神思想似乎是不太可能的，那么如果宣扬新的鬼神之说——也就是不死成仙的思想，这样就可以一方面脱离传统的巫祝祭祀，一方面维护皇帝的权威，同时也扶植一批支持秦统治的势力集团，也就是方术士们。所以说秦始皇对方术士们求仙活动的支持，实际上应当也有着维护统治的需求。

首先，传统的巫鬼祭祀之术的根本思想理念和实践模式是相信鬼神的存在，然后向鬼神祭祀祈求给人们带来福佑，同时也可以给他人带去灾难——这也就是所谓的"黑巫术"。然在长期的实践过程中此类巫术很容易被证伪，即巫师们宣扬的效果实际上实现的可能性不很大，所以秦始皇会对巫鬼之术将信将疑。而且巫术可以用于求取福佑，也可以用于攻击他人，在某种程度上可能引发社会秩序混乱，这也是政府力图控制祭祀，包括禁绝淫祀的思想根源。然相对于巫术而言，秦统一时代的方术还处于新兴阶段，海外仙人和仙山的传说颇具蛊惑人心的魅力，所谓不死之药是否真正存在在当时社会确实并无定论，所以秦始皇资助求仙活动就有一定的合理性，且无论求仙是否成功，至少不会引起社会秩序或者人们思想混乱。

其次，与遍布各地民间的巫师不同，方术士们的活动相对来说比较集中，这样就利于控制。从相关记载来看，战国秦汉社会巫者在官方和民间都存在，官方的巫者主要负责比较重要的山川鬼神祠祀活动，在官方祭祀场所活动；而民间的巫者主要帮助民众祭祀祈福，在散落各地的小型祠祀场所活动。从留存于史料中的原山东六国祠祀地点来看，它们的分布相当广泛，而且由于政府对基层的控制能力有限，所以民间巫者在一定程度上

---

① 《史记》卷六《秦始皇本纪》，第246—247页。

能够挑战政府在地方的权威。那么如何对这些遍布各地的民间祠祀进行有效的管理和控制，这对于刚刚统一的秦帝国可能是一个非常棘手的问题。然而相比之下方术士们的活动比较集中，秦始皇二十八年第一次到海边的时候，他们就纷纷主动来到皇帝周围，后来他们中的一部分人如侯生、卢生等也来到秦的首都咸阳。正如前文所述，秦始皇召集文学和方术士到中央去是一种"兴太平"的手段，其实也就是为了便利就近控制，后来方术士和儒生们因"犯禁"而被"坑之咸阳"也恰恰印证了这一点。曹魏时代曹植《辩道论》说："卒所以集之于魏国者，诚恐斯人之徒，接奸宄以欺众，行妖慝以惑民。"① 曹操的用意与秦始皇大致相同。

再次，与巫师相比方术士们没有明显的地域性特征。巫师祭祀的是当地的鬼神，与本土势力和本土文化有千丝万缕的联系，这也构成了统一集权政府的离心力。例如在魏文侯时西门豹治邺的故事中，巫祝和地方势力三老、廷掾勾结，作为邺令的西门豹打击巫祝和地方势力，其历史背景是逐渐成熟的中央政府开始尝试控制地方民众的信仰行为。② 再例如陈胜吴广起义时篝火狐鸣所谓"大楚兴陈胜王"，其实也是通过巫鬼祭祀的手段，依托楚地特殊的地域文化对抗统一政府。再例如刘邦起兵的时候"祷丰枌榆社"、"祠蚩尤"③，同样是借助楚地本土鬼神的力量凝聚人心。而方术士们宣言的仙人和仙药都在"海上"，其地域性特征并不十分明显，也就不会囿于地域之见而排斥统一。他们曾为齐宣王、齐威王和燕昭王求仙，秦始皇来到海边他们又纷纷建议皇帝资助他们入海求仙，他们关注的是求仙，而并不是统治者的身份，这可以说是秦始皇信任方术士们的一个重要原因。例如前文提到卢生的活动，他给秦始皇"亡秦者胡"的谶语以及建议皇帝要像真人那样生活，至少这些都是从维护秦统治的角度出发思考问题，对于秦的统治是有利的，可以说，方术士们在政治上是倾向于维护秦帝国的统一的。秦始皇信任这些便于统治管理，在政治上又维护统一的方术士，其实是不难理解的。

最后一层原因是秦始皇对齐楚文化的不同态度。正如前文所言，秦始皇对滨海地域文化有极为浓厚的兴趣，例如同样是祭祀巡游所到之处的山

---

① 《三国志》卷二九《魏书》，中华书局标点本1982年版，第805页。
② 《史记》卷一二六《滑稽列传》，第3211页。
③ 参见王子今《汉代"蚩尤"崇拜》，《南都学坛》2006年04期。

川鬼神，但秦始皇对齐地"八神"表现出了极为恭敬的礼拜，正如王子今所言："秦始皇来到最后征服的齐国，他在以威服为主要目的的巡行途中，却不得不受到齐人创造的海洋文化的感染。"① 对比在楚地砍伐湘山树木，秦始皇对齐楚文化的不同态度也就一目了然了。而之所以会有这样不同的态度，一方面是楚系外戚对秦始皇的影响②，另一方面恐怕是因为楚人对新生的秦帝国表现出的强烈不满情绪，所谓"楚虽三户亡秦必楚"这样的思想在楚地有着深厚的民众基础，再加上统一进程中在攻灭楚国时遇到的巨大阻力，这些当然都会让秦的统治者对楚地有特别的防备。《史记》记载秦始皇常说"东南有天子气"，从秦的角度看东南方向，自然就是楚或者是吴越，当然这足以证明秦人在心理上对楚人的提防。后来的历史也证明楚人一直致力于推翻秦帝国，而包括齐人在内的其他各国对此却并不十分热衷。

我们知道，虽然先秦时期不同地域都有信奉巫鬼的习俗，例如史料中提到陈国"俗巫鬼"，越人"俗信鬼"，但楚人对巫鬼的信仰可以说是独特而鲜明的，这一点在传世和出土文献中都有所反映③，而后来陈胜吴广和刘邦初起之时也都有依靠鬼神力量维系人心的表现。前文已经提到，秦始皇对于楚人的信仰并不如何尊重，这当然可以理解为对楚地离心力量的提防。而相比之下秦始皇却对活跃于滨海地域的方术士给予了极大的信任，一再支持他们的求仙活动，其出发点或者也在于压制巫鬼信仰，同时刻意打压楚人和楚地文化。三十七年秦始皇最后一次出行直奔楚地云梦，且"望祀虞舜于九疑山"④，此举或者是受到山鬼献璧的影响，对之前行为的反悔，然这已经是后话了。

结　论

总的来说，秦始皇求仙虽然也着眼于为自己求福佑，但他更为真实的

---

① 王子今：《东方海王：秦汉时期齐人的海洋开发》，中国社会科学出版社2015年版，第48页。
② 李开元推测楚系外戚势力对秦始皇的政权构成影响，秦始皇的皇后，以及扶苏的个人遭遇，都可能和秦始皇打击楚系外戚势力有关，见氏著《秦始皇的秘密》，中华书局2009年版，第120页。
③ 参见晏昌贵《巫鬼与淫祀——楚简所见方术宗教考》，武汉大学出版社2010年版。
④ 《史记》卷六《秦始皇本纪》，第260页。

目的还应从政治角度进行考察。秦统一之后分裂思想和分裂势力在山东各地乃至秦政权中央都普遍存在，他们慑于秦始皇的权威暂时还不敢有所作为，但秦始皇一旦去世，局面就会一发不可收拾。后来秦二世统治时期秦帝国的迅速崩溃即证实了这一点。为了应对可能出现的严重危局，秦始皇在中央强力钳制思想言论，大力镇压不利统一的"异端"思想和学说，无论焚书还是坑儒都可以从这个角度进行理解。另外就是大力支持求仙。或许在秦始皇看来，如果当真能获得仙药最好，而即便仙药一时不可得，求仙也有利于控制人们的思想，是对期盼皇帝去世的分裂势力的有力回击。另外秦始皇召集文学和方术士以"兴太平"，相对于留存各地的传统巫祝势力，方术士不仅具有一整套"先进"的神仙和不死之药理论，在政治倾向上也更认同统一的秦帝国，所以秦始皇刻意提高方术士的地位，借以压制传统巫祝势力。在以上种种原因共同影响下，秦始皇的求仙活动一直持续到他去世还未结束。

秦始皇死后不久帝国重新陷入分裂，"秦始皇死而地分"的预言被证实。不能说秦始皇没有意识到分裂思想和分裂势力的普遍存在，然而在消除他们对民众思想影响的过程中，秦始皇的很多努力后来被证明无效，例如资助方术士求仙终究还是一场空。但也并不能因此而否定秦始皇在试图影响和控制民众信仰方面的努力，大一统的思想终于还是获得普遍的接受和认可，不过这已经是汉代建立以后的事了。

（作者单位：重庆大学人文社会科学高等研究院）

秦国政治体发育进程中的文化运作

——以大禹传说为中心

崔建华

秦人对中国历史影响深远,在相关史实中,春秋称霸、战国变法、并兼天下等阶段性壮举历来备受推崇。值得注意的是,在探讨秦人一系列政治功业得以实现的原因时,尚武、务实、功利等语汇出现的频率很高。① 这样的判断固然是成立的,然而,我们仍应看到,秦人在长达数百年发展历程中,其政治文化的内涵并不局限于冷酷的铁血战争与极端的务实尚功,实际上,秦人不乏"与时俱进"的精神,他们会随着政治体的阶段性发展②,在坚持战胜求存或战胜图强的功利倾向的同时,学会利用神

---

① 林剑鸣指出,秦人"关心的是生产、作战等与日常生活密切相关的利、害,而不注意仁义之兴废,礼乐之盛衰以及道德之完善",这是一种"功利主义的价值观念"。黄留珠以"三个主义"概括秦文化的特色,即"集权主义、拿来主义、功利主义"。他还认为"贯穿秦国与秦朝文化的一条主线"便是秦文化的"军事性",这种"军事性"原本形成于对戎人长期斗争的环境中,后经过商鞅变法时与法家文化的结合而"急剧膨胀,达到登峰造极的程度"。王子今认为"实用意识"是秦文化中的一个积极因素,秦统治者的相关政策体现出"高度务实的倾向"以及"重视实用之学的特点"。诸观点参见林剑鸣《从秦人价值观看秦文化的特点》,《历史研究》1987年第3期;黄留珠《秦汉历史文化论稿》,三秦出版社2002年版,第109、142、150页;王子今《秦文化的超地域特征和跨时代意义》,《长安大学学报(社会科学版)》2010年第3期。

② 胡鸿在界定"政治体论"的若干概念时,列出了"帝国"、"高级政治体"、"中级政治体"、"低级政治体"等概念,并且指出,"低级或中级政治体可以通过规模的扩大和结构的变化向着高级政治体(帝国)演化"。(参见氏著《能夏则大与渐慕华风——政治体视角下的华夏与华夏化》,北京师范大学出版社2017年版,第17—18页)对于秦人而言,秦族—秦国—秦帝国的发展历程,所走的正是这一条政治体发展道路。

话、传说等文化资源来塑造历史,从而丰富了自身的政治文化。秦人对大禹传说的接纳与运用,就充分反映了这一点。

一 西周时代大禹事迹的流传及其政治意涵

作为贴着"上古"标签的重要人物,大禹事迹的真伪曾引起过激烈争论。顾颉刚说,"禹是西周中期起来的,尧、舜是春秋后期起来的"[①],在当时即被持不同意见的学者批评为"默证"。比如张荫麟认为某些时期的文献不著禹名,"乃因无称禹之需要","并非'特别的不称禹',故不能因其不称禹,遂谓其时无禹之观念"。[②] 从逻辑上说,这样的质疑当然很有力度。不过,所谓的顾氏"默证",也未必是一种完全公允的评价。在笔者看来,"默证"或许在表面上适用于"禹是西周中期起来的"这一表述,因为"起来"一词毕竟具有溯源的色彩,将目前所见文献记录视为始源的证据,当然属于"默证"。但需要注意的是,如果将顾氏对于大禹传说起源的多处表述加以排比,不难发现,他所使用的"起来"一词,或许只是用词有些随意,因而未能精准传达其本意。

"禹是西周中期起来的",这个表述是顾颉刚于1923年为回应对他的批评而说的。在此之前,他曾说过:"周代人心目中最古的人是禹,到孔子时有尧、舜,到战国时有黄帝、神农,到秦有三皇,到汉以后有盘古等。"[③] 所谓"周代人心目中最古的人是禹",这样的表述其实并不包含大禹传说何时起源的判断,只是意在强调对大禹事迹的传颂"遍布于周代的全天下"的实况。[④] 按照他的表述逻辑,周人中间流传的大禹传说,并不一定起于周代,也可能是周人承接于前代的。[⑤] 1926年,顾氏在叙述其

---

① 顾颉刚:《讨论古史答刘胡二先生》,顾颉刚编著《古史辨(一)》,上海古籍出版社1982年版,第133页。

② 张荫麟:《评近人对于中国古史之讨论》,顾颉刚编著《古史辨(二)》,上海古籍出版社1982年版,第271页。

③ 顾颉刚:《与钱玄同先生论古史书》,顾颉刚编著《古史辨(一)》,第60页。

④ 顾颉刚、童书业:《鲧禹的传说》,顾颉刚编著《古史辨(七)》,上海古籍出版社1982年版,第173页。

⑤ 春秋时期的叔夷钟铭文有商汤"咸有九州,处禹之堵"的说法。有学者指出器主叔夷作为客居齐国的商人之后,其历史记忆"当即出于商之史籍典册"。宁镇疆:《由历史记忆的传承再说涉禹三器所述大禹史事的可靠性》,《中原文化研究》2014年第3期。

致力于古史辨伪的心路历程时又说："在我的意想中觉得禹是西周时就有的，尧、舜是到春秋末年才起来的。越是起得后，越是排在前面。等到有了伏羲、神农之后，尧、舜又成了晚辈，更不必说禹了。"所谓"禹是西周时就有的"，仍是一个针对特定时段的事实判断，其中并未提供关于大禹传说的溯源性结论。而"周代人心目中最古的人是禹"，以及"禹是西周时就有的"，类似的认识之所以能够得出，从顾氏本人的叙述中可以看得非常清楚：

> 寻绎古代对于禹的观念，知道可以分作四层：最早的是《商颂·长发》的"禹敷下土方……帝立子生商"，把他看作一个开天辟地的神；其次是《鲁颂·閟宫》的"后稷……奄有下土，缵禹之绪"，把他看作一个最早的人王；其次是《论语》上的"禹、稷躬稼"和"禹……尽力乎沟洫"，把他看作一个耕稼的人王；最后乃为《尧典》的"禹拜稽首，让于稷、契"，把后生的人和缵绪的人都改成了他的同寅。①

可见，传世文献是顾颉刚立论的基础。如果说在此基础上做出的西周人传颂大禹的事实判断是合乎逻辑的，那么，同样建基于此的"禹是西周中期起来的"论断却被视为一种"默证"，这就难免有曲解顾氏的嫌疑。先生所谓"禹是西周中期起来的"，表达的应当仍然是这样的意思：现存西周中期以后文献谈及大禹的频率呈爆发态势，其中并不具有禹的传说始于西周中期的含义。

现在看来，顾颉刚所谓"禹是西周时就有的"，西周人"心目中最古的人是禹"，西周人非常乐于传扬大禹其人其事，这个看法至少从传世文献的角度来说，是能够成立的。而遂公盨的出现更是确证一个事实，即大禹治水的传说"西周中期已经流行开来"。② 不过，遂公盨的意义绝不仅仅是大禹故事的二重证据。如果将其铭文内容放在西周时代铜器铭文应用

---

① 顾颉刚：《古史辨自序》，河北教育出版社 2000 年版，第 68 页。
② 李零：《论𬹼公盨发现的意义》，《中国历史文物》2002 年第 6 期。对"遂公盨"的"遂"字的隶定，学界存在不同意见，兹从李学勤之说。参见李学勤《论𬹼公盨及其重要意义》，《中国历史文物》2002 年第 6 期。

的主流取向中，便不难发现，它是极其特别的。《礼记·祭统》："夫鼎有铭，铭者，自名也，自名以称扬其先祖之美，而明著之后世者也。"又曰："铭者，论撰其先祖之有德善、功烈、勋劳、庆赏、声名，列于天下，而酌之祭器，自成其名焉，以祀其先祖者也。"① 对《礼记》此说，郭沫若评价道："此所言于祭器之例，大抵近是。然存世古器，其名己之功烈庆赏者实多，追述其祖若考者尚在少数。"② 郭氏认为铜器铭文扬己者多，述祖考者少，然而，无论颂扬对象为作器者本人抑或其先祖，一般情况下，铭文会将功勋、荣誉的终极来源系于天子名下。而遂公盨铭文的主旨似不在于记载遂公的荣光，"它主要是讲道德教训"。③ 其文曰：

> 天令禹尃（敷）土，随（堕）山浚川。乃差地设征，降民监德。乃自作配飨民，成父母，生我王，作臣，厥沬唯德。民好明德，顾在天下，用厥绍好，益干懿德，康亡不懋。孝友訏明，经齐好祀，无悖心。好德，婚媾亦唯协。天釐用考，神复用福禄，永御于珉。遂公曰："民唯克用兹德，亡悔。"④

值得关注的是，铭文中提到天、禹、王三者之间的关系，而铭文所谓"乃自作配飨民，成父母，生我王"，是把握三者关系的钥匙。李学勤在"成父母"之后结句，认为"'作配享民'是指禹践位为王"，"'成父母'，指禹有大功于民，成为民之父母"。至于下一句"生我王"，其主语不再是禹，而是天，"意谓天生我王"。裘锡圭则认为天作为主语一直未变，意谓上天"为自己立配"以引导下土民众。于是"为下民生王"，将之作为"民之父母"，使民众有所遵循。在整体上笔者更倾向于裘先生的解读，但需要注意的是，单就"生我王"这一句的主语而言，裘、李二人的理解其实是一致的，即"天生我王"。如此看来，铭文反映了"天令禹"、"天生我王"这两组关系，禹与"我王"似乎全然无干。然而，这

---

① （清）孙希旦：《礼记集解》（全三册），中华书局1989年版，第1250页。
② 郭沫若：《周代彝铭进化观》，氏著《青铜时代》，中国人民大学出版社2005年版，第238—239页。
③ 李零：《论䇂公盨发现的意义》，《中国历史文物》2002年第6期。
④ 释文主要依据李学勤《论䇂公盨及其重要意义》，个别文字参考裘锡圭《䇂公盨铭文考释》。二文同刊于《中国历史文物》2002年第6期。下文引述裘、李观点，亦出自这两篇论文。

应当只是表面现象。如果仅仅为了说明周天子的权力来源于上天，其实没必要提起大禹事迹。铭文述说大禹治水的事迹，与天子权力辐射的地域范围具有对应性，主旨仍在于对现世权力的合法性加强论证。而这样的论证最终使器主颇有感触，并将之刻诸铜盨，可以说是对遂公权力及封地的再次确认。

二 "鼏宅禹迹"：秦人由部族向封国转化时期的区域定性

在周人普遍借助大禹传说来提升现世权力合法性的历史背景下，秦人作何反应呢？发现于甘肃天水的秦公簋铭文云：

> 秦公曰：丕显朕皇祖受天命，鼏宅禹迹，十又二公，在帝之坏。严恭夤天命，保业厥秦，虩事蛮夏。①

所谓"鼏宅禹迹"，王辉认为"鼏应当就是宓字"，又引"《说文》：'宓，安也'"以及《淮南子》注"宓，宁也"来解释"宓"字。可见，"鼏宅禹迹"就是"安宅禹迹"的意思。②"禹迹"，秦人对自身安宅之地的这一定性，确证了这样的事实：秦公簋铸作之时，秦人已深受大禹事迹的濡染，接纳了相关传说，并将其融入本族群的历史记忆。

但是，关于秦公簋的铸作时间，学界分歧较大。铭文所谓"十又二公"是断代的关键，以往的研究中，学者们习惯于以秦人首领何时称"公"为切入点来进行思考。《史记·秦本纪》记载，犬戎灭西周时，秦襄公"以兵送周平王。平王封襄公为诸侯，赐之岐以西之地"。③由于自襄公起，秦人方才在形式上取得与诸侯对等的地位，诸侯国君皆称公，因此不少学者便以秦襄公为"十又二公"的第一人。然而《秦本纪》又明确记载，襄公之父为"庄公"④，于是又有以秦庄公为起点者。还有的学

---

① 中国社会科学院考古研究所：《殷周金文集成释文（第三卷）》，香港中文大学出版社2001年版，第444页。
② 王辉：《秦铜器铭文编年集释》，三秦出版社1990年版，第20页。
③ 《史记》卷五《秦本纪》，中华书局标点本1982年版，第179页。
④ 同上书，第178页。

者认为，秦人自非子时始由周孝王"分土为附庸"，"邑之秦"，"号曰秦嬴"。① 既然秦人始封者为非子，"十又二公"当从非子算起。起点不同，推算的器物铸作年代自然歧异。

雍际春在系统梳理种种观点后指出，影响最大的为秦景公铸器说。但他对此说持异议，认为将作器者定为秦襄公更为合理。《秦本纪》曰：中衍"玄孙曰中潏，在西戎，保西垂"。中潏之后，秦人世系依次为蜚廉、恶来、女防、旁皋、太几、大骆、非子、秦侯、公伯、秦仲、庄公，自中潏至庄公，正是十二代。雍氏断言，铭文"十又二公"即指此十二代秦人首领，而作器者应为庄公之子秦襄公。并进而指出："秦公簋就是襄公受封诸侯，在西垂开国立制、告慰先祖时所造礼器。""十又二公"的起始者以及作器者既明，将铭文中"皇祖受天命，鼏宅禹迹"理解为"中潏率族西迁占有西垂之地"便是顺理成章之事了。②

笔者以为雍际春的结论值得重视。《史记·秦本纪》所载秦人世系在中衍以后存在明显缺环，由中衍而径直叙至"玄孙"中潏。基于此，迄于中衍的秦人历史的真实性便不由得令人生疑。而中潏之后的秦人世系，虽然其中不少人呈现出有名而无事的状态，但因其父子相继，代际连贯，可信度自然要高一些。退一步说，即便世系中有伪冒、攀附等自造因素，这种人为现象也适足以反证此完整世系在秦人心目中的极度重要性。反观中衍至中潏之间的数世缺环，秦人任其断裂而不加以弥缝，显然对中潏之前世系的重视程度要低一些。受此理念的影响，秦人在襄公跻身诸侯这样的重大历史节点，对中潏以来的十二世先祖进行祭奠，是非常合乎情理的。

此外，铭文中的"虩事蛮夏"一语，也可以作为判定秦公簋铸作年代的有益线索。北宋宫廷藏有一件"秦铭勋钟"，其铭文云：

> 秦公曰：丕显朕皇祖受天命，竃有下国，十有二公，不坠在上，严龏夤天命，保业厥秦，虩事蛮夏。③

---

① 《史记》卷五《秦本纪》，第 177 页。
② 雍际春：《秦早期历史研究》，中国社会科学出版社 2017 年版，第 252—253 页。
③ （北宋）吕大临等：《考古图》（外五种），上海书店出版社 2016 年版，第 112 页。释文参考中国社会科学院考古研究所编《殷周金文集成释文（第一卷）》，第 238 页。

其中"十有二公"、"虩事蛮夏"等表述,亦见于秦公簋,因此,其铸作年代当与秦公簋相同。值得注意的是,有的铜器铭文还可见到"虩事蛮方"的说法。如陕西宝鸡所出秦公钟,铭文云:

> 秦公曰:"我先祖受天命,赏宅受国。烈烈昭文公静公宪公不坠于上,昭合皇天,以虩事蛮方。①

《周易·震》:"震来虩虩",王弼注:"恐惧之貌也",孔颖达疏:"虩虩,恐惧之貌也。"② 铭文所谓"虩事蛮夏"就是小心谨慎地处理与蛮夷和华夏的关系,而"虩事蛮方"则是小心谨慎地处理与蛮夷的关系。前者注意两个族群,而后者专注一个族群,为何会出现这样的措辞变化?王辉认为,"'蛮方'与'蛮夏'一字之差,反映了秦外交政策的重大转变",此说极具启发性。然而,在具体解释这个观点时,其立论前提是宝鸡秦公钟的铸作年代要早于秦公簋和秦铭勋钟,秦人专注"蛮方"要早于专注"蛮夏"。因此,他以《史记》所见秦立国后驱戎的记载来对应"虩事蛮方"。而"虩事"的对象由"蛮方"转变为"蛮夏",在他看来是由于"到了春秋中期之后,随着秦势力逐步向东发展","与东方华夏诸国接触日多"所造成的。③ 其实,这个解读路径并非无懈可击。

在秦国的成长历程中,有一个事实是不容忽视的,那就是西周时期秦人对周王朝的长期服从。其先祖中,见于记载的有"孟增幸于周成王","造父以善御幸于周缪王"。还有受赐秦地的始祖非子,其获得秦地的经过,《史记·秦本纪》记载:

> 非子居犬丘,好马及畜,善养息之。犬丘人言之周孝王,孝王召使主马于汧渭之间,马大蕃息。孝王欲以为大骆適嗣。申侯之女为大骆妻,生子成为適。申侯乃言孝王曰:"昔我先郦山之女,为戎胥轩妻,生中潏,以亲故归周,保西垂,西垂以其故和睦。今我复与大骆妻,生適子成。申骆重婚,西戎皆服,所以为王。王其图之。"于是

---

① 中国社会科学院考古研究所:《殷周金文集成释文(第一卷)》,第230—237页。
② (清)阮元校刻:《十三经注疏》,中华书局1980年版,第62页。
③ 王辉:《秦铜器铭文编年集释》,第15页。

孝王曰:"昔伯翳为舜主畜,畜多息,故有土,赐姓嬴。今其后世亦为朕息马,朕其分土为附庸。"邑之秦,使复续嬴氏祀,号曰秦嬴。亦不废申侯之女子为骆適者,以和西戎。①

周孝王因个人喜好,竟然突破自身习知的嫡子继承制,欲以天子之尊干涉秦族内部的继承权问题。这说明在非子受赐秦地之前,虽然秦部族在周朝等级秩序中的地位可能不高,但它在政治上与周天子保持着密切联系,服从于周天子。至于非子受封后的秦人历史,有学者认为它"同西周晚期历史,特别是周人与玁狁的战争密切交织在一起。只有当我们从周人的全面战略来观察这个问题时,我们才能够理解秦人作为一支地方力量的形成"。具体来讲,西周晚期,"周人西北边境的形势发生了剧变","西戎反王室",同时也连带着将大骆嫡子这一支秦人消灭。周宣王时期,"西周王室采取了一系列的努力来力图重建对西北地区的控制,作为这种努力的一部分,秦国的统治者秦仲,被周王室授以所谓大夫之职,并且在宣王三年奉命讨伐西戎"。秦仲被西戎所杀,"有子五人",周宣王召兄弟五人,"使伐西戎,破之。于是复予秦仲后,及其先大骆地犬丘并有之"。秦人正是"乘宣王'中兴'之势",成功地"将自己发展成为周人世界西端的一支重要力量"。②

由上述分析可知,秦部族自归周后直至其成为"周人世界西端的一支重要力量",与周人的紧密联系贯穿始终。王辉以春秋中期之后秦"与东方华夏诸国接触日多"的形势来对应"虢事蛮夏"时,似乎忽略了西周时代秦与周的这段关系。这是不合适的,因为就族属来说,如果承认齐、鲁、晋等诸侯国属于"华夏诸国",那就绝无理由将诸国的宗主周天子排除在"华夏"之外。此外,如果注意到西戎是周人的巨大威胁,周天子甚至不得不向周、戎之间的中介者申侯做出让步,以此换取"和西戎"的效果。那么西戎的威胁就绝不仅仅只是周天子需要面对的,秦人也必须正视这种威胁,如此一来,秦人大骆与申侯的联姻也就易于理解了,很可能也是利用申侯的中介身份,以取容于戎人。后来周、戎关系恶

---

① 《史记》卷五《秦本纪》,第177页。
② 李峰:《西周的灭亡:中国早期国家的地理和政治危机》(增订本),上海古籍出版社2016年版,第287—288页。

化，秦人在两者之中做出抉择，全意附周而致力逐戎。关于西周晚期秦戎之间剑拔弩张的形势，除了《史记·秦本纪》的记载之外，金文资料亦有直接反映，不其簋铭文曰：

> 唯九月初吉戊申，伯氏曰："不其，御方玁狁，广伐西俞，王令我羞追于西。余来归献禽，余命汝御追于㟼。汝以我车宕伐玁狁于高陶，汝多折首执讯。戎大同，永追汝，汝及戎大敦搏。汝休，弗以我车陷于艰。汝多禽，折首执讯。"伯氏曰："不其，汝小子，汝肇诲于戎工。锡汝弓一，矢束，臣五家，田十田，用从乃事。"不其拜稽首休，用作朕皇祖公伯、孟姬尊簋，用介多福，眉寿无疆，永纯灵终，子子孙孙其永宝用享。①

铭文中的"不其"，李学勤认为"不"字为先秦时期常见的无义助词，根据《史记·十二诸侯年表》"秦庄公其"的记载，他认为"不其"指的是秦庄公，此器应属秦庄公。而铭文中的"公伯"，《史记·秦本纪》："秦侯立十年，卒，生公伯。公伯立三年，卒。生秦仲。"李学勤认为铭文"公伯"即《秦本纪》之公伯，为秦仲之父，庄公之祖。此亲属关系亦与铭文中"皇祖公伯"的称谓相符，由此亦可证器主为秦庄公。至于铭文中的"伯氏"，李学勤认为是秦庄公之兄。但王辉认为："铭文中伯氏称不其为'小子'，显然是长辈的口气。伯氏又赐不其弓、矢、臣、田，足见其地位在不其之上。若此时不其未即位，则秦仲尚在，其子不掌国事；若此时不其已即位为秦公，其兄也不应如此行事，故此铭之'伯氏'当是秦仲。"作器之时，"庄公尚未即位，秦仲尚在，但庄公已为军队统帅，必已成年，故器作于秦仲后期，即周宣王六年（前八二二年）之前数年内"。② 虽然关于不其簋的铸作年代存在秦仲后期与庄公时期等不同意见，但两种意见所指涉的两人其实是父子两代前后相继的，而铭文中"御方玁狁"、"宕伐玁狁"、"来归献禽"、"多禽"等表述，无不反映了西周晚期秦、戎之间的剧烈冲突。

无论与周、戎两家皆保持和平，抑或在新形势下决意舍戎而从周，其

---

① 中国社会科学院考古研究所：《殷周金文集成释文（第三卷）》，第464页。
② 王辉：《秦铜器铭文编年集释》，第2、6页。

实都可以视为在周、戎之间周旋腾挪、谨慎而行的"虩事蛮夏"。至于宝鸡秦公钟所谓文公、静公、宪（宁）公"虩事蛮方"，当是秦襄公"为诸侯"之后，秦人在形式上已被周天子纳入其分封制的政治体系，此时，"虩事"于周已不是当务之急，况且，日渐陵夷的周天子也没有能力给予秦人更多的实质性政治资源。对于秦人来说，获得名分之后，最要紧的任务便是将周天子"攻逐戎，即有其地"的承诺尽快转化为开疆拓土的实惠，这也就决定着，秦人必须以驱逐戎人为主要活动内容，"虩事蛮方"当即指此。

"虩事蛮夏"是秦国在秦襄公"为诸侯"之前的生存状态，明乎此，我们对秦公簋铸作者为秦襄公，以及"十又二公"是指自中潏至庄公的十二代秦人首领等论断，便会更加认同。① 由此可以进一步推知，秦人以"禹迹"来定性自身的控制区，这个做法至迟在秦襄公时代已经出现。

三 "赞禹功"：秦人谋求霸权过程中的族源塑造

关于"鼏宅禹迹"一语的历史内涵，有学者认为："是秦自诩为华夏族，居住在华夏的范围内。"② 此说意识到秦人自谓"鼏宅禹迹"的政治意图，诚为卓见。不过，若细究起来，"禹迹"的定性对象毕竟只是居住的地域，而非秦人的族源问题。也就是说，认为"鼏宅禹迹"是秦人自诩"居住在华夏的范围内"则可，若谓其表现了"秦自诩为华夏族"，则有跳跃式解读之嫌。在笔者看来，"鼏宅禹迹"的自诩，虽然也可以反映出秦人具有向华夏族靠拢的心态，但在实际上，秦人对自身族源的华夏化重塑应是地域华夏化之后的事情。《史记·秦本纪》开篇即曰：

---

① 在对秦公簋进行断代时，还应注意一个细节。目前公认为春秋秦国文物的宝鸡秦公钟，以及秦景公墓出土石磬（见本文下节），之所以能够确认其主人，是因为铭文中列出了两三代的先公。宝鸡秦公钟说"烈烈昭文公、静公、宪公"，秦景公墓磬铭说"共桓是嗣"，由此可确定器主分别为秦宪（宁）公、秦桓公的继承人。如果秦公簋果是春秋时器，循上述两例，似乎也应当明确列出器主之前的数位先公，而不是笼统的"十又二公"。秦公簋将"十又二公"总而言之，将先祖悉数告慰，如果不是襄公立国那样的划时代盛事，似无此必要。

② 王辉：《秦铜器铭文编年集释》，第20页。

> 秦之先，帝颛顼之苗裔孙曰女脩。女脩织，玄鸟陨卵，女脩吞之，生子大业。大业取少典之子，曰女华。女华生大费，与禹平水土。已成，帝锡玄圭。禹受曰："非予能成，亦大费为辅。"帝舜曰："咨尔费，赞禹功，其赐尔皂游。尔后嗣将大出。"乃妻之姚姓之玉女。大费拜受，佐舜调驯鸟兽，鸟兽多驯服，是为柏翳。舜赐姓嬴氏。①

引文明言秦人先祖大费因"赞禹功"而受到帝舜褒奖，对这个情节，梁玉绳认为："费是国名，《竹书》'费侯伯益'是，《史》误以大费为名，故不曰咨益而曰咨费，舜果有斯语哉！秦、赵同祖，其所说神怪事，俱自傅会以炫世，史公信而纪之，失之芜矣。"② 梁氏从表达习惯的角度判定帝舜褒奖秦人先祖一事纯属虚构，这个看法若与传世《尚书·舜典》中并无这番嘉奖词的文本面貌相结合，就显得合情合理。

据《秦本纪》所言，被舜褒奖的秦先祖叫做大费，又称"柏（伯）翳"。佐禹治水成功后，其具体工作是"佐舜调驯鸟兽"。而《尚书·舜典》记载："帝曰：'畴若予上下草木鸟兽。'佥曰：'益哉！'帝曰：'俞！咨益！汝作朕虞。'"③ 据此，调驯鸟兽者为伯益。由于"伯翳""伯益"读音相近、职责相同，难免令人揣想，二名实指同一人，如金履祥曰："其事同，其声同，而太史公独以《书》《纪》字异，乃析一人而二之，可谓误矣。"④ 但《史记·陈杞世家》曰："伯翳之后，至周平王时封为秦，项羽灭之，有本纪言。垂、益、夔、龙，其后不知所封，不见也。"⑤ 伯益、伯翳又分而叙之，显系二人。司马贞《史记索隐》就此评论曰："嬴姓之先，一名伯翳，《尚书》谓之'伯益'，《系本》、《汉书》谓之'伯益'是也。寻检《史记》上下诸文，伯翳与伯益是一人不疑。而《陈杞系家》即叙伯翳与伯益为二，未知太史公疑而未决邪？抑亦谬误尔？"⑥ 司马贞认为秦人先祖之名的正确写法当为"伯益"，他实在想不

---

① 《史记》卷五《秦本纪》，第173页。
② （清）梁玉绳：《史记志疑》，中华书局1981年版，第119页。
③ （清）阮元校刻：《十三经注疏》，第131页。
④ 佚名：《史记疏证》，上海古籍出版社2008年版，第73页。
⑤ 《史记》卷三六《陈杞世家》，第1585页。
⑥ 《史记》卷五《秦本纪》，第173页。

明白，为什么司马迁要在"伯益"之外生造一个"伯翳"。《路史发挥》推测可能是"太史公于益、翳有时而不分，所以致后生之谬尔"。① 但"伯翳"的写法并非西汉才有的，《国语·郑语》载史伯对郑桓公："姜，伯夷之后也；嬴，伯翳之后也。伯夷能礼于神以佐尧者也，伯翳能议百物以佐舜者也，其后皆不失祀而未有兴者，周衰其将至矣。"韦昭注："伯翳，舜虞官，少皞之后伯益也。"② 伯翳就是伯益，然而写法即不同于"伯益"。况且西汉时代并非只有司马迁一人将"伯益"、"伯翳"分开来写，同样博闻的刘歆亦如此，其《上〈山海经〉表》曰："益与伯翳主驱禽兽，命山川，类草木，别水土。"③ 如果仍以"益、翳有时而不分"的偶然性来解释刘歆的做法，恐难令人信服。笔者推测，秦人原本是将伯益列于先祖世系的，但东方国家并不认可，故而"伯益"被改为"伯翳"。而传说中的伯益接受禅让而未果，属于社会同情的对象，汉世士大夫深受过秦思潮的影响，自然更不愿接受秦人祖述伯益的做法，遂将先秦的写法承袭下来。

虚构的褒奖、攀附的功臣，再加上大费佐禹治水的事迹是放在秦人远祖世系的叙事链条内展开的，而这一链条的开端就是"秦之先，帝颛顼之苗裔孙"，此等宣示"不但可以证明秦人的族群属性即秦人来自东方，与西方'夷狄'有别，自然也可把本族之人团结于颛顼名下"，因此具有明显的"族群意义"。④ 种种迹象显示，《秦本纪》所载"赞禹功"的业绩宣传在总体上是服务于秦人的祖先谱系建构以及族群华夏性论证的。那么，现在面临的一个关键问题便是《史记·秦本纪》所载秦人远祖世系究竟何时形成，这个问题不解决，秦人何时借助于"赞禹功"的论说以使族源华夏化，亦难以索解。

陕西凤翔秦公大墓曾出土残断石磬，铭文中有"天子匽喜，共桓是

---

① 佚名：《史记疏证》，第73页。
② 徐元诰：《国语集解》（修订本），中华书局2002年版，第469页。《史记》卷四二《郑世家》大体袭用《国语》记载，"伯翳"的写法一仍其旧。见《史记》，第1757页。
③ 袁珂：《山海经校注》（增补修订本），巴蜀书社1993年版，第540页。
④ 史党社：《从文字资料略谈秦早期政治》，《陕西师范大学学报（哲学社会科学版）》2017年第1期。

嗣。高阳有灵，四方以鼏"的说法。① 依据其中的"共桓是嗣"，学界普遍认为墓主为秦景公，时当春秋中晚期。众所周知，在古史传说中，"高阳"即"颛顼"。② 这也就意味着，至迟在春秋中晚期的时候，秦人已经形成祖述颛顼的群体共识了。从逻辑上说，秦人致力于建构祖先谱系的时代还应在春秋中晚期之前。但从某些迹象来看，也不大可能早于秦襄公时代。在秦襄公以前，秦人大体上还是以部族状态服务于周天子。以部族为组织形态的群体固然有自己的祖先神话，但一般来说神话中的世系不会过于复杂，最明显的例子莫过于周人对自身族源的叙述。《诗经·大雅·生民》：

> 厥初生民，时维姜嫄。克禋克祀，以弗无子，履帝武敏歆。攸介攸止，载震载夙。载生载育，时维后稷。

周人的感生神话仅将族源追溯到一位女性祖先，然后以超越现世的"帝"作结，并没有通过自造颛顼、帝喾之类的超人名目将世系链条向更古的时段伸展。当周人还处于部族状态的时候，商人已是诸方国部落的"盟主"，按理说其社会组织的先进程度应当超越同期的周部族。然而商人繁复的祭祀体系中，竟然也没有上古圣王的位置。晁福林指出，商人的祭祀对象既有自然神、天神，又有祖先神，但"殷人尊崇的重点是祖先诸神"。并且在祭祀实践中，"往往极力追溯传说时代的最初祖先，尽量增

---

① 王辉、焦南锋、马振智：《秦公大墓石磬铭考释》，《"中央研究院"历史语言研究所集刊》第67本第2分，1996年，第263—322页。

② 谢明文认为，铭文中的"高阳"与秦公簋、秦公镈铭文所见"高引"意涵相同，并以《后汉书》卷二八下《冯衍传》"既俶傥而高引兮，愿观其从容"的文例来理解"高引"一词。（氏著《说秦公器"高引有庆"及"高阳有霝"》，《中国国家博物馆馆刊》2017年第3期）笔者以为此说难以成立。首先，从秦公大墓残磬图版来看，"高阳"之"阳"明白无误，断无隶定为"引"的可能，必以"高引"来解释"高阳"，有强解之嫌。其次，从辞章角度说，磬铭"天子匽喜，共桓是嗣"与"高阳有灵，四方以鼏"对仗甚工，"天子"对"高阳"，"共桓是嗣"即"嗣共桓"，"四方以鼏"即"鼏四方"，皆属于谓宾结构的变体。至于秦公簋则别有辞章。"高引有庆"前一句为"畯䵼在天"，后一句为"肇有四方"，有学者以《诗·崧高》"骏极"来解释"畯䵼"，"骏，长也；䵼，至也"。（王辉：《秦铜器铭文编年集释》，第25页）而"高引"的含义，于豪亮认为乃"长久"之意，恰与"畯䵼"形成对仗。（于豪亮：《说"引"字》，收入《于豪亮学术论集》，上海古籍出版社2015年版，第338页）若将此义代入磬铭，反倒破坏了磬铭文辞的整饬。

大祖先崇拜的范围"。即便如此，在晁先生所做的卜辞统计中，商人最初的祖先也只是一个被称为"夒"的人，并非后世熟知的三皇五帝中的某一个。①

从商周两朝自我认同的祖先谱系来看，《史记·殷本纪》谓商人女性祖先简狄为"帝喾次妃"，以及《周本纪》谓周人女祖姜嫄为"帝喾元妃"，皆属后来演绎。同理，《秦本纪》中祖先女脩吞卵而生子，恐是秦人祖先谱系的初始状态，至于女脩为颛顼"苗裔孙"，应为后世附加，并且这种附加很大可能发生于秦人的部族色彩日渐褪去而区域政治体色彩大幅增长的历史时期。这一点，我们可以结合周人对立国正当性的相关论述来理解。

在西周初年，政治家们为论证灭殷建周的合理性，可谓绞尽脑汁。《尚书·召诰》所谓"皇天上帝，改厥元子兹大国殷之命"，高唱的正是天命转移理论。不过，此时的周人毕竟还承认殷商的上帝"元子"身份，到后来，可能是嫡长子继承制执行的时间长了，人们难免会生出这样的疑问：元子怎么能被代替呢？开国便坏了规矩，岂可为后世法？遂将殷商的"元子"身份褫夺了去，于是元子的母亲简狄便由帝喾元妃沦落为"次妃"。不过，笔者在这里只是以此为例来说明天命转移理论对祖先谱系建构的影响，实际上，帝喾与简狄、姜嫄组成的多妻家庭在周初人们的头脑中或许并不存在，因为当时帝喾这个人物是否已被想象出来，还是个问题。

《史记·陈杞世家》记述陈、杞二国分封的由来，陈国始封者陈胡公乃"虞帝舜之后"，"周武王克殷纣，乃复求舜后，得妫满，封之于陈，以奉帝舜祀"。至于杞国，始封者东楼公是"夏后禹之后苗裔"，"周武王克殷纣，求禹之后，得东楼公，封之于杞，以奉夏后氏祀"。② 册封诸侯是极严肃的事项，陈胡公、东楼公究竟是不是舜、禹之后，今天可能已无从查证，但陈、杞二封国的存在，以铁一般的事实表明，周初政治家们认可的上古圣王只有舜和禹。而他们之所以接受舜、禹，很大程度上应当是为了增强天命转移理论的公信力。因为天命由商转至周这个论断本身的合理性即是需要证明的，虽然通过对纣王庶兄微子的分封，周朝已将商亡周

---

① 晁福林：《先秦社会形态研究》，北京师范大学出版社2003年版，第165—166页。
② 《史记》卷三六《陈杞世家》，第1575、1583页。

兴的历史结局确立下来，但以周代商的事件毕竟只是孤证，正所谓孤证不立。这种情况下，向历史寻求帮助便是一个合理的选择，即便这种历史可能是伪造的。陈、杞之封的妙处就在于，通过符号化的政治操作，可以将舜传禹、商代夏这两次权力转移的故事世世代代呈现给普天之下的王臣，这对提升商周革命的合理性无疑是大有裨益的。

从周初的做法来看，对圣王传说的利用主要是为了论证新生政权的存在合理性。而秦人的生存状态从"秦族时期"的部族转化为"秦国时期"的政治体，其起点就在秦襄公受封为诸侯。① 由此也就不难理解，"鼏宅禹迹"的提法为何会出现在秦襄公时期所铸的秦公簋上。对于初封阶段的秦国而言，正如周平王所许诺的那样，"秦能攻逐戎，即有其地"，秦人的疆土绝大部分都是从戎人手中夺过来的，疆土的华夏化，实际上就是秦人在王命之外寻求对自身扩张行为的另一种合理化解释，这一点正如周人援引舜禹故事以使自身的武装革命合理化。至于秦人自谓"赞禹功"，并以颛顼苗裔自诩，应当是在秦国作为一个政治体发展到一定阶段后，为证明自身谋求霸主地位的合理性而生成的政治文化现象。

四 "上会稽，祭大禹"：帝国时期宗教统一的再尝试

秦景公大墓"高阳有灵"的磬铭昭示着，秦国在春秋中晚期之前已将其世系上溯至颛顼。在此后的漫长岁月里，列国间的纷争愈演愈烈，祖先世系的较量仍在持续，比如田氏齐国，先祖田完来自陈国，为舜的后裔。但战国时期的齐国已不满足于此，在舜的前面又认了黄帝作始祖。② 不过，对于秦国而言，春秋时代所祖的颛顼比田齐先祖舜要靠前许多，可以想见，在较长一段时间内，秦人应当没有太大的动力去继续向前延展祖先世系。况且，进入战国以后，时代主题是"诸侯力政，争相并"，"海内争于战功"，"务在强兵并敌"。③ 在这种情况下，继续建构祖先谱系，

---

① 黄留珠：《秦汉历史文化论稿》，第106—108页。
② 战国田齐铜器有"陈侯因齐敦"，其中可见"高祖黄帝"。参见中国社会科学院考古研究所编《殷周金文集成释文（第三卷）》，第594页。
③ 《史记》卷五《秦本纪》，第202页；卷一五《六国年表》，第685页。

沉迷于自造的历史，自非当务之急。然而，秦并六国后，上古圣王的故事再次得到了重视。《史记·秦始皇本纪》记载始皇帝最后一次出巡：

> （三十七年）十一月，行至云梦，望祀虞舜于九疑山。浮江下，观籍柯，渡海渚。过丹阳，至钱唐。临浙江，水波恶，乃西百二十里从狭中渡。上会稽，祭大禹，望于南海，而立石刻颂秦德。①

秦始皇此行当然有其显性意图，即所谓"朕巡天下，祷祠名山诸神以延寿命"。②但祷祠名山诸神未必需要躬亲，派亲信代祭亦无不可，比如蒙毅曾在始皇身体不适的情况下，受命"还祷山川"。③那么，是什么原因促使始皇甘冒风波险恶必欲巡行南方呢？除了延寿之外，难道再无他义了吗？有学者注意到，"帝王出巡，是秦汉时期影响十分广泛的政治文化现象"，认为秦始皇出巡"并不仅仅是'祷祠名山诸神以延寿命'，也不仅仅是'东抚东土，以省士卒'"，其实还有"通过这种交通实践了解天下四方的文化风貌，从而巩固和完善政治统治的因素"。④也就是说，秦始皇的频繁出巡在延寿、威慑之外，还有从文化角度巩固统一局面的用意。

宗教作为文化的一个重要方面，自然是秦始皇实施文化统一策略的重要抓手。《史记·封禅书》记载，泰山封禅大典结束后，秦始皇"遂东游海上，行礼祠名山大川及八神"，八神即天主、地主、日主、月主、阴主、阳主、兵主、四时主，本系齐地祭祀对象，以秦皇而祭齐神，在有的学者看来，就是涉及秦始皇"文化心态的标志性举动"。秦始皇对东方神秘文化的接受，"在某种程度上，可以解读为他把自己定位于'天下之主'的一种宣示之举"。⑤除了宣示"天下之主"的新身份，还有学者将秦始皇东巡视为秦汉国家"取得东方神祇的认同，从而实现全国神权的统一"的长期历史进程中的重要环节，所谓"取得东方神祇的认同"，论者认为秦始皇在这个方面是失败的，并举徐福求仙无神应、泗水捞鼎而无

---

① 《史记》卷六《秦始皇本纪》，第260页。
② 《史记》卷八七《李斯列传》，第2551页。
③ 《史记》卷八八《蒙恬列传》，第2567页。
④ 王子今：《秦汉区域文化研究》，四川人民出版社1998年版，第391、395页。
⑤ 孙家洲：《三次刺杀行为对秦始皇地域政策的影响》，《河北学刊》2013年第4期。

获、欲渡湘水风波恶等例子来加以印证。① 然而神祇既属人的文化创造，"神祇的认同"本不可能存在，所谓"神祇的认同"实际上只能是人的认同。② 与"神权的统一"相似的提法还有"宗教统一"。李零指出："秦始皇的大一统，是三个大一统：政治大一统、宗教大一统、学术大一统"，可是"三件事，他只做成一件，就是政治大一统，另外两件没办成"。"这不是他的初衷。他的初衷，和后来的汉武帝一样，也是收拾人心：统一宗教，才能赢得六国百姓的心；统一学术，才能赢得社会精英的心。"③ 李零所言"统一宗教，才能赢得六国百姓的心"，也就意味着，在他看来，秦始皇统一宗教的目的是求得东方民众对秦政权的认同与接纳。

同样是以宗教手段来巩固统一，秦始皇三十七年南巡的祭祀行为与历次东巡、南巡存在较大差异。此前的巡行中，秦始皇祠祭的对象为名山大川、八主等，前者内容是各种地理存在，后者除兵主外，天、地、阴、阳、日、月、四时，皆与天文密切相关。总体上看，历次巡游的祭祀对象基本属于自然神祇系列，兵主也只是与现实政治、军事需求密切相关的神祇，与历史并无多大关联。而三十七年南巡中"望祀虞舜"、"上会稽，祭大禹"，则聚焦于上古圣王，他们在传说中是处于历史前端的神人。如果关注此前秦廷高层对舜、禹等人的评价，秦始皇此番祭祀舜、禹的行为便会令人觉得诧异。在议立"皇帝"号时，大臣们说："今陛下兴义兵，诛残贼，平定天下，海内为郡县，法令由一统，自上古以来未尝有，五帝所不及。"二十八年琅邪刻石宣称始皇帝"功盖五帝，泽及牛马"，群臣也恭维皇帝："古之五帝三王，知教不同，法度不明，假威鬼神，以欺远方，实不称名，故不久长。其身未殁，诸侯倍叛，法令不行。今皇帝并一海内，以为郡县，天下和平。昭明宗庙，体道行德，尊号大成。"④ 可见，在秦统一之初的政治舆论中，五帝三王要逊色于始皇帝，并且秦始皇认为

---

① 杨华：《秦汉帝国的神权统一——出土简帛与〈封禅书〉、〈郊祀志〉的对比考察》，《历史研究》2011 年第 5 期。

② 有学者亦指出："祷祀而无功反映了秦始皇未能得到东方神祇的认同，这一说法或可进一步商榷。"参见李玥凝《秦始皇的宗教倾向性与秦汉宗教中的齐楚传统》，《人文杂志》2017 年第 1 期。收入王子今主编《秦统一的进程与意义》，中国社会科学出版社 2017 年版，第 248 页。

③ 李零：《中国方术续考》，中华书局 2006 年，"新版前言"第 9 页。

④ 《史记》卷六《秦始皇本纪》，第 236、245、246—247 页。

他之所以能够"以眇眇之身"而横扫六合，乃是"赖宗庙之灵"①，与五帝三王无干。在这种情况下，舜、禹应当不会成为秦始皇的祭祀对象。

不止于不祭，秦始皇甚至缺乏对此类神明的最基本的敬畏，二十八年"浮江，至湘山祠。逢大风，几不得渡。上问博士曰：'湘君何神？'博士对曰：'闻之，尧女，舜之妻，而葬此。'于是始皇大怒，使刑徒三千人皆伐湘山树，赭其山"。②以暴烈手段来厌胜尧女舜妻，此绝非虔诚奉祠者所应为。秦始皇的行为表明，在他心目中，尧舜并没有什么了不起的地位。更值得注意的是，始皇此次南方之行是承接着齐鲁之行发生的，在前往湘山祭祠的路上，始皇似乎对"湘君何神"都不了解，说明他这次"至湘山祠"的祭山成分更多一些，而祭神的意味则若有若无。换句话说，秦始皇虽然到南方进行宗教活动，但他并没有将这次祭祀与虞舜故事联系起来。

那么，秦始皇究竟出于怎样的考虑，最终决定将山川之祭与圣王之祭进行融合呢？笔者以为，对地理、天文的供奉存在着疆界、分野等客观条件的限制，尤其是在战国时期列强并争的形势下，七国内部各自形成了比较强烈的区域性国家认同。东方名山大川自在六国境内，六国民众早已习惯于自祭。当六国对秦政权的认同还未达成的时候，秦始皇强行到东方献祭，这样的宗教统一，难免令人觉得生硬、突兀。尤其是对于六国人而言，他们或许并不会由此产生多少对秦政权的融入感，相反的，产生信仰剥夺感的可能性倒是更大一些。这一点，其实和《左传》所谓"神不歆非类，民不祀非族"的道理是相通的。③而舜、禹之类的历史性神灵（相对于依附地理、天文实体而存在的自然神灵而言）则不然，作为一种文化创造，他们的事迹可以跨越政治体的界限而得到传播。比如《史记》越王勾践"其先禹之苗裔"的记载④，由于越王勾践曾经有逐鹿中原的行为，并且较早的文献《国语》可见"禹致群神于会稽之山，防风后至，禹杀而戮之"的说法，《墨子》也说"禹东教乎九夷，道死，葬会稽之

---

① 《史记》卷六《秦始皇本纪》，第236页。
② 同上书，第248页。
③ （清）阮元校刻：《十三经注疏》，第1801页。
④ 《史记》卷四一《越王勾践世家》，第1739页。

山"。① 因此，大禹传说应当不是中原列国在政治扩张中强加给越国的，而是由越人自我接纳并将之内化为本族群之源的。这种做法的动机，正如有的学者所言，显然是为了"以此强调本地人的华夏性"，"借华夏自重，以洗刷蛮夷之名"。② 由越人祖禹的例子来看，舜、禹传说不仅可以是中原列国共享的文化资源，甚至可以成为中原列国与华夏边缘群体共享的文化资源，它们不会如同山川、天文那样，因客观存在的地理、分野而形成特定的地域性垄断。

秦始皇南巡祭祀舜、禹，无疑是十分巧妙的。这两个历史性神灵早已融入南郡、会稽郡民众的信仰世界，而对于秦人来说，他们的记忆当中，祖先大费曾是帝舜重臣，也曾经"赞禹功"，祭祀舜、禹乃是发明祖先的荣光，无论从哪个角度来说，都是合乎情理的。而通过对二帝的祭祀，秦始皇至少在形式上找到了秦人与南方民众之间的情感契合点。柯马丁对秦始皇三十七年祭祀舜、禹的行为观察得更为深刻，他将宗庙祭祀与圣王祭祀区分开来，认为宗庙祭祀是对"浓缩空间里聚焦的历史"的礼仪呈现，而"望祀虞舜"则体现了合法主权的空间扩展"。柯氏还紧扣祭大禹于会稽山、望祀舜于九疑山的记载，特别指出，"大禹，正如舜之于九疑山，既是历史的组成部分，也是宇宙的一部分"。他们"都是往昔的政治祖先，如今则栖息于高山之巅"，"从人类英雄转变为自然神灵"。而"通过向禹、舜致祭，秦始皇便将帝国合法性的历史维度与宇宙维度联系在了一起"。③ 果如此，始皇帝南巡而致祭舜、禹，诚可谓用心良苦。

结　语

从部族到帝国，秦人的历史跨越了相当漫长的时段。其间，卓有成效的军事斗争及其诱导的制度变革无疑是秦人政治体发育的主要动力，然而，秦人既然要在周朝的政治体系内求生存谋发展，就不能不受到周文化

---

① 徐元诰：《国语集解》（修订本），第 202 页。（清）孙诒让：《墨子间诂》，中华书局 2001 年版，第 184 页。

② 王明珂：《反思史学与史学反思》，上海人民出版社 2016 年版，第 70 页。张荫麟：《评近人对于中国古史之讨论》，顾颉刚编著《古史辨（二）》，第 283 页。

③ ［美］柯马丁：《秦始皇石刻：早期中国的文本与仪式》，刘倩译，上海古籍出版社 2015 年版，第 104—105 页。

的影响。大禹传说作为一种增强政治合法性的文化资源，西周时代周天子及其传统封国普遍对此加以利用。受此启发，秦人在从部族状态向封国状态迈进的过程中，为了使秦戎之间的土地争夺获得良好的道义支撑，便倾向于认为自身的开拓行为是"禹迹"的恢复或延伸。至秦襄公受封为诸侯，遂有先祖十二公"鼏宅禹迹"的明确宣示。进入春秋时代，周天子权威不再，襄公之后的数代国君致力于"虩事蛮方"，意在使周平王当初对秦襄公"攻逐戎，即有其地"的许诺化为现实利益。随着春秋中期诸侯争霸事业的展开，秦人亦有谋求霸主地位的野心。由于争夺霸权的对手主要是齐、晋等东方大国，秦人为不落下风，遂有塑造族源的冲动，于是祖述颛顼、伯益，宣称先祖伯益如齐之伯夷、晋之后稷一样曾为舜臣，有"赞禹功"的辉煌业绩。战国时代"务在强兵并敌"，秦人务实精神臻于极致，对于圣人传说之类的重视程度似乎不及先前。但在兼并六国之后，出于巩固统一政治局面的需要，秦始皇也致力于宗教统一，频繁礼敬东方的名山大川以及天文。无奈的是，山川、天文往往会因特定地理、分野等客观原因，导致宗教融合比较困难。秦始皇最后一次出巡时，宗教统一的手法有所改进。他望祀虞舜于九疑山，祭祀大禹于会稽山，可以说巧妙借用了中原社会与华夏边缘群体共享的文化资源，力图唤起南方民众对秦政权的认同。只是秦始皇很快便撒手人寰，他的尝试便成了秦帝国宗教统一的绝响。

（作者单位：陕西师范大学历史文化学院）

秦"敬祖"观念与政权合法性建构*

李 琰

秦统一之后，继承秦国"敬天"、"敬祖"的思想并加以改造，形成具有秦特色的官方意识形态。其中关于"敬天"的问题，学界已有丰硕的研究成果①，而对于秦人的"敬祖"行为则关注不多，本文试从秦人"敬祖"的具体措施入手，进一步讨论秦始皇通过"敬祖"手段对皇权的强化过程。

一 "追尊庄襄王为太上皇"

秦始皇统一六国，令群臣商议帝号，丞相王绾、御史大夫冯劫、廷尉李斯等提出：

> 昔者五帝地方千里，其外侯服夷服，诸侯或朝或否，天子不能制。今陛下兴义兵，诛残贼，平定天下，海内为郡县，法令由一统，自上古以来未尝有，五帝所不及。臣等谨与博士议曰："古有天皇，有地皇，有泰皇，泰皇最贵。"臣等昧死上尊号，王为"泰皇"。命为"制"，令为"诏"，天子自称曰"朕"。
>
> 王曰："去'泰'，著'皇'，采上古'帝'位号，号曰'皇

---

* 基金项目：国家社会科学基金重大项目"秦统一及其历史意义再研究"（项目编号：14ZDB028）。

① 关于秦敬天问题可参见杨天宇《秦汉郊礼初探》，《河南大学学报》1989年第1期；田静、史党社《论秦人对天或上帝的崇拜》，《中国史研究》1996年第3期。

帝'。他如议。"

  制曰："可。"

  追尊庄襄王为太上皇。

  制曰："朕闻太古有号毋谥，中古有号，死而以行为谥。如此，则子议父，臣议君也，甚无谓，朕弗取焉。自今已来，除谥法。朕为始皇帝。后世以计数，二世三世至于万世，传之无穷。"①

秦始皇"议帝号"诏，主要完成了两件事。一是决定去"泰"，著"皇"，采上古"帝"位号，号曰"皇帝"。二是追尊秦庄襄王为太上皇，并以"子议父"、"臣议君"不合理为理由，废除谥法。对于秦始皇称"皇帝"一事，学界不乏讨论②，总的来说，"始皇帝"之名，是受三皇、五帝、星宿崇拜、凤鸟崇拜等多种因素影响，是集先秦圣君名号的大成，秦始皇以"始皇帝"自称，一方面是强调权力承自先祖的合理性，另一方面又兼有"功过五帝，地广三王"③的超越之势，带有明显的政治意图，而与之同时提出的追尊太上皇一事，虽学界讨论较少④，但据提出的时机来看，显然也有其深刻的政治用意。

  秦始皇追尊生父为太上皇，这种做法在先秦时代便有迹可循。《史记·周本纪》载："西伯盖即位五十年。其囚羑里，盖益易之八卦为六十四卦。诗人道西伯，盖受命之年称王而断虞芮之讼。后十年而崩，谥为文王。改法度，制正朔矣。追尊古公为太王，公季为王季：盖王瑞自太王兴。"又张守节《正义》载："《易纬》云'文王受命，改正朔，布王号于天下'。郑玄信而用之，言文王称王，已改正朔布王号矣。按：天无二日，土无二王，岂殷纣尚存而周称王哉？若文王自称王改正朔，则是功业成矣，武王何复得云大勋未集，欲卒父业也？《礼记大传》云'牧之野武

---

  ① 《史记》卷六《秦始皇本纪》，中华书局标点本1959年版，第236页。标注参见曾磊《秦始皇"议帝号"诏评议》，《西安财经学院学报》2016年第4期。

  ② 周良霄：《皇帝与皇权》，上海古籍出版社2006年版。李俊芳：《秦朝最高统治者称号问题试探》，《辽宁师范大学学报》2004年第5期。刘泽华：《秦始皇神圣之上的皇帝观念：先秦诸子政治文化的集成》，《天津社会科学》1994年第6期。周新芳：《"皇帝"称号与先秦信仰崇拜》，《孔子研究》2003年第5期；《先秦帝王称号及其演变》，《史学月刊》2004年第6期。

  ③ 《史记》卷六《秦始皇本纪》，第276页。

  ④ 王子今、李禹阶：《秦汉时期的"太上皇"》，《河北学刊》2009年第11期；林燕：《"太上皇帝"与"太上皇"所蕴含的政治文化辨异》，《兰台世界》2015年第21期。

王成大事而退，追王太王亶父、王季历、文王昌'。据此文乃是追王为王，何得文王自称王改正朔也？"① 这段概括周文王政绩的记载中，司马迁和张守节对文王之号持不同意见。司马迁认为追尊古公为太王、公季为王季是文王的政绩，而张守节根据武王的政绩和《礼记大传》的记载推论武王才是追尊先祖之人，甚至文王之王号也是死后追尊而来。对此，晁福林、王晖、刘国忠等依据传世文献和出土简牍已经证明文王当为生时称王，并非是死后追谥②，所以古公和公季的王号均为文王追尊，具体实施办法是将先祖的爵位提高一级，即由公尊为王，这便是秦始皇追尊太上皇的雏形。战国时，秦国也存在追尊之事。周平王即位之初，西戎来扰，秦襄公出兵讨西戎，解平王之困，又武装保护平王东迁洛邑，功劳显著，平王封襄公为诸侯，史称秦襄公，赐其岐山以西的地区，秦才有了封国。③而他的父亲秦庄公之所以成为第一位称"公"之人，便是襄公在其死后追尊的。④ 秦国的追尊之事还存在于女性中。史载："（秦昭襄王）五十六年秋（前251），昭襄王卒，子孝文王立。尊唐八子为唐太后，而合其葬于先王。"⑤ 唐八子，姓唐，是昭襄王的妾，孝文王的母亲，其在孝文王即位时已经去世，故死后被追尊为太后。⑥ 八子在内宫的地位并不高，秦孝文王将母亲由八子直接尊为太后，追尊的等级远不止一级。总之，在秦始皇统一六国之前，秦国依照周制⑦，一直存在着统治者即位后追尊逝去先祖的做法。⑧

秦始皇统一之后，依然保留了这一做法，其追尊庄襄王为太上皇，除

---

① 《史记》卷四《周本纪》，第119页。
② 晁福林：《从上博简〈诗论〉看文王受命及孔子的天道观》，《北京师范大学学报》2006年第2期；王晖：《周文王称王史事辨》，《中国史研究》2009年第3期；刘国忠：《〈保训〉与周文王称王》，《光明日报》2009年4月27日。
③ 《史记》卷五《秦本纪》，第179页。
④ 《诗经·秦风》孔颖达疏曰："襄公始为诸侯，庄公已称公者，盖追谥之也。"（《毛诗正义》卷六《秦谱》，《十三经注疏》，北京大学出版社1999年版，第407页）
⑤ 《史记》卷六《秦始皇本纪》，第218页。
⑥ 《史记》卷一〇《孝文帝本纪》裴骃《集解》引应劭曰："夫人以下有美人、良人、八子、七子、长使、少使。"第435页。
⑦ 《礼记正义》卷七《檀弓上》："幼名、冠字、五十以伯仲，死谥，周道也。"《十三经注疏》，第219页。
⑧ 追尊是追封谥号的一种形式，这也是秦始皇将追尊太上皇与废除谥法作为同一事件提出的原因。

亲缘关系外，更是对庄襄王过去功绩的肯定。① 究其原因，主要与秦国的建国方式有关。战国时期，秦一直被冠以"虎狼之国"的称号。秦惠王时，游腾向楚王献策时就说过，"今秦者，虎狼之国也，兼有吞周之意"②，苏秦也有"夫秦，虎狼之国也，有吞天下之心"③的言论。秦昭王时，虞卿谏赵王不要向秦割地求和时，同样指出"秦虎狼之国也，无礼义之心"④，这种观念一直延续到汉代。贾山就曾提出："秦以熊罴之力，虎狼之心，蚕食诸侯，并吞海内，而不笃礼义，故天殃已加矣。"⑤这种对秦国的认知，从客观上说明了秦国武力征伐的建国方式，但也正是这种"虎狼之势"，最终成就了秦的统一大业。贾谊在《过秦论》中就指出："秦孝公据崤函之固，拥雍州之地，君臣固守而窥周室，有席卷天下，包举宇内，囊括四海之意，并吞八荒之心……孝公既没，惠王、武王蒙故业，因遗册，南兼汉中，西举巴、蜀，东割膏腴之地，收要害之郡……及至秦王，续六世之余烈，振长策而御宇内，吞二周而亡诸侯，履至尊而制六合，执棰拊以鞭笞天下，威振四海。"⑥ 桑弘羊和司马迁也有类似的观点。⑦ 不难看出，秦完成统一是经过秦国历代君王的不断积累，逐渐壮大，才最终成就的。被尊为太上皇的秦庄襄王，在位三年期间，一方面颂扬先王，施德厚民，另一方面大力征伐，灭东周，使蒙骜破三晋，置三川郡、太原郡，文治武功均有成绩，这从其谥号"庄襄"⑧，即兴兵征伐、开疆拓土之意也能够体现出来。秦始皇追尊秦庄襄王就是借对先祖

---

① 王子今、李禹阶：《秦汉时期的"太上皇"》，《河北学刊》2009年第11期。
② 何建章：《战国策注释·西周策》，中华书局1990年版，第49页。
③ 何建章：《战国策注释·楚策一》，第508页。
④ 何建章：《战国策注释·赵策三》，第726页。
⑤ 《汉书》卷五一《贾山传》，中华书局标点本1962年版，第2328页。
⑥ 《史记》卷六《秦始皇本纪》，第278—280页。
⑦ （汉）桑弘羊撰，王利器校注《盐铁论校注》卷八《结和》："伯翳之始封秦，地为七十里。穆公开霸，孝公广业。自卑至上，自小至大。故祖基之，子孙成之。"中华书局1992年版，第480页。《史记》卷一六《秦楚之际月表》："秦起襄公，章于文、缪、献、孝之后，稍以蚕食六国，百有余载，至始皇乃能并冠带之伦。"第759页。
⑧ 黄怀信、张懋镕、田旭东撰，李学勤审定：《逸周书汇校集注》卷六《谥法解》："兵甲亟作曰庄，叡通克服曰庄，死于原野曰庄，屡征杀伐曰庄，武而不遂曰庄"，"辟地有德曰襄，甲胄有劳曰襄"。上海古籍出版社1995年版，第712—714页、第690—691页。

功绩的肯定来证明权力的正统性。同时，由于谥法开始出现美恶之分①，秦始皇最终选择废除谥法，摒弃了后人评论先王的做法，最大程度上维护皇权的尊严。

汉承秦制，生而追尊太上皇②，但相较秦代"续六世之余烈"建立起来的帝国，汉的建国方式则截然不同。陆贾在授尉佗南越王印的时候曾说过："汉王起巴、蜀，鞭笞天下，劫诸侯，遂诛项羽。五年之间，海内平定，此非人力，天之所建也。"③汉高祖刘邦以亭长身份，用了不到十年的时间便建立汉政权，这使得其在利用先祖解释权力传递的正当性时，无法选择标榜先祖功绩的做法，只能转向另一道路，即强调以"孝"治国。于是，汉高祖刘邦在效法秦制追尊太上皇时，更突出对太上皇的"孝"，其在太上皇在世时便因其喜好，建新丰，迁故人充实。④ 在太上皇崩后，令诸侯王在郡国国都内立太上皇庙，并在太上皇庙举行立太子仪式⑤，借"孝治"完成了太上皇及太上皇庙在权力合理性建构中的载体作用。

二 "尊始皇庙为帝者祖庙"

《礼记·祭法》郑玄注曰："庙之言貌也，宗庙者，先祖之尊貌也。"⑥宗庙象征着祖先，是祖先在礼仪中的物化形式，具有皇帝继位、受斋、告庙等政治功用。同时，皇帝的个人礼仪，如冠礼、婚礼等也在宗庙举行。⑦ 可以说，宗庙礼仪同时兼具国家礼仪与皇帝个人礼仪两种性质，历

---

① 楚共王就有主动请恶谥的例子，其在弥留之际就说道："不穀不德，少主社稷，生十年而丧先君，未及习师保之教训而应受多福，是以不德，而亡师于鄢；以辱社稷，为大夫忧，其弘多矣。若以大夫之灵，获保首领以殁于地，唯是春秋窀穸之事，所以从先君于祢庙者，请为'灵'若'厉'。大夫择焉。"[杨伯峻：《春秋左传注》（修订本），中华书局2009年版，第1000、1001页]

② （清）顾炎武著，黄汝成集释，栾保群、吕宗力校点：《日知录集释》卷一四"太上皇"条："《秦始皇本纪》：'追尊庄襄王为太上皇。'是死而追尊之号，尤周曰'太王'也。汉则以为生号，而后代并因之矣。"上海古籍出版社2006年版，第824页。

③ 《汉书》卷四三《陆贾传》，第2111页。

④ 《史记》卷八《高祖本纪》张守节《正义》，第387页。

⑤ 《史记》卷八《高祖本纪》，第392页。

⑥ 《礼记正义》卷四六《祭法》，《十三经注疏》，第1300页。

⑦ 参见王健文《奉天承运——古代中国的"国家"概念及其正当性基础》，台北：台大图书股份有限公司1995年版，第1300页。

代皇帝都是通过祭祀创业者及其继承者的宗庙祭祀，才能确认自己的权力渊源。① 这使得宗庙成为从亲缘解释皇权合理传递的重要来源，也是"敬祖"的重要表现形式。

在先秦时代，秦人就表现出对宗庙的重视。《吕氏春秋》载："凡冠带之国，舟车之所通，不用象译狄鞮，方三千里。古之王者，择天下之中而立国，择国之中而立宫，择宫之中而立庙。天下之地，方千里以为国，所以极治任也。"② 规定宗庙要位于城市中心的位置，从宫城布局上明确了宗庙的中心地位。凤翔马家庄一号宗庙建筑群地处秦故都雍城的中部偏南，东西长160多米，南北宽90多米，其位于宫城中心的位置与文献记载吻合。遗址先后发现牛、羊、空、人、车、牛羊、人羊等七类祭祀坑181个，出土各类陶瓦、陶、金、铜、铁、玉等器物，其从规模和出土器物来说，是迄今发现最大的、保存最好的宗庙建筑群。③ 足见秦人对宗庙的重视。

秦始皇统一六国之后，继承了先祖对宗庙尊崇的传统，不断强调宗庙的重要性。在"议帝号"之前，便有"寡人以眇眇之身，兴兵诛暴乱，赖宗庙之灵，六王咸伏其辜，天下大定"④ 的言论。在群臣提出分封诸王的时候，秦始皇再次强调祖先对秦统一的重要性。⑤ 邢义田认为"秦王政相信秦之所以能兴起、兼并六国是赖祖先神灵的护佑……秦并六国，置祖庙于天下之中，似乎有意以此证明他们得以王天下的根据和凭借"。⑥ 实际上，不仅是秦始皇本人，群臣对于宗庙的政治象征意义也有共识。丞相王绾、卿李斯、王戊等劝始皇琅琊刻石时就说道："今皇帝并一海内，以为郡县，天下和平。昭明宗庙，体道行德，尊号大成。群臣相与诵皇帝功德，刻于金石，以为表经。"⑦ 将宗庙制度的明晰作为始皇的政治功绩之一。李斯临死前在狱中上书，也提到"立社稷，修宗庙，以明主之贤。

---

① 参见［日］渡辺信一郎《中国古代的王权与天下秩序》，徐冲译，中华书局2008年版，第130页。
② 许维遹：《吕氏春秋集释》卷一七《慎势》，中华书局2009年版，第460页。
③ 陕西省雍城考古队：《凤翔马家庄一号建筑群遗址发掘简报》，《文物》1985年第2期。
④ 《史记》卷六《秦始皇本纪》，第236页。
⑤ 《史记》卷六《秦始皇本纪》："天下共苦战斗不休，以有侯王。赖宗庙，天下初定，又复立国，是树兵也，而求其宁息，岂不难哉。"第239页。
⑥ 邢义田：《天下一家：皇帝、官僚与社会》，中华书局2011年版，第4页。
⑦ 《史记》卷六《秦始皇本纪》，第247页。

罪四矣"。① 所谓七宗罪说的是反语，而这之中提出修宗庙一事，也是宗庙重要性的一个旁证。

秦二世也很重视宗庙祭祀，其曾私下对赵高说："吾既已临天下矣，欲悉耳目之所好，穷心志之所乐，以安宗庙而乐万姓，长有天下，终吾年寿，其道可乎？"② 将安宗庙作为国家兴盛的标志之一。二世皇帝元年（前209），下诏增益秦始皇寝庙的祭祀牺牲，令群臣商议如何才能崇显始皇之庙，群臣认为：

> 古者天子七庙，诸侯五，大夫三，虽万世世不轶毁。今始皇为极庙，四海之内皆献贡职，增牺牲，礼咸备，毋以加。先王庙或在西雍，或在咸阳。天子仪当独奉酌祠始皇庙。自襄公已下轶毁。所置凡七庙。群臣以礼进祠，以尊始皇庙为帝者祖庙。③

关于先王庙的位置，刘庆柱指出："孝公以后的诸秦王陵墓，分为两大陵区：一在秦咸阳城西北部，距城不远，一在秦咸阳城东南的郦山西麓，距城较远，后者因在都城之东，故又称'东陵'。"④ 滕铭予在研究关中秦墓的时候指出，宝鸡地区北部的凤翔一带已发现的墓地年代多在春秋中期以后，多属第一级别，应与秦都雍城有关。西安地区只在咸阳一带发现了第一级别的墓地和少量零散的A类墓，应与秦都咸阳有关。⑤ 考古发掘出的凤翔和咸阳高规格秦墓的广泛分布，或许可以成为秦二世所谓"先王庙或在西雍，或在咸阳"的一个间接证据。

关于秦的庙制，二世之前并不明确。秦二世即位后，群臣提出据《礼记》改革庙制，试图规范宗庙制度，具体仪制为："天子七庙，三昭三穆，与大祖之庙而七。诸侯五庙，二昭二穆，与大祖之庙而五。大夫三庙，一昭一穆，与大祖之庙而三。士一庙，庶人祭于寝。"⑥ 这种宗庙制度规定了不同等级立庙的数量，借此区别各阶层的等级性，此举无疑是想

---

① 《史记》卷八七《李斯列传》，第2562页。
② 同上书，第2552页。
③ 《史记》卷六《秦始皇本纪》，第266页。
④ 刘庆柱：《论秦咸阳城布局形制及其相关问题》，《文博》1990年第5期。
⑤ 滕铭予：《关中秦墓研究》，《考古学报》1992年第3期。
⑥ 《礼记正义》卷一二《王制》，《十三经注疏》，第382页。

通过宗庙礼制的确立进一步强调秦二世的天子地位。其中，对于秦始皇的极庙更是推崇，改始皇庙为帝者祖庙，要求全国都要进献贡品、增加祭品；天子则按照仪注单独奉酒祭祀始皇庙；群臣祭祀时需按照礼仪顺序进入，以突出其"帝者之祖"的地位，这也是二世对于秦始皇奉自己为"帝者之祖"观念的继承。

事实上，秦二世是否施用天子七庙制度在传世文献和出土材料中均没有明确的证据，这之后的庙制也一直处于混乱状态。直到汉元帝时，根据韦玄成的意见定立新的庙制，罢郡国宗庙、罢昭灵后、武哀王、昭哀后、卫思后、戾太子、戾后园，孝文太后、孝昭太后寝园；高皇帝为汉太祖，孝文皇帝为太宗，世世不毁；孝景皇帝为昭，孝武皇帝为穆，孝昭皇帝与孝宣皇帝俱为昭；皇考庙亲未尽；太上、孝惠庙皆亲尽，宜毁；太上庙主宜瘗园，孝惠皇帝为穆，主迁于太祖庙，寝园皆无复修。① 至此，以天子七庙为主体，实行合祭制和昭穆制度的天子庙制才有了雏形。

三 "二世三世至于万世"

秦始皇称"始皇帝"，将自己置于帝祖之列，并通过标榜"敬祖"观念，进而要求后世帝王尊崇自己"帝者之祖"的身份，借以达到其皇权"二世三世传之无穷"的目的，形成了秦朝新的"敬祖"观念，这种观念在秦始皇营建陵墓和历次官方刻石中均有体现。史载："始皇初即位，穿治郦山，及并天下，天下徒送诣七十余万人，穿三泉，下铜而致椁，宫观百官奇器珍怪徙臧满之。令匠作机弩矢，有所穿近者辄射之。以水银为百川江河大海，机相灌输，上具天文，下具地理。以人鱼膏为烛，度不灭者久之。"② 秦始皇在生前，便开创性的按照自然景观营建陵墓，开帝者陵墓的先河。巫鸿从宗庙建筑的纪念碑性讨论了秦始皇的宗庙制度由宗庙到陵墓的转变过程，认为宗庙代表祖宗，而墓陵则代表家庭和个人的权势，东周之后，个人的权势、财富及野心不断膨胀，墓陵建筑也随之膨胀，最

---

① 《汉书》卷七三《韦玄成传》，第3118页。
② 《史记》卷六《秦始皇本纪》，第265页。

终导致秦始皇骊山陵的出现①，揭示了秦始皇营建陵墓的政治意图。二十七年（前220），秦始皇在渭南建信宫，后又更名为极庙，效法天极，与咸阳宫室相对应，由极庙筑路直通郦山陵墓。②秦始皇将骊山陵墓与渭南极庙相连，以衣冠道连接两者，奠定了后世帝王陵寝，宗庙合一的基础。三十五年（前212），又营建阿房宫，仿照天极，做阁道抵达咸阳宫室。田天认为，极庙是始皇生前为自己所建宗庙，其与阿房宫同为渭南宫殿群的核心建筑。始皇修造的咸阳城有两条通路，一条自渭北至渭南阿房，一条自骊山到极庙。两条通途分明生死，其终点都对应帝星。换言之，始皇是使自己所在的位置，永远与帝星相呼应。③史载咸阳宫城"因北陵营殿，端门四达，以则紫宫，象帝居。渭水贯都，以象天汉，横桥南渡，以法牵牛"。④按照星象布局，咸阳城象征天之中心，而陵墓正通向中心咸阳，从当时宫城的布局与方位来看，田天的观点是有道理的。总之，秦始皇大力营建陵墓、极庙等具有宗庙性质的礼制建筑，无疑是在强调自己"帝者之祖"的身份，并在封禅和巡狩的多次官方刻石中不断重申此观点以昭告天下。

二十八年（前219）峄山刻石：

> 皇帝立国，维初在昔，嗣世称王……乃今皇帝，壹家天下，兵不复起。灾害灭除，黔首康定，利泽长久。群臣诵略，刻此乐石，以著经纪。⑤

二十八年（前219）泰山刻石：

> 皇帝临位……大义休明，垂于后世，顺承勿革……昭隔内外，靡

---

① 参见［美］巫鸿《中国古代艺术与建筑中的"纪念碑性"》，李清泉、郑岩等译，上海人民出版社2009年版，第145页。
② 《史记》卷六《秦始皇本纪》，第241页。
③ 参见田天《秦汉国家祭祀史稿》，生活·读书·新知三联书店2015年版，第73页。
④ 史念海主编，何清谷校注：《三辅黄图校注》卷一《咸阳故城》，三秦出版社1995年版，第21页。
⑤ 《金石萃编》卷四《峄山刻石》，《历代碑志丛书》，江苏古籍出版社1998年版，第78页。

不清净，施于后嗣。化及无穷，遵奉遗诏，永承重戒。①

二十八年（前219）琅琊刻石：

> 皇帝作始。端平法度，万物之纪……皇帝之功，勤劳本事……皇帝之明，临察四方……皇帝之德，存定四极……皇帝之土。西涉流沙，南尽北户。东有东海，北过大夏。人迹所至，无不臣者。功盖五帝，泽及牛马。莫不受德，各安其宇。②

二十九年（前218）之罘刻石：

> 普施明法，经纬天下，永为仪则。大矣哉！宇县之中，承顺圣意。群臣诵功，请刻于石，表垂于常式。③

二十九年（前218）东观刻石：

> 职臣遵分，各知所行，事无嫌疑。黔首改化，远迩同度，临古绝尤。常职既定，后嗣循业，长承圣治。④

三十二年（前215）碣石刻石：

> 皇帝奋威，德并诸侯，初一泰平……群臣诵烈，请刻此石，垂著仪矩。⑤

三十七年（前210），南海刻石：

> 皇帝休烈，平一宇内，德惠脩长……后敬奉法，常治无极，舆舟

---

① 《史记》卷六《秦始皇本纪》，第243页。
② 同上书，第245页。
③ 同上书，第249页。
④ 同上书，第250页。
⑤ 同上书，第252页。

不倾。从臣诵烈，请刻此石，光垂休铭。①

巡狩和封禅本为祀天礼中的非常祭，以天为主要祭祀对象，以歌颂上天为主要内容，而秦始皇各地的刻石内容并非如此，其碑文一是颂扬自己首创之功，如"皇帝立国"、"皇帝临位"、"皇帝作始"等。二是要求后世继承自己的事业，如"永承重戒"、"垂于常式"、"长承圣治"、"垂著仪矩"、"光垂休铭"等。这些表式性文字的大量使用，就是要通过官方舆论，宣扬始皇"帝者之祖"，皇权将"二世三世至于万世，传之无穷"的观念。

秦二世即位后，继续强化秦始皇帝祖的形象，上文提到的抬高始皇极庙的礼仪规格就是一个典型的例子。除此之外，二世还重巡始皇巡狩之地，并在始皇刻石处刻石，用以"章先帝成功盛德"，并下诏曰："金石刻尽始皇帝所为也。今袭号而金石刻辞不称始皇帝，其于久远也如后嗣为之者，不称成功盛德。"② 后在丞相李斯等人的劝说下，才决定将二世诏书刻于始皇诏书之左，以凸显始皇独尊的地位。现出土的秦代度量衡中就不乏两诏铜椭量、两诏权的现象③，足证二世对始皇的尊崇。

有趣的是，刘向《说苑》中记载了一段秦始皇与鲍白令之关于禅让的讨论，大意为：秦始皇召群臣讨论皇位的继承是选用五帝的禅贤之法，还是三王的世继之法，鲍白令之一番引经据典，甚至不惜冲撞秦始皇，得出的结论就是不能效法五帝禅贤之法，秦始皇于是放弃禅让之意。④ 关于此段文字的时间渡边信一郎推测当为西汉后期。⑤ 这则史料中秦始皇的形象显然与《史记》中的秦始皇形象有所出入，再加之这则史料只见于《说苑》，此事是真实发生，还是西汉末年刘向受"天下为公"思潮影响编造的故事，尚无定论，但故事的结局无疑是后人为秦始皇皇权"传之无穷"寻找的借口，或许可以作为秦始皇宣扬"二世三世至于万世"的一个旁证。

---

① 《史记》卷六《秦始皇本纪》，第261、262页。
② 同上书，第267页。
③ 参见丘光明《中国历代度量衡考》，科学出版社1992年版，第194—198、350—354页。
④ （汉）刘向撰，向宗鲁校证：《说苑校释》卷一四《至公》，中华书局1987年版，第347、348页。
⑤ 参见［日］渡边信一郎《中国古代的王权与天下秩序》，徐冲译，第131页。

总之，秦始皇统一六国后，继承秦国的"敬祖"观念，追尊庄襄王。一方面强调自己对先祖功业的继承，解释皇权的合理性；另一方面，也是最重要的，秦始皇不断标榜"敬祖"观念，并通过营建极庙、陵墓、刻碑等措施反复强调其"始皇"的身份，将自己置于"帝者之祖"的位置，形成新的"敬祖"观念，要求后世帝王尊崇自己，从而达到强化皇权的目的。

[作者单位：山西大学历史文化学院。原载《首都师范大学学报（社会科学版）》2016年第3期，收入本书时有所修订]

北大秦简《禹九策》所见鬼神考释

杨继承

北大秦简《禹九策》是新近公布的一种数术简册。据整理者介绍,该篇属北大秦简第四卷,共51简。简文主要分为序说、禹九策和专题性占卜三部分。据初步研究,该篇用九数占卜,应该是借助了禹行九州、黄帝九宫占的图式,也杂糅有易象、易数的成分,但实质上应该是一种简易的数占。① 而其占卜内容,则以疾病、出行为主。

在该篇的主体部分"禹九策"的占辞中,涉及多种祷祠。据李零先生统计,《禹九策》祷祠之鬼神有日、虚明、明禹、肉人炊(或肉人、炊)、女子神(云中)、黄帝(巫大帝)、北斗(北君)、水(水神之大者曰河、湘、江、汉,亦称大神)、山(山神即山鬼)、风伯、街鬼(简称街)、行(包括上行)、五祀(门、户、壁、炊者、椒下)、司命、司禄(夫、妻)、亲神(高大父大母)、布厉(室中布)、北宗、犬主(天鬼将军)、兵死外死者等等。这些祷祠的鬼神,多见于楚地出土的卜筮祭祷简及《日书》类文献中的《有疾》《病》《占病祟除》等篇章,清华简《筮法·祟》、北大汉简《荆决》两种易占、筮占亦有一些类似的鬼神系统。本篇以李零先生的释文及注释为基础,在与诸种出土文献对读的基础上,借鉴前贤成果,对《禹九策》中的鬼神名号做进一步的考释,并在此基

---

① 参见李零《北大藏秦简〈禹九策〉》,《北京大学学报(哲学社会科学版)》2017 年第 5 期;陈侃理《北大秦简中的方术书》,《文物》2012 年第 6 期,第 93 页。按,李零一文最先发表于《北京论坛(2016)文明的和谐与共同繁荣——互信·合作·共享:出土文献与中国古代文明分论坛论文及摘要集》,本文所用《禹九策》释文及李零之说,皆以北大学报刊布者为准。后文引用时,不再出注。

础上对《禹九策》所见鬼神系统的特征做一点说明。

一 日、虚明

"禹九策之一"载有"日及虚明",简3曰:

> 壹曰:右目日光,乘吾两黄。周勠(流)四旁(方),莫我敢当。亓祠日及虚明,祟,君子吉。

"日"即日神。"虚明",李零曰:"虚明是虚空之明,或指月。《说卦》以日为离象,月为坎象。"子居引《文选·陶渊明〈辛丑岁七月赴假还江陵夜行涂口作一首〉》注曰:"月有盈虚,故曰虚明。"则文献中有以"虚明"称月者。① 按,《礼记·祭器》曰:"大明生于东,月生于西,此阴阳之分,夫妇之位也。"则古时以日月所生者为"明",日称"大明",则月称"虚明",应当是没有问题的。《汉书·郊祀志》有"成山祠日,莱山祠月"② 之说,则二者为一组祭祀对象。包山楚简246载"思攻解于日月及不殆"③,所谓"攻解",又称"攻叙"、"攻夺",即"禳除"之义。④ 虽与祭祷、祠祀有别,但可见日、月之神亦具有为祟为祸之能力。

二 肉人炊、女子神(云中)

"禹九策之二"载有"肉人炊"与"女子神",简6—7曰:

> ·一占曰:左目肉良,女之寓(烈),墬(地)之平,水之清。良人毋(母),吾庸婴。敬肉人炊及女子神,祟凶。

---

① 参见子居《北大简〈禹九策〉试析》,360个人图书馆,http://www.360doc.com/content/17/0826/23/34614342_682385214.shtm,2017-8-26。后文所引子居,皆出此篇,不再出注。
② 《汉书》卷二五下《郊祀志下》,中华书局1962年版,第1250页。
③ 湖北省荆沙铁路考古队:《包山楚简》,文物出版社1991年版,第37页。
④ 参见杨宽《战国史》,上海人民出版社2016年版,第584页。

关于"肉人炊",李零认为,《文子·微明》把人分为上、中、下三类,下人分"众人、奴人、愚人、肉人、小人"。《史记·封禅书》记汉高祖六年于长安置祠祝官、女巫,晋巫所祠之神有族人先炊(多分读,以为两个不同的神),正义:"先炊,古炊母神也。"《汉书·郊祀志上》作族人炊,颜师古注:"族人炊,古主炊母之神也。炊谓饎爨也。"此神或即族人炊,是主炊爨的女神。肉是日母觉部字,族是从母屋部字,古音也比较接近。

按,《封禅书》所载"先炊",又名为"奥",被认为是老妇之祭。《礼记·礼器》:"孔子曰:'臧文仲安知礼,夏父弗綦,逆祀而弗止也,燔柴于奥。夫奥者,老妇之祭也,盛于盆,尊于瓶。'"郑玄注曰:"老妇,先炊者也,盆、瓶,炊器也,明此祭先炊,非祭火神,燔柴似失之。"故颜师古以"古主炊母之神"释"族人炊"。及至宋代,犹有祭"先炊"者。①

此外,简牍中又有称作"人炊"者。如孔家坡汉日书《有疾》篇:"……☒(閒)。人炊祟(患)。"《死》篇亦曰:"【亥有疾】……☒(閒)。祟(患)人炊、老人。"整理者注曰:炊,疑读为"痐"。《广雅·释诂一》:"痐,病也。"《汉书·五行志》:"凡草物之类谓之妖。……及人,谓之痾。痾,病貌。"②陈炫玮认为:"此说不确,这里的'人炊'可能是古代掌炊事的鬼神。"③其说亦引《汉书·郊祀志》及颜师古说为证。

亦有作"炊者"的文例。放马滩秦简日书乙种《贞在黄钟》篇云:"中吕……其祟田及皋桑炊者。"程少轩认为,这里的"炊者"当与《史记·封禅书》"先炊"有关,亦即孔家坡汉简日书《有疾》等篇之"人炊"。④又有单称"炊"者,周家台秦简《日书》简二九九壹曰:"置居

---

① 《宋史·礼仪志》:元丰详定所言:"季春吉巳,享先蚕氏。唐《月令注》:'以先蚕为天驷。'按先蚕之义,当是始蚕之人,与先农、先牧、先炊一也。"参见《宋史》卷一〇二《吉礼五》,中华书局1977年版,第2494页。

② 湖北省文物考古研究所、随州市考古队编著:《随州孔家坡汉墓简牍》,文物出版社2006年版,第171、172页。

③ 陈炫玮:《孔家坡汉简日书研究》,硕士学位论文,台湾清华大学,2007年,第162页。

④ 程少轩:《放马滩简所见式占古佚书的初步研究》,《"中央研究院"历史语言研究所集刊》第八十三本第二分,2012年6月,第299页。按,"炊"字,孙占宇曾释作"烎",(参见孙占宇《天水放马滩秦简集释》,甘肃文化出版社2013年版,第251页)后又改回为"炊"。[参见武汉大学简帛研究中心、甘肃简牍博物馆,陈伟主编《秦简牍合集(四)》,武汉大学出版社2014年版,第183页]

火，籥（筑）囚、行、炊主岁＝（岁，岁）为下。"整理者注曰："'炊'，即'灶'，与上文'行'同见于《礼记·曲礼下》五祀。"① 而据"禹九策之五"："五祀者，门、户、壁、炊者、霤下。"则"炊"确属"五祀"，故李零亦以"炊者"为"灶"。又郑玄注曰："祭灶，祀老妇人，古之始炊者。"② 则"炊者"或为"灶"之别名。当然，"炊者"也有可能是一种较"灶"更早的祀主，如明人姚东升云："故炊之有神，上古有传，后世多祀灶神。"③

关于"女子神"，"禹九策之二"曰："女子神者，云中。"借助《禹九策》之自注，可以确定"女子神"确指"云中"。李零注意到，云中君见《楚辞·九歌》，王逸注："云神丰隆也，一曰屏翳。"据此则为女神。汉高祖晋巫祠，所祠诸神亦有云中君。

除《禹九策》及传世文献外，楚地所出卜筮祭祷简亦有"云君"。天星观简170即云："解于二天子与云君以佩珥"，李零以为，这里的"云君"即《九歌》之"云中君"。④ 不过，传统的注家在解释《九歌》之"云中君"时，多以为是"云神"，如李零所引王逸注即以为"云神丰隆"也。⑤ 又有认为是月神⑥、云梦泽之水神⑦等诸多说法。而卜筮祭祷简中的"云君"，有学者根据竹简记载的祭祀顺序认为是"后土"。⑧ 不过，"后土"之说与《九歌》缺乏对应关系，且卜筮祭祷简中多有祷祠"后土"的文例，不当有此别称。⑨

---

① 湖北省荆州市周梁玉桥遗址博物馆编：《关沮秦汉墓简牍》，中华书局2001年版，第125页。
② 参见（唐）杜佑撰，王文锦等点校《通典》卷五一《沿革十一·吉礼十》，中华书局1988年版，第1420页。
③ （清）姚东升辑，周明校注：《释神校注》，巴蜀书社2015年版，第186页。
④ 李零：《中国方术正考》（修订本），中华书局2006年版，第229页。
⑤ （宋）洪兴祖撰，白化文等点校：《楚辞补注》卷二《九歌章句》，中华书局1983年版，第59页。
⑥ 姜亮夫认为，《九歌》中的"云中君"是月神，"东君"为日神，日月配对，配成夫妻神。参见姜亮夫《楚辞今译讲录》，《姜亮夫全集（七）》，云南人民出版社2002年版，第123页。
⑦ （清）徐文靖：《管城硕记》卷一四《楚辞集注一》，中华书局1998年版，第261页。
⑧ 刘信芳：《包山楚简神名与〈九歌〉神祇》，《文学遗产》1993年第5期，第13页。
⑨ 汤漳平：《再论楚墓祭祀竹简与〈楚辞·九歌〉》，《文学遗产》2001年第4期，第21页。

实际上，我们也可以将《九歌》的"云中"理解为神女、巫女。《九歌·云中君》曰："浴兰汤兮沐芳，华采衣兮若英。灵连蜷兮既留，烂昭昭兮未央。"描绘的正是与湘君、湘夫人（即卜筮祭祷简中的"二天子"）一样的神女形象。由此来看，《禹九策》"云中"为"女子神"的自注，对于我们重新理解《九歌》之"云中君"有着重要的作用。①

还值得注意的是，《汉书·郊祀志》将"族人炊"、"云中君"定为晋巫所祠之对象，且二者皆为女神，只是一为老妇，一为年轻之神女。从楚地所出卜筮祭祷简及《楚辞》之传统来看，"云中"已经成为了楚地所祀之神祇②，而《禹九策》则属于秦人统治之下的楚地文献，放马滩秦简之"炊者"，亦为秦地之简牍。则"族人炊"、"云中"之祷祠，恐怕已经不仅仅限于晋、楚，而是一种有着更为广泛信仰背景的鬼神。

三　水、大神

"禹九策之二"又有"水"为祟，见于简7—8：

　　·一占曰：决＝（泬泬）流水，疾者如繇（由），傷＝之＝（易之易之）。弗（易），恐为鬼囚凶。水为祟。

第五策简文又曰："一占曰：右畀（鼻），尊沮（俎）之室＝（秩秩），钟鼓具在，君子大喜，祟五祀、大神，祭鬼凶。……大神者，河、相、江、汉也。"李零认为："水有水神，其大者为河、湘、江、汉。""大神指四大水神，河是黄河。相读湘，指湘江。江指长江。汉指汉水。湘江、长江、汉水皆楚地之水。"

王宁认为，古人的祭祀的对象有大神、大鬼、大示，见《周礼·春官宗伯》，《禹九策》里所指的大神即指四水之神。《韩非子·内储说上》："齐人有谓齐王曰：'河伯，大神也。王何不试与之遇乎？'"可见黄河之神确为大神之一。"河"虽非楚地之水，然楚人亦祀之，故《九歌》有

---

① 按，马王堆帛书《五十二病方》又有"天神下干疾，神女倚序听神语"的文句。
② 周勋初认为，楚所祀之河伯、云中，均为北方神祇，并非楚产。参见周勋初《九歌新考》，上海古籍出版社1986年版，第64—86页。

《河伯》篇。其《湘君》《湘夫人》二篇，则与祭祀湘水神有关。《左传·哀公六年》载楚昭王曰："三代命祀，祭不越望。江汉雎章，楚之望也"，是江、汉亦楚人所祭祀者，此尤证《禹九策》乃楚人所作。

按，李、王二说皆是。简牍文献中记载"水"为祟者，又见于孔家坡汉简日书《有疾》篇："壬癸水也，有疾，黑色季子死。非黑色，戌有瘳，己汗（閈）。蚕神及水祡（祟）。"而"水"，又被称作"大水"。天水放马滩秦简《占病除祟》篇即云："九水，大水殹。"① 陈伟认为："大水，作为为祟之物，亦见于265号简。在楚卜筮祷祠记录中也屡有所见，如包山213、237、244、248号简，望山54、55、131号简，葛陵乙四43号简。"② 此外，"大水"又见于天星观楚简112、148。我们举两条文字完整的简文为例：

赛祷太佩玉一环，侯（后）土、司命、司祸各一少（小）环，大水佩玉一环，二天子各一少（小）环，危山一䅏。（包山213—214）

举祷太大佩玉一环，侯（后）土、司命、司祸各一少（小）环，大水佩玉一环。（望山54）

对于这里的"大水"，已经有"天水"③、"天汉"（即银河）④、颛顼⑤、"河伯"⑥、淮水等诸种意见。我们以为，陈伟以"大水为淮水别名"的说法最值得重视。他说道："依简文记列顺序，太为天神，位置最前；后土即社，居第二；五祀诸神在中；大水、二天子、危山在后。社和五祀都

---

① 孙占宇：《天水放马滩秦简集释》，第218页。
② 陈伟：《放马滩秦简日书〈占病祟除〉与投掷式选择》，《文物》2011年第5期，第86页。
③ 湖北省荆沙铁路考古队：《包山楚简》，文物出版社1991年版，第56页；湖北文物考古研究所、北京大学中文系：《望山楚简》，中华书局1995年版，第97页。
④ 刘信芳：《包山楚简神名与〈九歌〉神祇》，《文学遗产》1993年第5期。
⑤ 蒋瑞：《楚简"大水"即水帝颛顼即〈离骚〉"高阳"考》，《湖北大学学报（哲学社会科学版）》2008年第3期；李进宁：《楚简"大水"祀主考略》，《中华文化论坛》2015年第6期。
⑥ 李零：《中国方术正考》（修订本），第228页。

属于地祇；如下文所述，二天子、危山也具有相同的性质；大水似不能例外。《大戴礼记·夏小正》有'玄雉入于淮为蜃'的记载。《礼记·月令》、《吕氏春秋·孟冬纪》述此事并作'雉入大水为蜃'。郑玄、高诱注均称：'大水，淮也。'由此可知大水为淮水别名。"① 实际上，"大水"所指并不仅仅限于"淮水"。《夏小正》又有"故冬燕入于海，化而为蚨"② 的记载，《月令》《吕纪》则作"宾爵入大水为蛤"③，则"大水"又是"海"之别名。这正如《荀子》以"河伯"为"大神"，而《禹九策》则以"河、相、江、汉"为"大神"是一样的。因此，将卜筮祭祷简中的"大水"理解为江、河、湖、海之神的总称或泛称④，是一种更为合适的做法。而正是由于地域或时代的不同，"大神"、"大水"的所指也会有所差异，这恐怕就是《荀子》《禹九策》自作注解的缘故。

四 黄帝（巫大帝）、北斗（北君）

"禹九策之三"又有黄帝、北斗，见于简12—13：

　　·一占曰：右耳司吉，帝北正（征），得戎翟于楚人邦君，亓祟黄帝及北斗。·黄帝者，巫大帝。·北斗者，北君。

李零曰："帝指黄帝。黄帝居中宫，戴北斗。北正读北征。戎翟即戎狄。戎狄在北，楚人在南，黄帝北征戎狄，却获之于南方，属于逆行，故有凶祟。"而根据《禹九策》之自注，黄帝为"巫大帝"，北斗则又称作"北君"。

关于黄帝称"巫大帝"，李零认为"黄帝是群巫的大帝"，故有此称。

---

① 陈伟：《湖北荆门包山卜筮楚简所见神祇系统与享祭制度》，《考古》1999年第4期，第54页；陈伟：《包山楚简初探》，武汉大学出版社1996年版，第169页。
② （清）王聘珍撰，王文锦点校：《大戴礼记解诂》，中华书局1983年版，第257页。
③ 参见许维遹撰《吕氏春秋集释》卷九《季秋纪》，中华书局2009年版，第194页。类似的说法，又见于《国语》"雀入于海为蛤，雉入于淮为蜃"，参见徐元诰《国语集解》（修订本），中华书局2002年版，第452页。
④ 汤漳平：《从江陵楚墓竹简看〈楚辞·九歌〉》，中国屈原学会《楚辞研究》，齐鲁书社1988年版，第255页。

按，放马滩秦简《占兵祟除》曰："五音，巫彔阴雨公"。"彔"字，程少轩、晏昌贵释为"帝"，孙占宇亦认为，"彔"为"帝"字之讹写。关于"巫彔阴雨公"如何句读，陈伟认为尚不明朗。孙占宇则注意到了里耶秦牍8-455"毋敢谓'巫帝'，曰'巫'"的文句，认为放马滩秦简的"巫彔"可以连读。而里耶简中的"巫帝"，实际上就是"巫"之别称。里耶秦牍8-455一直被认为是秦统一楚地之后更改名号、书同文字的重要证据①，由此可知，"巫帝"为秦统一前楚地之称谓，"巫"则是秦规定的官方名号。游逸飞认为，"巫帝"当为"巫中之帝"，指群巫之长，即"大巫"。"巫帝"也许为楚地所独有。秦始皇自称皇帝，又禁止巫者称"帝"，无疑想独占"帝"的名号。② 不过，从放马滩秦简"巫彔"之名来看，"巫帝"之称似乎并非楚地所独有。孔家坡汉简《有疾》篇、北大汉简《荆决》篇都载有"巫"为祟，而不见"巫帝"之称。这有可能是秦变更名号的影响，但也有可能作为祷祠对象的"巫"与"巫帝"仍旧有一定区别的，前者是普通的"巫"，后者则是"巫"之"帝"，也就是"黄帝"。

关于北斗，《禹九策》又称作"北君"。李零认为，北斗就是北斗星君。陶弘景《真诰·阐幽微》"魏武帝为北君太傅"，注："北君则北斗君，周武王也。"《水经注·河水四》有北君祠。

放马滩秦简 265 亦有"其祟北君、大水、衔"的记载。孔家坡汉简日书《死》篇则有所谓的"北君冣主"，其简文曰："寅有疾，四日小汗（閒），七日大汗（閒）。祟（祟）北君冣主。"对于"北君冣主"，陈炫玮将"冣"读为"最"，认为即北君当中最高的神③；梁超则将"北君"、"冣主"分读，并认为"冣主"当读为"从主"，即"丛社"④。我们以为，参照相关简文中的"北君"，孔家坡汉简的"北君冣主"应当视为两种鬼神。而对于这里的"北君"，孙占宇、程少轩、梁超等都认为是一种

---

① 关于里耶秦牍8-455（按，正式公布的简号为8-461）的性质，可参见张春龙、龙京沙《湘西里耶秦简8-455号》，武汉大学简帛研究中心主办《简帛》第四辑，上海古籍出版社2009年版，第11—14页；胡平生《里耶秦简8-455号木方性质刍议》，武汉大学简帛研究中心主办《简帛》第四辑，第17—25页；陈侃理《里耶秦方与"书同文字"》，《文物》2014年第9期。

② 游逸飞：《里耶8-461号"秦更名方"选释》，魏斌主编《古代长江中游社会研究》，上海古籍出版社2013年版，第74页。

③ 陈炫玮：《孔家坡汉简〈日书〉研究》，第165页。

④ 梁超：《孔家坡汉简〈日书〉中所见几个鬼神名试释》，《北京教育学院学报》2014年第3期，第33页。

凶神、恶神①，且都注意到了《潜夫论·巫列》中的这条材料：

> 且人有爵位，鬼神有尊卑。天地山川、社稷五祀、百辟卿士有功于民者，天子诸侯所命祀也。若乃巫觋之谓独语，小人之所望畏，土公、飞尸、咎魅、北君、衔聚、当路、直符七神，及民间缮治微蔑小禁，本非天王所当惮也。②

由此看来，北君与那些载诸经典，由天子、诸侯所祠祀的神祇不同，乃是民间、小人所禁忌之凶神。这种"北君"之性质，与汉代解注瓶上的"北斗君"相一致。如长安县三里村朱书陶瓶上绘有北斗七星，魁内写有"北斗君"三字，图下朱书四行文字："主乳死咎鬼，主白死咎鬼，主币死咎鬼，主星死咎鬼。"王育成认为，"乳死"即"夭死"，指出生不久就死去的婴儿；"白死"之"白"为"自"字的省写，意指自杀身亡而成之鬼；"币死"之"币"读为"师"，是指军事冲突中死去之人；"星死"之"星"为"刑"之同音假借，指受过肉刑而身体亏损者。③此四种人死去所成之恶鬼，为北斗君所主，故北斗君可以用于压胜诸鬼之用④，从而受到汉代民间之信仰。尽管这里的"北斗君"已经有了某种早期道教的意味，但我们仍可以借此理解《禹九策》之"北君"。⑤

---

① 程少轩：《放马滩简所见式占古佚书的初步研究》，《"中央研究院"历史语言研究所集刊》第八十三本第二分，第298页；孙占宇：《天水放马滩秦简集释》，第255页。

② （汉）王符著，（清）汪继培笺，彭铎校正：《潜夫论笺校正》卷六《巫列》，中华书局1985年版，第306页。

③ 按，该陶瓶藏中国历史博物馆（现国家博物馆），未曾正式公布，此处文字，采自王育成《南李王陶瓶朱书与相关宗教文化问题研究》，《考古与文物》1996年第2期，第62—63页。

④ 关于北斗符号的"压胜"功能，可以参见朱喆《北斗压胜信仰的星象学起源考证》，《宗教学研究》2012年第2期。

⑤ 另外，放马滩秦简《占兵祟除》有"四【时】，大遏及北公"之记载。陈伟认为，北公，265号简说"其祟北君"，疑二者一事。望山1号墓竹简有"北子"，望山1号墓竹简、天星观简、葛陵简有"北宗"，或与相关。北子、北宗，宋华强读为"别子"、"别宗"。另外，葛陵楚简有"公北"，见于乙-15、乙-22、零266，不知是否有关。（参见陈伟《放马滩秦简日书〈占病祟除〉与投掷式选择》，《文物》2011年第5期，第85—86页）关于"北子"、"北宗"，如果按照宋华强的理解，（参见宋华强《由楚简"北子"、"北宗"说道甲骨金文"丁宗"、"啻宗"》，武汉大学简帛研究中心主办《简帛》第四辑，第123—134页）便与我们所要讨论的"北君"有着极大的差距。此外，《禹九策》中亦有"北宗"，应当与楚简之"北宗"一致，而非"北君"。

五　山、山神（山鬼）、兵死外死者

"禹九策之四"载有"山"为祟，简14曰：

> 四曰：二人皆（偕）行，逢天风，中心神＝（颠颠），不可告人，凶。山恒为祟。

第四策又有对"山"之解释曰："·山，恒者高＝者＝（高者。高者）僦遏也。"李零认为，"僦，同琼，字亦作就，疑读高亮之亮。遏指山高为阻。"此外，《禹九策》之"吊栗"策又有对"高"的解释，简51曰："病在高＝者＝（高者，高者）为祟。"由此看来，山、高可能是同一鬼神。《史记·封禅书》云："天子祭天下名山大川，五岳视三公，四渎视诸侯，诸侯祭其疆内名山大川。"至于不在天子、诸侯所祀之地域小山，亦多有祠祀。在楚地所出卜筮祭祷简中，即有众多被祷祠之山、丘。如望山楚简96有"山川"之名①，而据晏昌贵之统计，尚有五山、五主山、危山等②，《禹九策》中为祟之"山"，当与这些山相似。③

"禹九策之九"又载有"山神"，简38—39曰："祟兵死外死者及山神，凶。山神者，即山鬼也，大浴（谷）大木下之鬼也。"李零认为，《楚辞·九歌》有山鬼。大浴读大谷，大木是大树。并且认为，这里的山神、山鬼，就是第四策之"山"。

按，这里的"山鬼"，确实与《九歌》之"山鬼"有很多共同之处。对于《九歌》之"山鬼"，一般认为即巫山神女④，但此说只是将后世巫山神女的一些细节附会到《山鬼》中的某些字句中去，难以成立。周勋初认为："《九歌》中山鬼的形象还带有原始神话的意味，从中透露出来

---

① 湖北文物考古研究所、北京大学中文系：《望山楚简》，第76页。
② 晏昌贵：《巫鬼与淫祀——楚简所见方术宗教考》，武汉大学出版社2010年版，第138—142页。
③ 值得注意的是，放马滩秦简《占兵祟除》有"四【时】，大遏及北公"之记载，关于其中的"大遏"，晏昌贵释为"大遇"，陈伟读为"大害"。结合《禹九策》解释"高"为"僦遏"来看，二者或有相似之处。
④ 参见孙作云《九歌山鬼考》，《清华学报》第11卷第4期，1936年。

的是远古或边鄙地区的人对山中精怪的观念。"① 以"山鬼"为"山中精怪",与《禹九策》之"大浴（谷）大木下之鬼"的定义,无疑更为接近,且契合《山鬼》篇的描述。如《山鬼》"余处幽篁兮不见天",王逸注曰:"言山鬼所处,乃在幽篁之内,终不见天地",既居处于竹林之下,与"大木下"接近;又云"路险难兮独后来",王逸注曰:"言所处既深,其路险阻又难",则居于深山险谷之中,亦与"大浴（谷）下"近似。由此言之,"禹九策"之"山神"、"山鬼",当与《九歌》相似,皆为山中之精怪。因此,《禹九策》之"山鬼",就不能与"山"对等了。"山"当为名山大川之祀,所祷祭者为山本身,是一种官方认可的祀典;而"山鬼"则为山中之精怪,不在天子、诸侯祭祀之列,只是一种民间所信仰的鬼魅小神,因其为祟为祸,故而受到崇拜祷祠。

除了与楚人所祀且为屈原所赋之"山鬼"外,《禹九策》简38—39中所提到的"兵死外死者",可能与《九歌》中的《国殇》也有一定的关系。关于"兵死外死者",王宁认为:"兵死者当即《九歌》中之'国殇',王逸注:'谓死于国事者。'《小尔雅》曰:'无主之鬼谓之殇。'《国殇》言'出不入兮往不反,平原忽兮路超远',兵死、外死皆死于外,均为无主之鬼,二者同类。"②

此外,又有单称"兵死"者,包山楚简241"思攻解于（祖）与兵死"③,周家台秦简《日书》"廿六年置居金,上公、兵死、阳主岁＝（岁,岁）在中"。④则"兵死"已经成为了一种即可以为祟,又可以主岁之鬼神。

类似的"殇死之鬼",亦较为常见。刘信芳注意到包山楚简222之"见（现）新王父殇",则楚人称先祖强死者为"殇"。⑤ 睡虎地秦简日书甲种《病》、乙种《有疾》篇均有"外鬼伤（殇）死"为祟、为姓

---

① 周勋初:《九歌新考》,第106页。
② 王宁:《北大秦简〈禹九策〉补笺》,复旦大学出土文献与故字研究中心,http://www.gw2.fudan.edu.cn/web/show/3113,2017-9-27。
③ 湖北省荆沙铁路考古队:《包山楚简》,第36页。
④ 湖北省荆州市周梁玉桥遗址博物馆编:《关沮秦汉墓简牍》,第125页。按,"阳"字,整理者以为当读为"殇",即夭死者。
⑤ 刘信芳:《包山楚简神名与〈九歌〉神祇》,《文学遗产》1993年第5期,第16页。

（眚），刘乐贤认为："'外鬼'是外死之鬼，'殇死'是指殇死之鬼。"[①]则与《禹九策》之"兵死外者"相似。此外，清华简《筮法·祟》则有"孨（字）殇"，即孕妇因分娩难产而死为殇者。[②] 由此看来，则凡非正常死亡、过早夭折而为鬼者，皆可以称"殇"。这样看来，将"兵死外死者"视作《九歌》之"国殇"，是有一定的道理的。

六　街、街鬼、行、尚行

"禹九策之四"又载有"风柏"与"街鬼"两种鬼神，简15—16曰：

　　·一占曰：左耳，天火炋=（煇煇），忧心之狄=（惕惕）。其祟风柏（伯）及街鬼，凶。

风柏，依李零之说，即风伯；而"街鬼"则较为难解。除了第四策之外，第五策、第六策都有"街鬼"，且与"行"、"尚行"一同出现。禹九策之五称"街鬼及行"，见简19—20：

　　·一占曰：鬻肥牛肥羊，毄（系）赘（累）父兄。逆此街鬼，心亓伤=（惕惕），·祟街鬼及行。

《禹九策》之六载则有"街"、"街畏"、"街辂"与"尚行"，见简22—23：

　　六曰：有虫于此，有肠毋（无）胃。逢此于街畏（隈），唯心既=（慨慨），凶。街为祟，及尚（上）行。·一占曰：前有高崖，大道有坑（坑），从此街辂（路），为祟。中夜起病，凶。

李零认为，"街鬼"是一种躲在街角的鬼。这一结论，乃是基于《禹九

---

① 刘乐贤：《睡虎地秦简日书研究》，台北：文津出版社1994年版，第118页。
② 清华大学出土文献研究与保护研究中心编，李学勤主编：《清华大学藏战国竹简（四）》，中西书局2013年版，第115页；袁金平、李伟伟：《清华简〈筮法·祟〉与睡虎地秦简〈日书甲种·诘〉对读札记》，《周易研究》2015年第5期，第40页。

策》第六策中的"街畏"。他认为,街畏读街隈,指街角,而"街辂"之"辂"读为"路"。这几种以"街"为名之神,与街、路有关,应当都是行神。

"街"又见于放马滩秦简日书乙种《贞在黄锺》之"姑先"部分,其文曰:"其祟北君、大水、街。""街"字最初释为"征"①,晏昌贵释为"街行"②,孙占宇曾释做"衔",认为可能就是《潜夫论·巫列》中的"衔聚"③。程少轩从晏昌贵之说,改释为"街",《秦简牍合集》亦依此说。④程少轩认为,"街"疑与五祀中的"行"有关,指行道神。此外,程少轩据匿名评审提示,注意到孔家坡汉简日书《死》篇有"街",《有疾》篇有"街行",并认为当与放马滩秦简之"街"同,皆指"五祀"中的"行"。⑤我们先看孔家坡汉简:

> 庚辛金也,有疾,白色日中死。非白色,丙有瘳,丁汗(间)。街行、人炊、兵祟(祟)。
> 【戌有疾】……□祟(祟)门、街。戊戌黄昏有疾死。⑥

从《禹九策》"街鬼及行"、"街为祟,及尚行"的"及"字来看,"街"、"街鬼"虽然与道路之神有关,但却并非"五祀"之"行"。与此同时,孔家坡汉简《有疾》篇的"街行",似乎也应当断为"街、行",视作两种鬼神。

"街"被称为"街鬼",虽不见于文献,但孔家坡汉简日书《死》篇的"道鬼"可以作为参考。《死》篇曰:"午有疾,三日小汗(间),七日汗(间)。祷及道,鬼尚行。庚午日失(昳)有疾,白色死。"陈炫玮指出,这里的断句当为"祷及道鬼、尚行","道鬼即道路之鬼,尚行,

---

① 甘肃省文物考古研究所编:《天水放马滩秦简》,中华书局2009年版,第100页。
② 晏昌贵:《天水放马滩秦简乙种〈日书〉分篇释文(稿)》,武汉大学简帛研究中心主办《简帛》第五辑,上海古籍出版社2010年版,第33页。
③ 孙占宇:《天水放马滩秦简集释》,第255页。
④ 武汉大学简帛研究中心、甘肃监督博物馆编,陈伟主编:《秦简牍合集(四)》,第188页。
⑤ 程少轩:《放马滩简所见式占古佚书的初步研究》,《"中央研究院"历史语言研究所集刊》第八十三本第二分,第298页。
⑥ 湖北省文物考古研究所、随州市考古队编著:《随州孔家坡汉墓简牍》,第171、172页。

可能是古代行神的一种"。① "道鬼"即为道路之鬼，则"街鬼"当是街道之鬼。此外，《禹九策》又有"街䝞"之称。鬼神以"䝞"为名者，有放马滩秦简日书乙种《贞在黄锺》之"恒䝞"。以前虽知道"恒䝞"为一种鬼神名号，但具体所指却不可考。根据《禹九策》"前有高崖，大道有坑（阬）"的占辞，及其"恒者高＝者＝（高者。高者）蹶遏也"的训释，则"恒䝞"可能就是有阻碍、艰险的道路鬼神，可以为祟。

《禹九策》之"行"，是一种较为常见的行神。北大简《荆决》曰："寅，凶，祟行、灶、百两。""卯，凶，祟行、灶。"② 其中的"行"，即与灶同为五祀之一。至于"尚行"，则与"行"有所区别。除与"街"、"街鬼"一同出现外，禹九策之八又有"亲神及布厉、尚（上）行为祟"。李零认为："尚行，掌行。行者路也。"如前所引，孔家坡汉简亦有"尚行"，其为行神当无疑问。梁超则注意到睡简《日书》乙种之"常行"、"大常行"。如"凡行，祠常行道右"。"西北行，祠道右，其号曰大常行。"从文意上看，孔简《日书》中的"尚行"，当与睡简《日书》中的"常行"、"大常行"一样，皆为行神。③ 而在北大秦简《祠祝之道》中，又有"大尚行主"、"少尚行主"之别，简06-001曰："祠道旁：南卿（嚮）二席＝（席，席）腏（餟），合东卿（嚮）、西卿（嚮）各一席＝（席，席）三腏（餟）。召曰：'大尚行主、少尚行主，合三土皇。'"田天认为，秦简中的"大尚行主"，"尚"为主管、执掌之义，为秦人常祭的道路神或曰行神。④ 由此可见，作为行神的"尚行"，尚有大、小之分。⑤

---

① 陈炫玮：《孔家坡汉简日书研究》，第165页。
② 北京大学出土文献研究所编：《北京大学藏西汉竹书（五）》，上海古籍出版社2015年版，第175页。
③ 梁超：《孔家坡汉简〈日书〉中所见几个鬼神名试释》，《北京教育学院学报》2014年第3期，第34页。
④ 田天：《北大藏秦简〈祠祝之道〉初探》，《北京大学学报（哲学社会科学版）》2015年第2期，第39页。
⑤ 王强认为，简牍中的"当路"也是"尚行"，当、尚音义相近，行、路均可表道路，二者应当是一种鬼神的两种不同写法。参见王强《秦汉简所见"常行"、"尚行"和"当路"补说》，《出土战国秦汉选择数术文献神煞研究——以日书为中心》，博士学位论文，吉林大学，2018年，第342页。

七　亲神、布厉(室中布)

　　上文所引《禹九策》之八中，除了"尚行"，又有所谓"亲神"及"布厉"为祟。关于二者，《禹九策》自有注解曰："亲神，高大父大母也。布蛎（厉），即室中布也。"

　　我们先看"亲神"，即所谓"高大父大母"。李零认为："亲神是祖辈去世后变成的鬼。""大父大母是祖父祖母，高大父大母是辈分更高的祖父祖母。"在出土《日书》及相关数术文献中，多见王父母、大父母等祖先神为祟。睡虎地秦简日书甲种《病》有"父母"、"王父"为祟，乙种《有疾》有"王父"为眚（告）；乙种《十二支占卜》则有"外鬼父世"、"高王父"、"母世外死"、"王父"为祟[①]；孔家坡汉简《有疾》有"大父"为祟（患）[②]；北大汉简《荆决》亦有"泰父母"、"王父母"为祟[③]；香港中文大学藏汉简《有疾篇》则有"女子青色，两日有疾，旬起，大父为"的记录[④]，"为"字后亦当是"患"、"祟"等字。王父母、泰父母，为大父、大母之别称，都是指祖父母。[⑤]里耶秦简8-461"秦更名方"有"毋敢曰王父曰泰父"的文句，可以为证。而据《尔雅·释亲》："父之考为王父，父之妣为王母。王父之考为曾祖王父，王父之妣为曾祖王母。曾祖王父之考为高祖王父，曾祖王父之妣为高祖王母。"则《禹九策》之"高大父大母"，可能就是"高祖王父"、"高祖王母"。此外，《禹九策》第一策又有"君子者，诸父也"，则是父亲之兄弟，亦是广义上的"亲神"。楚地所出卜筮祭祷简中，亦有"新（亲）王父"（包山222）之名，但更多的则是直接祷祠楚之先祖祝融、老童、穴熊、昭王等等，这是二者的不同之处。盖前者是一种占卜指南之书，其为祟者之"亲神"乃是根据使用者而变，故以"大父"等词代之；而后者则是卜筮

---

① 睡虎地秦墓竹简整理小组：《睡虎地秦墓竹简》，第193、245、246页。
② 湖北省文物考古研究所、随州市考古队编著：《随州孔家坡汉墓简牍》，第172页。
③ 北京大学出土文献研究所编：《北京大学藏西汉竹书（五）》，第171页。
④ 陈松长主编：《香港中文大学文物馆藏简牍》，香港：香港中文大学文物馆2001年版，第36页。
⑤ 按，为祟之祖先神，又有"父世"、"母世"之不同，可见当时对于祖先的崇拜特别注重父系、母系的区分。

祭祷的具体记录，其祷祠之祖先神，自然有具体的名字称号。

关于"布厉"，李零认为，布厉是在室中作祟的鬼。布或读怖，厉是厉鬼。布厉者，盖即诸布之一。并引《史记·封禅书》曰："而雍有日、月、参、辰、南北斗、荧惑、太白、岁星、填星、〔辰星〕、二十八宿、风伯、雨师、四海、九臣、十四臣、诸布、诸严、诸逑之属，百有余庙。"① 则"诸布"为秦雍地所祠祀之对象。

关于《封禅书》之"诸布"，旧说或以为是祭星之处，或认为是"八蜡之神"。② 清人惠士奇则较早地指出："布者，鬼号也。秦汉之布，即《周礼》之酺。……酺、步、布，音相近而通。"③ 董涛亦将"诸布"理解为"许多种布神"，并认为文献中之"诸布"包括"宗布"、"螟螣之酺"、"人鬼之步"、"马步"、"涂布"等，即是建立在这一认识的基础之上。④ 楚卜筮祭祷简中，亦有作为祷祠对象的"步"。新蔡葛陵简甲三：76："☐礻需君子、户、步、门☐。"李家浩、宋华强都认为，"布"、"酺"、"步"为一词的不同写法，指一类主人物灾害的鬼神⑤，亦与惠士奇之说相同。放马滩秦简日书乙种《贞在黄锺》"蕤宾"条有"其祟大父亲及布"，这里为祟之"布"，亦当是"诸布"。此外，《贞在黄锺》"应钟"条又云："其祟发、布、室中"，这里将"布"与"室中"排列在一起，可以与《禹九策》"布蛎（厉），即室中布也"的自注参看。关于"发、布"，程少轩认为应当连读，即"发布"，应当也是与"诸布"类似的鬼神。因此，这里的"室中"，很有可能就是"室中布"之省称。

楚地所出卜筮祭祷简中的"布"与"室中"，往往被认为属于"五祀"。如新蔡葛陵简中的"☐礻需君子、户、步、门☐"就被认为是最早的"五祀"记录，其中就有"布"。程少轩亦认为，新蔡简中的"步"与"门"、"户"同出，说明数术文献中的"步（布）"这类鬼神与五祀神灵

---

① 《史记》卷二八，第1375页。
② 参见田天《春秋战国秦国祠祀考》，《中国典籍与文化》2013年第1期，第43—44页；杨英：《〈史记·封禅书〉所记秦雍州杂祠考》，《人文杂志》2004年第4期，第133页。
③ 参见（清）孙诒让《周礼正义》，中华书局1987年版，第879页。
④ 董涛：《"诸布"考》，《中华文史论丛》2014年第3期。
⑤ 李家浩：《包山卜筮简218—219号研究》，长沙市文物考古研究所编《长沙三国吴简暨百年来简帛发现与研究国际学术研讨会论文集》，中华书局2005年版，第185—191页；宋华强：《新蔡简两个神灵名简说》，简帛网，http://www.bsm.org.cn/show_article.php?id=374，2006-7-1。

关系密切。① 而"室中",亦确曾在许多文献中被列入"五祀"。如睡虎地秦简乙种《日书》之《祭祀篇》即有"祠五祀日":

祠室中日,辛丑、癸亥、乙酉、己酉,吉。龙壬辰、申。
祠户日,壬申、丁酉、癸丑、亥,吉。龙丙寅、庚寅。
祠门日,甲申、辰、乙亥、丑、酉,吉。龙戊寅、辛巳。
祀行日,甲申、丙申、戊、申、壬申、乙亥,吉。龙戊、己。
祀□日,己亥、辛丑、乙亥、丁丑,吉。龙辛□。
祀五祀日,丙丁灶,戊己内中土,乙户,壬癸行,庚辛□。②

简文记录了祠祀五祀的吉日、龙日（忌日）。根据简文可以推测,这里的五祀指的是室中、户、门、行、灶。值得注意的是,"室中"又写作"内中土"。这里的"土"是与"戊己"相配之五行,郑玄注《月令》之"中霤"即云:"中霤,犹中室也。土主中央,而神在室。"而"内中"即"室中",二者含义相同③,郑玄亦曾称"室中"为"中室",皆为"室中"之别名异称。而在包山楚简中,曾出土过五块书写有户、灶、室、门、行字样的小木牌,一般都认为这是五祀之木主。陈伟认为,这里的"室",应当就是五祀之一的"中霤"④,其最直接的证据便是《论衡·祀义》称"中霤"为"室中霤",《礼记·月令》郑玄注亦云:"中霤,犹中室也。土主中央,而神在室中。古者复穴,是以名室为中霤。"此外,新蔡葛陵简乙一:8 又有"☐室审（中）敌［牛］☐"的记载,袁金平认为,"室审"与包山楚简之"室",即文献所云之"中霤"。⑤ 不过,尽管作为"五祀"的"中霤"又名"室中霤",为室中之神,但仍

---

① 程少轩:《放马滩简所见式占古佚书的初步研究》,《"中央研究院"历史语言研究所集刊》第八十三本第二分,第301页。
② 睡虎地秦墓竹简整理小组编:《睡虎地秦墓竹简》,文物出版社1990年版,第236页。
③ 参见刘乐贤《睡虎地秦简日书研究》,第333页;于成龙《战国楚卜筮祈祷简中的"五祀"》,《故宫博物院院刊》2009年第2期,第31页。
④ 陈伟:《包山楚简初探》,第165页。
⑤ 袁金平:《对〈新蔡简两个神灵名简说〉的一点补充》,简帛网,http://www.bsm.org.cn/show_article.php?id=379,2016-7-12。

旧不能完全等同于"诸布"之一的"室中布"。①

首先，据《禹九策》自注云："布蛎（厉），即室中布也"，则"室中布"又称"布厉"。而"厉"，据郑玄注，则为"主杀罚"之神。又《左传·昭公七年》载子产语曰"鬼有所归，用不为厉"，则以无所归宿之鬼为"厉"。睡虎地日书甲种《除》篇之"害日"又云："利以除凶厉，兑（说）不祥。祭门、行吉。"对于这里的"厉"，刘乐贤注释道："《礼记·檀弓》：'斩祀杀厉。'注：'厉，疫病也。'按：此处厉也可训为鬼、恶鬼。《左传·成公十年》：'晋侯梦大厉。'注：'厉，鬼也。'《左传·襄公廿六年》：'文子曰：厉之弗如'注：'厉，恶鬼也。'"② 而孙诒让曾指出，"蝼螾之醮，即为物栽害之神，人鬼之步，即为人栽害之神"③，则"布"是一种主人物灾害的鬼神。由此看来，"布"、"厉"皆为某种主杀罚、灾害、疫病之鬼神，根据其所主对象之不同而稍有区别。因此，"室中布"即是在室中作祟之鬼神，这与主"中室"之神在性质上是有差别的。

其次，根据《禹九策》之自注，"五祀"为门、户、壁、炊者、霤（桼）下，"室中"不在其列。不过，"厉"却出现在另外的"五祀"系统中。郑玄注《礼记·王制》篇之"五祀"曰："五祀，谓司命也，中霤也，门也，行也，厉也。"这里的"厉"，与"中霤"分列，足见二者之不同。此外，《礼记·祭法》又有所谓"泰厉"、"公厉"、"族厉"之说，其文曰："王为群姓立七祀，曰司命，曰中霤，曰国门，曰国行，曰泰厉，曰户，曰灶；王自为立七祀。诸侯为国立五祀，曰司命，曰中霤，曰国门，曰国行，曰公厉。诸侯自为立五祀。大夫立三祀，曰族厉，曰门，曰行。"这里的"泰厉"、"公厉"、"族厉"，与《禹九策》之"布厉"近似。郑玄注认为，这里的天子七祀、诸侯五祀、大夫三祀为周制，"户、灶、中霤、门、行"之五祀，则为殷制，分属不同时代。而章太炎则认为：

---

① 此外，睡虎地秦简乙种《日书》又有"祠室：己卯、戊辰、戊寅，吉"的记载，相比"祠室中日，辛丑、癸亥、乙酉、己酉，吉"，祠祀之吉日完全不同，则"室"与"室中"似乎仍旧有一定的差别。
② 刘乐贤：《睡虎地秦简日书研究》，第25页。
③ （清）孙诒让：《周礼正义》，第879页。

案《祭法》所言，等而上之，天子七祀，于户、灶、中霤、门、行以外，复增司命、泰厉。故不知七祀自起，无以明三祀所由立。寻司命、泰厉之入七祀，斯乃近起楚俗，非周制也。《汉书·郊祀志》言：荆巫有司命。《楚辞·九歌》之《大司命》，即《祭法》所谓王所祀者也。其《少司命》，即《祭法》所谓诸侯所祀者也。《九歌》之《国殇》，即《祭法》所谓泰厉、公厉也。《九歌》之《山鬼》，《祭法》注曰：今时民家祠山神，山即厉也，是山鬼即《祭法》所谓族厉也。然则司命、泰厉、公厉、族厉，皆于《楚辞·九歌》著之。明其所言，王立七祀，诸侯立五祀，大夫立三祀，嫡士立二祀，庶士、庶人立一祀者，皆有楚国儒先，因俗而为之节文矣。鲁并于楚，《祭法》所述祀典，泰半本《鲁语》展禽之说，其为楚人删集，又易知也。①

虽然章太炎将泰厉、公厉、族厉与《九歌》比附的做法稍显牵强，但他提出天子七祀乃是在五祀的基础上增入司命、泰厉，且源自楚俗的意见，却颇值得重视。目前所见出土文献中的"厉"，皆为楚地文献。即便睡虎地秦简之《除》篇，亦是楚地建除术之代表。② 而这些文献中的"厉"，又经常与五祀的其他祭祀对象并列。如前引睡虎地日书甲种《除》篇之"害日"为"利以除凶厉，兑（说）不祥。祭门、行，吉"。或正是因为"厉"与门、行等五祀关系密切，遂成为"五祀"之一。由此来看，"布厉"虽不能等同于五祀之一的"室中"，却为"七祀"、"五祀"、"三祀"之说提供了思想资源。③

八 《禹九策》鬼神系统的特征

通过本文的考释，我们可以发现《禹九策》这一文本及其所载鬼神

---

① 章太炎：《大父五祀三祀辩》，《章太炎全集》第四册，上海人民出版社1985年版，第29页。

② 刘乐贤：《楚秦选择术的异同及影响——以出土文献为中心》，《历史研究》2006年第6期，第21—23页。

③ 杨华认为，"泰厉"、"公厉"、"族厉"，即是根据天子、诸侯、大夫这一身份等级而设置。参见杨华《"五祀"祭祷与楚汉文化的继承》，《江汉论坛》2009年第9期，第100页。

系统具有一些鲜明的特征。首先，《禹九策》之鬼神系统有着明显的楚地特征。我们可以看到，《禹九策》中的鬼神名，大部分都可以在楚地所出卜筮祭祷简中找到，而其中山鬼、云中，更是与屈原所作《九歌》中的山鬼、云中君相同。北大所藏秦简虽然具体的出土地点不详，但整理者已经指出："竹简卷四中的《道里书》主要记述江汉地区的水陆交通路线和里程，其中所记水名，都是今湖北境内的河流；所见地名则大多在秦南郡范围内，尤以安陆、江陵出现最多。考虑到以往出土秦简的墓葬主要集中在湖北云梦、荆州两地（即秦代的安陆和江陵），我们推测这批简牍也很可能出自今湖北省中部的江汉平原地。"① 这一判断，亦可以从《禹九策》中的鬼神系统中得到印证。这说明，虽然《禹九策》的抄写年代是在秦始皇时期，但这一文本仍旧是楚地文化之代表。因此，《禹九策》便与睡虎地秦简一样，可以作为我们研究秦、楚社会交融的一个重要文本。②

其次，《禹九策》所见之鬼神虽然与楚地卜筮祭祷简、出土秦汉《日书》等文献有着相似的名号，但部分鬼神的所指却又有一定的差异。这种特征最大的体现，便是《禹九策》中具有鲜明特征的"自注"。在《禹九策》中，分别对女子神、大神、黄帝、北君、山神、布席、犬主、五祀、司命、司禄、君子等进行了注释，或说明这些鬼神的所指，或给出这一鬼神之别名。借助这些自注，我们不仅可以明确这些鬼神的具体所指，也能够借此释读出一些以前未曾有准确认识的鬼神名。其中尤可注意的，则是关于"五祀"的解释。在包山楚简中，五祀为户、灶、室、门、行，而《禹九策》之"五祀"则为门、户、壁、炊者、霝（榱）下，除门、户相同外，其余均不同。如果说包山楚简是战国中期楚地的五祀系统的话，那么《禹九策》则是秦占领后的楚地五祀系统。当然，《禹九策》的五祀系统也仍旧源自楚地传统，如《禹九策》五祀有"霝（榱）下"，李零认为："霝下读榱下，指檐下。"在新蔡简中，则有祭祷"霝君子"的简文。简乙一：28曰："祷霝（灵）君子一豬；遠（就）祷门、户屯一拌；遠（就）祷行一犬。壬辰（辰）昏=（之日）［祷之］☒。"早期中

---

① 北京大学出土文献研究所：《北京大学藏秦简牍概述》，《文物》2012年第6期，第65页。

② 关于以睡简研究楚秦社会，可参见李学勤先生的论述，李学勤《〈日书〉和楚、秦社会》，《简帛佚籍与学术史》，江西教育出版社2001年版，第134—144页。

国的鬼神名多称君、君子，如前文所讨论的北斗君即是。因此，这里的"禡君子"，应当就是"禡下"。由于与门、户、行等一同祷祠，"禡君子"很有可能是楚悼王时期的五祀之一。① 由此看来，《禹九策》之五祀是有其所本的。或许正是由于《禹九策》的作者意识到楚地曾存在多种五祀系统，为避免读者之疑惑，故采用"自注"的形式以作说明。而这种自注，与睡虎地秦简《日书》中的秦楚月名对照表等文本的作用类似②，可能是秦占据楚地之后所形成的新的数术文本的一种特征。

最后，特别值得注意的是，类似的鬼神系统以前主要见于楚地所出卜筮祭祷简、战国秦汉之《日书》，而《禹九策》则是一种模拟九宫术的数占。据李零先生的意见，这些鬼神的安排可能与卦象有着一定的关联。③ 在新近公布的北大汉简《荆决》、清华简《筮法·祟》中，亦有与《禹九策》类似的鬼神系统，二者与易占、筮占有着密切的关系，有着强烈的楚地文化特征。④ 以前有学者注意到卜筮祭祷简与《日书》中鬼神系统的继承关系⑤，亦曾注意到包山楚简的祭祷记录与郭店楚简《易》的关系⑥。《禹九策》《荆决》《筮法·祟》与卜筮祭祷简、《日书》鬼神系统的相似，正说明这一鬼神信仰的广泛性。而通过探究这一鬼神系统的差异

---

① 关于新蔡葛陵简之年代，参见河南省文物考古研究所编著《新蔡葛陵楚墓》，大象出版社2003年版，第180—184页；宋华强《新蔡葛陵楚简初探》，武汉大学出版社2010年版，第113—135页。

② 秦楚月名对照表见于《岁》篇，如"十月楚冬月，十一月楚屈月"。参见睡虎地秦墓竹简整理小组：《睡虎地秦墓竹简》，第190—191页。

③ 如禹九策之一之日、虚明，李零即指出《说卦》以日为离象，月为坎象。不过，子居、王宁都认为，"《禹九策》全文都没有明确与八卦对应的内容，其他数字占辞中也很难一一比附上另外七卦，所以这恐怕只属于过度解读"。我们认为，在没有确凿证据之前，尚不足以完全排除《禹九策》与易占的关系。如其中频繁出现右目、左目、右鼻、左鼻、右耳、左耳等，即皆为易象。

④ 关于北大汉简《荆决》，可参见周小钰《试论北大汉简〈荆决〉与敦煌〈周公卜法〉、〈管公明卜法〉的关系》，李学勤主编《出土文献》第九辑，中西书局2016年版，第247—259页；关于《筮法》《荆决》的楚文化特征，参见柯鹤立《清华简"筮法"与北大简"荆决"的比较研究：从两种占筮文书看楚国文化》，《北京论坛（2016）文明的和谐与共同繁荣——互信·合作·共享：出土文献与中国古代文明分论坛论文及摘要集》，第47—48页。

⑤ ［日］工藤元男：《从卜筮祭祷简看"日书"的形成》，武汉大学中国文化研究院编《郭店楚简国际学术研讨会论文集》，湖北人民出版社2000年版，第589—594页。

⑥ ［日］近藤浩之：《包山楚简卜筮祭祷记录与郭店楚简中的〈易〉》，武汉大学中国文化研究院编《郭店楚简国际学术研讨会论文集》，第128—133页。

性，无疑能够推进我们对卜筮祭祷简、《日书》、早期易占（或筮占、数占）文本、思想演变关系的研究。

（作者单位：中山大学历史学系。原文刊于《简帛研究》二〇一九·秋冬卷）

秦汉简牍《日书》的盗名*

孙兆华

秦汉时期存在盗窃现象，求盗、捕盗随之而生。官方通过鼓励知情人报案、盗者自首、办案人侦查等手段来明确盗者，而民间则存在一种特殊的求盗方式——占卜，占卜得到的"盗名"就是求盗的一种线索。《史记·龟策列传》记载的龟占之法有"卜击盗聚若干人"、"卜往击盗"、"卜往候盗"、"卜闻盗来不来"等项目。① 秦汉简牍《日书》则有比较详细的占卜"盗名"的内容，这部分内容又与天干地支以及十二生肖体系的前身"十二禽"② 有关，由此引起了学者的关注③。秦汉简牍《日书》的"盗名"，或许可为研究秦汉人的命名情况提供线索。④

秦汉简牍《日书》占卜盗者的主要篇目有：睡虎地秦简《日书》甲种《盗者》、乙种《盗》，放马滩秦简《日书》甲种《天干占盗》、《地支占

---

* 基金项目：中国博士后科学基金面上资助项目《秦汉人名研究——以出土文献为中心》（2017M620826）。

① 《史记》卷一二八《龟策列传》，中华书局标点本1959年版，第3241页。

② 据学者意见，当称"十二禽"更恰当。李学勤指出："睡虎地秦简《日书》甲种简文的十二禽仅和值日地支联系。秦代已有干支纪年，但是值年地支是否也结合十二禽，还没有证据。因此，这里的十二禽还不好叫作十二生肖，而只是后者的滥觞。"（李学勤：《简帛佚籍与学术史》，江西教育出版社2001年版，第156页）又见《睡虎地秦简〈日书〉盗者章研究》，《庆祝饶宗颐教授七十五岁论文集》，香港：香港中文大学中国文化研究所，1993年。孔庆典认为："在讨论早期十二生肖体系以及与三十六禽并称时，改呼十二生肖为十二禽，但无疑两者几乎并无不同。"（孔庆典：《10世纪前中国纪历文化源流》，上海人民出版社2011年版，第32页）

③ 于豪亮：《秦简〈日书〉记时记月诸问题》，《于豪亮学术文存》，中华书局1985年版。孔庆典：《10世纪前中国纪历文化源流》，第32—45页。

④ 在此感谢杨继承提示李零对此的相关研究。

盗》、乙种《占盗》，孔家坡汉简《日书》的《盗日》。此外，非《日书》的尹湾汉简《神龟占》也是占卜盗者的选择类数术文献。其中，睡虎地秦简《日书》甲种《盗者》、放马滩秦简《日书》甲种《地支占盗》、尹湾汉简《神龟占》列出盗名，其他诸种虽然未列出盗名，但也可资比较。

一 睡虎地秦简《日书》甲种《盗者》

睡虎地11号墓于1975年发掘，墓主是约46岁去世的喜，生于秦昭王四十五年（前262），约卒于秦始皇三十年（前217），在秦始皇时期曾历任安陆御史、安陆令史、鄢令史、鄢狱吏。棺内出土了1155枚秦代竹简（另有残片80枚），共10种文献，包括《编年纪》这类记载墓主生平的文献、《语书》《为吏之道》《效律》等行政法律文书以及《日书》甲乙两种。简长在23—27.8厘米间，合秦尺一尺到一尺二寸，竹简以丝绳分三道编组。该墓随葬有青铜器、漆器、陶器等。① 棺内随葬有毛笔、铜削等文具。

据发掘报告，睡虎地秦简《日书》甲种166枚简，原位于墓主头部右侧；《日书》乙种，经拼合有257枚简，原位于墓主足部，最后一枚简背有"日书"标题。② 据刘乐贤统计，《日书》甲种现存12000多字，《日书》乙种现存6000多字，共18000多字。③

睡虎地秦简《日书》甲种的《盗者》抄写在简的背面，简号自69至82。标题《盗者》，"盗"字写在简69背，"者"字写在简90背。④ 该篇将干支与占卜出的盗名相联系。学者认为这里的十二地支是值日地支。⑤ 那么十天干也当是值日天干。《盗者》篇大致分为两部分，第一部分列地支日，第二部分列天干日，相应日子后写求盗的诸种线索。第一部分地支日后有十二禽，次及盗者相貌、性格、藏身之处（一说赃物藏所）、盗名。如：

---

① 睡虎地秦墓竹简整理小组编：《睡虎地秦墓竹简》，文物出版社1990年版，出版说明第1—2页，图版第108—109页，释文第219—210页。
② 《云梦睡虎地秦墓》编写组：《云梦睡虎地秦墓》，文物出版社1981年版，第21—22页。
③ 刘乐贤：《睡虎地秦简日书研究》，台北：文津出版社1994年版，第2页。
④ 睡虎地秦墓竹简整理小组编：《睡虎地秦墓竹简》，释文第220页注〔一〕。
⑤ 李学勤：《简帛佚籍与学术史》，第151页。刘乐贤怀疑也可能不是日子。"本篇十二地支是表示被盗日，这样说其实并不精确。实际上，本篇的十二地支完全可能与上引敦煌遗书一样是记十二时。"（刘乐贤：《睡虎地秦简日书研究》，第277—278页）

子，鼠也。盗者兑（锐）口，希（稀）须（鬚），善弄，手黑色，面有黑子焉，疵在耳，臧（藏）于垣内中粪蔡下。·多〈名〉鼠、鼹、孔、午、郢。①

第二部分天干日之后则直接列盗名。形式如：

甲盗名曰……·乙名曰……·丙名曰……·丁名曰……·戊名曰……·己名曰……·庚名曰……·辛名曰……·壬名曰……·癸名曰阳生、先、智、丙。②

《盗者》篇盗名与干支日对应关系如下表1、表2。

表1　　睡虎地秦简《日书》甲种《盗者》篇地支日对应盗名

地支日	十二禽名	盗名
子	鼠	鼠、鼹、孔、午、郢
丑	牛	徐、善、趣、以、未
寅	虎	虎、豻、貙、豹、申
卯	兔	兔、灶、陉、突、垣、义、酉
辰	\	玃、不、图、射、亥、戌
巳	虫	西、苴、亥、日
午	鹿	彻、达、禄、得、获、错、【子】
未	马	建、章、丑、吉
申	环	责、环、貉、豺、干、都、寅
酉	水	多〈卯〉、酉、起、婴
戌	老羊	马童、龏、思、辰、戌
亥	豕	豚、孤、夏、谷、巳、亥

资料来源：睡虎地秦墓竹简整理小组编《睡虎地秦墓竹简》，文物出版社1990年版，释文第219—220页。

---

① 睡虎地秦墓竹简整理小组编：《睡虎地秦墓竹简》，释文第219页，简69背。
② 同上书，释文第220页，简81—82背。

表中，午日下"子"字，加"【】"，系补出。王子今认为："各条都有'·名某某'句。以名字占'盗者'，是相当特殊的判断方式。子丑寅卯辰巳午未申酉戌亥十二日的'·名某某'句中，除了'·名彻达禄得获错'一例外，都出现十二地支字，且按照正常顺序排列，很可能'·名彻达禄得获错'一句漏写'子'字。"①

酉日盗名"多〈卯〉、酉、起、婴"，王子今认为："酉日'名多酉起婴'句中，可能'卯'错写为'多'，原句应当为'名卯酉起婴'。"②刘乐贤则认为："酉日下的'酉'可能是'卯'的误写。"③ 都认为酉日下含"卯"的盗名，笔者更倾向前者的观点。

亥日盗名"豚孤夏谷巳亥"，刘乐贤认为："亥日下面空阙之字很可能是'巳'。"④ 王子今也有此推定。⑤

由上表可见，首先，盗名与地支相关。地支日与盗名对应关系如下⑥：

地支日	子	丑	寅	卯	辰	巳	午	未	申	酉	戌	亥
盗名	午	未	申	酉	(亥)戌	亥	子	丑	寅	卯(酉)	辰(戌)	巳(亥)

盗名用地支字，且大部分随地支日有一定顺序，颇令人疑惑。以上对应关系中辰日下盗名"亥"、酉日下盗名"酉"、亥日下盗名"亥"则不在此序。

其次，盗名与地支日对应的十二禽关系密切，这一点由表一盗名一列加着重号的部分可以看出。需要注意的是，辰日下原简未写禽名。巳日下书禽名"虫"，于豪亮认为，古代"蟲""虫"不分，虫即蝮蛇。⑦ 午日

---

① 王子今：《睡虎地秦简〈日书〉甲种疏证》，湖北教育出版社2003年版，第454—455页。
② 同上书，第455页。
③ 刘乐贤：《睡虎地秦简日书研究》，第277页。
④ 同上。
⑤ 王子今：《睡虎地秦简〈日书〉甲种疏证》，第455页。
⑥ 刘乐贤也列出这样的一个对应关系，因为释文略不同，稍有差异。（刘乐贤：《睡虎地秦简日书研究》，第276页）
⑦ 于豪亮：《秦简〈日书〉记时记月诸问题》，《于豪亮学术文存》，第162页。

下书禽名"鹿",未日下书禽名"马",对此,饶宗颐认为:

> 以午为鹿者,隋萧吉论三十六禽云:"午,朝为鹿,昼为马,暮为獐。"《本生经》言"旦为马,昼为鹿,暮为麞"(《五行大义》卷五)。是以鹿为午非无来历。《韩非子》:"夫马似鹿者而题千金"(《御览》九〇六)。赵高欺胡亥指鹿而曰马者,是无异以午为未也。①

盗名"禄"与"鹿"同音,或许因此有关。申日下书禽名"环",整理小组注释:"环,读为猨,即猿字。"② 饶宗颐认为:"申之为环,环读为猨,于音自近。萧吉云'申,朝为猫,昼为猨,暮为猴。'则猨后来以属三时之昼,与猴之为暮则有别。"③ 酉日下书禽名"水",整理小组注释:"水,以音近读为雉。雉,野鸡。"④ 于豪亮也作"雉"解。⑤ 饶宗颐读为"隼"。⑥ 李零则读为"隹",意为鹧鸪。⑦

二 对干支盗名的解释

对于以上盗名,李零认为:"简文所列之名有多种,应是该日生子可供选择的一些名字,亡盗之名应在这一范围之内。也就是说,生肖不但和生日有关,还与有生日而定的私名有关。"他总结出五类命名之则:

(1) 用生肖本身为名。如子日名"鼠",寅日名"虎",卯日名"兔",申日名"环(猿)。"

(2) 用与生肖有关的动物为名。如鼷(一种小鼠)与"鼠"有

---

① 饶宗颐、曾宪通:《云梦秦简日书研究》,香港:中文大学出版社2000年版,第34页。
② 睡虎地秦墓竹简整理小组编:《睡虎地秦墓竹简》,第220页。
③ 饶宗颐、曾宪通:《云梦秦简日书研究》,第34页。
④ 睡虎地秦墓竹简整理小组编:《睡虎地秦墓竹简》,第221页。
⑤ 于豪亮:《秦简〈日书〉记时记月诸问题》,《于豪亮学术文存》,第162页。
⑥ 饶宗颐、曾宪通:《云梦秦简日书研究》,第35页。
⑦ 李零:《中国方术正考》,中华书局2006年版,第181页。

关，"犴"（一种野狗）、"貙"（似狸，亦名貙虎）、"豹"与"虎"有关，"玃"（一种猴）与"龙"有关，"貉"、"豺"与"环（猿）"有关，"豚"与"豕"有关，可分别用为子、寅、辰、申、亥日之名。

（3）用生日（支日）本身为名。如酉日名"多酉"，亥日名"□亥"。

（4）用生日（支日）的冲日为名。如子日名"午郢"，丑日名"以未"，寅日名"申"，卯日名"义酉"（疑读为"宜酉"），辰日名"亥戌"，巳日名"亥旦"，未日名"丑吉"，申日名"都寅"，戌日名"辰戍"，就是因为子与午，丑与未，寅与申，卯与酉，辰与戌，巳与亥互为冲日。

（5）用其他含义相关之字为名。如子日生肖为鼠，鼠善穿穴，故可以"孔"为名。午日，午字有交午（交叉、交错）之意，并象街衢四达，故可以"彻"、"达"、"错"为名，并由"达"义引申，又可以"禄""得""获"为名。①

以上除了部分细节处，笔者不同意之外②，其他基本赞同。据以上李零的总结，《盗者》篇地支日与盗名的相关性表现在或用生日（支日）本身为名，或用生日（支日）的冲日为名，后者由李零首次揭示，解释了有序地支盗名的疑惑。而冲日的"冲"，又叫"冲破"，是古代数术学的重要术语。《五行大义》卷二第十三《论冲破》：

> 冲破者，以其气相格对也。冲气为轻，破气为重。支干各自相对，故各有冲破也。干冲破者，甲庚冲破，乙辛冲破，丙壬冲破，丁癸冲破。戊壬、甲戊、乙己，亦冲破。此皆对冲破，亦本体相克，弥为重也。支冲破者，子午冲破，丑未冲破，寅申冲破，卯酉冲破，辰

---

① 李零：《中国方术正考》，第175、177—178页。
② 如第（1）条中"犴"（一种野狗）如何与虎有关；"玃"（一种猴）与如何"龙"有关，且辰日下并未列禽名"龙"。第（3）条酉日名"多酉"，亥日名"□亥"，秦时单名多于双名，从盗名文字判断，此处当是单名。第（4）条子日名"午郢"，丑日名"以未"，卯日名"义酉"（疑读为"宜酉"），辰日名"亥戌"，巳日名"亥旦"，未日名"丑吉"，申日名"都寅"，戌日名"辰戍"，秦时单名多于双名，从盗名文字判断，此处当是单名。

戌冲破，巳亥冲破。此亦取相对，其轻重皆以死生言之。①

所谓"支冲破者，子午冲破，丑未冲破，寅申冲破，卯酉冲破，辰戌冲破，巳亥冲破"，正是地支日与有序地支盗名的对应。但辰日下盗名"亥"还不得其解。按李零解释，盗名与生日有关，那么之所以以生日（地支日）的冲日为名，或许跟一定的祈求平安的数术观念有关。同时，又存在用生日（支日）本身为名，如酉日下盗名"酉"、亥日下盗名"亥"，可见取名观念的复杂。还有一个辰日盗名"戌"，则暂不可解。

不同于李零的解释，李世持根据干支五行相配、五行相克相刑的数术理论，认为："十二地支时辰对应的13个地支人名，有8组具有五行相克的关系，占61.5%；有5组具有地支相刑关系，占38.4%。二者相加为100%。即11个地支时辰对的13个地支人名全部具有五行相克或者地支相刑的关系，时辰与人名之间的相互克制和杀罚关系正好解释了盗窃事件发生的原因。"② 这种看法也有道理。但他把地支解读为"十二时辰"，并未有确切依据。

表2　　睡虎地秦简《日书》甲种"盗者"篇天支日对应盗名

天干日	盗名
甲	糌、郑、壬、鱳、强、当良
乙	舍、徐、可、不、咏、亡愚（忧）
丙	轇、可、癸、上
丁	浮、妾、荣、辨、仆、上
戊	匽、为、胜、衹
己	宜、食、成、怪目
庚	甲、郢、相、卫、鱼
辛	秦、桃、乙、忌、慧

---

① 中村璋八：《五行大义校注》（增订版），东京：汲古书院1998年版，第83—84页。
② 李世持：《睡虎地秦简〈盗者〉干支人名五行相克命名理据初探》，西南大学第六届出土文献研究与比较古文字全国博士生学术论坛论文，重庆，2016年10月。

续表

天干日	盗名
壬	黑、疾、齐、䋣
癸	阳生、先、智、丙

资料来源：睡虎地秦墓竹简整理小组编《睡虎地秦墓竹简》，文物出版社1990年版，释文第219—220页。

由表2可见，不同于表1的所有地支日都有对应的地支盗名，该表只有甲日、丙日、庚日、辛日、癸日有对应的天干盗名。对于表2所列，李零认为："以干日为名，规律不很清楚，但有些似与表示日辰宜忌的字有关，如'可'、'亡忧'、'为胜'、'宜食'（此是汉代常用的吉语）、'成'、'忌'等等。还有一些则类似支日取名的第四类，如在式图上，甲与庚相对，乙与辛相对，丙与壬相对，丁与癸相对，或甲乙与庚辛相对，丙丁与壬癸相对。简文丙日名'癸上'、庚日名'甲'、辛日名'乙'、癸日名'丙'，似属这一类（但甲日名'壬'似是另一规律）。"①所谓"在式图上"干位相对，其实即《五行大义》所言的"干冲破"，这和有序地支盗名取冲日是一致的，即庚日盗名"甲"，辛日盗名"乙"。丙日盗名"癸"，癸日盗名"丙"，如何在式图上相对，暂且不论。甲日盗名"壬"则尚不清楚规律。

而依照李世持对天干盗名的解释（此处他将天干径解为天干日），"天干日与日名之间的对应关系远没有时辰与日名的对应那么整齐和完整。十个天干只对应了五个人名，其中4组关系为五行相克的关系，占80%；有1组天干日与天干人名的关系出现了例外，时辰与人名之间是相生的关系，占20%"。也"比较合理地解释了盗窃事件的发生"。②

除了李零和李世持对干支盗名的解释之外，尚未见其他更好的看法，有待进一步研究。

---

① 李零：《中国方术正考》，第178页。按："为胜"当是单名"为"、"胜"，丙日名"癸上"当是单名"癸"、"上"。

② 李世持：《睡虎地秦简〈盗者〉干支人名五行相克命名理据初探》。

三 其他有关盗名的《日书》等选择数术文献

(一) 放马滩秦简《日书》甲种《地支占盗》

放马滩秦简《日书》甲种《地支占盗》，篇题整理者自拟，以地支日占卜盗的相关信息，附十二禽（与睡虎地秦简《日书》甲种的《盗者》第一部分略有不同①），记录盗者前来的方位、相貌、赃物藏所、性格喜好、盗名、身份、得与不得。简文形式如：

> 子，鼠殴。以亡，盗者中人。取之，臧（藏）穴中、粪土中。为人（锐）面、小目、【盱】然、扁然。名曰"辄"、曰"耳"、曰"芯"、曰"声"。贱人殴。得。……②

放马滩秦简《日书》甲种《地支占盗》对应的盗名如：子日下盗名有"辄"、"耳"、"志"、"声"，申日下盗名有"环"，酉日下盗名有"灌"。申日盗名"环"，这一点与睡虎地秦简《日书》甲种的《盗者》第一部分相同。

鉴于《地支占盗》与睡虎地秦简《日书》甲种的《盗者》第一部分的相似性，可以推测臧（藏）某处，当是赃物藏处。

(二) 尹湾汉简《神龟占》

1993年江苏连云港尹湾汉墓（M6）出土一批竹简和木牍，抄写年代为西汉成帝永始、元延年间（前16—前9）。M6男棺的主人是东海郡功曹史师饶，字君兄，这批竹简、木牍出土于M6的足厢，同出物品还有木俑、铜沐盘、木扇、漆凭几、漆耳杯、木剑、木弩机、釉陶壶等。简文包括6种数术书，其中5种选择数术，这五种选择数术中有一种由整理者题名的《神龟占》，也是占卜盗名和方位。《神龟占》书于9号木牍，该牍长约23厘米，合汉代一尺，宽约9厘米，合汉代四寸，厚约0.6厘米，大概分三栏，第一栏是《神龟占》9行简文，第二栏是神龟图，第三栏则

---

① 参见孔庆典《10世纪前中国纪历文化源流》，第35页。
② 孙占宇：《天水放马滩秦简集释》，甘肃文化出版社2013年版，第122—124页。

是《六甲占雨》。①《神龟占》简文如下:

> ·用神龟之法,以月矗以后左足而右行,至今日之日止,问。
> 直右胁者,可得,姓朱氏,名长,正西。
> 直后右足者,易得,为王氏,名到,西北。
> 直尾者,自归,为庄氏,名余,正北。
> 直后左足者,可得,为朝氏,名欧,东北。
> 直左胁者,可得,为郑氏,名起,正东。
> 直前左足者,难得,为李氏,名多,东南。
> 直头者,毋来也,不可得,为张氏,正南。
> 直前右足者,难得,为陈氏,名安,正〈西〉南。②

刘乐贤指出简文的"月矗""当指月朔","右行""今语指按逆时钟方向运行"。③ 李零对之解说:

> 以神龟的头尾、四肢和两胁表示米字形的八方,从左后足(东北)始,以该位为月朔,右行数日,依次经尾(北)、右后足(西北)、右胁(西)、右前足(西南)、头(南)、左前足(东南)、左胁(东),每八日为一圈,至今日止,问亡盗得与不得、姓名和所之方向(即所至之位的方向)。其有关规定是按左行的顺序条列,不与数日之法同。④

9号牍图版如下,我们据《神龟占》原图改绘更明了的图2,如下:

---

① 连云港市博物馆:《尹湾汉墓简牍》,中华书局1997年版,前言第2页,第123、165—166、172、174页。
② 释文参考连云港市博物馆《尹湾汉墓简牍》,第123页;刘乐贤《尹湾汉墓出土数术文献初探》,连云港市博物馆、中国文物研究所编《尹湾汉墓简牍综论》,科学出版社1999年版,第175—176页;李零《中国方术续考》,中华书局2006年版,第255—256页。其中,刘乐贤作了标点。
③ 刘乐贤:《尹湾汉墓出土数术文献初探》,连云港市博物馆、中国文物研究所编《尹湾汉墓简牍综论》,第175页。
④ 李零:《中国方术续考》,第256页。

秦汉简牍《日书》的盗名　　363

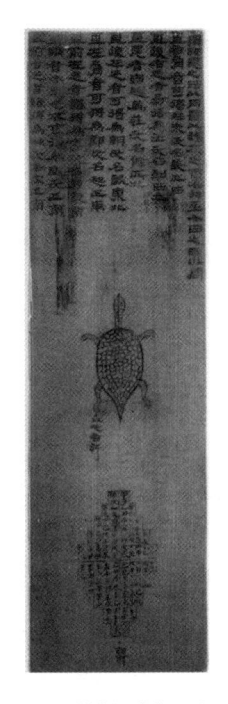

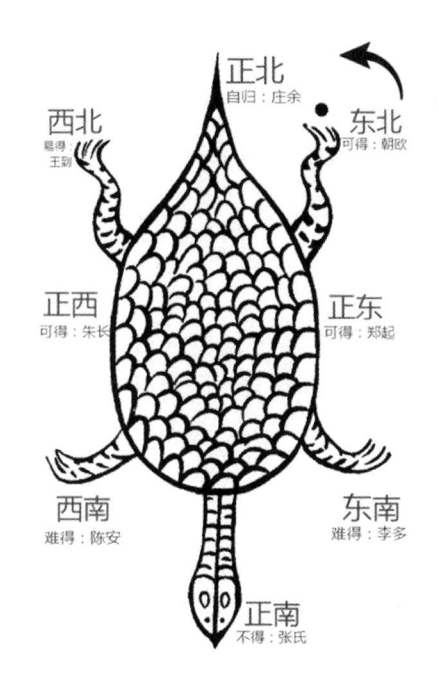

图1　《神龟占》图版　　　图2　《神龟占》占盗示意图

根据简文和上图可见，可得的盗者是朝欧（东北）、郑起（正东）、朱长（正西），难得的盗者是李多（东南）、陈安（西南），不得的盗者是张氏（正南，名不详），易得的盗者是王到（西北），自归的盗者是庄余（正北）。

假设月朔为正月甲子，丙寅（即该月第三日）遇盗，则依照《神龟占》，则盗者为王到，当往西北方向寻盗，过程和结果可能是"易得"。

对比睡虎地秦简《日书》、放马滩秦简《日书》的占盗例子，刘乐贤认为："《神龟占》的占测较《日书》更为具体，将某日的盗者指名道姓地说出（落实到了某一姓名的人身上），而《日书》则有多种可能（好几个名字的人都有可能是盗者）。"① 他还提示我们：

> 神龟的八个部位和八方对应，即头南，尾北，左胁东，右胁西，

---

① 刘乐贤：《尹湾汉墓出土数术文献初探》，连云港市博物馆、中国文物研究所编《尹湾汉墓简牍综论》，第176页。

左前足东南,右前足西南,左后足东北,右后足西北。每条占文所记的盗者藏躲方向,正好与此相合。这表明《神龟占》与古代的八方和阴阳五行说有关。

占文关于姓氏的占测,似与古代的五音五姓说有关。据《潜夫论》、《论衡》等书的记载,以五姓占测吉凶在汉代已十分流行。《神龟占》用之占测盗者,是有可能的。不过,《神龟占》与唐宋以来流传的五音姓氏说并不密合,尚有待于进一步研究。

此外,居延汉简残简则有以时辰占卜盗名、字的情况。

☐属夜半者,男子取之。其人兑(锐)喙、爪、须、☐目,善☐乳人事数人也。姓孤氏字子
☐孙☐臧(藏)之内中婴间立中☐(458·1A)①

敦煌文献《六十甲子推吉凶法》(斯6258正面)②也有以时辰占盗的记录,包括盗的相貌、位置、姓氏等,如:

……难得,食口人三,姓☐。亥时,盗者男子,赤色,取之北行☐☐下欠☐食口十人……③

四 无盗名的占盗文献

(一)睡虎地秦简《日书》乙种《盗》篇

睡虎地秦简《日书》乙种《盗》篇,标题位于简254背,以天干日占卜盗的相关信息。简文形式如:

---

① 谢桂华、李均明、朱国炤:《居延汉简释文合校》,文物出版社1987年版,第570页。
② 《六十甲子推吉凶法》(斯6258正面)包括内容较杂,有三部分,分别是占盗、治田种莳宜忌、纳音甲子占人性行法。(王晶波:《敦煌占卜文献与社会生活》,甘肃教育出版社2013年版,第406页)有的学者将之命名为《六十甲子纳音性行法》。(陈于柱:《区域社会史视野下的敦煌禄命书研究》,民族出版社2012年版,第30页)
③ 黄永武主编:《敦煌宝藏》第45册,台北:新文丰出版公司1981年版,第178页。

甲亡，盗在西方，一宇间之，食五口，其疵其上得□□□□□其女若母为巫，其门西北出，盗三人。……乙亡……丙亡……丁亡……戊亡……己亡……庚亡，盗丈夫，其室在西方，其北壁臣，其人鬒黑。①

简文交待了天干日下盗的位置、性别、相貌等。

（二）放马滩秦简《日书》甲种《天干占盗》、乙种《占盗》

放马滩秦简《日书》甲种《天干占盗》，篇题整理者自拟，以天干日占盗，记录了盗的方位、人数、相貌、性别、相貌、得与不得等。简文形式如：

甲亡，盗在西方一于（宇）中，食者五口，疵在上。得。男子殹。……乙亡……癸亡，其盗女子，必得。为人操（躁）不靖。②

乙种《占盗》有两种，题目整理者自拟。第一种，据推断是"以某种运算来占卜盗者所在位置，或与某种类似'九宫格'的图案配合使用"。简文形式如：

占盗：投□□□，除一，□上。复除九，毋余，盗在中；除八□八，上至七，南七；六，东六；五，西南五；四，北四；三，东南三；二，西北二；一而东北一。③

第二种，由失盗日子占卜得盗不得，陈伟认为与《六十甲子图》关系密切。④ 简文形式如：

占盗：以亡辰为式，投得其式为有中间，得其前伍（五）为得、

---

① 睡虎地秦墓竹简整理小组：《睡虎地秦墓竹简》，释文第254—255页，简253—259。
② 孙占宇：《天水放马滩秦简集释》，第118页。
③ 同上书，第221页。
④ 陈伟：《放马滩秦简日书〈占病祟除〉与投掷式选择》，《文物》2011年第5期。

为闻，得其后伍（五）为不得，不得其前后之伍（五）为复亡。①

（三）孔家坡汉简《日书》的《盗日》

孔家坡汉简《日书》的《盗日》篇，篇题写在简367的首端，以地支日来占盗，附有对应的十二禽，记录了盗的相貌、性别、性格、爱好、藏所等，简文形式如：

> 子：鼠也。盗者兑（锐）口，希（稀）须，善□，有黑子焉。臧（藏）安内中粪蔡下，女子也。……②

从简文来看，形式与睡虎地秦简《日书》甲种的《盗者》第一部分类似，只是多了性别的判断，少了盗名。

由孔家坡汉简《日书》的《盗日》篇题来看，地支当是日子而非时辰。

此外，学者介绍彝族《玄通大书》有按日子占盗的记录。③ 案查原书，该篇题作《由此按日序占失落者》，其日按十二生肖或地支为序，无盗名。如：

> 鼠日失者，尾巴失，火一把来，引天南去，马日上迹闻，其过得寻，愿旧一次来缠，其内觅寻是，三人其处来做。

译文作：

> 逢子日失者，失于尾巴，由一把火引向南方去，午日闻消息。过后寻得；有一旧愿纠缠，由其中寻觅是三人来做。④

---

① 孙占宇：《天水放马滩秦简集释》，第222页。
② 湖北省文物考古研究所、随州市考古队：《随州孔家坡汉墓简牍》，文物出版社2006年版，第175页。
③ 刘乐贤：《睡虎地秦简日书研究》，第475页。
④ 马学良主编，罗国义审订：《增订爨文丛刻》下册，四川民族出版社1986年版，第1796—1803页。

综上，秦汉简牍《日书》占盗文献提供了盗名的信息，如睡虎地秦简《日书》甲种《盗者》、放马滩秦简《日书》甲种《地支占盗》，以及非《日书》而也是选择数术的尹湾汉简《神龟占》。这些盗名，特别是地支类盗名，如果按照李零的解释，可能提供了秦汉人以生日命名或者生日的冲日命名的信息（部分天干类盗名也可能如此）。以地支日推测盗名，同时附有十二禽，盗名也因此有关，部分盗名即来自十二禽。此外的盗名，或秦汉时期常见，或现在还不了解。另外，没有盗名的占盗文献，也或多或少在其他占盗信息上具有高度的重合性，值得进一步比较研究。

（作者单位：首都师范大学历史学院）

传世文献与出土简牍

试谈《史记·李斯列传》与《赵正书》对李斯形象的塑造

曾 磊

一

李斯是秦代兴亡的亲历者和见证者。他对秦代统一全国有重要贡献，对专制集权国家的建设出力甚巨，对秦代的速亡也负有一定责任。李贽《史纲评要》说："始皇出世，李斯相之，天崩地坼，掀翻一个世界。是圣是魔，未可轻议。"[1] 然而对于如此重要的历史人物，两千余年来各种评论的声音其实从未停止。李斯的事迹主要记载于《史记·李斯列传》中。历代对李斯的认识和评价，无论如何笔削褒贬，也皆以此为本。

茅坤《史记钞》说《李斯列传》"是太史公极用意文，极得大体处"。[2] 徐枋《书李斯传后》一文亦以为"太史公作此而所以垂戒于万世者，深切著明矣"。[3] 牛运震以为"《李斯传》载斯佐始皇，并兼吞灭之谋，及其销锋焚书之计，及与赵高废适立庶相二世，阿顺苟合，诸事迹条悉详明，洋洋数千百言。凡秦兴亡并赵高始末具在，似为秦外纪而并为赵高立传者。然首尾关目，仍以李斯为主，无划剔之迹，而宾主厘然，此所

---

[1] （明）李贽：《史纲评要》卷四《后秦记》，中华书局1974年版，第91页。
[2] （明）茅坤：《史记钞》卷五五，明泰昌元年乌程闵氏刊朱墨套印本，1620年。
[3] （明）徐枋撰，黄曙辉、印晓峰点校：《居易堂集》卷一〇，华东师范大学出版社2009年版，第228页。

以为大手笔也"。① 可见，司马迁对《李斯列传》的内容选取、行文结构，都有精心的安排。

司马迁在《李斯列传》中以李斯的五叹六说为线索，记述了李斯一生际遇。李景星《史记评议》：

> 行文以五叹为筋节，以六说当实叙。"于是李斯乃叹曰：'人之贤不'"云云，是其未遇时而叹，不得富贵也。"李斯喟然而叹曰：'嗟乎'云云"，是其志满时而叹，物极将衰也。"斯乃仰天而叹，垂泪太息曰"云云，是已坠赵高计中，不能自主而叹也。"仰天而叹曰：'嗟乎，悲夫'"云云，是已居囹圄之中，不胜怨悔而叹也。"顾谓其中子曰"云云，是临死时无可奈何，以不叹为叹也。以上所谓"五叹"也。
>
> 记说秦王，著李斯入秦之始也；记谏逐客，著斯留秦之故也；记议焚书，著斯佐始皇行恶也；记劝督责，著斯导二世行恶也；记短赵高语，著斯之所以受病，藉其自相攻击，以示痛快人意也；记狱中上书，著斯之所以结局，令其自定功罪，以作通篇收拾也。以上所谓六说也。
>
> 几及万言，似秦外纪，又似斯、高合传，而其实全为传李斯作用。文至此酣畅之至，亦刻毒之至，则谓太史公为古今文人中第一辣手可也。②

学者对司马迁的这一安排评论甚高。吴见思《史记论文》："李斯凡五叹，而盛衰贵贱，俱于叹中关合照应，以为文情，令人为之低回。"③ 牛运震《空山堂史记评注》："六篇之文，凡李斯功罪起废，本末具在，此亦一篇之层次节奏也。而文字古奥峭坚，奇肆酣畅，先秦绝工之文，遂为本传生色。"④

《太史公自序》和《李斯列传》文末的"太史公曰"，可以看出司马

---

① （清）牛运震撰，崔凡芝校释：《空山堂史记评注校释》卷九，中华书局2012年版，第498页。
② （清）李景星著，陆永品点校：《史记评议》，上海古籍出版社2008年版，第176页。
③ （清）吴见思著，陆永品点校：《史记论文》，上海古籍出版社2008年版，第51页。
④ （清）牛运震撰，崔凡芝校释：《空山堂史记评注校释》卷九，第498页。

迁对李斯其人的评价，也可以明白司马迁如此安排的用意。《太史公自序》：

> 能明其画，因时推秦，遂得意于海内，斯为谋首。作《李斯列传》第二十七。①

《李斯列传》：

> 太史公曰：李斯以闾阎历诸侯，入事秦，因以瑕衅，以辅始皇，卒成帝业，斯为三公，可谓尊用矣。斯知六艺之归，不务明政以补主上之缺，持爵禄之重，阿顺苟合，严威酷刑，听高邪说，废適立庶。诸侯已畔，斯乃欲谏争，不亦末乎。人皆以斯极忠而被五刑死，察其本，乃与俗议之异。不然，斯之功且与周、召列矣。②

司马迁认为李斯是辅佐秦始皇成就帝业的"谋首"，自己亦得以位极人臣。但司马迁也对李斯提出了严苛的批评，说他虽然"知六艺之归"，却"不务明政以补主上之缺，持爵禄之重，阿顺苟合，严威酷刑，听高邪说，废適立庶"，否定了李斯忠臣形象。

在司马迁的笔下，李斯有两件事最不忠于其君。一是沙丘之谋，诈立胡亥，在帝国继承人问题上不忠于秦始皇。二是上督责之书，阿谀秦二世，为保住自己的爵禄没有尽到忠臣的责任。

王子今曾专门讨论《荀子》《韩非子》中"忠"观念的形成和发展。他认为，在《荀子》和《韩非子》中，"忠"的理论得以总结和完善，而《商君书》和《吕氏春秋》等著作也无不强调臣子要对君主尽忠。此外，秦代专制政体的形成，也导致了"忠"的政治规范的定型。③ 李斯是荀子之徒，韩非同学，吕不韦舍人，他的思想当深受三者影响，可司马迁笔下的李斯陷害同门、背叛先主，所作所为可谓不忠不义。《荀子·臣

---

① 《史记》卷一三〇《太史公自序》，中华书局标点本1959年版，第3315页。
② 《史记》卷八七《李斯列传》，第2563页。
③ 王子今：《"忠"观念研究——一种政治道德的文化源流与历史演变》，吉林教育出版社1999年版，第76—135页。

道》载：

> 有大忠者，有次忠者，有下忠者，有国贼者：以德复君而化之，大忠也；以德调君而补之，次忠也；以是谏非而怒之，下忠也；不恤君之荣辱，不恤国之臧否，偷合苟容，以之持禄养交而已耳，国贼也。若周公之于成王也，可谓大忠矣；若管仲之于桓公，可谓次忠矣；若子胥之于夫差，可谓下忠矣；若曹触龙之于纣者，可谓国贼矣。①

如果按照荀子理论，司马迁笔下的李斯不但不是"大忠"、"次忠"、"下忠"，反而与曹触龙一样，是"不恤君之荣辱，不恤国之臧否，偷合苟容，以之持禄养交"的"国贼"。

可是，在《李斯列传》中，李斯却自认为是忠臣。他在《谏逐客书》说："士不产于秦，而愿忠者众。"② 即是向秦王表忠。李斯身居囹圄时的"仰天而叹"，其实亦可视为向秦二世表忠：

> 嗟乎，悲夫。不道之君，何可为计哉。昔者桀杀关龙逢，纣杀王子比干，吴王夫差杀伍子胥。此三臣者，岂不忠哉，然而不免于死，身死而所忠者非也。今吾智不及三子，而二世之无道过于桀、纣、夫差，吾以忠死，宜矣。且二世之治岂不乱哉。日者夷其兄弟而自立也，杀忠臣而贵贱人，作为阿房之宫，赋敛天下。吾非不谏也，而不吾听也。凡古圣王，饮食有节，车器有数，宫室有度，出令造事，加费而无益于民利者禁，故能长久治安。今行逆于昆弟，不顾其咎；侵杀忠臣，不思其殃；大为宫室，厚赋天下，不爱其费：三者已行，天下不听。今反者已有天下之半矣，而心尚未寤也，而以赵高为佐，吾必见寇至咸阳，麋鹿游于朝也。③

---

① （清）王先谦撰，沈啸寰、王星贤点校：《荀子集解》卷九《臣道》，中华书局1988年版，第254—255页。
② 《史记》卷八七《李斯列传》，第2545页。
③ 同上书，第2560—2561页。

司马迁笔下的李斯以为秦二世"无道过于桀、纣、夫差",又指责秦二世杀害忠臣。他自比关龙逢、王子比干和伍子胥,自以为"以忠死,宜矣",却回避了自己背叛秦始皇之事。

《李斯列传》所载的沙丘之谋中,李斯也曾向赵高表露过要做忠臣的心迹。他说:

> 斯,上蔡闾巷布衣也,上幸擢为丞相,封为通侯,子孙皆至尊位重禄者,故将以存亡安危属臣也。岂可负哉!夫忠臣不避死而庶几,孝子不勤劳而见危,人臣各守其职而已矣。君其勿复言,将令斯得罪。

司马贞《索隐》:"斯言忠臣之节,本不避死。言己今日亦庶几尽忠不避死也。"[①] 然而,就是这位刚表示完要"庶几尽忠不避死"的李斯,却经不住赵高三言两语的诱劝,随即背叛秦始皇,私立胡亥为太子。可以说,李斯对秦二世所谓的"忠",恰恰是以对秦始皇的"不忠"为前提的。

对这种行为,司马迁当然以为不齿。为了衬托李斯的不忠,他还特意将太子扶苏和公子高的自杀放入《李斯列传》中详述,又借公子高的上书,道出"不忠者无名以立于世"[②] 之理,戳中李斯软肋,以两位忠臣孝子的决绝赴死与李斯背叛秦始皇时"仰天而叹,垂泪太息曰:'嗟乎!独遭乱世,既以不能死,安托命哉'"[③] 的表演两相对比。太史公之笔法,确实可谓"极得大体",司马迁确实可谓"为古今文人中第一辣手"。

司马迁希望通过"察其本",以给后人展示一个多面、复杂的李斯。而他对李斯形象的塑造也引导了此后两千余年对李斯的评价。

二

北京大学藏西汉竹书《赵正书》为我们重新认识李斯提供了新的材料。《赵正书》中记载的秦末历史与《史记》有极大不同。对于《赵正

---

① 《史记》卷八七《李斯列传》,第 2550—2551 页。
② 同上书,第 2553 页。
③ 同上书,第 2550 页。

书》与《史记》记载的抵牾,研究者均认为不能轻易彼此否定或强求统一。① 我们赞同这种审慎的态度。而即便这些文献材料对秦代历史有所演绎,其背后隐藏的作者的历史观其实也值得我们重视。

《赵正书》的篇末说:

> 曰:"胡亥所谓不听闻(谏)者也,立四年而身死国亡。"②

由此可知,《赵正书》的主旨,在于指出胡亥"不听闻(谏)",实际是劝导阅读者听谏纳善。而我们通过研读《赵正书》的一些细节可以发现,《赵正书》中的李斯是十足的忠臣形象。

与司马迁设置五叹六说类似,《赵正书》的作者塑造李斯的忠臣形象是以记录李斯奏言的方式展开的。这样的奏言共有三次。第一次是秦始皇"病即大甚,而不能前"时:

> 病即大甚,而不能前,故复召丞相斯曰:"吾霸王之壽(寿)足矣,不奈吾子之孤弱何。……其后不胜大臣之分(纷)争,争侵主。吾闻之:牛马鬭(斗),而闻(蚊)䖟(虻)死其下;大臣争,齎(齐)民古(苦)。吾衣(哀)令(怜)吾子之孤弱,及吾蒙容之民,死且不忘。其講(议)所立。"

秦始皇让李斯参与商讨帝国继承人问题,可见对李斯的重视。不过,秦始皇对"一人之下,万人之上"的丞相李斯却并不完全信任。秦始皇的话表面上是哀怜"吾子之孤弱"和"吾蒙容之民",其实重点在于强调历史上屡见不鲜的"其后不胜大臣之分(纷)争,争侵主"③ 的现象,有敲

---

① 参见孙家洲《兔子山遗址出土〈秦二世元年文书〉与〈史记〉纪事抵牾释解》,《湖南大学学报(社会科学版)》2015 年第 3 期;赵化成《〈赵正书〉与〈史记〉相关记载异同之比较》,北京大学出土文献研究所编《北京大学藏西汉竹书(叁)》,上海古籍出版社 2015 年版,第 299—302 页;陈侃理《〈史记〉与〈赵正书〉——历史记忆的战争》,日本中国史学会编辑《中国史学》第 26 卷,京都:朋友书店,2016 年 10 月,第 25—38 页。

② 本文所引《赵正书》简文,均出自北京大学出土文献研究所编《北京大学藏西汉竹书(叁)》,以下不再注出。

③ "其后"之前的语句有所缺失,但我们可以推测秦始皇当是举例叙述历史上先主去世、新君孤弱之例。

山震虎的意味。李斯当然听出了秦始皇的弦外之音,他"昧死顿首言"的回答也十分巧妙:

> 陛下万岁之壽(寿)尚未央也。且斯非秦之产也,去故下秦,右主左亲,非有强臣者也。竊(窃)善陛下高譧(议),陛下幸以为粪土之臣,使教万民,臣竊(窃)幸甚。臣谨奉法令,阴修甲兵,饬正(政)教,官鬬(斗)士,尊大臣,盈其爵禄。使秦并有天下,有其地,臣其王,名立于天下,執(势)有周室之义,而王为天子。臣闻不仁者有所尽其财,毋勇者有所尽其死。臣竊(窃)幸甚,至死及身不足。然而见疑如此,臣等尽当僇(戮)死,以佨(报)于天下者也。

李斯首先奉承秦始皇"万岁之壽(寿)尚未央",然后陈说自己并不是秦人,但有幸得到秦始皇赏识,"以为粪土之臣,使教万民"。接着李斯陈述自己的功劳,表示已经鞠躬尽瘁,帮助秦始皇统一天下。如此尽心尽力,却"见疑如此",只能"当僇(戮)死,以佨(报)于天下者也"。秦人本有"从死"的制度传统,但在秦献公时就已经废止。① 李斯此时要求"从死",当然只是展示一种尽忠的姿态,然而这一姿态的展示是十分必要的。

帝王临终托孤,是关系国家稳定的大事,也是考验君臣关系的试金石。历史上因托孤不慎导致政局动摇、君臣反目的故事举目皆是。即使是常为后人称道的白帝城托孤,君臣之间可能也充满戒备。刘备对诸葛亮所说"若嗣子可辅,辅之;如其不才,君可自取"②的遗言,有学者认为是对诸葛亮的试探。明人章懋曾感叹说:"呜呼!昭烈于是失言矣。吾读陈寿书至此,未尝不深为孔明惧也。夫昭烈之为是言,是疑孔明也,是以操、懿待孔明也。吾不意'鱼水君臣'而犹以智术相御有如是者。于托孤寄命之际而置嫌疑于其间,安在其能托孤也!"③ 明末清初人徐世溥

---

① 北京大学藏西汉竹书《周驯》"十一月更旦之训"中亦有关于秦人从死的内容。
② 《三国志》卷三五《蜀书·诸葛亮传》,中华书局1959年版,第918页。
③ (明)章懋:《枫山章先生集》卷四《读蜀汉志》,丛书集成初编本,中华书局1985年版,第116—117页。参见王子今《诸葛亮的神话》,《千百年眼——皇权与吏治的历史扫描》,东方出版社2008年版,第214—216页。

《诸葛武侯无成论》也以为:"斯言也,昭烈之疑忌尽见,生平深险毕露。非惟昭烈不知孔明,孔明亦不知昭烈甚矣。"①

所谓"鱼水君臣"亦不免"以智术相御"。在即将病逝的秦始皇面前,李斯必须表现出万分忠诚,否则后果难料。李斯所谓的"佋(报)于天下",其实可以理解为"报于陛下"。《赵正书》下文说:

> 赵正流涕而谓斯曰:"吾非疑子也,子,吾忠臣也。其谦(议)所立。"丞相臣斯、御史臣去疾昧死顿首言曰:"今道远而诏期窘,臣恐大臣之有谋,请立子胡亥为代后。"② 王曰:"可。"

我们不知道秦始皇的"流涕"是真的被李斯感动还是刻意的表演,但秦始皇"吾非疑子也,子,吾忠臣"之语,无疑给李斯吃了定心丸。对于继承人的人选,秦始皇以"吾子之孤弱"加以暗示,其实已经明了是胡亥。③ 如果我们再从上文分析的秦始皇对李斯不信任的角度考虑,李斯绝对不可能,也绝对不敢对帝国继承人提出自己的真实想法。

《赵正书》所述临终托孤故事中,秦始皇与李斯的对话机锋相对,李斯的表现堪称完美,其忠臣形象已跃然纸上。而《赵正书》也完全回避了胡亥诈立的版本,李斯参与谋立新帝,化身为托孤大臣,这就使《李斯列传》中所述的李斯最大之不忠在《赵正书》中不再成立。

《赵正书》中李斯的第二次奏言是在秦二世"欲杀丞相斯"时。李斯这段奏言自述"七宗罪",与《李斯列传》所载李斯的狱中奏言大致相同,但是一些文句的用语和顺序则有所区别。牛运震以为这段奏言"朴直中自然峭肆,亦借为李斯佐秦事迹一总"。④ 中井积德认为"唯第七罪,为虚饰非实"。⑤ 不过,《李斯列传》说:"书上,赵高使吏弃去不奏,

---

① (清)王士禛《居易录》卷一二引,文渊阁四库全书本。
② 此句原断作:"今道远而诏期窘(群)臣,恐大臣之有谋,请立子胡亥为代后。"整理者注释中又提出第二种断句,此以第二种断句为准。
③ 参见姚磊《北大藏汉简〈赵正书〉释文补正》,《古籍整理研究学刊》2016年第1期。
④ (清)牛运震撰,崔凡芝校释:《空山堂史记评注校释》卷九,第502页。
⑤ (汉)司马迁撰,[日]泷川资言考证,杨海峥整理:《史记会注考证》卷八七,上海古籍出版社2015年版,第3330页。

曰：'囚安得上书！'"① 宫崎市定认为，李斯狱中上书不可能被政府的史官保存，这篇上书是后人托名创作的。② 这样的说法得到陈侃理的支持，他进一步认为李斯的奏言源自《赵正书》的某个抄本或同类的小说家言③。无论如何，正如凌稚隆所说，"李斯所谓七宗罪，乃自侈其极忠，反言以激二世耳。"④ 李斯自述的"七宗罪"完全是自陈其功，由此也表明了自己的忠心。

《李斯列传》中李斯自陈"七宗罪"时已身陷囹圄，是走向人生末途前的最后挣扎，但他仍然"自负其辩，有功，实无反心，幸得上书自陈，幸二世之寤而赦之"⑤。《赵正书》则在李斯自述"七宗罪"之后，又安排了更令人叹惋的第三次奏言。这次奏言是在李斯"且死"⑥之时：

> 斯且死，故曰："斯则死矣，见王之今从斯矣。虽然，遂出善言。臣闻之曰：变古乱常，不死必亡。今自夷宗族，坏其社稷（稷），燔其律令及古（故）世之臧（藏），所谓变古而乱常者也。王见病者乎？酒肉之恶，安能食乎？破国亡家，善言之恶，安能用乎？察（桀）豊（登）高智（知）其危矣，而不智（知）所以自安者；前据白刃自智（知）且死，而不智（知）所以自生者。夫逆天道而倍（背）其鬼神之神零福，威（灭）其先人及自夷宗族，坏其社稷（稷），燔其律令及中人之功力，而求更始者，王勉之矣。斯见其央（殃）今至矣。"

李斯的这次奏言自称为"善言"，不过却出口不善，一开始就诅咒秦二世会随他而去，措辞相当激烈。他警告秦二世"变古乱常，不死必亡"，历

---

① 《史记》卷八七《李斯列传》，第2561页。
② 宫崎市定：《史记李斯列伝を読む》，《東洋史研究》第35卷第4號，1977年3月，收入《宫崎市定全集》卷五，東京，岩波書店1999年版，第245—246页。
③ 陈侃理：《〈史记〉与〈赵正书〉——历史记忆的战争》，《中国史学》第26卷，2016年10月。
④ （汉）司马迁撰，[日]泷川资言考证，杨海峥整理：《史记会注考证》卷八七，第3330页。
⑤ 《史记》卷八七《李斯列传》，第2561页。牛运震以为此句"写李斯小人肺衷，委屈如见，亦正呆得可怜"。（牛运震撰，崔凡芝校释：《空山堂史记评注校释》卷九，第502页）
⑥ 《赵正书》中出现两处"斯且死"，此是指第二处。

数秦二世的种种过失，说他是"变古而乱常者"，虽未明言他会"不死必亡"，其实已暗含其意。所谓"酒肉之恶，安能食乎？破国亡家，善言之恶，安能用乎？"其实是告诉秦二世即使改正错误也为时已晚。李斯最后又重复强调了秦二世的过失，以"王勉之矣"的反语发泄自己的不满和冤屈，而末尾"斯见其央（殃）今至矣"一句已几近绝望。

李斯作为臣下，如此诅咒君王，按常理实在不可想象，从中我们可以读出李斯作为忠臣的愤恨。可以说，这是李斯在生死关头的最后一搏，他故意用语狠毒，以激二世。《吕氏春秋·至忠》说："至忠逆于耳，倒于心，非圣贤孰能听之？故贤主之所说，不肖主之所诛也。"① 李斯的奏言可谓"忠逆于耳，倒于心"，无奈二世并非贤主，李斯的至忠之言并没有让他幡然醒悟，虽然其后子婴又进谏劝说，仍然没有改变李斯被处死的命运。

这段陈词与上引《李斯列传》中李斯身居囹圄时的"仰天而叹"的文气十分类似。虽然二者语句基本没有相同之处，但均是发泄对秦二世的不满，用语都十分激烈。"仰天而叹"中李斯先直指秦二世为"不道之君"，又历数秦二世"夷其兄弟而自立"、"杀忠臣而贵贱人"、"作为阿房之宫，赋敛天下"的过错，末尾"吾必见寇至咸阳，麋鹿游于朝也"一句与《赵正书》第三次奏言末尾的"斯见其央（殃）今至矣"异曲同工，对秦二世已经几乎不抱什么希望。但是在《李斯列传》中，司马迁是在"仰天而叹"之后，才记录了李斯自陈"七宗罪"的狱中上书，行文安排与《赵正书》恰好相反。比较来看，李斯的"仰天而叹"比自陈"七宗罪"的上书措辞更激烈、感情更丰沛，如果单从文章营造的烘托效果来看，《赵正书》将李斯"且死"之语置于自陈"七宗罪"之后的安排无疑更胜一筹。②

另外值得注意的是，《李斯列传》中全文引录了李斯阿谀秦二世的督责之书，这也成为李斯"持爵禄之重，阿顺苟合"的最有力证据。而在《赵正书》中此事却只字未提。此前已有学者怀疑督责之书并非李斯之

---

① 许维遹撰，梁运华整理：《吕氏春秋集释》卷一一《至忠》，中华书局2009年版，第242—243页。

② 《赵正书》没有竹简遗失，内容基本完整。整理者对《赵正书》简册的编连顺序也得到了学界的一致认可。

作,而是后人为了贬低法家而伪造的。① 我们推想《赵正书》作者不采督责之书的原因有三,一是作者可能没有见过督责之书;二是见过督责之书,但以之为伪,故不取;三是督责之书为真,但因其与李斯忠臣形象不符,故不取。

由以上论述可见,如果我们抛开对历史真实的探究,只探讨作者的创作用意的话,《赵正书》的作者很显然是在告诫君主要听谏,为此而塑造了李斯的忠臣形象,以李斯的忠心,反衬秦二世的不听谏。而李斯的忠臣形象虽然与《李斯列传》不符,却很可能是当时社会的普遍看法。

《李斯列传》"太史公曰"中,司马迁已经明言"人皆以斯极忠",可见汉代人对李斯的主流看法也许是"极忠",但李斯却以"被五刑死"的悲惨结局收场,其冤屈不免令人同情。而在其余相关文献中,我们确实也可以看到汉代人对李斯忠臣形象的认同。

《史记·萧相国世家》记载萧何自污入狱,刘邦将萧何与李斯对比,说:"吾闻李斯相秦皇帝,有善归主,有恶自与。今相国多受贾竖金而为民请吾苑,以自媚于民,故系治之。"② "有善归主,有恶自与"的李斯,确实是忠臣模样。《史记·鲁仲连邹阳列传》又有"李斯竭忠,胡亥极刑"之句。③ 类似记载又见《法言·重黎》:

> 或问:"李斯尽忠,胡亥极刑,忠乎?"曰:"斯以留客至作相,用狂人之言,从浮大海,立赵高之邪说,废沙丘之正,阿意督责,焉用忠?"④

梁玉绳《史记志疑》:"《法言·重黎篇》有答或人李斯尽忠之问,当时盖有以为忠者,故邹阳曰'李斯竭忠'。"⑤ 梁玉绳亦以为汉代有人认为李斯是忠臣,而扬雄的说法应是受到了司马迁的影响,才以为李斯不忠。又《说苑·杂言》载:

---

① 安子毓:《李斯"督责之书"系伪作辨》,《史学月刊》2013年第7期。
② 《史记》卷五三《萧相国世家》,第2018页。
③ 《史记》卷八三《鲁仲连邹阳列传》,第2471页。
④ 汪荣宝撰,陈仲夫点校:《法言义疏》卷一五《重黎》,中华书局1987年版,第382页。
⑤ (清)梁玉绳:《史记志疑》卷三一,中华书局1981年版,第1322页。

> 太公一合于周，而侯七百岁。孙叔敖一合于楚，而封十世。大夫种存亡越而霸句践，赐死于前；李斯积功于秦，而卒被五刑。尽忠忧君，危身安国，其功一也，或以封侯而不绝，或以赐死而被刑，所慕所由异也。①

《说苑》将李斯与太公望、孙叔敖、大夫种并列，认为他们"尽忠忧君，危身安国，其功一也"，看来也是忠臣形象。

《李斯列传》中，赵高虽然希望找出"斯与子由谋反状"②，但从《李斯列传》所述李斯事迹来看，李斯根本没有谋反之心。李斯由一个上蔡布衣，凭借自己多年的努力，终于官居丞相，并协助秦始皇统一天下，人生可谓成功。而三十余年间，李斯家族亦在李斯经营之下权势显赫、枝叶硕茂。《李斯列传》说："斯长男由为三川守，诸男皆尚秦公主，女悉嫁秦诸公子。"李斯家族与秦始皇家族有紧密的联姻，李由又在秦的重郡任职。李由告归咸阳时，李斯置酒于家，"百官长皆前为寿，门廷车骑以千数"。③ 家族声势达到极盛。

李斯若不忠心，何必在秦国逐客时上书自陈？李斯若有谋反之心，沙丘之时可谓千载难逢的良机，李斯又何必与赵高合谋诈立胡亥？胡亥残杀自己的同胞公子和公主时，"相连坐者不可胜数"④，李斯的儿女必然会受到牵连，而李斯选择隐忍不发，其中或有其忠君观念的影响。而李斯入狱之时，李由仍身兼三川守之要职，处于镇压反秦义军的前线。若得知自己老父被囚，自己又受到无端审查，李由是否还会为保秦而力战也要打一个问号。通过李由抵抗至被反秦义军所杀一事来看，李由也没有谋反之心。

真实的李斯也许永远无法找回，但通过《赵正书》的记载，我们或许可以勾勒出与《李斯列传》大不相同的李斯脸谱。邢义田在《立体的历史——从图像看古代中国与域外文化》"自序"中说：

> 所谓立体的历史，是三度空间整体的历史画面，由（1）文字和

---

① （汉）刘向撰，向宗鲁校证：《说苑校证》卷一七《杂言》，中华书局1987年版，第410—411页。
② 《史记》卷八七《李斯列传》，第2561页。
③ 同上书，第2547页。
④ 同上书，第2552页。

非文字的材料、经（2）历史研究和写作者的手，传递给（3）读者，三者互动而后产生。历史研究和写作者生产并传递画面。读者心中能有怎样的历史画面，是否生动立体，一方面取决于读者自己，一方面也取决于生产和传递者的喜好、能力、训练、眼光以及据以建构的画面。①

无论《李斯列传》还是《赵正书》，它们的作者对李斯的描绘可谓"生动立体"，而对这"生动立体"的画面背后的历史事实的判定，当然要持审慎的态度。面对不同的历史记载，除了尽最大可能地还原历史真相外，我们还可以通过考察作者对历史素材的选取、编排，通过考察作者的观念和态度，来研究他们的历史观念。两千余年来，受司马迁的影响，李斯的忠臣形象日渐模糊在历史深处，而《赵正书》的出土为我们重新评判李斯，重新认识司马迁的笔法，重新思考汉代人的历史观念，提供了契机和可能。

（作者单位：中国社会科学院古代史研究所出土文献与中国古代文明研究协同创新中心。原载《古代文明》2018年第1期）

---

① 邢义田：《立体的历史——从图像看古代中国与域外文化》"自序"，生活·读书·新知三联书店2014年版，第2页。

北大汉简《赵正书》中的胡亥形象

——兼谈秦亡原因的不同历史解释

董家宁

《赵正书》收录于《北京大学藏西汉竹书》第三卷，主要记述了秦始皇第五次出巡回程途中生病、死亡到秦二世继位后诛杀诸公子大臣，直至秦亡国的历史过程，整理者认为其成书年代可能在西汉早期。[①]《赵正书》虽以赵正为名，但几乎所有记言记事都围绕胡亥进行，而文本群所塑造的胡亥形象与出土于湖南益阳兔子山遗址的"秦二世元年文告"中所塑造的胡亥形象不同，与《史记》《过秦论》等西汉形成的传世文献中的胡亥形象亦有明显差异。对《赵正书》中的人物形象进行研究的论文，现已有曾磊《试谈〈史记·李斯列传〉与〈赵正书〉对李斯形象的塑造》[②] 与姚磊《北大藏汉简〈赵正书〉中的秦始皇形象》[③] 两篇。除秦始皇与李斯之外，《赵正书》为我们提供了研究胡亥形象的宝贵资料。分析《赵正书》中的胡亥形象，有助于我们了解汉代人对于秦亡原因的不同认识。

[①] 北京大学出土文献研究所编：《北京大学藏西汉竹书（叁）》，上海古籍出版社2015年版，第187页。

[②] 曾磊：《试谈〈史记·李斯列传〉与〈赵正书〉对李斯形象的塑造》，《古代文明》2018年第1期。

[③] 姚磊：《北大藏汉简〈赵正书〉中的秦始皇形象》，《历史教学问题》2017年第1期。

一　胡亥继位的合法性

"一时代之学术，必有其新材料与新问题。取用此材料，以研求问题，则为此时代学术之新潮流。治学之士，得预此潮流者，谓之预流。其未得预者，谓之未入流，此古今学术史之通义。"①

陈寅恪曾提出"预流"之说，指出新材料和新问题对于学术研究的重要性。近年来"地不爱宝"，出土文献层出不穷，为历史研究者提供了新的机遇和挑战，出土文献研究一时成为"预流"之学问。《赵正书》的出现更是一时间掀起了学术界的普遍关注和研究热潮。究其原因，主要在于《赵正书》对胡亥继位合法性的确认，这与世人所熟知的"沙丘之谋"故事有着根本性的差异。

"沙丘之谋"来源于《史记》的记载。《史记》称秦始皇临终赐扶苏玺书"与丧会咸阳而葬"②，意在使长子扶苏继位，却被赵高、李斯密谋破去玺书，矫诏诈立胡亥。这一历史故事由于涉及帝国一、二代统治者的权力交递问题，且情节曲折离奇，又有秦二世而亡的命运作为底色，一直以来都是深受文人墨客和历史学者欢迎的素材。在不断的重复和加工中，"沙丘之谋"胡亥诈立，早已成为中国人难以动摇的历史认知。但是，学者对这一历史记载的真实性早已提出过质疑。宫崎市定认为李斯与赵高的这一密谋过程是"秘中之秘"，当场不应有第三人参与，事后当事人也不会将之泄露，因此司马迁无从得知如此详尽的过程，《史记》中的相关记载应当是后人的创作。③ 这一说法得到了陈侃理的支持，陈侃理进一步认为，最早提出胡亥不当立的是起兵反秦的楚人，刘邦集团作为反秦楚人的一支，自然接受了这个说法，使之成为描述秦末历史的官方版本，从中演绎出的"沙丘之谋"故事被司马迁录入《史记》，为世人所熟知。④ 反秦

---

① 陈寅恪:《陈垣敦煌劫余录序》，陈寅恪、陈美延《金明馆丛稿二编》，生活·读书·新知三联书店 2001 年版，第 266 页。
② 《史记》卷六《秦始皇本纪》，中华书局标点本 1982 年版，第 264 页。
③ 宮崎市定:《史記李斯列伝を読む》，《東洋史研究》第 35 卷第 4 號，1977 年 3 月，收入《宮崎市定全集》卷五，東京，岩波書店 1999 年版，第 247—248 页。
④ 陈侃理:《〈史记〉与〈赵正书〉——历史记忆的战争》，日本中国史学会编集《中国史学》第 26 卷，京都，朋友书店，2016 年 10 月，第 25—38 页。

楚人诈称公子扶苏与项燕，这一反秦政治宣传实际并无历史依据，在当时却能够深入人心。这一对于王朝继承人合法性问题的传言，被最终记录于史书，流传至今。《赵正书》则代表了另一种历史记忆。

《赵正书》的记载并非孤证。2013 年于湖南益阳兔子山遗址出土"秦二世元年诏书"时，就早已掀起过一波讨论的热潮。其文曰：

> 天下失始皇帝，皆遽恐悲哀甚，朕奉遗诏，今宗庙事及箸以明至治大功德者具矣，律令当除定者毕矣。元年与黔首更始，尽为解除流罪，今皆已下矣，朕将自抚天下【正】
>
> 吏、黔首，其具行事已，分县赋扰黔首，毋以细物苛劾县吏，亟布。以元年十月甲午下，十一月戊午到守府。【背】①

胡亥在这道诏书中自称"朕奉遗诏"，对继位的合法性加以强调。对于这一与《史记》的记事抵牾现象，多有学者讨论。孙家洲《兔子山遗址出土〈秦二世元年文书〉与〈史记〉纪事抵牾释解》② 一文代表了学界的主流观点，认为这道诏书不足以为胡亥正名，不能简单地以出土材料推翻《史记》的记载。胡亥的自我标榜当然不足以成为其继位合法性的依据，但这份材料的出现，提示我们胡亥继位合法性的问题仍然存在着讨论的空间。

在同属秦代官方文书的"秦二世元年诏版"上，我们可以看到这样的内容：

> 元年制诏丞相斯、去疾："法度量，尽始皇帝为之，皆有刻辞焉。今袭号而刻辞不称始皇帝，其于久远也，如后嗣为之者，不称成功盛德。刻此诏故刻左，使毋疑。"③

---

① 释文见湖南省文物考古研究所、益阳市文物处《湖南益阳兔子山遗址九号井发掘简报》，《文物》2016 年第 5 期，第 43 页。

② 孙家洲：《兔子山遗址出土〈秦二世元年文书〉与〈史记〉纪事抵牾释解》，《湖南大学学报（社会科学版）》2015 年第 3 期。

③ 孙慰祖、徐谷富：《秦汉金文汇编》，上海书店出版社 1997 年版，第 38 页，图版 38—39。

"秦二世刻石"亦有类似内容:

> 皇帝曰:"金石刻尽始皇帝所为也。今袭号而金石刻辞不称始皇帝,其于久远也,如后嗣为之者,不称成功盛德。"丞相臣斯、臣去疾、御史大夫臣德昧死言:"臣请具刻诏书刻石,因明白矣。臣昧死请。"制曰:"可。"①

二者应当是同一道诏书在不同器物上的体现。这道诏书表面意在申明秦始皇的名号,使始皇功绩得以为后世确认,实际上却是二世为了显示自身正统性所做的努力。

关于秦始皇的真实想法,在《史记》中,我们可以找到一些线索。《史记》卷六《秦始皇本纪》载:

> 始皇长子扶苏谏曰:"天下初定,远方黔首未集,诸生皆诵法孔子,今上皆重法绳之,臣恐天下不安。唯上察之。"始皇怒,使扶苏北监蒙恬于上郡。②

> 三十七年十月癸丑,始皇出游。左丞相斯从,右丞相去疾守。少子胡亥爱慕请从,上许之。③

《史记》卷八七《李斯列传》也有相似的记载:

> 始皇三十七年十月,行出游会稽,并海上,北抵琅邪。丞相斯、中车府令赵高兼行符玺令事,皆从。始皇有二十余子,长子扶苏以数直谏上,上使监兵上郡,蒙恬为将。少子胡亥爱,请从,上许之。余子莫从。④

---

① 《史记》卷六《秦始皇本纪》,第267页。
② 同上书,第258页。
③ 同上书,第260页。
④ 《史记》卷八七《李斯列传》,第2547页。

从以上记载中可以看到，秦始皇被扶苏激怒，将其发配至上郡监兵，而胡亥在秦始皇最后一次巡游时被带在身边。通过这一远一近的对比，可以窥见秦始皇的内心。

吕思勉指出，在秦始皇决定让扶苏监军上郡之时，就表明了扶苏不会被立为继承人："案古大子皆不将兵。使将兵，即为有意废立，晋献公之于申生是也。扶苏之不立，盖决于监军上郡之时。"① 早在春秋时期，楚大臣申无宇即告诫楚王："五大不在边，五细不在庭。"② 关于"五大"所指，孔颖达疏引贾逵曰："五大，谓大子、母弟、贵宠公子、公孙、累世正卿也。"③ 此五类人位高权重，居边易反叛，秦始皇必然懂得这个道理。将扶苏发往上郡，这一方面表明扶苏并无足以使秦始皇感到威胁的实力；另一方面，也可以说秦始皇并无让扶苏继位的考虑。

而考察秦始皇三十七年巡游的历史背景，在《秦始皇本纪》中我们可以看到，三十六年，求仙屡屡碰壁的秦始皇接连面对"始皇帝死而地分"、"今年祖龙死"的谣言和诅咒，希求长生的他内心迷茫慌乱，卜得"游徙吉"，遂于三十七年岁首即匆忙出游。在《赵正书》中，这次出游更是被赋予"变气易命"的重要意义。帝王巡游具有明显的政治色彩，此次出游又带有非比寻常的意味，是重大的政治行动。子嗣甚多的秦始皇却唯独将胡亥带在身边，不能忽视其意在培养继承人的可能性。

在《史记》卷八八《蒙恬列传》中，蒙毅的一段话可以为秦始皇的立嗣想法提供佐证：

> 以臣不能得先主之意，则臣少宦，顺幸没世，可谓知意矣。以臣不知太子之能，则太子独从，周旋天下，去诸公子绝远，臣无所疑矣。夫先主之举用太子，数年之积也，臣乃何言之敢谏，何虑之敢谋！④

蒙毅将胡亥"去诸公子绝远"的有利处境和秦始皇"举用太子，数年之

---

① 吕思勉：《秦汉史》，上海古籍出版社2005年版，第20页。
② （晋）杜预注，（唐）孔颖达正义：《春秋左传正义》卷四五，（清）阮元校刻《十三经注疏》，中华书局1980年版，第2061页。
③ 同上。
④ 《史记》卷八八《蒙恬列传》，第2568页。

积"的想法表达了出来,虽然不排除其临死前为自己争取生存机会而有意言之的可能性,但其言真实的可能性不应当被我们忽略。已有学者注意到这一问题,雷依群指出,扶苏与秦始皇在政治理念和统治思想上有较大分歧,秦始皇强调法治,而扶苏深受儒家思想影响。① 这或许是扶苏除"数直谏上"外,不受父亲喜爱的更深层原因。而胡亥自幼受到法家教育,与儒学精神距离甚远。对秦二世的知识构成,王子今指出:"相关传说不闻于儒学经典而'闻之韩子','有所闻于韩子',提示我们秦二世起始于早期教育的法家学说知识积累的长久,而于'《诗》《书》百家语'文化体系则相对无知。"② 胡亥与秦始皇具有相同的政治理念,这可以为秦始皇立胡亥为继承人提供一个关键理由。

贾谊《过秦论》与《史记》是同样形成于西汉的文献,且被《史记》卷六《秦始皇本纪》收入,其文曰:

> 今秦二世立,天下莫不引领而观其政……向使二世有庸主之行而任忠贤,臣主一心而忧海内之患,缟素而正先帝之过……二世不行此术,而重以无道……贵为天子,富有四海,身在于戮者,正之非也。是二世之过也。③

> 秦王足己而不问,遂过而不变。二世受之,因而不改,暴虐以重祸。子婴孤立无亲,危弱无辅。三主之惑,终身不悟,亡不亦宜乎?④

在贾谊的论述中,直接将胡亥放在秦的帝王世系里进行讨论,称之为"二世",且言秦王之过,"二世受之",毫无认为胡亥不当立的痕迹。《过秦论》意在"过秦",如若贾谊认同胡亥通过篡位得到权力,实际并无此资格,这应当可以作为"过秦"的一重证据。但即使是这样一篇意图明确的文论,也并未对胡亥继位的合法性提出任何质疑。可见,胡亥诈立之

---

① 雷依群:《论扶苏不得立为太子》,《咸阳师范学院学报》2014 年第 5 期。
② 王子今:《秦二世胡亥童年故事及相关问题》,《人文杂志》2010 年第 4 期。
③ (汉)贾谊撰,阎振益、钟夏校注:《新书校注》,中华书局 2000 年版,第 14—15 页。
④ 同上书,第 16 页。

事在汉代并未成为普遍、共同的历史认知。汉代人对于这一问题的不同认识，或许可以反映更深层的问题。

《史记》中，最早提出胡亥不当立的陈胜、吴广在密谋时有"吾闻二世少子也，不当立，当立者乃公子扶苏"①之语，以胡亥的幼子身份作为不当立的理由，以扶苏的长子身份作为其当立的依据，这也成为最广为人们所接受的判断标准。有学者注意到《史记》的这段历史记载中"当立"、"不当立"的表述："若扶苏已拥有法定继承人的地位，陈胜当直谓胡亥篡位，何需纠缠于'当立'、'不当立'的推测？"②这启发我们以此为契机，发现更加深入的问题。

实际上，秦国并未严格地实行宗法制，这表现为，秦国的君位不一定传给嫡长子，君位继承是不分嫡庶的。据林剑鸣在《秦史稿》中的统计：

> 总计自襄公建国以后，至穆公以前，共九代国君：襄公、文公、宪公、出子、武公、德公、宣公、成公、穆公。计兄终弟继者三人（德公、成公、穆公），以次子立者一人（襄公），以孙立者二人（宪公、出子），不明嫡庶者一人（文公）。以长子身份继位者仅二人（武公系宪公长子，宣公系德公长子）。就是到了穆公以后，秦国的君位继承，也无定制。如躁公卒，立其弟怀公，灵公卒，子献公不得立，随后由简公、惠公、出子继位，最后才立献公。可见，嫡长子继承制在秦并未成为定制。③

林剑鸣通过统计秦国九代国君的继位情况，发现在九代君主中，以长子身份继位者仅仅两人，所占比例非常小，从而得出秦并不奉行嫡长子继承制的结论，具有很强的说服力。"立嫡以长不以贤，立子以贵不以长"④，嫡长子继承制起源于商末，确立于周初，有着悠久的历史，是宗法制中最基本的一项原则。然而从西周末年起，礼崩乐坏，许多制度一时间受到挑战，难以存续。秦国于春秋时期发展起来，其制度本就与西周制度相异，

---

① 《史记》卷四八《陈涉世家》，第1950页。
② 安子毓：《〈史记〉所载秦二世史事辨疑》，《形象史学研究》2015年上半年，第164页。
③ 林剑鸣：《秦史稿》，上海人民出版社1981年版，第99页。
④ （汉）郑玄注，（唐）贾公彦疏：《周礼注疏》卷二四《大卜》，（清）阮元校刻《十三经注疏》，中华书局1980年版，第803页。

此外还做了许多破除宗法制度的努力,如不设嫡长子、重用宗族以外的人才、以军功爵制取代世卿世禄等等。因此,我们不能因为扶苏的长子身份,就认为他具有更高的继承权。此外,前文已经论及,赵高、李斯的沙丘密谋应是严格保密的,其内容不会流出。陈胜、吴广密谋的情境与此类似,其内容亦是秘密,不会为外人所知晓。《史记》中的密谋之语,应是司马迁基于在汉代有着重要地位且历史悠久的嫡长子继承制传统而设计的,或是直接采用了在汉代社会流传的秦亡传言中的一种,却忽视了秦、汉异俗,给看似天衣无缝的"胡亥诈立"之说留下了漏洞。

藤田胜久在分析陈胜、吴广借扶苏、项燕之名进行政治宣传的逻辑时认为,扶苏的母亲是楚国人,扶苏与楚国具有血缘联系,且因昌平君护送扶苏母亲入秦,又在秦灭楚时反叛秦国,与项燕联手抗秦,因此陈胜、吴广将扶苏与楚将项燕并举,成为楚人反秦宣传的旗帜。① 这一分析得到李开元的认可:"藤田先生的推测,是基于战国以来秦楚两国非常密切而复杂的关系做出来的,有相当的合理性。特别是藤田先生找到昌平君这个人物,由此将扶苏、项燕和隐藏在其背后的楚夫人连接起来,这就不仅解通了陈胜吴广起义将扶苏和项燕同时并举,将他们作为号召楚国民众的精神领袖的疑难,同时也为破解扶苏自杀之谜打开了一条新的通道。"② 可以推测,楚人陈胜、吴广正是因扶苏的楚国血统,才选择托扶苏之名进行起义,谎称扶苏当立,并将胡亥的少子身份作为不当立的借口,以对楚国民众起到更好的煽动效果。扶苏的楚国血统成为问题的关键。在楚人起义反秦的背景下,这一阐释逻辑显然比上文已经讨论过的,以扶苏的长子身份为"当立"理由,更能解释得通。陈胜和吴广想不到的是,自己的政治宣传竟会被刘邦集团所接受,并最终记录于《史记》,成为解释秦末历史的官方版本。广为世人接受的"沙丘之谋"故事与"胡亥诈立"之说,由此而诞生了。

《赵正书》完整记录了胡亥的继位过程,它的出现,又为我们探求胡亥继位合法性的真相提供了新的材料。《赵正书》记录了秦始皇临终诏李斯、冯去疾商议立嗣之事。在秦始皇"其议所立"的要求之下,有如下记载:

---

① 藤田勝久:《項羽と劉邦の時代:秦漢帝国興亡史》,東京,講談社2006年版,第80—83頁。
② 李开元:《秦始皇的秘密》,中华书局2009年版,第158页。

赵正流涕而谓斯曰："吾非疑子也，子，吾忠臣也，其讋（议）所立。"丞相臣斯、御史臣去疾昧死顿首言曰："今道远而诏期窘（窘），臣恐大臣之有谋，请立子胡亥为代后。"王曰："可。"①

以《赵正书》的记载来看，秦始皇于柏人病重，其地去咸阳绝远，在始皇"病即大甚，而不能前"的身体情况下，立嗣之事确实十分紧迫，"恐大臣之有谋"的担忧不是没有道理。这种情况下，将此次出游中跟随父亲左右的幼子胡亥立为继承人，实在是最为合适的选择。

此段首先载录了秦始皇的命令，其后又载李斯、冯去疾的奏请，最后以"王曰：'可。'"作为秦始皇的批答。这似乎是对汉代诏书第二品格式的有意模仿②，意在增加这一决策的正式性和可信度，将胡亥继位的合法性确立下来。实际上，在秦始皇下达"其议所立"的命令之前，曾数次强调对"吾子之孤弱"的忧虑，这或许可以视作始皇对李斯、冯去疾二人的暗示。有学者已经注意到，简文中的"孤弱"所指十分明确，长子扶苏内有声望，外有蒙恬为援，而胡亥年少无依，秦始皇此语看似"民主"，实际上是在运用法家之"术"，明确表达了令胡亥继位的意愿。③ 秦始皇一生雄才大略，对于立嗣这样关系到自己一手建立的帝国命运之大事，他不可能没有自己的打算。临终"其议所立"之举，与其说是讨论

---

① 北京大学出土文献研究所编：《北京大学藏西汉竹书（叁）》，第190页。释文原作："赵正流涕而谓斯曰：'吾非疑子也，子，吾忠臣也，其（议）所立。'丞相臣斯、御史臣去疾昧死顿首言曰：'今道远而诏期窘（辈）臣，恐大臣之有谋，请立子胡亥为代后。'王曰：'可。'"整理者将"窘"视作"辈"的通假字，又言，一说"窘"或为"窘"之异体字，意为"紧迫"［参看北京大学出土文献研究所编《北京大学藏西汉竹书（叁）》，第190页注9］，两相对比，可见第二种释读方法更为合理，此处采纳并重新断句。

② 蔡邕《独断》卷上记载汉代诏书第二品的格式为："群臣有所奏请，尚书令奏之，下有'制曰'，天子答之曰'可。'"正与此处格式相符。此处未言"制曰可"，而以"王曰可"代之。这一诏书格式曾在《史记》所载秦始皇议帝号诏、秦始皇焚书诏、秦二世刻石诏中使用，在居延汉简"元康五年诏书"、肩水金关汉简"永始三年诏书"等其他汉代出土文献材料中亦有使用。参看马怡《汉代诏书之三品》，北京大学中国古代史研究中心编《田余庆先生九十华诞颂寿论文集》，中华书局2014年版，第65—83页；代国玺《汉代公文形态新探》，《中国史研究》2015年第2期，第23—49页；曾磊《秦始皇"议帝号"诏评议》，《西安财经学院学报》2016年第4期，第123—129页，修订版收入《秦统一的进程与意义》，中国社会科学出版社2017年版，第160—175页。

③ 姚磊：《北大藏汉简〈赵正书〉中的秦始皇形象》，《历史教学问题》2017年第1期，第51页。

继承权的归属问题，不如说是意在考验大臣的忠诚。在《赵正书》的记载之中，胡亥的继承人身份，实在应当是秦始皇早有打算而钦定的。

"秦二世元年诏书"之后，《赵正书》的出现，将关于胡亥继位合法性的讨论再一次推向热烈，它为我们讨论这一问题提供了一个旁证，但这一旁证是否有力，是广受争议的问题。其关键在于《赵正书》具有怎样的性质，是否具备作为可靠史料使用的资格。

二 《赵正书》的体例与性质

《赵正书》全文计千余字，记述了从秦始皇出巡回程途中病重与李斯、冯去疾商议继承人人选问题，继而病死，胡亥继位，诛杀诸公子大臣，任用赵高，变古乱常，直至秦亡国的一系列历史过程。全文结构完整，以记言为主，在历史叙述的过程中大篇幅收录了李斯、子婴的谏言。而对于所谏对象胡亥的反应，则只言"秦王胡亥弗听"，且反复达四次之多。《赵正书》末句有著者曰："胡亥所谓不听閒（谏）者也，立四年而身死国亡。"① 整理者认为，本句是著者的评论，和《左传》的"君子曰"有相似之处。②《赵正书》先列谏言，再以"秦王胡亥弗听"作为结语，这应当就是该文本的体例。除"秦王胡亥弗听"之外，文本中亦存在多处文句重复，重合率高，并集中出现。如下引文段：

> 即杀其兄夫（扶）胥（苏）、中尉恬。大敄（赦）罪人，而免隶臣高以为郎中令。

> 秦王胡亥弗听，遂行其意，杀其兄夫（扶）胥（苏）、中尉恬，立高为郎中令。

> 秦王胡亥弗听，而遂杀斯。

> 秦王胡亥弗听，遂杀斯。

---

① 北京大学出土文献研究所编：《北京大学藏西汉竹书（叁）》，第194页。
② 同上，注1。

秦王胡亥弗听，遂行其意，杀丞相斯，立高，使行丞相、御史之事。①

"杀其兄夫（扶）胥（苏）、中尉恬，立高为郎中令（而免隶臣高以为郎中令）"出现两次；"秦王胡亥弗听"出现四次，后三次都伴随"遂杀斯"（"杀丞相斯"）出现，且在整理者的释文之中，三次作为段末句，表明一层文意的结束。事实上，若将倒数第二段重新划分，从段中"秦王胡亥弗听，遂杀斯"后断开，亦可通。即言"秦王胡亥弗听"在《赵正书》文本中，可以被看作是文意划分的标志。这或许是由于著者在选择与编排材料的时候，并未对原始材料进行有效的筛选，抑或是有意对文章结构做了这样的设计。

整理者指出，"这种以记言为主，注重'以史为鉴'的文体，与战国时期流行的'语'类古书相似"②，陈侃理认为，《赵正书》主要记言，辅以记事，是"事语"类的文献③。章学诚《文史通义》有言："古人未尝离事而言理。"④ 楚庄王教育太子，申叔时推荐的课程中就有《语》，他说："教之《语》，使明其德，而知先王之务，用明德于民也。"⑤ 使用语类文献进行教育，使受教育者认识历史的兴亡之道，吸取教训，为政治统治提供经验，是惯用的做法。《赵正书》使用秦始皇病重直至秦亡国的这一段历史材料，大篇幅记录谏言，辅以小段对历史过程的叙述，在每段谏言后以"秦王胡亥弗听"作为结尾，并在最后写明"胡亥所谓不听闻（谏）者也，立四年而身死国亡"，申明虚心纳谏的重要性，这符合事语类文献的典型模式。不可否认的是，事语类文献的编写意图在于阐明道理，而非照录历史。《赵正书》中的胡亥故事是作为一个历史教训而出现

---

① 北京大学出土文献研究所编：《北京大学藏西汉竹书（叁）》，第190—193页。
② 同上书，第187页。
③ 陈侃理：《〈史记〉与〈赵正书〉——历史记忆的战争》，日本中国史学会编《中国史学》第26卷，第25—38页。
④ （清）章学诚著，叶瑛校注：《文史通义校注》卷一《易教上》，中华书局1985年版，第1页。
⑤ 徐元诰撰，王树民、沈长云点校：《国语集解·楚语上》（修订本），中华书局2002年版，第485—486页。

的，胡亥拒纳谏言，最终导致了"身死国亡"的悲惨结局。《赵正书》的事语类文献性质，成为一些学者认为其中的记载并不可靠的主要原因。

另有学者提出，《赵正书》的内容属于子说杂记，托以论证的类型，具有小说家言的性质。[①] 这似乎说明《赵正书》不足以作为可靠史料，无法代表历史的真实面貌。然而司马迁在撰写《史记》的过程中，"网罗天下放失旧闻"[②]，且意欲"成一家之言"[③]，即完成以《春秋》之义为核心，"由孔子制定、经公羊家阐释、又经《史记》进一步论述的汉家治国理民之道"[④]。如此看来，《赵正书》的史料价值虽不能与作为正史的《史记》同日而语，但在一定程度上，两者仍有相通之处。《赵正书》作为汉代人留下的直接记录，其所具有的价值不应被我们轻视。面对不同的历史记载，与其简单地进行取舍，不如两相比照，相互权衡，为厘清历史记忆的差异与历史记录的发展与变化源流提供可能。

我们在《赵正书》中看到的记载与《史记》记事多有抵牾，这主要集中体现于胡亥形象构建的差异，以及在此基础上，对秦亡原因的不同理解与记录。这种差异的出现对历史研究者提出了新的问题，在对差异的研究之中，我们可以看到不同历史记忆或传承至今或消失散佚的不同命运。《史记》等传世文献在漫长的流传过程中难以保证始终保持原貌，而《赵正书》的面世，则代表着当时人对于秦亡历史更为直接的认识和记录，这为历史研究者提供了宝贵的新材料与新思路。

三 胡亥的自主性与"赵高傅胡亥"

在《赵正书》中，几乎所有的记言记事都围绕胡亥进行，但对胡亥行为的直接记述仅有以下寥寥数句：

> 王死而胡亥立，即杀其兄夫（扶）胥（苏）、中尉恬。大赦

---

① 陈侃理：《〈史记〉与〈赵正书〉——历史记忆的战争》，日本中国史学会编集《中国史学》第26卷，第25—38页。
② 《史记》卷一三〇《太史公自序》，第3319页。
③ 同上。
④ 陈苏镇：《司马迁"成一家之言"新解》，北京大学中国古代史研究中心编《田余庆先生九十华诞颂寿论文集》，中华书局2014年版，第56页。

（赦）罪人，而免隶臣高以为郎中令。因夷其宗族，撅（坏）其社袯（稷），燔其律令及古（故）世之臧（藏）。有（又）欲起属车万乘以扶（抚）天下，曰："且与天下更始。"

秦王胡亥弗听，遂行其意，杀其兄夫（扶）胥（苏）、中尉恬，立高为郎中令，出斿（遊）天下。

后三年，有（又）欲杀丞相斯。

秦王胡亥弗听，而遂杀斯。

秦王胡亥弗听，遂杀斯。

秦王胡亥弗听，遂行其意，杀丞相斯，立高，使行丞相、御史之事。未能冬（终）其年，而果杀胡亥。①

在李斯、子婴的谏言中，又有对胡亥行为的间接记述：

内自夷宗族，诛群忠臣，而立无莭（节）行之人。

今自夷宗族，坏其社袯（稷），燔其律令及古（故）世之臧（藏），所谓变古而乱常者也。

咸（灭）其先人及自夷宗族，坏其社袯（稷），燔其律令及中人之功力，而求更始者，王勉之矣。

夫变俗而易法令，诛群忠臣，而立无莭（节）行之人，使以法从（纵）其约（欲），而行不乂于天下臣。②

---

① 北京大学出土文献研究所编：《北京大学藏西汉竹书（叁）》，第190—193页。
② 同上书，第191、193页。

上文已经指出，《赵正书》在对胡亥行为的记述中，出现了大面积的文句重复问题。经过梳理，胡亥的行为主要集中在"杀其兄夫（扶）胥（苏）、中尉恬"、"立高为郎中令"、"出斿（遊）天下"、"秦王胡亥弗听，遂杀斯"、"自夷宗族"、"诛群忠臣"、"立无莭（节）行之人"、"坏其社稷（稷）"、"燔其律令及古（故）世之臧（藏）"等几个方面。总结而言，《赵正书》中的胡亥，是一位拒纳谏言，做出一系列变古乱常的错误行为的君主。虽然行为失当，但这与《史记》中所构建的智力低下、昏庸无能的胡亥形象存在很大差异。

但无论是胡亥的合法继承人身份，还是拒纳谏言变古乱常的行为，《赵正书》所构建的这一胡亥形象，与《史记》中的胡亥相比，大大突出了其自主性的特征。在《史记》当中，因以胡亥继位为赵高矫诏所诈立，且二人之间存在着"赵高故尝教胡亥书及狱律令法事，胡亥私幸之"[①] 的师生关系，故将胡亥与赵高十分密切地捆绑在一起，将胡亥塑造成赵高的"傀儡"形象。而这种捆绑关系因《赵正书》中对胡亥继位合法性的确认而受到挑战，变得不再那么密切。同样是二世巡游天下之事，在《赵正书》中以"有（又）欲起属车万乘以扶（抚）天下，曰：'且与天下更始'"的记述，只言胡亥自身的想法和行为，并未提及赵高，而在《史记》中，则将之置于"二世与赵高谋"这一情境之下："二世与赵高谋曰：'朕年少，初即位，黔首未集附。先帝巡行郡县，以示强，威服海内。今晏然不巡行，即见弱，毋以臣畜天下。'"[②] 这一对比，凸显了《史记》中二人的紧密捆绑现象。由此可见，对于史书中体现的对胡亥与赵高关系的刻板认识，我们应作重新考虑。

不可否认的是，由于二人之间确实存在师生关系，胡亥的行为是一定会或多或少地受到赵高影响的。在贾谊的《治安策》中，将之作为健全保傅制度的反面参照：

> 夫三代之所以长久者，以其辅翼太子有此具也。及秦而不然。其俗固非贵辞让也，所上者告讦也；固非贵礼义也，所上者刑罚也。使赵高傅胡亥而教之狱，所习者非斩劓人，则夷人之三族也。故胡亥今

[①] 《史记》卷六《秦始皇本纪》，第264页。
[②] 同上书，第267页。

日即位而明日射人，忠谏者谓之诽谤，深计者谓之妖言，其视杀人若艾草菅然。岂惟胡亥之性恶哉？彼其所以道之者非其理故也。①

汉初重视太子教育，这应与胡亥亡秦的失败教训有关。"保傅制度在西汉前期因高层执政者的特殊重视得以健全，不能说与贾谊就秦二世教训提出的警告和发表的建议没有关系。"②

在后世史书中，胡亥与赵高故事也成为保傅制度的反面典型：

> 损者，赵高傅胡亥，教以刑戮斩劓及夷人族，逐去正人，不得见善士，谄佞谗贼者为其左右。左右邪，胡亥僻，秦祚之所以短促也。③

> 彼赵高者，诈宦之戮人也，而傅之以残忍戕贼之术，且日恣睢天下以为贵，莫见其面以为尊。是以天下之人人未尽愚，而胡亥固已不能分兽畜矣。赵高之威慑天下，而胡亥固已自幽于深宫矣。④

> 秦之胡亥，用赵高作傅，教以刑法，及其嗣位，诛功臣，杀亲族，酷暴不已，旋踵而亡。故知人之善恶，诚由近习。⑤

可见，《史记》中的这处历史记载，被后世史书反复加工及使用，在不断重申中变得愈发确凿和可信，胡亥与赵高的捆绑关系也变得愈发紧密。在这一过程中，胡亥的自主性渐渐无法体现，其形象变得愈发傀儡化与标签化。反观以《赵正书》为代表的历史记忆，则如一小股水流汇入流淌不息的历史长河中，终于变得悄无声息。而胡亥的真实形象，应当只保留在秦与西汉的原始材料之中了。

---

① 《汉书》卷四八《贾谊传》，中华书局标点本1962年版，第2251页。
② 王子今：《秦二世胡亥童年故事及相关问题》，《人文杂志》2010年第4期。
③ 《魏书》卷六二《李彪传》，中华书局标点本1974年版，第1384页。
④ 《旧唐书》卷一六六《元稹传》，中华书局标点本1975年版，第4329页。
⑤ （唐）吴兢撰，谢保成集校：《贞观政要集校》卷四《论尊师父》，中华书局2009年版，第203页。

四　余论

　　秦汉之际的历史大转折在汉代引起了广泛关注,汉人多言秦事,这一现象在汉初尤为突出。汉政权建立伊始,刘邦即与陆贾讨论"秦所以失天下"①的原因。至文帝朝,文帝仍多次与大臣探讨秦亡原因。秦王朝显赫一时,却瞬间倾覆,这对经历了整个过程的汉初人士造成了强烈的冲击。总结秦亡教训,可以为汉朝统治者提供有效的借鉴。因此,汉初文论多言秦事,秦亡原因一时众说纷纭。陆贾《新语》即是在刘邦"试为我著秦所以失天下,吾所以得之者何"②的要求下而作。陆贾认为,"秦以刑罚为巢,故有覆巢破卵之患;以李斯、赵高为杖,故有顿仆跌伤之祸"③,秦重刑轻德,用人不当,因此速亡。此外,陆贾还提出,秦穷兵黩武,秦王骄奢昏庸,也是秦亡的原因。陆贾之后,张释之、贾山等人也对此作了讨论,认为"秦王贪狼暴虐,残贼天下,穷困万民,以适其欲"④是秦亡的主要原因。

　　之后,贾谊作《过秦论》,将秦亡原因归纳为"仁义不施而攻守之势异也"⑤,并认为秦始皇完成统一后施行了错误的政策,二世因之不改,子婴未能救亡扶倾。司马迁将《过秦论》全文收入《史记》,表明对贾谊观点的认同。此外,伍被、晁错、主父偃等人,皆有以秦亡原因进行讽谏的历史表演,对秦亡原因提出了各自不同的解释。

　　《赵正书》的出现,为我们呈现了汉代人对秦亡原因的另一种历史解释。《赵正书》的作者认为,秦亡的原因主要在于胡亥拒纳谏言,一意孤行。这一历史解释的出现,与以往的记载都不同,应该引起我们的重视。汉代人以秦亡原因为依托,将之进行不同角度的解读,或严格尊重历史事实,或将之进行阐发和加工,形成文论,以此表达自己的政治主张,或行进谏。对秦亡原因所做的不同历史解释,与解释者的立场与时代需要息息

---

① 《史记》卷九七《郦生陆贾列传》,第2699页。
② 同上。
③ (汉)陆贾著,王利器校注:《新语校注》卷上《辅政》,中华书局2012年版,第51页。
④ 《汉书》卷五一《贾山传》,第2332页。
⑤ 《史记》卷六《秦始皇本纪》,第282页。

相关。这或许可以为历史研究者提供新的思路，增益我们对于秦汉历史的理解。

（作者单位：中国人民大学国学院。原载《简帛研究》二〇一九·春夏卷，收入本书时有所修订）

睡虎地秦简文本复原二题

王 伟

简牍出土时多已散乱，根据简文、简牍形制、简牍出土位置等信息复原简册原有编序，可以使研究建立在更可靠的基础之上。从出土简牍所属时代的"丞相、御史律令"，到出土简牍中我们所见到的某种意义上的法律文本，其间可能经历了不止一次、不同性质的转抄或摘抄，从出土简牍逆推其形成过程和文本性质，有助于深入了解不同性质的简牍法律文本在研究中的优势和缺陷。本文尝试对睡虎地秦简文本复原中《秦律十八种》的条文编联和《法律答问》的简册原貌与文本性质两个问题进行讨论，不当之处，请大家指教。

一 《秦律十八种》的条文编联

睡虎地秦简整理者采用综合考察简文与竹简出土位置的方法对简册编序加以复原："在整理过程中，尽可能将已折断的简缀合复原，并根据文句衔接情况和出土位置编排。不能这样确定编排次序的，按内容性质试排。"① 对于整理者所完成之成果，学界一般评价甚高，但籾山明先生有如下的述评：

> 从简上残存的编缀痕迹可知，这些竹简原本是几卷册书，这是毫无疑问的。但是，在出土的时候，编绳已断，即呈散乱的状态。于

---

① 睡虎地秦墓竹简整理小组：《睡虎地秦墓竹简》，文物出版社1990年版，第3页。

是，中国方面的整理工作，首先是从复原1150余支竹简本来的编联入手的。这项工作大概是按照如下程序进行的，其方法即：先根据出土位置将所有的竹简大致分为甲～辛八组，接着测量竹简的长度，考察其记载形式、记载内容等，再细分各组；然后，该分类的分类，应缀合的缀合。……若这样来看，则整理者所分的十类（拟定名称是否合适另论）大致可以获得首肯，根据这样的分类是没有什么大问题的。但是，可以作为根据的仅此而已，至于再深入各类简内部之前后关系，除根据记载形式自然而然所确定的一部分之外，什么线索也没有，已经刊行文本的分类所采用的排列方式一步也没有超出假说的范围。①

籾山明先生认为整理本的编序复原"一步也没有超出假说的范围"。因整理者未完整公布睡虎地秦简的出土位置信息，所以我们无从验证其编序复原是否合理，无从验证整理本是否仅仅是整理者根据自己的理解而提出的"假说"。但是，根据现有资料可以看出，整理者的编序复原工作可能确实存在一些疑问，《秦律十八种》中属于同一篇的条文是否集中排在一起即是疑问之一。整理者在《秦律十八种·说明》中指出：

《秦律十八种》发现于墓主躯体右侧，共二百零一支简。律文的每条末尾都记有律名或律名的简称。原简已经散乱。《十八种》的《效》的部分和同墓出土的《效律》的一部分相同，加以对照，可知《十八种》中的《效》原来是集中排的。因此，整理时对《十八种》的其它各类法律的条文，都按照集中排的方法加以排列。②

由上述表述，不难看出，《秦律十八种》中属于同一篇的条文是否为集中排列不能从其自身的简文和出土位置获得证明，整理者是在将单独的《效律》与《秦律十八种·效》加以比对之后，才得出《秦律十八种》中属于同一篇的条文都是集中排列的结论。整理者怎样将二者加以比对而得出上述结论，我们不得而知。但从常理分析，如果《效律》中与《秦律十八种·效》

---

① ［日］籾山明：《中国古代诉讼制度研究》，李力译，上海古籍出版社2010年版，第11页。
② 睡虎地秦墓竹简整理小组：《睡虎地秦墓竹简》，第19页。

共有的条文分散于《效律》简册的不同位置的话显然无法得出上述结论，只有《效律》中与《秦律十八种·效》共有的条文是集中排列在一起时才能得出上述结论。但是，整理者在《效律·说明》中又有如下表述：

> 《秦律十八种》中也有《效》，互相对照，知道《十八种》只是摘录了《效律》的中间一部分。这一部分，由于有两种简本，简的次序可以准确排定。①

这似乎又说明，仅从《效律》自身的简文和出土位置并不能确定其与《秦律十八种·效》共有的条文的编序，那么，又怎么能确定其与《秦律十八种·效》共有的条文是集中排列在《效律》中呢？

上述疑问，显然只有在睡虎地秦简的出土位置信息公布之后才有可能加以回答，以下仅仅尝试从简文出发对《秦律十八种》的条文编联加以讨论。

（一）《秦律十八种》简 184、185 的编联

讨论《秦律十八种》的条文编联，可以从其中一条《行书》条文谈起。

> 《秦律十八种》简 184、185：行传书、受书，必书其起及到日月夙莫（暮），以辄相报殹（也）。书有亡者，亟告官。隶臣妾老弱及不可诚仁者勿 184 令。书廷辟有日报，宜到不来者，追之。行书 185 ②

关于"书廷辟"，整理者注释："廷辟，疑指郡县衙署关于征召的文书。"译文："征召文书上写明须急到的，该人已应来到而没有到达，应加追查。"③ 其他学者则有一些不同认识。④ 何四维先生认为简 184 与简 185 不

---

① 睡虎地秦墓竹简整理小组：《睡虎地秦墓竹简》，第 69 页。
② 同上书，第 61 页。
③ 同上。
④ 如孙晓春、陈维礼先生认为："书廷"两字应该连读，廷为迋字之误，书迋即发出的文书。辟是标明、署明的意思。（孙晓春、陈维礼：《〈睡虎地秦墓竹简〉译注商兑》，《史学集刊》1985 年第 2 期）夏利亚先生则怀疑"书廷辟"之意如张家山汉简《二年律令》简 276 中的"狱辟书"，"书廷辟"即廷理治的狱讼文书。（夏利亚：《秦简文字集释》，博士学位论文，华东师范大学，2011 年，第 218 页）

应连读，将此条译为：

> When forwarding documents by the courier service and receiving documents, be sure to write day and month, morning or evening of their despatch and their arrival, in order to acknowledge immediately. When documents are lost, the office is to be quickly informed. Bond-servants and bond-women, who are old and weak, as well as those who are not trustworthy must not be…When written orders and summonses by the office say: "Report", persons who should have arrived but who have not come, should be traced. ①

我们认为，何四维先生的意见是正确的，简 185 应读为：

> 令书、廷辟有曰报，宜到不来者，追之。行书

以下尝试对何四维先生的意见加以补证。

睡虎地秦简中未见"令书"，但多见"命书"，如《秦律十八种》简 183 有"行命书及书署急者，辄行之"，《秦律杂抄》简 4 有"为（伪）听命书，法（废）弗行，耐为侯（候）"，《秦律杂抄》简 18 有"非岁红（功）及毋（无）命书，敢为它器，工师及丞赀各二甲"，《为吏之道》简 11 有"命书时会"。② "命书"与可能存在的与之并列的"令书"的含义，虽然还不能完全说清楚，但却可以尝试从以下两个角度进行理解。

其一，众所周知，秦始皇称皇帝时，改"命为'制'，令为'诏'"③，故始皇称帝前的王者之言至少应有"命"与"令"两种形式。如果睡虎地秦简中的"命书"是指前者的话，那么后者是不是可以顺理成章地称为"令书"呢？

其二，张家山汉简《二年律令》简 122—124："有罪当完城旦舂、鬼

---

① A. F. P. HULSEWÉ, *Remnants of Ch'in Law: An Annotated Translation of the Ch'in Legal and Administrative Rules of the 3rd Century B. C. Discovered in Yün-meng Prefecture, Hu-pei Province*, in 1975, BRILL, 1985, p. 86.

② 睡虎地秦墓竹简整理小组：《睡虎地秦墓竹简》，第 61、80、84、170 页。

③ 《史记》卷六《秦始皇本纪》，中华书局标点本 1982 年版，第 236 页。

新(薪)白粲以上而亡,以其罪命之;耐隶臣妾罪以下,论令出会之。其以亡为罪,当完城旦舂、鬼新(薪)白粲以上不得者,亦以其罪论命之。"① 可知,与罪刑轻重对应,有"命"与"令"之别。传世文献与出土简牍中多见的"亡命"、"命者"即与前者相关,如睡虎地秦简《封诊式·□捕》简17、18:

> 爰书:男子甲缚诣男子丙,辞曰:"甲故士五(伍),居某里,迺四月中盗牛,去亡以命。丙坐贼人□命。自昼甲见丙阴市庸中,而捕以来自出。甲毋(无)它坐。"②

《□捕》中的甲"盗牛"应处以黥为城旦舂③;丙如为"贼伤人"据《二年律令》简25应处以黥为城旦舂,如为"贼杀人"据《二年律令》简21应处以弃市。无论如何,甲、丙之罪皆与《二年律令》简122—124中的"命"相合。睡虎地秦简《法律答问》简60:"廷行事有罪当迁,已断已令,未行而死若亡,其所包当诣迁所"④,有"迁"罪而云"已断已令",亦与《二年律令·具律》简122—124中的"令"相合。如果睡虎地秦简中的"命书"是与"命"相关的文书的话,那么与"令"相关的文书是不是也可以顺理成章地称为"令书"呢?

上述两种"命"与"令"中,"命"、"令"之间的区别都是显而易见的。虽然我们无从判断简185中的"令书"究竟对应上述两种"命"与"令"中的哪一种,也不知道在上述两种"命"与"令"之外是否还

---

① 彭浩、陈伟、[日]工藤元男主编:《二年律令与奏谳书——张家山二四七号汉墓出土法律文献释读》,上海古籍出版社2007年版,第141页。

② 睡虎地秦墓竹简整理小组:《睡虎地秦墓竹简》,第150页。

③ 张建国先生早已指出,据睡虎地秦简《法律答问》简5、简6、简29和张家山汉简《奏谳书》案例十七中讲因"谋盗牛"而被处以黥为城旦,可以推断牛价超过660钱,盗一牛(过660钱)应处以黥为城旦。(张建国:《"盗马者死盗牛者加"是秦法吗》,《法学杂志》1998年第4期,收入张建国《帝国时代的中国法》,法律出版社1999年版,第272、273页)此外,尚有可对张说加以补充之例证。其一,睡虎地秦简《效律》简60:"人户、马牛一以上为大误。"《法律答问》简209:"何如为'大误'?人户、马牛及诸货财值过六百六十钱为'大误',其它为小。"可知,"马牛一以上"与"值过六百六十钱"同为"大误",则盗牛与盗赃"过六百六十钱"亦应处以同样刑罚。

④ 睡虎地秦墓竹简整理小组:《睡虎地秦墓竹简》,第107页。

存在别的"命"与"令",但由"命"、"令"之别推想存在与"命书"相对的"令书",应该是有相当大的合理性的。

而且,幸运的是,我们在最近公布的里耶秦简中发现了有关"令书"的简文:

卅五年八月丁巳朔己未,启陵乡守狐敢言之:廷下令书曰取鲛鱼与Ⅰ山今卢(鲈)鱼献之。问津吏徒莫智(知)。·问智(知)此鱼者具署Ⅱ物色,以书言。·问之启陵乡吏、黔首、官徒,莫智(知)。敢言之。·户Ⅲ 8-769 曹。Ⅰ

八月□□□邮人□以来。/□发。狐手。Ⅱ 8-769 背①

虽然我们对此简中"令书"的含义仍然不能做出十分确切的解读,但显然,此"令书"为迁陵县廷向启陵乡下达的一种行政文书,"令书"作为秦帝国行政中的一种文书的存在是确切无疑的。

虽然同样不十分清楚其内涵,但将《秦律十八种》简 185 的"廷辟"理解为司法活动中的一种文书应该也没有问题。除了《二年律令》简 276 中的"狱辟书"之外,《二年律令·具律》简 93 中还有"鞫(鞠)狱故纵、不直,及诊、报辟故弗穷审者,死罪,斩左止(趾)为城旦,它各以其罪论之"的简文,而《奏谳书》案例一八中也有"好畤辟韱有鞫"的记载。②虽然仍然不能据此对"廷辟"的含义做出确切解读,但视"辟"为官方的一种司法行为,视"廷辟"为"廷"下发的关于"辟"的文书,应该是没有疑问的。

以上对《秦律十八种》简 185 中"令书廷辟"的文义提出了新解。如果此解可以成立的话,简 184 与简 185 就不能连读,而是应该析分为两个条文。但是,这样析分之后,简 185 自身文义完足,毫无问题,在《秦律十八种》中却找不到可以与简 184 连读的简,这无疑表明简 184 后存在缺简。那么,简 184 后存在缺简这一事实,对《秦律十八种》其他

---

① 陈伟主编,何有祖、鲁家亮、凡国栋撰著:《里耶秦简牍校释(第一卷)》,武汉大学出版社 2012 年版,第 222 页。

② 彭浩、陈伟、[日]工藤元男主编:《二年律令与奏谳书——张家山二四七号汉墓出土法律文献释读》,第 205、128、364 页。

条文的编联来说，又意味着什么呢？

（二）《秦律十八种》的条文编联

《秦律十八种》共有201支简，原简册编组已经散乱，整理者将其编联为约110个条文。整理者整理出的这些条文，除了简104—107与简114这一不能算是例外的"例外"之外①，都是无缺简的完整条文。由此，在我们头脑中形成了一个印象：《秦律十八种》现存201支简是约110个条文的完整留存，其中不存在缺简。这一印象成为我们的先入之见之后，使得我们很少会去怀疑《秦律十八种》是否存在条文编联问题，有时即便发现两简之间的简文衔接存在问题，也常会因"《秦律十八种》不存在缺简"这一先见而自行否定条文编联问题的存在，转而尝试从简文书写错误的角度对其加以解释。简文中有时确实存在书写错误，但简文是古人留下的客观事实，而条文编联则是后人主观认识的产物。虽然睡虎地秦简的整理者都是学养深厚的大家，但整理者当时可以看到的秦汉简牍资料有限，我们现在可以看到更多的资料，有可能对整理者的成果加以修正和补充。所以，当两简之间的简文衔接存在问题时，我们首先应对其条文编联加以检核，只有在确认条文编联没有疑问时才能考虑是否存在简文书写错误。

如果上文对简184与简185的析分可以成立的话，"《秦律十八种》不存在缺简"这一先见便必须祛除。排除这一先见的限制而重新审视《秦律十八种》各条文的编联，便会发现以下一些可能存在的问题。

其一，《仓律》简55、56

> 简55：城旦之垣及它事而劳与垣等者，旦半夕参；其守署及为

---

① 简104—107组成一个条文，简107仅存简上部，内文结束于第一道编痕下方约3厘米处，内文后有明显的留白，却未见篇名。简114上残，仅存第二道编痕以下部分，仅存的"均工"二字大致位于第二道编痕稍下方的位置。因为简112出现了"均工"、简113出现了"均"的篇名，可以推断简114的"均工"亦应为篇名。整理者虽然并未直接将简104—107与简114编联为一个条文，但在简104—107的注释中指出，"本条律名残失，从内容看应属《工律》，但下《均工》中仅存律名的残简也有可能缀于此条之末"，而所谓"《均工》中仅存律名的残简"就是指简114。如果将简114缀于简104—107之末的话，那么这唯一可能的"例外"实际上却又并非"例外"。

它事者，参食之。其病者，称议食之，令吏主。城旦

简56：舂、舂司寇、白粲操土攻（功），参食之；不操土攻（功），以律食之。仓①

整理者将简55、56编联为一个条文，但简55最末的"城旦"与简56的"舂、舂司寇、白粲"显然不能连读。简55中的"城旦"为男性，简56中的"舂、舂司寇、白粲"皆为女性。一般来说，不同性别的人从事同样的劳役，本来就不应获得同样数量的食物。这在睡虎地秦简中可以找到不少例证。如《仓律》简49—51规定："隶臣妾其从事公，隶臣月禾二石，隶妾一石半……小城旦、隶臣作者，月禾一石半石；未能作者，月禾一石。小妾、舂作者，月禾一石二斗半斗；未能作者，月禾一石……隶臣田者，以二月月稟二石半石，到九月尽而止其半石。舂，月一石半石。"《仓律》简59则规定："免隶臣妾、隶臣妾垣及为它事与垣等者，食男子旦半夕参，女子参。"除了"未能作"的"小城旦、隶臣"与"小妾、舂"皆为"月禾一石"外，男性与女性都是同劳异食的。②既然简55、56两简衔接处的简文无法连读，将其析分为两个条文应是更为合理的选择。

其二，简90—93

简90：受（授）衣者，夏衣以四月尽六月稟之，冬衣以九月尽十一月稟之，过时者勿稟。后计冬衣来年。囚有寒者为褐衣。

简91—93：为櫜（縑）布一，用枲三斤。为褐以稟衣：大褐一，用枲十八斤，直（值）六十钱；中褐一，用枲十四斤，直（值）卌六钱；小褐一，用枲十一斤，直（值）卌六钱。已稟衣，有余褐十以上，输大内，与计偕。都官有用□□□□其官，隶臣妾、舂城旦毋用。在咸阳者致其衣大内，在它县者致衣从事之县。县、大内皆听其官致，以律稟衣。　金布③

---

① 睡虎地秦墓竹简整理小组：《睡虎地秦墓竹简》，第33页。
② 韩树峰先生已发现简55、56中存在问题，但认为简55最后的"城旦"为衍文。（韩树峰：《秦汉徒刑散论》，《历史研究》2005年第3期）
③ 睡虎地秦墓竹简整理小组：《睡虎地秦墓竹简》，第41页。

整理者将简 90—93 编联为一个条文，但简 91—93 自身文义完足，简 90 与简 91—93 文义上的联系不足以确定其属同一条文，整理者的编联没有必然性。当然，本文并不是一定要否定整理者对于简 90—93 的编联方案。而只是想指出，在整理者的编联方案之外，还有别的可能性存在。

其三，简 145、146

> 毋令居赀赎责（债）将城旦舂。城旦司寇不足以将，令隶臣妾将。居赀赎责（债）当与城旦舂作者，及城旦傅坚、145
>
> 城旦舂当将司者，廿人，城旦司寇一人将。司寇不足，免城旦劳三岁以上者，以为城旦司寇。　司空 146 ①

简 146 自身文义完足，简 145 与简 146 文义上的联系不足以确定其属同一条文，整理者的编联同样没有必然性。

其四，简 151、152

> 百姓有母及同牲（生）为隶妾，非适（谪）罪殹（也）而欲为冗边五岁，毋赏（偿）兴日，以免一人为庶人，许之。·或 151
>
> 赎署（迁），欲入钱者，日八钱。　司空 152 ②

简 151 最后的"·或"，并非仅能与简 152 连读，而是可以与不止一个条文的首简连读，整理者的编联没有必然性。③ 简 152 文义似乎并不完整。众所周知，赎迁是一种对应"金八两"的财产刑，而非对应一定劳役日数的劳役刑，很难理解为什么赎迁要根据日数入钱。故此简前很可能存在上接简。

以上所举诸例中，有的条文的编联次序的改变，会对文义产生重大影响，这无疑应该引起我们的足够重视。有的条文的编联次序的改变，对文义影响很小甚至完全没有影响，但也会改变我们对相关条文外在形式的认

---

① 睡虎地秦墓竹简整理小组：《睡虎地秦墓竹简》，第 53 页。
② 同上书，第 54 页。
③ 类似的还有简 137 最后的"·凡"，也是可以与不止一个条文的首简连读。但简 133—137 与简 138—140 之间的文义联系较为密切，故整理者的编联较有说服力。

知，也不应等闲视之。

二 《法律答问》的简册原貌与文本性质

（一）《法律答问》的简册原貌

睡虎地秦简《法律答问》，位于墓主颈右，按其在棺内堆放的位置，被编为丙组简。① 《法律答问》共有 210 支简，其一般书写方式是：一条书写完毕后，不待写满一简，即另起一简书写下一条。根据这种书写方式，整理者将其编为 187 个条文。②

整理者指出，"从《法律答问》的内容范围看，《答问》所解释的是秦法律中的主体部分，即刑法。据《晋书·刑法志》和《唐律疏议》等书，商鞅制定的秦法系以李悝《法经》为蓝本，分《盗》、《贼》、《囚》、《捕》、《杂》、《具》六篇。《答问》解释的范围，与这六篇大体相符。由于竹简已经散乱，整理时就按六篇的次第试加排列"。③ 也就是说，《法律答问》整理本中各条文的排列，是整理者根据其对各条文内容的理解而"按六篇的次第"进行的。这样处理，其优点在于，同类条文排列在一起，在一定程度上有助于读者理解《法律答问》的内容；其缺点则在于，这样排列与《法律答问》简册的原有编序未必相符，无疑又会限制读者对《法律答问》之内容与形式的理解。因《云梦睡虎地秦墓》未完整公布各组简的出土位置图，故同样无法根据各简的具体出土位置判定《法律答问》原有编序是否是"按六篇的次第"排列，而只能从其书写形式来考察其原有编序。

《法律答问》中存在将复数问答书写在同一条文中的情况。有时将复数问答以"｜"或"·"分隔，有时并无分隔符号（为醒目起见，本文将无分隔符号的复数问答以"‖"分隔）。书写在同一条文中的复数问答，既有内容存在关联者，如：

---

① 实际上，《法律答问》简中还包括 18 枚乙组简、1 枚辛组简。《云梦睡虎地秦墓》编写组：《云梦睡虎地秦墓》，文物出版社 1981 年版，第 82—86 页。
② 睡虎地秦墓竹简整理小组：《睡虎地秦墓竹简》，第 93 页。本节所言《法律答问》的条文，不是法律条文意义上的条文，也不是从内容加以区分的单位，而是指以另简书写的外在形式加以区分的单位。
③ 睡虎地秦墓竹简整理小组：《睡虎地秦墓竹简》，第 93 页。

《法律答问》简 95："辞者辞廷。"·今郡守为廷不为？为殹（也）。｜"辞者不先辞官长、啬夫。"｜可（何）谓"官长"？可（何）谓"啬夫"？命都官曰"长"，县曰"啬夫"。①

《法律答问》简 117：当耐司寇而以耐隶臣诬人，可（何）论？当耐为隶臣。｜当耐为侯（候）罪诬人，可（何）论？当耐为司寇。②

也有其内容是否相关不好断言者，如：

《法律答问》简 20、21：律曰"与盗同法"，有（又）曰"与同罪"，此二物其同居、典、伍当坐之？云"与同罪"，云"反其罪"者，弗当坐。·人奴妾盗其主之父母，为盗主，且不为？同居者为盗主，不同居不为盗主。③

《法律答问》简 35、36：士五（伍）甲盗，以得时直（值）臧（赃），臧（赃）直（值）百一十，吏弗直（值），狱鞫乃直（值）臧（赃），臧（赃）直（值）过六百六十，黥甲为城旦，问甲及吏可（何）论？甲当耐为隶臣，吏为失刑罪。‖甲有罪，吏智（知）而端重若轻之，论可（何）殹（也）？为不直。④

《法律答问》简 74：人奴妾治（笞）子，子以肤（胅）死，黥颜頯，畀主。｜相与斗，交伤，皆论不殹（也）？交论。⑤

还有其内容完全无关者，如：

《法律答问》简 47：甲告乙盗牛，今乙盗羊，不盗牛，问可（何）论？为告不审。｜赀盾不直，可（何）论？赀盾。⑥

《法律答问》简 48：当赀盾，没钱五千而失之，可（何）论？

---

① 睡虎地秦墓竹简整理小组：《睡虎地秦墓竹简》，第 116 页。
② 同上书，第 121 页。
③ 同上书，第 98 页。
④ 同上书，第 102 页。
⑤ 同上书，第 110 页。
⑥ 同上书，第 104 页。

当诤。┃告人曰邦亡，未出徼阑亡，告不审，论可（何）殴（也）？为告黥城旦不审。①

《法律答问》简 75：臣强与主奸，可（何）论？比殴主。┃斗折脊项骨，可（何）论？比折支（肢）。②

《法律答问》简 179："者（诸）侯客来者，以火炎其衡厄（轭）。"炎之可（何）？当者（诸）侯不治骚马，骚马虫皆丽衡厄（轭）鞅韅辕軸，是以炎之。·可（何）谓"亡券而害"？·亡校券右为害。③

《法律答问》简 108：可（何）谓"家罪"？父子同居，杀伤父臣妾、畜产及盗之，父已死，或告，勿听，是胃（谓）"家罪"。‖有收当耐未断，以当刑隶臣罪诬告人，是谓"当刑隶臣"。④

书写在同一条文中的不同问答，其内容尚且可以完全无关。那么，书写在原本前后接续的两个条文中的两个问答，其内容当然更可能完全无关。由此可以断定，至少《法律答问》的部分条文并非是按照某种内容类型来划分和排列的。"按六篇的次第"排列的整理本，与《法律答问》的原有编序至少不会完全相合。因此，《法律答问》原有编序仍是有待研究的问题。⑤

整理者在《云梦睡虎地秦墓》一书中曾经指出，《法律答问》简"从出土情况看，原来可能也是成卷入葬的"⑥，但并未指明其是否本为一卷。从《睡虎地秦墓竹简》一书所载整理本来看，整理者无疑是将 210 枚《法律答问》简作为一个整体来处理。但从《云梦睡虎地秦墓》图一五《M11 棺内竹简等出土情况平面图》⑦（下称"《出土情况图》"）所显示的

---

① 睡虎地秦墓竹简整理小组：《睡虎地秦墓竹简》，第 104 页。
② 同上书，第 111 页。
③ 同上书，第 135 页。
④ 同上书，第 119 页。
⑤ 需要指出的是，整理者的初衷仅是"按六篇的次第试加排列"，本来就没有试图复原《法律答问》的原有编序。这一做法，与不公布各简的具体出土位置一样，有可以理解的历史的原因，本不必苛责。但也必须同时指出，如果以苛责前人的态度看，整理本显然对可能存在重大意义的竹简出土位置信息重视不足，可能造成《法律答问》简册原貌被人为遮蔽的后果。
⑥ 《云梦睡虎地秦墓》编写组：《云梦睡虎地秦墓》，第 18 页。
⑦ 同上书，第 13 页。

丙组简分布状态看，这一做法并非完全没有疑义。《出土情况图》中并未特别明确地标出丙组简（即《法律答问》简）的分布范围。但仔细观察，可以发现以下事实：实际上，丙组简并非完全位于墓主颈右，而是位于墓主头颈部至腰部的右侧，其方向与墓主人身体平行，丙组简的右上方为乙组简、正下方为丁组简，丙组简与乙组简之间的界限并不特别明确，但与丁组简之间界限明确。一般来说，《出土情况图》中标注的表示丙组简的"丙"字应大致位于丙组简纵向分布范围的中心，如果确实是这样，那么从"丙"字到丙组简的最下方的长度应为丙组简纵向分布范围的长度的一半，据此可知丙组简纵向分布范围的长度约为55.1厘米。而《法律答问》简的长度约为25.5厘米。① 由此可见，丙组简纵向分布范围的长度超过了《法律答问》简简长的一倍。呈如此分布状态的丙组简，原本可能为一卷，但也完全可能为两卷：墓主人颈部右侧的一卷（《出土情况图》中"丙"字以上的部分）与墓主人胸部右侧的一卷（《出土情况图》中"丙"字以下的部分）。从《出土情况图》来看，丙组简的随机变动好像并不太大；而从210枚《法律答问》简的保存情况来看，这些简保存较好，残断者很少，包含两简以上的条文中也不存在缺简。那么，似乎很难想象，原本为一卷而且又保存较好的《法律答问》简册，会因随机变动而呈现出如《出土情况图》中丙组简那样的分布状态。其实，只要对《法律答问》中包含两简以上的条文的出土位置进行考察，就可以对210枚《法律答问》简原本究竟是一卷还是两卷作出较为可靠的回答，但《云梦睡虎地秦墓》一书仅公布了每枚简的出土编号而未公布每枚简的具体出土位置，无法根据出土位置判定《法律答问》简的分卷情况。故《法律答问》简原本究竟是一卷还是两卷，仍是有待研究的问题。即使210枚《法律答问》简同属一卷，但有时同属一卷的简册却未必有单一的文本性质。譬如，睡虎地秦简《为吏之道》卷末抄有"魏户律"与"魏奔命律"，而尹湾汉简《武库永始四年兵车器集簿》中也抄有性质不同的文句。② 而如上所述，《法律答问》原有编序不明，故其是否有单一的文本性质，也是有待研究的问题。

---

① 《云梦睡虎地秦墓》编写组：《云梦睡虎地秦墓》，第12页。
② 睡虎地秦墓竹简整理小组：《睡虎地秦墓竹简》，第174、175页。连云港市博物馆等：《尹湾汉墓简牍》，中华书局1997年版，第105、118页。

上述两个问题目前显然还不能作出回答，所以，本文以下对《法律答问》文本性质的讨论，不得不建立在下述假设的基础上：所有的《法律答问》简皆属同一文本，这一文本有单一的文本性质。

（二）《法律答问》文本性质诸说述评

关于《法律答问》的文本性质，学界主要有以下几种观点。

1. "具有法律效力的法律解释"说

整理者认为，《法律答问》"多采用问答形式，对秦律某些条文、术语以及律文的意图作出明确解释。……秦自商鞅变法，实行'权制独断于君'，主张由国君制订统一政令和设置官吏统一解释法令。本篇决不会是私人对法律的任意解释，在当时应具有法律效力"。① 这一意见为学界通说。陈公柔先生对此说作了进一步的发挥："《法律答问》乃由掌握执法权利的机构或人员，以答问的形式对法律上的某些条文的解释。在某种意义上讲，可以看做是对条文的补充，而与条文有同等的法律效力。……须由中央一级的衙署来制定。《答问》中的诠释，必须是出自御史及丞相处之法官，而以御史处之法官最有可能。"②

2. "秦律说"说

李学勤先生认为，《法律答问》"类似汉世的'律说'，或可称之为'秦律说'"。③

3. "学吏教材"说

张金光先生认为，"《法律答问》是对律文的解释……答问之内容主要为量刑加减"，睡虎地秦简除"《编年记》之外，其它9种计有《语书》、《秦律十八种》、《效律》、《秦律杂抄》、《法律答问》、《封诊式》、《为吏之道》、《日书》甲乙两种，全部切关吏事，应系研习吏事比较完备的材料，乃作教材之用"。④

---

① 睡虎地秦墓竹简整理小组：《睡虎地秦墓竹简》，第93页。
② 陈公柔：《云梦秦墓出土〈法律答问〉简册考述》，《燕京学报》新二期，1996年，收入陈公柔《先秦两汉考古学论丛》，文物出版社2005年版，第179页。
③ 李学勤：《云梦睡虎地秦简概述》，《文物》1976年第5期，收入李学勤《简帛佚籍与学史术》，江西教育出版社2001年版，第193页。
④ 张金光：《论秦汉的学吏教材——睡虎地秦简为训吏教材说》，《文史哲》2003年第6期。

4. "职务指南"说

大庭脩先生认为，《法律答问》中的一部分条文是关于律正文中某种术语含义的问答，性质类似于汉代的律说；另一部分条文可能是比律的正文更复杂的案件"可论（如何论处）"和判断的问答，类似于唐律的问答。[①] 籾山明先生认为，《法律答问》中的问答包括特定用语的概念规定与律无规定时的判断，前者的目的在于正确解释律，后者则是针对疑罪之律的适用例，这些问答"一定在司法官吏的审判实践中被参照执行过"，"都是为执行职务而不可缺少的指南"。[②]

5. "法官私家解释"说

张伯元先生认为，《法律答问》中法律解释的主要内容是司法实践中的私家解释，可能是如《商君书·定分》所言之吏民问法的记录。从目前见到的《法律答问》并无系统的组织结构来看，也许就是针对实际的具体问题来做出解答而造成的。《法律答问》中两种或两种以上的不同解释并列共存，是其非官方法律文件的佐证之一。法官有解释法律的权力，但不能对法律有丝毫改动；法官解释有其权威性，但又不是国家明令颁布的文件。[③]

以《法律答问》是否具有法律效力，可将上述五种观点分为以下三类。

第一类是"具有法律效力的法律解释"说、"学吏教材"说与"职务指南"说。"学吏教材"与"职务指南"说，实际上都以"具有法律效力的法律解释"说为基础，其潜藏的逻辑是：《法律答问》因其内容为具有法律效力的法律解释而成为学吏教材或职务指南。此类观点皆认定《法律答问》具有法律效力，故与《法律答问》中"一问二答"现象的存在产生矛盾。

《法律答问》中有不少"一问二答"之例，如：

《法律答问》简38、39：告人盗百一十，问盗百，告者可（何）

---

① ［日］大庭脩：《秦汉法制史研究》，林剑鸣等译，上海人民出版社1991年版，第49页。
② ［日］籾山明：《中国古代诉讼制度研究》，李力译，第20—22页。
③ 张伯元：《〈法律答问〉与"秦律说"》，张伯元《出土法律文献研究》，商务印书馆2005年版，第237、238、240页。

论？当赀二甲。盗百，即端盗驾（加）十钱，问告者可（何）论？当赀一盾。赀一盾应律，虽然，廷行事以不审论，赀二甲。①

《法律答问》简66：求盗追捕罪人，罪人挌（格）杀求盗，问杀人者为贼杀人，且斲（斗）杀？斲（斗）杀人，廷行事为贼。②

《法律答问》简162："毋敢履锦履。""履锦履"之状可（何）如？律所谓者，以丝杂织履，履有文，乃为"锦履"，以锦缦履不为，然而行事比焉。③

《法律答问》简8：司寇盗百一十钱，先自告，可论？当耐为隶臣，或曰赀二甲。④

《法律答问》简44：甲告乙盗牛，今乙贼伤人，非盗牛殹，问甲当论不当？不当论，亦不当购；或曰为告不审。⑤

《法律答问》简122：甲有完城旦罪，未断，今甲疕，问甲可以论？当迁疕所处之；或曰当迁迁所定杀。⑥

《法律答问》简196：可（何）谓"署人"、"更人"？耤（藉）牢有六署，囚道一署籧，所道籧者命曰"署人"，其它皆为"更人"；或曰守囚即"更人"殹（也），原者"署人"殹（也）。⑦

上引各例中，前三例中两种不同的答案有"律"与"廷行事"（或"行事"）之别，姑不论。而后四例，或对同一语词解读出两种不同的含义，或对于同一案件事实提供两种不同的处罚方案。虽然任何法律都可能存在矛盾之处或空白点，都不会是完美的，但如果《法律答问》是"具有法律效力的法律解释"的话，"一问二答"的存在，就意味着《法律答问》的作者是在故意给出两种不同的法律解释，这样的法律解释如果具有了法律效力，无疑会导致同罪异罚和法律适用的混乱。也就是说，"一问二答"的答问，与法律解释的效力特征存在矛盾。

---

① 睡虎地秦墓竹简整理小组：《睡虎地秦墓竹简》，第102页。
② 同上书，第109页。
③ 同上书，第131页。
④ 同上书，第95页。
⑤ 同上书，第103页。
⑥ 同上书，第122页。
⑦ 同上书，第140页。

第二类是"法官私家解释"说。此说注意到《法律答问》中存在"一问二答"现象，并试图以"法官私家解释"之说弥合"一问二答"与"法官解释"的"权威性"之间的矛盾。但此说既承认"法官私家解释"具有"权威性"，又认为"法官私家解释"可以对相关问题作出"一问二答"，显然无法自圆其说。而且，此说对史料的解读也过于随意。譬如，其认为《法律答问》是"如《商君书·定分》所言的吏民问法的记录"。但《商君书·定分》载：

> 公问于公孙鞅曰："法令以当时立之者，明旦欲使天下之吏民，皆明知而用之如一而无私，奈何？"公孙鞅曰："为法令置官吏，朴足以知法令之谓者，以为天下正……主法令之吏有迁徙物故，辄使学者读法令所谓，为之程序，使数日而知法令之所谓……诸官吏及民有问法令之所谓于主法令之吏，皆各以其故所欲问之法令明告之。各为尺六寸之符，书明年月日时所问法令之名，以告吏民。"①

可见，《商君书·定分》所记"吏民"可以向"主法令之吏"询问"法令之所谓"，其目的是要使"吏民"对于法律"皆明知而用之如一而无私"，而绝不会允许"主法令之吏"对同一问题作出两种不同的私家解释。此外，曾经"学读法令所谓"的"主法令之吏"同样不可能对同一问题故意给出两种不同的法律解释。

第三类是"秦律说"说。此说并未对《法律答问》是否具有法律效力作出明确回答。《晋书·刑法志》载，对于汉律令，"后人生意，各为章句。叔孙宣、郭令卿、马融、郑玄诸儒章句十有余家，家数十万言。凡断罪所当由用者，合二万六千二百七十二条，七百七十三万二千二百余言，言数益繁，览者益难。天子于是下诏，但用郑氏章句，不得杂用余家"。② 汉代的律说，皆为私家注律，似乎本无所谓法律效力；但各家律注后来都成为"断狱所当由用"者，似乎又存在法律效力；再后来，只有"郑氏章句"可以使用而具有法律效力，"余家"则"不得杂用"而并无法律效力。由此可见，汉律说本身的性质仍有待认定，"秦律说"究

---

① 高亨：《商君书注释》，中华书局1974年版，第185、186页。
② 《晋书》卷三〇，中华书局标点本1974年版，第923页。

竟与汉世的哪种律说类似呢？而且，秦代"以吏为师"，吏所传授的法律知识是否允许私人的"家法"存在于其中？这些无疑都是此说无法回避的问题。

由此可见，上述关于《法律答问》文本性质的几种观点都难以完全令人信服。那么，究竟应如何判定《法律答问》的文本性质呢？

（三）从内容来源看《法律答问》的文本性质

欲判定《法律答问》的文本性质，需要解决以下三个环节的问题。首先，需要对《法律答问》各条问答进行认真分析，理解各条问答文字背后的法律原理。其次，需要对不同类型的问答加以分类，分析其可能的内容来源。最后，对不同类型、不同内容来源的问答加以综合分析，由此最终判定《法律答问》的文本性质。如果先说结论的话，本文认为，《法律答问》是睡虎地十一号秦墓墓主喜在学习治狱、实际治狱、从军等活动中的法律知识笔记。以下试述其理由。

1. 《法律答问》的内容来源之一："法律解释"

籾山明先生将《法律答问》中的问答区分为两种类型。其一是特定用语的概念规定，其目的在于正确解释律，是汉代被称为"律说"的律之注解的先例。其二是律无规定时的判断，包括在正文不完全的情况下作出的判断［如《法律答问》简148"'百姓有责（债），勿敢擅强质，擅强质及和受质者，皆赀二甲。'廷行事强质人者论，鼠（予）者不论；和受质者，鼠（予）者□论"］和在正文全部缺失的情况下作出的判断［如《法律答问》简81"或与人斗，缚而尽拔其须麋（眉），论可（何）殹（也）？当完城旦"］，是针对疑罪之律的适用例。①

籾山明先生的上述论述我们在相当程度上是同意的，即《法律答问》中部分问答可能是在法律对于相关问题没有规定的情况下对法律空白或难以理解的部分以"法律解释"的形式加以规定或解释，可以看成是"法律解释"。我们并不否认睡虎地秦简时代可能存在对法律的解释，也不否认《法律答问》中的一些内容可能是抄自这种"法律解释"。但"法律解释"是与法律相对应的现代法学概念，睡虎地秦简时代如果存在"法律解释"（尤其是籾山明先生所说的第二种类型的"法律解释"），是否会以

---

① ［日］籾山明：《中国古代诉讼制度研究》，李力译，第20—23页。

律令诏之外的律注的形式出现颇有疑问。睡虎地秦简时代的法律如果存在漏洞，恐怕也不会是以律注的形式加以弥补，而仍然是以君主发布的律令诏的形式出现，因为秦汉时期的立法权完全属于君主。所以，《法律答问》中的问答即使对原有法律来说起到了解释概念、弥补漏洞的作用，也仍然应该是源自君主制定的律令诏，而其作者也完全可能是在学习治狱、实际治狱等活动中了解到这些内容，并将其作为法律知识来抄录。也就是说，相关条文的"法律解释"的内容来源与其法律知识笔记的存在形式之间并无矛盾。

"法律解释"可能是《法律答问》的内容来源之一，但"法律解释"绝非《法律答问》的唯一内容来源。

2.《法律答问》的内容来源之二："学吏教材"

并非所有《法律答问》都是在法律对于相关问题没有规定的情况下对空白部分以"法律解释"来加以规定。

我们先来看《法律答问》简40、41。

《法律答问》简40：告人盗千钱，问盗六百七十，告者可（何）论？毋论。①

《法律答问》简41：诬人盗千钱，问盗六百七十，诬者可（何）论？毋论。②

如所周知，秦和汉初盗罪分为以下5个等级：（1）赃值661钱以上，处以黥为城旦舂；（2）赃值660—220钱，处以完为城旦舂；（3）赃值219—110钱，处以耐为隶臣妾；（4）赃值109—22钱，处以赀二甲（罚金四两）；（5）赃值21—1钱，处以赀一甲（罚金一两）。《二年律令》简132则规定："告人不审，所告者有它罪与告也罪等以上，告者不为不审。"③ 由此很容易明白，《法律答问》简40中的"告者"之所以"毋论"即不被论罪，是因为"盗千钱"与"盗六百七十"都应处以黥为城

---

① 睡虎地秦墓竹简整理小组：《睡虎地秦墓竹简》，第102页。
② 同上书，第103页。
③ 彭浩、陈伟、[日]工藤元男主编：《二年律令与奏谳书——张家山二四七号汉墓出土法律文献释读》，第145页。

旦舂，属于《二年律令》简132所规定的"所告者有它罪与告也罪等以上"的范畴。①而由《法律答问》简41还可以判定，"诬人"时被诬告者"有它罪与告也罪等以上"，也不会被判定为"不审"，而是同样"毋论"。

至此，很容易明白，《法律答问》简40这样的问答出现之前，已经存在对相关案件事实提供处罚方案的法律条文：（1）"盗千钱"与"盗六百七十"都应处以黥为城旦舂。（2）"告人不审，所告者有它罪与告也罪等以上，告者不为不审"。那么，是否还有必要对"告人盗千钱，问盗六百七十"这样的案件事实作出告者"毋论"的法律解释呢？回答显然是否定的。如果需要对这样的案件事实作出法律解释，那么对"告人盗千钱，问盗六百七十一"也同样需要作出法律解释，法律解释将无穷无尽。由此可见，《法律答问》简40不是在法律没有规定的情况下对空白部分以法律解释的形式规定出"毋论"的处罚方案，而仅仅是根据此前已经存在的相关法律条文对简40中述及的案件事实通过法律推理而得出"毋论"的结论。

我们再来看《法律答问》简6。

《法律答问》简6：甲盗牛，盗牛时高六尺，毄（系）一岁，复丈，高六尺七寸，问甲可（何）论？当完城旦。②

要理解这条答问的含义，首先需要明确以下几个问题。第一，盗牛之罪应处以黥为城旦舂。第二，秦代以身高为年龄标准。身高（年龄）不同，会处以不同的刑罚。

《法律答问》简158：甲小未盈六尺，有马一匹自牧之，今马为人败，食人稼一石，问当论不当？不当论及赏（偿）稼。③

《法律答问》简166：女子甲为人妻，去亡，得及自出，小未盈

---

① 显然，虽然秦简中未见，但通过以上分析我们可以推定秦代一定也存在类似《二年律令》简132这样的法律规定。
② 睡虎地秦墓竹简整理小组：《睡虎地秦墓竹简》，第95页。
③ 同上书，第130页。

六尺,当论不当?已官,当论;未官,不当论。①

《二年律令》简86:有罪年不盈十岁,除;其杀人,完为城旦舂。②

《法律答问》中的小未盈六尺应与《二年律令》中的年不盈十岁相当,因"有罪年不盈十岁,除",故《法律答问》简158中小未盈六尺的甲牧马食人稼,"不当论及赏(偿)稼"。而简166中的"甲为人妻,去亡,得及自出,小未盈六尺",如果"未官"的话,同样"不当论"。

《二年律令》简83:公士、公士妻及□□行年七十以上,若年不盈十七岁,有罪当刑者,皆完之。③

《法律答问》简6中的甲盗牛时已经高六尺,应与《二年律令》中的"年不盈十七岁"相当,其犯有应处以黥为城旦的罪行时应"完之"即处以完为城旦。

至此,也很容易明白,《法律答问》简6这样的问答出现之前,也已经存在对相关案件事实提供处罚方案的法律条文:(1)盗牛者处以黥为城旦。(2)年龄不满十七岁的犯罪人犯有应处以黥为城旦之本刑的罪行,要处以完为城旦的换刑。由此可见,《法律答问》简6显然也不是在法律没有规定的情况下对空白部分以法律解释的形式规定出完为城旦的处罚方案,而仅仅是根据此前已经存在的相关法律条文对简6中述及的案件事实通过法律推理得出完为城旦的处罚方案。

通过以上分析,我们理解了《法律答问》中简40、简6两条答问所包含的法律原理。但接下来的问题无疑是:这些法律原理为什么要以简40、简6这样的答问的形式出现?答案很简单,《法律答问》简40、简6这样的问答可能是设问设答。提问者就是设问者,同时也是问题的回答者。在问答发生之前,已经存在对相关案件事实提供处罚方案的法律条

---

① 睡虎地秦墓竹简整理小组:《睡虎地秦墓竹简》,第132页。
② 彭浩、陈伟、[日]工藤元男主编:《二年律令与奏谳书——张家山二四七号汉墓出土法律文献释读》,第125页。
③ 同上书,第124页。

文，故设问的目的不是为了对某一案件事实提供处罚方案。设计这样的省略了相关法律条文和法律推理过程的问答，其目的应该是通过这样的问答对被问者的法律知识和法律推理能力进行考查，了解被问者是否了解相关的特定法律条文、是否可以从特定案件事实与特定法律条文推理出正确的处罚方案。这一推理过程实际上也就是适用法律的过程，而被问者应该就是学习治狱的"学吏"。学吏不仅需要知晓和背诵若干法律条文，还需要有适用这些条文进行法律推理的能力。学吏如果能够由特定案件事实与特定法律条文推理出正确的处罚方案，首先意味着他知晓特定法律条文的含义，其次意味着他在遇到同样的案件时能够作出正确的论断。如果上述理解无误，那么《法律答问》简40和简6实际上就是两道案例题。简40中，"告人盗千钱，问盗六百七十，告者可（何）论？"是题目，而"毋论"则是标准答案；简6中，"甲盗牛，盗牛时高六尺，毄（系）一岁，复丈，高六尺七寸，问甲可（何）论？"是题目，而"当完城旦"则是标准答案。这样的案例题与现代法律教育和考试中出现的案例题并无二致。这样看来，《法律答问》中的一些内容确实可能是抄自当时的"学吏教材"，但这些内容在"学吏教材"中的功能不是记载有法律效力的法律解释供学吏学习记诵，而是以案例题目考查学吏的法律知识和适用法律条文进行法律推理的能力。

3.《法律答问》的内容来源之三：疑罪"吏议"

《法律答问》内容的第三个来源可能是对于疑难案件的"吏议"。

《法律答问》简44：甲告乙盗牛，今乙贼伤人，非盗牛也，问甲当论不当？不当论，亦不当购；或曰为告不审。①

《二年律令》简132规定："告人不审，所告者有它罪与告也罪等以上，告者不为不审。"据《二年律令》简25"贼伤人"应处以黥为城旦舂，盗牛也应处以黥为城旦舂，盗牛与贼伤人确实"罪等"。可见，《法律答问》简44中的甲确实"不当论"，"或曰为告不审"的判断是错误的。

由此可知，《法律答问》简44这样的问答出现之前，也已经存在对

---

① 睡虎地秦墓竹简整理小组：《睡虎地秦墓竹简》，第103页。

相关案件事实提供处罚方案的法律条文。《法律答问》简44不是在法律没有规定的情况下对空白部分以法律解释的形式规定出完为城旦的处罚方案，而是根据相关法律条文对《法律答问》简44中述及的案件事实通过法律推理得出两种不同的处罚方案。之所以存在两种不同的处罚方案，是因为答案提供者对相关法律条文有两种不同的理解，而其中一种是错误的。这样的问答，既不可能来源于对法律空白加以补充的法律解释，也不可能来源于"学吏教材"中设问设答的案例。那么，其内容来源又是什么呢？

《法律答问》简44等答问中的两个答案皆表述为"A，或曰B"。类似的表述形式张家山汉简《奏谳书》中习见：

> 《奏谳书》简7：吏当：毋忧当要（腰）斩，或曰不当论。①
>
> 《奏谳书》简24、25：吏议：阑与清同类，当以从诸侯来诱论。·或曰：当以奸及匿黥舂罪论。②
>
> 《奏谳书》简33、34：吏议：符有数明所，明嫁为解妻，解不智（知）其亡，不当论。·或曰：符虽已诈书名数，实亡人也。解虽不智（知）其请（情），当以取（娶）亡人为妻论，斩左止（趾）为城旦。③

此外，《奏谳书》简184—196："廷尉榖、正始、监弘、廷史武等卅人议当之，皆曰：……今廷史申繇（繇）使而后来，非廷尉当，议曰：……"④ 同样记述了廷尉等人与廷史申对疑罪案件的不同意见。而岳麓书院藏秦简简1650属奏谳文书，其中亦有"·史议：耐学隶臣，或令赎耐"之不同意见。⑤ 由此可见，简44等答问中的"一问二答"既非法律解释，也非案例习题，而可能是源于疑罪"吏议"中参与案件论议的官吏的意见，其目的可能在于记录疑难问题。

---

① 彭浩、陈伟、[日]工藤元男主编：《二年律令与奏谳书——张家山二四七号汉墓出土法律文献释读》，第332、333页。
② 同上书，第338、339页。
③ 同上书，第341页。
④ 同上书，第374页。
⑤ 陈松长：《岳麓书院所藏秦简综述》，《文物》2009年第3期。

4.《法律答问》的内容来源之四：军法

如果《法律答问》是其作者在学习治狱、实际治狱等活动中的法律知识笔记。那么，其作者究竟是谁呢？众所周知，睡虎地十一号秦墓的墓主人名字叫喜，睡虎地秦简《编年记》中记载了喜的一些经历。如：

> 秦始皇三年八月，"喜揄史"。（10 贰）
> 秦始皇四年十一月，"喜□安陆□史"。（11 贰）
> 秦始皇六年四月，"为安陆令史"。（13 贰）
> 秦始皇七年正月甲寅，"鄢令史"。（14 贰）
> 秦始皇十二年四月癸丑，"喜治狱鄢"。（19 贰）
> 秦始皇十三年，"从军"。（20 贰）
> 秦始皇十五年，"从平阳军"。（22 贰）①

喜曾经担任"史"、"令史"等职务，还曾经"治狱"，这样的一个人，在其学习和实际任职过程中，积累了一些法律知识并将其认为有必要加以记录的部分以笔记的形式记录下来是完全可能的。值得注意的是，喜有"从军"、"从平阳军"的经历，而《法律答问》中恰好有两条与军法有关的答问：

> 《法律答问》简51："誉適（敌）以恐众心者，戮（戮）。""戮（戮）"者可（何）如？生戮（戮），戮（戮）之已乃斩之之谓殹（也）。②
> 《法律答问》简52："广众心，声闻左右者，赏。"将军材以钱若金赏，毋（无）恒数。③

如喜这样的地方小吏，如果没有从军的经历，一般来说是没有必要掌握此类军法知识的，而喜恰好有"从军"、"从平阳军"这样的经历，所以本文认为，《法律答问》的作者很可能就是墓主人喜，《法律答问》简51、

---

① 睡虎地秦墓竹简整理小组：《睡虎地秦墓竹简》，第6、7页。
② 同上书，第105页。
③ 同上。

简52可能就是喜从军时了解的军法。①

综上所述,《法律答问》的内容来源并非单一,至少有法律解释、"学吏教材"中的案例、疑难案件的"吏议"和军法等。随着我们对《法律答问》各答问背后法律原理的认识的深入,也许将来我们对上述不同类型答问的内容来源还可以提出别的解释,也许将来我们还可以从《法律答问》中找到新的答问类型和新的内容来源,但至关重要的一点是不会改变的,即,《法律答问》的内容来源并非单一。这些来源不同的内容被汇为一编而随葬于一个曾经担任"史"、"令史"等职务、曾经"治狱"、曾经"从军"的地方小吏的墓葬中,其最可能的文本性质应该就是墓主喜在学习治狱、实际治狱、从军等活动中获得的相关法律知识的笔记。

如前所述,本文关于《法律答问》文本性质的讨论,是建立在《法律答问》简是单一文本、有单一文本性质之假设的基础上。如果这一假设不能成立,那么本文对《法律答问》文本性质的讨论也就可能需要修正。不过,通过分析《法律答问》不同类型答问的不同内容来源来判定其文本性质的研究方法,在修正结论的过程中仍可适用。

(四) 余论

如果以上讨论没有大错,那么《法律答问》的文本性质就并非封闭的,并非是纯粹的法律解释,而是其内容具有很大开放性的地方小吏的法律知识笔记。对《法律答问》文本性质的重新判定,会改变我们的不少原有认识。

其一,整理者认为《法律答问》"多采用问答形式,对秦律某些条文、术语以及律文的意图作出明确解释",故"将简文中可能是律本文的文句用引号括出"。② 但实际上简文中用引号括出的部分不一定全部都是"律本文",而可能是来源于具有法律效力的律令诏等多种"法律形式"甚或仅仅是对某些法律内容、法律现象的概括。而未用引号括出的有些答问可能同样是来源于具有法律效力的律令诏等多种"法律形式"。例如,

---

① 当然,此判断目前还找不到更多、更有力的证据,但至少也找不到可以否定此说的材料。
② 睡虎地秦墓竹简整理小组:《睡虎地秦墓竹简》,第93页。

《法律答问》中存在一类特殊体例的问答，既像法律规范而又未标明自身规范类型，并未采用问答形式而是采用叙述形式。如下举数例：

  《法律答问》简 62：当迁，其妻先自告，当包。①
  《法律答问》简 73：人奴擅杀子，城旦黥之，畀主。②
  《法律答问》简 85：铍、戟、矛有室者，拔以斗，未有伤殴，论比剑。③
  《法律答问》简 101：有贼杀伤人冲术，偕旁人不援，百步中比埜（野），当赀二甲。④
  《法律答问》简 107：葆子以上，未狱而死若已葬，而蒲（甫）告之，亦不当听治，勿收，皆如家罪。⑤
  《法律答问》简 153：会赦未论，有（又）亡，赦期已尽六月而得，当耐。⑥
  《法律答问》简 160：燧火延燔里门，当赀一盾；其邑邦门，赀一甲。⑦

如果《法律答问》是"具有法律效力的法律解释"，那么此类答问的性质就只能是法律解释。但如果《法律答问》是内容具有一定开放性的法律知识笔记的话，此类答问就不仅可能是法律解释，而完全有可能是抄写或摘抄自律令诏等。

  其二，因为《法律答问》中存在很多与罪刑有关的答问，不少此类答问背后反映的法律原理又未见或不同于《二年律令》，故《法律答问》对刑罚制度研究有重要意义，但《法律答问》法律知识笔记的文本性质又使得其在刑罚制度研究中存在先天缺陷。

  譬如，《法律答问》是作者自己的法律知识笔记，所以其中常常存在

---

① 睡虎地秦墓竹简整理小组：《睡虎地秦墓竹简》，第 108 页。
② 同上书，第 110 页。
③ 同上书，第 113 页。
④ 同上书，第 117 页。
⑤ 同上书，第 118 页。
⑥ 同上书，第 129 页。
⑦ 同上书，第 130 页。

省略和错误。较明显的省略如《法律答问》中经常将"耐为隶臣"省作"耐",较明显的错误如上举简44中对甲"或曰为告不审"的判断。这种省略和错误不会造成《法律答问》作者自己的误解,却很容易造成今人的误解。

又如,我们目前对《法律答问》中一些答问背后存在的特定法律条文和法律原理尚不了解,因而无法完整复原其推理过程,使用此类答问进行刑罚制度研究就存在一定的困难和危险性。譬如学者常以以下一条答问论证睡虎地秦简时代存在"黥颜頯为隶妾"和"完隶妾"刑种:

> 《法律答问》简174:女子为隶臣妻,有子焉,今隶臣死,女子北其子,以为非隶臣子殹(也),问女子论可(何)殹(也)?或黥颜頯为隶妾,或曰完,完之当殹(也)。[①]

我们可以判明"黥颜頯为隶妾"的处罚方案是错误的"吏议",但我们并不了解相关"吏议"究竟是仅存在推理错误而"黥颜頯为隶妾"在睡虎地秦简时代确实存在,还是因推理错误而推理出一种在睡虎地秦简时代也并不存在的"黥颜頯为隶妾"。秦汉简牍所见与"完"刑有关的身体身份刑只有"完城旦舂",故此简中的"完"和"完之"完全可能是"完为城旦舂"的简称。所以,判定睡虎地秦简时代存在"黥颜頯为隶妾"和"完隶妾"刑种,仍有待更多证据。

[作者单位:文物出版社。原载《中国矿业大学学报(社会科学版)》2016年第6期,收入本书时有所修订]

---

① 睡虎地秦墓竹简整理小组:《睡虎地秦墓竹简》,第135页。

秦文书简"君子"含义探研

李玥凝

一 引言

君子，在现代语境中一般指具备道德修养的人。这一词汇在上古时期已经出现，不过先秦文献中的含义与道德修养无关，多指代贵族、统治者，常与"小人"相对，如《诗经·小雅·大东》"君子所履，小人所视"①，《左传·襄公九年》"君子劳心，小人劳力，先王之制也"②等。汉代以后，君子开始有了道德含义，这一意义一直沿用至今。然而，新出土文献中的"君子"似乎有更多层的含义，尤其体现在秦文书简"君子"及"君子子"的特殊用法上。

在已公布的里耶秦简中，第八层178号简"以君子子废戍"③，1198号简"☐☐为君子子有故不☐☐"，出现了"君子子"的说法。1198号简虽然上下皆残，只见中间部分，但上文可见"守起书言《傅律》曰"，可见该内容涉及国家有关劳役的正式规定，"君子"或在秦代法律中有特殊意义，应该有明确的指代范围。《岳麓书院藏秦简（叁）》《奏谳书》"学为伪书案"中也出现了"君子子"：

---

① 《毛诗正义》，（清）阮元校刻《十三经注疏》，台北：艺文印书馆影印本1976年版，第438页。

② 《春秋左传正义》，《十三经注疏》，第528页。

③ "以"、"戍"原释文皆未释，陈伟校释补"戍"字，并注君子前一字似是"以"。据图版和文意，"君子"前一字当是"以"。参见陈伟主编，何有祖、鲁家亮、凡国栋撰著《里耶秦简牍校释（第一卷）》，武汉大学出版社2012年版，第106页。

廿二年八月癸卯朔辛亥，胡阳丞唐敢（谳）之。四月乙丑，丞
赠曰：君子子癸诣私书赠所，自谓冯将军毋择子，与舍人来田南阳。
（210—211）

这一"君子子"的身份在案件中起到了关键作用。另外，睡虎地秦简和岳麓秦简律令中也有作为身份标志的"君子"出现，整理者释为有爵位之人或者高级爵位者①，似乎不够确切。秦简文书中"君子"的意义，涉及秦代的法律和社会关系，有进一步探讨的必要。

二 经典文献中的"君子"

《说文解字》："君，尊也。从尹口，口以发号。"② 君的本意是发号施令，是一个动词，《诗经·大雅·公刘》"食之饮之，君之宗之"③ 即是对"君"字原始意义的使用。周代建立封建制，"君"成为名词，指代统治的人，引申为国君、卿大夫，这是春秋战国的传世文献中最常见的语义。《周易·乾·象传》虽然有"君子以成德为行"④ 之语，但孔颖达疏"天行健，君子以自强不息"云君子"谓君临上位，子爱下民，通天子诸侯，兼公卿大夫有地者"⑤，并无德行上的意义。可见，在先秦的经典文献中，"君子"指国君、卿大夫及有封地者，是针对身份地位而言的。而"君子子"在传世文献中见于《仪礼·丧服》，服小功者包括"君子子为庶母慈己者"⑥，郑玄注"君子子者，大夫及公子之適妻子"⑦，则"君子子"专指大夫、公子的嫡子。

汉代之后的注疏则对经典文献的"君子"提出了更多层面的解释。《仪礼·士相见礼》"凡侍坐于君子，君子欠伸，问日之早晏，以食具告，

---

① 此为《睡虎地秦墓竹简》和《岳麓书院藏秦简》的整理者注释，参见睡虎地秦简整理小组编《睡虎地秦墓竹简》，文物出版社1978年版，第95页；陈松长主编《岳麓书院藏秦简（肆）》，上海辞书出版社2015年版，第121页。
② （汉）许慎撰，（清）段玉裁注：《说文解字注》，台北：艺文印书馆1976年版，第57页。
③ 《毛诗正义》，《十三经注疏》，第619页。
④ 《周易正义》，《十三经注疏》，第12页。
⑤ 同上书，第9页。
⑥ 《仪礼注疏》，《十三经注疏》，第387页。
⑦ 同样文字见于武威汉简《仪礼》。参见甘肃省博物馆、中国科学院考古研究所编著《武威汉简》，文物出版社1964年版，第134页。

改居，则请退可也"①，郑玄注"君子，谓卿大夫及国中贤者也"②，在卿大夫的政治地位之外，增加了德行作为评判的标准。汉代以后，以德行作为"君子"的标准成为一般的用法。

先秦文献多以君子作为国君、大夫的代称，都是就身份地位而言的。而秦简文书是用于基层行政的实用文书，不一定有卿大夫的多次出现，简牍文书中的"君子"或有其他层面的意义。但是，"君子"在这一时期的内涵主要与身份相关，这是传世文献与出土文书共同的指征。

三 文书简之外秦地语言中的"君子"

春秋战国时期各国的语言、文字、风俗习惯各有不同，秦文书简中"君子"的特殊含义可能与秦地的语言习惯有关。确定出自秦地的传世文献比较有限，主要见于《诗经·秦风》，例如《车邻》"未见君子，寺人之令"③、"既见君子，并坐鼓簧"④，《小戎》"言念君子，温其如玉"⑤，《终南》"终南何有？有条有梅。君子至止，锦衣狐裘。颜如渥丹，其君也哉"⑥，"君子"主要是贵族男子的含义。

出土秦简牍中，文书简之外的日书、病方等典籍简也有"君子"的出现，其意义与传世文献略有差别。睡虎地秦简、放马滩秦简《日书》甲乙种和《为吏之道》中的"君子"和"君"，有国君、丈夫、主人等含义，试举几例。

1. 丈夫

取妇为小内。内居西南，妇不媚于君。（睡简《日书》甲种，14背五）

君子往役，来归为丧。（放简《日书》乙种，294）

---

① 《仪礼注疏》，《十三经注疏》，第74—75页。
② 同上书，第75页。
③ 《毛诗正义》，《十三经注疏》，第233页。
④ 同上书，第234页。
⑤ 同上书，第235页。
⑥ 同上书，第242页。

2. 主人

垣东方高西方之垣,君子不得志。(睡简《日书》甲种,23 背二)

井当户牖间,富。井居西南匚,其君不瘴必穷。(睡简《日书》甲种,19 背四)

大夫先敓咒席,今日良日,肥豚清酒美白粱,到主君所。主君筍屏調马,驱其央,去其不羊(祥)。(睡简《日书》甲种,157 背—158 背)

3. 国君

戊申生子,宠,事君。(睡简《日书》甲种 144 正四,同见于睡简《日书》乙种)

以此为人君则鬼,为人臣则忠;……君鬼臣忠,父兹(慈)子孝,政之本殹(也);志彻官治,上明下圣,治之纪殹(也)。(睡简《为吏之道》46 二)

东门,是谓邦君子①门,贱人居之凶,不吉。(放简《日书》乙种 18 贰+21 贰)

卜疾人三禺(遇)黄钟死,人事君吉。(放简《日书》乙种 261)

为人君则惠,为人臣忠。(岳麓一《为吏治官及黔首》1541 正)

---

① "子",《秦简牍合集》注释以为或为"之"字误抄。参见陈伟主编《秦简牍合集(肆)》,武汉大学出版社 2014 年版,第 44 页。

4. 贵族

　　庚失火，君子兵死。（睡简《日书》乙种 250）

　　君子不病殹（也），以其病病殹（也）。（睡简《为吏之道》44一）

　　直此卦者有君子之贞。（放简《日书》乙种 356）

　　故君子日有兹兹之志。（岳麓壹《为吏治官及黔首》1586 正）

　　梦见枣，得君子好言。（岳麓壹《占梦书》J50 正）

其中，国君、贵族的含义与传世文献中君子的意义相近，而主人、丈夫的含义相对特殊。"君"字的本意是主宰、统治，君子卿大夫、国君的语义指对国家、封地的主宰，主人、丈夫的含义则指对家庭的主宰。[①]

在秦国石鼓文中，"君子"指的都是秦君，如其一"我车既好，我马既騜。君子爱猎，爱猎爱游。麀鹿速速，君子之求"[②]，其二"汧繄泛泛，烝彼淖渊。鰋鲤处之，君子渔之"[③]，其三"君子乃乐"[④]，其五"君子既涉"[⑤]，等等。

在传世文献和出土典籍简中，"君子"在秦地主要指国君、贵族或主人。而秦文书简中的"君子"含义不能用以上几种语义解释，有更特殊的意涵。

四　楚简和楚地语言中的"君子"

睡虎地、里耶、岳麓秦简所处的地域都是秦国新占领的楚国故地，有

---

① 《诗经·王风·君子于役》有"君子于役，不知其期"，也是这一语义的使用。
② 逯钦立：《先秦汉魏晋南北朝诗》，中华书局 1983 年版，第 58 页。
③ 同上。
④ 同上书，第 59 页。
⑤ 同上。

些简牍年代较早，虽然是官方文书，仍明显保留了楚地的语言习惯，如里耶简中迁陵县的长官称为"迁陵公"（5-5），以"公"为尊称如"今令公有令"（8-88）、"尉敬敢再拜谒丞公"（8-472）等等。楚国地处南方，形成了与中原有一定差距的文化传统，楚故地秦简中的语言可能与楚地传统有关。

"君子"指代封君，即郑玄所谓"有地者"，这种用法在楚简中最为常见。封君这一社会阶层在战国时代发挥了重要作用，而战国的几个主要国家比较而言，楚国见于记载的封君数量最多。① 在楚地出土简帛中，"君子"和"君"大多都指代封君。葛陵坪夜君成墓出土一批祭祖先简，祭祷对象是"坪夜文君"和文君、文夫人之子"西君"②，如"□为坪夜君卜之□"（甲三：234），"□坪夜文君子良，乐，贛（贡）"（甲三：242），"（举）祷于子西君哉牛，乐□"（甲一：27），"□就祷子西君哉牛"（甲三：202），等等。坪夜文君是始封的坪夜君，是楚昭王之子、惠王之弟；据宋华强考证，墓主人坪夜君成是坪夜文君之子③，葛陵楚简中的"为君贞"④ 指的是墓主人坪夜君成。包山楚简亦出现类似用法，如"举祷文坪夜君子良、邡公子春、司马子音、蔡公子家各哉"（240）；另有"阴人御君子陈旦、陈龙、陈无正、陈夬"（138），这里的"君子"整理小组注释为"贵族"⑤，似过于宽泛，应该解释为封君更符合实际。

除了上述特定的封君，楚地语言中"君"和"君子"作为国君和卿大夫的用法也不少见。《楚辞》中的"君"多指君王，即楚王，如《惜诵》"竭忠诚以事君兮，反离群而赘肬。忘儳媚以背众兮，待明君其知之"⑥，《哀郢》"楫齐扬以容与兮，哀见君而不再得"⑦，《惜往日》"君

---

① 参见刘泽华、刘景权《战国时期的食邑与封君述考》，《北京师范学院学报》1982年第3期。
② 参见甲一：213："□户、门。又（有）祝（祟）见于邵（昭）王、蕙（惠）王、文君、文夫（夫）人、子西君。就祷□。"
③ 宋华强：《平夜君成的世系及葛陵简年代下限的考订》，《新蔡葛陵楚简初探》，武汉大学出版社2010年版，第46页。
④ 见甲一：12，甲一：21，甲二：5，等等。
⑤ 湖北省荆沙铁路考古队：《包山楚简》，文物出版社1991年版，第49页。
⑥ （宋）洪兴祖：《楚辞补注》，中华书局1983年版，第122页。
⑦ 同上书，第133页。

含怒而待臣兮，不清澈其然否。蔽晦君之聪明兮，虚惑误又以欺"① 等。而《九章·怀沙》"易初本迪兮，君子所鄙"②、"明告君子，吾将以为类兮"③ 的"君子"不指楚王，但传统上理解为"贤人君子"的说法值得商榷④，在这一时代"君子"的划分依据是地位而非德行，尚无贤人的意义，仍指代贵族。郭店楚简中"君子"一般指贵族，如"君子居则贵左，甬（用）兵则贵右"⑤，"子曰：为上可臦（望）而智（知）也，为下可頪（述）而䇎（志），则君子不悇（疑）其臣，臣不惑于君"⑥ 等。九店楚简中如"凡梪坦、皈邦、作邑之遇（寓）：盇（盖）西南之遇（寓），君子尻（居）之，幽悇（思）不出"（45），也与传世文献的意义差别不大。

楚地尚巫，神灵众多，楚地的众多神祇也往往被称为"君"。《楚辞·九歌》的云中君、湘君、东君等都是以"君"相称的神灵；歌辞中的"君"指的也都是所祭祀的神灵，如"君不行兮夷犹，蹇谁留兮中洲"⑦ 谓湘君，"五音纷兮繁会，君欣欣兮乐康"⑧ 谓东皇太一，"君回翔兮以下，蹂空桑兮从女"⑨ 谓大司命等等。葛陵楚简的祭祷简中有"灵君子"作为祭祷对象，如"□䨄（灵）君子，户□门□□"（甲三：76），"（以）君不睪（怿）之古（故），就祷䨄（灵）君子一"（乙一：28），"□君、地宝（主）、䨄（灵）君子"（乙四：82），"□䨄（灵）君子兄（祝）亓（其）戠牛之祷。奠（郑）宪占之：□□"（乙四：185）等，这里的"君"和"君子"，都是对神灵的称呼。

在楚的语言系统中，"君"和"君子"的含义基本不超出一般意义的范畴，即指封君、国君、贵族；作为对神灵的称呼则是楚地多巫鬼的体现。秦文书简中"君子"的含义，似乎无法从楚地的语言习惯中找到更有力的解释。比较明确的是，战国时代楚地语言中的"君子"仍无德行

---

① （宋）洪兴祖：《楚辞补注》，中华书局1983年版，第150页。
② 同上书，第142页。
③ 同上书，第146页。
④ 这一解释见于王逸注，后注多从。见洪兴祖《楚辞补注》，第142页。
⑤ 荆门市博物馆：《郭店楚墓竹简》，文物出版社1998年版，第121页。
⑥ 同上书，第129页。
⑦ （宋）洪兴祖：《楚辞补注》，第59页。
⑧ 同上书，第56页。
⑨ 同上书，第69页。

方面的意涵。

五 秦文书简"君子"的特殊意义

已见秦文书简中的"君子"并不能解释为国君、贵族、主人。睡虎地出土秦律令中可见：

未卒堵坏，司空将红（功）及君子主堵者有罪，令其徒复垣之，勿计为繇。(《秦律十八种·繇律》，116)

官啬夫节（即）不存，令君子毋（无）害者若令史守官，毋令官佐、史守。(《秦律十八种·置吏律》，161)

徒卒不上宿，署君子、屯长、仆射不告，赀各一盾。宿者已上守除，擅下，人赀二甲。(《秦律杂抄》，34)

所城有坏者，县司空、署君子将者，赀各一甲；县司空、佐主将者，赀一盾。(《秦律杂抄》，40—41)

这几处"君子"都与基层行政相关，不指代国君、卿大夫。"署君子"，除此以外未见于他处，据注释小组注，当时守城分段防守，每一段称为一署，署的负责人称署君子。① 马怡、张俊民也曾指出"署"是驻地、工作场所②，这里的"署君子"应该指当时守城的一署的负责人。从"君"的本意理解，"署君子"即为管理一"署"的人。同理，《繇律》中"君

---

① 睡虎地秦墓竹简整理小组：《睡虎地秦墓竹简》，第78页。
② 马怡《里耶秦简选校》云："'署'，驻扎，驻地。'署'的本义是部署，《说文·网部》：'署，部署，有所网属。'引申为辖属、署所。《墨子·备城门》：'寇在城下，时换吏卒署。'《初读》说'署'指防地；参看睡虎地秦简《秦律杂抄》：'戍者城及补城，令嬹堵一岁，所城有坏者，县司空署君子将者，赀各一甲。'张俊民《里耶秦简"卒署"辨》说，'署'指工作场所或场地，即今所谓工作岗位；'不知何县署'，对应于本简是不知在何县劳作的意思；参看《居延汉简释文合校》34·9：'卅八人署厨传舍、狱、城郭、官府。'"参见马怡《里耶秦简选校》，简帛网，http：//www. bsm. org. cn/show_article. php? id＝95，2005年11月18日。

子主堵者"即管理城墙的人。

"署君子"为负责一署的管理者，是县内的基层吏员，与贵族无关，也不和爵位挂钩。整理小组认为《置吏律》所谓"君子毋害者"可能指有爵位的人①，恐怕值得商榷；魏德胜曾指出"君子"指官员②，这种理解是正确的，但过于笼统。据简文，这里的"君子"与司空、令史相对，级别在官啬夫之下，佐、史和屯长、仆射之上，身份接近高级少吏，与爵位没有直接关系。因此，《秦律十八种·置吏律》所谓"君子无害者"指在县内高级少吏之中选择无害者。

另外，湖北周家台三〇号秦墓简牍《病方·已龋方》：

见东陈垣，禹步三步，曰："皋！敢告东陈垣君子，某病龋齿，苟令某龋已，请献骊牛子母。"③

这里的"陈垣君子"是神灵的代称。从词汇来源考虑，这里的"陈垣子"本意为管理陈垣④的人，后来成为神灵的名称，与"署君子"用法类似。在上述秦律令中，"君子"用以指代管理者，有"署君子"的特定称谓，不是特定官职，级别接近县内高级少吏。这种"君"的用法更接近"君"字意为管理的原始语义。

然而，里耶简和岳麓简中的"君子子"是否指代县内少吏之子？吏员的家人在秦律法中的法律身份上并无特殊之处，"君子"的身份还需进一步辨正。岳麓简《置吏律》有一则关于任用有罪者的规定，与"君子"相关：

置吏律曰：有罪以罨（迁）者及赎耐以上居官有罪以废者，虏、收人、人奴、群耐子、免者、赎子，辄傅其计籍。其有除以为冗佐、佐吏、县匠、牢监、牡马、簪袅者，毋许，及不得为租君子。虏、收人、人奴、群耐子、免者、赎子，其前卅年五月除者勿免，免者勿复

---

① 睡虎地秦墓竹简整理小组：《睡虎地秦墓竹简》，第95页。
② 魏德胜：《云梦秦简中的官职名》，《中国文化研究》2005年夏之卷，第31—36页。
③ 湖北荆州市周梁玉桥遗址博物馆：《关沮秦汉墓简牍》，中华书局2001年版，第129页。
④ 陈垣意为旧墙。

用。(212—214)

这里的"君子"本从下句,与虏、收人、人奴等有罪之身份并列,文意不通,陶磊指出当从上句,"及不得为租君子"反映了君子的一定特殊权利。① 这种权利是吏员的特权,还是与爵位相关的特权呢?岳麓简《置吏律》还有一条除佐的相关规定:

> 置吏律曰:县除小佐毋秩者,各除其县中,皆择除不更以下到士五史者为佐,不足,益除君子子、大夫子、小爵及公卒、士五子年十八岁以上备员,其新黔首勿强,年过六十者勿以为佐。⌐人属弟、人复子欲为佐吏(210—211)

此处"君子子"与大夫子、小爵和公卒、士五子并列,应该与爵位相关,不能用基层吏员的身份解释。按本条的叙述,整理者以为君子指高级爵位,高于大夫。② 一般认为秦二十等爵分为士、大夫、卿等几个层级③,并没有"君子"这一层,若"君子"指高级爵位,则相当于卿这一爵层。又,里耶秦简第八层178号简字迹不清,能辨识的文字不多,而且上部断裂。全简可见如下:

☐……卒☐……阳☐……【以】君子子废【戍】
☐……时☐……☐署……☐欣欣卅四
☐【署】迁陵。【女】【阴】已上【欣】☐④……今未
☐府下……籍迁陵报署……【以邮行】。(正)

---

① 陶磊:《读岳麓书院藏秦简(四)札记》,简帛网,http://www.bsm.org.cn/show_article.php?id=2698,2017年1月9日。
② 陈松长主编:《岳麓书院藏秦简(肆)》,第121页。
③ 参见朱绍侯《军功爵制考论》,商务印书馆2008年版,第233—241页;凌文超《汉初爵制结构的演变与官、民爵的形成》,《中国史研究》2012年第1期;孙闻博《二十等爵确立与秦汉爵制分层的发展》,《中国人民大学学报》2016年第1期。
④ "女阴"、"欣",《里耶秦简(壹)》《里耶秦简牍校释(第一卷)》皆未释,何有祖释出,可从。见何有祖《读里耶秦简札记(四则)》,简帛网,http://www.bsm.org.cn/show_article.php?id=2257,2015年6月10日。

☐ 欣手。(背)(8-178)①

从最后两行可知，这条简的内容可能是迁陵县发出的文书，主题是某人为"君子子"而"废戍"。陈伟指出，"废戍"指吏员因犯罪而废职戍边。②此人的身份是"君子子"，可能与岳麓简《置吏律》规定的君子子可补为县内小佐有关。

岳麓秦简《奏谳书》"学为伪书案"比较完整，有助于我们梳理出"君子子"的具体身份。③ 这一案件主要围绕"君子子"学冒认为五大夫冯毋择将军之子，伪造书信，向南阳郡胡阳县丞借贷钱粮之事展开。胡阳丞赠发现冯将军书是造假，囚禁学，学又伪造另一封书信，坚称自己是冯毋择的假子；后经审问，学终于承认自己是君子子而非冯将军子：

· 今☐召舍人兴来智（？知）☒，【癸】曰：君子子，定名学。居新埜（野）。非五大夫冯将军毋择子殹（？也）(222—224)。

由此可知，"君子子"与五大夫冯毋择将军之子有明显的区分，而学父亲的真实身份也得到证实：

学父秦居赀，吏治（笞）秦，以故数为学怒，苦姅（耻）之，归居室，心不乐，即独挢（矫）自以为五大夫冯毋择子，以名为伪私书，问赠，欲貣（贷）钱胡阳少内。(225—227)

学的父亲作为"君子"，犯罪居赀而被吏员笞打；学冒认为五大夫冯毋择之子，则其父亲的真实身份应当低于五大夫。五大夫一般认为是高等爵层和中等爵层的分界线，按前引岳麓四《置吏律》的序列，若君子属于高等爵层，与本案所述相互矛盾。由于这里的"君子"低于五大夫比较明确，学的父亲不太可能属于卿的爵层，而《置吏律》的分层对应相对模

---

① 释文参见《里耶秦简牍校释（第一卷）》，第106页。
② 陈伟：《"废戍"与"女阴"》，简帛网，http://www.bsm.org.cn/show_article.php?id=2242，2015年5月30日。
③ 整理者认为这一案件中的"君子子"指代"出身良家的子女"，这一解释不妥，不能反映秦官方文书中"君子"的特殊意义。

糊,"君子"作为部分爵位的指代可能更倾向于指代低等爵位而非高等爵位,即对应于"士"这一爵层。

里耶简与岳麓简的"君子子"涉及傅役与犯罪的问题,"君子"的身份与秦代的役罪减免也有一定关系。里耶简8-1198的内容与傅籍相关:

> ☐守起书言:《傅律》曰☐
> ☐☐为君子子,有故不☐☐(8-1198)

该简上下皆残,所以虽知该条涉及《傅律》的规定,但难以确知该时该地实施的《傅律》具体内容。睡虎地秦简法律文书没有与傅的年龄相关的内容,但按《编年记》所记,秦昭王四十五年喜产,秦王政元年喜傅,喜十五岁傅;从文献的记载中,《史记·项羽本纪》云"外黄不下。数日,已降,项王怒,悉令男子年十五已上诣城东,欲坑之"①,《白起列传》"秦王闻赵食道绝,王自之河内,赐民爵各一级,发年十五以上悉诣长平,遮绝赵救及粮食"②,可知十五岁是秦入伍服役的年龄界线。可见的完整《傅律》出自张家山汉简《二年律令》,对于有爵人之子傅籍的年纪有具体规定:

> 不更以下子年廿岁,大夫以上至五大夫子及小爵不更以下至上造年廿二岁,卿以上子及小爵大夫以上年廿四岁,皆傅之。公士、公卒及士五(伍)、司寇、隐官子,皆为士五(伍)。畴官各从其父畴,有学师者学之。(364—365)

按汉律,傅的年龄随着父亲爵位的增高而增长,从二十岁放宽到二十四岁。③尽管秦傅律的具体内容还难以确知,从战国到汉代"傅"的具体内涵也发生了一定变化,但是从汉初的《二年律令》与战国末期秦律的承

---

① 《史记》卷七《项羽本纪》,中华书局标点本1959年版,第329页。
② 《史记》卷七三《白起王翦列传》,第2334页。
③ 《二年律令》二十岁始傅,与秦一般十五岁傅相比,已经宽松得多了,或是"当孝惠、高后时,百姓新免毒蠚,人欲长幼养老。萧、曹为相,填以无为,从民之欲而不扰乱,是以衣食滋殖,刑罚用稀"的体现。见《汉书》卷二三《刑法志》,中华书局标点本1962年版,第1097页。

接关系来看，秦代的傅律或许也有根据爵位高低调整傅籍年龄的规定，该简的内容可能是说明某人为君子子而拥有傅的年龄宽限。岳麓四《戍律》可见：

> ·戍律曰：戍者月更。君子守官四旬以上为除戍一更。（1299）

这里的"君子"若为守官四旬以上，可免除一更之戍，也是对于"君子"这一身份的优待。前文提及岳麓简《置吏律》"及不得为租君子"，反映了"君子"的特权，这种特权也是与爵位相对应的。

同时，刑罚的判定在秦代也与爵位相关。"学为伪书案"的最后判决存在争议：

> ·吏议：耐学隶臣。或〈曰〉：令赎耐。（谳）报：毋择巳（已）为卿，赀某、某各一盾。谨竆（穷）以灋（法）论之。（235—236正）

有一派建议耐为隶臣，另一派建议令学赎耐，最后令"穷以法论之"，没有明确记录最后的判决。据张家山汉简《二年律令》"为伪书者，黥为城旦舂"（13），这两种处置意见都比汉代的法律规定轻。① 按秦汉律的精神，有爵之人的家人犯罪，处罚可以相对减轻，如《秦律杂抄》"有为故秦人出，削籍，上造以上为鬼薪，公士以下刑为城旦"（5），《二年律令·具律》"上造、上造妻以上，及内公孙、外公孙、内公耳玄孙有罪，其当刑及当为城旦舂者，耐以为鬼薪白粲"（82）；《汉书·惠帝纪》同样有"上造以上及内外公孙、耳孙有罪当刑及当为城旦舂者，皆耐为鬼薪、白粲"② 的记载。这里关于学的判罚的两种观点都比汉代的规定为轻，或者也与其"君子子"的身份有关。

军功爵制对秦代社会影响巨大，秦律的各种规定都与爵位直接相关，

---

① 曹旅宁指出，"可能的解释是'学'对'癸'的真实目的并不知晓，因此处罚从轻"，这个解释发表在该案件全文公布以前，理解有所偏差，而且忽略了"君子子"的这个特定身份。参见曹旅宁《岳麓书院藏秦简"冯将军毋择"补考》，简帛网，http://www.bsm.org.cn/show_article.php?id=1041，2009年4月28日。

② 《汉书》卷二《惠帝纪》，第85页。

爵位高低影响到刑罚和劳役负担的轻重。前文所述里耶秦简和岳麓秦简"君子子"、"君子"的身份影响到劳役和判罪，应该与爵位相关，"君子"指代某一爵位层级，当低于大夫，或是"士"这一层级的另一种说法。而睡虎地秦简律文中的"署君子"则是另一含义，指县内少吏相近的基层官吏，与爵位无关。同样是秦代基层的官方文书，"君子"的含义并不相同，这是值得注意的。

结　语

"君"一词的原意是主宰、统治，"君子"的本意是统治者，随着时代发展衍生出了不同意义。先秦时期"君"和"君子"一般指国君、封君、贵族，秦与楚"君"和"君子"的基本含义相差不大，但是通过对出土文献材料的具体分析，可见楚地的"君"、"君子"除一般性意义之外，多用于称呼神灵，而且更多指代封君，与地位的联系更加密切；秦简中"君"、"君子"常有主人、丈夫的意义，更接近于"君"主宰、统治的本意。秦文书中的"君子"则成为一个专有称呼，睡虎地秦简"署君子"、"君子毋害者"的"君子"指接近高级少吏的基层官吏，里耶秦简、岳麓秦简中的"君子"和"君子子"则指低级爵位的拥有者及其子女①，成为一种特定的法律身份。里耶简和岳麓简"君子"的徭役减免和刑罚减轻的记录，可以补充秦的律法中对特定人群的优待条款。

汉代以后，"君"与"君子"的用法开始变得宽泛。"君子"作为贵族的用法仍有延续，但更多转而强调德行上的意涵，如《白虎通义·号》所谓"或称君子何？道德之称也。君之为言群也"②。传世文献中的例子不胜枚举，作为日常实用文书的简牍中也不乏实例，如居延汉简"有德人人有士君子之"（131·56），敦煌汉简"言君子能行此载者足以为长"（MC.978A）等；汉代中后期以后，"君子"的德行意义成为日常用语的一般含义，作为贵族的意义主要存在于经学的讨论中。从西汉到东汉，社会阶层与社会结构有了根本性的改变，"君子"的标准从身份地位到道德规范的变化，正是社会结构与观念变化的体现。军功爵制在汉代以后衰落

---

① "君子子"指代所有子女还是仅指继承爵位的子女，还有待进一步研究。
② （清）陈立撰，吴则虞点校：《白虎通疏证》，中华书局1994年版，第48页。

下去,"以吏为师"的官僚结构也在经学取士之后发生了变革,随着西汉末期新的知识贵族阶层兴起,以道德为尺度的"君子"成为士人的新理想。

[作者单位:吉林大学考古学院古籍研究所。文章部分原载《鲁东大学学报(哲学社会科学版)》2016年第3期,部分新意见刊于《古文字研究》第三十三辑,2020年。收入本书时有所修订]

《岳麓书院藏秦简(伍)》所见"叚父"释义

——兼谈秦汉"不同父者"间的关系演变

张以静

古代妇女"更嫁",通常也称为"再嫁"、"改嫁"、"再醮"或"改行"。秦汉妇女更嫁现象较为普遍。①《岳麓书院藏秦简（伍）》[以下简称《岳麓（伍）》]中有一则关于妇女更嫁的令文：

(001) 1025：・廿六年十二月戊寅以来，禁毋敢谓母之后夫叚（假）父，不同父者，毋敢相仁（认）为兄、姊、弟𠚻。犯令者耐隶臣妾而 (002) 1107：毋得相为夫妻，相为夫妻及相与奸者，皆黥为城旦舂。有子者，毋得以其前夫、前夫子之财嫁及入姨夫及予 (003) 1108：后夫、后夫子及予所与奸者，犯令及受者，皆与盗同法。母更嫁，子敢以其财予母之后夫、后夫子者，弃 (004) 1023：市，其受者，与盗同法。前令予及以嫁、入姨夫而今有见存者环（还）之，及相与同居共作务钱财者亟相 (005) 1024：与会计分异

---

① 关于秦汉妇女更嫁现象的研究。参见吴景超《两汉寡妇再嫁之俗》，《清华周刊》第37卷第9、10期，1932年；杨树达《汉代婚丧礼俗考》，商务印书馆1933年版；龚维玲《中国古代妇女再嫁习俗探微》，《民俗研究》1992年第3期；苏冰《秦汉婚姻文化：离异与再醮》，《宝鸡文理学院学报》1994年第4期；肖振宇《秦及汉初妇女再婚浅说》，《张家口师专学报（社会科学版）》1996年第2期；高臻、韩树峰《汉晋时期妇女的守节与再嫁》，《中华女子学院学报》2002年第4期；彭卫《汉代婚姻形态》，中国人民大学出版社2010年版，第148—163页；彭卫、杨振红《中国妇女通史（秦汉卷）》，杭州出版社2010年版，第133—145页；赵延旭《两汉时期女子再嫁问题考略》，《兰州学刊》2013年第6期；等等。

相去。令到盈六月而弗环（还）及不分异相去者，皆与盗同法。∟虽不身相予而以它巧詐（诈）（006）1027：相予者，以相受予论之。有后夫者不得告罪其前夫子∟。能捕耐罪一人购钱二千；完城旦舂罪（007）1026：一人购钱三千；刑城旦舂以上之罪一人购钱四千。女子寡，有子及毋子而欲毋嫁者，许之。谨布令，令黔首尽（008）0916：【智（知）之，毋】巨（距）罪。有□□除。毋用此令者，黥为城旦。①

令文禁止称母之后夫为"叚父"，并禁止"不同父"的兄弟姐妹相认，且对"不同父"子女间的关系作出了相应的限定。整段令文的主旨是通过制定女性有子再嫁行为中的某些禁忌，从而一定程度上遏制女性乱伦通奸及有子再嫁之风，以进一步保障前夫家族的权益。本文将首先考察秦汉"叚父"称谓的含义，令文颁行的背景和原因，以及与"叚父"相关的几个称谓的释义。以妇女更嫁为前提，探寻秦汉时期"不同父"子女间关系的演变。本文不揣浅陋，敬祈方家赐正。

一　"叚父"称谓的名义

（一）《岳麓（伍）》所见"叚父"

为便于论述展开，此处再次节引令文：

（001）1025：・廿六年十二月戊寅以来，禁毋敢谓母之后夫叚（假）父。

整理小组曰："秦始皇统一后，对各类名称作了统一规定，如里耶秦简中的更名木方（8-461），就记录了很多更换名称，如：毋敢曰王父曰泰父，毋敢曰巫帝曰巫……"②《岳麓（伍）》中"禁毋敢谓母之后夫叚父"应与《里耶秦简》"更名方"的性质相似，都是称谓的更换诏令，而前后事物的实际性质并没有发生变化。即"母之后夫"与"叚父"所指代的

---

① 陈松长主编：《岳麓书院藏秦简（伍）》，上海辞书出版社2017年版，第219页。
② 同上书，第73页。

身份相同。① "秦更名方似有一语言习惯：凡一条目前后出现两个词汇，前者是被取代的称谓，后者是取代前者的称谓。"② 但从句式和语法结构来看，"禁毋敢谓母之后夫叚（假）父"与秦更名方"前者被后者取代"的格式不同。"母之后夫"与"叚父"之间，缺少动词，因此，"禁毋敢"否定的内容是"称呼母之后夫为叚父"的行为。《睡虎地秦简·法律答问》简19中亦有出现"叚父"称谓："'父盗子，不为盗。'今叚（假）父盗叚（假）子，何论？当为盗。"③ "《法律答问》形成于秦称王以前，很可能是商鞅时期制定的原文。"④ 综上，在秦统一以前，社会通行以"叚父"称谓指代母之后夫。

我们还可以联系先秦至汉代与"叚"有关的词汇来补充对"叚父"称谓的认识。"战国时期称谓前置'叚'字者，往往取代理或者非正式之义。秦汉时期又有亲族称谓称假者。假母为后母之义，叚大母可能是其父的继母。"⑤ 结合秦汉文献中所见"叚父"出现的语境来看，"叚父"应代表某种没有血缘联系的亲属关系，因家族成员与其他人的结合而产生，并非自身主动行为所致。秦始皇二十六年十二月二十六日，颁行令文以后，以"叚父"指代母之后夫的用词习惯已不再通行。但这并不意味着"叚父"一词在此之后便消失。汉人虽不习使用"叚父"称谓，但是汉代"叚父"称谓的内涵，尚未发生变化。

---

① 《里耶秦简》"更名方"8-461图版中第一行第三列文字，整理小组释为"假□"。[陈伟主编：《里耶秦简牍校释（第一卷）》，武汉大学出版社2012年版，第155页] 陈侃理补释为"假人"。（陈侃理：《里耶秦方与"书同文字"》，《文物》2014年第9期）此处"假"前释文究竟为何，因图版残缺而不明。"假人"不见于秦汉文献。"假"后一字，从图版残存墨迹来看，不排除为"父"字。

② 游逸飞：《里耶8-461号"秦更名方"选释》，简帛网，http://www.bsm.org.cn/show_article.php?id=1875，2013年8月1日。

③ 睡虎地秦墓竹简整理小组：《睡虎地秦墓竹简》，文物出版社1990年版，第98页。王博凯指出："睡虎地秦简整理小组的注释笼统地将'假父'解释为'义父'恐并不十分恰当。'假父'为秦统一前后对母亲后夫的称谓，同于现在所说的'继父'。"详见王博凯《读〈岳麓书院藏秦简（伍）〉札记》，简帛网，http://www.bsm.org.cn/show_article.php?id=3014，2018年3月12日。

④ 睡虎地秦墓竹简整理小组：《睡虎地秦墓竹简》，第93页。

⑤ 王子今：《秦汉称谓研究》，中国社会科学出版社2014年版，第267—270页。

（二）《说苑》中所见"假父"材料的考辨

《岳麓（伍）》规定禁止以"叚父"指代母之后夫以后，《说苑·正谏篇》中又两次出现"假父"？此处"假父"的出现蕴含何种意味？其史料记载的来源和依据是什么？现将《说苑》中相关史料摘录如下：

秦始皇帝太后不谨，幸郎嫪毐，封以为长信侯，为生两子。毐专国事，浸益骄奢，与侍中左右贵臣俱博饮酒醉，争言而斗，瞋目大叱曰："吾乃皇帝之假父也，窭人子何敢乃与我亢！"①

茅焦对曰："陛下车裂假父，有嫉妒之心；囊扑两弟，有不慈之名；迁母萯阳宫，有不孝之行；从蒺藜于谏士，有桀纣之治。今天下闻之，尽瓦解无向秦者，臣窃恐秦亡，为陛下危之。"所言已毕，乞行就质。②

秦王政时期，嫪毐在吕不韦的安排下伪装成宦者入宫，与秦始皇母亲私通，专国事。《说苑》主要就秦始皇车裂嫪毐，迁太后于萯阳宫，茅焦进谏一段历史予以了详细记载，故事发生的主线与正史文献大致相似，但是对人物的语言、动作、情态等相关细节描写不见于正史记载。《说苑》中第一次出现"假父"，是嫪毐酒后自称。第二次出现"假父"，是茅焦冒死进谏之语。我们需要对这段史料进行更为详细的甄别。

秦汉正史文献中不见嫪毐自称"假父"及茅焦进谏称嫪毐为秦王政"假父"之语，后世诸家对此段故事的注解，大抵以引《说苑》为据。《史记》载茅焦进谏之言："秦方以天下为事，而大王有迁母太后之名，恐诸侯闻之，由此倍秦也。"③ 司马迁谈及秦王母后，却不言嫪毐。他侧重的是秦始皇"迁母"的行径对诸侯的影响、天下局势的变化，并未提及秦始皇与嫪毐及其两子的特殊关系。张守节注《史记》基本原文引用

---

① （汉）刘向撰，向宗鲁校证：《说苑校证》卷九《正谏》，中华书局1987年版，第215页。

② 同上书，第216页。

③ 《史记》卷六《秦始皇本纪》，中华书局标点本1982年版，第227页。

《说苑》文字。清人解读《史记》中"茅焦进谏"一事曰："《说苑》事详。"①《汉书》曰："毐惧诛作乱，始皇诛之。"②"秦始皇杀两弟，迁其母。"③颜师古注《汉书》未引《说苑》故事，而引应劭之语描述茅焦进谏一事。④应劭此段文字与《说苑》如出一辙。其记载也有可能是承《说苑》而来。《后汉书》言此事仅见李贤注曰："事见《说苑》也。"⑤

嫪毐酒后妄称自己为秦王"假父"可能确有其事，但是后世史学家对"茅焦进谏称嫪毐为秦王假父"一事颇有微词。元代谭景星在评介吕不韦时，谈及"茅焦进谏"一事，曰："茅焦不善于谏，而以死争之，直以车裂假父，囊扑二弟，迁母于雍为辞，以暴国丑。夫弟虽非其类，徒有名存焉耳。母固不可迁，而父可假乎？非谏也。"⑥

从前文可知，在秦始皇统一天下之前，是可以谓母之后夫为"假父"的。但是《说苑》中所记秦始皇和嫪毐的关系，与当时法律意义上的"假父"定义无关。嫪毐与秦王母后的通奸关系不足以成为真正意义上的夫妻，嫪毐与秦王的关系更不可能是法律意义上的"假父假子"关系。

除了以上所列出现"假父"称谓的文献外，秦统一之后的其他文献不见使用"假父"称谓。《汉书》竟提及秦王"两弟"，也不称嫪毐为秦王"假父"，更不见茅焦进谏之言。《说苑》之为何两次出现"假父"称谓？其史料来源为何？其实，《说苑校证》一书的序言已就《说苑》材料之来源和性质予以过概述："《说苑》是刘向校书时根据皇家所藏和民间流行的书册数据加以选择、整理。"⑦秦始皇与嫪毐的关系在秦时期上层统治阶级定是讳莫如深，因而皇家典籍亦不可能如实载录此事。在已经不习使用"假父"称谓的汉代，《说苑》中之所以还会载录此称谓，究其原因，其史料恐来自于秦时期的坊间流传以及民间轶事记载。《说苑》中的

---

① （清）梁玉绳：《史记志疑》卷五《始皇本纪》，中华书局1981年版，第172页。
② 《汉书》卷二七《五行志》，中华书局标点本1962年版，第1422页。
③ 《汉书》卷四四《淮南王传》，第2139页。
④ 《汉书》卷五一《邹阳传》，第2354页。
⑤ 《后汉书》卷六一《周举传》，中华书局标点本1965年版，第2023页。
⑥ 李修生主编：《全元文》卷九九七《黄歇吕不韦论》，江苏古籍出版社1998年版，第229页。
⑦ （汉）刘向撰，向宗鲁校证：《说苑校证》，第1页。

记载可能正是秦时民间广泛流传故事版本的真实写照。从人物性格及事态发展来看，嫪毐酒后妄称自己为秦王"假父"，加之太后与嫪毐本就存在不正当关系，民间因此猜测和流传秦王与嫪毐的关系；从作者的选材倾向来看，以此呈现嫪毐之狂妄自大、咎由自取，以及茅焦之口无遮拦、直言进谏，以为后续事态的发展作出铺垫。

（三）"禁毋敢谓母之后夫叚父"的原因

为何秦始皇会颁行"禁毋谓母之后夫叚父"的令文，主要有以下两个原因。

首先，从秦国内部的历史遗留问题来看，嫪毐因为和太后私通，而妄自以"假父"自居，乃犯上欺下之行，名不正言不顺，谬于伦理且悖于法律，是对秦王的极大侮辱。年幼丧父之痛，加之母后与嫪毐的淫乱私通，是秦始皇内心挥之不去的阴影。即使在秦王政九年（前238）已经"车裂嫪毐，夷嫪毐三族，杀太后所生两子"，但是关于秦始皇与嫪毐的关系已在民间流传开来，口耳相传的流言蜚语，让秦王长期倍感羞辱。秦始皇在统一天下，完全掌控朝政大权之后，才颁行令文禁止再以"叚父"指代母之后夫。不仅从实际行动上否定了嫪毐为"叚父"，且否认了"同母异父"是为"兄弟"的关系，以此试图彻底抹去心中阴影和民间谬传。

其次，此条令文的立法意图还在于整齐称谓。秦统一前，各国与母之后夫相关的称谓有"叚父"、"后父"、"继父"，词多义杂，这会给使用者带来混乱和不便。因而统一词汇的选用和规范则变得十分重要。秦始皇制定了诸多关于称谓更定的律令。还见于《里耶秦简》"更名方"："毋敢曰王父曰泰父，毋敢曰巫帝曰巫，毋敢曰猪曰彘。"[1] 其出发点与岳麓简此条令文相似，除了与历史遗留问题有关之外，也是为了在全国范围内统一事物的名称，此类诏令以"毋敢谓（曰）……"为起始范式。

---

[1] 陈伟主编：《里耶秦简牍校释（第一卷）》，第156页。

二 后父、继父、义父释义梳证

(一) 后父与继父

秦汉时期，与"母之后夫"相关的称谓有"假父"、"后父"、"继父"。"假父"同于"继父"同于"母之后夫"，"假父"与"后父"之义是否相同，还需谨慎斟酌。

岳麓秦简整理小组对此条令文注曰："叚父即后父。"① 现代汉语"后父"的含义众人皆知，可同"母之后夫"。但在先秦文献中所见"后父"，恐非完全同于"叚父"，"后父"当是"母之后夫"中的某一类人。《睡虎地秦简·为吏之道》中有两处可见"后父"称谓：

> ·廿五年闰再十二月丙午朔辛亥，告相邦：民或弃邑居野，入人孤寡，徼人妇女，非邦之故也。自今以来，叚（假）门逆吕（旅），赘婿后父，勿令为户，勿鼠（予）田宇。三枼（世）之后，欲士（仕）士（仕）之，乃（仍）署其籍曰：故某虑赘婿某叟之乃（仍）孙。 魏户律
>
> ·廿五年闰再十二月丙午朔辛亥，告将军：叚（假）门逆旅，赘婿后父，或率民不作，不治室屋，寡人弗欲，且杀之，不忍其宗族昆弟。今遣从军，将军勿恤视。烹牛食士，赐之参饭而勿予殽。攻城用其不足，将军以堙壕。 魏奔命律②

其中"廿五年"应当是指魏安釐王二十五年，睡虎地秦简整理小组注曰："后父，应指招赘于有子寡妇的男子，实际上是赘婿的一种。"③《岳麓（伍）》此组令文中简002至简004："有子者，毋得以其前夫、前夫子之财嫁及入姨夫及予后夫、后夫子及予所与奸者……前令予及以嫁、入姨夫而今有见存者环（还）之……"④ 其中之"姨夫"特指"入赘夫亡而有

---

① 陈松长主编：《岳麓书院藏秦简（伍）》，第73页。
② 睡虎地秦墓竹简整理小组：《睡虎地秦墓竹简》，第174、175页。
③ 同上书，第175页。
④ 陈松长主编：《岳麓书院藏秦简（伍）》，第219页。

子寡妇之人"。① 张继海在《睡虎地秦简魏户律的再研究》一文中曾指出："后父是赘婿的一种。'假门逆旅,赘婿后父'是对'赘婿'作了明确的界定,指那些亡脱名籍、逃避兵役、入赘到野中士兵遗孀家庭有数条重罪在身的赘婿。"② 此说可从。因为"后父"所出现的语境是特指"入赘到野中士兵遗孀家庭有数条重罪在身的赘婿"。因而也仅属于"母之后夫"当中的一类,无法完全同于普遍意义上的"母之后夫"。除了《睡虎地秦简》所见"后父"称谓外,其他秦汉文献暂未见使用"后父"称谓。

"继父"通常出现在与丧服有关的文献当中。清代郑珍《亲属记》曰:"不随母嫁者,直无继父之名。孔疏千古定论。后不从母嫁而亦称母之后夫为继父,或曰后父,书传有之,可谓无羞恶之极,今不录也。"③ "继父"称谓的前提是子随母再嫁,"假子"对"继父"履行服丧义务的前提亦当如此。《仪礼·丧服》曰:"继父同居者,传曰何以期也。夫死,妻稚子幼,子无大功之亲。与之适人。而所适者亦无大功之亲。所适者以其货财为之筑宫庙。岁时使之祀焉。妻不敢与焉。若是则继父之道也。同居则服齐衰期,异居则服齐衰三月。必尝同居。然后为异居。未尝同居,则不为异居。"④ 汉代《武威汉简》中也出现相同的文字。可以明确的是,汉代,"继父"称谓当一直被使用。随着国家制度的逐渐完善,在律条及诏令中多见"继父"称谓。如《唐律》:"殴伤继父者,与缌麻尊同,同居者加一等。"⑤ 又如金代国家诏令:"五月癸卯,禁私度僧尼及继父继母之男女无相嫁娶。"⑥

(二) 义父

"假父"称谓的含义并非一成不变。秦汉时期的"假父"同于"母之后夫",至北魏时期,"假父"衍生出"义父"之义。

---

① 关于"入姨夫"的详细释义,详见拙作《秦汉再婚家庭财产权试探——以简牍材料为中心》,待刊。
② 张继海:《睡虎地秦简魏户律的再研究》,《中国史研究》2005 年第 2 期。
③ (清)郑珍撰,冯惠民、李肇翔、杨梦东点校:《亲属记》,中华书局 1996 年版,第 540 页。
④ 《仪礼注疏》卷三一,(清)阮元校刻《十三经注疏》,中华书局 2009 年版,第 2399 页。
⑤ 刘俊文:《唐律疏议笺解》卷二三《斗讼》,中华书局 1996 年版,第 1575 页。
⑥ 《金史》卷三《太宗纪》,中华书局标点本 1975 年版,第 61 页。

此前，睡虎地秦简整理小组释"假父为义父"。① 陈直亦曾提出"叚父似为义父之义"。《汉书新证》："假母为继母，假子为前夫之子。又《说苑》记茅焦谏始皇云：'陛下车裂叚父，有嫉妒之心。'似叚父为义父之称。"② 其实，因当时材料有限，故而陈直的表述亦有怀疑和不确定性。后世学者大抵沿用此说。但此说并非毫无依据。关于"义父"一词的含义。先秦至汉代文献中，不见"义父"一词。"义父"称谓见于《洛阳伽蓝记》："汝南王闻而异之，拜为义父。因而问何所服饵，以致长年。"③ 此中"义父"，是指相互无血缘关系之人，以敬拜为父表达崇敬、依附之情，不存在亲属联系，抑或有认养之情。④ 又"假父"与"义父"之义同其实可从相关典籍中找到依据。《魏书》："荣遂害庆宾僚属，拘庆宾还秀容，呼为假父。"⑤《新唐书》："以胡、奚杂类虬须者为一将，号'蕃落健儿'，皆錡腹心，禀给十倍，使号錡为叚父，故乐为其用。"⑥ 此中"假父"的确与前引"义父"之义同。因而后世学者在解释秦汉时期"假父"一词时，便直接将其当作"义父"解。其实，"假父"一词在秦统一之后便不再通行使用，因而人们对它的语义逐渐陌生，其含义至北魏已经不再指代"母之后夫"，而同于"义父"。

值得注意的是，"假子"与"假父"是为一组相对应的概念。《岳麓秦简•为狱等状四种》所记秦王政二十二年的"学为伪书案"中有"叚子"一词："冯将军毋择叚子，毋择舍（舍）妻。"⑦ 汉代义为丈夫（妻子）前妻（前夫）之子的"假子"一词，至曹魏时期，亦衍生出"养子"之义。⑧

---

① 睡虎地秦墓竹简整理小组：《睡虎地秦墓竹简》，第98页。
② 陈直：《汉书新证》卷一四《淮南衡山济北王传》，中华书局2008年版，第268—269页。
③ （北魏）杨衒之撰，周祖谟校释：《洛阳伽蓝记校释》卷二《城东》，中华书局2010年版，第67页。
④ 王博凯在文中引《汉语大辞典》"义父"条之注，并对"义父"含义有所阐述，可参看。详见王博凯《读〈岳麓书院藏秦简（伍）〉札记》，简帛网，http://www.bsm.org.cn/show_article.php?id=3014，2018年3月12日。
⑤ 《魏书》卷二六《尉古真传》，中华书局标点本1974年版，第658页。
⑥ 《新唐书》卷二二四《李錡传》，中华书局标点本1975年版，第6382页。
⑦ 朱汉民、陈松长主编：《岳麓书院藏秦简（叁）》，上海辞书出版社2013年版，第278页。
⑧ 王子今：《秦汉称谓研究》，第269页。

三　秦汉"不同父者"间的关系试探

(一) 试析《岳麓(伍)》所见"不同父者"

此组令文中亦涉及到妇女更嫁后，再婚家庭子女间的关系变化：

> (001) 1025：不同父者，毋敢相仁（认）为兄、姊、弟㇄。犯令者耐隶臣妾而(002) 1107：毋得相为夫妻，相为夫妻及相与奸者，皆黥为城旦舂。

针对上述令文，我们有必要对"不同父者"究竟是指何种关系，作出一定的解释。研究者大体认同"不同父者"是指前夫子和后夫子的关系。① 但尚未对"不同父者"的具体含义作深入讨论。

"不同父者"可以是指伴随着妇女更嫁而来的"同母异父"的亲属关系。"不同父"可同于"异父"。秦汉文献中通常使用"异父"来指代"同母异父"这种半血缘的亲属关系。如宣太后与其同母异父之弟魏冉："其异父长弟曰穰侯，姓魏氏。"② 又如"季布异父弟丁公为楚将。"③ 季布与丁固亦有着"同母异父"的亲属关系。"同母异父"的亲属关系在秦汉典籍中通常加以省略，写作"异父"。④ 但若令文特指"同母异父"的亲属关系时，按照秦汉时期的用词习惯，应直接言"同母"、"异父"或"同母异父"。欲特指"异母异父"关系时，应言"不同父母"或"异母异父"。结合词汇语义和语言环境来说，我们认为岳麓简此令之所以是为"不同父者"，当同时暗含"异母异父"的亲属关系。即前夫之子与后夫之子没有血缘关系。

---

① 武汉高校读书会指出："该条法令禁止前夫子与后夫子之间形成兄、姊、弟关系，同时禁止两者相为夫妻或相与奸。"参见《〈岳麓书院藏秦简（伍）〉研读记录》（二）》，简帛网，http://www.bsm.org.cn/show_article.php?id=3187, 2018年6月24日。
② 《史记》卷七二《穰侯列传》，第2323页。
③ 《汉纪》卷三《高祖皇帝纪》，中华书局2002年版，第41页。
④ 文献中也有用"同母"表示"同母异父"，如《史记》卷一○七《武安侯列传》，第2841页："武安侯田蚡者，孝景后同母弟也。"另外，为避免理解的歧义，律令中也直接用"同母异父"来指代此类亲属关系。如《睡虎地秦墓竹简·法律答问》简172："同母异父相与奸，可论，弃市。"

综上所述，此处令文"不同父者"应包含两种关系：一是同母异父；二是异母异父。"同母异父"是指前夫之子和妇女更嫁之后与后夫所生之子，有"半血缘"的亲属关系；"异母异父"是前夫之子与后夫前妻之子，两者没有血缘关系。秦汉妇女夫死或者离异后"再嫁"他人，成立一个新家庭。子女作为纽带无形中建立起前后两个甚至三个家庭间的联系，尤其是在同居的情况下，不管双方子女有无血缘关系，都会在一定程度上影响家庭关系的发展。秦代"不同父"子女间的关系，存在一定的规范和禁忌。由秦至汉，再婚家庭子女间关系也随着国家诏令和社会意识不断变化和发展。

（二）"不同父者"间的通婚及通奸

据《岳麓（伍）》简001和简002，"不同父"之人，若结为夫妻或者通奸，皆黥为城旦舂。睡虎地秦墓竹简《法律答问》曰："同母异父相与奸，可论，弃市。"① "岳麓秦简律令部分比睡虎地秦简的时代略晚，又大部分是秦始皇改制之后所抄写。"② 因而，岳麓简此条令文的设法缘由可能承袭《法律答问》而来。后世《唐律》曰："娶同母异父兄弟姊妹……各以奸论。"③ 宋律亦沿袭唐律。这类有"半血缘"关系的"同母异父"之人不能通婚、通奸是自古以来之惯例，因为此行为有乖伦理道德。从此条令文可知，秦朝亦不例外。我们推测汉代亦是禁绝同母异父间的通婚及通奸。

从上述秦令可知，秦"异母异父"的"兄弟姐妹"不允通婚及通奸。《金史·太宗纪》曰：禁私度僧尼及继父继母之男女无相嫁娶。④《大明会典》曰："前夫子女与后夫子女苟合成婚者，以娶同母异父姊妹律条科断。"⑤ 清人沈家本在《历代刑法考·寄簃文存》之"尊卑为婚"条引《示掌》云："如前夫子女与后夫子女异父异母者，若从尊长主婚，毋概拟离，应援名分不甚有碍例科之。"⑥ 金、明两朝亦明确禁止"异母异父"

---

① 睡虎地秦墓竹简整理小组：《睡虎地秦墓竹简》，第134页。
② 陈松长：《岳麓简中的令文格式初论》，《上海师范大学学报》2017年第6期。
③ 刘俊文：《唐律疏议笺解》卷一四《户婚》，第1034页。
④ 《金史》卷三《太宗纪》，第61页。
⑤ （明）李东阳：《大明会典》卷一六三《刑部》，明万历内府刻本，第1547页。
⑥ （清）沈家本：《历代刑法考》卷五《寄簃文存》，中华书局1985年版，第2175页。

间的通婚及通奸；至清朝，禁令似有所松懈，对"异母异父通婚者"不再强制离异或判罚。汉代对"异母异父"间通婚及通奸的相关规定，还有待更多材料的发现。因而我们仅作推论：汉代"异母异父"者恐仍不允许通婚及通奸。

（三）秦汉"不同父者"间的关系演变

前文已经阐述了在秦时期统治者取消"叚父"称谓之缘由。秦律对"不同父"的"兄弟姐妹"间关系所持"毋敢相认为兄、姊、弟"的态度也是耐人寻味。早在秦王政时期，嫪毐封为长信侯，其势日盛，即私下与太后密谋，"王即薨，以子为后"。① 后嫪毐酒后自称假父，也为秦王"扑杀二弟"埋下了伏笔。最终，出于对"二弟"谋权篡位的防范，以及对嫪毐身份的厌恶，因此在秦始皇已经"夷嫪毐三族"的情况下，还残忍"囊扑二弟"，可见秦始皇对"同母异父"者愤恨之深。春秋战国时期，史籍以"外弟、外妹"指代"同母异父"之兄弟姐妹关系："声伯以其外弟为大夫。而嫁其外妹于施孝叔。"②

早在春秋战国时期，"异母异父"者的矛盾冲突就已十分激烈。齐国大夫崔杼"生子成及强，其母死，取东郭女，生明。东郭女使其前夫子无咎与其弟偃相崔氏"。③ 东郭女"更嫁"崔杼，前夫子与后夫子同居。崔成偶然犯错，东郭女前夫子趁机立崔明为崔家太子。后来，本与崔杼不合的庆封遂唆使成、强两弟杀死东郭氏前夫子。又趁崔杼大怒之时，指使崔杼仇人卢蒲嫳杀死成、强两子。此"异母异父"的兄弟间的斗争最终给崔家带来了家破人亡的惨痛结局。历代文献中关于"异母异父"兄弟姐妹间的矛盾层出不穷，相互斗争此起彼伏，猜忌、互相残杀之例比比皆是。

秦昭王时期，宣太后芈氏的母亲历经改嫁，《史记》记载："其（芈氏）异父长弟曰穰侯，姓魏氏，名冉；同父弟曰芈戎，为华阳君。"④ 芈氏与魏冉是"不同父"的姐弟关系，在魏冉的协助下，秦昭王继位，宣

---

① 《史记》卷八五《吕不韦列传》，第 2512 页。
② 《春秋左传正义》卷二七，《十三经注疏》，第 4145 页。
③ 《史记》卷三二《齐太公世家》，第 1502 页。
④ 《史记》卷七二《穰侯列传》，2323 页。

太后重用魏冉、芈戎。姐弟三人甚至威胁到秦政大权。但是最终芈氏被废，魏冉被罢免，芈戎被驱逐。"不同父"之兄弟姐妹若交往过密，势力相互依附并逐渐强大，可能会威胁到统治者权力，定为君主所不喜。

西汉，较之秦有了显著的变化，"不同父者，毋敢相仁（认）为兄、姊、弟"的情形已经不复存在。相反，"不同父者，相认为兄、姊、弟"的文例屡现，"不同父"兄弟姐妹间的交往明显增多，不仅相认，且彼此信任，相互扶持。

西汉孝景皇后王娡的母亲为燕王臧荼的孙女。先嫁为王仲妻，生子王信、两女王娡、王姁儿。王仲死后，更嫁长陵田氏，生田蚡、田胜。王娡先嫁给金王孙，生一女，后因其母卜筮知王娡贵。强行不顾女婿之意见将女儿嫁入太子宫，后王娡生下刘彻，即汉武帝。武帝念及田蚡、田胜与"孝景后同母弟"[①]之情，分别封其为武安侯、周阳侯。《汉书·外戚传》曰："皇太后微时所为金王孙生女俗，在民间，盖讳之也。武帝始立，韩嫣白之。"[②] 汉武帝刚继位之初尚不知民间有同母异父之姐，汉武帝遂车驾前往迎之，并与之言："大姊，何藏之深也？"尔后一同前往拜见太后，武帝对其姐施以厚待，以此彰显武帝顾念亲情。两姐弟间的关系从"民间，盖讳之也"到武帝公开迎请，正是从秦"不同父者，毋敢相认为兄、姊、弟"转变为"不同父者，相认为兄、姊、弟"的显著变化之体现。

西汉皇后王政君之父多娶傍妻。其母为魏郡李氏，"后以妒去，更嫁为河内苟宾妻"[③]。王政君生成帝。元帝崩，成帝立。王凤为大司马大将军领尚书事、弟崇为安成侯，王氏之兴由此而起。王政君母亲更嫁苟宾后，生子参。"太后怜参，欲以田蚡为比而封之。上曰：'封田氏，非正也。'以参为侍中水衡都尉。"[④]

汉元帝嫔妃傅昭仪，"父河内温人，蚤卒，母更嫁为魏郡郑翁妻，生男恽"[⑤]。汉成帝死后，傅昭仪孙刘欣继位，即汉哀帝。"太后同母弟郑恽前死，以恽子业为阳信侯，追尊恽为阳信节侯。"[⑥] 傅太后对郑恽之子行

---

① 《史记》卷一九《惠景闲侯者年表》，第1024页。
② 《汉书》卷九七上《外戚传》，第3947页。
③ 《汉书》卷九八《元后传》，第4015页。
④ 同上书，第4018页。
⑤ 《汉书》卷九七《外戚传》，第3999页。
⑥ 同上书，第4002页。

赏封授，亦示对同母异父之弟郑恽的尊敬。

东汉时期，"不同父"子女间的关系显得十分微妙，鲜见相认，人们似乎不再过多强调"不同父"之子女间的联结和交往。

东汉李通有一同母异父兄弟，名为申徒臣（或申屠臣），另有从弟李轶。"申徒臣能为医，难使，伯升杀之。上恐其怨，不欲与轶相见。"① 李轶欲前往与刘秀共商大事。起初，刘秀担心李通会怨恨刘演杀害申徒臣而不愿面见李轶，但是最终还是决定见面。相见时，刘秀藏一佩刀在怀中以防李通、李轶会趁机为同母弟报仇雪恨，但是，李氏兄弟"殊不以申屠臣为恨"②。可见，李通、李轶似乎毫不介意与杀害同母异父之兄弟的仇人共事，同母异父兄弟间的感情十分淡漠。因而史书以"殊"字示其脱于常理。

东汉末期有着"异母异父"关系的朱苗与何进。③ 史书对两者关系以"兄、弟"相称："进弟河南尹苗出击之。苗攻破群贼，平定而还。"④ "其后车骑将军何苗，与兄大将军进部兵还相猜疑，对相攻击，战于阙下。苗死兵败。"⑤ 朱苗随母兴再嫁之后，甚至冒姓何苗。朱苗与何进无血缘关系，即便相认为兄弟，亦不同心，加之彼此在政治权势上的争夺、互相猜忌，两人矛盾日益加深，最终激化彻底爆发，何进因密谋诛杀宦官一事败露而被杀，后何进的卫兵又将朱苗杀害。

三国时期曹魏大臣李胤的父亲去世后，母亲改嫁，嫁给了牵招，生子牵嘉、牵弘。史书记曰："嘉与晋司徒李胤同母。"⑥ 母亲改嫁，李胤留在父家躬行节俭，恪守孝道，孤苦伶仃；而牵嘉在父亲死亡后承袭爵位为关内侯。从史料记载来看，李胤与牵嘉、牵弘两弟虽处同世，但是各自奔战沙场，很难看出生活有何交集。

为何会产生从秦"不同父者，毋敢相认为兄、姊、弟"的到西汉"不同父者，相认为兄、姊、弟"，再到东汉"不同父者，各自为事，彼此淡漠"的现象。主要有以下两个方面的原因。

---

① 《后汉书》卷一五《李通传》李贤注引《续汉书》，第574页。
② 《后汉纪》卷一《光武皇帝纪》，中华书局标点本2002年版，第2页。
③ 关于朱苗与何进的关系，详见《后汉书》卷六九《何进传》；卷一〇《皇后纪》。
④ 《后汉书》卷六九《何进传》，第2246页。
⑤ 《续汉书·五行志一七》，第3343页。
⑥ 《后汉书》卷二六《牵招传》，第733页。

首先，国家和社会对女性"更嫁"行为及"不同父"子女间联结和交往所持的态度，是造成这种变化的根本原因。秦始皇初并天下，面对社会男女关系淫乱逾次，最重要的工作之一就是整齐风俗人伦。始皇二十八年（前219）上泰山，刻所立石，辞曰："贵贱分明，男女礼顺。"同年登琅琊台，刻石曰："尊卑贵贱，不逾次行。"二十九年（前218），登之罘，刻石曰："大圣作治，建定法度，显著纲纪。"三十七年（前210），上会稽山，立石："有子而嫁，倍死不贞。放隔内外，禁止淫泆，男女洁诚。夫为寄豭，杀之无罪，男秉义程。妻为逃嫁，子不得母，咸化廉清。"这一系列措施都是为限制有子寡妇"更嫁"，阻止"不同父"者间有悖于伦理道德的交往，从而修正社会风气。秦始皇的个人遭遇，使其对"不同父者"间的关系常怀警惕。加之前代各类因"不同父者"间的交往而引发的混乱，多种因素的促使下，最终下令惩治"不同父者"间的相认、通婚及通奸。"两汉时期，人们关于女子的贞洁观念比较淡薄。改嫁与再嫁现象是广泛存在的。"① 西汉社会尊敬女子再婚之自由意愿。《张家山汉简》："夫死而妻自嫁、取（娶）者毋罪。"② 国家逐渐放松对"不同父"者间关系的制约。儒家文化的传播和影响使得统治者更为重视孝道及家庭成员间的敦亲睦族。"汉代人对母亲怀有深深的崇敬之情。"③ "西汉时期的同母关系似乎在某些情况下比同父关系密切，至少与同父关系一样受到重视。"④ 统治者刻意强调同母的血缘关系，从而表达对亲生母亲的尊崇和应尽的"孝道"，以及对手足之情的重视。通过笼络"同母异父"之兄弟姐妹，以这种特殊母系亲缘关系的联结来形成某种政治上的依附势力，其政治要求超过了践行"敦亲和睦"之道。当然，所有的前提都是"不同父"者间的交往无害且尚未威胁到君主统治。东汉时期，统治者汲取西汉末期外戚擅权的历史经验，似乎也不愿过多重视"同母"

---

① 彭卫：《汉代婚姻形态》，第195页。
② 张家山二四七号汉墓竹简整理小组：《张家山汉墓竹简》，文物出版社2006年版，第108页。
③ 关于汉代人的崇母亲情节，可参见许智银《论汉代人的母亲情节》，《河南大学学报（社会科学版）》2004年第5期；王鑫明《汉代崇母风尚研究》，硕士学位论文，曲阜师范大学，2014年；等等。
④ 侯旭东：《汉魏六朝父系意识的成长与"宗族"问题——从北朝百姓的聚居状况谈起》，收入氏著《北朝村民的生活世界——朝廷、州县与村里》，商务印书馆2010年版，第70页。

间亲缘关系的联系和交往,且父系意识明显强化。① "直到东汉,民间提倡妇女守节观点开始系统化。"② "夫有再娶之义,妇无二适之文"③ 的意识观念才开始逐渐确立。不断有优待寡妇,封赏贞妇的诏令出现。国家对"贞节"观的提倡和弘扬,一定程度上约束了东汉女性再嫁之自由意愿,因而"不同父"间的交往也就顺势淹没在历史书写的笔触之中。正如计倪所言:"是故不等,犹同母之人,异父之子,动作不同术,贫富故不等。"④ 其实,从朱苗何进之事可知,东汉不管同母异父还是异母异父者,即便互相知晓,或同居,更有异母异父者改为同姓,彼此联系也并不密切,且处于一种相互疏离的状态,更有甚者因为权势利益的争夺,矛盾激化,彼此残杀。

(作者单位:中国人民大学历史学院)

---

① 关于汉代父系观念的演变,可参见侯旭东《汉魏六朝父系意识的成长与"宗族"问题——从北朝百姓的聚居状况谈起》,收入氏著《北朝村民的生活世界——朝廷、州县与村里》;刘厚琴《汉代父系观念研究》,《人文杂志》2011 年第 3 期;李静《汉晋父系观念嬗变研究》,硕士学位论文,曲阜师范大学,2014 年。

② 肖振宇:《秦及汉初妇女再婚浅说》,《张家口师专学报》1996 年第 2 期。

③ 《后汉书》卷八四《列女传》,第 2790 页。

④ (汉)袁康撰,李步嘉校释:《越绝书校释》卷四《越绝计倪内经》,中华书局 2013 年版,第 113 页。

《吕氏春秋》"文无畏过宋"文本形成试探

杜 晓

《吕氏春秋》成书于秦统一六国前夕，其中《行论》篇载有"文无畏过宋"一事。这一事件亦见于文本形成更早的《左传》与清华简《系年》。《左传》成书于公元前 375 年—公元前 360 年之间。[①] 清华简的年代，学界一般认为是在战国中后期，其文本的形成的时间至晚亦应在这一时期。将这几种文本中的"文无畏过宋"记载进行比较分析，或可对认识《吕氏春秋》文本的形成有所助益。

一 主要参照本基础上的文本糅合

比较分析三个文本在内容上的异同，可以发现，《吕氏春秋》中所载文本（以下简称吕本）是以《左传》中文本（以下简称左本）或与左本相似文本为主要参照本的基础上糅合了其他文本所形成。以下从内容上的几个主要方面对三个文本进行比较。

其一，文无畏过宋是否假道。三个文本记载分别如下：

> 楚子使申舟聘于齐，曰："无假道于宋。"亦使公子冯聘于晋，不假道于郑。申舟以孟诸之役恶宋，曰："郑昭，宋聋，晋使不害，我则必死。"王曰："杀女，我伐之。"见犀而行。[②]（左本）

[①] 王和：《〈左传〉的成书年代与编纂过程》，《中国史研究》2003 年第 4 期。
[②] 《春秋左传正义》卷二四《宣公十四年》，《十三经注疏》，中华书局 1980 年版，第 4094 页。

> 穆王即世，庄王即位，使申伯无畏聘于齐，假路于宋，宋人是故杀申伯无畏，夺其玉帛。①（简本）

> 楚庄王使文无畏于齐，过于宋，不先假道。②（吕本）

左本中的"孟诸之役"是指文公十年，楚国将陈、郑、蔡之军将伐宋，宋国"乃逆楚子，劳且听命。遂道以田孟诸。宋公为右盂，郑伯为左盂。期思公复遂为右司马，子朱及文之无畏为左司马，命夙驾载燧。宋公违命，无畏抶其仆以徇"一事。③ 对此事的记载，亦见于简本，但吕本中除华元之语有所提及外，未见记载。关于"申舟"其人，据杨伯峻先生考证，文为其氏，申为其食邑，舟为其字，无畏为其名。④ 因而《左传》宣公十四年史料中的"申舟"即孟诸之役史料中的"文之无畏"。亦即简本中的"申伯无畏"、吕本中的"文无畏"。"抶其仆以徇"即笞击宋公之御并遍示众人。这一行为在时人眼中是对于国君极大的侮辱："或谓子舟曰：'国君不可戮也。'"⑤《春秋左传注》："子舟即文之无畏。"⑥ 文无畏的回答是："当官而行，何强之有？《诗》曰：'刚亦不吐，柔亦不茹'，'毋纵诡随，以谨罔极'。是亦非辟强也。敢爱死以乱官乎？"⑦ 并未否认他之前的行为是对国君之辱。

对于文无畏过宋是否假道的记载，左本中"楚子使申舟聘于齐，曰：'无假道于宋'"，楚王命其过宋不假道，并且由此引出一段文无畏同楚王的对话及引见其子的文本。而在简本中，"申伯无畏聘于齐，假路于宋"，文无畏过宋则是假道的。吕本中，由于楚王的要求，文无畏过宋未尝假道。这一点与左本类似，而与简本存在区别。不过，类似的同时，吕本的记载远简略于左本。左本中楚子使文无畏聘齐不假道于宋时二者之间的对

---

① 李学勤主编：《清华大学藏战国竹简（贰）》，中西书局2010年版，第160页。
② 许维遹集释，梁运华整理：《吕氏春秋集释》卷二〇，中华书局2009年版，第571页。
③ 《春秋左传正义》卷一九上《文公十年》，《十三经注疏》，第4012页。
④ 杨伯峻：《春秋左传注》，中华书局1981年版，第577—578页。
⑤ 《春秋左传正义》卷一九上《文公十年》，《十三经注疏》，第4012页。
⑥ 杨伯峻：《春秋左传注》，第578页。
⑦ 《春秋左传正义》卷一九上《文公十年》，《十三经注疏》，第4012页。

话,与文无畏向楚王引见其子犀的内容,俱不见于吕本。

其二,宋杀文无畏的原因、时间及地点。

  及宋,宋人止之。华元曰:"过我而不假道,鄙我也。鄙我,亡也。杀其使者,必伐我。伐我,亦亡也。亡一也。"乃杀之。①(左本)

  穆王即世,庄王即位,使申伯无畏聘于齐,假路于宋,宋人是故杀申伯无畏,夺其玉帛。②(简本)

  还反,华元言于宋昭公曰:"往不假道,来不假道,是以宋为野鄙也。楚之会田也,故鞭君之仆于孟诸,请诛之。"乃杀文无畏于杨梁之隄。③(吕本)

左本中,"华元曰:'过我而不假道,鄙我也……'乃杀之"。宋国杀文无畏的原因是由于其过宋不假道,以之为鄙。简本中,"宋人是故杀申伯无畏"。"是故"是"承上启下之词"④,所承上文是宋人杀文无畏的原因,即"孟诸之役":

  楚穆王立八年,王会诸侯于厥貉,将以伐宋。宋右师华孙元欲劳楚师,乃行,穆王使驱孟诸之麋,徙之徒蒿。宋公为左盂,郑伯为右盂。申公叔侯知之,宋公之车暮驾,用抶宋公之御。⑤

这里的"申公叔侯",整理者据下文认为乃是讹误,应为"申伯无畏",即文无畏。⑥暮驾,"意为晚驾、迟驾"。⑦抶,《说文》:"笞击也。"⑧ 文

---

① 《春秋左传正义》卷二四《宣公十四年》,《十三经注疏》,第4094页。
② 李学勤主编:《清华大学藏战国竹简(贰)》,第160页。
③ 许维遹集释,梁运华整理:《吕氏春秋集释》卷二〇,第571页。
④ 王引之:《经传释词》,江苏古籍出版社2000年版。
⑤ 李学勤主编:《清华大学藏战国竹简(贰)》,第160页。
⑥ 参见李学勤主编《清华大学藏战国竹简(贰)》,第161页。
⑦ 同上。
⑧ (汉)许慎撰,(清)段玉裁注:《说文解字注》,上海古籍出版社1981年版,第609页。

无畏由于宋公之车晚驾,笞击宋公之御,这是简本中宋杀文无畏的原因。吕本中,华元说宋昭公杀文无畏的理由是"往不假道,来不假道,是以宋为野鄙也。楚之会田也,故鞭君之仆于孟诸"。包含了过宋不假道和鞭宋公之仆两点。这与左本和简本中原因都分别只有这两点中的一点是不同的。

吕本另一处与其余二本的主要差异是明确提及宋杀文无畏的时间及地点。"还反,华元言于宋昭公曰:'往不假道,来不假道……'"明确提及文无畏被杀是在还反之时,而左本和简本都没有涉及这一问题。不过根据后两者的叙述语言"及宋,宋人止之","使申伯无畏聘于齐,假路于宋,宋人是故杀申伯无畏",表达出的含义更倾向文无畏是在去途被杀。此外,吕本言及宋杀文无畏的地点"杨梁之隄",《左传》襄公十二年"师于杨梁"杜预注云西晋时"梁国睢阳县东有地名杨梁"①,即"今河南商丘县东南三十里"②。这一点亦不见于左本与简本。

其三,楚王闻讯围宋。

楚子闻之,投袂而起。履及于窒皇,剑及于寝门之外,车及于蒲胥之市。秋九月,楚子围宋。③(左本)

庄王帅师围宋九月。④(简本)

庄王方削袂,闻之曰:"嘻!"投袂而起,履及诸庭,剑及诸门,车及之蒲疏之市,遂舍于郊,兴师围宋九月。⑤(吕本)

对三段楚王围宋记载的文本结构进行分析,可得表1:

---

① 《春秋左传正义》卷三一《襄公十二年》,《十三经注疏》,第4236页。
② 杨伯峻:《春秋左传注》,第996页。
③ 《春秋左传正义》卷二四《宣公十四年》,《十三经注疏》,第4094页。
④ 李学勤主编:《清华大学藏战国竹简(贰)》,第160页。
⑤ 许维遹集释,梁运华整理:《吕氏春秋集释》卷二〇,第571页。

表1

		左本	简本	吕本
楚王闻讯反应	语言			"嘻!"
	行为	投袂而起。履及于窒皇，剑及于寝门之外，车及于蒲胥之市。		投袂而起，履及诸庭，剑及诸门，车及之蒲疏之市，遂舍于郊。
围宋		秋九月，楚子围宋。	庄王帅师围宋九月。	兴师围宋九月。

资料来源：《春秋左传正义》《清华大学藏战国竹简（贰）》《吕氏春秋集释》。

据表1可知，左本与吕本都对楚王闻讯后的反应与围宋俱有记载，简本只记载了楚王围宋。而左本与吕本对楚王闻讯后反应的记载，亦存在一定的差异：左本只记载了楚王闻讯后的行为，而吕本不仅还记载了楚王的语言，并且对行为的记载比左本多出"遂舍于郊"。

不过，对照左本与吕本对楚王闻讯后行为的记载，不难发现二者语言上亦存在相似，后者这一部分可能即是从前者化出。两文俱有"投袂而起"。左本"履及于窒皇"，吕本作"履及诸庭"，杨伯峻认为"窒皇"即"路寝前之庭也"，"《吕氏春秋·行论篇》作'履及诸庭'，以'庭'解此'窒皇'，沈钦韩《补注》、武亿《义证》皆用其说，是也。此时楚庄王在路寝，古人在室内不穿鞋。履，今之鞋。闻申舟被杀，怒而起，起而走，不及纳履。及者，送履者追而及之也"。① 与以"庭"解"窒皇"相似，左本"剑及于寝门之外"，吕本作"剑及诸门"，是以"门"解"寝门"。为了四字一句语言形式的流畅，"之外"二字未被收入也在情理之中。左本"车及于蒲胥之市"，吕本作"车及之蒲疏之市"。对于这一差别，杨先生认为："'蒲胥之市'《吕览》作'蒲疏之市'，胥、疏字通。"② 此外，吕本多"庄王方削袂"，王念孙："古者谓缝为削"③，这应是吕本参考左本中"投袂而起"时为使叙述更加合理通畅所加。

---

① 杨伯峻：《春秋左传注》，第756页。
② 同上。
③ （清）王念孙：《读书杂志》，上海古籍出版社2014年版，第1789页。

其四，楚王围宋结局。

> 夏五月，楚师将去宋，申犀稽首于王之马前曰："毋畏知死而不敢废王命，王弃言焉。"王不能答。申叔时仆，曰："筑室，反耕者，宋必听命。"从之。宋人惧，使华元夜入楚师，登子反之床，起之，曰："寡君使元以病告，曰：'敝邑易子而食，析骸以爨。虽然，城下之盟，有以国毙，不能从也。去我三十里，唯命是听。'"子反惧，与之盟，而告王。退三十里，宋及楚平。华元为质。盟曰："我无尔诈，尔无我虞。"① （左本）

> 宋人焉为成，以女子与兵车百乘，以华孙元为质。② （简本）

> 宋人易子而食之，析骨而爨之。宋公肉袒执牺，委服告病，曰："大国若宥图之，唯命是听。"庄王曰："情矣宋公之言也。"乃为却四十里，而舍于卢门之阖，所以为成而归也。③ （吕本）

三个文本中，楚王围宋结局俱为楚宋为成，然而具体细节的记载不一，其中左本最为详细。事实上，《左传》中在楚王围宋结局之前，还有围宋期间晋不救宋、解扬使宋囚楚而归的记载。④ 这些与本文所讨论主题关联不大，兹不赘述。左本的结局记录了申犀止楚王、申叔时献策、华元夜入楚师、楚人退师、华元为质以及两国盟词，其中华元夜入楚师是两国为成的

---

① 《春秋左传正义》卷二四《宣公十五年》，《十三经注疏》，第 4097 页。
② 李学勤主编：《清华大学藏战国竹简（贰）》，第 160 页。
③ 许维遹集释，梁运华整理：《吕氏春秋集释》卷二〇，第 572 页。
④ "宋人使乐婴齐告急于晋，晋侯欲救之。伯宗曰：'不可。古人有言曰：'虽鞭之长，不及马腹。'天方授楚，未可与争。虽晋之强，能违天乎？谚曰：'高下在心。'川泽纳污，山薮藏疾，瑾瑜匿瑕，国君含垢，天之道也。君其待之！'乃止。使解扬如宋，使无降楚，曰：'晋师悉起，将至矣。'郑人囚而献诸楚。楚子厚赂之，使反其言。不许。三而许之。登诸楼车，使呼宋人而告之。遂致其君命。楚子将杀之，使与之言曰：'尔既许不穀，而反之，何故？非我无信，女则弃之。速即尔刑！'对曰：'臣闻之，君能制命为义，臣能承命为信，信载义而行之为利。谋不失利，以卫社稷，民之主也。义无二信，信无二命。君之赂臣，不知命也。受命以出，有死无霣，又可赂乎？臣之许君，以成命也。死而成命，臣之禄也。寡君有信臣，下臣获考死，又何求？'楚子舍之以归。" （参见《春秋左传正义》卷二四《宣公十五年》，《十三经注疏》，第 4096—4097 页）

直接原因。简本的结局提到了宋以女子与兵车百乘与楚、华元为质。华元为质是左本和简本所共有的情节，然而这一点在吕本中并未出现。吕本结局的细节包括宋人易子而食、析骨而爨，宋公肉袒出见楚王及楚人退师，其中宋公肉袒出见楚王是两国为成的直接原因。楚人退师是左本与吕本共有的情节，然而左本中楚师"退三十里"，吕本中"却四十里"，且"舍于卢门之阖"，仍然具有差异。

以上从内容的四个主要方面对左本、简本和吕本的异同进行了比较。由上述分析可见，吕本"文无畏过宋"一事的记载与左本之间虽存在详略或具体细节上的差异，但由上述四个主要方面看，大体情节是相合的。而且描述楚王闻讯后行为上反应的语言，吕本应是从左本中化出。因而左本或与左本相似的文本可能是吕本形成时的主要参照本。

不过，吕本在参照左本或与左本相似的文本时，其过程可能并不是简单的单线照抄，许多细节甚至情节上吕本与左本存在差异。有一些可能是出于说理需求的改写（此问题详见下文），但二者在宋杀文无畏原因上的差异暗示了，吕本在形成时，应该还有其他的参照本。左本中宋杀文无畏是由于其过宋不假道；简本中是由于其鞭宋公之仆。而吕本中的原因则同时包含了左本与简本分别具备的两点，这很可能是由于吕本成书时参照了简本或与简本相似的文本。此外，吕本中还存在另一些无关说理需求的与左本、简本的差异，如文无畏被杀于返途而非左、简二本所暗示的去途，再如楚宋为成前楚人退师四十里而非左本中的三十里，这些可能源于当时流传而不见于今的其他文本。

诸多前辈学者早已指出，战国后期随着政治形势上的统一趋向，社会思想文化上也出现了综合与融合的趋势。如《荀子》兼收早期儒、墨、道、法，《韩非子》兼收法、术、势三派。① 除了社会思想外，历史故事的记叙亦存在此种综合趋势。《史记》记秦兼并六国、实现政治统一的前夕《吕氏春秋》成书：

> 吕不韦以秦之强，羞不如，亦招致士，厚遇之，至食客三千人。是时诸侯多辩士，如荀卿之徒，著书布天下。吕不韦乃使其客人人著

---

① 牟钟鉴：《〈吕氏春秋〉与〈淮南子〉思想研究》，人民出版社2013年版，第11—14页；李家骧：《〈吕氏春秋〉通论》，岳麓书社1995年版，第27—31页。

所闻，集论以为八览、六论、十二纪，二十余万言。以为备天地万物古今之事，号曰《吕氏春秋》。布咸阳市门，悬千金其上，延诸侯游士宾客有能增损一字者予千金。①

可见《吕氏春秋》的成书目的是为了"备天地万物古今之事"，形成一部无所不包的经典。出于这样一种目的，吕本"文无畏过宋"形成时应是搜集了当时流传的不同文本，在主要参照本的基础上进行了糅合。这为我们认识《吕氏春秋》的综合趋势提供了一个具体案例。

二 说理需求下的改写

吕本在形成时糅合了不同文本，但这一过程并非是对参照文本的简单照抄，同时亦可能存在对参照文本的改写。晁福林师曾在《从上博简〈武王践阼〉看战国时期的古史编撰》一文中提及战国人在撰述时常常为说明某一道理而依意剪裁、增补古史②，这提示我们吕本一些与左本差异之处可能即出于此类目的。

《吕氏春秋·行论》篇首明言此篇主旨："人主之行与布衣异，势不便，时不利，事雠以求存。执民之命，执民之命，重任也，不得以快志为故。故布衣行此指于国，不容乡曲。"③ 要求人主在时机不利的时候宁可事仇以求存，不得意气行事。而在楚宋一事结尾又总结："凡事之本在人主，人主之患，在先事而简人，简人则事穷矣。今人臣死而不当，亲帅士民以讨其故，可谓不简人矣。宋公服以病告而还师，可谓不穷矣。夫舍诸侯于汉阳而饮至者，其以义进退邪？强不足以成此也。"④ 重点在言人主不可简人。这看似与篇首的主旨不符，实质上，人主不得意气行事的原因在于"执民之命，重任也"，也是重视人。所以二者不仅是不冲突的，而且结尾的总结可谓是篇首主旨的升华。《行论》全篇中心在此，文中的案例选择、叙述必然是以阐明这一道理为中心，包括其中所举"文无畏过

---

① 《史记》卷八五《吕不韦列传》，中华书局标点本1982年版，第2510页。
② 晁福林：《从上博简〈武王践阼〉看战国时期的古史编撰》，《史学理论研究》2011年第1期，第114—123页。
③ 许维遹集释，梁运华整理：《吕氏春秋集释》卷二〇《恃君览·行论》，第568页。
④ 同上书，第572—573页。

宋"之例。

（一）情节的增删修改

左本与吕本开头俱为楚子使文无畏过宋而不假道的情节。不同的是，左本叙述较为细致，有文无畏与楚王的对话及向楚王引见其子的情节：

> 申舟以孟诸之役恶宋，曰："郑昭，宋聋，晋使不害，我则必死。"王曰："杀女，我伐之。"见犀而行。①

文无畏知己必死于宋，向楚王明言，然而楚王却坚持让其前往。向楚王引见其子，很大程度上是文无畏对自己死后之事所进行的安排。这段描写，显然塑造了楚王不顾人之生死而行事的形象，与"文无畏过宋"案例所要说明之理"人主之患，在先事而简人，简人则事穷矣"是冲突的。吕本略去了这一情节，仅言"楚庄王使文无畏于齐，过于宋，不先假道"，应该即是出于规避这一冲突的目的。

再如相比于左本，吕本对庄王闻讯后的反应叙述更为细致。左本"楚子闻之，投袂而起"，吕本作"庄王方削袂，闻之曰：'嘻！'投袂而起"，并增加了"遂舍于郊"。"方削袂"与下文"投袂而起"呼应，使之顺畅而不突兀；"闻之曰：'嘻！'"与"遂舍于郊"则更为生动地刻画了楚王之怒。这些细节的增补使"今人臣死而不当，亲帅士民以讨其故，可谓不简人"道理的阐明更加有力。此外，左本中的"履及于窒皇，剑及于寝门之外"，吕本作"履及诸庭，剑及诸门"，应是出于改写旧文，使其更加简明易懂的目的。这对于提升文本的说理性无疑也是有所助益的。

（二）情节的错置

吕本与左本情节上较大的一处差异是两本中楚国退师而盟的原因不同，左本是华元夜入楚师，而吕本则是宋公肉袒出见楚王。吕本的情节虽不同于左本，却与《左传》中宣公十二年的另一段文本相似：

---

① 《春秋左传正义》卷二四《宣公十四年》，《十三经注疏》，第 4094 页。

十二年春，楚子围郑。旬有七日。郑人卜行成，不吉；卜临于大宫，且巷出车，吉。国人大临，守陴者皆哭。楚子退师。郑人修城。进复围之，三月，克之。入自皇门，至于逵路。郑伯肉袒牵羊以逆，曰：'孤不天，不能事君，使君怀怒以及敝邑，孤之罪也，敢不唯命是听？其俘诸江南，以实海滨，亦唯命；其翦以赐诸侯，使臣妾之，亦唯命。若惠顾前好，徼福于厉、宣、桓、武，不泯其社稷，使改事君，夷于九县，君之惠也，孤之愿之，非所敢望也。敢布腹心，君实图之。'左右曰：'不可许也，得国无赦。'王曰：'其君能下人，必能信用其民矣，庸可几乎！'退三十里而许之平。潘尪入盟，子良出质。①

以此本比对吕本中楚国围宋后的内容，便可发现，吕本情节内容上的几个重点在这段史料中都可以找到类似之处。详见表2。

表2

	吕本	《左传》宣公十二年文本
情节	宋公肉袒执牺	郑伯肉袒牵羊以逆
	庄王曰："情矣宋公之言也。"乃为却四十里	王曰："其君能下人，必能信用其民矣，庸可几乎！"退三十里而许之平
	所以为成而归也	潘尪入盟
语言	大国若宥图之	君实图之
	唯命是听	敢不唯命是听

资料来源：《春秋左传正义》卷二十三《宣公十二年》、卷二十四《宣公十四年》。

吕本短短数十字，其中有五处都与宣公十二年的文本相似。更何况在情节架构上都是"楚国围城—君主肉袒执牺以逆—君主向楚国示弱—楚君发言—军队后撤—两国得盟"。所以存在这样一种可能：该事件最初发生在郑国，但由于"文无畏过宋"一事中宋国同样也是被楚师围困，出于说理的需求国君"肉袒出见楚王"便被置换到了宋国之上，通过"宋公服以病告而还师，可谓不穷矣"阐明不可简人的道理。当然，也不排

---

① 《春秋左传正义》卷二三《宣公十二年》，《十三经注疏》，第4077—4078页。

除另一种可能：由于宋国与郑国同样有被楚师围困的经历，国君"肉袒出见楚王"情节在《吕氏春秋》成书前已被错置到宋国之上。如果是这样，在"客入人著所闻"，"延诸侯游士宾客"的背景下，吕本"文无畏过宋"最终以宋公"肉袒出见楚王"收尾，依然能反映出说理需求下的文本选择。

结　论

综上，《吕氏春秋》"文无畏过宋"一事在形成时应是以《左传》相关文本或与左本相似文本为主要参照本，糅合其他文本所形成。在其形成时，可能存在出于说理目的对参照文本的改写，其中包括对情节的增删修改和将其他历史故事中的情节错置其中。

"文无畏过宋"只是《吕氏春秋》中的一小部分文本，其形成过程并不能视为书中文本都会经历的普遍性过程。不过，对其形成过程的讨论，或对研究书中其他部分文本的形成有所提示或助益。此外，近年来战国秦汉古书的不断发现提示我们，古代文献的流传应该是个较为复杂的过程，而我们现在所能见到的文献可能只是其中很少的一部分。因而本文所得出的结论很大程度上只是根据目前所见文献得出的一种较大可能性。对这一问题的推进有待于出土文献的不断发现和讨论的进一步深入。

（作者单位：中国人民大学国学院）